《今注本二十四史》編委會
二十四史研究資料集刊

史記考證文獻彙編

四川出版集團
巴蜀書社
人民出版社

本書出版得到國家古籍整理出版專項經費資助

第七冊目錄

史記探源

[清] 崔適

清宣統二年崔氏觶廬刻本

史記探源

史記探源

庚戌冬仲 吳俊卿

吾友崔觶甫所撰史記探源成其書凡八卷予讀而偉之爲之敘曰甚哉古文學家之亂經學以亂政學賴此書出而救正之也古者天生民而樹之君所以保民非爲君而生民藉以衞君也故堯讓天下如釋重負舜視天下之朝覲訟獄歸已則履天子之位而不辭文王稱王周公攝王其道亦由是也古文學家主於專制政成之世尊君如天故不許文王稱王禮記大傳乃有追王之說不許周公攝王尚書金縢削其踐阼之文後世親王宰相卑若輿臺小民之呼籲絶無由上聞而坊川一潰動成伏尸百萬流血千里之巨禍此其蔽也明王記災異不記祥瑞所以資修省而不啟驕盈也古文學家脂韋性成造爲嘉禾書序託之周公而堯時蓂莢蓮莆之說轉由是出沈約作宋書創爲符瑞志而宋眞宗以改年號明世宗以賞佞臣矣又其蔽也五德之說誣秦爲不當五行之序劉歆用以帝莽班固轉藉以閏新於是正統閏統之甕言帝魏帝蜀之異議自習鑿齒以下紛嘵不止不知以先朝之血胤爲正統乎秦漢以下力强勢大者爲帝耳曹氏固漢之逆臣劉季非秦之亂民

乎以統一九州爲正統乎趙宋未嘗一日一統而得爲正統王新一統十五年顧不得爲正統又其蔽也分野之說以五星二十八宿爲禹貢九州周家十二建國所割劇豈大九州諸國不共戴天乎卽以周之建國言之春秋之初尙百餘國何以十二國外皆不應星象應星象者見凶祥當修德以禳之然則不應星象者遂可淫天虐民乎且大梁爲趙分野東井爲秦分野舉周之秦趙受封之歲歲星所臨而言然則於石趙姚秦何與而勒之興泓之亡亦應其象耶又其蔽也是皆古文家說啟之今文無是也是言今文則於古今中外政理無所不通言古文則無所不閡太史公時未有古文是書證其所本有辨其所本無豈惟有功於史學其有功於經學政學何如哉爲述其大略質之天下後世之知言君子宣統二年庚戌仲冬同邑朱祖謀

序曰科學日尚改良矣若中學之先是改良其惟經學乎攷据之學後人必勝前人非其才過古人也因前人所發明而加以探索則事半功倍也史記爲五經總匯所述經師八家而已書易禮無異師申轅韓胡母董無異說皆折衷於夫子而未有門戶之分也自有古文學始與今文分門晚出古文復與漢古文別戶於是岐中有岐乃有束髮受經皓首不通者夫八師眞孔學古文僞孔學眞孔學單簡僞孔學複雜舍簡就繁背眞趨僞廢有限之時攻無用之學豈不可惜然作僞者旣亂五經復亂史記通人有漸知其非者吾友歸安崔觶甫先生於是有史記探源之作揚眞汰僞執簡御繁於此求眞孔學如超羊腸而逕鳥道焉此於眞孔學爲反本於僞孔學爲改良是眞二千年來不可無一不能有二之書矣自今而後眞孔學其日昌乎宣統二年冬烏程施茂華

史記探源　　解廬藏板

凡例

一卷一命曰序證法陸德明經典釋文序錄而小變之彼序其目錄此序其攷證各依義以立名也

一卷二以下依篇為次法釋文依經為次也

一正其文而錄舊本於下法杜子春易周禮字而錄其故書也

一更其次而錄舊本於下法蔡沈尚書集傳攷定武成而易其先後也

一凡曰接者謂史記本文當如此接也凡曰止者當如此止也凡曰至者省其文也凡用○者比其類與舉其要也

一凡稱師謂曲園也漢儒但稱師說宋儒猶然論語集注愚聞之師曰謂延平也今用其例師說已傳故不舉其書名篇數亦有用其語如古書有某例之類出自古書疑義舉例閱者自知不復稱引以省繁文

史記探源目錄

卷一

卷二
十二本紀
五帝本紀第一
夏本紀第二
殷本紀第三
卷三
十二本紀
周本紀第四
秦本紀第五
秦始皇本紀第六
項羽本紀第七
漢高祖本紀第八
呂后本紀第九
孝文本紀第十 後人依漢書補
孝景本紀第十一
孝武本紀第十二 妄人錄漢書郊祀志
卷四
十表

三代世表第一
十二諸侯年表第二
六國表第三
秦楚之際月表第四
漢興以來諸侯年表第五 褚先生補
高祖功臣侯年表第六 同上
惠景閒侯者年表第七 同上
建元以來侯者年表第八 同上
建元以來王子侯者年表第九 同上
漢興以來將相名臣年表第十 妄人所續
八書
禮書第一 妄人所續雜錄荀子禮論
樂書第二 妄人所續雜錄禮記樂記
律書第三 妄人錄漢書志
歷書第四 妄人錄漢書志
天官書第五 妄人錄漢書天文志
封禪書第六 妄人錄漢書郊祀志
河渠書第七 妄人錄漢書溝洫志

卷八

七十列傳

袁盎鼂錯列傳第四十一

萬石君張叔列傳第四十三

田叔列傳第四十四

扁鵲倉公列傳第四十五

吳王濞列傳第四十六

李將軍列傳第四十九

匈奴列傳第五十

衛將軍列傳第五十一

平津侯主父偃列傳第五十二

南越尉佗列傳第五十三 妄人錄漢書

東夷列傳第五十四 同上

朝鮮列傳第五十五 同上

西南夷列傳第五十六 同上

司馬相如列傳第五十七

淮南衡山列傳第五十八

循吏列傳第五十九 妄人所續

汲鄭列傳第六十 妄人錄漢書

儒林列傳第六十一

酷吏列傳第六十二 妄人錄漢書

大宛列傳第六十三 妄人錄漢書張騫李廣利傳

游俠列傳第六十四

佞幸列傳第六十五 妄人錄漢書

滑稽列傳第六十六 中章妄人所續

日者列傳第六十七 妄人所續

龜策列傳第六十八 同上

貨殖列傳第六十九

太史公自序第七十

無說者十篇管蔡蕭相國留侯世家三管晏白起樂毅劉敬張釋之竇嬰韓安國列傳七也故不錄

史記探源卷一　　解廬藏板

序證

歸安崔適

要略

史記者五經之橐籥羣史之領袖也乃漢書已云其缺於是續者紛起見於本書者曰褚先生見於七略者曰馮商見於後漢書班彪傳注及史通者有劉歆等十六人然漢書亦有自言出自劉歆者藝文志曰錄七略律歷志曰錄三統歷是也乃儒林傳言經師受授與七略

相表裏律歷志言六歷五德與郊祀志張蒼傳相牽屬天文地理志言分野與五德相印證皆可知其爲歆作黃省曾西京雜記序謂班固漢書全取劉歆則不必然五行志上日歆治左氏傳其春秋意亦已乖矣與藝文志專稱左氏傳爲得春秋眞意相反豈歆語乎白虎通義多上今文說惟今文家所無乃取古文說補之則五行志乃班固所自作明矣後漢書本傳曰固著漢書自永平中始受詔潛精積思二十餘年至建初中乃成豈有積思二十餘年所成之書不著一字而襲取前人者乎當由歆固各有漢書後人雜錄兩家之言遂成今之漢書乃至宗旨岐出爾史記之文有與全書乖與此合者亦歆所續也至若年代縣隔章句割裂當是後世妄人所增與鈔胥所脫其幸免乎此又有誤衍誤倒誤改誤餘諸弊要不若竄亂之禍爲劇烈故下文專釋之

竄亂

劉歆之續史記非不足於太史公也亦旣顚倒五經不得不波及龍門以爲佐證而售其爲新室典文章之綜技也其所以顚倒五經者劉向在成帝世刺取春秋災異作洪範五行傳端緒雖紛要以譏切世卿比例王氏爲宗旨歆主翊戴新室務與向說相反於是奪孔子之春秋而歸之脅史自造書序百篇而託之孔子說皆詳下如是則孔子之宗旨頓揄而劉向之傳說皆謬矣又

須多造古文經傳廣樹證據而辭繁旨博非歆一人之力所能勝任也乃徵天下有通逸禮古書毛詩周官爾雅天文圖讖鍾律月令兵法史篇文字者皆詣公車至者前後千數皆令記說廷中將令正乖謬壹異說云此文載王莽傳適案歆所謂正乖謬者卽正其父向之乖謬壹異說者以齊魯韓詩歐陽夏侯氏書爲異說而壹之於所託之孔安國毛公云爾逸禮以下皆名亦劉歆所造此千數人者孰不仰體國師嘉新公之意旨繆璧虛造妖誣之言以備采納於是羣經皆受其竄亂而史

記爲五經門戶則亦不得不竄亂矣

春秋古文

史記儒林傳曰言春秋於齊魯自胡毋生於趙自董仲舒太史公自序曰昔孔子何爲而作春秋哉余聞董生云云是太史公之於春秋一本於董生即一本於公羊其取之左氏乃國語也自序曰左丘失明厥有國語可證是時無所謂左傳也劉歆破散國語并自造誕妄之辭與釋經之語編入春秋逐年之下託之出自中秘書命曰春秋古文亦曰春秋左氏傳今案其體有四一曰無經之傳姑即隱公篇言之如三年冬鄭伯之車僨于濟是也夫傳以釋經無經則非傳也是國語也二曰有經而不釋經之傳凡傳以釋經義非述其事也如五年九月初獻六羽公羊傳曰何以書譏始僭諸公也是釋其義也左傳但述羽數此與經同述一事耳豈似傳體以上錄自國語居多亦有劉歆竄入者詳下三曰釋不書於經之傳如元年五月費伯帥師城郎不書非公命也夫不釋經而釋不書於經則傳書者不當釋黃帝何以無典傳詩者不當釋吳楚何以無風乎彼傳不然則

此非傳也四曰釋經之傳務與公羊氏董氏司馬氏向之說相反而已如隱三年書尹氏卒譏世卿爲昭二十三年立王子朝張本也宣十年書齊崔氏出奔譏世卿爲襄二十五年弒其君光張本也雖使春秋三傳束高閣獨抱遺經究終始者讀之當無異議矣左氏改尹爲君謂之隱公之母於崔氏之出奔曰非其罪也凡以避世卿之譏袒庇王氏而已此皆劉歆所改竄故公孫祿劾其顛倒五經毀師法班固曰歆治左氏傳其春秋意已乖也史記之文凡與左氏傳同有眞出自左丘明者列國世系及政事典章之屬是也出自劉歆者詳下五節

終始五德

劉歆欲明新之代漢迫於皇天威命非人力所能辭讓乃造爲終始五德之說託始於鄒衍說詳孟荀列傳又增呂氏春秋十二紀於春曰其帝太皞其神句芒於夏曰其帝炎帝其神祝融於中央曰其帝黃帝其神后土於秋曰其帝少皞其神蓐收於冬曰其帝顓頊其神玄冥凡十句月令因之適蔡淮南時則訓錄自十二紀無

此十句天文訓有之當是後人竄入不然何以此篇與之異可證呂氏本亦無之今有者歆所竄入也紀又曰春祀戶夏祀竈中央祀中霤秋祀門冬祀行此白虎通所謂五祀也左昭二十九年以句芒祝融蓐收玄冥后土爲五祀與此紀五神之名同而五祀之說異可證其爲歆說猶之黃帝顓頊帝嚳堯舜乃孔子所謂五帝此紀去帝嚳堯舜而列太皞炎帝於黃帝之前增少皞於黃帝之後以爲五帝則五帝之說亦異漢書王莽傳曰予惟黃帝帝少昊帝顓頊云云是增少昊爲五帝而分配五德固自歆爲莽典文

章始矣歆所以爲此說者由顓頊水德而下嚳木堯火舜土夏金殷水周木秦說在下漢復爲火新復爲土則新之當受漢禪如舜之當受堯禪也後漢書賈逵傳逵奏曰五經家皆言顓頊代黃帝而堯不得爲火德如令堯不得爲火則漢不得爲赤絫逵此奏正足與歆意相發明特逵以媚漢歆以佐新意旨不同爾歆之所言固自以爲密合矣然其所爲三統歷與郊祀志而後人削爲封禪書者詳武帝本紀下夏德之屬金屬木也殷德之屬水屬金也周德之屬木屬火也秦德之屬金屬水也漢德之屬

水屬土屬火也不合者一謂秦水德而尚黑漢火德而尚赤則夏尚黑非金非木殷尚白非水周尚赤非木不合者二謂周木德漢火德秦以水德在木火之閒不當五行之序案漢果火德則秦爲金德櫟陽雨金秦獻公自以爲金瑞故作畦畤祀白帝嫗哭白帝子可證推五勝之義漢火勝秦金秦金勝周木秦非不當五行之序也秦果水德則漢爲土德黃龍見成紀可證漢土勝秦水秦水勝周火秦仍非不當五行之序也不合者三所載張蒼公孫臣賈誼司馬遷之言皆歆僞託不足信也

古無終始五德之說則夏尚黑殷尚白周尚赤其義何居曰此因三正不緣五德也白虎通三正篇引禮三正記曰十一月之時陽氣始養根株黃泉之下萬物皆赤赤者盛陽之氣也故周爲天正色尚赤也十二月之時萬物始牙而白白者陰氣故殷爲地正色尚白也十三月之時萬物始達孚甲而出皆黑人得加功故夏爲人正色尚黑也尚書大傳曰夏以十三月爲正色尚黑以平旦爲朔殷以十二月爲正色尚白以雞鳴爲朔周以十一月爲正色尚赤以夜半爲朔是則易服色之義自

故正朔而出豈由終始五德耶王莽傳曰定有天下之號曰新服色配德尚黃犧牲應正用白是則別服色於正朔之外而屬之終始五德亦自歆爲莽典文章始於史記則竄入黃帝秦始漢高本紀十二諸侯年表張耳傳也詳各篇下通篇皆僞者不在此列以下稱是

十二分野

春秋所記災異劉向以爲某事之應者劉歆必指無事可攷之國以當之入五行志如隱公三年正月己巳日有食之董仲舒劉向以爲戎執凡伯鄭獲魯隱之應劉

歆則謂正月二日燕越之分野以是時燕越之事於國語世家皆無攷故也又託爲他國他事之應入之左傳如昭十七年冬有星孛于大辰董仲舒劉向以爲王室亂吳入郢之應左傳則謂宋衛陳鄭火作之象而分野之名以立分野者以地之十二國繫天之十二次何謂十二次分二十八宿隸之律歷志謂自斗至女爲星紀自女至危爲玄枵自危至奎爲諏訾自奎至胃爲降婁自胃至井爲大梁自井至柳爲鶉首自柳至張爲鶉火自張至軫爲鶉尾自軫至氐爲壽星自氐至尾爲大火

自尾至斗爲析木是也然與地理志不同此志以初軫十二度終氐四度爲壽星之次彼志則自井六度至亢六度矣此志以初尾十度終斗十一度爲析木之次彼志則自危四度至斗六度矣又析十二分野爲十三二志同出漢書乖異若是以十二國繫十二次者保章氏鄭志引堪輿曰星紀吳越也玄枵齊也娵訾衛也降婁魯也大梁趙也實沈晉也鶉首秦也鶉火周也鶉尾楚也壽星鄭也大火宋也析木燕也賈疏謂古受封之日歲星所在之辰適案周語曰昔武王伐殷歲在鶉火歲

之所在則我有周之分野此爲賈疏所本然以左傳校之一顓頊之虛也昭十年以爲齊十七年以爲衞八年九年以爲陳矣一陳也九年謂之水族十七年爲之火房矣一鄭也襄二十八年以爲龍星注謂角亢疏曰卯壽星昭十七年乃曰祝融之虛則是大火矣趙魏韓三國同時鄭注有趙無韓魏地理志魏同晉韓同鄭然命三家爲諸侯皆在威烈王二十三年則歲星所次同矣志以趙屬大梁魏屬實沈韓屬壽星則相去六歲豈可通乎以十二國徵十二國以左傳校左傳矛盾層累如

此又有以十二辰與十二州之說繫十二次矛盾更甚以無與於左傳姑弗論其說實創自劉歆有三證焉爾雅之名始見於王莽論書卽所徵之千數人受歆之意旨而作者也釋天玄枵虛也顓頊之虛虛也與冬其帝顓頊之說皆當北方水位合五德劉歆所創則分野可知證一也書伏傳詩毛傳周本紀周之始年皆謂文王受命之年案文王受命七年而崩九年武王上祭于畢十一年武王伐紂如十一年歲在鶉火則元年在壽星壽星乃周之分野國語以鶉火當之是以武王伐紂爲

周之始年豈周之洽州鳩已通漢之古文學乎此必歆所竄入證二也漢書五行志中之上曰夏侯始昌夏侯勝許商教弟子其傳與劉向同唯劉歆傳獨異下之下凡土分野皆劉歆說閒有入董仲舒劉向語者亦爲後人竄亂不然不當云劉歆傳獨異矣昭公七年四月甲辰朔日有食之董仲舒劉向以爲楚靈王弑君陳公子招殺世子之應劉歆以爲魯衞分左傳曰魯衞惡之是歆說與左氏同與仲舒向並異證三也於史記則竄入十二諸侯年表齊宋鄭世家張耳傳也

變象互體

說卦曰觀變於陰陽而成卦發揮於剛柔而生爻又曰易六畫而成卦至於成卦之後不言六爻有變象有互體也杜預始發此例則是說之出晚矣故鍾會論易王弼作注皆無互體爲程子所深取左莊二十二年傳筮得觀之否曰坤土也巽風也乾天也風爲天於土上山也姜太嶽之後也注坤下巽上觀坤下乾上否觀六四爻變而爲否巽變爲乾故曰風爲天適案觀三互五爲艮否二互四亦爲艮艮爲山故曰山曰嶽也是此年之

傳於易之變象互體實兼之矣豈周太史已通漢學乎此必劉歆竄入又竄入史記十二諸侯年表陳晉魏田齊世家也以上皆無經之傳與有經而不釋經之傳之屬

告則書

左傳謂春秋本魯史魯史本赴告告則書不告則否然則春秋襃貶之權全秉於赴告者之手孔子何爲以竊取其義知我罪我自任乎經書列國君卒之日傳輒以爲赴之日如記卒日於前然隱三年八月庚辰宋公和

卒昭十年七月戊子晉侯彪卒皆經傳同日已無辭於赴之太速矣襄公二十五年五月乙亥齊崔杼弑其君光亦經傳同日下文且曰辛巳太史書曰崔杼弑其君辛巳者後乙亥七日也古書計日皆連本日數之是日太史始書於國史然後赴告他國至速亦同日爾何由先七日赴乎莊公八年十有一月癸未齊無知弑其君諸兒傳乃在十二月先赴而後弑乎公薨及魯大夫之卒以魯史書魯事無待於赴此必薨卒之正日也而於各國之君乃舍其卒日而書赴日經義如是之參差乎經文明書其

卒傳乃易之以赴安意失眞孰大於是比於口說流行者何如乎然則諸侯卒無赴告之文乎曰有之但春秋之文必不本於赴告爾名在諸侯之策曰孫林父甯殖出其君春秋書曰衞侯衎出奔齊許人以悼公卒赴春秋書曰許世子止弑其君買不據赴告之文有明證矣至若楚世子商臣弑其君髡代髡立者商臣也蔡世子般弑其君固代固立者般也赴者即商臣與般之臣若亦據實以赴則當何所措辭雖使劉歆捉刀得無窮乎春秋書列國之事自當據列國之史凡卒之日皆非赴

日甲戌己丑陳侯鮑卒公羊傳曰甲戌之日亡己丑之日死而得是也即實弑而書卒亦非因赴告之文也鄭伯髡頑卒于操不言其大夫弑之爲中國諱也陳侯溺卒公子招殺不稱弟不言其弑以楚之託乎討招以滅陳陳之滅自招致之其罪更重於弑君也蓋春秋者孔子託義之書非列國記事之史若左邱明作國語則異是據各國之別史敍爲一家之總史如陳壽三國志李延壽南北史之比本不與春秋相比附何得有釋經之語劉歆傳曰歆治左氏引傳文以解經此語頗持兩端

傳自解經何待歆引歆引以解則非傳文此傳歆所自作非所謂誣善之人其辭游者耶然左氏解經之傳歆始爲之則歆固自言之矣創爲赴告則書之說緣其古文經傳是非與春秋相反故託是說示人以春秋非孔子作不過雜錄各國赴告之文則其褒貶是非皆不足據不如古文學說爲足據也於史記則竄入十二諸侯年表齊陳鄭世家也

官失之

孔子據各國史記而作春秋筆之削之斷自聖心無所

謂官失之也如隱公三年二月己巳日有食之公羊傳曰日食則曷爲或日或不日或言朔或不言朔曰某月某日朔日有食之者食正朔也其或日或不日或失之前或失之後失之前者朔在前也失之後者朔在後也何氏於朔在前注曰謂二日食象君行暴急外見畏故日行疾月行遲過朔乃食失正朔於前也朔在後注曰謂晦日食象君行懦弱見陵故日行遲月行疾未至朔而食失正朔於後也然則官何失之有劉歆欲奪春秋於孔子而歸之魯史故於桓十七年冬十月朔日有食之竄其說入左傳曰不書日官失之也又竄入史記十二諸侯年表也以上皆釋經之傳之屬

古文尚書

劉歆假託古文經傳之所出於尚書爲獨詳今依其說折之藝文志錄七略曰武帝末魯共王壞孔子宅得古文尚書及禮記論語孝經凡數十篇皆古字也孔安國獻之遭巫蠱事未列於學官儒林傳曰孔氏有古文尚書孔安國以今文字讀之逸書得十餘篇蓋尚書茲多於是矣此數語史記儒林傳亦有之後人竄入詳彼篇下司馬遷從安國問故遷載堯典禹貢洪範微子金縢諸篇多古文說適案五宗世家魯共王用孝景前二年立二十六年卒景帝在位十六年則共王卒於武帝即位之十一年即元光五年武帝在位五十四年則末年安得有共王不合者一孔安國以今文讀之需歲月幾何乃越四十餘年至巫蠱禍作之年而始獻之乎且安國若有得古文尚書事何以孔子世家不言但曰安國爲今皇帝博士臨淮太守蚤卒漢書倪寬傳寬詣博士受業受業孔安國補廷尉史廷尉張湯薦之亦見史記儒林傳亦後人竄入詳本篇下百官表湯遷廷尉在元朔三年是安國爲博士在元朔三年以前使其年甫踰二十至巫蠱禍作已過五十是時尚在安得云蚤卒既云蚤卒安得獻書於巫蠱禍作之年耶荀悅漢紀云安國家獻之此家字亦知安國之年不及巫蠱禍作而增然安國有子卬何不云孔卬獻之而於安國下增家字彌縫之跡甚彰不合者二世家但曰安國爲博士不自言從之問故也自序云太史公受易於楊何習道論於黃子於其父所受業尚言之甚詳若遷自從安國問故何得不言漢書遷傳亦不言惟於儒林傳

言之且太史公生年亦不及武帝之末七略言武帝末魯共王得古文尚書而後安國獻之遭亦何由從之問故耶不合者三劉歆移讓太常博士書曰或以尚書爲備則自歆以前經師所傳固以孔子所定之書伏生已備非殘缺之本也史漢皆言歐陽生事伏生授倪寬寬又受業孔安國不言安國所受業其爲家學可知歐陽大小夏侯之學皆自寬出寬自伏氏出又自孔氏出則孔氏之書與伏生同矣不然寬何不以所異者互補必待孔壁古文出而滋多耶伏書備則孔書亦備安所得

滋多之古文而遷從之問故耶不合者四古文說與古文經本不同物七略曰壞孔子宅得古文數十篇皆古字也儒林傳曰孔安國以今文讀之皆謂古文經非古文說也七略雖云尚書傳四十一篇不注作者姓名惟東晉梅賾所上僞孔安國序有承詔作傳之文亦非漢儒所及料也後漢書儒林傳曰杜林傳古文尚書賈逵爲之作訓馬融作傳鄭玄注解見於楊倫傳末然則賈逵以後乃始有古文說太史公何從載之不合者五儒林傳遷載古文說之言當出馬續後漢書列女傳班彪女昭兄固著漢書未及竟而卒和帝詔昭踵而成之後又詔馬融兄續繼昭成之案融爲古文學續當同之尚書自伏生所傳二十八篇後太誓後得附入大小夏侯書中篇各爲卷七略曰經二十九卷是也劉歆僞託孔安國所傳造古文十六篇亦篇各爲卷又造書序百篇合爲一卷與大小夏侯所傳二十九卷雜書之七略曰古文經四十六卷是也馬鄭雖古文家不爲十六篇作傳注惟爲二十九篇作之於是用古文之學而釋今文之經儒林傳所謂古文說是也及漢古文亡而習古文

出去馬鄭本太誓而別造太誓亦雜伏書二十八篇皆之且僞作傳亦託之孔安國是後伏生今文之經轉附梅氏古文而傳篇名雖今而文字章句皆古矣復求一二零章斷句之眞今文經與說皆惟史記是賴所載堯典禹貢微子洪範金縢諸篇絕無古文說詳堯舜夏本紀宋微世家下漢書儒林傳謂多古文說不合者六也晉出古文之僞閻百詩惠定宇言之已詳且於史記關係甚少故不之及

書序

此亦劉歆所作託之孔子然亦穿鑿史記以竄宅其鬼蜮也三代世表曰孔子次春秋序尚書猶曰序春秋次尚書也孔子世家曰追跡三代之禮序書傳上紀唐虞之際下至秦繆編次其事此序字與追跡之跡上紀之紀對文同義下復總括之曰編次皆謂次序之序非序跋之序也七略據此而曰孔子纂書凡百篇而爲之序其說鑿矣孟子曰湯崩外丙二年仲壬四年乃序太甲之事殷本紀與之同書序曰成湯既沒太甲元年直以爲太甲繼成湯而立豈孔子之數典忘祖歟抑稽古之

力不如孟子歟其厚誣孔子明矣今可證其爲劉歆作者四焉漢書王莽傳遣平憲等多持金幣誘塞外羌豪良願等使獻地願內屬曰安漢公至仁天下太平五穀成熟或禾長丈餘或一粟三米乃造唐叔得禾異母同穎之說作嘉禾書序以張其本太平御覽休徵部引大傳略說周公踐阼朱草暢生又曰周公輔幼主不矜功則蓂莢生此亦後人所依託古人第言皆徵藉以修德故洪範五行傳止詳災異不及祥瑞王莽傳班德祥符命稱應等篇於天下言黃龍見成紀井石金匱雌雞化爲雄之屬始飾災異爲祥瑞唐叔之時安得此嬌誣之說耶證一也新受漢禪取法舜受堯禪莽傳曰予前在大麓又曰流棻于幽州放尋于三危殛隆于羽山凡事比跡重華堯既有典舜豈可無是則舜典之名亦爲新室而作故不及顧舜之事業已詳於堯典也今之舜典本堯典文晉時始割慎徽五典以下爲之證二也周本紀周受命九年武王上祭于畢十一年伐紂克殷後二年問箕子以天道大傳武王釋箕子之囚箕子不忍爲周之釋走之朝鮮封之箕子既受周之封不得無臣禮故於十三祀來朝武王因

而問洪範是問洪範在克殷後二年箕子自朝鮮來也書序曰武王勝殷殺受立武庚以箕子歸作洪範直謂勝殷之年即以箕子自朝歌歸周矣正與三統歷文王受命九年而崩後四年武王克殷以克殷爲在十三年合證三也列子楊朱篇周公攝天子之政召公不說燕世家成王既幼周公攝政當國踐阼召公疑之宋召公疑之者疑其踐阼也阼王位也祭統云君袞冕立于阼是也書序曰召公爲保周公爲師相成王爲左右召公不說馬融曰召公以周公既攝政致太平功配文武不

宜復列在臣位故不說案此謂不說周公列臣位與不說周公踐君位義相反對凡與太史公說相反對者皆歆說也證四也是則書序之文固非太史公所及知亦非史記所應載玉藻曰動則左史書之言則右史書之鄭注以記動爲春秋記言爲尚書然則史記亦記動之書不當有記言之體故五帝本紀錄堯典文而不引堯典篇名殷本紀錄西伯戡黎文而不舉西伯戡黎篇名宋世家錄微子洪範文亦然錄其文所以記動也非爲記言故不錄其篇名此太史公本文夏本紀禹乃行相

地宜所有以貢殷本紀盤庚乃告諭諸侯大臣周本紀至于商郊牧野乃誓又曰誓已秦本紀乃誓於軍曰又曰故作此誓令後世以記余過魯世家周公藏其策金縢匱中晉世家周作文侯之命王若曰雖寓篇名仍是記動亦太史公本文至若夏本紀之甘誓文殷本紀之高宗肜日文魯世家之無逸肸誓文燕世家之君奭文亦太史公所錄而繫其上下文曰作甘誓曰作高宗肜日及訓曰作無逸曰作肸誓曰作君奭并錄篇名實非記言之體與全書不類必非太史公語也更有無文可錄如殷本紀伊尹入自北門見女鳩女房作女鳩女房此文更屬不類二人之言行無攷何所藉以發明而史記載之乎故無論其篇名爲今文古文凡曰爲某事作某篇者皆劉歆之徒據書序竄入也如夏殷周本紀齊魯衛宋世家篇中夥矣

古文

七略曰古文尚書及論語孝經然則論語孝經而書以古文亦當曰古文論語古文孝經必與經名相屬始見其爲何經之古文乃五帝本紀贊曰總之不離於古文者近是仲尼弟子傳贊曰則論言弟子籍出孔氏古文

近是太史公自序曰年十歲則誦古文此等古文謂何經耶惟說文解字有此名別於小篆籀書也此又非其例也直不成語矣此不通文理者所增竄不當歸咎劉歆矣餘詳各篇下

傳記寓言

又有誤認傳記寓言爲實錄附錄之以期詳備致與上下文相衝決者亦史記之累也寓言之類有三曰託名曰託言曰託事託名者古實無此人設爲此人之名與

其言行以發其所欲抒之意見如許由務光之屬是也託言者以所言之意爲主託爲古人之問答以發明之非謂眞此古人之言也如列子楊朱篇晏平仲問養生於管夷吾莊子盜跖篇孔子與柳下季爲友說苑晉犯諫平公介子推行年十五相荆孔子使人往視之類是也託事者以時事爲主設爲古人之事以譬喻之不必古人眞有此事也如燕世家蘇代曰禹薦益而以啟人爲吏啟與友黨攻益奪之天下爲子之謀盜國發也後漢書孔融與曹公書曰武王伐紂以妲己賜周公爲魏

文納甄后發也竹書紀年爲魏晉間人所造謂堯老而德衰爲舜所囚（史通疑古引之）爲山陽公陳留王發也謂太甲殺伊尹文丁殺季歷爲高貴鄉公欲討司馬文王發也然則舜舉十六族周公爲成王禱疾事類此矣說詳五帝本紀魯世家蒙將軍傳下

漢書

凡史漢文同有漢錄史者有竄漢入史者漢錄史者姑弗論竄漢入史者如平準書曰漢興接秦之敝上無所承不似起語漢書食貨志上云始皇并天下男子力耕不足糧饟女子紡績不足衣服此明言秦之敝故下承以漢興接秦之敝豈非書截志之上文乎末云是歲小旱上令百官求雨卜式曰宏羊令吏坐市列販求利亨宏羊天乃雨下無所接不成收語且突然而止直似宏羊果亨而天果雨者志下云武帝拜宏羊爲御史大夫明式言之不用而超遷宏羊也豈非書截志之下文乎五宗世家廣川惠王齊數上書告言漢公卿及幸臣所忠等文自此止漢書景十三王傳下云又告中尉蔡彭祖捕子明云云此後人錄傳入世家時偶爾中輟續書

時忘其未畢而別錄膠東王事也十二諸侯年表不可以書見也下接及如荀卿孟子公孫固韓非之徒云云今取七略魯君子左邱明等語從中插入致上下文相隔絕說詳彼篇下漢書司馬相如傳贊曰司馬遷稱云云揚雄以爲云云此班固兼引遷雄之辭竄漢入史者仍太史公曰之文去贊曰司馬遷稱六字遂成太史公引揚雄語矣是則平準書者斷頭刖足之食貨志也五宗世家廣川惠王章者椎胸斧腰之景十三王傳也十二諸侯年表序論者剖腹納肝之七略也太史公稱揚

雄語者改頭換面之班贊也前一類全錄漢書後三類史漢雜糅全錄漢書者補缺也史漢雜糅者續竄也麟止後語亦是也

麟止後語

太史公自序曰故述往事思來者卒述陶唐以來至于麟止集解張晏曰武帝獲麟以爲述事之端上包黃帝下至麟止猶春秋止於獲麟也然則孝武本紀當止於元狩元年冬十月獲麟猶春秋止於哀十四年春獲麟也是時尚以十月爲歲首元狩之冬猶春秋之春也年

表世家列傳稱是乃篇末更載太史公曰余述歷黃帝以來至太初而訖卻踰麟止年限二十二建元以來侯者年表末褚先生曰太史公記事盡于孝武之末又踰太初年限十四集解索隱正義皆謂終于天漢猶介乎其間兩更校全書酷吏傳載杜周捕治桑宏羊昆弟子且及昭帝元鳳間事矣楚元王世家王純自殺且載宣帝地節年號矣齊悼惠王世家城陽王景菑川王橫卒將相名臣表韓宣爲丞相且載成帝建始鴻嘉年號矣此史通所謂衞衡史岑等相次撰續者耶亦後入據漢書竄入耶要之太初而訖者褚先生補託之太史公者也盡于孝武者後人所續託之褚先生者也說詳年表第六第入下孝昭後事無所用其託矣太史公所作自當識其至於麟止之言今可證成其說者八焉自序引其父談及壺遂之言比之於春秋漢時亦有獲麟之事此千載難逢之機會必不肯舍而踰之一也漢書公孫宏與卜式倪寬同傳主父偃與嚴助朱買臣吾邱壽王終軍同傳史記止爲宏偃作傳以宏相偃誅在麟止前故也後此不爲之傳他人姑弗論若終軍者非自序所

謂忠臣死義之士其所欲傳者耶軍之對策以獲麟死節在太初如史記訖于太初何不爲軍作傳而不爲之傳非以至于麟止故耶二也外戚世家竇姬長男爲太子王夫人生男爲太子衞子夫生男名據是則景帝武帝爲太子皆不名獨於衞太子名何耶未立爲太子故也立據爲太子漢書武帝紀在元狩元年四月在獲麟後前此猶是皇子故名若訖于太初安知太子之終廢而名之耶三也別傳終於淮南衡山王以其獄在麟止前・月也說詳本篇下四也自序大序之末既曰卒述

陶唐以來至于麟止小序之末又自爲一節曰余述歷黃帝以來至太初而訖與上文年限起訖皆異其爲續竄甚明五也漢書司馬遷傳有至于麟止之言無太初而訖之語六也揚雄傳曰太史公記六國歷楚漢訖麟止惟遷傳贊云述楚漢春秋接其後事訖于天漢敘傳云太初以後闕而不錄與此二傳意分爲三豈假一人之言更以彪語證之可見天漢太初二說皆非固語亦後人竄入也七也後漢書班彪傳曰太史令司馬遷上自黃帝下訖獲麟作本紀世家列傳書表凡百三十篇上文亦有太初以後不錄之言與此乖異乃范氏信僞班固語不如彪言爲得實也八也凡此皆可爲至于麟止之微驗此者據漢書竄入也

補缺

漢書司馬遷傳曰十篇缺有錄無書注張晏曰亡景紀武紀禮書樂書兵書漢興以來將相年表日者列傳三王世家龜策列傳傅靳列傳元成之間褚先生補缺作武帝紀三王世家日者龜策列傳言辭鄙陋非遷本意也師古曰序目無兵書劉放曰即律書適案今之篇目篇文不但非太史公之舊亦非班固張晏時之舊今十篇皆補無一缺者轉視班張時爲備矣其可信耶正足爲愈缺益多之反比例也武紀等篇亦非褚先生補八書皆贋鼎斤斤於兵書律書之辨枉尋直尺而已惟景紀傅靳列傳轉不似缺今姑舍是證其爲通篇皆僞者二十有九文紀一武紀二年表第五至第十八八書六三王世家十七張蒼南越東越朝鮮西南夷衛霍汲鄭酷吏大宛佞倖日者龜策等十二列傳九二十是也惟年表第五至第九當是褚先生補餘皆非才妄竄說詳各篇下

史記探源卷二　　　　觶廬藏板

歸安崔適

十二本紀

五帝本紀第一

案太史公自序曰述陶唐以來至于麟止然則此紀之錄本當爲陶唐本紀與夏殷周秦本紀一例而上系黃帝下兼虞舜猶周本紀上系后稷下統武王之比且世家始泰伯列傳始伯夷表讓德也是則本紀始陶唐乂可比例而得者後人改爲五帝本紀遂增

自序篇末云述歷黃帝以來至太初而訖纔與述陶唐以來至于麟止之言相抵牾由是增竄全書者至太初不足至征和後元復不足下及昭宣元成之世此淮南子所謂鑿一孔而開百隙者矣

節用水火材物 按 黃帝二十五子

案各本中云有土德之瑞故號黃帝此非太史公言也是時尚無五德之說詳序證五德節然則黃字之義何居曰白虎通號篇曰黃者中和之色自然之性萬世不易黃帝始作制得其中和故稱黃帝也謚篇曰黃帝始制法度得道之中名黃自然也後世雖聖亦得稱帝不能立制作之時故不得稱黃也然則黃帝稱黃豈與蒼赤白黑爲輩乎土德之言依三統歷竄入也今正

嫘祖爲黃帝正妃生二子其後皆有天下其一曰玄囂是爲青陽其二曰昌意○黃帝崩其孫昌意之子高陽立是爲帝顓頊○自玄囂與蟜極皆不得在位

案此文出自五帝德帝繫姓孔子答宰我之言也漢書律歷志曰春秋傳言郯子據少昊受黃帝黃帝受

炎帝炎帝氏沒黃帝氏作火生土故爲土德帝德考曰少昊曰清清者黃帝之子清陽也土生金故爲金德春秋外傳曰少昊之衰九黎亂德顓頊受之王莽傳曰予惟黃帝帝少昊帝顓頊云云乃言少昊即帝位於黃帝顓頊之間且以少昊爲清陽並與此紀言顓頊繼黃帝玄囂爲青陽不得在位意異又見於王莽傳明是劉歆所作爲莽以土德應受漢禪之張本而少昊實無其人也賈逵曰五經家皆言顓頊代黃帝左氏以爲少昊代黃帝即圖讖所謂帝宣也然則

少昊之名出自圖讖圖讖出自哀章哀章仍受意於劉歆者也少昊予虛則少昊之子重該修熙實也左昭二十九年傳窮奇也文十八年傳及舜本紀亦皆烏有先生而已

帝堯者名曰放勳

案各本無名曰二字脫也今依舜本紀名曰重華夏本紀名曰文命補彼有名曰二字此不當無也此名字非自命也之名猶號也謚也文選洞簫賦幸得謚爲洞簫兮彼假謚爲名猶此假名爲謚也是時雖無謚法而有其意堯舜禹皆名放勳重華文命猶後世之徽號也集解以堯舜禹爲謚則論語堯曰咨爾舜尚書舜曰禹女平水土豈生而有謚耶舜禹皆名則堯可知矣

日中星鳥

案尚書僞孔傳曰鳥南方朱鳥七宿也疏曰四方皆有七宿各成一形東方龍形西方虎形南方鳥形北方龜形此經舉宿爲文不類春言星鳥總舉七宿夏言星火獨指房心虛昴惟舉一宿文不同者互相通也此言小誤若是則總舉七宿四時皆可何獨於春

自有惟宜於春之故蓋火爲十二次之一若春亦舉其一次乃爲鶉火與三方之一名者不同虛昴皆七星之中若春亦舉中星當曰月中星星二字同文又與三時星名不類故曰星鳥此見古人修辭之誠

歲三百六十六日

案尚書作三百有六旬有六日上下皆言日數中舉旬數文奧難曉若順文解之直似三千六百六日矣故太史公易之如此

以閏月正四時

案漢書律歷志曰陽歷者先朔月生陰歷者朔而後月生今案先朔月生者以二十四氣定歲也朔而後月生者分閏成歲也堯時置閏始用陰歷帝嚳以前尚用陽歷孔子稱堯曰煥乎其有文章此亦文化漸進之端也

似恭漫天〇洪水滔天

案列子天瑞篇曰天積氣耳亡處亡氣若屈伸呼吸終日在天中行止張湛注自地而上則皆天矣故俯仰喘息未始離天也荀子不苟篇曰天地比楊倞注

曰天無實形地之上空虛者皆天也此二天字之義
正復當爾猶言到處皆然也自來注尙書及史記者
皆未見及此
堯使舜入山林川澤暴風雷雨舜行不迷
案尙書作納于大麓伏生大傳曰納之大麓之野野
卽山林川澤也此今文說也王充論衡正說篇曰試
之於職復令人庶之野而觀其聖古驗篇曰堯使舜
入大麓之野虎狼不搏蝮蛇不噬逢烈風疾雨行不
迷惑應劭風俗通義山澤篇曰堯禪舜納于大麓麓

屬于山者也此皆所以發明今文說也漢書王莽傳
張竦稱莽功德曰比三世爲三公再奉送大行秉冢
宰職塡國家四方輻湊靡不得所書曰納于大麓烈
風雷雨弗迷公之謂矣又莽曰予前在大麓論衡正
說篇尙書曰人于大麓烈風雷雨不迷言大錄三公
之位居一公之位大總錄二公之事衆多並吉若疾
風大雨王肅注尙書曰麓錄也是古文家改山足曰
麓之義爲大錄萬幾之政爲王莽居攝而作也鄭注
大傳乃合山足曰麓麓錄也二義而總釋之此合古

今文說而一之也猶之五行傳思心之不容鄭注容
當爲睿睿通也此用古文改今文也段氏古文尙書
撰異不達此義乃至倒認今古不思野非山林川澤
之謂乎史記本自大傳此豈古文說乎
舜讓於德不懌
集解徐廣曰今文尙書作不怡怡懌也索隱古文作
不嗣今文作不怡怡卽懌也謂辭讓於德不堪所以
心意不悅懌也
案漢書王莽傳陳崇奏曰將爲皇帝定立妃后有司

上名公女爲首公卑卑謙退動而固辭書曰舜讓於
德不嗣公之謂矣是古文家改不怡爲不嗣爲莽辭
讓納女爲后而作也撰異曰後漢書班固傳典引曰
有于德不台淵穆之讓章懷太子注前書曰舜讓于
德不台音義曰台讀曰嗣玉裁案云前書者王莽傳
文崇奏用今文尙書也俗本依古文改爲不嗣而師
古不辨適案章懷所見漢書作不台轉是後人依今
文而改師古所見方是原本惟作不嗣乃爲謙退固
辭之證卽章懷注台讀曰嗣下亦引光武卽位固辭

至於再三之文足與諫奏相印證若諫奏從今文作不台則於上文謙退固辭意轉不相屬矣然莽傳因當作不嗣堯與自當作不怡不怡者將受終于文祖而懼不勝任也若不敢嗣帝位又何以受終文祖乎益可見古文尚書乃歆為莽作故於本經義多穿鑿附會也

文祖者堯太祖也

集解鄭曰文祖者五府之大名猶周之明堂索隱尚書帝命驗曰五府五帝之廟蒼曰靈府赤曰文祖黃曰神斗白曰顯紀黑曰玄矩

案撰異曰堯太祖蓋謂黃帝集解引鄭注解之相去萬里此說是也五天帝之說自五人帝而生皆以五德配五色古文家始有此言緯書復為五天帝造名春秋文耀鉤曰蒼曰靈威仰赤曰赤熛怒黃曰含樞紐白曰白招拒黑曰汁光紀與尚書帝命驗文小異緯書出哀平間與古文經傳同時皆劉歆與所徵干數人作殷周本紀雖有吞卵踐跡之言不謂契為白帝子稷為蒼帝子也豈應以文祖為赤帝乎鄭謂赤帝乃天帝也古文說此謂黃帝乃人帝也今文說裴馬之解援古亂今矣

五玉

集解鄭曰即五瑞也執之曰瑞陳列曰玉

案鄭君兼注今古文者白虎通引亦作五玉此今文也漢書郊祀志亦劉歆作故作五樂師古曰五樂謂春則琴瑟夏則笙竽季夏則鼓秋則鐘冬則磬此古文說也

明試以功車服以庸接象以典刑流宥五刑

案上言賞功下言罰罪文相承接豈不甚明各本中有肇十有二州決川二句遂致賞罰之辭從中截斷此必古文家插入也集解馬融曰禹平水土置九州舜以冀州之北廣大分置并州燕齊遼遠分燕置幽州分齊為營州於是為十二州適案禹貢九州冀青徐兗豫揚荊雍梁也周官職方氏無徐梁而有幽并爾雅釋地無青梁而有幽營是幽并營三州周官爾雅以易禹貢之青徐梁也漢書武帝紀元封五年初置刺史部十三州地理志武帝攘卻胡越開地斥境

南置交阯北置朔方之州兼徐梁幽并之制改雍曰涼改梁曰益凡十三部然則旣增幽并營仍不廢徐梁雍自武帝時始爾王莽傳漢家地廣二帝三王凡十二州州名及界多不應經義堯典十有二州後定爲九州漢家廓地遼遠不可爲九譚以經義正十二州名分界以應正始今案武帝紀地理志皆云漢置十三州則莽傳謂漢凡十二州當是十三州之譌故謂之不應經義而以十二州爲應經義然十二州亦本無此經義也乃撰舉十有二州封十有二山濬川

三句竄入堯典以張其本又竄其說入大傳故肇爲兆鄭注兆域也爲營域以祭十二州之分星也十有二山十有二州之鎭也案分星說見序證分野節分野亦十二正與州數相應州各有鎭山亦與職方氏相應皆可見其爲劉歆作乃去封十有二山句而竄人此紀也今刪

四嶽咸薦舜曰可 接 舜耕歷山 至 三年成都 接 於是堯乃以二女妻舜 至 堯九男皆益篤 接 堯乃賜舜絺衣與琴

桒三年成都以上皆四嶽薦舜之辭故堯遂以二女妻之使九男事之以觀其內外也各本於是堯乃以二女妻舜至九男皆益篤一節在舜耕歷山句上豈舜尙無所表見堯遂妻以二女乎又豈舜居嬀汭後復親耕稼陶漁之業乎此必文有倒亂也今訂

乃試舜五典百官皆治 接 入于大麓

案各本中言舉十六族去四凶事於上下文義多乖異此後人據左文十八年傳竄入也其曰舜舉八愷使主后土舉八元使主五教然則下云禹平水土契

敷五教何爲索隱謂禹在八愷之中契在八元之數適案禹契名列九官卽以庭堅當皋陶餘十三族皆不得與何也杜注左傳以垂益禹皋陶之倫當八愷以稷契朱虎熊羆之倫當八元然於元愷之數復遺其半且蒼舒隤敳仲堪叔獻諸人於堯典人名終無可比附乖異者一八愷爲高陽氏子稱之曰世濟其美檮杌爲顓頊氏子左傳曰世濟其凶顓頊卽高陽也言八愷則世德本自高陽言檮杌則顓頊亦爲凶父豈吉德凶德備於顓頊一身乎乖異者二八元爲

高辛氏子左傳稱其名有伯奮季仲伯虎季貍昭元年傳及鄭世家曰高辛氏有二子伯曰闕伯季曰實沈然則高辛氏既生摯堯稷契（見夏殷本紀）又生八元復生閼伯實沈閼伯視伯奮伯虎究孰爲伯實沈視季仲季貍究孰爲季乎摯堯稷契伯乎仲乎叔乎季乎乖異者三然則舜舉十六族殆亦堯得伯陽續耳（見呂氏春秋）禹得横革直成（見荀子）之比後儒不能舉之與堯典八名相比附此何以異之且渾沌窮奇檮杌饕餮亦與讙兜共工鯀三苗名義不類左傳疏曰此傳安

慝宣公故言不能去辭各有爲情隨增甚學者不可即以爲實則孔穎達雖固知其爲寓言矣然左傳不舉堯典上下文猶相屬此文乖之乖異者四又云舜賓於四門乃流四凶族於是四門辟言無凶人也案堯本紀曰賓於四門諸侯遠方賓客皆敬同一賓於四門句於彼訓爲敬禮賓客於此解作擯棄凶人乖異者五此必妄人竄入也今刪

命十二牧

案此即大傳所謂四嶽八伯也白虎通封公侯篇曰唐虞謂之牧何尚質使大夫往來牧諸侯旁立三人凡十二人尚書曰咨十有二牧案此似漢刺史監太守之制然不曰十二州之牧亦可見今文尚書無肇十有二州封十有二山之文也不然以十二州之牧釋之豈不甚便何待蔡傳哉

黎民始饑

集解徐廣曰今文尚書作祖饑祖始也

撰異曰漢書食貨志舜命后稷以黎民祖饑孟康注祖始也古文言阻周頌思文鄭箋昔堯遭洪水黎民阻饑正義引注曰阻讀曰俎阻厄也蓋壁中故書作

俎故鄭云俎讀曰阻阻厄也學者既改經文作阻則注文不可通乃倒之曰阻讀曰俎經書此類甚多

五流有度五度三居

正義度音徒洛反謂度其遠近爲三等之居也

案此今文尚書也古文尚書作五流有宅五宅三居王制注引之正義引鄭注曰宅讀曰咤懲刈之器謂五刑之流皆有器懲刈作宅爲古文作度爲今文者尚書三危既宅夏本紀作既度是降邱宅土風俗

迺作度土此其例也

女二十有二人

集解馬融曰稷契皋陶皆居官久有成功但述而美之無所復勑禹及垂已下皆初命凡六人與上十二牧四嶽凡二十二人

案二十二人之數可如是之任意棄取乎四岳乃薦舜者豈亦居官未久待舜而始勑命乎上云禹皋陶契后稷伯夷夔龍垂益彭祖自堯時而皆舉用未有分職適案自禹至彭祖其爲十八加以十二牧乃爲

二十二人也

舜年二十以孝聞年三十堯舉之年五十攝行天子事年五十八堯崩年六十一代堯踐帝位踐帝位三十九年南巡狩崩於蒼梧之野

案此今文尚書說也今文尚書作舜生三十徵庸二十在位五十載陟方乃死此云年二十堯舉之即所謂三十徵庸也年五十攝行天子事即上文所謂舜得舉用事二十年而堯使攝政尚書所謂二十在位也年五十八堯崩年六十一代堯踐帝位即上文所謂攝政八年而堯崩三年喪畢讓丹朱天下歸舜也踐帝位三十九年崩即尚書所謂五十載陟方乃死自攝政八年居喪三年在位三十九年合爲五十載也孔疏鄭讀此經云舜生三十謂生三十年也登庸二十謂歷試二十年在位五十載陟方乃死謂攝位至死爲五十年舜年一百歲也適案鄭讀三十二十何絕雖與此異然不作登庸三十而云二十義與此同段氏謂鄭君以今文正古文是也古文尚書乃作三十在位王肅注曰歷試二年攝位二十八年又注

五十載陟方乃死云三十徵庸三十在位服喪三年其一在三十之數爲天子五十年凡壽百一十二歲王肅注即僞孔傳釋文云梅賾上孔氏傳古文尚書亡舜典一篇以王肅注頗類孔傳故取王注從慎徽五典以下爲舜典以續孔傳適案王肅亦傳古文尚書者則作三十在位是古文而此注爲古文說也本紀異是則非古文說凡太史公所錄堯典今可攷定其非古文說者三入山林川澤一也堯太祖二也并此而三矣文與古文義異無由從古文說者四不懌

也五玉也始饑也有度五度也凡七而從古文說書
無一焉亦可寤多古文說之誣矣
太史公曰
正義太史公司馬遷自謂也自序太史公曰先人有
言又云太史公曰余聞之董生又云太史公遭李陵
之禍明太史公司馬遷自號也遷爲太史公官題贊
首也虞喜云古者主天官者皆上公非獨遷
案自序云談爲太史公索隱曰公者遷所著書尊其
父云公也自序又云有子曰遷又曰太史公卒三歲

而遷爲太史令是則遷稱其父曰太史公自稱其官
曰太史令故漢書律歷志後漢書班彪傳皆稱遷爲
太史令豈其官名太史公哉漢書百官表太史令爲
太常屬官秩六百石耳虞喜以爲上公謬矣自序太
史公曰先人有言以下凡遷自稱亦作太史公者後
人不達此爲遷尊其父之稱從而改之爾各篇贊語
亦然但此稱相沿已久且尊而公之敬禮先哲亦所
宜然故今亦仍其舊云
長老皆各往往稱黃帝堯舜之處風教固殊焉 接 子觀

春秋國語其發明五帝德帝繫姓章矣 接 非好學深思
云云
案各本殊焉下有不離於古文者句古文不繫何經
不成語矣詳序證古文節彰矣下顧弟弗深考四句
辭似疊床架屋意如斷港絕流此豈太史公語乎或
曰國語楚語亦有少昊與五帝德帝繫姓乖異此何
以謂之發明曰此謂得語黃帝正名百物顓頊能修
之帝嚳能序三辰堯能單均刑法舜勤民事而言其
文眞出左邱明若楚語有少昊乃劉歆竄入也今刪

夏本紀第二

夏禹
集解謚法曰受禪成功曰禹
案此言謬矣禹之本義爲蟲名猶鯀之本義爲魚名
夔龍朱虎熊羆之本義爲毛蟲甲蟲之名也受禪成
功乃禹之勳業豈禹之字義乎若禹是謚則鯀亦謚
也又將曰方命圮族曰鯀乎
均江海
集解鄭曰均讀曰沿沿順水行也

案作均者今文尚書也古文尚書作沿于江海撰異曰釋文曰沿鄭本作松松當爲沿馬本作均云平也馬本依今文尚書也鄭本作松松者沿之字誤故云當爲沿此古文轉寫以木水淆亂公㕣不分而鄭正之裴所據與陸異者當云均鄭本作松松讀曰沿乃合今本誤也

雲夢土

案此今文尚書也古文尚書作雲土夢索隱單行本大書雲土夢三字小注云雲土夢二澤名引韋昭云

雲土今爲縣屬江夏解之曰地理志江夏有雲杜縣是其地也是則雲杜縣出地理志地理志有分野語亦古文學也經行古文縣有雲杜皆始於漢夏禹時無雲杜縣亦猶太史公時無古文經也地理志從古文經作雲土夢故韋昭云爾後人據漢書改史記遂亦作雲土夢小司馬所見本是也知史記本作雲夢土者秦始皇本紀三十七年行至雲夢望祀虞舜於九疑山是秦時尚以雲夢爲一地也司馬相如傳子虛賦曰臣聞楚有七澤嘗見其一名曰雲夢亦以爲一澤之名也二司馬同時讀雲夢相屬自當同之其時未有古文則此讀爲今文也自小司馬所見本外皆作雲夢土或依史記訂漢書亦作雲夢土師古曰雲夢之土可爲畎畝之治是也即僞孔安國本古文尚書亦從今文矣段氏撰異例認今古以作雲夢土爲今本史記之誤故不可以不辨

令天子之國以外五百里甸服至要服外五百里荒服

案此今文尚書說也五服皆在天子之國外面三千里爲方六千里賈逵馬融說同僞孔傳甸服在天子

之國內加侯綏要荒四服面二千五百里爲方五千里賈馬雖古文學然與僞孔異與史記同當是今文說也後漢書賈逵傳逵以大夏侯尚書教授則固兼通今文學矣凡選所載禹貢今可攷者今文說一即此是也今文與古文異義二均江海也雲夢土也亦無從古文說者

七始訓

案各本誤作來始滑今依段氏撰異訂段氏曰漢書律歷志曰予欲聞六律五聲七始訓訓字今本漢書

誤作詠隋書律歷志作訓引漢志也訓順也班志曰順以歌詠五常之言也大傳曰定以六律五聲八音七始箸其素鄭注七始黃鍾太蔟大呂南呂姑洗應鍾蕤賓也禮樂志高祖唐山夫人安世房中歌曰七始華始孟康曰七始天地四時人之始也敘傳曰八音七始五聲六律劉德曰七始天地四時人之始也尋七始卽七政大傳曰在璇機玉衡以齊七政七政謂春秋冬夏天文地理人道所以爲政者也道政而萬事順成蓋泛言之爲七政在樂則爲七始七始出

於今文尚書七亦作桼太元經元攡曰運諸桼政王莽侯鉦銘曰重五十桼斤桼或誤作來故此紀舊作來始滑或誤作桼故古文尚書作桼政忽忽鄭本作曶云曶者臣見君所秉書思對命者也君亦有焉以出內政敎於五官晚出古文更誤作在治忽索隱轉以桼政忽爲今文而此文舊作來始滑者來爲桼之形誤滑爲忽曶之聲誤也今正

予辛壬娶塗山癸甲生啟

案楚辭天問王逸注曰以辛酉日娶甲子日去而有啟也有啟與生啟同皆謂孕啟也尚書娶于塗山辛壬癸甲謂孕啟之日啟呱呱而泣指啟乳後而言各一時事索隱牽書之啟呱呱而泣解此文癸甲生啟謂豈有辛壬娶妻經二日生子不經之甚已自不達擿議先哲妄甚

將戰 按 乃召六卿

案各本中云作廿誓按之上下文此句非不可闕者後人據書序竄入也詳序證書序節下倣此今刪

太康失國昆弟五人須于洛汭 按 太康崩

案各本中云作五子之歌此東晉古文尚書書序語也楚語堯有丹朱舜有商均啟有五觀韋注五觀太康昆弟也觀洛汭之地潛夫論五德志曰夏后啟子太康仲康更立兄弟五人皆有昏德不堪帝事降須洛汭是謂五觀然則五觀者卽謂昆弟五人須于洛汭也漢時書序須于洛汭下當有作五觀句晉時觀字始以聲轉爲歌段氏以左傳斟灌叜本紀作斟戈例之是也晚出古文尚書讀歌如字增作五子之歌而作歌五章以當之復改漢時書序作五觀爲作五

子之歌後人又依既改之書序竄入史記乃成太史公錄東晉人語矣可笑孰甚焉今刪

是爲帝中康接中康崩

案各本中言作胤征事亦後人據書序竄入也今刪

帝相崩子帝少康立

索隱帝相自被臯弒中間經羿浞二氏蓋三數十年

此紀總不言之疏略之甚

案羿浞代夏之事太史公錄其文於吳世家而此紀無之猶韓非傳載鄭武公伐胡事而鄭世家亦無之

此寓言非實事故也太史公棄取自有精意小司馬轉譏其疏略所謂鷦明已翔乎寥廓羅者猶視乎藪澤也

諸侯畔之接孔甲崩

案各本中敘劉累豢龍事此劉歆竄入左傳又竄入此紀也若太史公時卽有堯後劉累之言得不爲漢承堯後之說入高祖本紀乎詳彼篇下高紀幸未竄亂而此篇有之其僞益彰矣今刪

殷本紀第三

湯始居亳從先王居接葛伯不祀至無有攸赦接伊尹名阿衡

案各本王居下云作帝誥湯征諸侯攸赦下云作湯征皆後人據書序竄入也若書序有湯浼今得不於乃入吾網下增曰作湯浼乎今刪

伊尹名阿衡

索隱孫子兵書伊尹名摯然解者以阿衡爲官名阿倚也衡平也亦曰保衡尹正也謂湯使之正天下

案尹亦官名周之師尹楚之令尹義卽本此曰尹曰

阿衡曰保衡皆以官名名之而其人名則曰摯也

復歸于亳接湯出

案各本中云入自北門遇女鳩女房作女鳩女房從書序竄入今刪

以告令師接於是湯曰

案各本中云作湯誓從書序竄入今刪

夏師敗績接湯乃踐天子位接還亳接維三月

案各本敗績下云作典寶作夏社踐天子位下云中鸓作誥還亳下云作湯誥皆從書序竄入今刪

以合諸侯按湯乃改正朔

案各本中云伊尹作咸有一德咎單作明居從書序

竄入今刪

是爲帝太甲按帝太甲既立

案各本中云帝太甲元年伊尹作伊訓作肆命從書

序竄入今刪

伊尹嘉之按褒帝太甲稱太宗

案各本中云迺作太甲訓三篇從書序竄入今刪

子沃丁立按沃丁崩

案各本中云帝沃丁之時至作沃丁從書序竄入今

刪

而祥桑穀枯死而去按殷復興

案各本脫穀字今依上文祥桑穀共生於朝訂而去

二字語尤疑衍下云作咸艾作太戊作原命今案咸

艾原命從書序竄入但書序無太戊而有伊陟此紀

反是當由竄序入紀者誤脫伊陟而別增太戊也今

刪

是爲帝外壬按帝外壬崩

案各本中云仲丁書闕不具此豈記言之書而泛語

及此文不列於仲丁崩下而在帝外壬下亦可爲妄

竄之證今刪

是爲帝小辛按帝小辛崩

案各本中云帝小辛時百姓思盤庚迺作盤庚三篇

與上文盤庚誥論云云其文爲盤庚自作意相衝決

其爲竄入無疑今刪

號曰傅說

案此下不曰作說命與管蔡世家是爲蔡仲下不曰

作蔡仲之命幸未據書序竄入也而書序之有說命

有蔡仲之命正因此文與世家封蔡仲事而附會爾

立其廟爲高宗按帝祖庚崩

案各本中云作高宗肜日及訓高宗肜日上既錄其

文矣不當復錄其篇名詳序證書序節上文係祖己

親對武丁語此謂武丁崩後作亦自相衝決可爲妄

入竄入之證今刪

太師少師乃持其樂器奔周

案各本樂器二字上有祭字衍也持祭器者微子也

見宋世家太師少師但持樂器奔周見周本紀此祭
字因宋世家而衍也今正

孔子以殷路爲善也
案各本作孔子曰殷路車爲善而色尚白曰字誤車
卽路也色尚白紀已言之此何復言皆衍文也今正

史記探源卷三　　　觶廬藏板

歸安崔適

十二本紀

周本紀第四

后稷卒子不窋立至生昌
案夏本紀自禹至桀十七王及王三則爲十四世殷
本紀自契至湯亦十四世自湯至紂二十九王及王
十則爲十九世合計自契至紂爲三十二世而周自
后稷至文王僅止十五世歷千餘年矣世世年踰七
十乃生子乎但此紀世次既詳國語亦曰自后稷之
始基靖民十五王而文始平之十八王而康克安之
與此紀合似當無誤

詩人道西伯蓋受命之年稱王而斷虞芮之訟後七年
而崩謚爲文王改法度制正朔矣追尊古公爲太王公
季爲王季
正義易緯云文王受命改正朔有王號於天下鄭氏
信而用之若文王自稱王則是功業成矣武王何復
得云大勳未集禮記大傳云追王太王亶父王季歷

文王昌據此文是追王爲王何得文王自稱王也
案文王稱王之義經有明徵一徵之易升之四曰王
用亨于岐山益之二曰王用亨于帝亨帝之王即亨
岐山之王也岐山者文王之都會也亨帝者郊祭天
也王制云天子祭天地董仲舒春秋繁露四祭篇曰
已受命而王必先祭天乃行王事文王之伐崇是也
詩曰濟濟辟王左右奉璋此文王之郊辭也是郊天
實王者事文王不稱王何爲郊天再徵之詩大雅皇
矣篇述文王伐崇之事而曰是類是禡虞書曰肆類

于上帝王制曰天子將出征類乎上帝禡於所征之
地是類禡者天子之祭名文王不稱王何爲類禡哉
三徵之春秋元年春王正月傳曰元年者何君之始
年也王者孰謂謂文王也曷爲先言王而後言正月
王正月也即此所謂受命稱王制正朔矣固屬之文
王也四徵之孟子曰以德行仁者王王不待大湯以
七十里文王以百里又曰且以文王之德百年而後
崩又曰文王亦一怒而安天下之民夫曰王曰崩曰
安天下之民豈所施於未建王號者乎惟論語三分

天下有其二以服事殷似可爲文王未稱王之證然
古論稍耳魯論異是呂氏春秋古樂篇高注云論語
曰文王爲西伯三分天下有其二以服事殷則高誘
所見論語三分天下句上有文王爲西伯句也何氏
集解包咸曰殷紂淫亂文王爲西伯而有聖德天下
歸周者三分有二而猶以服事殷據此注惟殷紂句
乃述經文之緣起文王句亦是引經不然何與高氏
引經無一字差別耶是包氏所見論語三分天下句
上亦有文王爲西伯句也文王享國五十年在西伯

位四十三年即王位七年三分天下有其二以服事
殷者專自在西伯位言之不兼改元稱王後言也改
元之六年助紂爲虐之崇侯虎文王已伐取其國矣
雖欲事殷豈可得耶天下所歸往之謂王謂朝覲訟
獄所歸也故文王斷虞芮之訟爲受命稱王之元年
韓太傅毛公王肅之說皆同不惟鄭君也張守節所
引以駁史記者乃東晉所出僞古文尚書及禮記大
傳言追王雖及文王然中庸止於王季豈非文王已
早稱王不待追王耶此義也自漢以前盡人所知自

宋以後知者絶少故詳據以申明之
九年武王上祭于畢
正義尚書武成篇云我文考文王誕膺大命惟九年
大統未集太誓序云惟十有一年武王伐殷太誓云
惟十有三年大會于孟津案文王受命九年而崩十
一年武王服闋觀兵孟津十三年克紂太史公與尚
書違甚疏矣
案此所引尚書皆僞古文遂致自文王崩至武王觀
兵伐紂皆差二年不足據也大傳曰文王受命一年

斷虞芮之訟二年伐邘三年伐密須四年伐犬夷五
年伐耆六年伐崇七年而崩此紀上文敘所伐之國
雖視大傳互有先後其謂七年而崩則同七年以前
無歲不征若九年而崩何以末二年無事可考豈前
七年日不暇給後二年耄倦于勤乎且惟七年而崩
故武王三年喪畢上祭于畢則爲九年居二年師渡
孟津則爲十一年克殷後二年訪洪範於箕子則爲
十三年也
有火自上復于下至于王屋流爲烏其色赤其聲魄

集解鄭曰書說云烏有孝名武王卒父大業故烏瑞臻
索隱案今文泰誓流爲鵰鵰摯鳥也馬融云明武王
能伐紂
案漢書董仲舒傳對策曰書曰有火復于王屋流爲
烏春秋繁露同類相動篇尚書傳曰周將興之時有
大赤烏銜穀而集王屋之上詩思文箋火流爲烏五
至以穀俱來疏引太誓云有火至於王屋流之爲鵰
五至以穀俱來董生二說皆作烏今文也詩箋同孔
疏引書作鵰則是古文索隱倒矣惟繁露引書傳是

眞烏餘說皆爲火所幻形今案烏能銜穀必是眞烏
繁露仲舒自作較爲可信策文不應自相乖異當是
劉歆所改此亦是也
武王乃 接 告于衆庶
案各本中有作太誓三字自九年上祭于畢以下多
出太誓文與大傳所引略同至此乃云作太誓是不
知上文爲太誓者也且下錄牧誓文不曰作牧誓則
此云作太誓亦可爲妄人竄入之證今刪
命閎夭封比干之墓 接 武王追思先聖王乃襃封神農

之後於焦云云
案各本中敘作武成作分殷之器物從書序竄入致
封神農黃帝堯舜之後與上文釋箕子之囚表商容
之閭封比干之墓等何不接今刪
白發未生於今六十年
案大戴禮本亦有文王世子篇謂文王十五而生武
王小戴記曰文王九十七而終武王九十三而終是
則武王少文王十四歲文王崩時武王八十三矣後
二年祭畢又後二年伐紂則八十七矣要不若武王

之自言爲可信也管蔡世家武王同母兄弟十八母
曰太姒武王克殷紂封昆弟康叔封冉季載皆少未
得封然則二人之年總在二十以內若克殷時武王
年八十七太姒亦年十五生武王則康叔冉季生時
太姒年踰八十矣惟武王年甫六十則太姒生康叔
冉季時不過五十餘歲耳今婦人年四十餘而生子
者多矣過此十年而乳宜亦世所或有究勝於八十
餘歲之母必無生子之理也齊太公世家武王卽位
太公望爲師尚父集解劉向別錄曰師之尚之父之

故曰師尚父案父之者必其年可爲之父也蕭望之
曰侯年寧能父我乎此其例也說苑呂望年七十釣
于渭案此後佐文王受命而王至七年文王崩武王
卽位則太公年亦八十餘耳若武王年與之相若豈
得父之八年二十乃有爲父之道則武王父之必當
少於太公二十此二者皆可爲克殷後武王年甫六
十之證（以邑姜爲太公女此杜預肌說下足據）文王世子云夢帝與我
九齡設言聖德上通於穆之理九十七九十三修辭
之例不倘不然皆非事實鄭君注禮未可引此以駁

本經裴駰以下解史記於此文月若未睹嘗哉
以武王少弟封爲衞康叔　接　周公行政七年
案各本中云故初作大誥次作微子之命次歸禾次
嘉禾次康誥酒誥梓材皆從書序竄入今刪歸禾嘉
禾詳序證書序飾康誥以下三篇承爲衞康叔而言
然上文武王問以天道下不曰作洪範周公欲代武
王下不曰作金縢則增竄今文篇名尙未盡備也作
微子之命承以微子代殷後而言然殷本紀號曰傳
說下不曰作說命管蔡世家是爲蔡仲下不曰作蔡

仲之命則增竄古文篇名亦有遺漏也益可爲彼皆
原文而凡曰作某篇者皆後人竄入之證也
四方入貢道里均 接 成王將崩
案各本中云作召誥洛誥作多士無佚作多方作周
官作賄息慎之命皆從書序竄入今刪召公爲保周
公爲師二句本君奭序文此在東伐淮夷上亦足爲
疏舛之證遷其君薄姑下不曰作薄姑此增竄後亦
有遺脫也
成王既崩 接 太子釗 接 立

案各本既崩下敘作顧命之意篇名出自書序而文
有妄增太子釗下因增遂字今正尙書二公中諸康
王但曰畢協賞罰張皇六師而已此云務在節儉毋
多欲以篤信臨之與顧命文意不合是以狗皮補狐
裘也
是爲康王 接 成康之際
案各本中言作康誥書序有康王之誥篇名馬鄭王
制顧命王若曰以下爲之僞孔分諸侯出廟門俟以
下爲之太史公時豈知有此篇名耶據書序以竄入

史記又脫王之二字遂有兩康誥矣今刪
刑錯四十餘年不用 接 康王崩 至 昭王南巡狩不返崩於
江上 接 立昭王子滿
案各本不用下敘作畢命之事亦從書序竄入二王
之崩皆書卒江上句下云其卒不赴告諱之也此襲
左氏之例而又失其本意者也左氏稱不赴告爲不
書於春秋發也昭王在春秋前此書不赴告於義無
所繫屬一也左氏釋春秋之例有諱弒而書卒者無
諱卒而不赴者此謂諱卒二也左氏赴與卒連文皆

謂諸侯耳未有書天王卒者此文施之天王三也此
由不通左例而竊取其例以敘昭王并及康王遂成
不可思議之巨謬所謂非才妄續也今刪
春秋已五十矣 接 穆王將征犬戎
案各本中云王道衰微作臩命復寍豈天下安危豈
言所能挽回乎篇名從書序竄入妄增復寍二字今
刪
甫侯言於王 接 修刑辟
案各本中有作字從書序竄入今刪修謂修刑辟甫

侯之言也作郎作呂刑之作序哲者之言也故知非

史記本文

召公周公二相行政號曰共和

索隱共音如字若汲冢紀年則云共伯干王位共音恭共國伯爵言共伯攝王政故云干王位也

案莊子讓王篇曰故許由娛於潁陽而共伯得乎共首此與子州支父石戶之農等名相類皆子虛烏有也呂氏春秋開春論曰共伯和修其行高誘注曰夏時諸侯也是則共伯和總有其人不在周世古今人

表竹書紀年始以爲周厲王時人人表有少昊之屬亦出劉歆竹書乃魏晉間人所作皆不足信日知錄轉據之以駁史記其時一切僞古書之案未破故也

襄王十三年鄭伐滑 接十四年叔帶歸于周

案各本叔帶節在十三年誤也今依年表及左傳正

三十三年襄王崩

案各本誤作三十二年今依年表及春秋正

四十三年敬王崩

案各本誤作四十二年今依年表訂是年歲在甲子

紀元乃在壬午集解徐廣曰皇甫謐曰敬王四十四年元己卯崩壬戌也 適案己卯實景王二十三年壬戌乃敬王四十一年皇甫謐誠夫景王三年爲埒敬王一年定王二年地也詳下

子元王仁立

集解徐廣曰世本云貞王介也

元王八年崩子定王介立

集解徐廣曰世本云元王赤也皇甫謐曰元王二十八年崩三子爭立立應爲貞定王索隱世本云元王

赤皇甫謐云貞定王考據二文則是元有兩名一名仁一名赤如史記則元王爲定王父定王卽貞王也依世本則元王是貞王子必有一誤然此定當爲貞字誤耳豈周家有兩定王代數又非遠乎皇甫謐彌縫史記世本之錯謬因謂爲貞定王未爲得也

二十八年定王崩

集解徐廣曰皇甫謐曰貞定王十年元癸亥崩壬申也

案元王定王世本於史記互倒其父子又改定爲貞

皇甫謐合之爲貞定雖不互倒其父子乃互例其年數増元王之八年爲二十八年減定王之二十八年爲十年但合二王計之猶淺二年故又増敬王一年而減景王三年以符之然貞定十年既承元王二十八年之後而元癸亥乃上承敬王崩壬戌悖謬甚矣司馬貞是貞而非定疑周不當有兩定王則不記宋有兩昭公衛有兩莊公晉有文侯仇復有文公重耳乎且兩定王相去中有簡靈景敬元五王代數又不可謂非遠也

後七歲秦莊襄王滅東周

案各本作滅東西周西字涉下文而衍今依年表正西周前七歲亡矣是歲復滅東周故下云東西周皆入于秦也

東西周皆入于秦周既不祀

案秦本紀莊襄王元年東周君與諸侯謀伐秦秦使相國呂不韋誅之盡入其國秦不絕其祀以陽人地賜周君奉其祭祀然則莊襄王滅東周時未絕其祀也至始皇二十六年盡滅六國除封建爲郡縣諸子功臣且不得尺寸封何論前代賜周陽人地當從入于秦不得奉其祭祀矣此云不祀終言之也

太史公曰 至 畢在鎬東南杜中 止

案下云秦滅周漢興九十有餘載天子將封泰山東巡狩至河南求周苗裔封其後嘉三十里地號曰周子南君此後人從漢書武帝紀元鼎四年詔書竄入也太史公述事至于麟止豈得及後十年事且嘉得封則周復祀與上文云周既不祀非一人之言明矣今刪

秦本紀第五

徐偃王作亂造父爲繆王御

正義古史攷云徐偃王與楚文王同時去周繆王遠矣

案後漢書東夷傳謂周穆王命楚文王伐徐偃王滅之直以爲楚文王與周穆王同時雖欲爲二史作調人其如世次太遠何今案楚世家無文王伐徐事入春秋後徐夷甚微安得有稱王而朝三十六國之事常武之詩曰徐方繹騷曰濯征徐國曰徐方來庭可

見徐戎之亂在春秋前宣王時特其餘燄穆王時乃爲極盛此事亦載於趙世家亦是爲此紀之證正義引異說以駁本師蠶生於木而惡木矣

襄公乃用騮駒黃牛羝羊各三祠上帝西畤○德公祠鄜畤○宣公作密畤

案本紀但載此三畤惟於初言畤曰祠上帝則築畤之地殊耳所祠之帝一也封禪書曰襄公自以爲主少皞之神作西畤祠白帝文公作鄜畤郊祭白帝宣公作密畤於渭南祭青帝則畤名同而帝有青白之

異矣下云靈公作吳陽上畤祭黃帝作下畤祭炎帝獻公作畦畤櫟陽而祀白帝則又增三畤加二帝矣皆於此紀如駢拇枝指且少皞爲人帝此紀云上帝周官大宗伯牲幣皆如其方之色然則襄公若祠白帝不當用騮駒黃牛封禪書所言乖謬特甚此劉歆所撰詳序證五德篇及封禪書下後人據封禪書以改年表詳年表集解引誤改之年表注此紀西畤正義亦引五色帝之說以注密畤故詳駁之

惠文君四年魏君爲王

案各本作齊魏爲王誤也年表是年爲周顯王三十五年魏襄王元年與諸侯相王魏世家同皆與此合田敬仲世家威王二十六年稱王與年表同當周顯王十六年前此十九年矣何待此年此衍齊字而脫君字也今正

十三年四月戊午君爲王 按 使張儀伐取陝

案臨本誤作魏君爲王汲古閣本年表無魏字是也謂惠文君稱王爾故上文皆稱君下文皆稱王周本紀顯王四十四年秦惠王稱王正義秦本紀云惠王

十三年與韓魏趙並稱王楚世家威王四年秦惠王稱王田敬仲完世家宣王十八年秦惠王稱王張儀傳秦惠王十年爲相相秦四歲立惠王爲王皆即惠王十三年也此魏字與下文韓亦稱王句皆衍今正韓稱王世家謂在宣王十一年年表在十年即周顯王四十六年後此二年也

昭襄王二十九年白起爲武安君

正義言能撫養軍士戰必剋得百姓安集故號武安故城在潞州武安縣西南五十里七國時趙邑

案此名號侯之濫觴也名號侯之名始自魏志武帝紀裴注以爲今之虛封今案無封邑但有名號而已七國時或有封邑而別爲名號如趙以尉文封廉頗爲信平君封樂毅於觀津號曰望諸君秦相呂不韋封爲文信侯食河南洛陽十萬戶此如漢世之列侯而別爲名號者也或有名號而無封邑如秦相蔡澤爲綱成君趙賜趙奢爲馬服君漢初封劉敬爲奉春君叔孫通爲稷嗣君則位下於列侯始皇本紀謂之倫侯漢曰關內侯卽名號侯之類也趙有兩武安君

始蘇秦終李牧而秦亦以是名封白起亦但有名號耳正義故號武安以上是也故城以下又以爲封邑一名而兩釋之乖矣秦攻韓閼與軍武安西大爲趙奢所破在秦昭王三十七年則前此秦安得有武安以封白起耶

莊襄王三年四月日食按王齕攻上黨至魏將無忌率五國兵擊秦

案各本中有四年二字衍也今刪王齕以下上承三年四月爲文莊襄王無四年也請列四證以明之年表莊襄王元年當魏安釐王二十八年秦雖脫二年三年之文然無忌敗秦軍在安釐王三十年則當莊襄王三年也證一也魏世家安釐王二十六年秦昭王卒三十年無忌歸魏率五國兵攻秦中更秦孝文王一年則無忌攻秦在莊襄王三年也證二也楚世家考烈王十二年秦昭王卒十六年秦莊襄王卒亦以莊襄王卒爲後昭王卒四年中更孝文一年則莊襄王卒於三年也證三也呂不韋傳莊襄王卽位三年薨證四也

子政立是爲秦始皇帝止

案各本此下終言二世子嬰事當是後人附記誤入正文不然全書自此篇外復有前紀之末附載後紀之年者乎灼然僞矣今正

秦始皇帝本紀第六

八年嫪毐

索隱嫪姓毐字王劭云賈侍中說秦始皇母與嫪毐淫坐誅故世人駡淫曰嫪毐也

案毐非字也說文毋止之也从女有奸之者毐人無

行也从士毋賈侍中說云云讀若娭然則毐之爲言猶婬也婬也人豈有字毐字婬者乎史稱嫪毐曰毐嘗其無行也世世人罵婬曰嫪毐借寫名爲公名也如公羊傳曰公　一陳佗也之比王劭舉賈說而不及許書差以毫釐謬以千里矣

遷蜀四千餘家 接 房陵 接 遷太后於雍

案各本重家字無義衍也今刪遷太后句各本皆脫今依下文迎太后於雍句補

十年大梁人尉繚來以爲秦國尉

案此以官代姓猶伊尹呂尚以官代名也

十八年王翦將上郡

案各本誤作上地正義上郡上縣今綏州等是也然則唐時正文作上郡也今正

異日韓王納地效璽 至 虜其王 接 趙王使其相李牧來約盟 接 寡人以爲善庶幾息兵革 接 故歸其質子

案各本寡人以爲善二句誤在虜其王下今正

二世三世至于萬世傳之無窮 接 改年始朝賀皆自十月朔衣服旄旗旄節皆上黑 接 承相綰等言

案各本無窮下云始皇推終始五德之傳以爲周得火德秦代周德從所不勝方今水德之始五句此劉歆輩從郊祀志竄入詳序證五德節及封禪書下即此文亦有可證者始朝賀皆自十月朔故曰改年仍稱十月不曰正月故不曰改正顏師古漢書高紀元年春正月注曰凡此諸月號皆太初正歷之後記事者追改之當時以十月爲歲首即謂十月爲正月今案謂十月爲正月當謂九月爲十二月此紀三十一年十二月更名臘曰嘉平秦之臘即周之蜡郊特牲

曰蜡也者索也十二月合聚萬物而索饗之也皇氏以爲三代各以十二月爲蜡是也故其祝辭云土反其宅水歸其壑昆蟲毋作草木歸其宅此必在土功畢水德衰昆蟲蟄草木落之時惟十二月有此物象若在九月方築場圃何得云土反其宅未交冬令何得云水歸其壑耶秦臘仍在十二月則不改正明矣十月者夏正之十月也從夏正故服色上黑三正記曰十三月之時萬物始達孚甲而出皆黑故夏爲人正色尚黑也然則此云上黑乃行夏正非以水德也

今正旌旗旄節各本倒作旄旌節旗今依正義先釋旌次釋旗次釋旄節正上黑下云數以六爲紀符法冠皆六寸集解水數六亦以水德爲言適案呂氏十二紀以五數分配五時然則五德之數自五至九歲徧用之不謂一朝之制有凡事用六者也高祖本紀封皇帝璽符節索隱韋昭云天子印稱璽又以玉符發兵將也是則符亦璽類皆謂印也符廣六寸當用六字漢書武帝紀太初元年數用五注張晏曰用五謂印文也若丞相曰丞相之印章諸卿及守相印文

史記探源　卷三　廿

不足五字者以之足之以彼例此則秦璽當方六寸用六字矣乃此紀九年矯王御璽正義韋曜吳書云璽方四寸上句紐五龍文曰受命于天既壽永昌寸數龍數字數於六字無一應者下又云更名河曰德水以爲水德之始剛毅戾深事皆決於法刻削毋仁恩和義然後合五德之數等語亦襲郊祀志而雜增之二十八年鄒嶧山刻石文曰除疑定法咸知所辟固亦以憂恤黔首爲言豈有自以戾深刻削爲德者耶且造爲終始五德之說者爲水德始於顓頊豈亦以刻削毋仁恩爲德耶今皆刪正

徐市

案此與魏人周市魏豹傳齊王田市項羽本紀田儋傳解者皆不作音義誤以爲市井之市盡人所知故也不思淮南王傳引作徐福則太史公以此爲韍斑之韍說文部首市篆作韍釋也易之赤紱詩之朱芾皆即市字市祓一聲之轉故相通與隸書市井之市形近而誤解也

非博士官所職天下敢有藏詩書百家語者悉詣守尉

史記探源　卷三　廿一

雜燒之至若欲有學接以吏爲師

案各本作若欲有學法令今依集解徐廣曰一無法令二字正若欲有學者學詩書百家語也吏謂博士也第燒民間之書不燒官府之書第禁私相受授可諸博士受業故陳勝反二世召問博士諸生博士諸生三十餘人前曰人臣無將語本公羊傳事載叔孫通傳若并在官者禁之三十餘人者焉敢公犯詔書擅引經義哉

太史公曰至故曠日長久而社稷安矣止

案賈生過秦論三篇自爲首尾此錄其下篇也各本復錄其上篇中篇於下此王船山所謂尻下出頭者必非史記本文中篇循而稱帝下集解徐廣曰一本有此篇無前者秦孝公已下而又以秦并兼諸侯山東三十餘郡繼此末也索隱鄒誕生曰太史公刪著此論當其義而省其辭褚先生增續既已混淆而世俗小智不惟刪省之旨合寫本論於此故不同也是徐廣所見本固有不錄其上篇者鄒誕生亦以全錄三篇爲世俗所增下載班固云賈誼司馬遷曰向使子嬰有庸主之才云云文出下篇則下篇固漢時史記所已錄而當時一本有中篇者亦後人竄入也陳涉世家集解引班固奏事曰太史遷取賈誼過秦論上下篇以爲秦始皇本紀陳涉世家下贊文今案世家錄其上篇則此惟錄其下篇無中篇有明證矣今據以正襄公立享國十二年以下當是後人附錄若以爲太史公作何以餘篇無此體例乎

項羽本紀第七

使劉賈將兵燒楚積聚 接 項王乃謂海春侯大司馬曹咎等曰 至 漢軍畏楚盡走險阻 接 項王與漢俱臨廣武而軍相守數月 接 項王聞淮陰侯已舉河北破齊趙 至 是時彭越復反下梁地絕楚糧 接 項王患之爲高俎置太公其上 至 漢王傷走入成皋 接 病愈復如廣武 接 是時漢兵盛食多云云

案此依高紀及漢書高紀羽傳正各本皆告白劉汜水上誤在楚漢俱臨廣武而軍後汜水在成皋西廣武在成皋東漢渡汜水然後入成皋復東臨廣武若漢王先臨廣武曹咎何由西守成皋乎病愈復如廣武二句各本皆脫今依高紀補

漢王乃封侯公爲平國君 接 曰此天下辯士所居傾國故號爲平國君 接 侯公匿弗肯復見

案各本誤移匿弗肯復見句於曰此天下辯士上匿字上脫侯公二字致不可解今正

高祖本紀第八

高祖沛豐邑中陽里人姓劉氏

索隱高祖劉累之後別食邑於范士會之裔留秦不反更爲劉氏

案左昭二十九年傳蔡墨曰陶唐氏既衰其後有劉累學擾龍于豢龍氏夏后賜氏曰御龍以更豕韋之後此劉氏爲堯後之一說也襄二十四年傳范宣子曰昔匄之祖自虞以上爲陶唐氏在夏爲御龍氏在商爲豕韋氏在周爲唐杜氏晉主夏盟爲范氏文十三年傳士會之帑處秦者爲劉氏此劉氏爲堯後之又一說也漢書王莽傳莽曰予之皇始祖考虞帝受嬗于唐漢氏初祖唐帝世有傳國之象予始爲漢承堯後之說姑無論劉累既更豕韋之後則非豕韋氏

范氏若係豕韋氏後則非陶唐氏後又無論左氏云其處者爲劉氏果如疏曰爲先儒插注否也即使劉氏果爲堯後安知漢是此劉氏之後周有劉康公王季子也食采於劉見左文十五年傳注毛詩彼留子嗟傳留大夫氏案留之爲氏亦係邑名即古者鄭國處於留之留與劉同在王畿之內說文無劉字有鎦字从留聲蓋鎦即留亦即劉也彼皆無後乎是則漢承堯後與劉氏爲堯後不得并爲一談且一姓不再興故堯舜禹爲天子後世爲諸侯契稷益爲諸侯後

世爲天子未聞天子之苗裔式微累千年復爲天子者也莽自比於舜受堯嬗自以爲舜後因以漢爲堯後賈逵曰五經皆無證圖讖明劉氏爲堯後者左氏獨有明文是左氏此文以證圖讖此讖即哀章所作金匱策書持之高廟莽所藉以受嬗者劉歆爲莽典文章遂後散布諸說入左傳假劉累爲得氏之始其稱御龍氏即寓乘龍御天之意繼以豕韋以配王氏之陳胡王敬王並峙爲遙遙華胄翛然劉氏爲堯後左氏雖有明文漢爲堯後劉氏之後其有明文者惟

王莽詔書耳太史公所未及聞故爲高祖作本紀始述其里居言其爲家人子也次詳其姓氏明其世系無攷也豈若秦本紀曰帝顓頊之苗裔項羽本紀曰世世爲楚將出自世家大族之比哉小司馬所引可謂渣滓太清矣

字季

集解漢書音義諱邦索隱漢書名邦字季此單云字可疑漢高祖長兄名伯次名仲不見別名則季亦是名也故項岱云高祖小字季即位易名邦後因諱邦

不諱季所以季布猶稱姓

案劉氏兄弟三人但以長少而稱伯仲季非名也高祖微時但稱劉季後稱沛公後稱漢王後稱皇帝終其身無所謂名與字也諱邦者後世史臣所擬耳否則漢王二年二月立漢社稷當爲祭文或爲造名之始歟

父曰太公母曰劉媼

索隱王符云太上皇名煓與湍同音皇甫謐云名執嘉媼姓王氏又據春秋握成圖以爲執嘉妻含始近

有人打得班固泗水亭長古碑文云母溫氏貞

案侯景纂梁其黨爲立七廟請諱景曰惟記阿耶名標餘不知也其黨徧爲其祖造諱史家嗤之以彼例此乃知漢高之家世正如侯景王符之矯誣實啟王偉也當太史公時漢高之父無名母無姓況能知其二千年前之遠祖乎漢明信賈逵誣辭愧劉炫矣炫說見左傳襄二十四年疏

徒中壯士願從者十餘人 按 秦始皇帝常曰

案各本中述赤帝子斬白帝子事此從郊祀志竄入

詳序證五德節今刪

漢元年十月沛公兵遂先諸侯至霸上

案漢書十月下有五星聚于東井句幸未竄入此紀得以證史記凡言分野者皆非太史公原文

韓信說漢王曰 至 爭權天下

集解徐廣曰韓王信非淮陰侯信也

案漢書高帝紀云拜信爲大將軍問以計策信對曰以下文與此同則爲淮陰侯韓信明矣後人又竄此數語入韓王信傳故徐廣云然顏師古注漢書韓王

信傳以爲誤錯是也

闕 韓王昌昌不聽使韓信擊破之

案韓王昌上當有使某人說數字不知所使何人無從增訂下復有昌字屬不聽爲句各本皆脫今補三年魏王豹反爲楚漢王使酈生說豹豹不聽漢王遣將軍韓信擊大破之此其例也

三年以取敖倉粟

案各本脫粟字今依項羽本紀補

殺龍且齊王橫犇彭越

案各本誤作齊王廣廣亦爲韓信所烹安得烹彭越烹越者橫也今依田儋傳正

關中兵益出當此時接項羽數擊彭越等

案各本中云彭越將兵居梁地至田橫往從之此皆三年重文也今刪

立武王布爲淮南王

案稱布爲武王亦見荊燕世家而布傳無之此語必不承二年九江王布爲文中有脫文故也

五月丙寅葬長陵

案各本脫五月長陵四字今依漢書高紀補

次代王恆

案文帝名於此武帝名於景紀高惠景帝皆不名

朝以十月車服黃屋左纛止

案各本下有葬長陵句長陵二字紀中所脫別增葬字而附於此也今刪

呂后本紀第九

案漢書有惠帝紀此附於呂后紀中

齊內史士說王曰太后獨有孝惠與魯元公主

案孝惠魯元皆謚也此追稱若當時語止當曰太后獨有帝與公主爾下文但稱公主可證

齊王上城陽郡尊公主爲王太后

集解如淳曰張敖子偃爲魯王故公主得爲太后

顏師古漢書惠帝紀注曰此說非也蓋公主爲齊太后以母禮事之張耳傳高后元年魯元太后薨後七年宣平侯敖薨呂太后立敖子偃爲王以母爲太后故也是則偃因母爲齊王太后而得王非母因偃乃爲太后也

劉攽曰顏說非也悼惠與公主兄弟耳雖欲諂呂后以母事之於理安乎

案顏說不可非也孝惠尚以公主爲妻母悼惠何不可以爲母乎太后者有子爲王之稱未有無爲王之子而稱太后者也是時張偃乃宣平侯世子耳不曾公主爲齊王之母焉得稱太后尊公主爲王太后之王即齊王之王不復言齊者承上句而省爾是年以前稱公主以後稱齊王太后薨後謚元太后及子偃爲魯王而元太后亦繫之魯即追稱其爲公主時亦

冠以魯元也敘文謂齊內史欲尊公主以漸王張氏
故勸王以獻郡就益魯邑而更號魯元公主為魯元
太后太后之號雖更魯元之稱不除豈以關為齊王母
乎案此直謂其為公主時即稱魯元何憒憒也
九月辛丑葬安陵
案各本脫安陵二字今依漢書惠帝紀補
少帝元年魯元公主薨賜謚為魯元太后子偃為魯王
案偃以母為太后之故而為王太后以子王魯之故
而元太后得繫之魯偃王魯在元太后薨後七年此

於薨年即云賜謚為魯元太后者終言之非謚元太
后時即繫之魯也
七年宣平侯張敖卒以子偃為魯王敖賜謚為魯元王
案元者妻謚王者子爵此假妻謚子爵以稱敖非賜
敖謚也唐時有官梓州郪縣令者自謂云州稱子號
縣帶妻名由來皆嬌婦兒不是老夫官職彼猶戲語
此乃實事矣

孝文本紀第十

案五年七年至十二年後三年至後五年皆無文漢
書有之孝文帝從代來至興於禮義在漢書為贊語
此乃移入紀中帝崩之前何其顛錯而殘缺也張晏
云景紀亡當是文紀之誤小司馬所謂取班書補之
者在此不在彼也不然何由錄班贊且太史公於高
惠景紀帝崩皆謚此紀獨否高后惠景崩皆不地此
於未央宮皆與班書合可為錄取班書之證

孝景本紀第十一

張晏云亡司馬貞曰取班書補之
案衛宏漢書舊儀注云太史公作景帝紀極言其短

及武帝過武帝怒而削去魏書王肅傳亦云然然班
固謂遷死後其書稍出宣帝時遷外孫楊惲祖述其
書遂布焉是則武帝無緣見其書何由削去且此紀
之文亦有詳於漢書者如三年徙濟北王以下五王
五年徙廣川王為趙王六年封中尉趙綰為建陵侯
至梁楚二王皆薨班書皆無之則非取彼以補也蓋
此紀實未亡爾
中元年封故御史大夫周苛曾孫平為繩侯故御史大
夫周昌孫左車為安陽侯

案各本作周苛孫平周昌子左車誤也今依功臣侯
表高京侯汾陰侯表正
中三年冬丞相周亞夫免
案各本作周亞夫死誤也絳侯世家亞夫死國除絶
一歲景帝更封絳侯勃他子堅爲平曲侯高祖功臣
侯表平曲侯堅元年爲景帝後元年是則亞夫死於
中六年乃免相後三年也今正
後元年以御史大夫綰爲丞相止
案各本下有封爲建陵侯句衍也建陵侯用中尉封

在前六年春至此八年矣今正
二月〇癸酉葬陽陵
案各本作三月誤也上云正月甲寅皇太子冠甲子
孝景皇帝崩則癸酉在二月上距甲寅二十日甲子
十日也又脱癸酉二字譌葬爲置今依漢書正
孝武本紀第十二
集解張晏曰武紀亡褚先生補作也索隱褚先生合
集武帝事以編年今也取封禪書補之信其才之薄
也張晏云褚先生名少孫仕元成間

案封禪書錄郊祀志而删其昭宣以下此紀復錄封
禪書而删其文景以上是此紀亦斷頭刖足之郊祀
志也郊祀志係劉歆爲莽典文章時作詳序證要略
節豈仕元成間人所及見覩於三代世表五宗世家
下褚先生說則其文章經術卓爾不羣何至襲志爲
紀耶諒褚補亦亡後人因張晏之言錄此以充其數
也小司馬誣褚先生矣

史記探源卷四　解廬藏板

歸安崔適

十表

三代世表

余讀諜記黃帝以來皆有年數稽其歷譜諜按乖異夫子之弗論次其年月豈虛哉

案各本中云終始五德之傳古文咸不同此劉歆之徒竄入也詳序證五德節太史公謂讀一代之諜記自黃帝以來雖皆有年數稽歷代之譜諜則年數乖

異故夫子弗論次而還但表其世也若謂終始五德乖異則與夫子弗論次年月句不相屬矣且終始五德之序始自太皞此表自黃帝始何得與之牽合古文下不言何經簡不成語詳序證古文節不同與乖異義複史記豈應冗雜乃爾今刪

於是以五帝德帝繫姓諜

案各本作以五帝繫諜脫德帝姓三字今補索隱曰大戴禮有五帝德帝繫姓篇太史公取此二篇之諜則唐時未脫也惟此二篇之諜即歷代譜諜太史公取於此戴德亦取於此戴德乃后倉弟子后倉任孝宣世見藝文志世次在太史公後太史公非取於大戴禮也

蟜極生帝俈爲高辛氏

案此與上文昌意生顓頊爲高陽氏語例相同五帝本紀亦曰帝嚳高辛者與帝顓頊高陽者語例相同此文毛本作蟜極生高辛爲帝俈不過名氏互倒監本作蟜極生高辛高辛生帝俈譌謬特甚今正

太公尙文王武王師

案毛本脫武王二字此從監本

十二諸侯年表第二

案共和元年庚申至敬王四十三年甲子計三百六十五年年數可考實始於此劉歆所造律歷志曰大中大夫公孫卿等議前歷上元泰初至元封七年四千六百一十七歲丞相屬寶等言黃帝以來三千六百二十九歲張壽王言黃帝至元鳳三年六千餘歲說雖參差猶不甚遼要亦歆所假託乃自出三統歷之說以壓之曰三統上元至伐紂之歲十四萬二千

一百九歲說亦見律歷志又謂七十六歲爲一蔀二十蔀爲一紀乾鑿度謂西伯受命之年入天元二百七十五萬九千二百八十歲孔穎達謂得一千八百一十五紀餘有四百八十歲卽入後紀之年說見詩文王篇疏緯書出哀平閒與古文經傳同時意亦與三統歷相應皆歆與所徵之千數人作爲此荒遠之說以見自古帝王易姓受命必有多則數十萬年少亦數萬年者則新皇帝命太史推三萬六千歲歷紀尙不爲久而未滿此數斷無人能取而代之也苟有

繼嚴鄉高陵之徒而起者終受有扈之誅爾歆所著書爲莽紿入晉人僞造竹書紀年無所爲而受其紿謚紀黃帝以下年數卽使眞出魏冢豈魏末史臣通知古事過於孔子乎後世編歷代總史究皆以史記爲法

不可以書見也接及如荀卿孟子公孫固韓非之徒至不可勝紀止

案各本中自魯君子左丘明以下一百二十六字皆爲劉歆之學者所竄入今刪請列七證以明之七略

曰仲尼以魯史官有法與左丘明觀其史記有所褒毀貶損不可書見口授弟子弟子退而異言丘明恐弟子各安其意以失其眞故論其本事而作傳與此表意同七略與上下文意相聯此與上下文意相背詳下則非七略錄此表乃竄七略入此表也證一此表上云七十子口授不可書見中云左丘明因孔子史記具論其語則是書見而非口授矣若太史公一人之言豈應自相背謬若此證二劉歆譽左氏所以毀公羊此表下稱董仲舒無由先譽左丘明賈逵曰左

氏義長於君父公羊多任於權變逵此說非實也左氏以兵諫爲愛君可謂不任權變乎公羊謂君親無將將而誅不可謂不長於君父也太史公自序余聞之董生云爲人臣者不知春秋守變事而不知其權此說正與逵之稱左氏義相反對若此篇亦以懼弟子失其眞稱左氏則知權之說正在失眞之內不猶助敵自攻乎證三劉歆傳曰歆以爲左丘明好惡與聖人同夫曰歆以爲則自歆以前未嘗有見及此者也乃此紀與七略皆曰左丘明懼弟子各安其意以失其眞安意失眞者卽好惡與聖人不同之謂不失

其眞卽同之謂如太史公已云然卽謂左氏與聖人同矣安得云歆以爲邪證四歆讓太常博士書曰或謂左氏爲不傳春秋如此表已云左邱明成左氏春秋歆何不引太史公言以折之耶證五自序云左邱失明厥有國語然則左邱其氏明是其名有國語而無春秋傳七略稱邱明此表曰左氏春秋則左氏而邱明名傳春秋而無國語止此四字與自序相矛盾與七略若水乳證六此表自周平王四十九年以後皆取自春秋呂氏春秋非紀年月日之書復何所取

鐸氏虞氏其書今亡弗論要自後人雜取四家書名從中插入致上下文皆言孔子之春秋者語意隔斷不然虞呂世次在孟荀後豈其書亦爲孟荀所捃摭乎證七也下有漢相張蒼等句今删詳張蒼傳下

爲成學治國聞者

案各本作治古文者集解徐廣曰一云治國聞者也今依以正古乃國之聲誤復改聞爲文爾

周莊王二年有兄弟

案下三字不可解當有脫誤

惠王二十五年 止

案各本下云襄王立畏太叔從左傳竄入也今正集解皇甫謐云二十四惠王崩亦據左氏也春秋魯僖公八年十有二月丁未天王崩此卽惠王二十五年與年表合左傳七年閏月惠王崩襄王畏太叔帶之難懼不立不發喪而告難于齊八年冬王人來告喪難故也是以緩此以赴告之日釋崩日詳序證告則書節若是則惠王無二十五年又不以是年爲襄王元年是時豈有西晉懷愍之禍而虛王統一年乎集

解引皇甫謐說以解年表謬矣

襄王三年戎伐我太叔召之王欲誅叔帶叔帶奔齊

案各本作太叔帶召之欲誅叔帶奔齊上衍大字中脫王字下脫叔帶二字今依文意正

六年頃王崩 止

案毛本下云公卿爭政不赴故不書今案公卿爭政於本紀左傳皆無攷不赴故不書二句左傳亦無之此必依左氏例以竄入也不思莊釐二王崩春秋亦不書何以無說監本作公卿爭政故不赴皆非本文

今刪

魯伯御立為君伯御武公孫伯御元年〇十一年周宣
王誅伯御立其弟稱是為孝公〇孝公元年至二十七
年

案各本作魯孝公元年伯御立為君稱為諸公子云
伯御武公孫奪伯御之年以予孝公是時孝公方為
諸公子安得紀元無此史例必為後人所亂也十二
年至三十八當為孝公元年至二十七今依世家正

桓公十六年公會于曹伐鄭

案各本作公會晉謀伐鄭晉字誤謀字後人從左傳
鄭世家作會于曹伐鄭入厲公春秋公會宋公蔡侯
衛侯于曹伐鄭皆不及晉今正

十七年十月朔日有食之止

案各本作十七年日食脫十月朔有之五字今依盤
十五年具月文十五年具朔皆作日有食之訂下云
不書日官失之此劉歆之徒竄入詳序諸官失之節
今刪

莊公九年魯欲以糾入

案各本以誤作與今依文正

三十二年莊公弟叔牙鴆死慶父殺子般

案各本脫慶父殺三字似謂叔牙鴆死子般矣今依
湣公二年慶父殺湣公語例補

釐公十五年五月日有食之止

案各本下有不書日官失之二句後人竄入於桓公
十七年例同今刪

文公十四年彗星入北斗止

案各本下有齊宋晉君死句語出劉歆詳序證分野

節今刪

昭公十年止

案各本下云四月日蝕此衍文也春秋無之今刪然
春秋日食三十六此合襄公二十一年二十四年皆
言日再蝕止得二十三去此則二十二餘皆竄脫矣

十七年六月朔日蝕

案監本作正月毛本作五月皆誤今依春秋正

定公十四年齊來歸女樂季桓子受之孔子行

案各本誤在十二年今依孔子世家正

齊桓公二十八年爲衛築楚邱救邢伐狄

案各本邢誤作戎伐狄二字互倒致不成語今正

惠公十年惠公卒止

案毛本下云崔杼有寵高國逐之據左傳竄入也監本作高國奔衛更誤今刪經書崔氏不曰崔杼則非杼之身也且以年計之惠公乃桓公子是年距桓公卒四十四年桓公卒時惠公已能與孝公爭國則年已二十左右至此則六十餘歲矣崔杼有寵至少亦三四十歲是年至弑莊公逾五十二年則杼年八九十矣弑君擅政身殉黜妻豈似八九十歲之人所爲可見是年奔衛者必非杼也

頃公無野元年

案毛本誤作景公此從監本

靈公二十七年齊師敗靈公走入臨淄晏嬰止靈公靈公弗從

案毛本止作晉圍臨淄晏嬰六字監本晏嬰下有大敗之三字皆誤今依世家正

景公三十二年 接 晏子曰

案各本中有彗星見三字後人竄入也詳世家今刪

晉惠公十四年圉立爲懷公

案此魯僖公二十三年也春秋於二十四年冬書晉侯夷吾卒則惠卒懷立在十五年此與世家皆在十四年者文公於魯僖二十四年篡懷代立當年改元晉史豫於魯僖二十三年爲惠公之末年遂減爲十四年凡以爲文公地爾此史記所本也不然豈不與春秋乖異哉左邱國語本非紀年月之書其言年乃亦劉歆所點綴以應其以赴日爲卒日之說也詳序

證僞則書節

文公元年〇魏武子爲魏大夫

案各本脫子字今依世家補

景公六年救宋楚執解揚

案各本脫楚字今依世家補

平公二十六年 接 十月公薨

案各本中云春有星出婺春秋無之文見左昭十年傳爲歲在玄枵平公死徵此劉歆語也詳序證分野節今刪

秦襄公八年初立西畤祠上帝

案各本作祠白帝此古文學家從郊祀志改今依本紀正

三十九年繆公薨葬殉以人從死者百七十人止

案各本下云君子譏之故不言卒此二語左傳亦無之當是推左氏例而竄入也今刪

惠公元年止

案各本下云彗星見此於本紀左傳皆無徵疑衍今刪

楚康王招元年其王太子止

案各本下云出奔吳不知何指於世家左傳亦無徵疑誤今刪

宋殤公九年按華督殺孔父及弒殤公

案各本中云華督見孔父妻好悅之此劉歆語也詳世家弒誤作殺今刪正

景公三十七年止

案各本下云熒惑守心子韋曰善此亦錄劉歆語而有脫字也詳世家今刪

衛宣公晉元年共立之

案各本作衛宣公元年晉共立之後人不知晉是宣公之名而誤倒也今正

成公三年會晉朝王復歸衛

案各本誤作會晉朝復歸晉今依左傳正

陳文公圉元年生桓公鮑公子他

案各本誤作生桓公鮑厲公他他母蔡女今依世家及左傳正

桓公三十八年弟他殺太子免代立按淫蔡蔡人殺他

按陳厲公躍元年按二年生敬仲完三年按四年〇七年按陳莊公林元年

案各本代立下云國亂再赴劉歆語也詳序證告則書節又下即云陳厲公他元年陳大夫五父自立為厲公誤也五父句毛本尚無監本有之三年下云周史卜完後世王齊亦歆語詳序證變象互體節七年下云公淫蔡蔡人殺公此誤以他為厲公也春秋蔡人殺陳佗在魯桓公六年即陳厲公元年佗即他安得有在位七年之事詳世家下今正

鄭莊公元年祭仲相

案監本誤作祭仲生今從毛本

昭公元年忽母鄧女祭仲立之

案監本誤作祭仲取之近似祭仲取忽母爲妻矣誤本之害義如此幸毛本不誤今從之

釐公五年子駟使賊夜弒釐公止

案各本下云詐以病卒赴諸侯劉歆語也詳世家下今刪弒誤殺今正

簡公三年子孔欲作亂子產止之

案各本誤作子孔作亂子產攻之今從世家正

十七年止

案各本下云子產曰范宣子爲政我請伐陳二語不接於世家左傳亦無徵今刪

吳餘祭四年季札使諸侯閽弒餘祭 按吳餘昧元年至十七年

案各本作守門閽弒餘祭季札使諸侯守門卽閽也不須重言當是旁注誤入正文又倒在上季札句誤在下杜預左傳注謂餘祭使札而後爲閽所弒是也下復紀五年至十七年然後紀餘昧元年至四年緣世家脫閽弒餘祭句乃互倒二王之年數復據誤倒年數之世家以改年表不悟餘祭已於四年被弒安復得有五年以下耶今正

六國表第三

案周元王元年乙丑至秦二世三年甲午計二百七十年

論秦之暴戾不如魯衛之德義

案各本誤作論秦之德義不如魯衛之暴戾者今正

秦既得意燒天下詩書諸侯史記尤甚爲其有所刺譏也 按獨有秦記

案各本中云詩書所以復見者多藏人家此劉歆語也指魯國孔壁河間國民間所藏古文經傳而言然五宗世家不載則此言無徵矣上言燒天下詩書卽本紀所謂非博士官所職天下有藏詩書者燒之也然則詩書所以復見自有博士官所職爾何待人家所藏哉又曰史記獨藏周室以故滅然則先秦之本紀年表世家列傳何所據而作之此亦歆語也今刪

周元王元年
集解徐廣曰乙丑皇甫謐曰元年癸酉二十八年庚子崩
案此定王始終之年也謐誤屬之元王
定王元年
集解徐廣曰癸酉皇甫謐曰貞定王元年癸亥十年壬申崩
案謐謂景王崩於二十二年戊寅敬王崩於四十四年壬戌則癸亥爲元王元年而以當定王謬也詳本

紀
秦武王元年張儀魏章皆出之魏
案監本作皆死於魏誤也今從毛本本紀作皆東出之魏
昭王二年彗星見止
案各本下有桑君爲亂誅五字誤也秦有商君死於孝公二十四年見上文無所謂桑君也本紀是年庶長壯與大臣諸侯公子爲逆皆誅及惠文后皆不得良死此言桑君不知謂誰今刪

莊襄王楚元年取東周
案毛本東下衍西字西周自昭襄王五十二年已取之矣此從監本
二年蒙驁擊趙榆次新城狼孟○三年王齮擊上黨
案二年三年四字各本皆脫今依六國年表補
始皇十五年大興兵一軍至鄴一軍至太原
案監本作興軍至鄴軍至太原脫四字此從毛本
魏獻子○衛出公飲大夫大夫不解襪公怒大夫即攻公公奔宋
案監本誤入趙表出公誤作莊公襪誤作履皆與左傳不合毛本不誤而脫大夫字者再語意不明今依

文正
文侯五年盜殺晉幽公立其子止
案毛本誤作魏誅晉幽公立其弟止此從監本晉世家曰幽公淫婦人夜竊出邑中盜殺幽公魏文侯以兵誅晉亂立幽公子止語較詳與監本合
二十四年秦伐我
案監本誤作伐秦此從毛本與世家合

惠王十六年與秦孝公會杜平
案毛本與字上有徐廣曰句似衍此從監本
三十三年衛鞅亡歸我我怒弗內
案監本脫一我字此從毛本世家作商君亡秦歸魏魏怒不入與此意同
景湣王五年秦拔我垣蒲陽衍
案毛本誤作桓衍蒲陽此從監本世家同
韓列侯三年接三月
案监本中有鄭人殺君句此涉四年鄭相子陽之徒

殺其君繻公而衍也此從毛本
哀侯二年滅鄭康公康公以二十年滅無後
案監本脫康公以三字此從毛本
桓惠王九年秦拔我陘城汾旁
案毛本重城字衍也此從監本世家同
趙敬侯八年襲魏不克
案監本誤作襲衛此從毛本魏世家同
成侯三年伐衛取都鄙七十三
案毛本作伐鄭世家作取鄉邑此從監本未知孰是

惠文王二十九年秦攻韓閼與趙奢將擊秦大敗之
案監本誤作秦拔我閼與不知是時閼與非趙地秦敗而非拔也此從毛本
三十年秦擊我閼與城不拔
案毛本此二句脫此從監本
楚肅王五年魯共公元年
案毛本誤入肅王六年此從監本魯世家穆公三十三年卒此表穆公元年在聲王元年則三十三年適當肅王四年至五年乃爲共公元年也

宣王十三年君尹黑迎女秦
案君尹疑是令尹之誤秦本紀楚世家皆無之
頃襄王二十三年秦所拔我江旁十五邑爲郡距秦
案監本作秦所拔我江旁反秦此從毛本
幽王悍元年
案世家作幽王悍未知孰是
燕王噲五年君讓其臣子之國顧爲臣
案各本誤作願爲臣今從世家正

秦楚之際月表第四

案此表爲後人所亂以致語例殊乖六國初起惟秦紀年紀月諸侯有月無年是也而楚懷王獨紀二年其乖一也二世二年有後九月懷王於二世二年六月爲一月二世三年五月爲二年一月秦計閏楚不計閏其乖二也更名爲常山前不言趙更名爲臨菑前不言齊更名爲西魏前不言魏則知是故何國乎其乖三也義帝元年以後漢以十月爲歲首各國以一月爲歲首其乖四也以漢之二年後九月當各國之九月漢有閏各國失閏是以由後推前遞差一月

致十八王之一月惟漢題正月各國脫一月以其二月當漢之三月諸侯罷戲下之國於漢屬四月各國稱三月其乖五也臨江王殷王之十三月衡山九江燕王皆稱二年一月五王皆項氏所封而紀年與紀月殊科其乖六也項王死於十二月於漢繫之正月其乖七也高祖紀正月即皇帝位次言徙韓信封彭越此表惟徙韓信在正月即帝位封彭越皆在二月其乖八也元年趙王趙歇徙代齊王田市徙膠東皆計故國之月五年齊王韓信徙楚衡山王吳芮徙長沙別從新國之月其乖九也韓王信徙代在六年春見本傳此表在五年二月其乖十也今攷定之以月爲綱仍當有一國紀年者以閏故否則不知上年之後九月非次年之十月也秦未亡紀秦年秦既亡紀漢年不紀楚年者諸侯王有始屬楚楚亡而歸漢直漢之五年漢有五年不可無元二三四年故也漢元年正月懷王始爲帝項羽吳芮其敖英布田都田安沛公章邯司馬欣董翳臧荼司馬卬申陽皆始爲王當稱一月漢以紀年改稱正月趙歇田市韓廣魏豹

韓成爲王久矣特爲項王所徙當并其故國計之曰二十六月十九月三十月十八月二十一月也以明月分爲主不及備載全文列表如左

秦	二世元年七月	八	九
楚	隱王陳涉一月	二	三
項			武信君項梁一月
趙		王武臣一月	二
齊			王田儋一月
漢			沛公一月
燕			王韓廣一月
魏			王魏咎一月
韓			

史記探源 卷四 三十

二年十月	十一月	十二月	端月	二	三	四	五	六	七	八	九
四	五	六死敗	王景駒一月	二	三	四為項梁所殺		懷王一月	二	三	四
二	三	四	五	六	七	八	九	十	十一	十二	十三為章邯
三	四為李良所殺		王趙歇一月	二	三	四	五	六	七	八	九
二	三	四	五	六	七	八	九	十為章邯所殺	王田假一月走楚	王田市一月	二
二	三	四	五	六	七	八	九	十	十一	十二	十三
二	三	四	五	六	七	八	九	十	十一	十二	十三
二	三	四	五	六	七	八	九	十圖急自殺			王魏豹一
								王韓成一月	二	三	四

史記探源 卷四 三十

	後九月	三年十月	十一	十二	端月	二	三	四	五	六	七	八趙高殺之	九子嬰為王	十降楚將沛公		
	五	六	七	八	九	十	十一	十二	十三	十四	十五	十六	十七	十八	十九	二十
所殺	魯公項羽一月	二	三	四	五	六	七	八	九	十	十一	十二	十三	十四	十五	十六
	十	十一	十二	十三	十四	十五	十六	十七	十八	十九	二十	二十一	二十二	二十三	二十四	二十五
	三	四	五	六	七	八	九	十	十一	十二	十三	十四	十五	十六	十七	十八
	十四	十五	十六	十七	十八	十九	二十	二十一	二十二	二十三	二十四	二十五	二十六	元年十月秦王降	十一	十二
	十四	十五	十六	十七	十八	十九	二十	二十一	二十二	二十三	二十四	二十五	二十六	二十七	二十八	二十九
月	二	三	四	五	六	七	八	九	十	十一	十二	十三	十四	十五	十六	十七
	五	六	七	八	九	十	十一	十二	十三	十四	十五	十六	十七	十八	十九	二十

項羽尊楚懷王爲義帝	一月 二 三 四 五 六 七
自立爲西楚霸 王	一月 二 三 四 徙 帝之郴 五 六 七
分 封 十 八 王	
分爲衡山 王吳芮	一月 二 三 四 五 六 七
分爲臨江 王共敖	一月 二 三 四 五 六 七
分爲九江 王英布	一月 二 三 四 五 六 七
趙更名常山 王張耳	一月 二 三 四 五 六 七
分爲代 王 王趙 趙歇	二十 六月 二十 七 二十 八 二十 九 三十 三十 一 三十 二
齊更名臨淄 王田都	一月 二 三 四 五 走楚 復殺 齊王 田榮 一月 二
分爲濟北 王田安	一月 二 三 四 五 六 七 爲榮所殺
分爲膠東 王王齊 田市	十九 月 二十 二十 一 二十 二 二十 三 二十 四 爲榮所殺
關中分爲漢 王故沛公	正月 二 三 四 五 六 七
分爲雍 王章邯	一月 二 三 四 五 六 七
分爲塞 王司馬欣	一月 二 三 四 五 六 七
分爲翟 王董翳	一月 二 三 四 五 六 七
燕 王臧荼	一月 二 三 四 五 六 七
分爲遼東 王王燕 韓廣	三十 月 三十 一 三十 二 三十 三 三十 四 三十 五 三十 六
魏更名西魏 王魏豹	十八 月 十九 二十 二十 一 二十 二 二十 三 二十 四
分爲殷 王司馬卬	一月 二 三 四 五 六 七
韓 王韓成	三十 一月 十 二 二十 三 二十 四 二十 五 二十 六 十 七 爲羽所殺
分爲河南 王申陽	一月 二 三 四 五 六 七

八 九 十 項羽滅之	
八 九 十 十一	十二 十三 十四 十五 十六 十七 十八 十九 二十
八 九 十 十一	十二 十三 十四 十五 十六 十七 十八 十九 二十
八 九 十 十一	十二 十三 十四 十五 十六 十七 十八 十九 二十
八 九 十 十一	十二 十三 十四 十五 十六 十七 十八 十九 二十
八 九 爲陳餘所敗 復爲趙歇復王趙三十五 三十 六	三十 七 三十 八 三十 九 四十 四十 一 四十 二 四十 三 四十 四 四十 五
三十 三 三十 四 復王趙 王陳餘一月 二	三 四 五 六 七 八 九 十 十一
三 四 五 六	七 八 戰敗爲民 所殺 假復王一月 二 爲橫所敗 走楚見殺 王田廣一月 二 三 四 五
八 九 二年十月 十一	十二 正 二 三 四 五 六 七 八
八 九 十 十一	十二 十三 十四 十五 十六 十七 十八 爲漢所殺
八 降漢	
八 降漢	
八 九 十 十一	十二 十三 十四 十五 十六 十七 十八 十九 二十
三十 七 爲荼所殺	
二十 五 二十 六 二十 七 二十 八	二十 九 三十 三十 一 三十 二 三十 三 三十 四 三十 五 三十 六 三十 七
八 九 十 十一	十二 十三 十四 降漢
[illegible] 一月 二 三 爲漢所破 韓王信一月	二 三 四 五 六 七 八 九 十
八 九 十 十一 降漢	

史記探源 卷四 三五

	二十一	一 二十 二 二十 一 二十	六 四十 十二	六	九	二十一 二十八 爲漢所殺	十一
	二十二	二 二十 二 二十 二 二十	七 四十 十三	七	後九月	二十二	十二
	二十三	三 二十 三 二十 三 二十	八 四十 十四 爲漢所殺 爲漢所殺	八	二年十月	二十三	十三
	二十四	四 二十 四 二十 四 二十		九	十一	二十四	十四
	二十五	五 二十 五 二十 五 二十 走降漢		十	十二	二十五	十五
	二十六	六 二十 二十六		十一	正月	二十六	十六
	二十七	七 二十 二十七		十二	二	二十七	十七
	二十八	八 二十 二十八		十三	三	二十八	十八
	二十九	九 二十 二十九		十四	四	二十九	十九
	三十	三十 三十		十五	五	三十	二十
一	三十一	一 三十 三十一		十六	六	三十一	二十一
、	三十二	二 三十 三十二 魏豹		十七	七	三十二	二十二
	三十三	三 三十 三十 王離一月		十八	八	三十三	二十三
	三十四	四 三十二		十九	九	三十四	二十四
	三十五	五 三十三		二十	四年十月	三十五	二十五
	三十六	六 三十四	孫復王趙 一月	二十一 所殺 爲漢	十一	三十六	二十六

史記探源 卷四 三六

三十七	七 三十	五	二		十二	三十七		二十七
三十八	八 三十	六	三	王韓信一月	正	三十八		二十八
三十九	九 三十	七	四	二	二	三十九		二十九
四十	四十	八	五	三	三	四十		三十
四十一	一 四十	九	六	四	四	四十一		三十一
四十二	二 四十	十	七	五	五	四十二		三十二
四十三	三 四十	十一	八	六	六	四十三		三十三
四十四	四 四十	十二 分爲淮南王英布一月	九	七	七	四十四		三十四
四十五	五 四十	十三 二	十	八	八	四十五		三十五
四十六	六 四十	十四 三	十一	九	九	四十六		三十六
四十七	七 四十	十五 四	十二	十	五年十月	四十七		三十七
四十八	八 四十	十六 五	十三	十一	十一	四十八		三十八
四十九 爲漢所殺	九 四十 徙王長沙	十七 爲 [illegible] 六	十四	十二 徙王楚	十二	四十九		三十九
王故齊王韓信十三		[illegible] 七	十五		正月 即皇帝位	五十	始立梁國 王彭越一月	四十

十四	五十八 一	十六	二	五十一	二	四十一
十五	五十九 二	十七	三	五十二	三	四十二
十六	五十十 三	十八	四	五十三	四	四十三
十七	五十十一 四	十九	五	五十四	五	四十四
十八	五十十二 五	二十	六	五十五	六	四十五
十九	五十十三 六數	二十覽	七	五十六	七	四十六
二十	子四十四 一月	子敗一月	八	五十七	八	四十七
二十一	一	十五二	九	五十八 爲漢所滅	九	四十八
二十二	三	十六三	後元	月 上崩維一	十	四十九

案張照攷定之表尚有四誤秦末有年漢初無年自亂其例一誤也漢有五年而無元二三四年是見龍无首也二誤也諸侯罷戲下之國各本於漢屬四月各國稱三月三月皆誤四月不誤項紀高紀可證今皆列於三月三誤也自元年一月至五年十二月二年有閏實爲四十九月今以爲四十八月四誤也故復訂之

漢興以來諸侯年表第五

案此篇以下褚先生補而託之太史公者也敘論云臣遷謹記高祖以來至太初諸侯今案太史公述漢事不自此始而臣遷之稱突出於此者非遷作而託之遷猶非褚先生作而託之褚先生也臣遷之稱始於此太初之文亦始於此益可爲太初而訖非太史公語之證知是褚先生補者其人能補史記必與太史公文相似不在楊平通下故知所補在此不在彼也

高祖功臣侯表第六

案此并褚先生補亦爲後人竄亂也敘論云至太初

百年之間見侯五夫曰至太初間者即所謂太初而訖也表乃云太初元年盡後元二年十八是抹去天漢太始征和年號納之太初遂以後元二年爲太初十八年以牽合於太初而訖之說則何不表至孺子嬰初始三年亦不過太初一百十四年不仍可謂太初而訖乎見侯五索隱謂平陽侯曹宗曲周侯酈終根陽河侯齊仁戴侯秘蒙穀陵侯馮偃也今案穀陵侯偃建元四年後即無攷不及太初當是遺脫征和二年平陽侯宗坐太子死國除三年陽和侯仁後元

二年曲周侯終根薨侯蒙皆坐祝詛死國除則終是
表於所謂見侯五者無一存焉矣此豈一人之言乎

惠景間侯者年表第七

案表云太初已後下云容成侯光後元二年坐祝詛
國除竄亂與上篇同

建元以來侯者年表第八

案表云太初已後下云脩侯賀龍頟侯長征和二
年國除竄亂與上二篇同末云後進好事儒者褚先
生曰太史公記事盡於孝武之事會謂褚先生并太

初而訖之言而食之乎此詭託褚先生者之辭後進
好事儒者殆其所以自謂乎

建元以來王子侯者年表第九

案此表訖於太初與漢興以來諸侯年表同褚先生
補尚未經竄亂也

漢興以來將相名臣年表第十

張晏云亡

案表云孝景元年置司徒官不知哀帝始改丞相爲
大司徒光武去大乃稱司徒孝景時安得有此官又
述事至孝成鴻嘉元年殆自表其非才妄續耶集解
云太始以後後人所續引班固云遷記事訖于天漢
說亦非也詳序證麟止後語節注及太史公自序下

八書

禮書第一

張晏云亡司馬貞曰取荀卿禮論

案此書敘論專爲太初改元改正朔易服色而發非
麟止以前語下錄禮論與樂書錄樂記皆與漢事不
相及豈不於封禪平準等書爲自亂其例乎豈若漢

書禮樂志之得體乎

樂書第二

張晏云亡司馬貞曰取禮記樂記

案敘論云後伐大宛得千里馬作歌中尉汲黯進曰
先帝豈能知其音耶丞相公孫宏曰黯誹謗聖制當
族不知宏卒於元狩二年黯卒於元鼎五年至太初
四年乃得宛馬後黯卒十二年宏卒二十一年矣作
僞者乃欲起二死人於地下爭論於武帝之前與玉
臺新詠所載柏梁臺詩梁孝王與衛大將軍聯句其

不知世次相同甚可笑也

律書第三

案八書皆贋鼎此篇以下皆後人取漢書諸志補之也張晏所序亡篇有兵書顏師古曰序目無兵書小司馬於太史公自序兵權下云即兵書也遷沒之後亡褚少孫以律書補之是小司馬亦知此書非太史公作也特未知律書取於律志故猶誤以爲褚少孫補也敘論武王伐紂吹律聽聲等語乃補竄者用爲僞託兵書之據不知兵書當言卒乘之制此仍見其不類也

歷書第四

案此書例以五帝本紀而刺謬者三本紀謂堯以閏月正四時是堯以前用陽歷未置閏也詳閏月句下此則歸之黃帝一也本紀顓頊繼黃帝無少皞此有少皞插入黃帝顓頊之間二也五帝無少皞故本紀無終始五德之說此書言之甚詳三也錄自漢書律歷志而背謬者亦三志云其以七年爲元年上承元封七年爲文明乎元封七年改元太初也此書上承

今上即位爲文則似建元七年改爲太初元年矣此割裂漢書而誤者一也十二諸侯年表終於周敬王四十三年歲在甲子以此下推則太初元年屬丁丑資治通鑑因之此與漢書以是歲爲焉逢攝提格爾雅焉逢甲也攝提格寅也此因襲漢書而誤者二也凡甲年寅月屬丙不屬甲爾雅月在甲曰畢正月爲陬此書云月名畢聚聚即陬之聲通字也漢書尙無此句此增飾漢書而誤者三也

天官書第五

案此書錄漢書天文志而次序互異詳略不同也分野以州言與天文志同以國言與左氏傳周禮注地理志皆異何其雜也謂漢之興五星聚于東井本紀無之即可爲非太史公語之證更有不類者一大爲天日次之星則小矣此書乃曰中宮天極星其一明者泰一之常居也正義太一天帝之別名又曰其內五星五帝坐索隱謂蒼帝靈威仰之類是六天帝亦星名豈天小於日乎抑日小於星乎或星亦有日神之坐猶當爲天帝所屬其如天帝有星曰神無星何

且書襲志志出甘石星經說文女部引甘氏星經太白上公妻曰女媊此與織女嫁牽牛同一矯誣覶六天帝而有甚焉劉歆以前豈有此乎歆爲天文志而託始於甘石星經猶之爲三統歷而託始於黃帝顓頊夏殷周魯六歷爲終始五德之說而託始於鄒衍五色八帝則託始於呂覽六天帝五色天帝上有昊天上帝故爲六與分野皆託始於周官司服及馮相氏保章氏爲春秋古文則託之左穀爲古文尚書則託之孔安國皆歆與所徵通逸禮古書周官爾雅天文圖讖千數人所作也

封禪書第六

案此書錄漢書郊祀志而去其昭宣以下也餘詳孝武本紀下此書之自相矛盾有獨甚者天帝有五以五德分五色八焉知之豈有八會上天乎曰以五色八帝所感生推而知之也五色八帝之說自終始五德始終始五德之說此書謂自齊威宣時騶子始其說亦不足信詳序證五德節及孟荀列傳下始如其說據之則是齊威宣以前未有爲終始五德之說者即無人知有五色天帝矣何以秦襄公文公在春秋前已祠白帝宣公與齊莊公同時已祠青帝靈公猶在姜齊未亡田齊未興之時已祠黃帝炎帝乎矛盾一矣謂秦水德色上黑何以終秦之世徧祀青黃赤白四帝獨遺黑帝不祭乎矛盾二矣漢高赤帝子何以祭黑帝矛盾三矣當由所徵通天文圖讖者所爲不出一手國師公不及親覽故不能畫一焉

河渠書第七

案此書錄漢書溝洫志而去其自鄭國渠以下

平準書第八

案此書錄漢書食貨志而任意割裂也志上篇曰漢興接秦之弊上承始皇并天下內興功作外攘夷狄而言此無上文則接秦之弊何弊乎又云自天子不能具鈞駟將相或乘牛車上承民亡蓋藏下啟約法輕租而言其下篇曰以爲秦錢重難用更令民鑄莢錢上承秦錢半兩而言此書於將相乘牛車齊民亡蓋藏下突接云於是爲秦錢重難用語無倫次至此此後世妄人所爲非劉歆之過也或曰安知非劉歆

爲書班氏增書爲志耶曰自五行志外無班氏作者詳序證要略節注必是劉歆作志後人截之爲書也古文行文如造物生人全體皆具非若造偶人者始造頭次造身次造股肱手足以附益之也知劉歆必不造不完具之律歷天官封禪河渠平準書而遺完具之律歷天文郊祀溝洫食貨志者如增書爲志便如造偶人者支支節節爲之此劉歆所不屑爲惟截志爲書乃如殘全體爲斷頭陷胸折足之人也折足謂至京宏羊天乃雨而止詳序證漢書節此直不通文理者所錄爾

史記探源卷五

觶廬藏板
歸安崔適

三十世家

吳太伯世家第一

餘祭四年吳使季札聘於魯至晉國其萃於三家乎

案此文雖出左邱明非當時語也孔子世家曰古者詩三千餘篇及至孔子取三百五篇皆絃歌之以求合韶武雅頌之音禮樂自此可得而述論語子曰吾自衛反魯然後樂正雅頌各得其所然則孔子反魯以前國風必不止於十五雅頌亦未得其所不盡可以絃歌何以季札觀樂爲歌周南以下與孔子刪存之詩無少增損而皆可絃歌與正樂後無異耶且自二南至三頌學童誦之極速須歷數時使工竝歌則曼聲緩節恐非一日所能畢客來觀樂豈如計吏鉤稽案牘窮日夜之力爲之耶是聘魯之文非當時語也適衛說蘧瑗史狗史鰌公子荆公叔發公子朝案是歲爲魯襄公二十九年孔子年八歲世家定公十四年孔子年五十六反乎衛主蘧伯玉家呂氏春秋

召類篇史默曰今蘧伯玉爲相孔子爲客子貢使令
於君前說苑衞靈公問於史鰌云云少焉子路見公
公以史鰌言告之少焉子貢入見公以二子言告之
是子路子貢從夫子適衞後伯玉史魚尚在也左定
十三年傳初衞公孫文子朝而請享靈公退見史鰌
而告之及文子卒衞侯始惡於公叔戌十四年春衞
侯逐公叔戌是公叔文子卒於定十三年也公叔文
子卽公叔發惟公叔氏是世卿從政不以年限伯玉
似非公族史鰌史屬庶姓禮曰四十曰強而仕五十

曰艾服官政則入仕必在四十以上再越四十八年
而孔子適衞皆旄期矣諸書但言三人之賢不言其
壽豈應於衞獻之世卽爲卿佐是適衞之言非當時
語也適晉說趙文子韓宣子魏獻子曰晉國其萃於
三家乎案趙韓魏三子雖相繼秉政然前乎趙文子
者爲中行穆子中行獻子後乎魏獻子者爲范獻子
至中行文子范昭子與趙簡子相攻知伯瑤尤強幾
滅趙氏是時六卿之勢力不相上下季札非蓍非蔡
何由知中行范知必滅分晉者在此三家乎自是三

家分晉後語猶之八世之後莫之與京爲田氏王齊
後語可以知左邱明之世次而雪親見夫子之誣矣
夫子獲罪於君以在此懼猶不足而又可以畔乎
索隱左傳曰而又何樂此畔字宜讀曰樂謂聞鐘聲
也畔非其義耳
案畔當讀爲槃于游田之槃書僞孔傳詩般箋皆訓
爲樂易訟馬注槃大也方言一般大也說文作大也
半般同聲故彼借槃般爲伴此借畔爲般槃也又可
以畔乎與左傳而又何樂乎義同索隱知義而不知

聲直是改畔爲樂非讀曰之謂且畔豈可讀曰樂乎
豈以死偕吾心哉 接 閽弑王餘祭 接 弟餘眛立 接 王餘
眛三年 接 楚公子圍弑其王夾敖而代立○六年楚靈
王會諸侯○七年楚伐吳○八年楚復來伐○十五年
楚公子棄疾弑其君靈王代立焉○十七年王餘眛卒
案各本誤脫閽弑王餘祭句誤倒二王之年誤增十
七年王餘祭卒句誤移弟餘眛立句於其下誤餘眛
三年爲七年猶以爲餘祭之年也下因誤六爲十誤
七爲十一誤八爲十二誤十五爲二誤十七爲四今

依春秋經左氏傳及年表補正
於是吳公子光曰接兩公子將兵攻楚至而內空無骨鯁之臣接此時不可失也至毋老子弱接是無奈我何
案各本兩公子將兵至骨鯁之臣四句誤在毋老子弱下今依左傳正
而忘句踐殺汝父乎
案各本句首衍爾字當是而字之旁注誤入正文又倒在上也今刪
六年吳王夫差聞齊景公死至吳王不聽遂北伐齊接

至繒召魯哀公而徵百牢至至與魯盟乃去接十一年復北伐齊接齊鮑氏弒齊悼公至齊人敗吳吳王乃引兵歸接十二年復伐齊越王句踐率其眾以朝至吳王不聽接遂伐齊敗齊師於艾陵而歸接使子胥於齊至以觀越之滅吳也接十三年
案各本誤六年為七年移敗齊師於艾陵句於會繒之前皆在七年又脫十二年三字今皆依年表正
吳王與晉定公爭長接吳王已盟
案各本中云吳王曰於周室我為長晉定公曰於姬姓我為伯趙鞅怒將伐吳乃長晉定公此劉歆竄入左傳以釋春秋又竄入此篇也國語吳語吳王以日中為期而昧明振旅聲動天地又使罪人自剄酬客凡以爭先歃耳故下曰吳公先歃晉侯次之即左傳趙鞅呼司馬寅曰建鼓整列二臣死之長幼必可知也司馬寅曰今吳王有墨國勝乎太子死乎且夷德輕不忍久請少待之注少待無與爭據此言則下文必無先晉之理而曰乃先晉人此於上文且相背不但於國語相背矣其所以為此言者以春秋書曰公

會晉侯及吳子于黃池公羊傳曰吳主會則曷為先言晉侯不與夷狄之主中國也豈以敵之先後為次乎古文學家務與今文相反故以先晉侯釋之竄入世家者削去司馬寅語更無倫次豈趙鞅怒將伐吳吳遂憚而從之乎今刪
余讀春秋國語
案各本作春秋古文此劉歆竄改也今依五帝本紀贊語正

齊太公世家第二

太公望呂尚者

索隱譙周曰姓姜名牙案文王得之渭濱云吾先君太公望子久矣故號太公望蓋牙是字尚是其名後武王號爲師尚父則尚父官名

師尚父

集解劉向別錄曰師之尚之父之故曰師尚父

案呂尚之尚即尚父之尚尚父本是尊號其後解爲官名又後去父存尚誤謂人名轉以牙爲字矣周初王公皆無字太公望何獨有之譙周謂名牙是也

武王曰未可還師 接 居二年

案各本中云與太公作此泰誓是謂泰誓篇文乃武王與太公合作豈如禆諶世叔之草創討論乎抑如漢武帝衞大將軍之柏梁聯句乎此字史不可通上承還師爲文豈此數語亦泰誓文乎增竄之跡甚彰去此句乃與周本紀同今刪

五年○桓公許與魯會柯而盟魯將盟曹沫以匕首刼桓公於壇上 至 而桓公於是始霸焉

案此盟於魯爲莊公十三年春秋書之太史公於此事再見於魯世家三見於管仲傳四見於魯仲連傳五見於刺客傳且爲齊辯所自始中錄管仲語視公羊傳爲詳繁露說苑亦載之此固春秋時一大事焉左氏於是盟無傳惟於十年長勺之戰有曹劌戰勝而無反侵地事劌沫聲近必是一人改刼爲戰故與今文學立異此古文家慣情也

昔三代受命何以異於此乎吾欲封泰山禪梁父 至 桓公乃止

案此桓公之微言意欲稱王也管仲謂遠方珍怪物

至乃得封即諷以四海尚未一統故桓公意止

初齊桓公之夫人三王姬徐嬴蔡姬

案徐嬴各本誤作徐姬涉上下文兩姬字而誤也今依左傳正索隱徐嬴姓今言徐姬者姬是眾妾之總稱未盡是姓望文生訓何以下文葛嬴宋華子不稱葛姬宋姬耶

冬十月乙亥齊桓公卒○而立公子無詭爲君○以故宮中空莫敢棺桓公尸在牀六十七日○十二月乙亥無詭立乃棺 接 辛巳夜斂殯○無詭立三月死無謚○

孝公元年三月宋襄公率諸侯兵送齊太子昭齊人恐殺其君無詭至五月宋敗齊四公子師而立太子昭

案各本乃棺下有赴字此劉歆竄入左傳以徇其經書卒日爲赴日之謬說詳序證告則書節又據左傳竄入也左傳曰十二月乙亥赴彼言赴不言棺則此言棺不言赴明矣今正春秋僖十七年十有二月乙亥齊侯小白卒此文在十月者列國雜用夏正不獨晉也齊亦有之文十七年九月齊商人弒其君舍左氏在七月襄十九年七月辛卯齊侯環卒左氏在五月壬辰皆先二月經用周正傳用夏正故也壬辰後辛卯一日其卒當在亥子之間故經書辛卯傳謂壬辰也以彼例之此云十月乙亥齊桓公卒卽經之十二月乙亥齊侯小白卒也此云十二月乙亥無詭立乃在周正二月矣惟此云三月宋襄公率諸侯兵送齊太子昭春秋在正月此轉後經二月月分既乖事實亦必有誤矣蓋齊桓公於夏正十月卽周正十二月卒正月宋公伐齊二月無詭立而殯桓五月宋師與齊師戰齊師敗績乃殺無詭而立昭也此文與左

傳皆經後人竄改故殺無詭在三月而宋所敗者爲四公子之徒史記原文若何今無從攷正矣

惠公二年長翟來王子城父攻殺之

案此長翟焚如之弟榮如也魯世家載此事亦在是年左傳以爲齊襄公二年杜注魯桓公十六年齊獲榮如案晉獲焚如在魯宣公十五年上距桓公十六年百有三年矣豈榮如被獲百有三年而其兄焚如尚能爲寇乎惟獲榮如在惠公二年乃當魯宣公二年弟先兄獲十四年耳事理爲近

蕭同姪子

案各本作蕭桐叔子此劉歆從左傳改今依晉世家及公羊傳正解詁蕭同國名姪子者蕭同君姪娣之子嫁於齊生頃公案凡稱姪娣之子者別於適夫人之子也古雖同父之子猶以母之貴賤爲貴賤故曰母以子貴子以母貴郤克不曰蕭同之子而曰蕭同姪子者更含賤之之意左氏改爲叔子杜預解作蕭桐叔之子賤之之意不達矣劉歆務爲苟異故失當時語意也晉世家既從公羊此文雖眞出左邱明太

史公不當兩從以致自相乖異況歆語乎

成請老於崔崔杼許之

案各本作成請老於崔杼此杼字涉下文而衍今刪崔者邑也下文崔宗邑可證

昭公乃請齊伐郕取鄆以居昭公 接 四十二年

案各本中云彗星見景公坐柏寢歎曰堂堂誰有此乎羣臣皆泣晏子笑景公曰彗見當齊分野云云此從晏子春秋竄入且誤合二事爲一事也彼文景公游于牛山北臨其國城而流涕曰若何去此而死乎艾孔梁邱據皆從而泣晏子獨笑于旁此一事也又云景公之時熒惑守于虛虛齊野也此又一事也分野之說創自劉歆詳序證分野節晏子春秋此言亦劉歆竄入又竄入世家也今刪

鮑子弒悼公赴于吳

案年表吳世家同左傳謂悼公殺鮑牧而於弒悼公者但曰齊人不得其主名亦劉歆之立異也此時有弒君之權力者田乞而外非鮑子而誰

魯周公世家第三

周公佐武王 接 破殷

案各本中有作牧誓三字與齊世家武王與太公作此泰誓語增竄之跡略同此更可笑豈不作牧誓便不能破殷耶今刪

封周公旦於 接 曲阜

案各本中有少昊之虛四字後人竄入也五帝本紀無少昊何有少昊之虛且營邱不言逢公之虛商邱不言閼伯之虛於陳不言顓頊之虛於鄭不言祝融之虛此獨何以異之耶今刪

周公於是乃自以爲質

案撰異曰此今文也質讀爲周鄭交質之質正義曰以贄幣告三王誤矣尚書作公乃自以爲功案作功者古文

旦巧

案此今文說也尚書作予仁若考僞孔傳曰我周公仁能順父以從訓考僞孔傳乃王肅所作晉古文說多出漢古文太史公訓考爲巧故以巧字易之考巧皆从丂聲例得相通則與古文說異矣

周公恐天下聞武王崩而畔周公乃踐阼代成王攝行政當國管叔及其羣弟流言於國曰周公將不利於成王周公乃告太公望召公奭曰我之所以弗辟而攝行政者恐天下畔周無以告我先王○管叔武庚等果率淮夷而反周公乃奉成王命興師東伐 接 遂誅管叔殺武庚放蔡叔

案此今文說也大傳曰管叔流言於國曰公將不利于王奄君薄姑謂祿父曰武王既死矣今王尚幼矣周公見疑矣此世之將亂也請舉事然後祿父及三

監叛也周公以成王之命殺祿父遂踐奄與此篇合皆謂周公聞流言即奉王命率師東征故能平亂無避居事尚書曰武王既喪管叔及其羣弟乃流言于國曰公將不利于孺子周公乃告二公曰我之弗辟我無以告我先王周公居東二年則罪人斯得鄭注辟謂辟居東都言我今不辟孺子而去我先王以謙讓爲德我反有欲位之謗無告于我先王言愧無辭也居東者出處東國待罪以須君之察已義與伏生太史公說絕異此古文說也信若是正落三監度內

得不即日舉兵西向滅周周公顧有以告我先王耶乃周公辟居東都則祿父伏而未動遷延二年之久俟周公復持兵柄始畔逆以取誅夷天下有與此癡人作賊者乎然鄭此注古文經之居字啟之世家無此蓋亦本於今文也各本東伐下有作大誥句後人從書序竄入詳序證書序節今刪

諸侯咸服宗周 接 周公歸報成王

案各本中逃作餽禾作嘉禾事亦從書序竄入今刪

成王七年 至 周公乃還政於成王

案此今文說也自武王崩周公踐阼代成王攝行政

當國至成王七年即周公攝政七年也明堂位曰武王崩成王幼弱周公踐天子之位以治天下六年朝諸侯於明堂七年致政於成王是周公攝政七年即成王七年也與此文合鄭君乃曰文王崩後明年生成王則武王崩時成王年十歲服喪三年畢成王年十二明年將踐阼周公欲代之攝政羣叔流言周公辟之居東都時成王年十三也居東二年成王收捕周公之屬黨時成王年十四也明年秋大熟遭雷風

之變時周公居東三年成王年十五迎周公反則居攝之元年也見詩豳譜疏及禮明堂位疏案鄭以居攝元年爲成王五年則五年以前政自誰出文王世子曰成王幼不能涖阼周公相踐阼而治以此言之豈成王年十四以前不幼不弱自能踐阼至年十五乃復幼弱不能涖阼復迎周公踐阼而居攝乎古文學說之不通事理無甚於此者故詳辯之

匑匑如畏然 接 周公 接 恐成王壯治有所淫佚乃 接 稱爲人父母

案各本畏然下云成王少時病周公自揃其蚤沈之河亦藏其策於府至反周公一節豈有周公兩次禱疾兩次被譖成王兩次見書而泣皆如一轍之理此節出蒙府軍傳乃蒙氏之寓言自喻其忠於二世也詳序證傳記寓言節及彼傳下妄人誤謂實事據以竄入世家文亦彼詳此略可爲彼係原文此乃節要之證周公下竄入歸字乃字下云作多士作無逸亦從書序竄入多士之文以告商王士豈亦恐成王壯治有所淫佚而作耶今皆刪正

故祖甲饗國三十三年 接 自湯至于帝乙

案各本中云多士稱曰不知上下文皆述周公之辭增此四字作史臣引尚書語何爲今刪

其民皆可誅周 接 文王日中昃不暇食

案此周字下屬文王爲句別於上文皆言殷王也各本從中插入多士二字遂成周多士文王日中昃不暇食尚成何語若以多士爲篇名則此文不出多士乃出無逸今刪

以誡成王 接 周公在豐

案各本中敘作周官作立政事亦從書序竄入今刪

周公卒後秋未穫暴風雷雨禾盡偃大木盡拔 至 以褒周公之德也

案此今文說也大傳曰周公死天乃雷雨以風禾盡偃大木斯拔國恐王與大夫開金縢之書執書以泣乃葬周公於畢示天下不敢臣也與此說合尚書此文在周公居東下王乃開金縢而迎周公歸則節次與今文家異今文說無辟居事則雷風之變無緣在周公生前也凡此篇所錄金縢文其爲今文說四今

文一無一從古文說者
王乃得周公所自以爲質
案質各本誤作功此後人據古文尚書改致與上文
乃自以爲質句乖異今正
伐之於肸 按 曰陳爾甲冑
案各本中有作肸誓句亦從書序竄入今刪
文公十一年魯敗翟于鹹獲長翟喬如 至 以命宣伯 按
是歲 按 鄋瞞伐宋 至 獲長翟緣斯
案各本宣伯下誤作初宋武公之世此後人據左傳

改今刪是歲二字依年表補年表宋武公卒於魯惠
公二十一年前此百三十二年也宋獲緣斯在昭公
二年宋世家同即魯文公十一年是宋獲緣斯與魯
獲喬如同歲也齊獲榮如左傳以爲襄公二年則前
此八十年此篇及齊世家皆謂惠公二年乃後此十
年也至魯宣公十五年晉獲焚如四人之被獲相去
二十三年耳於理爲近據左傳則榮如被獲先其兄
焚如百有三年豈有弟死百餘年其兄尚能爲冠者
乎此篇齊獲榮如之歲與齊世家同與左傳異不應

宋獲緣斯之歲與年表宋世家皆異與左傳同也其
爲妄人竄改明矣
比及葬三易衰 按 昭公三年朝晉
案各本中云君子曰是不終也左襄三十一年傳曰
君子是以知其不能終也謂不能終於君位也依彼
竄入而截去數字似謂不終喪禮矣滅裂至此今刪
十二年使仲由毀三桓城 至 伐之不克而止 闕 季桓子
受齊女樂孔子去
案受女樂在十四年此承十二年事而言中有闕文

也
觀 按 隱桓之事 按 及叔牙慶父湣公之際 按 襄仲殺適
立庶 至 昭公以奔 按 何其亂也 按 至揖讓之禮
案各本誤作觀慶父及叔牙閔公之際何其亂也隱
桓之事云云退隱桓於閔公之下移何其亂也句於
隱桓之上豈隱桓襄仲昭公之事不爲亂乎季友鴆
死叔牙而後慶父弑湣公是叔牙與湣公不相及也
全書湣公湣王皆作湣無作閔者則觀慶父及叔牙
閔公句慶父誤倒在及叔牙上閔字乃湣字之誤也

今正

燕召公世家第四

召公疑之 接 周公乃稱湯時有伊尹

案各本中有作君奭君奭不說周公二句例以上下文召公疑之召公乃說二句皆稱召公中間兩稱君奭文例不倫益可爲從書序竄入之證今删序云召公爲保周公爲師相成王爲左右等語僞知與此篇周公攝政當國踐阼語意不合故未竄入也

欲去諸大夫而立寵姬宋之黨大夫共誅姬宋之黨

案各本兩言之黨皆脫索隱劉氏云其父兄爲執政年表曰公欲殺公卿立幸臣公卿誅幸臣案幸臣卽寵姬宋之父兄也是皆當有之黨二字今補

及蘇秦死而齊湣王復用蘇代

案湣王各本誤作宣王涉上文而改也上云燕噲既立齊人殺蘇秦年表燕噲元年齊湣王四年是蘇秦死於湣王時復用蘇代者安得爲宣王耶今正

禹薦益句 已而以啟人爲吏及老而以啟爲不足任乎天下傳之於益 接 而勢重盡在啟也 接 已而啟與友黨攻益奪之天下謂禹名傳天下於益 接 而實令啟自取之

案各本脫而勢重盡在啟也句友誤作交謂禹名傳天下於益下復衍已字索隱遂誤讀禹薦益已爲句解曰以已配益則益已是伯益或曰已語終辭以下文兩言於益下皆有已字也句讀一誤說解更不可通皆脫句衍字使然也今皆依韓非子外儲說正

陳杞世家第六

甲戌己丑陳桓公鮑卒桓公弟佗 接 殺桓公太子免而

代立 接 數如蔡淫 接 所殺桓公太子免之三弟長曰躍中曰林少曰杵臼 接 其母蔡女故蔡人爲殺五父 接 而立躍 接 是爲厲公 接 厲公二年生子敬仲完 接 厲公立七年卒 接 立中弟林

案各本誤改誤析誤倒誤竄紛如亂絲幾不可讀今依年表及左傳更正左傳陳厲公蔡出也此以其母蔡女屬佗佗卽五父此云爲佗殺五父厲公爲躍在位七年此以佗爲厲公躍爲利公索隱謂厲利聲近遂誤是也春秋桓公五年陳侯鮑卒六年蔡人殺陳

佗則佗殺太子免而代立之次年卽見殺安得以在
位七年之厲公當之且爲佗殺免者蔡人爲免弟殺
佗者又是蔡人佗娶蔡女蔡女淫于蔡人佗亦數如
蔡淫皆誤析一事爲二事桓公病而亂作故再赴周
太史爲敬仲筮得觀之否皆劉歆語詳序證告則書
節及變象互體節
齊懿仲欲妻陳敬仲卜之至莫之與京
案此無漢學家言自是左邱明語然可見其爲田齊
時人與吳晉趙世家知趙韓魏分晉事同不然曹騰

篡順之楊忠李昞時皆貴顯何以無豫知其子孫當
爲帝王者乎
太子之子名吳出奔晉接楚靈王滅陳五歲
案各本中云陳顓頊之族陳氏得政於齊乃卒亡語
出左昭八年傳傳又有歲在鶉火是以卒滅等句皆
劉歆竄入詳序證分野節今刪正
伯翳之後至周平王時封爲秦○垂益夔龍其後不知
所封○右十一人者
索隱秦祖伯翳解者以翳益爲一人今言十一人敍

伯翳而又別言垂益則是二人也然秦本紀敍翳之
功云佐舜馴調鳥獸與舜典命益作虞若予上下草木鳥
獸文同則爲一人必矣且舜本紀敍十人無翳而有
彭祖
案以舜本紀例之此云垂益夔龍疑當作垂夔龍彭
祖後人習見垂益不知益卽翳誤增益而去彭祖以
合十一人之數爾
衞康叔世家第七
故紂之亂自此始接康叔之國

案各本中云爲梓材示君子可法則故謂之康誥酒
誥梓材以命之亦從書序竄入所爲但有梓材謂之
兼增二誥無此文理蓋妄增而又譌脫也今刪
貞伯卒子頃侯立頃侯厚賂周夷王夷王命衞爲侯
索隱康誥稱命爾侯于東土又云孟侯朕其弟小子
封則康叔初封已爲侯也比子康伯卽稱伯者方伯
之伯非至子卽降爵爲伯也至頃侯德衰不監諸侯
乃從本爵稱侯非賂夷王而稱侯也
日鄒誕曰頃侯以前之稱伯乃伯子男之伯也索隱

雖有詩序旄邱責衛伯之文可據然非太史公意也古無以方伯之伯而繫諡者周公召公二伯也其諡則曰文公康公

案顧說是也康誥稱爾侯孟侯乃諸侯之侯兼五等之通稱大傳略說天子太子年十八曰孟侯雖出今文殊乖經義疑是後人僞託何足信初封已爲侯之證上文封康叔爲衛君不言衛侯即可爲非侯之證二伯之尊比於三公號公鄭伯秉政王朝不終其身何能也及頃侯以上焉得六世爲方伯耶詩序衛宏所作古文家言不足以難史記也

釐侯卒太子共伯餘立爲君共伯弟和○攻共伯於墓上共伯入釐侯羨自殺衛人立和爲衛侯是爲武公

索隱此說非也季札美康叔武公之德國語謂之叡聖又詩著衛世子共伯早卒不云被殺若武公殺兄而代立豈可以爲訓而形之國史乎蓋太史公采雜說而爲此記耳

孜正臣照案武公在位五十五年國語稱武公年九十五猶箴儆于國計其初即位其齒已四十餘矣使果簒共伯而自立則共伯見弒之時齒加長於武公安得謂之蚤死乎髦者子事父母之飾諸侯既小斂則脫之史記謂釐侯既葬而共伯自殺則是時已脫髦矣詩安得猶謂之髧彼兩髦乎是共伯未嘗有見弒之事武公未嘗有簒弒之惡也

案李斯傳湯武弒其主天下稱義焉衛君弒其父而衛國載其德當指此事而言衛君負簒弒之名而後世稱其德者惟武公爾改兄爲父者共伯君也春秋之義臣子一例僖公可稱閔公子則共伯亦可謂武公父不稱君者以上文稱其主而避重修辭之例然

也索隱震於叡聖之名以爲不當有殺兄事不思齊桓公殺子糾唐太宗殺建臣與此事同而以功覆過逆取順守有名譽於天下後世亦同何獨異於武公共伯耶共伯蚤死之說出自鄘風柏舟毛詩序實因邶風柏舟魯詩說而小變其文退徙其篇也劉向傳魯詩者所爲列女傳曰衛寡夫人者齊侯誤作后之女嫁於衛至城門而寡入持三年之喪弟立請願同庖不聽衛君使人愬於齊兄弟齊兄弟皆欲與君使人告女女終不聽乃作詩曰我心非石不可轉也我

心非席不可卷也與毛詩序篇名柏舟同夫人姜氏同代立者爲衛君之弟同所親欲其改嫁而弗許作詩自誓亦同惟不言衛君爲共伯不言自殺不言叒死則與史記詩序所言皆異詩序衛宏所作古文家故與今文說立異別爲邶風柏舟作序而移其說以序鄘風柏舟其姜卽寡姜之聲轉所作者邶風柏舟則鄘風柏舟非共伯妻作兩髦不謂其伯共伯亦不叒死是詩序無一字不鑿空史記無一語不蹠實據彼難此猶寶康瓠而棄周鼎也

周平王命武公爲公

案戎王命衛爲侯傳世也平王命武公爲公及身也故後世見於春秋仍曰衛侯世家自莊公以下亦皆稱公者臣民稱之曰公非王命爲公也臣稱其君雖子男之國亦曰公如春秋書邾子許男左傳有邾文公許悼公是也何論侯國

獻公十三年孫文子語蘧伯玉

案此與魯襄公十四年傳文同孔子世家襄公二十二年孔子生定公十四年孔子年五十六過匡反衛主蘧伯玉家後此六十四年矣曲禮曰四十曰强而仕若文子見問在伯玉初仕之年已及四十再越六十四年則百有四歲矣雖古多高年之人然淮南子曰伯玉行年五十而知四十九年非莊子曰伯玉行年六十而六十化以此推之論語稱伯玉使人於孔子言夫子欲寡其過而未能正當在五六十之間與孔子之年相若不似百餘歲之人孫文子逐君之年孔子未生伯玉豈應已仕此事於春秋古文無與疑是左邱明之失實也

殤公秋立十二年使甯喜攻孫林父林父奔晉復求入故獻公晉平公執殤公與甯喜而復入衛獻公

案春秋書曰衛甯喜弑其君剽衛孫林父入于戚以叛衛侯衎復歸于衛剽卽秋也衎卽獻公此文與之相反誤也

衛石曼尃逐其君起○衛出公輒自齊復歸立

索隱左傳作石圃此尃音圃穀梁作曼姑尃或音姑諸本多無曼字

案年表衛君起元年石傅逐起出輒復入春秋哀公

三年齊國夏衛石曼姑帥師圍戚公羊傳曰曼姑受命乎靈公而立輒以曼姑之義爲固可以距之也繁露玉英篇曰曼姑拒之亦貴先君之命也然則是年逐起亦爲輒也爲輒者貴先君之命也此事在春秋後太史公聞春秋於董生故推春秋意而終言之也

宋微子世家第八

及祖伊以周西伯昌之修德滅阢國懼禍至以告紂

案監本阢衍阢字似謂阢國懼禍至矣阢國已滅尙何懼禍至之有此從毛本

乃問於太師少師

案此今文也尙書作父師少師馬融曰箕子紂之諸父鄭君曰父師者三公也時箕子爲之少師者太師之佐孤卿也時比干爲之此古文說也周本紀殷紂昏亂暴虐滋甚殺王子比干囚箕子太師疵少師彊抱其樂器而犇周殷本紀微子與太師少師謀去而比干剖心箕子爲奴殷之太師少師乃持其樂器犇周（各本樂器上衍祭字今從周本紀校正）此以太師少師爲樂官名乃今文說也

紂沈湎於酒婦人是用亂敗湯德於下

案此今文也呂氏先識覽引武王告諸侯之辭曰商王大亂沈于酒德即此所謂紂沈湎於酒也又曰近姑與息妲己爲政賞罰無方不用法式周本紀曰今殷乃用其婦人之言自絕于天即此所謂婦人是用亂敗湯德於下也此文與之義同則是伏生所傳者乃今文也尙書作我用沈酗于酒用亂敗厥德于下改紂爲我易湯爲厥刪去婦人是三字用字屬下讀與此文義皆異自是古文詳下

我其發出往

集解鄭云發起紂禍敗如此我其起作出往也索隱往尙書作狂蓋亦今文尙書意異爾

案索隱以出狂爲今文是以出往爲古文爲漢書儒林傳遷載微子多古文說之言所誤倒矣我其發出狂與我用沈酗于酒皆主代紂認過猶言天王聖明臣罪當誅爾此晉唐人之意見古人以獨夫誅紂豈守善則歸君過則歸己之常我用沈酗于酒爲古文則我其發出狂亦古文也出往安得爲古文撰異

謂鄭讀狂爲往爲從今文是也

吾家保于喪

集解馬融曰卿大夫稱家

案我其發出往者我其起而出往于周也即下文武王伐紂微子持其祭器造於軍門之意吾家保于喪者往周以保吾家使不至於亡也即下文爲死終不得治不如去之意皆今文也馬融訓家字亦從今文說尚書作吾家耄遜于荒鄭注耄昏亂也在家不堪昏亂故欲遯出於荒野改保爲耄喪爲荒而增遜字

此古文也鄭從古文說

今誠得治國 按 身死不恨爲死終不得治不如去

案各本中有國治二字與上句意複必是衍文今刪此今文也但計去留之宜耳尚書作詔王子出迪我舊云刻子王子弗出我乃顛隮增刻子句釋文馬云刻侵刻也論衡本性篇云微子曰我舊云孩子王子不出紂爲孩子之時微子睹其不善之性性惡不出衆庶又增微子曰句改刻子爲孩子訓不出爲性惡不出衆庶皆古文也凡史記錄微子篇係今文而與

古文文義皆異者五無一從古文者

必爲玉桮爲玉桮

案各本下玉字脫今依上句補

天乃錫禹鴻範九等常倫所序初一曰五行二曰五事三曰八政四曰五紀五曰皇極六曰三德七曰稽疑八曰庶徵九曰嚮用五福畏用六極

案班氏五行志作洪範九疇彝倫逌敘下云此武王問雒書於箕子箕子對禹得雒書之意也六極下云凡此六十五字皆雒書本文志自二曰至九曰上皆

有次字五事之屬上有羞用農用等十四字故爲六十五字此惟四十三字疑本文與志同上有初字下不當無次字末有嚮用畏用四字前何以無羞用等十四字也今本爲後人翦截爾志又云劉歆以爲虙羲氏繼天而王受河圖則而畫之八卦是也禹治洪水錫雒書法而陳之洪範是也案此說雖出劉歆班氏引之而弗非諒不與歐陽夏侯氏乖違僞孔傳曰神龜負文有數至于九不言書而言數遂爲陳摶以五十五點爲河圖四十五點爲雒書所本邵康節因

之朱晦翁因之圖入周易本義而近儒知八卦爲河圖洪範爲雒書者鮮矣不知有點無詩亦當云雒圖何得謂雒書

五曰思心○思心曰容○容作聖

案各本作五曰思思曰睿睿作聖此後人據古文經改今依撰異稍爲增損以正之曰尙書大傳曰五事曰思心思心之不容是謂不聖春秋繁露五行五事第六十四曰思心曰容王者心寬大無不容則聖能施設說苑君道篇大道容衆大德容下書曰容作聖

漢書五行志傳曰思心之不容是謂不聖思心者心思慮也容寬也孔子曰居上不寬吾何以觀之哉言上不寬大包容臣下則不能居聖位此皆從今文也鄭注大傳曰容當爲睿睿通也孔子說休徵曰聖者通也包貌言視聽而載之以思心者君思不通則是非不能心明其事也始從古文改今文應劭注漢書曰容古文作睿睿通也載其義未改其文也小顏改之誤睿作容於容寬也以上容字盡改爲容此由不辯應注古文作睿之古文尙書誤以爲古字又謂睿睿同字不知小篆睿古文作濬深也私閏切容古文作㴐通也以萬切形音義皆不同更不聽睿不訓寬且令漢書上文思心之不容容寬也下云言上不寬大包容容字上無所承其謬甚矣裴駰已從古文說則其時世家亦作睿然史記之文從無與伏董異者此可知矣

曰雨曰暘曰奧曰寒曰風五是來備

案各本作曰時五者來備後人所竄改也今依撰異訂正之曰後漢書李雲傳曰五氏來備章懷注云史

記曰五是來備荀爽傳曰五韙咸備注史記曰五是來備玉裁案此二條可據以證今本史記之誤今本曰時五者來備凡六字此古文尙書也五是來備凡四字此今文尙書也（原注李雲荀爽皆用今文尙書非用史記也）氏者是之叚借韙者是之轉注也史記本無曰時二字集解矣引孔傳云五者各以其時與正文不相應乃從古文尙書增改正文五是二字爲曰時五者四字矣適案段君說則以上二條今本雖從古文亦後人所改原本亦從今文也凡史記所錄堯典禹貢金縢微子

洪範五篇今可攷見其爲今文與今文說者二十二
條無一從古文說者然則漢書儒林傳謂遷載此五
篇多古文說豈非劉歆所詭託爲己作證入而誣太
史公者哉

乃命微子開代殷後奉其先祀 接 國于宋

案各本中有作微子之命句從書序竄入今刪

是謂殤公 接 殤公元年

案各本中云君子聞之曰宋宣公可謂知人矣立其
弟以成義然卒其子復享之此劉歆竄入左傳與公

羊立異又竄入此篇也今刪此篇贊曰春秋譏宋之
亂自宣公廢太子而立弟國以不寧者十世贊語因
世家而作豈有世家衰之贅語譏之自相衝決至此
之理贊義出自公羊此文雖貫出左邱明太史公閒
春秋於董生斷不應雜左氏以亂公羊也況其時未
有此語乎

其後諸侯數來侵伐 接 十年華督攻殺孔父 接 殤公怒
遂弒殤公

案各本侵伐下云九年大司馬孔父嘉妻好出道遇
太宰華督督說目而觀之云云孔父下云取其妻此
亦劉歆竄入也今刪正公羊傳曰孔父可謂義形於
色矣督將弒殤公孔父生而存則殤公不可得而弒
也故先攻孔父之家劉歆自知其行與春秋所予者
相反故別造古文與他事之反對公羊者猶不過破
壞春秋至於污衊孔父意主含射孔子與竄入弟子
列傳者謂宰我與田常作亂以夷其族孔子恥之其
鬼蜮之伎倆同然此誣實易雪也內則女子出門必
擁蔽其面詩碩曰漸車帷裳傳帷裳婦人之車也箋

童容也疏巾車云容蓋鄭司農云容謂幨車或曰童
容其上有蓋四旁垂而下謂之幨故雜記曰其輤有
裧注裧謂鼈甲緣邊是也案此卽蔽面之物也是凡
婦人之車皆有蓋以蔽面衛國民間淫奔之女且然
而謂孔父妻出得爲華督所見是雖曲致其誣不啻
直陳其誣矣前人爲七略所紿尊左傳爲經故習焉
不察一念及此亦可渙然冰釋矣

桓公卽位三十年桓公病

案各本誤作泰穆公卽位三十年桓公病誤也今依

下文三十二年桓公卒正
以求諸侯於楚楚人許之 接 秋諸侯會宋公盟于盂 接
於是楚執宋襄公 至 以釋宋公 接 十三年夏宋伐鄭 接
秋楚伐宋以救鄭 至 不鼓不成列 接 楚成王已救鄭
案各本中皆述目夷譏襄公語亦劉歆竄入也今刪
贊曰襄公之時修行仁義欲為盟主其大夫正考父
美之故追道契湯高宗殷所以興作商頌襄公既敗
於泓而君子或以為多傷中國闕禮義褒之也宋襄
公之有禮讓也此則贊語襲之世家譏之贊出公羊

聞春秋於董生者豈應插入此等語耶
子共公瑕立始厚葬 接 共公九年
案各本中云君子譏華元不臣矣亦出左傳劉歆語
今刪
華元善楚將子重又善晉將欒書兩盟晉楚
攷證徐孚遠曰在左傳向戌之事也此言華元為誤
陳子龍曰宋共公元年為晉成公三年傳無兩盟晉
楚之事其誤為魯襄二十七年宋之盟無疑
案左傳此事在魯成公十一年適當宋共公九年與

魯襄二十七年之盟別是一事徐孚遠以不誤為誤
陳子龍自誤宋共公九年為元年魯成公三年為晉
成公三年攷證取之貽誤學者故附正之
三十七年楚惠王滅陳 接 六十四年景公卒
案各本中云熒惑守心心宋之分野也云云亦劉歆
語詳序證分野節今刪且秦本紀始皇三十六年亦
有是象是時宋滅已久誰當其咎
宋君偃盛血以韋囊縣而射之命曰射天
案此事亦見呂氏春秋然殷本紀帝武乙為偶人謂

之天神與之博令人為行天神不勝乃僇辱之為革
囊盛血仰而射之命曰射天與此言相似疑是一事
傳者誤分為二事爾

史記探源卷六　　觶廬藏板

歸安崔適

三十世家

晉世家第九

周公誅滅唐接遂封叔虞於唐

案此二句本文直接明甚各本中云成王與叔虞戲削桐葉爲珪曰以此封若史佚因請擇日立叔虞說苑君道篇褚先生梁孝王世家補以爲周公所請是時周公當國政自己出何待成王之戲言而請之此皆傳記寓言以誡天子無戲言非事實也無識者以爲事實而竄入世家今正

故曰唐叔虞接唐叔子燮

案各本中云姓姬氏字子于安八字竄入也姓姬氏見於周本紀此何待言豈周之子孫自唐叔外皆別賜姓乎史於周初王公字皆無攷何獨於唐叔稱之耶晚出古文尚書舞干羽于兩階之義以字虞是晉以後人所撰也今正

以從盈數其必有衆接十七年

案各本中言畢萬卜仕於晉遇屯之比劉歆語也詳序證變象互體節今正

有賢士五人曰趙衰狐偃接賈佗先軫魏武子

案各本中有咎犯文公舅也六字乃旁注誤入正文咎卽舅也旣以咎犯釋狐偃不須復以文公舅也釋咎犯此不達咎舅聲通之故而爲之辭竄入正文於上下文幾不成義今正

且言何以易之

案易乃變易之易謂晉公子不爲此言更當作何言也之此也言字之代名辭也說文且薦也段注凡語

助云且者必其義有二有藉而加之也此句承上文謂晉公子之不可殺賢而從者皆國器外此言無可變易亦其一端故曰且秦懷子玉請殺重耳成王不許言人之出言不可輕易之也以言字屬子玉子玉惟有此言何且之有

而用美女乘軒者三百人也

徐孚遠曰乘軒三百人蓋小人盈位詩所謂三百赤芾也史云美女亦誤

案此美女之父兄也如北齊因穆后而寵穆提婆唐
因楊妃而任楊國忠之比正與詩相發明何誤之有
周作晉文侯命王若曰
案此記事語眞出太史公與秦本紀故作此誓語例
相同無此語則王若曰句無所屬也與從書序竄入
者殊科
父義和
集解馬融曰王順曰父能以義和諸侯索隱尚書文
侯之命是平王命晉文侯仇之語今乃襄王命文公

重耳之事
案書序平王錫晉文侯秬鬯圭瓚鄭注義讀爲儀文
侯名仇故字儀仇皆訓匹也望文生訓不可通也
左桓二年傳初晉穆侯以條之役生太子命之曰仇
杜注意取于戰相仇怨下文師服曰怨耦曰仇是文
侯之名仇義取於耦非取於匹也鄭讀訓匹而字儀
於左傳適形剌反不釋和字尤見遁情馬本序無平
字故解此句爲父能以義和諸侯亦不以文侯爲仇
馬融雖爲古文學亦有時從今文說也新序善謀篇

亦以爲文公重耳與世家同與書序異亦可爲書序
乃劉歆作之證歆於向言無一不反對也
范武子請老接辟郤克
案各本誤作魏文子魏世家無文子中有休字當是
老字之旁注誤入正文今依左宣十七年傳范武子
將老又曰乃請老更正
豎陽穀
案楚世家呂氏春秋文同惟左傳作穀陽豎以三八
占從二八之說例之則此是也

楚世家第十
釁王之寵姬江芈而勿敬也
集解騶案姬當作妹
案左傳無寵姬二字杜注江芈成王妹嫁於江故裴
氏云爾然既嫁於江何以反楚且潘崇教商臣訊察
王之密謀而惟釁江芈則其專寵如魏王之如姬矣
公羊桓二年傳有楚王妻媦語媦妹也疑卽謂此事
否則江亦芈姓而嫁於楚如晉獻驪姬之比
越王句踐世家第十一

越王乃葬吳王而誅太宰嚭

案吳世家曰越王滅吳誅太宰嚭以爲不忠而歸是則賣國之賊臣亦霸王所甚惡也左傳哀公二十二年越滅吳二十四年公如越將妻公而多與之地季孫使因太宰嚭而納賂焉乃止是謂嚭入越貴顯如故奸貪如故也案句踐於霸越之文種且不得良死豈於亡吳之宰嚭仍其故官縱其舊惡乎自古霸王之君有殺功臣無賞奸臣者也是故周克殷戮蜚廉宋滅曹殺公孫彊隋平陳誅五佞卽不誅者慕容評

入秦未聞仍爲太傅陽虎事趙簡子不敢爲非若句踐盡反其道何以不蹈夫差之覆轍乎凡史記與左傳異者若陳佗非厲公甯喜納衛獻自當依左傳以正史記哭秦師者左傳惟有蹇叔史記兼謂百里奚救趙盾者史記兼屬示眯明左傳別有靈輒孰是孰非兩無所據惟此事以歷代霸王所爲互證之可決左傳非而史記是也

齊威王使人說越王曰至此四邑者不上貢於郢矣

案各本文多遺脫顚難索解正義曰麗長沙出粟之地竟陵澤出材木之地今在正文麗長沙之下楚之粟也竟澤陵楚之材也之上注文於正文部位倒錯如此正文澤字又倒在陵字上則餘可類推矣

鄭世家第十二

武姜生太子寤生生之難

案說文午部有啎字解云逆也朱駿聲謂寤生之寤實啎之借字是也正合生之難之義太平御覽三百六十一引風俗通云俗說兒墮地便能開目視者謂之寤生此依寤字之本義爲訓當因漢俗於兒墮地

便能開目視者借寤生之名名之故曰俗說非寤生之名爲兒墮地便能開目視者而立也是以兒墮地不便能開目視者不謂之寤生也今兒墮地無不便能開目視者古乃希有古今人之氣體不同如此杜注左傳謂武姜寤而莊公已生則是寤屬母而生屬子且是易生姜氏當喜與左傳驚姜氏世家生之難句意正相反固哉

人盡天也

案各本作人盡夫也左傳同杜注婦人在室則天父出則天夫是晉時傳文作天不作夫也今正

釐公五年鄭相子駟 接 使廚人藥殺釐公 接 立釐公子嘉

案各本子駟下云朝釐公釐公不禮子駟怒釐公下云赴諸侯曰暴病卒此皆劉歆語也歆創赴告則書之說以釋春秋之書卒於此事更不可通謂孔子不知其弑賊是易欺也知之而不改是故縱也孔子爲魯司寇之日設有子弑其父者爲吏所執因以父自病死對遂以爲無罪而釋之乎以此法作春秋亂臣賊子喜矣何以懼爲然則春秋書卒何也公羊傳謂

鄭伯欲會諸侯大夫欲歸楚故弑之春秋不言弑爲中國諱也是則被弑不因失禮書卒不因赴告也聞春秋於董生者何從錄此異說耶今正

勿殺乃止 接 二十七年夏鄭簡公朝晉

案各本中敘子產使晉對平公以高辛氏二子云云與高辛氏有才子八人語相衡決詳舜本紀下下言辰爲商星參爲晉星詳序證分野節且此節意與夢黃熊事相似疾者皆平公問疾者皆子產左傳此事在魯昭公元年彼事在七年彼事當出左邱明此則劉歆竄入故竄入史記亦含彼而取此也今正

趙世家第十三

賜趙夙耿 接 當魯湣公之元年也 接 夙生共孟 接 共孟生趙衰

案各本夙生共孟句誤在當魯湣公元年句上當似共孟生於是年矣湣誤作閔與年表世家乖異今皆更正魯湣公元年上承賜趙夙耿而言以下乃言趙氏之世系生共孟生趙衰皆在是年之前年表魯湣公元年當晉獻公十六年晉世家獻公即位重耳年

二十一重耳年十七有賢士五人首列趙衰是趙衰始事重耳在獻公即位前四年豈至獻公十六年而其父共孟始生耶一經參校極堪捧腹推尋上下文理實密後人動謂史記之謬恐類此者尚多檢之不盡爾

晉景公之三年大夫屠岸賈○殺趙朔趙同趙括趙嬰齊皆滅其族趙朔妻成公姊有遺腹走公宮匿○免身生男○程嬰卒與俱匿山中居十五年晉景公疾卜之大業之後不遂者爲祟景公問韓厥○乃曰○其趙氏

乎○景公問趙尙有後接乎至復與趙武田邑如故

案屠岸賈事亦見韓世家而晉世家及左傳無之左傳趙嬰通於趙莊姬原屏放諸齊莊姬譖於晉侯曰原屏將爲亂晉討趙同趙括即原屏武從莊姬畜于公宮以韓厥言乃立武而反其田事在魯成公八年至十年晉侯夢大厲曰殺余孫不義杜注厲鬼趙氏之先祖也案成公八年乃晉景公十七年景公三年當魯宣公十二年彼年傳云趙朔將下軍欒書佐之至成公二年欒書將下軍孔疏謂朔已死韓世家言屠

岸賈誅趙朔而不及同括晉世家及春秋經書晉殺同括亦不及趙朔則朔之死不與同括同年蓋自景公三年朔反自邲郤爲屠岸賈所殺而同括尙在至十七年景公殺同括則趙氏絕祀故大業之後爲祟乃問於韓厥厥遂令程嬰納武於公宮與諸將攻滅屠岸氏而立武爲後焉惟此謂同括與朔皆見殺於景公三年則不合於春秋左傳前二年已立趙後後二年其先祀爲祟則不合於世家皆誤也趙朔妻成公姊本不誤成公爲文公子成公姊亦文公女自文公卒至景公三年計三十二年朔妻若自文公卒前二三年所生至此年甫三十四五雖有遺腹世家無通於趙嬰齊事左傳載此語於魯成公四年未必是年始通鄭論是年朔妻年亦四十五六耳八年疏謂莊姬年少故賈服杜以爲成公女不知成公姊亦未老也景公問趙尙有後乎與韓世家尙有世乎語例相同各本中有子孫二字衍也今正

子之見我何爲

案各本重我字衍也今正

武靈王元年陽文君趙豹相

案下云惠文王二十七年封趙豹爲平陽君孝成王四年平陽君趙豹諫受韓上黨與此人姓名同封號之陽字又同則似一人然武靈王在位二十七年惠文王三十三年則孝成王四年後此六十四年矣又似二人疑此句有誤

子不反親臣不逆君先王之通義也

案各本作兄弟之通義也與子臣二句義不相屬今依戰國策更正集解徐廣曰兄弟一作元夷元始也

夷平也此亦望文生訓於平之通義仍不可解始疑
先字與兄字形近而誤作兄既誤先爲兄兄下必屢
弟遂改爲兄弟又與兄弟形近而誤作元夷也
故禮也不必一道而便國不必法古
案各本作而便國不必古諒脫法字今補
必有陰賊謀起
案各本倒作謀陰賊起今正
高信卽與章戰
案各本誤作與王戰高信卽信期事肥義者肥義代

王入爲章所殺高信當與章戰也今正
案各本中有王還不聽秦五字不知所謂當是衍文
故有長平之禍焉 按 秦圍邯鄲
今刪
孝成王卒 按 子偃立是爲悼襄王廉頗將 至 廉頗亡入
魏 按 悼襄王元年
案各本子偃立二句倒在廉頗亡入魏下則廉頗將
使樂乘代之皆無所受命矣今正
魏世家第十四

其必有衆 按 畢萬封十一年
案各本中云初畢萬卜事晉云云後人竄入詳晉世
家下今正
武侯元年趙敬侯初立
索隱紀年云魏武侯元年當趙烈侯之十四年不同
也
案紀年者晉人所僞造託之汲郡魏安釐王冢所出
竹書也於商有太甲殺伊尹文丁殺季歷語此必曹
魏遺臣痛惜甘露少帝欲殺司馬昭而反爲所弒姑
爲此如廝之寓言以寄其忠君愛國之意可與風乎

適樂國介推還受祿等語相比例也於周無文王受
命稱王事於武王伐紂之年同三統歷及晚出僞泰
誓與先秦人諸若南北之異方矣紀列國之年無所
不謬古文學說盛行之世盡人與今文家立異爲高
也趙烈侯卒於九年安得有十四年當魏武侯之元
年又增武侯享國十六年爲二十六年奪襄王在位
十六年爲惠王改元之年集解引荀勗語轉據之以
爲太史公誤顚倒黑白正如勗之爲人亂政事不足

復欲泼及學術耶今闕其極謬者餘倣此
惠王元年戰于濁澤魏氏六敗魏君圍趙謂魏曰
案圍監本誤作爲直似卜屬爲句矣此從毛本六國表趙成侯六年敗魏濁澤圍惠王趙世家作圍魏惠王可證
三十五年騶衍淳于髡孟軻皆至梁
案騶衍世次不與髡孟相接詳孟荀列傳見於此者古書有因此以及彼例如論語禹稷躬稼而有天下躬稼者稷也因稷而及禹有天下者禹也因禹而及

稷孟子華周杞梁之妻善哭其夫善哭其夫者杞梁之妻也因杞梁之妻而及華周之妻此例史記亦有之淮陰侯傳大夫種范蠡存亡越霸句踐立功成名而身死亡者大夫種也因大夫種而及范蠡此亦因髡與孟子而及騶衍也七國之世諸子擅盛名者首推騶衍故此篇及田齊世家言士之至其國皆舉騶衍以冠諸子以爲其君下士之光也二國之史如此太史公因之爾
襄王元年與諸侯會徐州相王也

案此周顯王三十五年也惟魏稱王之年與秦本紀六國表合其餘五國齊之王在顯王十六年秦在四十四年燕在四十六年韓在四十七年趙無攷
如耳見衛君曰請罷魏兵免成陵君可乎
案上文無成陵君謀伐衛事亦不詳成陵君爲何人脫也不然無此文法
夫憎韓不愛安陵氏可也夫不患秦之不愛南國非也
案次句夫字似衍
韓世家第十五

大業之後不遂者爲祟
案各本脫後字今依趙世家補
時蟣蝨質於楚　至　於是蟣蝨竟不得歸
案此多脫文無從校訂
絡趙氏之孤子武
案各本誤作絡趙孤之子武今依文訂
田敬仲完世家第十六
陳完者陳厲公躍之子也　按　厲公者陳桓公庶子也　按
桓公卒弟佗殺桓公太子免而代立數如蔡厲公躍與

兇異母其母蔡女怨佗殺其兄乃令蔡人誘佗而殺之
接 佗之罪以淫出國故春秋曰蔡人殺陳佗罪之也 接
躍立爲厲公厲公卒 接 弟林立是爲莊公故陳完不得
立爲陳大夫 接 莊公卒 至 完故奔齊
案各本以厲公爲佗與陳世家同無五父無利公躍
以莊公林繼厲公佗并桓公鮑亦爲蔡人所殺皆與
陳世家異今依左傳及年表陳世家正
景公有寵姬曰芮子生子荼景公卒○立荼是爲晏孺
子○晏圉奔魯○乃使人殺晏孺子於駘而逐孺子母

案各本誤作晏孺子奔魯乃使人遷晏孺子於駘而
殺孺子荼今依齊太公世家正
子我 接 與田氏有郤
案各本作子我者監止之宗人也常與田氏有郤中
衍八字齊太公世家上言闞止下言子我既言子我
不復言闞止其爲一人之名字章矣今正
田氏之徒追殺子我 接 簡公出奔
案各本中有及監止三字亦衍今正
田常於是盡誅鮑晏監止之族及公族之彊者

案各本脫之族二字今補上文田氏已殺監止遂殺
簡公而立平公平公卽位已五年矣安復得監止而
誅之是年所誅必是鮑晏監止之族田常於此三氏
盡滅其族而於公族但誅其彊者耳
子桓公午立 接 六年救衛
案各本中有騶忌譏救韓事徐孚遠謂騶忌以鼓琴
干齊威王不宜桓公午時已與廷議其事亦與下文
所載相類此說是也且秦魏與韓楚趙交兵何與於
燕而齊襲之耶下文韓因恃齊五勝而東委國於齊

事理明白亦可爲此因彼衍之證今正
宣王十八年騶衍淳于髡田駢接子愼到環淵之徒皆
爲列大夫
案騶衍詳魏世家及孟荀列傳下
疾建用客之不詳也 止
案此篇贊語劉歆改竄詳序證變象互體節今刪
孔子世家卷十七
紇與顏氏女野合而生孔子禱於尼丘得孔子
案此文疑本作紇與顏氏女禱於尼丘野合而生孔

子於尼邱埽地爲祭天之壇而禱之猶詩所謂以弗無子也遂感而生孔子猶詩所謂履帝武敏歆也故曰野合高祖本紀其先劉媼嘗息大澤之陂夢與神遇是時雷電晦冥太公往視則見蛟龍於其上已而有身遂產高祖即詩齊魯韓春秋公羊學家所謂聖人皆感天而生此所謂野合而生也三代世表張夫子問於褚先生曰詩言契后稷皆無父而生今諸傳記咸言有父得毋與詩謬乎褚先生曰詩言契生於卵后稷人跡者欲見其有天命精誠之意耳鬼神不

能自成須人而生奈何無父而生乎即此所謂統與顏氏女禱於尼邱野合而生孔子也太史公以受命帝王尊孔子故云爾索隱謂梁紇老而徵在少非當比室初笄之禮故云野合此說謬甚老夫得其女妻未聞謂之野合也且詩人稱述文王歸美太任世家表揚孔子識其父母可乎

魯襄公二十二年而孔子生○孔子年十七是歲季武子卒○昭公二十年而孔子蓋年三十矣○孔子年三十五昭公奔於齊○孔子年四十二魯昭公卒於乾侯○定公九年孔子年五十一○定公十四年孔子年五十六○哀公三年而孔子年六十矣○孔子年六十三而魯哀公六年也○孔子年七十三以魯哀公十六年四月己丑卒

案各本五十一之一字脫今依上下文補是篇凡言孔子之年者十皆足與生年相印證後儒或以公穀二傳孔子生句在襄公二十一年疑史記之二十二爲誤豈有十處皆誤之理第知以生年校生年不知以昭定哀之世言孔子之年者校生年何其愚也且

公穀全體釋經此言何以入傳當由二家經師附記於旁後乃誤入正文爾其始附於二十二年公會諸侯于沙隨之下一本誤脫而誤補於二十一年公會諸侯于商任之下上文相似易於致誤一本誤則各本皆誤一傳誤則二傳並誤正當引史記以糾二傳豈應信公穀以難世家耶惟世家無月日當取二傳補之公羊傳作十有一月庚子孔子生釋文曰傳文上有十月庚辰朔此亦十月也一本作十一月庚子又本無此句案穀梁傳亦無此句有者特三本之一

且證以十月庚辰朔則庚子不在十一月凡有十一
月句衍也惟二十一年十月庚子爲二十一日二十
二年十月庚子爲二十七日長歷是月甲戌朔也周
正十月夏正八月今以八月二十七日爲孔子生日
得之矣

孔子年十七魯大夫孟釐子病 按 不能相禮 按 且死誡
其嗣懿子曰○今孔丘年少好禮○及釐子卒懿子與
魯人南宮敬叔往學禮焉

案各本脫不能相禮四字索隱昭七年左傳云孟僖

子病不能相禮乃講學之及其將死召大夫云云案
謂病者不能相禮爲病非疾困之謂也至二十四年
僖子卒是此文誤也不知此後人脫誤若本無不能
相禮四字則下文年少好禮往學禮焉二句語何所
承孔子年十七者孟釐子病不能相禮之年也在昭
公七年且死卽左傳所謂及其將死在二十四年太
史公本不謂一年之事猶之懿子學禮亦與釐子卒
非一年事不然豈衰経在學乎今爲補正惟仲尼弟
子列傳無孟懿子論語孟懿子問孝子告樊遲曰孟
孫問孝於我不稱何忌則不似弟子與世家左傳皆
異當從蓋闕弟子列傳亦以南宮敬叔爲魯人與此
文同與左傳異不以爲孟釐子之子索隱謂太史公
之疏不知若無魯人二字但作懿子與南宮敬叔豈
非小司馬所謂密乎不爲密之省而爲疏之增非人
情也

嘗爲季氏委吏而料量平嘗爲乘田而畜蕃息 按 孔子
長九尺有六寸人皆謂之長人而異之 按 南宮敬叔言
魯君曰

案各本脫委字索隱謂一本作委吏今依以補正乘
田誤作司職吏吏皆有職此何待言今據孟子更正
蕃息下云由是爲司空係下文由中都宰爲司空之
重文又云已而去魯斥乎齊逐乎宋衛困於陳蔡之
間於是反魯與之下云魯復善待由是反魯皆定公
十四年去魯後至反魯之總結重衍於此也今刪正

請與孔子適周○蓋見老子云

索隱莊子云孔子年五十一南見老聃系家亦依此
爲說而不究其旨俱誤也何者孔子適周豈訪禮之

時卽在十七耶

案莊子多寓言盜跖篇有孔子與柳下惠相問答語又可爲二人同時之證乎且孔子年九十一正爲中都宰之年何暇南見老聃此文在孔子年十七之後三十以前適周問禮當在其間豈謂年十七之年耶

由大司寇攝行相事

案攝行各本倒作行攝今依魯世家攝行政訂正攝周語也列子周公攝天子之政是也行漢語也漢書御史大夫張湯行丞相事是也攝行者以漢語釋周

語豈當躋行於攝上乎

入及公側

集解服虔曰入有入及公之臺側

案左傳定公十二年文同閒之師曰入當爲矢說文矢从入脫去下半則爲入也左襄二十三年傳矢及君屋與此文同例

去衛過匡顏高爲僕

案高各本作刻誤也弟子列傳顏高字子驕正義孔子在衛南子招夫子爲次乘過市顏高爲御家語孔子適衛子驕爲僕靈公與夫人南子同車出使孔子爲次乘顏刻曰夫子何恥之是顏刻卽顏高高以克篆作亯形近而譌作克克又以聲同而譌作刻也知刻譌非高譌者驕讀爲喬喬高也名高字喬義正相應左定八年傳顏高之弓六鈞當卽此人今正

爲甯武子臣於衛

案武子死甯氏滅久矣安能復爲之臣甯武子當是孔文子之譌猶晉世家魏文子實范武子之譌也左哀十一年傳孔文子將攻太叔訪於仲尼則二人固同時也

夏衛靈公卒○六月趙鞅內太子蒯聵于戚○冬蔡遷于州來 闕 是歲魯哀公三年而孔子年六十矣齊助衛圍戚○夏魯桓釐廟燔○秋季桓子病

案春秋蔡遷于州來以上皆在哀公二年齊助衛圍戚以下乃在三年此文是歲以上有闕文本不謂一年之事故上文已言冬下文復云夏秋也

明年孔子自陳遷于蔡蔡昭公將如吳○公孫翩射殺昭公楚侵蔡 闕 秋齊景公卒

案春秋盜殺蔡侯申在哀公四年齊侯杵臼卒在五年則中亦有闕文也

孔子遷于蔡三歲吳伐陳楚救陳

案孔子自哀公四年遷于蔡則此爲六年也下有明文集解徐廣亦當云六年今作四年後人所誤也不然豈上已云五年此轉謂四年耶

而魯哀公六年也其明年吳與魯會繒 至 無所苟而已矣 闕 其明年冉有爲季氏將師與齊戰于郎

案會繒在哀公七年戰于郎左傳作戰于郊未知孰是事在哀公十一年則不得謂明年也中亦有闕文

孔子之去魯凡十四歲而反乎魯

案自定公十四年凡越十四歲乃在哀公十二年也春秋書哀公十二年春用田賦則季孫訪田賦亦當在是年春左傳繫之十一年冬以便文也索隱以定十四至哀十二爲十三年誤除本年計之非古法也餘詳魯世家下

追跡三代之禮 按 曰夏禮吾能言之 至 吾從周 按 序書傳上紀唐虞之際 至 編次其事 按 故書傳禮記自孔氏

案先序禮次序書末乃總述書禮次第甚明各本序書傳至編次其事十七字誤在曰夏禮句上致與上文言三代之禮語意間隔今正

古者詩三千餘篇及至孔子去其重取可施於禮義○關雎之亂以爲風始鹿鳴爲小雅始文王爲大雅始清廟爲頌始三百五篇孔子皆弦歌之以求合韶武雅頌之音

案此所言古詩篇數非之者孔穎達朱彝尊趙翼崔述也是之者歐陽修鄭樵王應麟王崧也崧所著說

緯載之甚詳辯之甚當今擇其要錄之歐陽氏曰以鄭康成譜圖推之有更十君而取其一篇者又有二十餘君而取其一篇者由此觀之何啻三千王氏曰趙氏備列經書所引逸詩謂不及刪存詩二三十分之一此但就見存之書計之也古書之著錄於漢書藝文志而不傳於今者其中豈遂無之則二三十分之一未足盡逸詩之數也世儒所論皆以孔子於詩一似昭明之文選但因其辭意爲去取遷謂孔子皆弦歌之以求合韶武雅頌之音可知非獨取其辭意

已又引通志樂略第一曰樂以詩爲本詩以聲爲用仲尼編詩爲燕享祀之時用以歌非用以說義也得詩而得聲者三百篇則繫風雅頌得詩而不得聲者則置之謂之逸詩合觀鄭氏王氏之言世家可稍以證明矣始者對終而言關雎爲風始則麟趾爲風終雅頌類是毛詩渾言風小雅大雅頌爲四始無終而稱始可乎孔子取詩止有三百五篇史記此言上本三家下至漢書藝文志及儒林傳王式之言猶然經典釋文始云孔子錄取三百十一篇此依毛詩序合

南陔白華等六篇而言然序云有其義而亡其辭亡對有而言乃有無之無非亡佚之亡也本無其辭則所謂有其義者義於何見見之於序而已未嘗有詩也安得列於篇數此古文家之謬說大背於世家者也

以備王道成六藝 按 孔子以詩書禮樂教弟子 至 不試故藝 按 孔子晚而喜易 按 讀易韋編三絕 至 若是我於易則彬彬矣 按 魯哀公十四年 至 作春秋

案序詩書禮樂文不相接序易與春秋文亦相接各本誤移孔子晚而喜易以下在孔子以詩書禮樂教弟子上以致上下文義皆相間斷今正晚而喜易句下有序彖繫象說卦文言八字南海某氏謂劉歆竄入是也序卦先於彖辭說卦先於文言語無倫次且此八字列於喜易以下讀易以上則是孔子所喜而讀之不厭者即其所自作彖象文言之屬有是理乎論衡正說篇孝宣皇帝之時河內女子發老屋得逸易禮尚書各一篇奏之隋書經籍志曰及秦焚書周易惟失說卦三篇後河內女子得之然則宣帝以前

未有說卦太史公何自知之依今本尚少雜卦傾倒錯雜妄續明矣今正然則孔子所喜而讀之者指何篇交曰卦辭爻辭也卦辭爻辭誰作西漢師說今無存者馬融陸績謂文王作卦辭周公作爻辭其言信而有徵當是田氏相傳之舊說漢末去古未遠故能述之南海某氏謂文王惟演重卦而無卦辭經文皆孔子所作者非也周本紀及法言問神問明二篇漢書楊雄傳云云第謂重卦始於文王不謂文王止於重卦也請列四證以明之太史公自序云昔西伯拘

羑里演周易孔子戹陳蔡作春秋及離騷國語呂覽之屬皆有文辭若周易但有卦畫而無卦辭豈當與春秋離騷國語呂覽相比例乎證一也如卦辭爻辭皆孔子作何以所引古事至箕子之明夷而止不及成康以下一字耶爻辭王用亨于岐山王用亨于帝稱王而不繫文當是稱王郊天時語文王未崩故未有謚若出孔子焉得去文繫辭傳孔子作也曰文王與紂之事耶則繫文於王矣東鄰西鄰亦殷周並王時語千寶注東鄰紂也西鄰周也是也若孔子作當

曰魯言之魯處東偏更無東鄰止有西鄰豈謂魯國殺牛不如齊晉之礿祭受福耶證二也彖傳釋卦辭小象釋爻辭卦辭爻辭皆經彖傳小象則傳也如謂皆孔子作豈有自爲之經復自爲之傳之體何不自爲春秋作傳耶證三也韋編者冊書而非簡書也古者字少用簡字多用冊簡用一竹義取單簡故曰簡冊用五竹編之以韋篆文作𠕋五直象竹二橫象韋周易分上經爲三十卦下經爲三十四卦者卦畫初成各以十八簡書之上經乾純陽坤純陰頤大過坎

離皆陰陽反對不能其簡故六卦分爲六簡屯倒之爲蒙蒙倒之爲屯他卦皆然故二十四卦合爲十二簡總爲十八簡下經惟既濟未濟各爲一簡其餘三十二卦合爲十六簡總亦爲十八簡及爲卦辭爻辭後卦數分上下經即源於此說詳序卦正義及師說然惟卦畫可書於簡若兼卦辭爻辭非冊不勝書矣孔子所讀之易若止有卦畫當是簡而非冊安得韋編而絕之證四也

據魯親周故殷運之三代

索隱言夫子脩春秋以魯爲主故云據魯時周雖微而親周王者以見天下之有宗主也正義殷中也又中運夏殷周之事也

案春秋宣公十六年成周宣榭災公羊傳曰外災不書此何以書新周也解詁曰孔子以春秋當新王上黜杞下新周而故宋因天災中興之樂器示周不復興故繫宣榭於成周使若國文黜而新之從爲王者之後記災也阮公校勘記曰董子史記親周皆新周之誤案孔子以春秋當新王者新受命爲王也新周

者新爲王者之後也周爲王者之後新則宋爲王者之後故矣殷即宋也故此文曰新周故殷小司馬讀親如字學文生訓耳遂當爲通形近致誤也隱公三年春王二月解詁曰二月三月皆有王者二月殷之正月三月夏之正月王者存三王之後所以尊先聖通三統也此言出自繁露太史公亦聞之董生故曰通之三代也張守節以故殷屬下讀而別爲作訓豈有殷周並稱而殷非國名者乎

忠生武武生延年及安國

案漢書孔光傳云忠生武及安國武生延年未知孰是

安國生卬止

案各本下有卬生驩句當是褚先生補安國蚤卒卒在元朔末年詳序證古文尚書節此後卽獲麟之歲史記止矣是時安國豈及有孫耶

陳涉世家第十八

太史公曰至攻守之勢異也

案各本作褚先生曰集解徐廣曰一本作太史公騶

案班固奏事云太史遷取賈誼過秦論上下篇以爲秦始皇本紀陳涉世家下贊文然則言褚先生者非也今依以更正始皇本紀贊錄下篇此其上篇也

外戚世家第十九

用無子故廢耳陳皇后求子與醫錢凡九千萬然竟無子

案陳皇后求子而上當有初字不謂廢後也張照據以譏長門賦序陳皇后復幸之說謂但不復其位耳以駁上文廢陳皇后句下索隱其說鑿矣復幸之說

猶曰屈平適樂國介推還受祿耳文人寓言豈足以爲事實乎

少兒生子霍去病以軍功封冠軍侯止

案此元朔六年事也在麟止前下云號票騎將軍則元狩三年事矣又下云李延年兄弟坐姦族其長兄廣利伐大宛不及誅還封爲海西侯案大宛傳廣利伐大宛還在太初四年匈奴傳廣利聞其家以巫蠱族滅因降匈奴在征和三年然則廣利封侯在前李氏族滅在後彼傳是則此篇先後互倒此文是則李

氏之族既坐姦誅豈能復坐巫蠱誅乎矛盾重重其
爲後人竄亂明矣且非麟止前語今正此篇獨無贊
語脫也

楚元王世家第二十

高祖之同母少弟也
集解徐廣曰一作父索隱漢書作同父言同父以明
異母也
案作同母是也同母者別於異母同父之稱如魯隱
之於桓公齊桓之於子糾異母也同父者別於異父

同母之稱如武帝之於修成君田蚡之於王信異父
也異父同母須言同父異母不須言也同父同母須
言同母同父異母不須言同父也漢高無異父兄弟
何須別言同父帝與元王同母則伯與仲其前母所
生歟
過巨嫂食
集解徐廣曰漢書云丘嫂索隱應劭云丘姓也孟康
云丘空也兄亡空有嫂也今此作巨巨大也謂長嫂
也

案漢書作丘嫂直是巨嫂之誤應孟望文生訓謬也
乃封其子信爲羹頡侯
索隱羹頡爵號非縣名以其櫟釜故也正義括地志
羹頡山在媯州懷戎縣高祖取其山名爲侯號漢書
師古曰頡音戛言其母戛羹釜
案此雖名號侯而別有封邑漢書王子侯表羹頡侯
信高后元年有罪削爵一級爲關內侯然則前此固
列侯也羹頡山乃因侯而名山張守節之言倒矣
而王次兄仲於代

集解徐廣曰次兄名喜字仲以六年立爲代王其年
罷卒諡頃王
案漢興以來諸侯年表高祖六年代王喜元年九年
代王四年匈奴攻代代王棄其國亡歸漢吳王濞傳
廢爲郃陽侯漢書諸侯王表孝惠二年薨王子侯表
以子爲王諡曰頃王然則王代四年罷罷六年乃卒
也徐廣疏矣
是爲楚文王 至 子經立爲王 止
案各本作子襄王經立下云十四年卒年表在元鼎

二年則麟止以前不當言其謚也今正下又書經子王純代立地節二年自殺國除正義尚知地節是宣帝年號索隱曰太史公惟記王純國除并其序所謂太史公記事下訖天漢而忘之乎今刪

使楚王戊毋刑申公遵其言趙任防與先生

索隱漢書申公名培王戊胥靡之此及漢書雖不見趙不用防與公蓋當時猶知事跡或別有所見故太史公明引以結其贊

案贊語有引有論引出傳外如樂毅贊始齊之蒯通及主父偃讀樂毅之報燕王書未嘗不廢書而泣也是也論據傳文如商君贊刑公子虔欺魏將卬不師趙良之言是也此數語豈似引乎論也論則必據傳文申公防與先生之事必世家所已言故贊及之今脫去疑且迹元王以下漢書尚較世家爲詳如自好書至各別去自高祖既爲沛公至劉賈數別將自元王既至楚至郢客爲上邳侯自文帝尊寵元王子至王戊稍淫暴自二人諫至削書到此皆無之太史公不應簡略乃爾此篇殘缺多矣

荆燕世家第二十一

乃以營陵侯劉澤爲琅邪王

案呂后本紀太后女弟呂嬃女爲營陵侯劉澤妻迺以澤爲琅邪王

齊悼惠王世家第二十二

高后兒子畜之

案說文儿部兒孺子也从儿象小兒頭囟未合囟頭會匘蓋也大戴禮本命篇三年囟合而後能言是兒者人生未三年之稱也春秋繁露今握粟與錙金以

示嬰兒說苑引此語作以示兒子越王句踐世家陶朱公長男入室取金持去莊生羞爲兒子所賣此篇下文使祝午紿琅邪王曰齊王自以兒子年少然則兒子者孩子之通稱也高后以兒子畜之猶言以孩子視之也後世習以爲父母於其子之專稱唐時已然故顏師古注漢書曰比之於子也不悟朱虛侯乃高后之孫何得比之於子老杜送別姪勤云陸機二十作文賦汝更小年能綴文總角草書又神速世上兒子徒紛紛尚不誤解夫小顏學人老杜詩人而其

學猶過小顏也
膠西膠東菑川濟南皆擅發兵應吳楚○三國兵共圍
齊
集解張晏曰膠西菑川濟南也
案吳王濞傳曰膠西爲渠率服東菑川濟南共攻圍
臨淄是三國有膠東而無膠西集解誤也
以齊之城陽郡立章爲城陽王王子延立止
案各本誤作子建延立今依年表刪正下云是爲頃
王六傳至王景建始三年卒正義建始成帝年號蓋

諸先生次之案此亦非褚先生次之乃後人所續也
今刪
菑川王志王乃徙濟北王王菑川止
案各本下云凡立三十五年傳至王橫建始三年卒
說見上今亦刪此篇凡言立章爲城陽王者再立興
居爲濟北王及以反誅者皆再言膠西等五王爲悼
惠王子及誅者亦皆再言徙濟北王志爲菑川王者
四不如漢書之簡當史記豈應繁冗乃爾當是原文
散失後人補綴而成也。

曹相國世家第二十四
子襄代侯止
案各本下云襄子宗代侯征和二年坐太子死國除
此所謂盡於孝武者也詳序證麟止後語節今刪正
陳丞相世家第二十六
富人張負
索隱負是婦人老宿之稱猶武負之類
案古讀負婦相同故借負爲婦也絳侯世家許負索
隱應劭云老嫗也高祖紀武負漢書注如淳曰俗謂

老大母爲阿負師古曰劉向列女傳云魏曲沃負者
魏大夫如耳之母也此則古語爲老母爲負耳案以
上諸負字固屬老母然必以爲專謂老母尚不知負
之爲婦爾
子何代侯二十三年何坐略人妻棄市國除止
案各本作三十三年誤也年表此事在元光五年上
距景帝前五年侯何元年實止二十三年今正下文
逃陳掌願續封事年次在麟止後亦後人從漢書竄
入今刪正

絳侯世家第二十七

案各本作絳侯周勃世家今依留侯下不言張良例刪正

請得與丞相議之 接 亞夫曰

案中複丞相議之四字若是重言不應削去上三字止存半句必是衍文今刪正

子建德代侯 接 條侯果餓死

案各本中云十三年至元鼎五年國除此後人竄入今刪正

梁孝王世家第二十八

次子參 至 子義立是爲代王 接 初武爲淮陽王

案各本中自十九年至元鼎五年也五句後人竄入今正

子襄立爲王 至 梁餘尙有十城 止

案各本作立爲平王下云襄立三十九年卒年表襄立在建元五年則卒於天漢三年與平字皆後人竄入今正

濟東王彭離者 至 以孝景中六年爲濟東王 止

案各本下云二十九年廢以爲庶人年表在元鼎元年今刪正

五宗世家第二十九

河間獻王德 至 子基代爲王 止

案各本作子剛王基代立下云立十二年卒上合獻王二十六年共王四年乃卒於太初元年也與謚法皆從漢書竄入今刪正漢書言獻王從民間得善書皆古文先秦舊書周官尙書禮禮記之屬立毛氏詩左氏春秋博士然則藝文志言武帝末魯共王壞孔

子壁得古文尙書劉歆傳言左傳亦出孔壁與獻王得自民間者爲一耶爲二耶如以爲一則獻王卒於元光五年未及武帝末孔壁未壞民間何自得之如以爲二則未出孔壁早布民間何得謂之中秘書作僞之跡終難掩覆幸是篇未經竄亂也

魯共王餘 至 子光代爲王 止

案各本下云晚節惟恐不足於財漢書言光立四十年則麟止以前光立七年耳所云晚節在太初以後非太史公語今刪漢書下言共王壞孔子舊宅於其

壁中得古文經傳幸是章亦未經竄亂也

膠西王端 至 用皇子爲膠西王 止

案各本作膠西于王下云立四十七年則後麟止十六年矣于字及端爲人賊戾以下皆據漢書竄入今正

趙王彭祖 至 四年徙爲趙王 止

案五宗十三王卒於孝景崩後者十一王各本於此下云十五年孝景帝崩中山王下云十四年孝景帝崩孤懸不倫漢書尚無之當由學者錄此篇時偶記於旁後人誤入正文爾又下云立五十餘年案漢書

征和元年薨則上距孝景前二年立時實爲六十四年此言年數亦不合皆後人竄入而又誤也今并正

用皇子爲中山王 按 勝爲人樂酒好內

案詳上

長沙定王發 至 子庸立爲王 止

案各本作子康王庸立下云二十八年卒是卒於太初四年也後人竄入康王漢書作戴王則此康字非謚直與庸字相似而誤也今并正

廣川惠王越 至 子齊立爲王

案各本下云王齊數上書告言漢公卿及幸臣所忠等文自此止漢書下云又告中尉蔡彭祖捕子明罵曰云云此從漢書竄入者偶爾中輟忘其未畢下乃別錄膠東王事也索隱曰漢書告中尉蔡彭祖子去嗣坐褻虐勃亂國除也然則唐時漢書彭祖之姓與今本殊索隱蔡彭祖下亦有脫文故不成義也今并刪正

膠東康王寄以孝景中二年用皇子爲膠東王二十六年卒

案各本作二十八年卒誤也下云及吏治淮南之獄辭出之發病而死事在元朔六年卽康王二十六年也今更正

而封慶於故衡山地爲六安王 止

案各本下云膠東王賢立十四年卒則在元封二年矣後人竄入今正

常山王舜以孝景中五年用皇子爲常山王 止

案各本作常山憲王下云立三十二年卒年表在元

鼎三年也與謚法皆後人竄入今正

三王世家第三十

太史公自序集解張晏曰亡褚先生補索隱空取其
策文以續此篇率略且重非當也

案三王之封在元狩六年篇目亦非太史公所有此
文亦非褚先生補也詳孝武本紀下

史記探源卷七

觶廬藏板

七十列傳

歸安崔適

伯夷列傳第一

詩書雖缺

案此謂孔子以前所缺也索隱孔子系家稱古詩三
千餘篇孔子刪三百五篇為詩今亡五篇此說大謬
三百五篇今豈有亡者乎刪書篇數詳序證古文尚
書節

太史公曰

案此遷引其父談之言與下文引孔子曰賈子曰皆
取先正語與己意相發明也索隱謂楊惲東方朔見
其文稱余而加非也

余登箕山其上蓋有許由冢云

案上文例以舜禹之事則許由未薦未試帝堯無由
遂欲授以天下之理下言其文辭不少概見而此言
蓋有其冢者異乎舜禹伯夷有虞夏之文首陽之詩
可據者比故言蓋以疑之明許由出莊列寓言實無

其人古來高讓之士斷自伯夷始也故繫此論於傳首

老莊申韓列傳第三

老子者○名耳字耼姓李氏

案各本作姓李氏名耳字伯陽謚曰耼王念孫讀書雜志曰此後人取神僊家書改竄之耳索隱本出此七字注曰許慎云耼耳曼也故名耳字耼有本字伯陽非正也老子號伯陽甫此傳不稱文選反招隱詩注引史記曰老子名耳字耼又引列僊傳曰李耳字

伯陽然則字伯陽乃列僊傳文非史記文也適案周本紀幽王二年伯陽甫云云三年周太史伯陽云云太史伯陽云云不言伯陽姓李此傳不言及仕幽王則太史公不以爲一人明矣今據以訂正

蓋老子百六十餘歲或言二百餘歲○自孔子死之後百二十九年而史記周太史儋見秦獻公○或曰儋即老子或曰非也

案儋見秦獻公周本紀在烈王二年上距孔子之死百有六年耳然孔子問禮在年三十以前耼年必長於孔子則至此兩言壽數尙不相逮耼儋聲同以是一人

所說出於爲名高者也而說之以厚利則見下節而遇卑賤必棄遠矣

案韓非子注曰所說之人意在名高今以厚利說之彼則爲己志節凡下而以卑賤相遇亦既賤之必棄遺而疏遠矣說甚明白愈於索隱宜取以易之

所說出於爲厚利者也而說之以名高則見無心而遠事情必不收矣

案各本脫爲字今依上下文補彼注云所說之人意在厚利今以名高說之此則爲己無相時之心而闊遠事情則必見棄而不收矣此注亦勝索隱

所說陰爲厚利而顯爲名高者也

案陰與顯意相反各本作實爲厚利索隱依以爲說不若陰字明順今依韓非子正

夫事以密成語以泄敗

案下文而語及所匿之事是匿與泄皆屬語不屬事各本作而以泄敗則泄承事言非也今依韓非子正

徑省其辭則以爲不智而屈之汎濫博文則以爲多而久之

案各本此二句以爲字皆脫與上文則以爲閒己則以爲鬻權則以爲借資則以爲嘗己語例不倫今依韓非子補惟韓非子屈作拙皆當讀爲詘汎濫博文作米鹽博辯彼注頗爲迂迴久作交皆不如此文之當汎濫與徑省意相反對正義曰言浮說廣陳必多詞理時乃永久人主疲倦是也

凡說之務在知飾所說之所矜而滅其所醜

案矜各本作敬不如矜字之直截今依韓非子正醜彼文作恥義無甚別仍之

自勇其斷則無以其謫怒之

案彼注彼或自以斷爲勇則無得以其先所罪謫而動怒之也謫各本作敵索隱無以己意而攻閒之是以卑下之謀自敵於上以致譴怒也義較迂迴今依韓非子正

譽異人與同行者接規異事與同計者接有與同污者接則必以大飾其無傷也有與同敗者則必以明飾其無失也

案各本譽異人句倒在規異事句下有與同污者句脫則飾其無傷句無所承正義劉伯莊云貴人與甲同計與乙同行者說士陳言無傷甲乙也承上二句釋之義極迂謬甚可駭笑且不悟與下文飾其無失也句上承有與同敗者爲文語意不倫也彼注其異人之行若與彼同污者則大文飾之言此污何所傷其異事之計若與彼同敗者則明爲文飾言此敗何所失以彼校此如幽得燭矣以大飾作以飾以明飾

作明飾上脫大下脫以遂用明字對以字無此文理今皆依韓非子正

此所以親近不疑而得盡辭也

案而得盡辭也各本作知盡之難也索隱謂人臣盡知事上之道難也則與親近不疑意不接今依韓非子正

接伊尹爲宰百里奚爲虜皆所以干其上也此二子者皆聖人也猶不能無役身而涉世如此其污也接今以吾言爲宰虜而可以聽用而振世接此非能仕之所恥

也按夫曠曰離久而周澤既渥至此說之成也按昔者
鄭武公欲伐胡至鄭人襲胡取之按宋有富人至而疑
鄰人之父按此二說者
案各本伊尹至汚也節在此說之成也句下今以吾
言爲宰虜而可以聽用而振世二句皆脫所恥作所
設曠曰至成也節在知盡之難也句下昔者鄭武公
節在而疑鄰人之父句下今皆依韓非子正宰作庖
依宰虜句正夫曠曰離久句夫作得離作彌亦依彼
文正惟涉世彼文作進加既渥彼文作未渥不如此

文之當從
故有愛於主則知當而加親見憎於主則罪當而加疏
案罪當句韓非子作知不當有罪而加疏詳略不同
義皆可通
司馬穰苴列傳第四
景公時晉伐阿鄄燕侵河上
攷證古史攷曰以春秋左氏攷之未有燕晉伐齊者
也戰國策稱司馬穰苴執政者也湣王殺之意者穰
苴湣王之臣嘗爲湣王卻燕晉而戰國雜說遂以爲

景公時耶
案孫吳列傳魏文侯問李克曰吳起何如人哉李克
曰起用兵司馬穰苴不能過也是時姜齊未亡田齊
未立李克已以穰苴比吳起安得謂爲湣王臣耶惟
燕晉伐齊事不惟左氏無之卽年表世家亦無之誠
爲可疑且穰苴斬君之寵臣與孫武殺王之愛姬如
此矯激之風春秋時所未有蓋亦寓言非事實也
至常曾孫和因自立爲齊威王
索隱此文誤也當云田和自立至其孫因號爲齊威

王故世家云田和自立號太公其孫號威王也
案此文不誤小司馬不達古書體例而爲之辭也古
書有互言例如禮記喪大記復者朝服君以卷夫人
以屈狄鄭注君以卷謂上公也夫人以屈狄互言耳
上公以衮則夫人用褘衣而侯伯以鷩其夫人用揄
狄子男以毳其夫人乃用屈狄矣正義曰男子舉上
公婦人舉子男之妻男子舉上以見下婦人舉下以
見上是互言也淮南子泰族訓師延爲平公鼓朝謌
北鄙之音高注衞靈公宿於濮水之上聞琴音召師

涓而寫之蓋師延所爲紂作朝謌北鄙之音也是爲紂作樂者師延爲平公奏樂者師涓此文舉師延以見紂舉平公以見師涓亦互言也然則此傳亦係互言舉田和以見太公舉威王以見因齊也因齊者威王名也

孫子吳起列傳第五

馳逐重射

案此與下文逐射千金意同謂其馳射逐重金以博勝負也索隱重射好射也失之

相商文○謂商文曰○商文曰○吳起乃自知弗如商文商文既死

案各本皆作田文今依索隱引呂氏春秋正

伍子胥列傳第六

不亦謬乎吳王不聽伐齊 接 其後五年復伐齊 接 齊鮑氏弑其君悼公而立壬吳王欲討其賊不勝而去 接 明年 接 吳王將北伐齊越王句踐用子貢之謀 至 後將悔之無及吳王不聽 接 遂伐齊大敗齊師於艾陵遂盟鄒魯之君以歸 接 益疏子胥之謀 接 使子胥於齊 至 因命曰胥山 接 明年 接 吳王召魯衞之君會之橐皋

案各本顛倒錯亂有甚於吳世家如大敗齊師於艾陵在齊弑悼公以前則上文誤入下文越王用子貢之謀在敗齊艾陵以後則一事誤爲二事弑悼公而立壬誤作立陽生不知陽生卽悼公也遂盟鄒魯之君誤作遂滅二國豈吳所滅乎今依左傳及世家正其後五年復伐齊七字與兩書明年依年表世家補

仲尼弟子列傳第七

受業身通者七十有七人

案此傳不載而見於論語者一人牢也見於世家者二人孟懿子顏濁鄒也孟懿子似非弟子詳世家下論語之陳亢世家之顏刻卽此傳原亢顏高顏高亦詳世家下原亢詳下惟牢亦云琴張與顏濁鄒究爲此傳所遺合之爲七十九人

顏淵少孔子四十歲

案四各本作三誤也今正論語顏淵死顏路請子之車以爲之椁子曰鯉也死有棺而無椁世家伯魚年五十先孔子卒家語夫子年二十生伯魚顏淵三十

二而死若少孔子三十歲則顏淵死時孔子年六十一古書言年皆連本年計之如三年之喪期也中月而禫亦止二十七月耳至六十九而伯魚死伯魚之死在顏淵後許叔重遂謂論語稱伯魚死時實未死假言死耳是說之不可通鄭君雖以理想駁之猶未據事實正之也今案世家孔子遷于蔡三歲吳伐陳楚救陳軍于城父聞孔子在陳蔡之閒使人聘孔子孔子將往拜禮陳蔡大夫相與圍孔子於野顏回入見云云下云是歲也孔子年六十三然則孔子年六十三顏淵尚在也世家又云孔子

去魯年五十六凡十四歲而反乎魯則年六十九矣下云然後樂正成六藝論易韋編三絕顏淵喟然歎曰云云是孔子年六十九顏淵亦尚在也顏淵之死必不在孔子年六十一之歲明矣近儒臧鏞祖巖之屬皆謂顏淵死年惟見於家語家語王肅僞造不足信改爲年四十二而死雖亦在孔子年六十九之後然列子力命篇曰顏淵之才不出衆人之下而壽四八四八者三十二也三國吳志孫登傳權立登爲太子年三十三卒臨終上疏曰周晉顏回有上智之才而尚夭折況臣年過其壽是時王肅之僞家語未出而其言與之密合則家語之三字不誤此傳三字乃四字之誤少孔子四十歲三十二而死當孔子年七十一伯魚先三年死乃於論語列子吳志及世家之言皆可通也

回年二十九髮盡白蚤死

案家語年二十九而髮白三十二而死則此云二十九專謂髮白之年蚤字乃釋死年若死年即髮白之年則蚤字可婿矣非謂年二十九而死也

宰予字子我至子非其人也止

案各本下云宰我爲臨淄大夫與田常作亂以夷其族孔子恥之與全書相刺謬齊太公世家有闞止子我田敬仲世家作監止子我皆言簡公使爲政爲田常所殺此屬之宰予子我其謬一彼欲止亂此言作亂其謬二與田常作亂者夷族田常身爲亂首轉得免禍其謬三李斯傳曰田常陰取齊國殺宰予於庭即弒簡公於朝然則宰予之死與孔父仇牧荀息相若乃春秋之所榮孔子何以恥之其謬四此事一誤

而改闞止爲宰予再誤而變田常所夷族爲與田常作亂而夷族當由異學之徒造言誣衊所謂孔子至楚勸白公作亂之比後人無識竄入此節之末爾今刪

田常欲作亂於齊 至 十年之中五國各有變

案游說之風自蘇張始豈子貢時即有此至云吳晉爭彊晉人擊大敗吳師與吳晉世家皆不合豈所謂騁說者聘其辭不務綜其終始者太史公亦或取之耶不然後人竄入也韓非子五蠹篇曰齊將攻魯魯使子貢說之齊人曰子言非不辯也吾所欲者土地也非斯言所謂也遂舉兵伐魯去門十里以爲界故子貢辯智而魯削其言與此傳相反孰信孰否要皆寓言而已

商瞿字子木少孔子三十九歲 止

案各本下云孔子傳易於瞿又自瞿歷敘所傳至楊何以此例之不當敘子游傳禮至二戴敘子夏傳春秋至嚴顏乎況於游夏轉不詳孔子所傳何學耶餘詳儒林傳下此與儒林傳皆從漢書儒林傳竄入爾

今刪

原亢籍

案此即陳亢也陳大夫原仲陳之公族原亢其族故亦稱陳亢亢讀爲吭吭鳥嚨也籍讀爲雝籍雝皆從昔聲故相通隸變作鵲鵲禽也故字鵲亦字禽也惟公孫龍下云自子石已右三十五人頗有年名及受業聞見于書傳其四十二人無年及不見書傳者紀于左案陳亢乃聞見于書傳之人何爲列于此當由妄人不達原亢即陳亢而移至不見于書傳之列別易一無年名者于上而增之也

毀者或損其眞 闕 余以弟子名姓文字

案各本中云鈞之未覩厥容貌則論言弟子籍出孔氏古文近是殊不成語豈毀譽之眞竟覩厥容貌便識優於孔子耶孔子尙言以貌取人失之子羽豈太史公之詳審耶且孔氏古文謂何經之古文如謂論語何不曰古文論語而爲此歟後語耶即上所載姓名文字亦今文論語所有何必以古文別之此後人竄入而其中別有闕文今無從校補矣

商君列傳第八

秦利則西侵秦病則東收地

案秦利與秦病相對成文上秦字各本脫今補

推賢而戴者進聚不肖而王者退

案王字不可解疑誤

蘇秦列傳第九

說燕文侯〇趙肅侯〇韓宣惠王〇魏襄王〇齊宣王〇楚威王〇於是六國從合〇秦兵不敢闚函谷關十五年

案六國表是爲燕文侯二十八年趙肅侯十六年韓宣惠王二十五年魏襄王元年齊宣王九年楚威王六年於周爲顯王三十五年於秦則惠文王四年也秦本紀惠文王十四年更爲元年七年韓趙魏燕齊共攻秦秦使庶長疾與戰修魚虜其將申差敗趙公子渴韓太子奐斬首八萬二千自前四年至後六年與六國無大戰事且此戰亦由五國攻秦而秦出兵應之非秦東伐是謂秦兵不敢闚函谷關十五年也惟前七年公子卬與魏戰虜其將龍賈斬首八萬九千渡河取汾陰皮氏與魏王會應圍焦降之案七年卽魏襄王四年九年卽六年魏世家皆在五年與秦本紀小異

其後秦使犀首欺齊魏與共伐趙至從約皆解

集解徐廣曰自初說燕至此三年

考證徐孚遠曰正文云秦兵不出十五年而徐云自初說至此三年二說縣殊

案秦兵出關不得與從約皆解爲一事趙世家肅侯十八年齊魏伐我齊世家宣王十一年與魏伐趙魏

世家無文六國表於三國皆載之與此傳合自是三國交兵非秦伐東諸侯也從約自解秦兵自不出事殊年別何謂二說縣殊

今臣爲王卻齊之兵而得十城

案各本得十城上衍攻字此非攻而得也今刪

而使人刺蘇秦不死殊而走

案段注說文殊字引左傳釋文補曰一曰斷也蘇秦不死殊而走者謂入雖未死創已決裂也此說直捷勝於集解

令涇陽君高陵君先於燕趙接因以爲質則燕趙信秦
案各本中有秦有變三字於上下文義不相屬衍也
今刪
夫破宋殘楚淮北肥大齊讐强而國害此三者皆國之
大敗也〇夫以宋加之淮北强萬乘之國也而齊并之
是益一齊也
案此文夫破宋爲句殘楚淮北爲句肥大齊爲句所
謂三者國之大敗也故下云反宋地歸楚淮北燕趙
之所利也正義曰更以淮北之地加於齊都是强萬

乘之國而齊緫并之是益一齊案此正文夫以宋加
之淮北四句之注也乃分布正義入正文者中斷肥
大齊句横插此注於大字下是破上文如玄演之腹
納下注爲衞懿之肝此誤之離奇不可思議者益可
爲正文多錯亂之證
然則王何不使辯士以此言說秦
案各本此言上有若字上文然則王何不使辯士以
此言說秦王無若字則此若字衍也今刪
已得講於魏
案各本作趙得講於魏誤也今依下文已得講於趙
句例正
厭則兼欺舅與母接母不能制舅不能約接適燕者至
用兵如刺蜚接龍賁之戰
案各本母不能制二句倒在用兵如刺蜚下致與上
下文意相間斷今正
張儀列傳第十
則趙不南接梁不北接趙不南而梁不北接則從道絕
案各本梁不北三字倒在而梁不北句下今正

閔蘇秦死乃說楚王〇韓王〇齊湣王〇趙王〇燕昭
王
案六國表是爲周赧王四年秦惠王後十四年楚懷
王十八年韓襄王元年齊湣王十三年趙武靈王十
五年燕昭王元年也
偏守新城存民苦矣
案存字不甚可解疑誤
約四國爲一以攻趙趙必四分其地
案各本作趙服必四分其地服字衍今刪

樗里子甘茂列傳第十一

葬於渭南章臺之東 接 樗里子疾室 至 故俗謂之樗里子 接 秦人諺曰

案各本之東下曰後百歲是當有天子之宮夾我墓樗里子下曰至漢興長樂宮在其東未央宮在其西武庫正直其墓與呂不韋傳夏太后別葬杜東曰後百年旁當有萬家邑此皆堪輿家言也堪輿之說出自分野周禮保章氏分野注可證詳序證分野節七略有形法家宮宅地形二十卷亦爲劉歆之黨者所造先秦時安得有此說此亦後人竄入也今刪

今公與楚解口地封小令尹以杜陽○韓亡公仲且躬率其私以閼於秦

案此與上下文皆不相應且韓既爲向壽所亡則韓之公叔何以能閼向壽於韓語不可解當有脫誤

公孫奭黨於韓故王不信也○公不如並韓以備楚則無患矣

案此文更相矛盾

韓氏必先以國從公孫奭 至 是以公孫奭甘茂無事也

案此文亦不可解

夫項橐生七歲爲孔子師

案此亦寓言也甘羅自以年十二不爲小故假託是說以相形非眞有項橐其人也不然其文辭不少概見何也

穰侯列傳第十二

請爲公毋急秦 至 且不聽公

案此文亦不可解

孟子荀卿列傳第十四

先序今以上至黃帝 至 至天地未生○先列中國名山大川 至 及海外人之所不能睹 接 以爲儒者所謂中國者 至 乃有大瀛海環其外

案先序至未生縱說古今也先列至其外橫說遠近也各本中云稱引天地剖判以來五德轉移治各有宜而符應若茲乃復縱說古今與上下文義不相應五德始伏羲與上至黃帝句義亦不相應增竄之跡甚顯漢書郊祀志曰自齊威宣之時騶子之徒論著終始五德之運論觀此傳決非原文乃劉歆之誣騶

衍也餘詳序證終始五德節及封禪書下今刪
騶衍適梁梁惠王郊迎○適趙平原君側行㩻席如燕
昭王擁彗先驅
案梁惠王世次與騶衍不相當孟子適梁之次年惠
王卽薨則此傳上云騶衍後孟子不當與惠王同時
一也惠王亦不與平原君燕昭王同時二也平原君
傳公孫龍說平原君不可以信陵君之存邯鄲而請
封平原君厚待公孫龍及騶衍過趙乃絀公孫龍案
信陵君存邯鄲事在趙孝成王九年使騶衍過趙卽

在是年去梁惠王薨七十八年不及相見三也梁於
是時實當昭王然此語在孟子傳中繹其文義自當
作惠王以形其優禮騶衍過於孟子也豈所謂馳說
者騶其辭不欲令儒者斷其義耶顏黃門曰吾嘗笑
許純儒不達文章之體是則文章之於義理固有離
之則雙美合之則兩傷者不可不知也
自騶衍與齊之稷下先生如淳于髡至豈可勝道哉
案世次衍在髡後文先於髡者上承騶忌稱三騶子
而言也

而趙亦有公孫龍爲堅白同異之辯刪劇子之言魏有
李悝盡地力之教楚有尸子長盧刪阿之吁子焉自孟
子至于吁子世多有其書故不論其傳云倒蓋墨翟宋
之大夫善守禦爲節用止
案趙亦有公孫龍者別於仲尼弟子列傳之公孫龍
也彼傳不言爲堅白同異之辯此傳不言字子石則
非一人明矣索隱誤謂一人以篇末或曰並孔子時
爲證不思又云或曰在其後不仍可爲非一人之證
乎且此二句上承自孟子至吁子而言孟子梁惠齊

宣時人公孫龍與騶衍同時李悝仕魏文侯尸子係
衛鞅客劇子長盧吁子墨翟皆可類推太史公豈有
謂其並孔子時之理此二句必是後人旁記誤入正
文爾今刪之辯下長盧下皆有闕文劇子句與上文
語意不倫阿之吁子上承楚有尸子長盧爲文似吁
子亦楚人矣集解阿者今之東阿則是齊之邑名與
趙魏楚宋皆國名義不相當以上當有齊有某邑某
人句今皆脫蓋墨翟三句上文所脫而倒列於末也

孟嘗君列傳第十五

封田嬰於薛○嬰卒謚爲靖郭君
索隱靖郭或封邑號故漢齊王舅駟鈞封靖郭侯
文卒謚爲孟嘗君
集解詩云居常與許鄭箋常或作嘗在薛之南孟嘗
邑于薛城索隱孟嘗襲父封薛而號曰孟嘗此云謚
非也孟字嘗邑名
案謚猶號也白虎通號篇謚篇皆釋黃帝稱黃之義
可證謚爲靖郭君謚爲孟嘗君猶號爲綱成君蔡澤號
爲馬服君趙奢之比非周書謚法解之謚也此亦有封

邑而別爲名號之屬詳秦本紀武安君下
出入乘輿矣
案各本輿下衍車字今依上文出無輿句刪
平原君虞卿列傳第十六
闕欲以信陵君之存邯鄲爲平原君請封
案各本上作虞虞卿誤也虞卿去趙十年矣詳下
虞卿者○說趙惠文王○秦趙戰于華陽趙不勝亡一
都尉至賀戰勝者終不肎媾闕使趙郝約事於秦至秦
索六城於王而王以六城賂齊臣見秦之六城至趙而
反媾於王也○魏請爲從趙惠文王召虞卿謀過平原
君○虞卿既以魏齊之故不重萬戸侯卿相之印與魏
齊閒行去趙
案惠文王各本作孝成王下同華陽作長平終不肎
媾下云長平大敗遂圍邯鄲秦既解邯鄲圍而趙王
入朝皆誤也范雎傳秦昭王四十一年王欲爲范雎
報讐聞魏齊在平原君所誘平原君人秦乃遺趙王
書使人疾持魏齊頭來虞卿與魏齊亡走大梁欲因
信陵君以走楚信陵君初難見之魏齊自剄趙王取

其頭予秦秦乃出平原君歸趙年表在是歲即趙惠文
王三十三年次年爲孝成王元年是孝成王未立虞
卿已去趙矣至孝成王六年秦破趙長平九年乃圍
邯鄲此傳謂孝成王不聽虞卿之言致有長平之敗
邯鄲之圍平原君傳亦謂邯鄲圍解後虞卿欲爲平
原君請封則似虞卿去趙在信陵君救趙之後矣然
信陵君留趙十年若在十年以內信陵君不在大梁
如當返魏之年應侯免矣昭王薨矣平原卒矣安復
得昭王欲爲應侯報讐而召平原君入秦事侯嬴自

信陵君至晉鄙軍之日自殺矣安得在信陵旁逃虞
卿解相印捐萬戸侯事且秦圍邯鄲在齊王建八年
君王后當國事秦謹安敢受趙賂與之謀秦卽謀秦
是時之秦豈復畏趙而反構於趙耶是後亦無趙魏
合從事及魏公子率五國之兵破秦軍時平原君死
五年矣虞卿安復得過平原君趙策虞卿請趙王以
百里之地請殺范座於魏魏世家載此事在安釐王
十一年後二十年信陵君救趙前亦可見虞卿仕趙
在秦圍趙前也趙世家惠文王十七年秦拔我兩城

十八年拔我石城十九年敗我二城二十五年白起
破我華陽得一將軍與此云亡一都尉似是一事自
此至三十三年秦無伐趙事當是虞卿制構之功也
然則此傳兩言孝成王當作惠文王長平當作華陽
圍邯鄲事因敗長平之誤文而竄入也今刪正

信陵君列傳第十七

封公子爲信陵君
索隱地理志無信陵或曰是鄉邑也
案此亦有封邑而別爲名號也

春申君列傳第十八

封爲春申君
索隱四君封邑檢皆不獲惟平原有地又非趙境蓋
並號謚而孟嘗是謚
案下云賜淮北十二縣此亦有封邑而別爲名號也
又下言獻淮北十二縣請封於江東因城故吳墟以
自爲都邑後世謂之中江轉因其名號以名封邑矣
君先時善秦二十年而不攻
案君先時各本倒作先君時今正

不能愛許鄢陵其許魏割以與秦
案此二句亦不甚可解疑誤
置東郡接楚考烈王無子
案各本置上有作字當是置字之旁注混入正文而
又誤倒也中云春申君由此就封於吳行相事皆衍
文也上文城故吳墟以自爲都邑在爲相後十五歲
此在爲相二十二年之後何待復言就封而行相事
耶今刪正
後更立兄弟接亦各貴其故所親

案各本中云則楚更立君後與上句義複立後亦與立君義複衍也今刪

范雎蔡澤列傳第十九

當是時秦昭王四十一年也至睚眦之怨必報接秦昭王聞魏齊在平原君所欲爲范雎必報其讎至昭王謂平原君曰昔周文王得太公望以爲尙父

案下云齊桓公得管夷吾以爲仲父今范君亦寡人之叔父也仲父叔父與尙父語意相應各本作昔周文王得呂尙以爲太公語意不侖誤也今正且齊世

家曰自吾先君太公望子久矣故號之曰太公望是文王稱其先君曰太公稱尙父乃爲太公望非太公也稱太公望爲太公乃漢以後語先秦尙不云爾或曰以爲尙父者武王也何得屬之文王曰得太公望者文王也以爲尙父者武王也視桓公之於管仲昭王之於范雎自得之而自父之本自不同此語爲下二句而設不得不合二事爲一所以便文非以稽古也餘詳下

至又不出王之弟於關趙惠文王乃發卒圍平原君家

案平原君乃惠文王之弟也惠文王各本誤作孝成王則與上句不可通今正

至秦昭王乃出平原君歸趙接范雎相秦二年秦昭王之四十二年東伐韓少曲高平拔之接四十三年攻韓汾陘拔之

案各本范雎相秦二年至高平拔之二十三字誤列睚眦之怨必報句下致必報句與必報其讎句義不相屬秦昭王四十二年四十三年兩次伐韓文亦不相屬且於四十三年上衍昭王二字伐韓上衍秦字

而昭王爲范雎報讎者乃退在四十二年矣今皆刪正此事在四十一年當趙惠文王三十三年故秦王遺趙王書稱平原君爲王之弟者再是歲惠文王薨太子卽位是爲孝成王若在昭王四十二年乃當孝成王元年安得稱平原君爲王之弟耶

廉頗藺相如列傳第二十一

李牧者〇匈奴每來出戰接不利

案各本中複出戰二字衍也今刪

田單列傳第二十二

襄王封田單號曰安平君接初淖齒之殺湣王也至乃相聚求其子立爲襄王

案初淖齒至立爲襄王一節各本誤在贊語其田單之謂耶下其子誤作諸子今並正

魯仲連鄒陽列傳第二十三

不敢復言帝秦秦將聞之爲卻軍五十里

案此王充所謂文增也秦圍邯鄲志在滅趙新垣衍欲帝秦亦未必果能紓趙禍魯仲連不帝秦之說何與於秦將而卻軍耶下云適會魏公子無忌奪晉鄙軍以救趙擊秦軍秦軍遂引而去方是實錄

其後十餘年燕將攻下聊城○齊田單攻聊城歲餘○不下○栗腹以十萬之眾五折於外

案各本作其後二十餘年集解徐廣曰年表以田單攻聊城在長平後十餘年耳二十餘誤也此說是也今年表無此文脫也年表秦破趙長平在齊王建五年栗腹軍破在燕王喜四年即齊王建十四年燕將攻下聊城即當在是年田單攻之歲餘乃在十五年通鑑大事記載於是年是也自齊王建五年至十五

年則爲後十餘年耳二字誤衍今刪

宋信子罕之計而囚墨翟

索隱文氏司城子罕姓樂名喜乃宋之賢臣也漢書作子冉不知子冉是何人文穎曰子冉子罕也荀卿傳云墨翟孔子時人或云在孔子後又襄二十九年左傳宋饑子罕請出粟時孔子適八歲則墨翟與子罕不得相輩或以子冉爲是不知何如也

案宋有兩子罕韓非子二柄篇子罕謂宋君曰夫慶賞賜予者民之所喜也君自行之殺戮刑罰者民之所惡也臣請當之於是宋君失刑而子罕用之故宋君見劫外儲說曰於是戮細民而誅大臣君曰與子罕議之居期年民知殺生之命制於子罕也故一國歸焉故子罕劫宋君而奪其政韓詩外傳作子罕遂去宋君而專其政然則此子罕必非樂喜春秋時亦無被劫之宋君則此事必在春秋後矣賈誼新書先醒篇昔宋昭公出亡至于境喟然歎曰吾發政舉事朝臣千人無不曰吾君聖者吾外內不聞吾過吾困宜矣於是革面易行晝學道而夕講之二年美聞於

宋宋人車徒迎而復位疑昭公之出亡即爲子罕所劫鼎一事而千人稱聖正以行慶賞而不及刑罰所致其失威柄由此其得復位或亦由此宋亦有兩昭公一名衎曰一名特柞臼於魯文公十六年被弑此必特也世家特攻殺景公太子而自立景公在位六十四年年表景公三十六年當魯哀公十四年則昭公之立後春秋三十年矣禮記檀弓篇季康子之母死公輸般請以機封當在春秋末或稍後之墨子公輸盤九設攻城之機變墨子九距之則墨子亦與昭

公世次相當而子罕囚墨翟亦足爲專主刑罰之證也

屈原賈生列傳第二十四

賈嘉與余通書止

案各本下云孝昭時至九卿此褚先生所補今删

呂不韋列傳第二十五

姬自匿有身至大期時生子政

集解云徐廣曰期十二月也索隱譙周曰自匿有娠則生政時固當踰常期也

案初有娠時可匿豈產期亦可匿耶及期而不能不產猶不及期而不能產豈娠者所能自主過期而產千萬之一漢昭帝十四月而生豈鉤弋故緩其期耶張照曰大期猶詩言誕彌厥月也若十二月何以信其爲不韋子耶案此說較允而爲通事理而仍不通文理也不讀堯典期三百有六旬有六日乎豈可作彌月解乎太史公此言所以傳疑也不韋獻姬時固以爲有娠矣或似娠而實非或雖娠而月期仍至亦有踰常期而生子者果爲誰氏子惟始皇母知之耳

後人焉知之

拔其鬚眉爲宦者

案宦者無鬚非拔眉也此云拔其鬚眉者非并其眉拔之也特以修辭之例因鬚而及眉猶易傳巽而耳目聰明巽爲耳不爲目乃因耳而及目禮記凶年不得造車馬車可造馬不可造乃因車而及馬也

莊襄王母夏太后薨孝文王后曰華陽太后與孝文王會葬壽陵夏太后子莊襄王葬芷陽故夏太后獨別葬杜東 接 始皇九年

案孝文王后四字誤也上云安國君有所甚愛姬立以爲正夫人號曰華陽夫人安國君立爲王華陽夫人爲王后王薨謚爲孝文王子楚代立爲莊襄王所養母爲華陽太后是華陽太后卽孝文王后也安得別有孝文王后述華陽大后葬所哉如其自言無此文法不知何字之誤不可攷矣各本中云東望吾子西望吾夫後百年旁當有萬家邑此後人竄入詳樗里子傳下此文有更不可通者夏太后葬所乃其夫後孝文王后所定生前安知在杜東而云爾耶

嫪毐以不韋貴封號長信侯

案各本作不韋及嫪毐貴封號文信侯索隱曰文信侯不韋封也嫪毐封長信侯上文已言不韋封此贊中言嫪毐得寵貴由不韋耳合作長信侯案索隱改文信爲長信是也然不韋與嫪毐列文誤倒及字不可解今并正

毐恐禍起 至 發卒以反蘄年宮 接 王知之 接 發吏攻毐

案各本脫王知之句今依始皇本紀補

刺客列第二十六

案此總傳也當與游俠滑稽貨殖相屬今在此當爲後人亂其次矣

其後八十五年而晉有豫讓

案各本作七十餘年今依年表正集解徐廣曰闔閭元年至三晉滅智伯六十二年非也

其後六十一年而軹有聶政之事

案各本作四十餘年今依年表正集解自三晉滅智伯至殺俠累五十七年亦誤

其後百七十四年秦有荊軻之事

案各本作二百二十餘年今依年表正集解聶政至荊軻百七十年疑脫四字

李斯列傳第二十七

君侯自料能多孰與蒙恬

案各本能下脫多字能多與下文功高謀遠二句相對今補

故秋霜降者草華落

案華各本作花唐人詩集始見花字前此皆作華也今正

詐爲受始皇詔詔丞相立子胡亥爲太子

案詔丞相之詔字各本脫今補

召趙高而示之曰至何變之得謀

案此與上下文皆不相應當有脫文

若此則可謂督責之挨督責之挨則臣無邪

案各本作若此則謂督責之誠則臣無邪脫一可字督責之三字衍一誠字今正督責之則臣無邪與下文其叠七句句皆七字下句上三字皆複舉上句下三字爲一例

若此則可謂能督責矣

案各本督下脫責字今依上文例補

蒙恬列傳第二十八

昔周成王初立至殺言之者而反周公旦

案古人立言多爲時事而設寓故事以喻之詳序證傳記寓言節此於周公禱疾事不言爲武王而言爲成王者蒙氏自喻其忠於二世也若對始皇之使亦當言周公爲武王矣此傳不言爲武王尚書不言爲成王後人兼竄此言入魯世家與上文引金縢語相複雜矣且成王七年周公遂能致政則其初立時亦非在襁褓者周公卽離王朝自可歸何爲奔楚揆之事理相去絕遠皆非事實故也

史記探源卷八　　觶廬藏板

歸安崔適

七十列傳

張耳陳餘列傳第二十九

庸奴其夫亡抵父客

案各本作庸奴亡其夫去抵父客今依漢書本傳正師古曰言不特賴其夫視之若庸奴是也錄此者不知亡卽謂去妄加去字而移亡字於其夫二字上因誤衍而誤倒也王楙轉以誤本爲是謂夫本庸奴又亡去也若是則何待父客爲之決絕其夫而嫁張耳耶

漢王與我有舊故　接　漢王亦還定三秦

案各本中云項羽立我欲之楚甘公曰漢皇之入關五星聚東井東井秦分也高祖本紀無此文漢書高紀始有之乃劉歆從郊祀志竄入又竄入此傳也詳序證分野節及封禪書下今刪張耳自漢元年九月爲陳餘所敗走渡河適當二年十月漢王出關遂與相見綜核高紀月表可知此亦時勢使然豈豫知其勝楚耶

子偃爲魯王以母爲魯元太后故　接　王偃弱

案各本作子偃爲魯元王以母呂后女故呂后封爲魯元王元王弱誤也呂后本紀曰以子偃爲魯王敖賜謚爲魯元王彼以元王爲敖此以元王爲偃豈應乖異乃爾今依漢書本傳更正元太后繫之魯亦偃王魯後所加此文終言之猶之爲公主時亦稱魯元也並詳呂后本紀下

黥布列傳第三十一

閗者其俳笑之

索隱謂衆其以俳優輩笑之

案俳當讀爲非其以爲非而笑之也

漢元年四月諸侯皆罷戲下各就國　接　漢二年

案各本中云項氏立懷王爲義帝陰令九江王布等使將擊義帝追殺之郴縣此從漢書竄入也史記則謂使衡山王臨江王殺之項羽高祖本紀皆然此傳、不應獨異下文隨何說布曰楚兵雖强天下負之不義之名以其背盟約而殺義帝也若項王實使九江王殺之則此言何異灌夫罵座激羞成怒豈不堅其助楚之心隨何方勸令歸漢當爲之諱諒不應爾顏師古注高紀謂衡山臨江與布同受羽命欲爲史漢調人然漢書不謂項王使衡山臨江本與史記異惜不可强而爲一也

此三人者

案各本作言此三人者張照曰言字疑衍蓋從上信字誤寫此說是也今删

其人有籌筴

案各本作籌筴之計計卽筴也漢書無此二字今删

淮陰侯列傳第三十二

願爲假王便當是時楚方急圍漢王於滎陽至漢方不利

案高紀漢王之圍於滎陽出也入關收兵出軍宛葉閒北軍成皋復爲項王所圍出成皋北渡河奪張耳韓信軍使韓信東擊破齊又破楚軍殺龍且事皆在漢三年至四年漢王擊破曹咎軍汜水上圍鍾離眛於滎陽東乃述韓信使人請爲假王事是漢方利去圍於滎陽時久矣此傳與之相反當是原文殘缺後人採拾而成爾漢書同

韓王信列傳第三十三

韓王信者

集解徐廣曰一云信都索隱楚漢春秋云韓王信都恐誤也諸書不言有韓信都案韓王信初爲韓司徒後譌云申徒因誤以爲韓王名耳

案司徒申徒申屠勝徒信都皆以聲同而通用也韓信都者以官名名其人也古有以官名名人而其名尚存者伊摯是也以官名名人而其名轉亡者重黎

是也韓王之名已亡而以官名名之故曰信都不然本以官名爲人名如宋武公名司空之比其後去都存信謂與淮陰侯同名下文遂誤錄彼信之言入此信傳矣索隱後譌云申徒當作後譌云信都故下曰因誤以爲韓王名耳今亦爲鈔胥所亂也

韓王信從入漢中接漢王還定三秦

案各本中有說漢王曰項王王諸將近地云云顏師古漢書注曰高紀及韓彭英盧傳皆稱斯說是楚王

韓信之辭此傳復云韓王信語豈史家謬錯乎日知錄亦云然今刪

臨江王共尉

集解李奇曰共敖子

案月表作共驩然則驩當讀爲權尉當讀爲慰權與慰蓋一名一字也

自立爲代王

案各本作自立爲大王陳子龍謂代王之音誤今正

田儋列傳第三十四

項王遂夷齊城郭所過者盡屠之

集解徐廣曰立故王田假也

案月表楚立假横擊假假走楚楚殺之也

樊酈滕灌列傳第三十五

賜上聞爵

案各本作上聞今依集解如淳曰聞或作閒索隱張晏云得徑上聞正

曲周侯酈商書至子侯世宗立止

案各本侯上有懷字下云世宗卒子侯宗根立年表侯宗根元年在元鼎二年則世宗卒於元鼎元年也麟止以前安知其謚此皆後人竄入也今刪

汝陰侯夏侯嬰至子侯頗尚平陽公主止

案各本下云元鼎二年自殺國除亦非麟止前語今刪

張丞相列傳第三十六

案此傳亡而錄漢書以補之也以終始五德之義釋易服色自劉歆始詳序證五德節此傳亦歆所作也設爲張蒼漢家水德之言乃出公孫臣土德之言以

形其短而設爲公孫臣土德之言又爲自出火德之言以形其短之張本也文具漢書郊祀志設言張蒼歷乃出顓頊歷以形其短而設爲顓頊以下六歷又爲自出三統歷以形其短之張本也文具漢書律歷志是張蒼傳者郊祀律歷志之渡津筏也孝文本紀其改元年以得玉盃故無所謂黄龍見成紀於是召公孫臣草土德之歷更元年也此傳所云詘張蒼且詘文帝矣且張耳陳餘合傳述張耳未畢即出陳餘魏其武安合傳述魏其未畢即出武安又出灌夫者

以其事相牽屬故錯綜其文以總敘之也張蒼與周昌趙堯任敖絕無一事相關特以四人相次爲御史大夫而蒼承其後强分一傳以跨三傳前後效顰之跡可笑甚矣

酈生陸賈列傳第三十七

曲周侯酈商以右丞相將兵

案各本脫右字今依商傳補是時蕭何爲丞相故酈商但爲右丞相也

更食武遂嗣三世止

案各本下云元狩元年國除亦麟止後語今刪

傅靳蒯成列傳第三十八

太史公自序集解張晏曰亡

案此言轉不足信傳或從漢書補錄贊乃班氏所無文亦似太史公作三侯立國之年皆與功臣侯表合其他補作無此完密也

陽陵侯傅寬○侯偃立三十一年坐與淮南王謀反死

案各本作二十一年誤也年表偃自景帝前四年立至武帝元朔六年爲三十一年乃淮南王謀反之年也今正

蒯成侯緤者○至孝景中元年封緤子應爲康侯一年卒子侯仲居立

案各本作至孝景中二年封緤子居代侯依年表則此傳誤元爲二脫康侯一代居上一仲字今補正下云元鼎三年有罪國除非麟止前語今刪

季布欒布列傳第四十

欒布者○子賁嗣止

案各本下云爲太常犧牲不如令國除年表在元狩

六年今刪

袁盎鼂錯列傳第四十一

吾與而兄善今而廷毁我

案各本作今兒聲之誤也今正

無何

案各本作毋苛聲之誤也今依漢書正

錯父謂錯曰公爲政

案漢書師古注曰錯爲御史大夫位三公也此說非是稱人爲公非當時語乃太史公之辭也藺相如稱

其舍人韓信稱下鄉亭長[illegible]怫矣相從史及安陵
富人皆曰公豈三公耶

萬石張叔列傳第四十一

萬石君至而齊大治爲立石相祠止
案各本下述元狩元鼎以後事後人竄入也今删
建陵侯衛綰者至子信代侯止
案各本代下無侯字下云坐酎金失侯此元鼎五年
事今删則侯字當從此
塞侯直不疑者至子相如代侯止

案各本代下無侯字云孫望坐酎金失侯此元鼎五
年事今删則侯字當從此

田叔列傳第四十四

仁爲丞相長史失官止
案各本下述其自刺舉三河爲京輔都尉此官元鼎
四年置詳正義又下云仁坐縱太子誅死仁發兵長
陵令車千秋上變仁仁族死張照曰仁既以坐縱太
子誅豈又以車千秋訟太子寃而族誅乎此說亦可
爲非才妄續之證今并删

扁鵲倉公列傳第四十五

盡見五藏六府癥結
案各本脫六府二字正義五藏謂心肺脾肝腎也六
府謂小腸大腸胃膽膀胱三焦也兼釋六府正文本
有此二字明矣正義亦脫小腸二字今並補
晉昭公時○趙簡子疾○扁鵲入視○其後扁鵲過虢
虢太子死○聞中庶子喜方者○扁鵲過齊齊桓侯客
之
案此傳以扁鵲之醫術爲主義相遇之人雜取傳記

多係寓言此無關於信史非子產叔敖之比不可以
世次求也如以視趙簡子疾爲扁鵲時代之本位則
先簡子立百有三十九年而虢亡晉昭公亦先是九
年卒後簡子死七十二年而田齊桓公午立魏惠王
時有中庶子官見商君傳秦漢因之文王世子漢儒
所作其言庶子因漢制也說苑辨物篇作趙王太子
死此似漢之趙王故有庶子然援以解此傳仍去趙
簡子時代太晚且是時豈有稱王之趙國耶齊桓侯
韓非子喻老篇作蔡桓侯年表世家蔡桓侯與魯隱

桓同時又視趙簡子時代太早皆非事實明甚索隱

正義以世次言之未得太史公本意也

此歲中亦除肉刑法○臣意盡十三年所年三十九歲

也

案各本誤作年盡三年年三十九歲也上文高后八

年集解徐廣曰意年二十六孝文本紀十三年除肉

刑則此文當作盡十三年所年三十九歲也盡十三

年所與上文事之三年所已死十年所句法一例十

字依日知錄補十三年上衍年字今刪下脫所字今

補

齊侍御史成之病得之飲酒且內○齊章武里曹山跗

病得之盛怒而以接內○齊中尉潘滿如病得之酒且

內○齊王故爲陽虛侯病得之內○安陵阪里公乘項

處病得之內

案內卽齊侯好內之內謂御女也

齊北宮司空命婦病於出○使人腹腫病於出○所以

知病於出

案病於出各本皆作出於病義不可解當由校者不

知出是病名故與病字互易說文𡛷女出病也醫書

謂之陰挺故此傳下文曰疝氣之客於膀胱也今正

相卽召舍人而謂之曰公奴有病不

案各本舍人下衍奴字今刪

奴之病得之灸於火數流汗出而見大風也

案各本作奴之病得之流汗數出灸於火而以出見

大風也今正

齊淳于司馬病○卽走去疾驅至舍

案疾驅二字各本誤倒今正

病喜陰處者順死喜陽處者逆死

案各本上句喜字上下句喜字下皆有養字義不可

曉下云其人喜自靜不躁無養字疑此二養字衍也

今正

吳王濞列傳第四十六

高帝已定天下六年立劉仲爲代王

案六年各本誤作七年今依漢興以來諸侯年表楚

元王傳集解及漢書諸侯王表正

吳王先起兵按正月丙午誅漢吏二千石以下按膠西

接膠東菑川濟南楚趙亦然

案正月丙午二句各本誤在膠西下膠東上今依漢書本傳正

李將軍列傳四十九

廣軍功自如無賞止

案各本下述李蔡爲丞相在元狩二年李陵降匈奴在天漢二年贊言李廣之死亦麟止後語今刪

匈奴列傳五十止

趙信兵不利降匈奴止

案此元朔六年事也衛將軍傳可證以下即非麟止前語末言李廣利聞家以巫蠱族滅而降匈奴乃征和三年事雖主訖太初訖天漢之說者亦不可通後人從漢書竄入明矣今刪

衛將軍列傳第五十一

案各本衛將軍下有票騎二字亦後人所增竄冠軍侯爲票騎將軍在元狩二年也今刪

封爲博望侯止

案此在元朔六年以下即述元狩二年事矣兩公孫以巫蠱族滅在征和二年票騎與諸裨將皆從漢書竄入也今刪

平津侯主父偃列傳第五十二

士亦以此賢之止

案各本下云淮南衡山謀反宏病甚上書乞骸骨居數月病有瘳視事此非太史公語也淮南衡山謀反在元朔六年終詳本傳下居數月乃在麟止後矣今刪

南越尉佗列傳第五十三

案此與下三篇史記所本無後人直錄漢書西南夷兩粵朝鮮傳也漢書合此四者爲一傳以其國皆爲漢所滅而作並在元鼎元封以後則非至于麟止之義也漢書有文帝賜趙佗書此無漢書載佗上書謝此存五分之二漢書曰然其居國竊如故號嬰齊嗣立即藏其先武帝文帝璽則文王胡居國亦稱帝矣而去帝稱王實自嬰齊始此傳脫文帝二字則似其父胡亦稱王藏帝璽當屬之胡矣今屬嬰齊義不可通此皆割裂漢書之徵也

東夷列傳第五十四

案此雜錄漢書嚴助傳餘詳南越尉佗傳下

朝鮮列傳第五十五

案詳南越傳下

西南夷列傳第五十六

案此錄漢書至獨夜郎滇王受王印滇小邑最寵焉而止乃割去其孝昭始元元年以後事特彼傳爲平定四夷而作至成帝河平中牂柯太守陳立殺夜郎王興降鉤町王禹漏西南夷始爲平定此傳中止則亦删漢書之足爾

司馬相如列傳第五十七

此之謂也止

案各本下云司馬相如既卒五歲天子始祭后土八年封于泰山非麟止前語轉從漢書錄取故也贊語可證

太史公曰至此與詩之風諫何異止

案各本下有揚雄以為云云由班贊兼錄司馬遷稱云云揚雄以爲云云此轉錄取班書删去贊曰司馬遷稱六字而仍太史公曰之文遂成太史公引揚雄語矣今删

淮南衡山列傳五十八

元朔六年終

案各本誤作元朔七年冬今正元朔六年終與上文元朔六年中相應知七與冬皆誤者元朔無七年是時倘以十月爲歲首中謂三四月間方衡山王上書請廢太子爽之時終謂九月乃有司求捕所與淮南謀反者時矣若作六年冬反在六年中前也知非元

狩元年冬者五宗世家江都易王非以孝景前二年立二十六年卒子建立七年以淮南謀事發自殺膠東康王寄以孝景中二年立二十八年以淮南事死陽陵侯傅寬傳寬以孝惠五年卒子頃侯精立二十四年卒子共侯則立十二年卒子侯偃立三十二年坐與淮南謀反死以年數校之皆在元朔六年與此傳合惟將相名臣表漢書武帝紀二王之自殺皆列於元狩元年然五行志亦云元朔六年將相表後人僞託不足據是則列於元狩元年者一在元朔六年

者五以五校一決之甚易後此一月即獲麟之月矣史記年限於此終故別傳於此止也

循吏列傳第五十九

案此下篇目篇文皆非太史公所有者七焉循吏傳爲酷吏傳而作酷吏傳僞託則循吏傳可知酷吏皆今人循吏皆古人太史公非愛古薄今者不宜有此二傳不相屬中隔汲鄭儒林二傳亦甚不倫孫叔敖霸佐也子產良相也列之循吏轉爲降格矣索隱曰有管晏列傳儒羊舌肸等合著管晏之下不合入循吏傳此說是也又傳謂鄭昭君之時以子產爲相治鄭二十六年而死案鄭世家子產鄭成公之少子（與左氏不同）成公乃厲公之五世孫厲公乃昭公之弟子產安得事昭公年表簡公十二年子產爲卿簡公在位三十六年越定公十六年獻公十三年聲公五年而子產卒上距爲卿之歲五十九年矣與此云治鄭二十六年不合惟左傳子產於魯襄公二十三年始知政三十年爲政昭公二十年卒則於此言治鄭之年數尚近仍去昭公之世絕遠太史公每述一人分

見數傳者其世次其事跡皆相密合惟仲尼弟子傳宰我之事跡與此傳子產之世次乖異特甚其爲妄人所僞託正如一轍也

汲鄭列傳第六十

案此傳亦非史記所有據漢書張馮汲鄭列傳竄入也傳言始黯列爲九卿爲下云是時小吏張湯後至御史大夫而發已入元狩間事至黯卒後上以黯故官其弟汲仁至九卿子汲偃至諸侯相黯卒集解在元鼎五年則仁至九卿偃至諸侯相當在武帝末年詎非太史公所及見矣安得於麟止前言之證一也太史公曰始翟公爲廷尉云云於漢書在鄭當時傳末此錄班傳爲贊猶文紀錄班贊爲紀其爲竄漢人史之跡甚顯證二也列傳次第先別傳後總傳各史皆然法當創自史記此別傳也不當在循吏儒林兩總傳之間猶大宛傳當在匈奴之次不當列酷吏游俠之間也詳彼篇下證三也此書別傳至淮南終總傳自儒林始而游俠次之儒文俠武並稱於世也次滑稽談言微中可以解紛也次貨殖上則富國下則

富家也而以自序終焉餘皆非也

儒林列傳第六十一

焚詩書阬術士 按陳涉之王也

案各本中云六藝從此缺焉此古文學家所竄入今删秦弟燒民間之書博士官所職如故詳秦本紀非博士官所職條下蕭何入關收秦丞相御史律令圖書藏之是則詩書雖焚六藝未嘗缺焉諸生犯禁而阬者四百六十餘人傳相告引乃自除罪然則除罪之人亦必不少此皆誦法孔子者叔孫通故秦博士比其降漢從儒生弟子百餘人後又徵魯諸生三十餘人此下云魯諸儒持孔子之禮器往歸陳王又云及高皇帝誅項籍舉兵圍魯魯中諸儒尚講誦習禮樂弦歌之音不絕是則術士雖阬傳六藝之人亦未嘗缺焉此非太史公言明矣

言詩於魯則申培公於齊則轅固生於燕則韓太傅言尚書自濟南伏生言禮自魯高堂生言易自菑川田生言春秋於齊魯自胡毋生於趙自董仲舒

案五經師說惟此八家書禮易無異師申轅韓胡毋董無異說皆折衷於夫子未有門戶之分也此古文家所別之爲今文學者也自劉歆造古文學詩託之毛氏書託之孔氏春秋託之穀梁左氏專主破壞八師之說於是師丹劾其變亂舊章公孫祿劾其顛倒五經毀師法建武初陳元主古學范升主今文是爲分門戶相攻擊之始其後鄭君雜糅今古門戶始消王肅不分今古務與鄭異變本加厲岐中有岐辭旨紛繁首尾衡決乃有束髮受經皓首不通者試讀此傳則若網在綱有條不紊矣今者田氏易久亡三家詩伏氏書零章斷句百不存一高堂氏禮亦有古文學竄入求其完繕無缺純而不雜之今文其惟春秋胡毋董氏學乎胡毋氏學在解詁董氏有繁露惟胡毋董氏所傳爲公羊學此傳言春秋越公羊而屬之胡毋董氏者漢書鄒陽傳曰慶父親殺閔公季子緩追免賊春秋以爲親親之道也終軍傳曰春秋之義大夫出疆有可以安社稷存萬民專之可也皆引公羊傳文而不稱公羊不稱傳直曰春秋以爲春秋之義者此傳與經爲一體猶孔子傳易子夏傳禮之比

不與易田生轅高堂生爲輩故胡毋董氏與之爲輩
也安所得駕胡毋董氏而上之突出穀梁左氏二傳
與公羊抗行也哉左氏詳序證春秋古文節穀梁詳
下此述八師之學既明下惟有事於朝廷者各爲之
傳傳中公爲議明堂也傳轅生爲論高帝代秦與以
直言忤竇太后也傳伏生爲文帝使朝錯往受業也
傳董生爲言遼東高廟災也然爲太史公原文者蓋
寡說並詳下餘皆無傳不爲私家記受授爲弟子識
官閥也其言趙綰王臧亦因推轂申公耳餘皆後人

從漢書竄入
申公者至申公亦以疾免歸數年卒止
案各本倒作亦疾免以歸今正下云弟子孔安國至
臨淮太守周霸至膠西內史徐偃爲膠西中尉皆謬
也伏生章云自此之後魯周霸孔安國頗能言尚書
事漢初諸儒無兼經者安國霸果從伏生受書不應
復從申公受詩漢書終軍傳元鼎中徐偃尚爲博士
則爲膠西中尉更在其後非麟止前語皆後漢書儒
林傳竄入也今刪

清河王太傅轅固生者至時固已九十餘矣止
案各本下云固之徵也薛人公孫宏亦徵側目而視
固固曰公孫子務正學以言無曲學以阿世亦謬說
也公孫子曲學阿世當在官九卿後方與固共徵時
正當務正學以沽名觀其對策豈曲學乎何庸側目
視固固亦何由譏其曲學阿世耶又下云自是之後
齊言詩皆本轅固生也諸齊人以詩顯貴皆固之弟
子也數句意亦自複且上文已云言詩於齊自轅固
生此不復言人豈不知齊人言詩皆固之弟子耶先

矣漢書較此尚簡此乃妄人所竄入今刪惟此章不
錄弟子姓名官閥則申伏董生下備錄之可證其非
史記本文也
此下爲韓生章案上文已云言詩於燕自韓生此仍
不出言詩之意絕無與於朝廷之事與申轅殊何以
傳爲下倣此其云韓生推詩之意而爲內外傳數萬
言豈申轅無章句乎彼不言而此言之非例也此言
體似七略漢書儒林傳衍之後人據以竄入此傳也
今刪

伏生者至乃詔太常使掌故朝錯往受之止

案各本下云秦時焚書伏生壁藏之其後兵大起流亡漢定伏生求其書亡數十篇獨得二十九篇即以教於齊魯之間此節不繫於孝文帝求能治尚書者以上則朝錯所往受者有亡篇乎無亡篇乎如有亡篇何以上文不言錯傳亦不言如無亡篇孝文時尚未亡漢定時顧亡乎不合者一又下云由是山東大師無不涉尚書以教矣伏生教張生及歐陽生數語上承漢定爲文則伏生設教當在高惠之世孝文求

能治尚書者天下無有然則山東大師何往耶其所教之弟子何往耶下文歐陽生教倪寬倪寬旣通尚書應郡舉詣博士受業受業孔安國補廷尉史張湯以爲奏讞掾漢書百官表張湯遷廷尉在元朔三年然則倪寬受書於孔安國極早亦在建元元光之間是當武時歐陽生尚存孝文時何往耶不合者二又下云倪寬位至御史大夫九年卒案百官表寬爲御史大夫在元封元年九年卒乃在太初三年皆驗止後事不合者三又下云孔氏有古文尚書安國以今文讀之逸書得十餘篇蓋尚書滋多於是矣案安國之今文尚書不言所受當爲孔氏家學而非伏生所傳然則與伏生所傳者同乎異乎如其同也兵禍所流亡豈如遷家之定本篇數無差篇名亦不異乎如其異也倪寬兼受業於歐陽氏孔氏何不以所異者互補必待古文出而滋多乎不合者四餘詳序證古文尚書篇此皆從漢書儒林傳及倪寬傳竄入也今并刪

此下爲高堂生章案詳韓生章下此亦從漢書儒林

傳竄入今刪

又下爲田何章案七家經師不言所受此獨自商瞿受易孔子敘起上文惟董仲舒稱名餘皆稱生此云田何子莊王同子仲皆名字兼舉與史家亦有乖雁入羣格乎此當出自雜說專爲傳易諸儒而發本不與五經諸師並稱漢書錄入儒林傳殊與上下文不侔錄史記者旣竄入仲尼弟子傳又入於此更覺游移不定矣且自商瞿至田何尚止六傳案瞿少孔子二十九歲是生於魯昭公十九年至漢高九年徙齊

田氏關中計三百二十六年是師弟之年皆相去五十四五師必年踰七十而傳經弟子皆十餘歲而受業乃能幾及其可信耶今刪

董仲舒至以修學著書爲事止

案各本下云故漢興至于五世之閒惟董仲舒名爲明於春秋其傳公羊氏也此爲下言穀梁張本不思上文言春秋既下屬之仲舒此復上及公羊所謂尻下出頭枝末生根天壤閒固無此物理太史公豈有此文理豈非不足因無庸狗尾續也謂唯董仲舒明於春秋於胡毋生何亦不可通今刪

此下爲胡毋生章案上文先胡毋而後董此在董後亦非其次餘詳韓生章下今刪

又下云江生爲穀梁春秋案穀梁亦古文學也漢書梅福傳推跡古文以左氏穀梁世本禮記相發明後漢書章帝紀令羣儒受學左氏穀梁古文尚書毛詩儒林傳肅宗詔高才生受古文尚書毛詩穀梁左氏春秋然則穀梁爲古文班范二書皆有明文近儒辨析今古文者皆未見及此適幸窺見之爾漢書儒林傳言穀梁大師如韋賢夏侯勝蕭望之尹更始劉向諸人致之本傳不但無影響適形其翩反則儒林傳所謂武帝世江公與仲舒議衛太子私問穀梁宣帝立穀梁春秋者皆如捕風繫影而讀其傳凡與公羊同者皆其常義以示公穀如一邱之貉焉公羊精義削除殆盡然後出左氏反對之是穀梁者引入背公羊而趨左氏之伏流焉別詳愚所撰春秋復始中此文從漢書儒林傳竄入下言呂步舒以春秋義決淮南獄乃從五行志竄入也今刪

酷吏列傳第六十二

案此傳既非史記所有漢書亦非班固之舊班氏贊曰自郅都以下皆以酷烈爲聲然郅都抗直張湯阿邑人主杜周從諛以少言爲重若是則張湯杜周與郅都同傳明矣下云湯周子孫貴盛故別傳然則何謂自郅都以下乎周傳云周以少言爲重正與酷吏贊語相應仍可爲周在酷吏傳之證不然豈有贊離本傳而附他傳者乎少言爲重一句此傳所無而贊語有之文無所承是亦割裂漢書之據漢書周以少言

為重敘於與減宣更為中丞十餘歲之後上言為廷尉史事張湯百官表湯為廷尉在元朔三年周自湯為廷尉時由廷尉史遷中丞而為中丞十餘歲則在元封間矣下言宣為左內史百官表在元封元年周為廷尉表在二年是則少言為重亦辭也後語太史公無由入贊於杜周云捕治桑宏羊衛皇后昆弟子刻深天子以為盡力無私遷御史大夫此數語史漢皆有之案捕治二家昆弟子必在衛桑得罪後衛皇后事在征和二年桑大夫事在昭帝元鳳元年文具漢書武昭二本紀杜周於天漢四年為御史大夫四年卒見百官表是周卒後三年而衛氏禍作又十一年而桑氏族滅此言在漢書固已顛倒世次在史記且豫及昭帝時事矣且吏之酷至王溫舒論報流血十餘里杜周中都官詔獄逮至六七萬人乃為此傳之主人翁此傳尚不為郅都甯成輩作也其事多在太初後故知非太史公作而班固創為之湯周皆在傳中別為其子安世延年作傳後人徙湯周事於安世延年傳首而增酷吏贊末云湯周子孫貴盛故別

傳致與上文自都以下湯周云云義不可通他人復從未徙之漢書去其田廣明以下錄入史記其後又多譌脫甯如甯成周陽由章稱武帝不成太史公語張湯章一稱嚴助兩稱莊助東漢諱莊因改為嚴此傳莊嚴雜出非史非漢矣

大宛列傳第六十三

索隱此傳合在西南夷下不宜在酷吏游俠之間斯蓋司馬公之殘闕褚先生補之失也

案此亦非褚先生補後人直錄漢書張騫李廣利傳也然此與律書小司馬能於張晏所不謂亡者知非太史公作索隱之名稍符其實矣

游俠列傳第六十四

誠使鄉曲之俠與季次原憲比權量力效功於當世不同日而論矣要以功見言信俠客之義又曷可少哉

案此班固所謂退序游俠則退處士而進姦雄者也故其為論曰以匹夫之細竊殺生之權其辠已不容誅以自表異實未得太史公本意也詳侫倖傳下

近世接孟嘗春申平原信陵之徒皆因王者親屬藉於

有土卿相之富厚招天下賢者

案各本中有延陵二字衍也季札雖王者親屬未嘗相吳亦未聞招天下賢者集解引韓子云趙襄子召延陵生令車騎先至晉陽以此延陵生當之并非王者親屬於下文更不可通下文專承四豪爲義豈有一字涉於延陵者其爲衍文明矣今删

且無用待我接去

案且無用爲句待我去爲句各本中重待我二字衍也今删

自是之後爲俠者極眾皆敖而無足數者止

案各本下述長安樊仲子等云有退讓君子之風若此則不可謂之敖敖當讀爲傲故集解云倨也又述北道姚氏以下曰此盜跖居民間者此正無足數者而又數之豈不與上文相矛盾此妄人從漢書竄入爾今删

佞倖列傳第六十五

案此傳亦非史記所有後人錄漢書而去其石顯以下也太史公自序謂春秋主乎作故善善惡惡賢賢賤不肖史記主乎述故一則曰論載明主賢君忠臣死義之士再則曰載明聖盛德述功臣世家賢大夫之業此閒名臣言行錄之先聲非爲司空城旦書也是故傳游俠賢其不愛其軀赴士之阨困也傳滑稽賢其談言微中可以解紛也傳貨殖賢其人富而仁義附焉此皆有命於人國故傳之傳之者賢之也王者親屬不在此列何賢於佞倖而傳之若漢書則嘗游俠貨殖自當傳佞倖爾或曰此傳若非太史公所作何以改趙談爲趙同以避其父諱耶曰凡因避諱而改始改恆山爲常山徹侯爲通侯皆用義同聲異之字不用聲通義別之字也談同一聲之轉安知非此人本名同而漢書轉作談耶索隱以此爲避父諱然則滑稽傳曰談言微中何以不避春秋襄公二十三年臧孫紇出奔邾婁孔子且不避父諱太史公何爲避之臨文不諱西漢猶然不惟父諱也亦不避君諱景帝諱啟夏本紀燕世家皆所不避至若和合萬國自出今文田常成子亦因舊史非避高帝文帝諱也不然豈改協爲合改陳爲田亦有所避耶避君父之諱始

於東漢盛於六朝唐時并避嫌名小司馬以習俗例古人謬矣即以此傳之事實徵之鄧通得罪於嗣君韓嫣取憎於太后皆非色衰愛弛也比以彌子瑕爲不倫矣惟李延年事稍似然衛后色衰而李夫人進乃召貴延年當在元鼎元封之間非麟止前事隨舉一端皆可決其非太史公作也

滑稽列傳第六十六

髡後百餘年　接　秦有優旃

案各本中有優孟章遂云髡後百餘年楚有優孟孟

後二百餘年秦有優旃其謬巨甚孟事楚莊王髡仕齊威王威王之立後莊王之卒二百二十年是則髡在孟後二百餘年此文轉謂孟在髡後百餘年世次顛錯至此旃仕秦歷漢則在孟後三百七八十年此云二百餘年亦非也且楚莊王時豈有韓趙魏國楚相之子何至負薪莊王之賢何待孟言而封叔子孟但依冠像叔王即欲以爲相若復像王且讓國乎呂氏春秋異寶篇叔疾將死戒其子曰王封汝無受利地王果以美地封其子而子辭請寢之邱是則不因優孟之言也此章世次既差立言復謬其爲贋鼎顯而易見今删之而以旃承髡適後百餘年也

齊威王橫行　接　優旃臨檻疾呼

案各本中言優孟事亦因傳而竄入今删

日者列傳第六十七

龜策列傳第六十八

太史公自序集解張晏曰褚先生補索隱曰者不能記諸國之同異而論司馬季主龜策直太卜所得古龜兆雜說而無筆削功何蕪鄙也

案此文亦與三王世家空取其策文相似例以三代世表梁孝王世家滑稽傳褚先生補甚不類也則亦非才妄續耳

貨殖列傳第六十九

當魏文侯時李克務盡地力

索隱漢書食貨志李悝爲魏文侯作盡地力之教今此及漢書作克皆誤劉向別錄則云李悝

案孟荀列傳亦云魏有李悝盡地力之教魏世家吳起列傳皆有李克對魏文侯語且嘗爲中山守盡地

力卽爲守之職是李克卽李悝悝克一聲之轉古書
通用非誤也唐人不通漢讀故以不誤爲誤
無巖處奇士之行而長貧賤好語仁義亦足羞也
案此班固所謂遷述貨殖則崇勢利而羞賤貧者也
故其序論曰飾變詐爲姦軌者自足乎一世之間守
道循理者不免於飢寒之患自旌其異然列傳多史
記舊文中有子贛則於變詐姦軌語且自相違背若
飾蒲爲首以配入身雜兩人之意合作一文固不可
也不徒失太史公本意也

嚼爵姓刁
案爵刁爲韻說文噍或爲嚼是爵焦同聲也古諺云
嚼復嚼今年猶可後年饒嚼與饒爲韻猶爵與刁爲
韻也

太史公自序第七十

昔在重黎爲帝嚳火正
案各本作昔在顓頊命南正重司天北正黎司地與
楚世家乖異此豈一人之言乎楚世家云高陽生稱
稱生卷章卷章生重黎重黎爲帝嚳高辛居火正古
文家創異說竄入左昭二十九年傳曰少皞氏之子
曰重顓頊氏之子曰黎又亂楚語曰少皞氏之衰也
九黎亂德顓頊受之乃命南正重司天以屬神火正
黎司地以屬民案史記五帝紀無少皞詳序誌終始
五德卽五帝本紀是爲帝顓頊條下楚語乃增少皞
於顓頊之前重黎一人也分重爲一人黎爲一人火
正南正一官也分南正爲一官火正爲一官司天地
屬神民一職也分司天屬神爲一職司地屬民爲一
職又分重爲少皞之子改其君帝嚳爲顓頊古文家

專務反對今文如此楚語又曰堯復育重黎之後堂
注以爲羲氏和氏是堯典之羲和亦火正也書曰乃
命羲和欽若昊天此卽司天屬神之事又曰敬授人
時此卽司地屬民之事是司天地屬神民在羲和爲
一職重黎豈有二官是篇開章二句古文家據楚語
竄改又誤火正爲北正夫火位南方而稱北正信乎
南轅而北其轍矣其謬益甚今正
談爲太史公太史公接受易於楊何
案各本中云學天官於唐都亦後人竄入也自羲和

歷象之學不傳後世所傳者皆劉歆分野之說竊以左傳國語周禮晏子呂覽淮南子及史記諸篇所總之以漢書天文志又造梓愼裨竈子韋甘公石申唐都諸傳習之人名以實之後人復竄天文志入史記謂之天官書因造此語以爲證而不思天官非史官職也姑以古文證之周禮掌天星以志星辰日月之變動以觀天下之遷辨其吉凶者保章氏之職若太史則掌建邦之六典以逆邦國之治掌灋以逆官府之治掌則以逆都鄙之治而已故左傳梓愼裨竈不稱史官董狐南史不言星象是古文家不言史官掌天官焉更以今文證之下文遷述其父之言曰今漢興海內一統明主賢君忠臣死義之士余爲太史而弗論載余甚懼焉又曰有能紹明世正易傳繼春秋本詩書禮樂之際意在斯乎亦無一語及天官是今文家不言史官掌天官焉然則太史遷無由造天官書太史談無由學天官於唐都矣今刪

遷生龍門耕牧河山之陽按 二十而南游江淮至 過梁楚以歸

案各本中云年十歲則誦古文與上下十三句皆有地名凡言生長游歷之所者語意不倫豈欲以魚目混珠乎今刪

自上世嘗顯功名於虞夏按 後世中衰

案各本中云典天官事詳上今刪

自周公卒五百歲而有孔子孔子卒後至於今五百歲

案此文上承是歲天子始建漢家之封爲義則是元封元年之言也上距哀公十六年孔子卒實止三百七十年而云五百歲者此以祖述之意相比所謂斷章取義不必以實數求也由今觀之有孔子而堯舜藉以祖述文武藉以憲章有太史公而孔子列於世家儒林表其經業是孔子後不可無太史公猶周公後不可無孔子也下文正易傳繼春秋本詩書禮樂之際等語惟以述作相比耳豈謂比其聖德哉索隱謂揚雄孫盛深所不然以爲述作者記注之志士豈聖人之倫非通論也且揚雄作太玄以擬周易作法言以擬論語殆自以爲聖人之倫矣竟何如

太史公卒三歲而遷爲太史令〇五年而當太初元年

此數語在周公卒五百歲節前今欲與下文意旨相屬故從此○於是論次其文七年而遭李陵之禍○於是卒述陶唐以來至於麟止

案此則其稿創始於太初元年告成於天漢三年而其述事實止於元狩元年冬十月耳三者序次極爲分明後人誤以其起草之年爲述事之年遂造太初而訖之說以張續貂之本尤而效之者浸衍至成帝之世矣此節集解引張晏索隱引服虔亦謂止於武帝獲麟集解序引漢書司馬遷傳贊訖于天漢之言不思遷傳亦云至于麟止班氏敘傳又有太初以後

訖而不錄之語文皆出自漢書說成三隅今以後漢書班彪傳史記後傳略論太史令司馬遷上自黃帝下訖獲麟之言證之則天漢太初二說決非班固之語裴駰序信遷傳贊以自背其集解何如據遷傳以自申之也司馬貞張守節之徒可等諸自鄶以下已

接著十二紀接十表接八書接三十世家接七十列傳凡百三十篇五十二萬六千五百字接序曰惟昔黃帝至作五帝本紀第一

案各本麟止下云自黃帝始當是旁記誤入正文小序云維昔黃帝即謂自黃帝始矣此何待言總述全書篇數此大序也以下分序各篇之意此小序也漢書敘傳如此知其本於史記也各本退大序此文入小序列傳末篇中倒亂甚矣今正紀表書世家列傳上亦各加以序語豈不與小序意重敘八書云禮樂律歷兵權山川鬼神索隱曰兵權即律書山川河渠書鬼神封禪書是則律書重出而天官平準二書獨遺序三十世家云三十輻共一轂惟此有所取象紀表書傳皆否於文俱爲不倫今删原書篇數字數今

不可知姑仍舊文而已序曰二字依漢書序例補

維秦之先至詩歌黃鳥闕

案禹旅爲韻無與鳥字爲韻者下文惟云昭襄業帝語不可解脫誤明矣自此以下至列傳第六十九其篇僞者序亦僞或失韻或不可句讀無從校訂間有完密者無關大義故不復校

維我漢繼五帝末流至周道廢秦接焚滅詩書接圖籍散亂

案各本秦下云撥棄古文詩書下云明堂石室金匱

玉版此皆後人竄入也古文創自劉歆先秦時所未有金匱制自袞章玉版見於緯書三代之制甚爲儉樸明堂尚蓋以茅石室多藏金玉豈相稱乎今刪

韓信申軍法 按 叔孫通定禮儀

案各本中云張蒼爲章程此亦後人竄入也詳張蒼傳下今刪

至于周復典之 按 至於余乎

案各本中云故司馬氏世主天官與上文遊文古事語殊不相應餘詳上今刪

罔羅天下放失舊聞 按 成一家之言 至 第七十

案各本中述全書篇數字數詳上

下又一節云余述歷黃帝以來至太初而訖百三十篇案此於上文年限既殊篇數亦復此豈一人之言當是後人據班書敘傳竄入也今刪

荀子賦篇班書贊辭皆韻語也綴於篇末竊取斯意爲繫以詩

新室國師嘉新公戲侮造化如兒童貝爲於穆作新制瓜分青天立五帝五帝子爲天下王終始五德開羲皇增飾少昊閏趙政新受漢禪猶虞唐若翁洪範五行傳刺取春秋災異見用讐攻書乖讐經爲其讖切王氏偏詭託書序自孔子奪孔春秋予魯史顛倒五經毀師法公孫名言信有旨神經怪謀中秘深嘘氣遂能牽古今橫作尼山五里霧塡塞龍門何處尋探源一洗龍門出龍門出兮尼山屹今文家無門戶分通經何待皓首日自此通經復通史取法春秋訖麟止漢書說如三隅矛天漢太初總非是

湖州文光齋大房刻
字書坊王聯陞代鋟

經籍佚文·史記佚文

［清］王仁俊

清稿本

史記佚文

漢 司馬遷 撰

孟荀列傳

孟子幼孤而母教之以三遷 十一經問對

俊按十一經問對問孟子之父名何而其父則詭氏也對曰俱未有攷史記本傳止載孟子云云

樂書

漢世祀土一以昏時祀到明 御覽

俊按歲時廣記十日御覽所載史記樂書云云今史記無此文今御覽 部引樂書曰漢祠太乙以昏時祀到明

史記佚文

漢 司馬遷 撰

一之甯成傳

甯成為漢中尉嚴酷時人語曰謹上操下如東濕薪 白帖卷十六

俊按杜氏古諺謠曰案史記甯成傳云為人上操下急如東濕薪漢書甯成傳為人上操下急如東濕均無時人語曰四字白帖所引疑是古本也俊謂時人語曰四字今佚

校史隨筆·史記

張元濟

一九三九年商務印書館鉛印本

序言

歲在辛未上海涵芬樓彙集宋元古本及明槧舊鈔影印二十四史至丁丑歲而訖功蓋自乾隆武英殿敕刊之始洎同治五局合刻以來括舉全史而整齊之竟克奏無前之偉績然其間厲精悴掌始終不懈以底於成者實前輩張君菊生一人之力也君自刊印伊始卽獨任校勘之役每一史成輒綴跋文於後臚版刻之源流舉文字之同異恆與前賢相發明或引今時之創獲其致力之精能記問之賅博海內人士披觀而服習之久矣間嘗語君書成之後宜仿子晉題跋蕘圃書錄之例取諸跋勒爲一編以餉學者其校記稾本亟宜刊布以竟全功未幾以校史隨筆來謂全稿紛繁董理有待茲撮其領要萃爲此編屬爲序而行之竊惟史籍浩繁號爲難治近代鴻箸無如王氏商榷錢氏考異趙氏劄記三君皆當代碩儒竭畢生之力以成此書其考辨精深徵引翔實足爲讀史之津寄然於疑誤奪失之處或取證本書或旁稽他籍咸能推斷以識其乖違終難奮筆以顯爲刊正則以未獲多見舊本無所取證也第舊本難致自昔已然錢氏曉徵博極羣書然觀其舊唐書考異言關內道地理於今本多所致疑似於聞人詮本未全寓目明刻如此遑論宋元更以近事言之合州張石卿亦吾蜀好學之士嘗侈言欲重勘全史持書偏謁勝流共和之初遇之海上告以欲校古書宜先求善本否則勞而鮮獲壯志難酬石卿不喻斯旨矻矻廿年取材之書不越殿本局刊再上汲古北監而止年踰七十於遷史始見震澤王氏本身後以遺稿見託則疏失孔多未堪問世追惟往事深足矜憐可知校勘之事良未易言博求廣覽得所據依斯可循流以溯源庶免冥途而闇索也今觀隨筆所載凡一百六十四則視原稿當不及十之一而博識雅裁洪纖畢

舉凡所疑窒悉爲疏通而證明遇有舛訛得以隨文而匡正至於逸文奪葉亦皆援據衆本廣采旁蒐期於信今而傳後其詣力所到時與王錢諸人之說互相闡發而精審且或過之蓋君所采獲者皆前人未見之書故其論定者多千古未發之覆閱之關開節解如薙叢棘而履康莊撥雺翳而覩晴昊其開示後人之功夫豈細哉昔王氏序商榷有言曰予任其勞而使人受其逸予居其難而使人樂其易不亦善乎今茲編既出世之讀史者固已受其逸樂其易矣豈知其難且勞者至如是耶當剏議之初或疑古本傳世日稀諸史頗難求備且卷帙繁重沿襲滋紛造端既閎殺青匪易君獨奮厲圖維引爲己責招延同志馳書四出又復舟車遠邁周歷江海大都北上燕京東抵日本所至官私庫藏列肆冷攤靡不恣意覽閱耳目聞見籍記於册海內故家聞風景附咸出篋藏助成盛舉於是廣羅衆本拔取殊尤遠者寫倣以歸近者投緘見假而編排待定端緒至紛宋刻舊少完編則別徵殘卷祕籍世不再出則取資覆刊一史而同備數刻必錄其古者無刻而兼用傳鈔必選其精者或合併異刻乃完一書或續獲初鐫而棄前帙凡此甄擇之功皆再三矜審而始定舉其大較言之如黃氏史記遍訪之諸家卷第粗完三國志遠求之海外二志始備晉唐兩書皆密行細字或闕或殘嗣獲別本同式可云巧合至舊唐宋刊取之瞿氏宋史元刊得之內閣推爲斷種孤籍此外片楮不存一則續以沈本一則續以朱本牽補經營強彌缺憾若薛史原書懸購國門而不得周書蜀本猝遭劫火而竟亡此則補救無方徒懸夢想而已此成書之難非盡人能喻者也若夫檢正編帙浩博無涯今既取精而用宏加之實事以求是凡覯古刊取正官本旁參衆刻廣核羣書芟亂截浮之文殆更僕而難數聊就所見舉其大凡如校史記而知正義集解之文遺佚正多校漢書而知劉之問引宋祁之語要可取信校晉書

則知盧氏校補率與相符校金史則知施氏詳校尚有未盡校五代史益知吳氏纂誤王氏商榷咸以未覩慶元曾本橫生糾摘茲根據旣確斯榛梗悉除又列史舊多闕文今得宋元初本補南齊地志列傳二葉宋史張栻田況傳二葉而奪行衍文更難僂指若夫片語單詞形音易舛而一字偶失千里遂差如南齊紀口中出血展轉誤作舌言梁書紀儁進士囊同逆乃遺王偉罪狀出入得此究明鵠衣爲隋后采桑之服今作鵂衣者皆誣鉤魚爲遼主游畋之禮今作釣魚者大失獲此孤證幸存典章至魏書九磬之舞北史錫衰之服遼史汋者之人皆引證周官以糾正時本凡此斠餘之瑣語足備前代之遺聞設令不予標稱遂恐長茲湮滅然非雌黃萬卷穿穴羣言又何以臻此此校史之勞非旦夕可幾者也嗟夫文籍顯晦要有數存盛業聿興亦關人力當乾隆之世文治脩明才俊蔚起殿閣刊書宜可勒垂定本而流傳及今尚多遺議逮夫咸同以

後各省疆臣乃廣開書局賓禮耆儒而全史重刊未爲精善留此鴻功竢諸今日君乃乘時而起肩斯鉅任適會世運日新禁網大弛上而天府之珍儲下而世家之祕庫西洎於流沙東極於蓬島地不愛寶奇書盡出加以歐風東被藝術精奇毫素之用蛻以化工剞劂之勞易以石墨此皆前世所未經而於今爲極盛君乘此機緘恢張文運奮其偉力運以精思計日程功昕夕忘倦中更禍亂茹苦支持不越十年而煌煌數萬葉鉅編傳播於海寓內外茲更出其緒餘刊此校筆如開萬寶之庫傾龍宮之藏片玉零珠皆爲瑰異洵乙部之總龜非僅丹鉛之餘錄也自維學殖荒落垂老無成祇以嗜古耽書與君氣誼相合投分遂深憶刊史之初引共謀議參訂版本相與訪尋幷盡出家世藏書如宋刻則有史記魏書南齊書唐書五代史元刻則有遼金北史雖缺完不一而罕異爲多樂在觀成未容祕惜第懃疏譾無所裨助君乃殷勤商討箋札時通每撰一文輒千里郵示遇有疑滯時獲新解亦舉相質正余惟拾墜補遺聊抒一得而已嘗聞搴印初稿悉經手勘三四未已偶以數卷見投觀之朱墨爛然盈闌溢幅密若點蠅縈如赤練點畫纖細鉤勒不遺知君堅毅劬苦迥越恆人遂能成茲偉著故於是書之成也敢述經始之難與圖成之勞表君生平志事以告當世而余亦藉以附名簡末其爲幸不既多乎戊寅臘月十八日江安傅增湘

自序

曩余讀王光祿十七史商榷錢宮詹廿二史考異頗疑今本正史之不可信會禁網既弛異書時出因發重校正史之願聞有舊本展轉請託就地攝影影本既成隨讀隨校有可疑者輒錄存之每畢一史即摘要以書於後商務印書館既覆印舊本行世先後八載中經兵燹幸觀厥成余始終其事與同人共成校勘記百數十册文字繁冗亟待董理際茲世變異日能續印否殊未敢言友人傅沅叔貽書屬先以諸史後跋別行余重違其意取閱原稿語較詳盡更摘如干條用活字集印備讀史者之參證管蠡所及詎敢望王錢二子之什一亦聊師其意而已民國紀元二十有七年九月海鹽張元濟

目錄

校史隨筆

史記

三家舊注

史記舊注今存者三家。曰集解，宋中郎外兵曹參軍聞喜裴駰撰。曰索隱，唐朝散大夫國子博士弘文館學士河內司馬貞撰。曰正義，唐諸王侍讀宣義郎守右淸道率府長史張守節撰。其始皆别自單行。隋書經籍志、舊唐書經籍志、新唐書藝文志，集解均八十卷。新唐志索隱三十卷，正義三十卷。兩書自序所述卷數同。宋史藝文志裴駰等集注已改爲一百三十卷。集注當卽集解。故王鳴盛十七史商榷謂以一篇爲一卷，疑始於宋。毛晉得宋刻索隱，覆刻行世，猶是三十卷之舊。獨正義三十卷原本不可得見矣。

三家注刻本

就余所見並徵諸各藏家書目，集解單行者，有宋淳化十行十九字本，有紹興朱中奉十二行二十二字本，有淮南路九行十六七字本，有十四行二十四至二十八字本，有十四行二十七至二十九字本，有九行十六字蜀大字本。凡此皆宋刻也。

其集解索隱併刻者，有宋乾道蔡夢弼十二行二十二字本，有淳熙耿秉十二行二十三字本，有宋刻十二行二十五字無述贊本，有蒙古中統十四行二十五字本。（明游明本卽從中統本出）

其三注俱全者，宋刻有黃善夫本。首集解序，次補史記序，次索隱序、索隱後序，次正義序，次正義論例謚法解，次目錄。集解序後有建安黃善夫刊於家塾之敬室木記二行。目錄後有建安黃氏刻梓木記一方。半葉十行，每行二十字，小注二十三字。前有三皇本紀。老莊二傳已升在伯夷傳前。注云依正義本。然目錄却未改。無刊板年月。宋諱避至光宗嫌名。當刊於紹熙之世。此本未見我國著錄。惟日本澀江全善森立之經籍訪古志載之。余爲涵芬樓在京師收得半部。亦由日本來者。尚有安成郡彭寅翁刊本。亦三注俱全。半葉十行二十一字。小注同。不著年月。驗其板式。爲元刊本。

三家注覆刻本

明本三注合刻。爲世所習見者。

一金臺汪諒本　莆田柯維熊校正。前有嘉靖四年九月費懋中序。謂司馬遷史記。近時苦乏善本。雖陝西有翻刻宋板本。江南有白鹿書院新刻本。差強人意。然弗可輒得。又云白鹿本無正義。陝西雖有之。而封禪河渠平準三書均缺焉。（此未詳何本）柯君悉爲增入。柯氏有後跋。撰於嘉靖六年丁亥上元日。

二震澤王延喆本　索隱後序末有木記七行。其文云。延喆不敏。嘗聞先文恪公曰。國語左傳。經之翼也。遷史班書。史之良也。今吳中刻左傳。郢中刻國語。閩中刻漢書。而史記尚未版行。延喆因取舊藏宋刊史記。重加校讎。刻於家塾。與三書並行。始嘉靖乙酉臘月。迄丁亥之三月。林屋山人王延喆識於七十二峯深處。按乙酉爲嘉靖四年。柯本成於丁亥正月。此成於三月。相去僅兩月耳。集解序後有震澤王氏刻于恩褒四世之堂木記。目錄後有震澤王氏刻梓木記。

三秦藩本　有嘉靖十三年秦藩鑒抑道人序。又有嘉靖庚戌秦藩允中道人修板序。序謂叔考定王得蘇本刻之。是又從震澤王氏本出也。鑒抑爲定王惟焯。允中卽惟焯嗣子懷埢。按庚戌爲嘉靖二十九年。

右三本。柯本最早。王本次之。秦藩本最後。行款均與黃善夫本相同。同此一書。不及十年。而翻刻者三。亦異事也。

近又見一明刻。行款版幅。與黃本同。前有正德十二年丁丑閩中廖鎧序。大旨謂中統以後。翻刻者尠。搜采十餘年。始獲斯本。乙亥冬。隨侍出鎭關西。遂謀於梓。但有紀志表傳而無八書。補以縉紳所藏。訛文已甚。脫簡彌滋。參眂羣册。始獲苟完。自丙子三月至此。踰歲刻成云云。原書本有補配。故目錄行款略異。卷首無諸家序言及正義論例謚法解。當係遺佚而非原缺。揆其成書之日。早於金臺汪氏震澤王氏者八年。是則翻刻之本。當以此爲較早。惜甚罕見耳。

天祿琳琅宋本史記三注合刻者。所謂元祐時槧張耒校本及嘉定六年萬卷樓本。經近人勘定。皆僞造。不足論。獨一本索隱後序有紹興三年四月十二日右修職郎充提舉茶鹽司幹辦公事石公憲發刊至四年十月二十日畢工印記。錢警石甘泉鄉人稿謂書估持柯本來。索隱序後亦有此三十八字。凡三行。並定爲柯本從紹興本翻刻。錢氏之言當可信。然何以與黃善夫本行款全同。豈黃本亦從石本出乎。天祿琳瑯藏本。今已不存。余所見柯本。亦均未有此印記。可勿論矣。

震澤王本之訛奪

震澤王氏用黃善夫本覆刻。宜必一一脗合矣。而抑知不然。

孝武本紀。蓋若獸爲符句注。晉灼曰。蓋字下。脫辭也。或曰符謂瑞應也九字。誤增是甘泉更四字。（湖北翻刻本已改正）

宋微子世家。子悼公購由立句下。脫（年表云四十九年索隱曰購音古候反）悼公八年卒（索隱曰紀年爲十八年）子休公田立。休公田二十三年卒。子辟公辟兵立。大字二十。小字二十四。（湖北翻刻本已補）

孟嘗君列傳。天下之游士。憑軾結靷。東入齊者句下。脫無不欲彊齊而弱秦者。憑軾結靷。西入秦者十七字。（湖北翻刻本仍未補）

信陵君列傳。以公子之高義爲能急人之困句下。脫今邯鄲旦暮降秦而魏救不至安在公子能急人之困二十一字。湖北局刻本已補

王本正義不全

王本周本紀褒姒盡取周賂而去句下。脫正義二十六字。孝武本紀其北治大池漸臺句下。脫二十五字。律書律中仲呂句下。脫二十二字。北至於參句下。脫四字。即天地二十八宿句下。脫五十八字。十母句下。脫十字。十二子句下。脫十二字。甘茂列傳自殽塞及至鬼谷句下。脫十字。信陵君列傳趙王田獵耳非爲寇也句下。脫四字。范睢列傳譬如木之有蠹也句下。脫五字。余疑王氏所得宋本。必有殘佚。不得已以他本配之。故視黃氏原本有所不同。

殿本正義多遺漏

四庫總目謂明代監本正義多所刪節。因歷舉所遺者六十五條。且云其一兩

字之出入。殆千有餘條。不可毛舉。使非震澤王本俱存。無由知監本之妄刪。然以王本校之殿本正義全脫者尚有五十二條。不全者四十二條。館臣既知正義獨賴王本之存。何以不悉數采錄。殊不可解。

監本大刪三家注

以監本校黃善夫本集解全刪者四百九十九條。節刪者三十五條。索隱全刪者六百一十三條。節刪者一百二十二條。以正義爲尤多。全刪八百三十七條。節刪一百五十七條。

謚法解應用兩排讀法

盧抱經云。古書兩重排列者。皆先將上一列順次排訖。而後始及於下一重。自後人誤以一上一下讀之。至改兩重爲一列。亦依今人所讀。而大失乎本來之次第矣。史記正義所載謚法解。亦本是兩重改爲一列。又多間雜。亦當移正。云云。黃本是篇訛誤。正如所言。今試舉數條以證明之。餘可類推。

民無能名神

一德不懈簡

靖民則法皇

平易不訾簡

德象天地帝

尊賢貴義恭

仁義所往王

敬事供上恭

立志及衆公

尊賢敬讓恭

執應八方侯

既過能改恭

如分爲兩重讀之。則上列爲神皇帝王公侯。下列爲簡簡恭恭恭恭。便覺次序井然矣。

史記三家注補正

瞿方梅

第四〇、四五、五五、五七、五八期

史記三家注補正

史記三家注補正

瞿方梅

太史公整齊百家雜義例最成本紀表書列傳百三十篇。後世取以冕於正史。注者三家。晉裴氏駰集解多存古說。唐司馬氏貞索隱、頗有辨正。唐張氏守節正義、較於訓詁輿地獨詳。然亦互有譌失也。丙申秋仲余家居。輒習此書。時有所得。輒記簡端。閱五月而竟。其事別紙編錄。都爲八卷。校本書之出入。援古籍爲證。據其舊注脫漏未悉者。則補釋之。譌舛者、則正訂之。疑難者、則備論而姑闕之。家故貧。未嘗多購書。亦竊僻無借讀者。或有與古闇合。其及見者、削而去之。其不見者、我自爲之而已。不復審其多少異同也。遂欲酌放顏氏注班書之例。搜摭諸傳注之足相發明與夫專釋本書者。擇善而從。無畛近古。亦下己意。勉成史記集注一書。則更俟諸異日。光緒丁酉二月。保靖瞿方梅敘。

五帝本紀第一

以征不享。索隱本或作亭。亭訓直。以征諸侯之不直者。方梅案享字是也。周本紀曰。賓服者享。有不享則修文。又曰予必以不享征之。

以師兵爲營衛。正義、環繞軍兵爲營。以自衞。若轅門。卽其遺象。方梅案轅門者。周禮、掌舍、設車宮轅門。注曰。鄭王行止宿阻險之處。備非常。次車以爲藩。則仰車以其轅表門。

黃帝居軒轅之丘。方梅案水經渭水注。清水東南注渭。渭水又東南合巠谷水。又西北、軒轅谷水注之。水出南山軒轅溪。南安姚瞻以爲黃帝生於天水。在上邽城東七十里軒轅谷。皇甫謐云。生壽邱。在魯東北門。孫氏星衍曰。姚說是。今清水東有軒轅邱。

高辛者。集解、高陽高辛皆所興之地名。索隱、高辛地名。因以爲號。方梅案徐氏紀年箋曰。外紀云。年十五佐顓帝。受封於辛。年三十。以木德代高陽氏爲天子。以其肇基於辛。故號高辛氏。又曰一統志、高辛里在歸德府城東門內。紀年曰高辛氏生而騈齒有聖德初封辛侯。

高辛於顓頊爲族子。方梅案高辛爲顓頊從父昆弟之子。而云族子者。據爾雅釋親文。三從爲族昆弟。其謂再從者曰族父。高辛於當再從。故亦有族之稱也。又白虎通曰。族者、湊也。謂恩愛相流湊也。顧亭林氏日知錄曰。族非疏遠之稱。漢書張敞傳、廣川王同族宗室劉調等。同族、言其與王近親。可證矣。

殛鯀於羽山。方梅案郡國志。東海郡祝其縣有羽山。注曰。殛鯀之山。杜預曰。在縣西南。博物記曰。東北獨居山西南有淵水。卽羽泉也。俗謂此山爲懲父山。李申耆曰。祝其在今江蘇海州贛榆縣西南五十里。

夏本紀第二

皆不得在帝位爲人臣。方梅案至位字絕句。言皆不得爲帝。而但得爲臣也。

濟河維沇州。方梅案地理志、濟作泲。用本字也。沇州作兗州。考說文。沇古文作㕣。段氏訂作㕣。謂古文作㕣小篆作沇。隸變作兗。此一字而古今異形也。

嵎夷。索隱、按今文尚書及帝命驗並作禺鐵。在遼西。鐵古夷字也。方梅案嵎夷或作郁夷。錢氏坫曰。古郁與倭通。如周道倭遲。韓詩作郁夷。因謂此嵎夷卽倭國。是也。索隱云在遼西。當緣說文嵎夷在冀州暘谷、首暘山在遼西之說而誤。殊未審也。段懋堂曰。嵎夷之堣夷。禹貢青州之嵎夷。許氏云在遼西。謂堯典也。段氏分嵎夷爲二地。則可。惟云堯典與禹貢不同。則不可。說文、堣、堣夷在冀州暘谷。立春日。日值之而出。从土禺聲。尚書曰宅堣夷。段以爲立春日上當有說文。蓋冀州自有堣夷暘谷。故山部嵎字下。一曰嵎銕嵎谷也。青州又別有嵎夷嵎谷。在東海中。日當其地而出。故羲和湛日居之。惟其地在海外。故治之不多用功。嵎夷既略。言用功少者。正此意耳。立春日以下。乃別一說。索隱此疑。聊具所見以質高明。

海濱廣潟。方梅案潟俗字。當作舄。

其篚酓絲。集解、孔安國曰。酓桑蠶絲中爲琴瑟弦。方梅案禹貢、地理志。酓作檿。酓檿雙聲通用。郝氏爾雅檿桑山桑注曰。今山桑葉小於桑而多缺刻。性尤堅韌。禹貢蘇軾注。檿絲出東萊。以織繒堅韌異常。東萊人謂之山繭。然則檿絲可供織作。卽如今登州山繭織成者。非獨絲中琴瑟取貴也。

羽畎夏狄。集解、孔安國曰。夏狄、狄雉名也。方梅案狄本作翟。夏者大也。郭璞西山經注曰。翟似雉而大。長尾。惟其大於衆雉。故曰夏狄。而禽經注謂雉尾至夏則光鮮也。是直讀爲春夏之夏矣。存參。

浮於淮泗。通於河。方梅案河字當爲菏。許氏說文解字引古文作菏。水經濟水注幷同。可證。

島夷卉服。方梅案島夷、應以今琉球呂宋臺灣當之。正義以爲百濟日本。殊去揚州大遠。恐未然也。百濟卽冀州島夷地。日本卽嵎夷。

九江甚中。方梅案九江、或主洞庭。或主湖漢。或主尋陽。王而農獨以唐詩落日九江秋之九江自荊南來合於潯河。閩書有九。一川江。即大江。二青江。三番湖江。四潛江。五沱江。六澧江。七湘江。八直江。九廣江。當之。未知孰得。然詳下文過九江至於東陵之語。則似洞庭爲近。甚中、禹貢地理志皆作孔殷。殷中義同。爾雅釋言。殷、中也。可證。

九江甚中。集解、鄭元曰。地理志、九江在尋陽南。方梅案漢尋陽縣在今湖北黃州府黃梅縣北。故曰九江在其南也。

雲土夢爲治。方梅案集解本作雲夢土。地理志同。索隱本作雲土夢。水經注同。沈括筆談曰。舊尚書禹貢云雲夢土作乂。太宗皇帝時得古本尚書作雲土夢作乂。詔改禹貢從古本。阮文達公謂太宗爲宋太宗。古本卽唐世通行本。竊爲裴駰所註史記必古本。駰先於貞。而班先於酈。筆談所云古本。尤在索隱水經注後。且安知舊尚書作雲夢土者。非本古尚書乎。阮氏謂舊尚書卽宋監本。蓋據地理志。不知夏本紀亦然。阮氏但檢索隱而不檢集解故也。吾從集解。

華陽黑水惟梁州。正義、括地志云。黑水源出梁州城固縣西北太山。方梅案江氏永羣經補義曰。禹貢黑水說者紛紛。今尚書地理通釋以大通河爲界雍州之黑水。以金沙江爲界梁州之黑水。以瀾滄江爲導川之黑水。三黑水各不相通。其說似是而亦多可疑。惟金沙江爲界梁州之黑水爲最確耳。兪氏正燮亦曰。其梁州之黑水。與華陽南北相對。當爲今金沙江。正義乃以城固黑水當之。不思此水入漢。卽武侯牋所云朝發南鄭。暮宿黑水者。翻在梁竟東北。其謬甚矣。

蔡。索隱、蔡山不知所在。方梅案歐陽忞輿地廣記謂在雅州嚴道縣。同時葉少蘊傳禹貢。遂以縣東五里周公山當之。閻百詩俱斥其妄。胡朏明訂以今峨眉山卽蔡山。亦無確證。集解引鄭元曰。地理志、蔡蒙在漢嘉縣。然則蔡蒙本一山。而後世誤會爲二山耳。王氏鳴盛、孫氏星衍、皆主鄭說。是也。

蔡蒙旅平。集解、孔安國曰。祭山曰旅。平言治功畢也。方梅案王氏引之曰。旅者、道也。言二山之道已平治也。非祭名。荆岐既旅。九山栞旅。義同。

道黑水至於三危。入於南海。方梅案元史、至正八年。大理勸農官張立道使交趾。指瀾滄江爲禹貢黑水、雲龍州東江上一山爲三危。後儒多從其說。而謂三危在喀木衞藏之三衞。與張說微有不同。然則此導川之黑水。與雍梁顚爲三事。江愼修斷以黑水卽鮮水。南海當爲西海之誤。以今準古。總是膠轕。不若岐分三水之較爲通愜也。正義混雍梁導川之水爲一。故有古文疏略之誚。且謂南海卽揚州東大海。胡氏深闢其非。禹貢錐指中可覆按也。

此而美也。方梅案尚書作師汝昌言。而亦汝也。見小爾雅廣詁。孫氏星衍曰。史遷說師爲此者。段君玉裁云。師或作斯。故有是說。案謂此眞汝之美言也。

來始滑。索隱、來采字相近。滑忽聲相亂。始又與治相似。因誤爲來始滑。今依今文音采政忽三字。劉伯莊云。聽諸侯能爲政及怠忽者。是也。方梅案劉說未當。孫氏星衍曰。當爲采治滑。猶言采治亂也。堯典蠻夷猾夏。鄭注、猾亂也。潛夫論引作滑。可證。

帝相崩。子帝少康立。索隱、帝相自被篡殺。中間經羿浞二氏。蓋三數十年。而此紀總不言云。直云帝相崩、子少康立。疏略之甚。方梅案徐氏紀年籤曰。吳世家稱引伍子胥云羿浞事甚詳。蓋史公之意。不與羿浞以代夏。故詳於彼而略於此也。徐說得之。非疏略也。

帝不降崩。弟帝扃立。方梅案紀年、帝不降五十九年。遜位於帝扃。帝扃十年。帝不降陟。沈約曰。三代之世內禪。惟不降實有聖德。則是不降乃遜位於弟。至弟扃十年始崩。非不降既崩而扃始卽位也。此文殊欠分曉。

殷本紀第三

格女衆庶。來女。方梅案來女二字當是舊本旁記。以釋格女義者。後世轉寫入正文。故遂衍之。與下文至于泰卷陶、衍陶字同謬。

舍我嗇事。方梅案尚書、嗇字作穡。嗇穡古今字。言收斂穀稻也。嗇字从來从㐭會意。亦言來必㐭而藏之。故禮記郊特牲疏、斂曰嗇也。說文、嗇、愛濇也。猶是引申之義。不可不知。

帝外丙卽位三年崩方梅案孟子云外丙二年紀年亦云二年陟與孟子合此云三年誤也
大最樂戲於沙丘集解徐廣曰最一作聚方梅案古最聚音義皆同公羊傳曰會猶最也何注最之爲言
聚也
西伯之臣閎夭之徒求美女奇物善馬以獻紂紂乃赦西伯方梅案左氏襄公三十一年傳衞北宮文子
曰紂囚文王七年諸侯皆從之囚紂於是乎懼而歸之說與此異

周本紀第四

西伯積善累德諸侯皆嚮之將不利於帝帝紂乃囚西伯於羑里方梅案殷本紀言紂醢九侯脯鄂侯西
伯竊嘆故囚之趙策魯連子說亦然大率殷紀本趙策而周紀本淮南故不同也淮南子道應訓崇侯
曰周伯昌行仁義而善謀及未成請圖之是也
他奇怪物方梅案卽淮南道應訓所云元玉百工大貝百朋元豹黃羆青豻白虎文皮之類
武王上祭於畢集解馬融曰畢文王墓地名也索隱按文云上祭於畢則畢天星之名畢星主兵故師出
而祭畢星也方梅按索隱得之非文王墓地名也後漢書蘇竟傳曰畢爲天網主網羅無道之君故武
王將代紂上祭於畢求助天也竟明易善圖緯者言必可據
王屋集解馬融曰王屋王所居屋方梅案卽周禮幕人所云帷幕幄帟是也鄭注曰王出宮則有是事在
旁曰帷在上曰幕皆布爲之四合象宮室曰幄帟坐上承塵皆繒爲之
亦不賓滅方梅案賓讀爲擯六國表諸夏賓之蘇秦傳從親以賓秦又曰其次必長賓之張儀傳大王收
率天下以賓秦皆擯斥之義史公并作賓也
日夜勞來定我西土方梅案謂奮勞來我從定西土之人
魯天子之命集解徐廣曰尚書序云旅天子之命方梅案旅魯古字通說文旅古文作㳄古文以爲魯衞
之魯又左傳仲子生而有文在其手曰爲魯夫人正義曰石經古文魯作㳄手文容或似之皆其證也
魯世家作嘉天子命
一年共王滅密方梅案一年者謂踰年也適當共王之四年紀年曰共王四年王師滅密
三川皆震集解按韋昭云西周鎬京地震動故三川亦動方梅案顏氏漢書五行志注曰川自震耳故將
壅塞非地震
子叔王延立索隱按尙書中侯以叔爲然鄭元曰然讀曰叔方梅案紀年又作隱王隱叔亦聲相近也沈
約說
從與之卒言戍周方梅案言者聲言之也梁實不戍周而聲言戍周以餌九鼎而欺諸侯正義曰梁信馬
犯矯言遂與之卒令守周竊謂矯言二字須廁令守周三字之上於義始得又與下卒爲周城以匿事
端應也
犯請後可而復之方梅案此枝梧之辭復者白也見小爾雅廣言當與曲禮顧有復也孟子有復於王之
復同義蓋謂此時病甚請侯後可而白王以入鼎事也正義訓復爲重以爲重請益卒守周失旨
以秦之輕也還其行正義以秦輕易周相故相國於是反歸周也方梅案此輕字當與下文不失重國之
重相對爲義謂秦爲三晉所距秦權必輕不若三晉此時之重故欲舍秦而講晉遂還其行如正義說
細繹上下文義似相國并未至秦何以知秦之必輕已乎或因下有重公重周之言而牽拘睨之當不
然也

秦本紀第五

十年伐邽冀戎初縣之方梅案此時於魯爲莊公六年去周東遷未遠當爲後世置縣之始
齊桓公伯於鄄方梅案魯莊十四五年齊桓公再會諸侯於衞之鄄地齊世家所謂諸侯會桓公於甄而
桓公始霸是也鄄甄同聲通用段氏說文鄄字注曰今山東曹州府濮州州東二十里有鄄城廢縣卽
此
羈馬集解服虔曰晉邑也方梅案羈馬有二地一在今山西蒲州府永濟縣南一在今陝西同州府郃陽
縣東江愼修春秋地理考實曰秦取晉邑當在河東故晉禦之戰於河曲羈馬不得在河西成十三年
傳云俘我王官翦我羈馬蓋秦遷其民於河西是以澄城亦有王官郃陽亦有羈馬耳
王械林而還集解駰案杜預曰秦地也方梅案棫林卽周畿內咸林地爲舊鄭國今華州治也
簡公六年令吏初帶劍塹落重泉方梅案表分塹泉爲七年事
二十四年獻公卒子孝公立年已二十一歲矣孝公元年方梅案表無二十四年此云二十四年卽孝公
立之元年與上十一年靈公卒十六年簡公卒皆以新舊君卒立一年事爲二年也
四十一縣方梅案商君列傳四作三以四籀文作亖與三形近誤也
二十四年與晉戰鴈門索隱紀年云與魏戰岸門此云鴈門恐聲誤也方梅案今本紀年無此文表曰秦
孝公二十三年與晉戰岸門
伐取義渠二十五城方梅案表作十一年事
韓魏齊楚越集解徐廣曰一作趙方梅案趙字是也越世家云無彊敗殺於楚威王而越以此散是越亡
已久雖其族子君長海上叔王三年曾獻舟箭於梁然僻處東陬大都役屬强楚殘喘僅存不復與中
國通會盟矣惟趙累從秦故武靈迎秦公子稷於燕送歸立爲秦王是以知其爲趙字無疑也
五大夫禮方梅案五大夫第九爵禮其名也下五大夫賁五大夫陵同此
攻楚取宛方梅案表云韓釐王五年秦拔我宛城檢韓世家說同正義云宛時屬韓也此云楚宛又誤十

六年爲十五年事何其舛也。

河雍。集解、徐廣曰。汲冢紀年云。魏哀王二十四年。改宜陽曰河雍。改向曰高平。向在軹之西。方梅案今本紀年。愼靚王六年、二月。城陽向。更名陽爲河雍。向爲高平。考陽向皆河內地。晉語、襄王賜晉文南陽陽樊之田。陽人不服。又杜氏左傳注、野王縣西南有陽城。向卽徐云在軹西也。宜陽乃河南屬地。與向不屬。徐說當誤。亦不知據何本也。

魏入三縣。方梅案魏表云。秦拔我兩城。軍大梁下。韓來救。與秦溫以和。三縣、卽兩城溫也。

韓獻垣雍。方梅案水經陰溝水注。陰溝左瀆又東絕長城。逕垣雍城南。卽此地也。

秦始皇本紀第六

王翦羌瘣盡定取趙地東陽。方梅案左襄二十三年傳。趙勝帥東陽之師以追之。杜注云。東陽、晉之山東。魏郡廣平以北。又昭二十二年傳。荀吳略東陽。注、亦然。今案馬融曰。晉地自朝歌以北至中山爲東陽。說最明確可據。竊謂王翦羌瘣所取東陽、卽此。亦猶下文云破燕易水之西。又云。遂定荊江南地。皆最舉大凡。不專謂一州一邑已也。正義謂秦取趙地至平陽。平必東字之誤。其云在貝州歷亭縣界者。蓋本漢志淸河郡之東陽爲說。不知輿地自秦以前。名號疆域略同。至秦更郡縣。漢因之。沿革損益。非復舊觀。況漢志率紀元成以後。拘今釋古。不足據信也。

母以壞之。方梅案壞鎭古今字。

於是遣徐市。方梅案淮南衡山傳、及文獻通考。皆作徐福。

齋戒禱祠。欲出周鼎泗水。使千人沒水求之。弗得。方梅案水經泗水注曰。周顯王四十二年。九鼎淪沒泗淵。秦始皇時而鼎見於斯水。始皇自以德合三代。大喜。使數千人沒水求之。不得。所謂鼎伏也。亦云系而行之。未出。龍齒齧斷其系。故語曰。稱樂大早。絕鼎系。當是孟浪之傳耳。

湘山祠。正義按湘山者。乃靑草山。山近湘水。廟在山南。方梅案卽今君山。水經注曰。是山、湘君之所遊處。故曰君山。昔秦始皇遭風於此、是也。

皆伐湘山樹赭其山。方梅案赭山、猶赤地之謂。蓋斬草木淨盡無餘地也。

吏見知不舉者與同罪。方梅案漢作見知律本此。謂見知故縱。以其罪罪之也。

除道道九原。方梅案上道、途也。下道、由也。高帝本紀、乃道碭。道太原入。西南夷傳、道西北牂柯。鼂錯傳、道軍所來。道字皆得由義。

乃寫蜀荊地材。方梅案寫、猶下也。略與河渠書而下淇園竹爲揵之下同義。

日夜有呈不中呈。方梅案呈讀爲程。

諸生傳相告引。方梅案傳、轉也。下文傳令樂人同義。

以人魚膏爲燭。正義、廣志云。鯢魚聲如小兒啼。有四足。形如鱧。可以治牛。出伊水。方梅案鱧字上脫鯪字。本草、陶隱居云。鯪鯉、形似鼉而短小。又似鯉魚。有四足。又山海經、謂厭染水中多人魚。不云伊水。考伊水有獸名馬腹。人面虎身。音如嬰兒。是食人。甚與水經沔水注中廬疏水之水虎相類。善長又以人魚釋之。廣志所云。或卽謂此馬腹耶。說本趙氏水經注刊誤。

臧匿卽泄。方梅案臧藏古今字。葬之爲言藏也。卽猶若也。

大氐。方梅案氐抵古今字。

秦地被山帶河以爲固四塞之國也。方梅案山、謂華山。下云斬華爲城是也。河、謂黃河。下云因河爲津是也。四塞者、東以函谷。西以散關。北以蕭關。南以嶢關武關爲塞。故曰四塞。

項羽本紀第七

使長史欣爲上將軍。方梅案此當據月表補入都尉翳。乃與下文而獨與章邯長史欣都尉翳入秦之語相應。

漢之二年冬。方梅案高帝本紀、冬當作春。蓋羽擊田榮約在漢王擊殷之時。乃三月。非十一二月事。是時漢以十月爲歲首。冬在春之先也。又案漢書、直謂正月項羽擊田榮。尤可證冬字當作春也。

項王燒殺紀信。方梅案水經濟水注云。羽見信。大怒。遂烹之。信冢在滎陽城西北三里。故蔡伯喈述征賦曰。過漢祖之所隘、弔紀信於滎陽。

楚下滎陽城生得周苛。方梅案高紀、以爲楚下滎陽。誅周苛。在漢得九江王。收兵復軍成皋之後。班書本之。未知孰是。

出城北門。方梅案漢書高紀、作玉門。

是時彭越渡河擊楚東阿殺楚將軍薛公。方梅案高紀。河作睢水。東阿作下邳。漢書同。

乃分其騎以爲四隊四嚮。方梅案今和州北有四馬山。石上有馬迹。卽羽分騎爲四隊處。漢書以爲四隤山也。酈善長謂在東城縣故城南。地亦相近。

中水侯。索隱按晉書地道記。其中水縣。屬河間。正義、地理志云。中水縣。屬涿郡。應劭云。在易滱二水之中。故曰中水。方梅案上文云。項氏世世爲楚將。封於項。地理志有項城縣。屬汝南。此謂分其地爲五。封呂馬童爲中水侯云云。又漢書本傳曰。分其地以封五人。皆爲列侯。夫云其地者。謂爲項氏故封之地也。故五人之所封地。如涅陽杜衍在南陽。吳房在汝南。皆去項城未遠。因知中水亦當在豫州境也。而索隱正義以爲在河間。又在涿郡。弗思甚矣。又下云。封楊喜爲赤泉侯。索隱疑赤泉卽丹水。竊謂丹水稍遠。似赭水較近爲合。然總不外此豫州之域也。赭陽之東百餘里。見今猶有項羽城。恐、又疑。姑具其說存參。

封王翳爲杜衍侯索隱按表作王翥也方梅案當云按漢表乃合

封楊喜索隱按漢書表及後漢作憙方梅案今本漢表仍作喜

高祖本紀第八

司馬卬方梅案說文卬古文仁段氏曰古文夷亦如此

四月兵罷戲下正義戲音麾許愼注淮南子云戲大旗也方梅案戲實水名項羽本紀罷戲下索隱辨之

最晰此不煩正義殊誤顏氏亦同誤也

其明年立張耳爲趙王漢王軍滎陽南方梅案此因事敘及明年惟立張耳一語自漢王下則仍爲三年

事也明年蓋漢之四年

漢王敗固陵集解晉灼曰卽固始方梅案地理志固始屬淮陽國卽楚孫叔敖所封寢丘地李申耆曰在

今河南陳州府淮寧縣西北非光州固始

趙相貫高等事發覺夷三族方梅案張耳傳上賢貫高爲人敢之而高以事白絕肮遂死其對泄公云吾

三族皆以論死時惟論罪當死實則未嘗死也又上以張王諸客爲郡守相豈有赦其主罪或遂官之

而更夷其三族者乎漢書紀傳意皆略同此文直云夷三族與彼不合理難據信

呂后本紀第九

謂丞相曰方梅案謂左丞相陳平

君知其解乎正義解紀買反言哭解情有所思也又音戶賣反解節解也又紀買反謂解說也方梅案解

說是也故下接云何解漢書外戚傳君知其解未師古曰解猶解說其意可諳

寧蚤自財方梅案財讀爲裁易財成天地之道亦段財爲裁也

戊辰徙濟川王王梁方梅案濟川王既非惠帝子大臣何得於此時獨徙王之要地也漢書本紀及周勃

傳皆無此語班意固不謂然也

詐名他人子方梅案實呂氏子故下云以彊呂氏班氏入孝惠子侯者於外戚表中亦此意

孝文本紀第十

未有嗛志索隱按嗛者不滿之意也未有嗛志言天下皆志不滿也漢書作僁志安也方梅案嗛者足也

快也索隱說殊矛盾今本漢書作慊慊字異而義則同

齊王舅父駟鈞爲清郭侯索隱按表駟鈞封鄔侯方梅案當云按漢表

及舉賢良方正能直言極諫者以匡朕之不逮方梅案此爲後世舉賢良之始

成侯赤集解徐廣曰姓董也方梅案漢書本紀作建成侯董赫考同時有呂釋之者封建成侯一地當不

兩封漢書疑誤亦緣形似惑也[illegible]

朕之不明與嘉之集解如氏曰與發聲也得卒天年已善矣方梅案如說近似而意猶未愜與當讀預言

以朕之不明而預於嘉休之甚尙何哀悲之有顏氏漢書注又解與讀爲歟亦紆晦恐未然也[illegible]

自當給喪事服臨者皆無踐集解服虔曰踐翦也謂無斬衰也孟康曰踐跣也晉灼曰漢語作跣跣徒跣

也方梅案孟晉說是也自當至無踐爲句服者各逕給服臨者謂親臨以上諸親

比率從事方梅案率讀爲律漢書作比類率類亦音義同耳孝武本紀後率二十歲正義率音律又音類

是也

屬國悍集解徐廣曰姓徐方梅案徐廣以爲卽祝茲侯也悍年表作悍漢表同

虞廢鄉改正服封禪矣方梅案廣廣猶慷慷也戒懼貌鄉讀爲嚮正正月服服色言改正朔服色而封禪

也非并封禪亦改之

孝景本紀第十一

吳王濞正義高祖兄仲子故漢高祖十二年封三十三年反方梅案正義失之高祖十二年卽吳王濞之

元年凡中間惠帝七年高后八年文帝二十三年景帝又三年然則吳封四十二年反也諸侯王表可

證

廢栗太子爲臨江王正義臨江忠州縣雖王臨江而都江陵方梅案地理志南郡注曰秦置高帝元年更

爲臨江郡五年復故景帝二年復爲臨江中二年復故然則臨江卽江陵也正義以巴郡之臨江縣當

之不審甚矣

封四侯方梅案年表四侯者建德子橫封遽侯王愼子康封新市侯趙夷吾子周封商陵侯張尙子當居

封山陽侯

令內史郡不得食馬粟沒入縣官方梅案食讀爲飼言不得以粟飼馬違此令者遂沒入其馬縣官也

孝武本紀第十二

則風肅然也方梅案肅蕭古同聲燕策風蕭蕭兮易水寒字亦作飅廣雅飅風也

天地牲角繭栗方梅案王制祭天地之牛角繭栗繭栗者謂牛角初出若蠶繭栗實然也此禮之以小爲

貴者

與王不相中得方梅案得字疑衍文當是旁注以釋中字因轉寫誤入正文耳封禪書無得字而索隱云

中得也可證

又以衛長公主妻之集解此帝女也而云長公主未詳方梅案此取寵眷尊崇之意欲以異於衆主耳文

獻通考曰其尊崇者加號長公主儀服同藩王是也

佩六印。方梅案謂佩五利、天士、地士、大通、樂通、天道、凡六印。

上薦之。集解、將薦之於天也。方梅案此薦字、當從下文因以祭云注作祭。鼎解較安。

有黃白雲降蓋。若獸爲符。方梅案譯蓋屬讀。蓋字當據上文有黃雲蓋焉作蓋覆之義。言有黃白雲降而覆此寶鼎。其象若獸然也。集解引服虔曰。雲若獸在車蓋。晉灼曰。蓋辭也。皆非。

其秋上幸雍。索隱、上雍以雍地形高故云上。方梅案如索隱說。則上幸倒置。或幸下別有上字而佚之。

鬼臾區。索隱、藝文志作鬼容區者也。方梅案臾容雙聲通用。

龍髯拔墮黃帝之弓。方梅案拔字絕句。言龍髯既拔而又墮黃帝之弓也。封禪書重墮字亦此義。

朝朝日夕夕月。方梅案上朝夕字謂時。下朝夕字訓祭。此虛實字也。亦入其門無人門焉入其宮無人宮焉之例耳。

周霸屬圖封事。方梅案謂封禪之事。省言封事耳。

禪泰山下阯東北肅然山。如祭后土禮。方梅案禪所以報地。故禪肅然如祭后土儀也。封所以報天。故上云封泰山如郊祠之禮。肅然山在今山東泰安府萊蕪縣西北六十里。

復博奉高蛇丘歷城毋出今年租稅。方梅案地理志。博、奉高、蛇丘屬泰山郡。歷城屬濟南郡。皆泰山傍近邑。故復除之。令毋出今年租稅也。李申耆曰。博在今山東泰安府泰安縣東南。奉高在泰安縣東北十七里。蛇丘在肥城縣南。歷城卽今濟南府歷城縣治。

有司言寶鼎出爲元鼎。以今年爲元封元年。方梅案此蓋追言元鼎四年得鼎之事。因用其瑞以紀年耳。不然不應先後兩得鼎於汾水上也。

於是上令奉高作明堂汶上。方梅案地理志、奉高爲泰山郡治。泰山郡注曰。汶水出萊毋西入濟。考奉高在今泰安縣東北十七里。以今地望準之。汶水當遥漢奉高邑之西南。地理志、奉高注曰。有明堂在西南四里。武帝元封二年造。說正與此脗合。

（未完）

史記三家注補正 卷二

保靖瞿方梅遺著

三代世表第一

舜屬黃帝生昌意昌意生顓頊顓頊生窮蟬窮蟬生敬康敬康生句望句望生蟜牛蟜牛生瞽叟瞽叟生重華是爲帝舜。方梅案舜先有曰幕者陳世家自幕至於瞽叟。左昭八年傳正義。魯語云幕能帥顓頊者也。有虞氏報焉。孔晁云。幕能修道功不及祖德不及宗。故每於歲之大烝而祭焉。謂之報。然則幕爲顓頊之後而先瞽叟無疑。亦不知於窮蟬、敬康、句望、蟜牛是誰名字之異也。

顓頊生鯀。鯀生文命。索隱、案漢書律曆志。顓頊五代而生鯀。此及帝系皆云顓頊生鯀。是否史闕其代系也。方梅案上文於是以五帝繫諜云云。是此本帝系爲說。故兩相允合。孔氏大戴補注、以爲簡之脫爛非也。又考漢志五世生鯀之上。亦有帝系曰三字。疑班據必別有所謂帝系者。亦猶易緯稱易逸禮稱禮。小爾雅稱爾雅小雅之例。是以名同而說異也。然究從漢志較得。

帝沃丁。方梅案上仲壬、太甲、皆注明某弟某子。此獨否。以父子相及其常也。故下中丁、祖乙、祖辛、武丁、祖庚、廩辛、武乙、太丁、帝乙、帝辛皆然。可例推而知之也。

帝小甲。太庚弟。殷道衰。諸侯或不至。方梅案本紀此殷道衰八字。在帝雍巳下。蓋以謂雍巳。不謂小甲。故也表錯入此。須正。

帝太戊。雍巳弟。方梅案孔氏書傳、太戊沃丁弟之子。釋文、馬云。太甲子。徐位山紀年統箋、以爲太庚、沃丁弟。馬云太甲子甲誤。當作庚。謂卽孔傳所云沃丁弟之子也。愚案上文太庚、小甲、雍己、太戊、皆沃丁弟。據本紀云。沃丁。太甲子也。則是馬云太甲子者。正此文所云雍巳弟耳。徐氏曲附孔傳。失之。

帝廩辛。索隱、或作馮辛。方梅案漢書古今人表、帝王世紀、竹書紀年。皆作馮辛。馮廩聲近。故詩小戎三章，以興音爲韻。閟宮五章以澄增爲韻。可證也。

帝太丁。方梅案紀年作文丁。沈約附注。謂史記作太丁。非也。

熊無康。方梅案世家云。無康蚤死。熊渠卒。子熊摯紅立。是無康故未嘗立也。必不得巳。可援殷湯外丙之例。書渠及摯紅。而附無康事由其下。吾湘黃氏本騏著有歷代統系錄。於楚系不錄無康。當亦此意。

契母與姊妹浴於元丘水。方梅案一統志。晉丘在開封府祥符縣界內。一名濟邱。又名元池。簡狄所浴之地。卽此。太平御覽、引張揖記曰。黑水、出縣界雞山。亦名元圃。昔有娀氏女簡狄浴於元邱。卽黑水。考黑水去有娀及帝嚳之墟太遠。說殊荒渺。不足據信。

姓之曰子氏。子者。茲茲益大也。方梅案白虎通曰。殷姓子氏。祖以元鳥子也。

十二諸侯年表第二

周道缺。詩人本之衽席。關雎作。仁義陵遲。鹿鳴刺焉。方梅案此意皆魯詩義也。劉向曰。周之康王夫人晏而出朝。關雎起興。思得淑女以配君子。（列女傳）蔡邕曰。鹿鳴者。周大臣之所作也。王道衰。大臣知賢者幽隱。故彈絃諷諫。（文選注）漢時、申公訓故早出。故史公及劉蔡諸人往往宗之。

上大夫董仲舒。推春秋義。頗著文焉。索隱、作春秋繁露是。方梅案漢書藝文志、春秋家有公羊董仲舒治獄十六篇。當是仲舒所著。索隱以爲繁露。崇文總目疑其僞。程大昌亦極排之。不足據爲董作也。

宋惠公三十一年。宋惠公薨。方梅案宋世家此當於前三十年。書惠公薨。改書三十一年。爲宋哀公立元年。

陳厲公他元年。方梅案他字當據春秋左氏傳作躍。此沿世家之誤。不可從也。

宋公馮十年。執祭仲。方梅案世家作九年事。

衛黔牟十年。齊立惠公。黔牟奔周。方梅案此及明年惠公復入之文。幷當移上九年下。說詳世家。

秦德公二年。初作伏。祠社。磔狗邑四門。方梅案淵鑑類函歲時部引此文。多以禦蟲災四字。

蔡穆侯肸十八年。以女故齊伐我。方梅案左傳及齊楚世家。推蔡系當在明年。然事緣於此。故蔡繫今年。而齊則繫諸明年。極有分寸。表中率多準此。

宋襄公茲父七年。隕五石。六鷁退飛。過我都。方梅案此與春秋及漢書五行志說合。世家云。宋地霣星如雨。與雨俱下。誤也。鷁當作鶂。說文無鷁字。五行志所引作鶂。賈景伯以鬩訓鶂。取同聲也。見穀梁疏引。可證。

宋文公鮑五年。賵華元亡歸。方梅案世家作四年。與陷鄭共歲。左傳亦然。此疑誤。

齊頃公無野十一年。頃公如晉。欲王晉。晉不敢受。方梅案齊晉世家說同。考左氏成三年傳。齊侯朝於晉。將授玉。竊謂古篆書玉王形近易惑。故孔氏正義曰。此時天子雖微。諸侯幷盛。晉文不敢請隧。楚莊不敢問鼎。又齊弱於晉。所較不多。豈爲一戰而勝。便即以王相許。準時度勢。理必不然。竊原馬遷之意。所以有此說者。當讀此傳將授玉。以爲將授王。遂飾成此謬辭耳。齊次風曰。遷必因上傳有晉作六軍之文。又誤讀玉爲王也。

陳湣公二十三年。楚滅陳。殺湣公。方梅案世家作二十四年。考秦本紀云。悼公十三年。楚滅陳。左傳云。哀公十七年。楚滅陳。推秦悼十三。魯哀十七。皆於陳湣當二十四年。此疑有誤。

六國年表第三

秦靈公八年。初以君主妻河。索隱、謂初以此年取他女爲君主。君主。猶公主也。妻河。謂嫁之河伯。故魏俗猶爲河伯取婦。蓋其遺風。方梅案魏俗於文侯時。西門豹爲鄴令。已禁其事。魏文與秦靈同年卽位。是秦魏同時有此俗也。不得云魏其遺風。

秦靈公十年。補龐城。籍姑。方梅案本紀作十一年城籍姑。此幷無十一年。惟簡公元年而已。本紀誤。

秦出公二十三年。與晉戰少梁。虜其太子。方梅案本紀云。虜其將公孫痤。疑痤及太子皆虜。而紀表分載互見之。

秦惠文王五年。陰晉人犀首爲大良造。方梅案陰晉地名。大良造、官名。且明明於陰晉下繫人字。則犀首自作人名爲是。漢書古今人表亦直書犀首。是班氏尚以犀首爲人名矣。裴駰、司馬貞皆云官名。殊於此表文義不合。且犀首者、公孫衍也。班表何以不援太宰喜行人儀之例。書爲犀首衍乎。犀首之官。不見他書。無所據信。抑豈爲公孫衍特設者乎。或謂衍首頗類於犀。因取類命爲象之義。則號犀首。雖未必然。然其不以爲官名一也。

魏襄王六年。秦取汾陰皮氏。方梅案紀年此當作五年爲是。

秦惠文王十年。張儀相。公子桑圍蒲陽。降之。方梅案蒲陽、魏地。此言張儀佐公子桑之軍而伐蒲陽也。相字屬下讀。稽古錄曰。顯王四十一年。秦公子華張儀伐魏。取蒲陽。儀言於惠王。復以予魏。

魏襄王八年。秦歸我焦曲沃。方梅案紀年此當作七年爲是。

秦惠文王更元七年。五國共擊秦。不勝而還。方梅案楚世家云。蘇秦約從山東六國共攻秦。此云五國者。以齊獨後故。

魏哀王五年。秦拔我曲沃。方梅案魏哀五年。於秦爲惠文更元十一年。考秦本紀云。惠文王十一年。攻魏焦降之。蓋焦與曲沃皆爲秦同時所取。而紀獨言焦。此獨言曲沃者。以地測之。焦在陝東百步。曲沃在陝西南三十二里。中間凡四十里而近。故各舉一以概之也。

燕王噲七年。君噲及太子相子之皆死。方梅案世家云。齊伐燕。君噲死。子之亡。二年、而燕人共立太子平。是爲燕昭王。燕策同。然則太子未嘗死也。雖趙世家有武靈王召燕公子職於韓、立爲燕王之語。或者有其事而未成君。徒揭空名於後世耳。此表失之。

魏哀王十三年。秦擊皮氏。未拔而解。方梅案皮氏、自用顯王三十九年失於秦。至是已二十有餘年。而魏復據焉。故秦擊之。紀年云。隱王九年。城皮氏。謂秦擊之未拔。而魏哀王乃遂城之也。紀年與此正合。魏世家作十二年。誤也。

楚懷王二十九年。秦取我襄城。方梅案襄當作新。秦本紀昭王七年。拔新城。可證。

秦昭王十五年。魏冉免相。方梅案本紀云十六年。

魏安釐王三年。秦拔我四城。斬首四萬。方梅案四城謂卷、蔡陽、長社、華陽是也。斬首四萬。秦本紀云十五萬。據秦本紀則下四年。與秦南陽以和。又秦昭王三十四年。白起擊魏云云。與此皆一年一事。不知此表何以異也。

秦楚之際月表第四

湯武之王乃由契后稷修仁行義十餘世。方梅案凡契至湯十四世。后稷至武王十六世。
獻孝之後稍以蠶食六國。百有餘載。至始皇乃能并冠帶之倫。方梅案年表自秦獻公立於周安王之十
　有八年丁酉。至秦始皇二十六年庚辰虜齊王建并天下爲一統。中間凡一百六十四年。
安在無土不王。集解、白虎通曰。聖人無土不王。使舜不遭堯。當如夫子老於闕里也。方梅案白虎通出史
　公後百年。無土不王之言。當本於此。而義則相反。此蓋言王天下者不必有土。正謂高祖起亭長而成
　帝業。其先并無尺土之封。誠爲自來創有之舉。集解殊欠分曉。
僇狄人。方梅案地理志。千乘郡有狄縣。後安帝更名臨濟。在今山東青州府高苑縣西北。
擊胡陵方與。破泗水監軍。方梅案漢書高紀曰。沛公攻胡陵方與。還守豐。泗川監平將兵圍豐二日。出與戰。
　破之。文穎注曰。秦時御史監郡。平其名也。此文監軍疑監平之誤。
殺泗水守。方梅案守名壯也。泗水、漢書作泗川。師古曰。川水一也。
趙王歇始。張耳陳餘立之。索隱、張耳陳餘項羽立爲代王。方梅案索隱自張下四字疑衍。立爲之立。亦合
　改作徙也。
沛公聞景駒王在留。往從與擊秦軍碭西。集解、徐廣曰。一作蕭。方梅案作蕭是也。詳考地理。蕭在碭東。而
　留又在蕭東少北。據高紀。秦兵業已定地至碭。適値沛公自留引兵而西。則相遇必碭蕭之間。蓋沛公
　自東而西。必不能踰碭縣一步。而秦兵既前駐碭。亦不至退出碭縣數十百里之遠。使沛公得與戰於
　碭之西也。故知作蕭不誤。
田假走楚。楚趨齊救趙。田榮以假故。不肯。謂楚殺假。乃出兵。項梁怒田榮。方梅案趨當讀爲禮記趨民收
　斂之趨。蓋項梁促使田齊救趙。非楚走齊合兵以救趙也。汲古閣本無謂楚以下十二字。
虜秦將王離。方梅案項羽本紀。虜王離。當在諸侯將屬羽之前月。表疑誤。
項羽怨榮殺之。分齊爲三國。方梅案項羽怨榮數負已不封。而封田都齊王。田安濟北王。徙故齊王田市
　爲膠東王。其時未遂殺榮也。後至漢之二年春。羽始擊齊。榮與戰敗而走平原。平原民殺之。是羽亦親
　殺榮也。又榮死在分齊後年餘。此文殊未憭也。
都襄國。方梅案襄國初名信都。張陳列傳曰。立張耳爲常山王。治信都。信都更名襄國是也。
王出滎陽。集解、徐廣曰。項羽高紀七月、出滎陽。方梅案項羽高祖兩本紀皆無七月二字。當是古本之異。
　然據下八月周苛樅公殺魏豹推之。則此作七月不誤。似當於正文補書七月爲目。以歸一例。漢書以
　爲五月出滎陽。殺魏豹。六月羽拔滎陽。烹周苛。并殺樅公。與此又異。
四月。王出滎陽。豹死。集解、徐廣曰。項羽紀曰。王出成皋。方梅案高紀、出成皋亦三年事。漢書同、如據羽紀
　爲說。則豹死乃在出成皋之先一年。且殺豹者周苛也。而上三月已云苛入楚矣。未免盾伐。或者後人
　錯讀高紀、其明年立張耳爲趙王之文。以爲明年者四年也。凡系明年下者。皆謂爲四年事。因據以欽
　其所見於此。後或不審。刊入正文。至有此誤。然其非史公本文無疑也。

漢興以來諸侯王年表第五

周封五等。公侯伯子男。然封伯禽康叔於魯衞。地各四百里。親親之義。褒有德也。太公於齊。兼五侯地。尊
　勤勞也。武王成康所封數百。而同姓五十五。地上不過百里。下三十里。以輔衞王室。管蔡康叔曹鄭。或
　過或損。方梅案地上不過百里者。謂公侯地方百里也。齊兼有五侯之地。凡五百里。正見周初定制。公
　侯百里。爲其勤勞有德。欲寵異於衆人。故增封五百或四百里。何以魯衞獨減百里。曰右賢左戚之誼
　然也。此與孟子說合。明堂位謂周封周公七百里。蓋兼附庸言之。管仲述周賜太公履。曰南至穆陵、北
　至無棣者。意亦同。惟大司徒云。公方五百里。侯方四百里。諸儒曲爲附會。總是膠葛。不足據信。觀此益
　信周初封建之制。誠在此不在彼也。管蔡下康叔二字。竊疑爲唐叔之譌。以康叔上已言之。不應於此
　處獨再見也。唐康形近易惑。
荆。索隱、六年封劉賈。十一年賈爲英布所殺。其年、立吳國。封兄子濞也。方梅案漢書高紀。濞封在十二年。
　此當云其明年立吳國爲是。
都吳。方梅案張氏景紀注曰。表云都吳。其實在江都。是也。考濞之叛漢。漢書本傳云。孝景前三年正月、甲
　子。初起兵於廣陵。又濞誅後一年。置江都國。武帝元狩五年。更爲廣陵國。事具見後可證。
都淮陽。方梅案、水經睢水注曰。睢陽縣、秦始皇以爲碭郡。漢高帝嘗以沛公爲碭郡長。天下既定。五年、爲
　梁國。文帝十二年。封少子武爲梁王。然則梁都睢陽無疑。此淮字必睢字之誤。地理志、列睢陽於梁國
　屬縣之末。而首碭縣。考漢碭縣與秦碭郡異地。亦僅爲梁所屬邑。并非國都。而班氏混以爲一。蓋未審
　也。又水經濄水注曰。梁孝王以土地下濕。東都睢陽。是又以梁國舊都大梁矣。尤謬不可據。
孝惠七年。初置魯國。方梅案水經泗水注。謂高后以秦薛郡爲魯國。全氏曰。高后以城陽爲魯國。不以薛
　郡。其時薛郡尚屬楚也。
呂產徙王梁。七月丁巳。王太元年。惠帝子。方梅案此當補更爲濟川國五字。高后本紀謂徙呂產王梁。立
　皇子昌平侯太爲呂王。更名梁曰呂。呂曰濟川是也。
武誅。國除。方梅案朝武太者。皆非帝子。表何以於朝云以非子誅。於武則否。又不言王太之誅。此史公疏
　處。書中多此類。殊不一例。又汲古閣本錯武誅國除四字。屬孝文前元年下。尤誤。
分爲菑川都劇。方梅案地理志。菑川國、首列劇縣。其故城在今青州壽光縣東南三里。亦曰紀南城。卽春
　秋紀國地。城內有臺。俗名紀臺者是之。與北海之劇異地。水經巨洋水注。謂文帝十八年、別爲菑川國。

誤也。
分爲膠西都苑集解、徐廣曰。樂安有苑縣。方梅案水經瓠子河注。引此文及徐廣音義皆作高苑。
四月丙寅孝王將閭元年齊悼惠王子故陽虛侯方梅案陽當作楊水經河水注。地理志。楊虛、平原之隸縣也。漢文帝四年以封齊悼惠王子將閭爲侯國是也。考今漢志。平原郡有樓虛無楊虛。樓疑楊字之譌。當依酈注訂正。
初置臨江都江都方梅案此時吳都江都。安得復置臨江國也。此都字自是江陵陵字之誤。
初王開于元年方梅案于字衍。
初置泗水都郯方梅案水經淮水注。泗水、國名。漢武帝元鼎三年、初置都郯。官校本以爲郯乃淩字之譌。據下淩水出淩縣云云。故是作淩爲當。又考地理志泗水國無郯縣而首淩縣。尤瞭然也。

高祖功臣侯者年表第六

酇索隱縣名在沛劉氏云。以何子祿嗣。無後國除。呂后封何夫人於南陽酇。恐非也。方梅案水經沔水注。沔水又東南過酇縣之西南。縣治故城南臨沔水。謂之酇頭。漢高帝五年。封蕭何爲侯國。是酈氏固以爲在南陽也。顏師古亦同此說。地理志於南陽酇縣下注曰侯國。而沛屬之酇則否。又南陽酇縣竟內有筑水。古曰筑陽。故高后封何夫人同爲酇侯。小子延爲筑陽侯。可證也。
曲周索隱、縣名。屬廣平。方梅案地理志、廣平國。爲曲周縣。注曰。武帝建元四年。置。水經濁漳水注。引此及地理志注。因曰。是知曲周舊縣。非始孝武。恐酈初或鄉名。至孝武時乃置縣耳。
條方梅案條當作修。屬信都。水經淇水注。修縣、亞夫封國。
孝侯武儒元年索隱、漢表儒作虎。方梅案水經濟水注。引此亦作武虎。
成索隱、縣名。屬涿郡。方梅案水經汶水注。引此作郕。考郕城在今山東兗州府寧陽縣東北九十里。春秋時魯邑。於漢志當在寧陽境。屬泰山。索隱說恐未當。
侯孔藂元年索隱、姚氏案孔子家語云。子武生子魚及子文。文生最。字子產。說文以最爲積聚字。此作藂。不同。方梅案藂叢之或體。古叢字亦讀如聚。此以聲近假借。非不同也。
隆慮索隱、縣名。屬河內。音林閭。隆避殤帝諱改也。方梅案水經洹水注。隆慮縣北有隆慮山。縣因山以取名。漢高封周竈爲侯國。卽今河南彰德府林縣治也。
陽都索隱、漢志闕。晉考地道記、屬琅邪。方梅案水經沂水注。陽都縣、故陽國也。漢高帝六年。封將軍丁復爲侯國。考漢志、東海郡有都陽縣。注曰、侯國。應劭曰。春秋齊人遷陽。是正與酈注、齊同盟、齊利其地而遷之語合。是志云都陽。而注云陽都。未知孰爲顚到。其實蓋一地耳。
新陽索隱、漢表作陽信。方梅案圖。今潁州府太和縣西北。有故信陽城。信陽、古新陽之譌。班氏特誤倒之。實一地。水經潁水注。東北經新陽縣故城南。漢高帝六年。封呂青爲侯國。
東武索隱、縣名。屬琅邪郡。方梅案水經濰水注、東武縣因岡爲城。城周三十里。漢封郭蒙爲侯國。孫校曰。東武故城、琅邪郡治也。今爲諸城縣治。
都昌索隱、漢志闕。方梅案水經濰水注。謂濰水又東北過都昌縣東。卽爲朱軫封國。孫校曰。都昌、今昌邑治。宋建隆三年。以都昌地改置昌邑縣。
武彊索隱、漢志闕。方梅案水經渠水注、有東武彊城、莊不識所封國。漢書曹參傳。擊羽嬰於昆陽。追至葉。還攻武彊。薛瓚曰。按武彊城、在陽武縣。今考陽武故城。在今河南懷慶府陽武縣東南二十八里。
齊侯呂元年集解、徐廣曰。呂一作台。方梅案水經濁漳水注。黃、漢高帝六年。封呂博爲侯國。而漢表則云。黃齊合侯傅胡害。與此及水經注互異。而功封皆同。竊謂善長所證。多本史記爲說。疑古本史記有博字可依酈注訂補。若漢表、當是誤倒侯合二字。合呂台形近易惑。故徐廣云。亦作台也。傅博亦形近而誤。胡害未詳。或其別字。抑本四字姓名而史簡稱之乎。
河陽索隱、縣名。屬河內。方梅案水經河水注、引同。故城在今孟縣西三十五里。
淮陰索隱、縣名。屬臨淮。方梅案水經淮水注。淮陰縣、北臨淮水。漢高封韓信。爲侯國。昔信去下鄉而釣於此處也。故城在今江蘇淮安府清河縣東南五里。
侯昭元年集解、徐廣曰。昭一作起。漢書年表云。芒侯耏跖。方梅案漢表是也。水經睢水注。芒縣、漢高帝六年封耏跖爲侯國。可證此文當有脫誤。
故城索隱、漢表作城父。屬沛郡。方梅案故城卽父城之誤。考漢志。潁川郡有父城縣。沛郡有城父縣。史漢各主一地。如就淮陽言之。則似從班爲近。
絳陽索隱、漢志闕。漢表作終陵也。方梅案水經汾水注。謂晉景公居新田。又謂之絳。卽絳陽也。蓋在絳澮之陽。漢高帝六年。封越騎將軍華無害爲侯國。莊祐誠曰。注據史記以絳縣爲漢絳陽侯國。趙氏云漢表作終陵。又稱曾孫於陵大夫蒞終陵。卽於陵之誤。於陵屬濟南。愚謂趙說是也。今平陽府曲沃縣卽春秋晉之新田。亦曰新絳。漢置絳縣。屬河東郡。維時與無害同封者。有絳侯周勃。不應一地而同時兩封功臣也。此極明白易見。故知酈氏之誤、而趙說較得。
東茅索隱、漢志闕。一作柔也。方梅案續志。山陽郡高平有茅鄉城。杜預曰。在昌邑西南。
斥丘索隱、縣名。屬魏郡。方梅案水經洹水注。斥丘縣。唐厲封國。卽春秋乾侯地。唐厲或作唐廣。今直隸廣平府成安縣東南。有斥丘古城。是也。
臺索隱、案臨淄郡有臺鄉縣。方梅案水經濟水注。臺縣、戚野封國。卽漢志濟南郡之臺縣。并曰臺治者也。索隱非是。

辟陽。索隱、縣名。屬信都。方梅案水經濁漳水注引此以爲辟陽亭。爲食其封國。趙氏一淸曰。按漢書張陳王周傳云辟陽近淄川。疑非趙地。當是沭水篇之辟陽城也。

樂成。索隱。漢志闕。方梅案漢志南陽郡。河間國。皆有樂成縣。河間國治樂成。南陽縣下注曰侯國。是卽丁禮所封。索隱云闕何也。

蒯成。索隱、漢志闕。晉書地道記。屬北地。方梅案漢表作鄘城。傳同。而楚漢春秋又作馮城。則是作蒯者誤也。考說文鄘、姬姓之國。从邑馮聲。文王世子。謂畢公高之後畢萬封魏。支孫食采於鄘城。今字作馮。竊謂此鄘城卽鄘城也。張守節鄘成傳注。引輿地志謂鄘城爲陳倉縣之故鄉聚名。甚於畢地相近。當從張說爲得。索隱恐失之也。漢表下注長沙。此或櫟之別邑所在。漢書張安世子延壽傳曰。延壽旣嗣侯國在陳留。別邑在魏郡。別邑者實封所在。漢表凡於下格注某地者皆此例。

厭次。索隱、漢志闕。晉書地道記。屬平原。後乃屬樂陵國也。方梅案漢志平原郡、富平縣。注曰。侯國。應劭曰。明帝更名厭次。續志。平原郡、厭次本富平。明帝更名。水經河水注引此。且曰。是知厭次舊名。非始明帝。蓋故耳又漢書曰。東方朔平原厭次人也。師古曰。高祖功臣表有厭次侯爰類。是則厭次之名其來久矣。而說者乃云後漢始爲縣。於此致疑。斯未通也。索隱蓋未深審。

復陽。索隱、縣原屬南陽。方梅案水經淇水注、謂陳胥所封。蓋爲淸河郡之復陽縣。顧氏祖禹曰。復陽城在棗强縣西南十八里。此卽陳胥所封。若南陽之復陽。闞駰曰。故湖陽之樂鄉。元帝元延二年置。安得以爲陳胥封邑。小司馬誤矣。

陽河。索隱、縣名。屬上黨。方梅案河當作阿。考漢志上黨郡有陽阿縣。平原郡有阿陽縣。水經河水篇引阿陽侯萬訢。沁水篇引陽阿侯卞訢。愚謂古萬字或省作万。万卞形似。實一人耳。封國亦以陽阿爲是。

朝陽。索隱、縣名。屬南陽。方梅案索隱失之。水經河水注引此以爲華寄所封。乃濟南郡所屬之朝陽。謂在朝水之陽。卽續志所謂東朝陽者是也。

深澤。索隱、縣名。屬中山。方梅案水經易水注引此以爲深澤卽容城。屬涿郡者。疑誤。考漢志中山國有深澤縣。涿郡有南深澤縣。兩縣相距不及百里。未知孰實爲將夜封邑。

中水。索隱、縣名。屬涿郡。應劭云易滱二水之中。方梅案索隱非也。中水當亦豫州地。說詳本紀。

赤泉。索隱、漢志闕。方梅案項紀索隱謂南陽有丹水縣。疑赤泉後改。愚竊以爲在裕州赭水左右。去項城較近。說并詳本紀也。

橐。索隱、漢志橐縣屬山陽也。方梅案水經泗水注引此作橐。世本漢表并作橐。

簡侯空中元年。集解、徐廣曰。空一作窒。方梅案水經河水注引此空中又作室中。今漢書作室中同。

寧。索隱、漢表寧陽。屬濟南也。方梅案索隱不足據也。水經淸水注。寧、魏遬封國。亦曰大修武。於漢志當屬

河內郡。

莊侯盧罷師元年。方梅案水經淸水注引此作旅罷師。漢表同。古旅盧通用。又本或作嫙。嫙卽盧字。

閼氏。索隱、縣名。屬安定。方梅案地理志、安定郡惟烏氏縣。無閼氏縣也。水經淸漳水注、謂馮解散所封爲閼與。卽趙奢破秦軍之閼與。續志上黨郡涅縣有閼與聚。考閼與故城在今山西遼州和順縣西北。當以酈說爲近。

馮解敢元年。方梅案酈注漢表敢皆作散。

安丘。索隱、安丘縣名。屬北海也。方梅案水經汶水注。謂汶水逕安丘城北。漢高封張說爲侯國。孫氏星衍以爲說封乃瑯琊之安丘。酈君合汶水所經之北海安丘爲一。非也。又考漢志於瑯琊安丘下、注曰侯國。而北海屬之安丘則否。知此安丘屬瑯琊。不屬北海也。索隱失之。

龍。索隱、廬江有龍舒縣。蓋其地也。方梅案水經汶水注。龍、鄉。陳署所封國。謂春秋成公二年齊侯圍龍。卽此。杜注云魯邑。在泰山博縣西南。索隱失之甚矣。

繁。索隱、地理志有繁□。恐別有繁縣。志闕。方梅案漢志繁縣屬蜀郡。在今四川成都府新繁縣東北。

愼陽。索隱、愼陽屬汝南。闞駰云。合作滇陽。方梅案水經淮水注引此。亦作愼陽。孫校曰。元和志愼陽縣本漢滇陽縣。愼水出縣西南二十里。是愼字亦并作滇。蓋滇愼眞皆同音耳。

禾成。索隱、漢志闕。方梅案水經濁漳水注。和城公孫背所封國。全氏曰。和成乃王莽所分鉅鹿之支郡。見東觀漢記。在下曲陽。而常山別有禾成。則公孫背所封。王莽更名鄗爲禾成亭。是也。今檢漢志、常山郡鄗縣注曰。世祖卽位更名高邑。莽曰禾成亭。是莽仍舊縣名之耳。

祝阿。索隱、縣名。屬平原。方梅案水經濟水注。祝阿、左傳所謂督陽者也。漢興、改之曰阿矣。漢高封高邑爲侯國。據此、則邑封阿侯。非祝阿侯也。孫校曰。祝阿、今長淸縣東北三十里。

須昌。索隱、縣名。屬東郡。方梅案水經濟水注。須昌、趙衍封國。孫校曰。今陽穀。

衍。索隱、漢志闕。方梅案水經濟水注。謂翟盱所封。乃南燕縣之延鄉。其在春秋爲長邱。考長邱在今河南衛輝府封邱縣南八里。此衍字卽延聲之轉。字亦從而變也。

邔。索隱、邔縣名。屬南郡。方梅案水經沔水注。引同。段氏說文注曰。今湖北襄陽府宜城縣縣北五十里。有故邔城。

下相。索隱、縣名。屬臨淮。方梅案水經睢水注。下相、冷耳封國。在今江蘇徐州府宿遷縣西七里。

期思。索隱、縣名。屬汝南。方梅案水經淮水注。期思、賁赫封國。孫校曰。今固始。

戚。索隱、漢志闕。晉地道記。屬東海。方梅案漢志有戚縣。屬東海。故城在今山東滕縣西南五十里。何云闕也。惟李必所封。非東海郡屬之戚。水經河水注引此。謂必封乃衛河上邑。在今開州北七里是也。

圉侯季必。元年。索隱、案灌嬰傳。重泉人。作李。誤也。方梅案灌嬰傳索隱。姚氏案漢紀。桓帝延熙三年。追錄高祖功臣李必後。黃門丞李遂爲晉陽關內侯。又趙氏一清曰漢書百官公卿表元狩四年。咸侯李信成爲太常。卽必曾孫。然則必故李姓可知也。索隱未免盾伐。

定侯意。元年。索隱、成陽定侯奚意。方梅案水經淮水注引此。亦作奚意。

桃。索隱、縣名。屬信都。方梅案水經注。於濁漳水濟水兩引爲證。殊誤。複然以濁漳所引爲是。桃縣、今直隸冀州西北四十五里。

高梁。索隱、漢志闕。方梅案今山西平陽府臨汾縣東北有高梁城。卽此。左傳僖九年。齊侯以諸侯之師伐晉及高梁而還是也。

紀信。索隱、漢志闕。方梅案水經注。謂郟城東北十餘里有紀氏城。有府臺謂之紀氏臺。氏信雙聲。此恐紀氏之誤。不然。或上一字封國。下一字則謚。又或衍文也。

煮棗。索隱、徐廣云在宛句。方梅案水經濟水注。煮棗、郡國志曰冤朐縣有煮棗城。卽此也。漢高封革朱爲侯國。酈說與徐同也。

【附錄】

清陽。索隱、漢表、清河。地理志、清陽縣屬清河郡。方梅案水經河水注引此。亦作清河。從漢表也。

曲逆。索隱、縣名。屬中山。方梅案水經滱水注。漢高帝擊韓王信。自代過曲逆。詔以封陳爲曲逆侯。

射陽。索隱、縣名。屬臨淮。方梅案水經淮水注。山陽城西。卽射陽縣之故城也。應劭曰在射水之陽。漢高封項纏爲侯國。

舞陽。索隱、縣名。屬潁川。方梅案水經潕水注。舞陽、樊噲封國。

梁鄒。索隱、縣名。屬濟南。方梅案水經濟水注。梁鄒、漢高封武虎爲侯國。

費。索隱、縣名。屬東海。方梅案水經沂水注。費縣。陳賀所封國。

黃。索隱、縣名。屬鉅鹿。方梅案水經濁漳水注。黃、呂博所封國。

芒。索隱、縣名。屬沛。方梅案水經睢水注。芒縣、昭跖所封國。

故市。索隱、縣名。屬河南。方梅案水經濟水注。故市、閻澤赤所封國。

高苑。索隱、高苑縣名。屬千乘。方梅案水經瓠子河注。高苑、丙倩所封國。

鄆。索隱、褋子紹封鄆。案漢志屬沛郡。方梅案水經淮水注。鄆縣、漢景中元年。封周應爲侯國。

棘陽。索隱、縣名。屬南陽。方梅案水經淯水注。棘陽、應劭曰縣在棘水之陽。漢高帝七年。封杜得臣爲侯國。

杜衍。索隱、縣名。屬南陽。方梅案水經淯水注。杜衍、王翳所封國。

宋子。索隱、漢志宋子縣屬鉅鹿也。方梅案水經濁漳水注。宋子、許瘛所封國。瘛或作瘈。蓋譌字。

清。索隱、縣名。屬東郡。方梅案水經河水注。漢高帝八年。封室中於清。

吳房。索隱、縣名。屬汝南。方梅案水經灈水注。吳房、楊武所封國。

共。索隱、縣名。屬河內。方梅案水經淸水注。共縣、旅罷師封國。

開封。索隱、縣名。屬河南。方梅案水經渠水注。開封、陶舍所封國。

沛。索隱、縣名。屬沛郡。方梅案水經泗水注。沛、高帝十一年。封合陽侯劉仲子爲侯國。

長修。索隱、縣名。屬河東。方梅案水經汾水注。長修、杜恬所封國。

汾陽。索隱、縣名。屬太原。方梅案水經汾水注。汾陽、靳强所封國。

中牟。索隱、縣名。屬河南。方梅案水經渠水注。中牟、單父聖封國。

成陽。索隱、縣名。屬汝南。方梅案水經淮水注。城陽、奚意所封國。

鄢陵。索隱、縣名。屬潁川。方梅案水經洧水注。鄢陵、朱濞所封國。

惠景間侯者年表第七

諸侯子弟若肺腑。方梅案肺腑當從索隱作柿附爲得。

扶柳。索隱、縣名。屬信都。方梅案水經膠水注。謂扶縣。瑯琊之屬縣也。漢文帝元年。封呂平爲侯國。說與此異。其云文帝封者。恐誤字也。

南宮。索隱、縣名。屬信都。方梅案此高后元年封也。水經濁漳水注引此。作惠帝元年。沈氏曰。是高后六年。考漢表年月與此皆同。未審何以異也。

博成。索隱、漢志闕。方梅案隋置博城縣。屬魯郡。城成古多殺亂。疑卽漢時侯封地也。在今山東泰安府泰安縣東南。

壺關。索隱、縣名。屬河內。方梅案水經濁漳水注。壺關、故黎國。有壺口關。故曰壺關。呂后元年。立孝惠後宮子武爲侯國。漢縣故城在今山西潞安府長治縣東南十六里。

沅陵。索隱、沅陵縣近長沙。漢志屬武陵。方梅案水經沅水注。沅陵、漢故頃侯吳陽之邑也。考其地、尙在酉水注沅之會。其故城、李申耆謂在今湖南辰州府沅陵縣西南。索隱云近長沙。何據。

上邳。方梅案水經泗水注。謂邳卽仲虺城也。楚元王子郢客。以呂后二年封上邳侯。有下、故此爲上矣。孫校曰。仲虺城、在滕縣東南。

朱虛。索隱、縣名。屬瑯琊。方梅案此高后二年封也。水經巨洋水注。以爲惠帝二年封。

中邑。索隱、漢志闕。方梅案漢志、勃海郡有中邑縣。

松茲。集解、徐廣曰。松、一作祝。方梅案李文本紀、周勃世家、及漢書紀傳表皆作祝茲。恐此文誤也。

俞。索隱、俞音輸。俞縣、屬清河也。方梅案俞卽說文邑部之鄃。說文、鄃、清河縣。段注曰、今山東臨清州夏津縣東北三十里。有故鄃縣城。水經河水注。鄃縣、呂后四年。以父嬰功。封子佗襲爲封國。

呂成。方梅案水經清水注。呂城呂尙先祖爲四岳佐禹治水有功。虞夏之際。舜封於呂。徐廣曰、呂在宛西。高后四年。呂忿所封疑卽此。

周陽。索隱、縣名。屬上郡。方梅案漢志、上郡有陽周。而無周陽。趙兼以周陽侯受姓。故其子稱周陽由。見酷吏傳。及小司馬魏其傳注中。索隱云屬上郡。殊盾伐。弗思甚矣。說并見後陽周條下。

管。索隱、管古國。今爲縣。屬滎陽。方梅案管當作菅。水經濟水注。菅、罷軍所封國。考漢志、濟南郡有菅縣。應劭曰、菅姦。正其地也。索隱以管叔邑當之。管叔邑至隋開皇十六年。始因其地立管城縣。大謬。

瓜丘。索隱、斥丘縣。在魏郡。方梅案索隱作斥丘。漢表作氏丘。氏疑斥字之譌。又水經濟水注謂孝父封悼惠王子安爲陽丘侯。趙氏一清謂史表無陽丘有瓜丘。而漢表氏丘陽丘兩見。其嗣侯皆名偃。其封薨與嗣僅差一年。一似氏丘之卽陽丘者。竊考世家及漢書本傳。皆云封罷軍等七人。此多二人。漢表多三人。未知何以誤也。

營。索隱、表在濟南。方梅案此文帝四年封也。水經注作景帝四年。疑誤。又謂信都封營城。地近臨淄。於漢志當屬齊郡。故城在今青州府臨淄縣北。索隱援表釋之。不可據信。說見前表蒯成條下。

楊虛。方梅案楊虛縣、屬平原郡。說見前表。

朸。索隱、朸縣、屬平原。音力。方梅案此文帝四年封也。水經河水注以爲朸鄉縣。辟光所封國。又謂在高后八年。酈氏恐誤。

平昌。索隱、縣名。屬平原。方梅案水經濰水注引此。以爲琅琊之平昌。孫校曰、故城今在安丘縣南。

安陽。索隱、安陵、縣名。屬馮翊。恐別有安陵。方梅案索隱作安陵。非也。水經淮水注。安陽縣、江國也。今其地有江亭。漢乃縣之。封勃爲侯國。惟作呂后八年。是其誤耳。又漢志有安陽縣。屬汝南郡。注曰侯國。在今河南汝寧府正陽縣西南。地去淮南不遠也。未審索隱何據云爾。

陽周。方梅案趙兼以淮南舅父受封周陽侯。如以駟鈞靖郭例之。兼所封地。當在九江廬江境內。賜封在趙兼國除之後。知賜所封。卽兼所封舊地也。此作陽周。漢志陽周屬上郡。去淮南太遠。恐難據信也。

東城。索隱、縣名。屬九江。方梅案水經淮水注引此。作孝惠八年。封賜爲侯國。惠賜蓋文良二字之譌。

弓高。索隱、漢表在營陵。方梅案水經濁漳水注。弓高、韓頹當所封國。考漢志、弓高縣屬河間國。正其地也。營陵蓋別邑。斷非弓高所在。索隱不足據也。

故安。索隱、縣名。屬涿郡。方梅案水經易水注。易水又東經武陽城南。武陽大城東南小城。卽故安縣故城。漢文封申屠嘉爲侯國。城東西二里。南北一里半。世又謂易水爲故安河。考故安故城在今易州東南。

南皮。索隱、縣名。屬勃海。方梅案水經淇水注。南皮、孝文后兄子彭祖封國。惟云封在文帝後元年中。殊謬。官本訂作景帝後七年。亦失之。蓋封彭祖乃景帝初立十餘日事。未踰年改元。故仍稱孝文後七年。班氏年月日同此。而列之孝景所封四人中。最爲愜當。趙氏一清謂史漢表皆以景帝後七年封。非文帝。何其不審之甚也。

平陸。索隱、縣名。屬西河。又有東平陸。在東平。方梅案胡三省曰、東平近楚。爲得之。水經渠水注以爲在陳留尉氏縣地。卽陵樹鄉。檢郡國志、陳留郡尉氏縣注引陳留志曰、有陵樹鄉。是也。又謂禮封在高后元年。蓋其誤字。

紅。索隱、紅休蓋工鄉名。王莽封劉歆爲紅休侯。一云、紅卽虹縣也。方梅案春秋昭公八年。秋蒐于紅。杜注、紅、魯地。沛國蕭縣西有紅亭。蕭縣今屬徐州府。又郡國志沛國有紅縣。卽虹縣也。李申耆曰、今安徽泗州五河縣西。郡國志泰山郡奉高縣注。左傳昭八年。大蒐于紅。紅亭在縣西北。考奉高在今山東泰安府泰安縣東北境。此三地者。惟蕭西之紅亭最近楚。以楚所王者碭薛郯三郡耳。水經獲水注。謂富所封卽蕭西紅亭是也。謂紅亭卽地理志之虹縣。與春秋之紅。則誤。春秋之紅。當以奉高紅亭爲正。

宛朐。索隱、宛朐、縣名。屬濟陰。方梅案此景帝元年封也。水經濟水注引此作呂后元年。劉埶又作劉執。恐誤。孫校曰、宛朐今曹州府曹縣。

建陵。方梅案水經沭水注。建陵縣、漢景封衞綰爲侯國。孫校曰、建陵故城在今沭陽縣西北一百五里建陵山下。

新市。方梅案此以封王慎子康也。景紀集解、索隱皆以爲王悍其子康。索隱以爲王悍子棄也。蓋本漢表與此異。

垣。索隱、縣名。屬河東。方梅案漢表作桓。

容成。索隱、縣名。屬涿郡。方梅案水經易水注。景帝中三年、封匈奴降王唯徐盧於容城。唯或譌作携。漢表乃云携侯徐盧。携又爲謚。趙氏一清以爲携唯聲近。百官表、太初三年、容城侯唯塗光爲太常。唯塗卽唯徐。光乃盧之孫也。然則漢表誤已。孫校曰、容城、今屬順天。

易。索隱、縣名。屬涿郡。方梅案易侯僕黥。漢表作僕䵣。音怛。水經易水注。易縣、漢景帝中三年。封匈奴降王僕䵣爲侯國。吳本作僕黥。蓋據此也。朱箋謂吳本誤改。非是。

范陽。索隱、縣名。屬涿郡。方梅案此於景帝中三年。以封端侯代也。水經易水注引此。作中元三年。并同官本。改作中二年。未審何據。端侯代、漢表作靖侯范代。范字衍文。孫校曰、范陽、今涿州房山之地。

乘氏。索隱、縣名。屬濟陰。方梅案乘氏、今山東曹州府鉅野縣西南。水經濟水注引此。以爲乘氏縣卽春秋之乘邱也。此蓋本地理志注爲說。地理志、濟陰郡乘氏縣注引應劭曰、春秋敗宋師於乘邱。考乘邱去魯不遠。故杜注曰魯地。當在今兗州府滋陽縣西境。與乘氏判然兩地。而應氏混以爲一。顏師古取之。
酈注因之。則誤甚矣。

蓋索隱、漢表在勃海。方梅案漢志、蓋縣屬泰山郡。水經洙水注、洙水出泰山蓋縣臨樂山。蓋縣、王信所封
國也。考蓋縣故城在今山東沂州府沂水縣西北八十里。蓋誠如盡。

周陽索隱、縣名。屬上郡。方梅案水經涑水注、周陽、田勝封國。黃氏祐誠曰。魏書地形志、聞喜有周陽城。史
記正義引括地志、在聞喜縣東三十九里。案唐初聞喜治甘泉谷、在今縣東二十里。則周陽城當在今
縣東六十里。索隱云屬上郡。是直以爲陽周矣。蓋與趙兼之周陽注同謬。又外戚世家索隱。周陽、縣名。
屬魏郡。是又一說。未識何據。

【附錄】

便索隱、漢志縣名。屬桂陽。音鞭。方梅案水經耒水注。便縣、吳淺所封國。

醴陵索隱、縣名。今在長沙。方梅案水經漉水注、醴陵縣、高后四年。封長沙相侈越爲國。

章武索隱、縣名。屬勃海。方梅案水經淇水注。章武、竇廣國所封國。

建元以來侯者年表第八

長平索隱、地理志縣名。在汝南。方梅案水經沁水注引此。以爲秦封乃秦坑趙卒之長平。屬上黨郡。地與
索隱說異也。

樂安索隱、安樂表在昌。地理志、昌縣在琅邪也。方梅案地理志、千乘郡有樂安縣。水經濟水注、樂安、李蔡
封國。史漢李廣衛青各傳及百官公卿表。并作樂安。而漢功臣表獨作安樂。索隱本之。恐未當也。顏師
古亦以漢表爲誤。其云在昌者。蓋封在樂安而食邑於昌耳。

博望索隱、志縣名。屬南陽。方梅案此元朔六年。封也。水經淯水注引此作元光六年。

濕陰索隱、表在平原。方梅案漢志、濕陰縣屬平原郡。此元狩二年。封也。水經河水注引此作元光三年。

符離索隱、縣名。屬沛郡。方梅案漢表作邳離。水經睢水注引此作符離。地理志則作符離。考古音符讀如
蒲。丕讀如批。邳符雙聲。符蒲韻。實一地耳。當在今安徽鳳陽宿州境。

義陽索隱、表在平氏。方梅案水經淮水注、義陽縣南對固成山。世謂之白茅城。闞駰言晉太始中。割南陽
東鄙之安昌、平林、平氏、義陽四縣。置義陽郡於安昌城。漢封衛山爲侯國也。故城在今河南南陽府桐
柏縣東。

周子南君索隱、表在長社。方梅案水經汝水注、周承休縣。故子南國也。漢武帝元鼎四年。幸洛陽。巡省豫
州。觀於周室。邈而無紀。詢問耆老。乃得孽子嘉。封爲周子南君。以奉周祀。案汲冢古文、謂衛將軍文子
爲子南彌牟。其後有子南勁。紀年、勁朝於魏。後惠成王如衛。命子南爲侯。秦并六國。衛最後滅。疑嘉是
衛後。故氏子南而稱君也。初元五年。爲周承休邑。地理志曰侯國也。

成安索隱、表在郟。志在陳留。方梅案水經汝水注。按地理志、潁川郡有成安縣。侯國也。漢封韓延年爲成
安侯。即此邑。汳水注引此。則以爲陳留縣名。竊謂潁川是也。

梁期索隱、志屬魏郡。方梅案水經濁漳水注、地理風俗記曰。鄴北五十里。有梁期城。故縣也。漢武封任破
胡爲侯國。考項紀注引張晏說作梁淇。索隱謂淇當作湛。即此地也。

湘成索隱、表在堵陽。方梅案水經睢水注。相縣、故宋地也。漢高帝四年。改曰沛郡。治此。漢武封南越桂林
監居翁爲侯國。曰湘成。是湘成在沛郡也。又案本表。元狩四年。封敞屠洛爲湘成侯。至元鼎五年。坐酎
金國除。乃於次年以封居翁。而表於彼云在陽城。此云在堵陽。愈信漢表下格注某地者。乃食邑別所。
非以釋封國無疑也。

下鄜索隱、漢表作鄜。方梅案水經湍水注、湍水流逕南陽鄜縣。史記所謂下鄜析也。漢武帝元朔元年。封
左將黃同爲侯國。今本漢表作下酈。恐是鄜字之譌。師古音孚。是直以爲馮翊之鄜縣也。疑誤。

涉都索隱、涉多表在南陽。方梅案水經沔水注、涉都城。故鄉名也。按郡國志、筑陽縣有涉都鄉。漢武封南
海守降侯子嘉爲侯國。

涼陽索隱、涼音遼。表在清河。方梅案此江德封國也。漢表作轑陽侯江喜。水經淇水注乃云橑陽、江德所
封國。邑在魏郡清淵。考漢志、魏郡有清淵縣。注引應劭曰。清河在西北也。

博成索隱、表在臨淮。方梅案今本漢表作淮陵。與索隱所據異也。詳審漢表云博成侯張章。推全表例。似
惟反誅及坐除者無謚。不然則並有之。張章例得有謚。竊疑章封博侯。而成其謚耳。索隱蓋未審也。地
理志、泰山郡有博縣。

都成索隱、志屬潁川。方梅案漢志、潁川郡無都成縣。水經瓠子河注引此作郕都。謂瓠河之北有郕都城。
京相璠曰。東郡廩丘縣南三十里。有郕都故城。褚先生曰。漢封金安上爲侯國。王莽更名之曰城穀者
也。

建成索隱、表在沛。方梅案水經濁漳水注引此。謂建成縣故屬勃海郡。

【附錄】

陰安索隱、志縣名。屬魏郡。方梅案水經河水注。陰安、衛不疑所封國。

秺集解、漢書音義曰。音妒。在濟陰成武。今在亭矣。方梅案漢志、濟陰郡有秺縣。水經瓠子河注、縣秺。
漢武帝封金日磾爲侯國。秺即秺也。

建元以來王子侯者年表第九

安成方梅案水經贛水注曰。十三州志稱廬水西出長沙安成縣。武帝元光六年。封長沙定王子劉蒼爲

侯國。考漢志。長沙國有安成縣是也。而汝水注復引此文。以爲汝南郡之安成。殊自盾伐。疏略亦甚。
宜春。方梅案水經贛水注曰。牽水西出宜春縣。漢武帝元光六年。封長沙定王子劉成爲侯國。考宜春。卽今江西袁州府宜春縣治。
廣戚。索隱、表志闕。方梅案水經泗水注。廣戚、劉擇所封國。孫校曰。今滕縣西北有戚城。又案漢志有廣戚縣。屬沛郡。索隱何云闕也。
盱台。索隱、表志闕。方梅案漢志有盱眙縣。屬臨淮郡。水經淮水注、盱眙。地理志曰。都尉志、漢武封江都易王子劉蒙之爲侯國。索隱云闕。未審。
睢陵。索隱、表作淮陵。方梅案水經睢水注引此。亦作睢陵。惟云封江都易王子。楚楚定疑形近誤也。漢志、睢陵屬臨淮郡。考睢陵卽今江蘇徐州府睢寧縣治。
劇。索隱、表志闕。方梅案漢志菑川國、北海郡。皆有劇縣。然班氏於北海之劇下。注曰侯國。當是錯所封也。若菑川之劇。卽菑川國都所在。必不得別封子弟。而酈氏水經巨洋水注。以菑川之劇。當劉錯所封。失之甚矣。考北海劇縣在今山東靑州府昌樂縣西北。
平望。索隱、表志闕。方梅案漢志、北海郡有平望縣。注曰侯國。在今山東靑州府壽光縣東北。又水經巨洋水注。謂平望亭在平壽縣故城西北八十里。古縣也。漢武封菑川懿王子劉賞爲侯國。
益都。索隱、表志皆闕。方梅案今山東靑州府壽光縣西。有益城。故漢邑也。南有益都城。魏所置也。又西北有益都故城。爲漢侯國。水經巨洋水注、益都城。漢武帝元朔二年。封菑川懿王子劉胡爲侯國是也。
臨朐。索隱、表在東海。方梅案漢志、齊郡東萊郡。皆有臨朐縣。水經巨洋水注。謂臨朐城、古伯氏駢邑。漢武封劉奴爲侯國。與漢志齊郡之臨朐注語合。
雷。索隱、表在東海。方梅案水經沂水注引此。作盧縣。朱氏謂雷盧古字通用。周禮。廬維讀作雷雍。可證也。地在城陽。考今本漢志。城陽國之慮縣作慮。慮有盧音。如昌慮取慮之屬皆是。
東莞。索隱、志屬琅琊。方梅案水經沂水注、東莞孟康曰。縣故鄆邑。今鄆亭是也。元朔二年。封城陽共王子吉爲東莞侯。案鄆邑卽左傳汶陽之田所謂鄆讙之鄆也。
辟。索隱、表在東海。方梅案水經沭水注。有辟陽城。謂卽劉壯所封國。考酈云此辟陽者。乃莒縣地。於漢志屬城陽國也。
尉文。索隱、志屬涿郡。方梅案此劉安中所封國也。水經滱水注引此作劉忠。從漢表也。
將梁。索隱、表在涿郡。方梅案水經滱水注。清涼城、卽將梁也。漢武封劉朝平爲侯國。方輿紀要、淸涼故城在今保定府東南五十里。
陘城。索隱、表在涿郡。志屬中山。方梅案漢表作陸城。水經滱水注亦云。博陵卽古陸成。漢武封劉貞爲侯國者也。全氏曰。當從史表作陘城。漢書中叔傳。亦作陘城。
蒲領。索隱、表在東海。方梅案水經濁漳水注。蒲領、劉嘉所封國。地理風俗記云。修縣西北八十里。有蒲領鄉。故縣也。考漢志、勃海郡有蒲領縣。注曰侯國。
成平。索隱、表在南皮。方梅案水經濁漳水注。成平縣、劉禮所封國。考漢志、勃海郡有成平縣。卽此。今漢表作平城。又不云在南皮。疑有脫誤。
博陽。索隱、志屬汝南。方梅案漢志、楚國有傅陽縣。注曰。故偪陽國。水經沭水注、謂劉就所封卽傅陽。此博字疑誤。故索隱亦因之誤也。
寧陽。索隱、表在濟南。方梅案今漢表無濟南二字。水經洙水注。寧陽縣、恬所封國。恬恢疑形近而誤。考漢志、泰山郡有寧陽縣。注曰侯國是也。
瑕丘。索隱、志屬山陽。方梅案漢志、沛郡有敬丘縣。卽春秋時犬丘地。水經睢水注、謂劉政所封敬丘也。此云劉貞。酈注作劉政者。從漢表也。今考漢志。敬丘注侯國。而瑕丘則否。酈說當不誤也。
茶陵。索隱、表在桂陽。志屬長沙。方梅案水經洙水注引此。劉欣作劉訢。從漢表也。師古曰。訢與欣同。
建成。索隱、表在豫章。方梅案水經贛水注。建成、漢武封劉拾爲侯國。考漢志、豫章郡有建成縣是也。而酈氏又於淮水注引此爲證。誤複甚矣。
利鄉。方梅案水經淮水注。東海利城縣、故利鄉也。漢武封城陽共王子嬰爲侯國。考利城縣故城。在今山東沂州府蘭山縣東一百里。
有利。索隱、表在東海。方梅案水經沭水注。陽都、有倉山。上有故城。卽古有利城。謂爲劉釘封國。考漢志、城陽國有陽都縣。
千鍾。集解、徐廣曰一作重。索隱、漢志作重侯擔。在平原。地理志有重丘也。方梅案水經淇水注、千童縣。史表曰故重也。一作千鍾。漢武封劉陰爲侯國。王莽改曰饒安。考今表無故重也三字。疑引注文。而後世刪削或佚之。然則千鍾本有重名。故史漢異稱。不得以平原別食之邑。遂强以重丘釋之也。案饒安縣故城在今直隸天津府南皮縣東南八十里。
披陽。索隱、旛鼓。披音皮。劉氏音皮彼反。志屬千乘也。方梅案漢志今本作被陽。水經濟水注引此。并同。
定。索隱、地名。方梅案水經河水注。又東北逕定縣故城南。漢武封越爲侯國。地理風俗記曰。饒安縣東南三十里。有定鄉城。故縣也。
柳。索隱、表志闕。方梅案水經淇水注。柳縣、劉陽所封國。地理風俗記曰。高成縣東北五十里。有柳亭。故縣也。世謂之辟亭。
雲。索隱、志屬琅琊。方梅案水經河水注。謂劉信所封者。雲城也。地近厭次。卽漢高平縣境。於漢志屬平原也。與索隱說異。

桑丘索隱表在深澤。方梅案水經沫水注引此作乘丘。從漢表也。考漢表桑作乘。又無深澤二字。趙氏一清曰。桑乘字相似。然中山之封。何以在魯宋之郊。蓋魯長所見之漢書已脫誤矣。今直隸安肅縣西南。有桑邱城。安肅本漢中山國北新城地。將夜之封。宜在彼。而此則非也。趙說殆審不誤。

樊輿索隱表志闕。方梅案水經易水注。樊輿。劉脩所封國。地理風俗記曰。北新城縣東二十里。有樊輿亭。故縣也。考北新城縣故城在今安肅縣西南二十里。於漢志屬中山國也。劉脩、漢表作劉修。修有脩音。

安郭索隱表在涿郡。方梅案水經滱水注引此。劉博作劉傅富。從漢表也。安郭。蓋鄉亭之名。故酈云東南逕安郭亭南也。一本作安國亭。郭國音同。即中山國之安國縣地。在今保定府祁州南。

安險索隱志屬中山。方梅案水經滱水注引此。謂安險。漢章帝改曰安憙。孫校曰。安憙今定州。故城在定州東三十里。

夫夷方梅案水經資水注。謂扶縣本零陵之夫夷縣也。漢武封長沙定王子義之邑。考漢志、零陵郡有夫夷縣。在今湖南寶慶府新寧縣東北。

舂陵索隱志闕。南陽。方梅案索隱失之。水經湘水注。舂陵縣、本泠道縣之舂陵鄉。蓋因舂溪爲名。漢長沙定王分以爲縣。武帝元朔五年。封王中子買爲舂陵侯。故城在今永州府寧遠縣西北。於漢志屬零陵郡地。非南陽也。其後至元帝時。買之孫仁。以舂陵下濕。上書徙南陽。許之。以蔡陽白水鄉。徙仁爲舂陵侯。說見漢志舂陵注。是南陽之舂陵。至劉仁始徙治之。安得以釋初封者。索隱蓋未審也。

都梁索隱志屬零陵。方梅案水經資水注引此。劉遂作劉定。從漢志也。

洮陽索隱志屬零陵。方梅案此封靖侯劉狗彘也。水經湘水注引此作節侯。拘。索隱謂漢表名將燕。今漢表又作狩燕。以狗拘狩將形近。彘燕亦形近也。洮陽在今廣西桂林府全州北三十五里。

泉陵索隱志屬零陵。方梅案泉陵故城在今零陵縣北。水經湘水注。漢武封長沙定王子節侯賢爲泉陵侯。班志亦曰侯國也。

鉅合索隱表在平原。方梅案水經濟水注。巨合城。劉發封國。或發下衍于字。後漢書章懷注云。巨里聚一名巨合城。在齊州全節縣東南。全節唐改。即漢志濟南郡之東平陵也。

昌索隱、志屬琅琊。方梅案水經濁漳水注引此。以爲差所封者乃信都之昌城縣。去城陽太遠。恐誤。

祝茲索隱案志。松茲在廬江。亦作祝茲。表在琅琊。方梅案水經膠水注曰。北逕祝茲縣故城東。漢武帝元鼎中。封膠東康王子延爲侯國。是琅琊故有祝茲縣。而志闕之。或更名。亦併省也。索隱欲以廬江域當膠東之封。非矣。表在琅琊。仍謂別邑在琅琊。非以釋侯國也。

平度索隱志屬東萊。方梅案水經膠水注。平度縣。劉衍所封國。

邯會索隱志屬魏郡。方梅案水經濁漳水注。邯會縣。劉仁所封國。

棗彊索隱志屬清河。方梅案水經淇水注。棗彊縣。漢武封廣川惠王子晏爲侯國。

平索隱志屬河南。方梅案水經河水注。平縣。劉遂所封國。

公丘索隱志屬沛郡。方梅案水經泗水注。公丘縣故城在滕西北。元朔三年。封魯共王子劉順爲侯國。

攸輿索隱案今長沙有攸縣。本名攸輿。漢表在南陽。方梅案水經洣水注亦云。攸縣、漢武封長沙定王子則爲攸輿侯。即地理志所謂攸縣者也。索隱蓋本酈注耳。

漢興以來將相名臣表第十

相位索隱置立丞相太尉三公也。方梅案公孫宏傳。漢以丞相太尉及御史大夫爲三公。

春沛公爲漢王之南鄭方梅案水經沔水注曰。耆舊傳云。南鄭之號。始於鄭桓公。桓公死於犬戎。其民南奔。故以南鄭爲稱。即漢中郡治也。漢高祖入秦。項羽封爲漢王。蕭何曰。天漢美名也。遂都南鄭。大城周四十二里。城內有小城。南憑津流。北結環雉。金墉漆井。皆漢所修築。

春定塞翟方梅案漢書本紀。塞翟之降。已在元年八月。即主本史紀表。則高帝十月至陝。塞翟等王降漢語。尚敘在前。是亦元年秋間事。否亦當云冬定塞翟。以漢首十月。固先冬而後及春也。云春不合。

夏伐項籍王彭城立太子還據滎陽方梅案此當從漢書本紀。於至彭城下。改作敗走屯滎陽。還立太子。復如滎陽。語意較明白合當。不然。似謂自彭城立太子而還據滎陽矣。

與楚界洪渠方梅案水經渠水注。謂渠水東至浚儀縣。於此有陰溝鴻溝之稱。項羽與漢高分王。指是水以爲東西之別。今蕭縣西亦有鴻溝亭。梁國睢陽縣東有鴻口亭。先後談者。亦指此以爲楚漢之分王。非也。酈說精當不誤。

封爲酇侯索隱音嵯。此在沛郡。後代音贊。在南陽也。方梅案此當惑於班孟堅泗水亭碑以何封之酇與何爲韻。故云然也。不知沛郡本酇縣。南陽則酇縣也。酇有嵯音。杜詩謂南陽之酇頭爲槎頭是也。酇亦有贊音。故假酇字爲之。又王莽改沛之酇曰贊治是也。顏師古辨之。酈書長引之。皆云南陽。不云沛郡。并見本書可覆案也。

除諸侯丞相爲相方梅案百官表。此事在景帝中五年。與此異也。

十月乙巳安國侯王陵爲右丞相十月己巳曲逆侯陳平爲左丞相方梅案漢表、皆作十月己丑。

王孝惠諸子方梅案呂后本紀。王二人。侯三人。似王字更爲封字較愜。

更立常山王宏方梅案初名山。又名義。

【附錄】

淮陽王彊。方梅案惠帝後宮子名彊。

七月辛巳爲帝太傅。方梅案七月辛巳。正高后崩之日也。呂后本紀云。高后已葬。以食其爲帝太傅。漢表謂食其爲太傅。乃在七年。與此各異。

九月丙戌復爲丞相。方梅案呂后本紀丙戌作壬戌。

十一月辛巳平徙爲左丞相。方梅案孝文本紀作十月辛亥。漢表同。

勝爲梁王。方梅案呂后本紀勝作揖。漢書文紀、諸侯王表、文三王傳幷同。

十一月乙亥絳侯勃復爲丞相。方梅案勃於元年八月辛未免相。至二年十月。丞相平薨。故勃復爲之。

太僕汝陰侯滕公卒。索隱、汝陰侯夏侯嬰也。爲滕令。故曰滕公。方梅案水經泗水注曰。滕城、漢高祖封夏侯嬰爲侯國。號曰滕公。酈說是也。說幷具本傳賜爵封條下。

以中大夫令免爲車騎將軍。方梅案百官表謂景帝初、更名衛尉爲中大夫令。然據此文。則文帝時已更名矣。抑史文自後追書之耶。顏師古漢書文紀注。謂其人姓令名免。爲中大夫之官。準下各將皆書姓爲一例。其說精愜可從也。

厲國悍。索隱亦作悍。徐廣曰、姓徐。一名厲。卽祝茲侯。方梅案悍。故厲之子。嗣封爲祝茲侯者。惠帝閒侯者年表。爽侯徐厲。薨。康侯悼嗣。悼悍形近而誤。且此係孝文後七年事。時厲已前卒十七年矣。故知悍爲厲子也。徐說非是。

中尉條侯周亞夫。索隱、條侯周亞夫。修音條。渤海有修市縣。一作條。方梅案修縣屬信都。非修市也。說見功臣表條字條下。

蚡卒。方梅案田蚡殺其灌夫後。以二人爲祟而卒。是蚡卒在誅族二人之後。此列在前。恐誤。

商爲泗水王。方梅案漢志注曰。元鼎四年。別爲泗水國。與此正同。漢表作二年。封水經淮水注引此作三年封。

九月辛巳御史大夫石慶爲丞相。方梅案漢表辛巳作丙申。

三月丁卯太僕公孫賀爲丞相。方梅案漢表作閏月丁丑。蓋謂閏正月也。

三月丁巳涿郡太守劉屈氂爲丞相。方梅案三月必五月之譌。何者。賀死在四月。則屈氂應五月相耳。漢表不誤。

十一月乙丑御史大夫楊敞爲丞相。方梅案訢薨在十一月庚戌。則敞相亦當作十二月爲是。

七月丁巳御史大夫于定國爲丞相。方梅案漢表作五月甲午。

三月禹卒。方梅案漢表云賜金安車駟馬免。不言卒也。

史記三家注補正 卷三

翟方梅遺書

禮書第一

瑞應辨至。正義、辨音遍。方梅案廣雅釋詁二。辨、徧也。蓋以假借爲訓。

側載臭茝。方梅案荀子禮論篇作側載睪芷。謝氏校本斷以睪本皋字。古睪皋字多互異。天官書黃睪或作黃澤。水經沔水注、馬皋城或作馬睪城。可證。則此文臭字當亦皋之誤也。芷卽茝或體。

㲉兕持虎。方梅案持當爲特字之誤也。㲉兕特虎。謂畫輪爲飾也。劉昭注輿服志、引古今注。武帝天漢四年。令諸侯王朱輪。特虎居前。左兕右麋。小國畫特熊居前。寢麋居左右。白虎通亦曰。朱輪特熊居前。寢麋居左右。此謂朱輪每輪畫一虎居前。兕麋在兩旁。卻後而相並。故虎稱特。左右謂每輪兩旁也。寢、伏也。大國畫特虎兕麋不寢。小國則畫特熊。二寢麋。無兕。天子乘輿。蓋畫二寢兕居輪左右。畫特虎居前歟。此斠校荀子。本段氏若膺說。

孰知夫出費用之所以養財也。方梅案輕者謂不重惜之。荀子輕字作出。注曰。費用財以成禮。謂問遺之屬是也。且與下文苟利之爲見若者必害相應。言費用財。正所以養財。苟惟利是視。而不用財以成禮。則財者怨之府。若此重惜。必遇害也。下文禮以財物爲用。亦此意。正義以爲薄費用則能畜聚以養財。與下利見必害不合。亦平淺無深意。當不然也。

三者偏亡。索隱、鄒音遍。方梅案偏亡謂闕其一事。猶云闕一不可也。音遍非是。

諸侯不敢懷。索隱、懷思也。言諸侯不敢思以太祖配天而食也。又一解、王之子孫爲諸侯。不思祀其父祖。故禮云諸侯不敢祖天子。蓋與此同意。方梅案二說皆非也。荀子懷字作壞。謂不毀其廟。若魯周公是也。今本大戴禮改懷從壞。是爲得之。

朱弦而通越。方梅案荀子注曰。史記作洞越。是楊氏所據史記與今本異。

禮之貌誠深矣。方梅案貌字有誤。當從荀子作理爲是。不然。貌何深之有也。

步驟馳騁廣騖不外。是以君子之性守宮庭也。人域是域士君子也。外是民也。方梅案是者卽謂是禮也。荀子曰。步驟馳騁厲騖不外。是矣。是君子之壇宇宮廷也。人有是。士君子也。外是民也。竊疑此文是以當爲是已之誤。屬上讀。古矣已通用。已以同字故也。君子上當別有是字。佚之。性守與壇宇形誤。人域是域。下域必衍文。上域字與外爲對文。又荀子作有者。古域有通用。詩奄有九有。韓詩作九域。又古域字本作或。呂覽貴公、無或作好。書洪範或字作有。皆其明證。正義、索隱隨文曲解。殊未審也。

樂書第二

感於物而動。性之頌也。集解、徐廣曰。頌音容。今禮作欲。方梅案作欲非也。疑古禮記本作頌。故是據之如此說文頌皃也此言感物而動則性見於外故曰性之頌也頌動音協與上靜性皆韻語餘文亦多有之作欲則不協矣頌實本字無勞借容音爲之正義云是性之貪慾也徑作欲字解未當

青黑緣者天子之葆龜也集解公羊傳曰龜青緣何休曰緣甲𩓐也千歲之龜青𩓐方梅案據此則青黑緣者乃其本質之自然孔疏謂以青黑爲之緣蓋誤會也

天地欣合正義欣喜也合猶烝也方梅案樂記欣作訢注曰訢讀爲熹熹猶烝也欣訢同衍斤聲欣熹雙聲通借故左傳曹公子欣時公羊作喜時可證此本鄭注爲說喜宜作熹熹烝義近不應別訓合也

則樂之道歸焉耳集解孫炎曰樂和陰陽故歸此也正義庾蔚之云一論天地二氣萬物各得其所乃歸於樂耳方梅案孫說未憭庾云乃歸於樂者亦歸功於樂之謂也與孔氏正義說同王伯申經傳釋詞曰耳猶矣歸終也見呂氏春秋求人篇注言萬物各得其所則樂之道終焉矣正義謂歸功於樂失之

治亂以相訊疾以雅集解鄭元曰相即拊也亦以節樂雅亦樂器名狀如漆筩中有椎方梅案訊亦治也變文故異耳陸元輔禮記集說補正據長樂陳氏說以爲拊即搏拊衆樂待其既動而後作安能復爲治亂之用斷以相爲牘雅和樂之節愚竊以爲相拊節實一器三名而兩用之以手拊拍之故曰拊以其韋中著糠糠一名相故曰相以其節樂故曰節詳繹鄭注詞義其云即拊云亦以者正謂擊拊本在衆樂之先至於既亂則又用以節樂故尙書傳疏及周禮大司樂疏皆祖其說云搏拊以韋爲之裝之以糠所以節樂漢初相傳已然邵郝注爾雅亦皆謂節相拊爲一物可證也通典言節鼓狀如博局中開員孔適容其鼓擊以節樂所說形異大都後世之制不足據以疑古也周禮笙師注曰雅狀如漆筩而弇口大二圍長五尺六寸以羊韋鞔之有兩紐疏畫賈疏云此約漢法知之疏畫者長疏而畫之也

石聲硜方梅案樂記作磬說文磬石樂也古文从巠作硜此用磬之古文石聲磬者鄭注曰磬當爲罄字之誤也蓋謂其聲罄罄然釋名曰磬罄也其聲罄罄然堅緻是也硜磬古今字磬罄通借字鄭注以爲字誤不然也焦氏循禮記補疏曰罄罄即論語子擊磬之硜硜段氏說文注曰鄙哉硜硜非不可作磬磬也

硜以立別方梅案樂記作辨辨別雙聲義近故小爾雅曰辨別也列子楊朱篇注亦曰別猶辨也

釋箕子之囚使之行商容而復其位集解徐廣曰周本紀云命召公釋箕子之囚又曰表商容之閭方梅案如徐說則商容固人名也鄭注曰行猶視也使箕子視商禮樂之官賢者所處皆令反其居也鄭意謂容即禮樂之官略與儒林傳徐生善爲容之容同義山陰陸氏曰釋箕子之囚使之句使之言用之也朱氏芹曰以商容爲人姓名則使之二字不可解豈武王使箕子招來商容耶使之二字當在復其位之上後人倒置耳或又曰武王優崇箕子不奪其志俾得仍用殷禮商容言殷禮也存參

律書第三

選蠕觀望索隱選蠕謂動身欲有進取之狀方梅案索隱說非也蠕當作蝡蓋愞假借字也愞通耎因形近或誤爲懦再誤爲儒漢書西南夷傳恐議者選耎注怯不前之意後漢書西羌傳而公卿選懦注柔怯也晉八王傳選懦之恩注仁弱慈戀不決之意也方言十二儒輸注猶懦撰也又荀子脩身偸儒轉脫非十二子偸儒憚事禮論苟怠惰偸儒皆取柔弱畏怯之義此選蠕實即選愞與愞撰偸愞一聲當屬漢言之謂南越朝鮮王秦亡之後擁兵阻阨漢輒畏不敢前每懷觀望所以然者以高祖新定天下人民小安未可復興兵故耳

大呂者其於十二子爲丑正義徐廣云此中闕不說大呂及丑也方梅案漢志大呂呂旅也言陰大旅助黃鍾宣氣而牙物也位於丑在十二月丑有說具正義不贅

寅言萬物始生螾然方梅案淮南天文訓曰斗指寅則萬物螾高注螾動生貌段氏玉裁曰螾之爲物詰詘於黃泉而能上出故其字从寅又曰宀象陰尙強耎象陽氣去黃泉欲上出也

辰者言萬物之蜄也方梅案蜄當爲賑之譌字說文無蜄有賑賑者動也震振義同故漢志作振說文作震言萬物至此而大動也索隱云或作娠娠亦訓動猶震也見爾雅釋詁及注

巳者言陽氣之巳盡也方梅案天文訓曰巳則生巳定也釋名曰巳畢布巳也本辰巳字相承用爲巳然巳止之義故即以巳然巳止釋之

未者言萬物皆成有滋味也索隱律歷志云昧薆於未其意殊也方梅案漢志與天文訓釋名皆取味義所謂五行木老於未死於未也惟說文曰未味也六月滋味也意與此同

歷書第四

方梅案大戴禮記曾子曰聖人愼守日月之數以察星辰之行以序四時之順逆謂之歷此即命篇之義也

秭鳺先滜方梅案此當參考大戴禮作瑞雉先嗥小司馬以爲滜即澤字故注云子鳺先出野澤而鳴又曰大戴禮作瑞雉無釋未測其旨竊謂瑞雉是也蓋瑞秭形略似雉左體矢與夫近右體隹與鳥古多混用故瑞雉譌作秭鳺也先字疑初譌无遂竟作無嗥字或體作獔因誤滜皋睪古多互譌是以滜或作澤而遂別作釋耳荀子正論代睪謝校作皋解蔽睪睪注睪讀爲皞左傳越皋如春秋繁露作大夫睪白虎通太皞少皞潛夫論作太皞少皞此皆皋睪互譌之證孔氏廣森曰獆鳴也小正所謂雉震呴是也

明者孟也幽者幼也方梅案明古讀如芒與孟爲雙聲故孟津或作盟津孟諸或作盟豬又作明都也幽幼疊韻孔氏廣森曰孟長也明爲陽幽爲陰陽先陰後長幼之義也

不可放物索隱放音昉依也方梅案放當音方楚語不可方物注方猶別也物者蓋與周禮以物地事則

物其地物馮而頒之等物字同義言不可別度之也索隱說未當
禍昏麗至索隱古𢍰字假借用耳𢍰集也方梅案此當據毛詩雲漢儀鐘厲𢍰傳訓重也較安
無道則正朔不行於諸侯方梅案謂王朝頒朔而諸侯不復視朔又如周正建子而諸侯或用夏正殷正也子貢欲去朔羊孔子作春秋曰王正月者蓋以此故
年名焉逢攝提格月名畢聚日得甲子方梅案日知錄甲至癸爲十日寅至丑爲十二辰古人用以紀日不以紀歲歲則自有閼逢至昭陽十名爲歲陽攝提格至赤奮若十二名爲歲名故文特分晰若此
夜半朔旦冬至索隱按虞喜云天元之始於十一月甲子夜半朔旦冬至日月若連珠俱起牽牛之初方梅案此術家所謂歷元也專以冬至立元者自太初術始江愼修氏謂堯時冬至昏昴中殷在女周初在牽牛春秋以來歷秦漢唐宋皆在斗宋末元初至於今日皆在箕約六十八年而差一度
端蒙單閼二年集解徐廣曰單閼一作亶安方梅案單亶古通用如宓子治單父淮南子引作亶父是也閼讀如焉與安聲近假借蓋古韻寒仙本同部耳

天官書第五

其一明者太一常居也方梅案此卽賈逵張衡蔡邕王蕃陸績以爲不動處之紐星朱子所云就其旁取小星謂之極星者也邢氏爾雅義疏曰文選長楊賦注引天官星占云北辰一名天關閼者樞機之地總要之名也天官書謂之太一馬融謂之太極文耀鉤謂之中宮大帝鄭氏謂之天皇大帝耀魄寶是皆北辰之異名也封禪書天神貴者太一索隱宋均云天一太一北極神之別名文獻通考曰然則北極五星之辨如何明之師云天樞紐星在四輔中者是爲天皇大帝其神曰耀魄寶故初一曰帝次二曰后次三曰妃次四曰太子次五曰庶子因知中宮帝當以孔子所稱北辰爲據其精北極星其神耀魄寶星圖謂第二星最赤明者爲帝而句陳口中又爲天皇大帝其說皆非是也
杓自華以西南方梅案北斗主五岳華其西岳下云中州河濟海岱則中岳東岳地也
其南北兩大星曰南門正義南門二星在庫樓南天之外門方梅案汪氏震煊夏小正疏義曰天官書所謂南門非若今之所謂南門在庫樓之外者也若果南門在庫樓外則但云其南兩大星可矣何以更云其南北也習史記者不得其說則謂北字衍文不知所謂南北固卽亢之南北星也邵氏爾雅正義云南門者亢上下之星邵亦不以南門爲庫樓外之南門也今實測圖亢四星狀如弓其南星抵黃道其北星抵赤道而兩星幷不大於其中兩星者或古明而今暗也且庫樓外之南門已入地平下不見雖江以南亦無以候之說最明確可從正義失之遠矣
氐爲天根方梅案韋昭周語注曰天根亢氐之間也說與此略異
歲塡一宿其所居國吉未當居而居若已去而復還還居之其國得土方梅案後漢書曰王莽時鄧憚仰觀象謂友人曰今鎭歲熒惑幷在漢分翼軫之域去而復來漢必受命其時光武起舂陵中興天下舂陵今襄陽地又其先人王長沙襄陽並漢水而居與長沙皆翼軫之域也占驗與此正同
越之亡熒惑守斗方梅案在周顯王三十六年紀年所謂楚圍齊於徐州遂伐於越殺無疆是也

封禪書第六

至梁父矣而德不洽方梅案梁父二字疑衍
稱高宗有雉集解徐廣曰一作鷮音嬌方梅案鷮亦雉類爾雅釋鳥鷮雉注卽鷮雞也長尾走且鳴說文同可證
所以爲盛方梅案盛音粢盛
軼興軼衰方梅案軼讀爲迭迭者代也更也見廣雅及小爾雅軼迭皆从乙聲故得通假用之亦漢書王褒傳有軼材假軼爲駃地理志軼爲榮假軼爲泆之例也
壽星祠索隱壽星蓋南極老人星也方梅案壽星乃角亢氐也韋昭注晉語云自軫十二度至氐四度爲壽星之次可證爾雅亦曰壽星角亢也索隱說殊謬
有物曰方梅案物謂鬼物卽夜哭老嫗是
天子逐至滎陽而還過洛陽下詔曰三代邈絶遠矣難存其以三十里地封周後爲周子南君以奉其先祀焉方梅案水經汝水注周承休縣故子南國也漢武帝元鼎四年幸洛陽巡省豫州觀於周室邈而無祀詢諸耆老乃得孽子嘉封爲周子南君以奉周祀按汲冢古文謂衛將軍文子爲子南彌牟其後有子南勁紀年勁朝於魏後惠成王如衛命子南爲侯秦幷六國衛最後滅疑嘉是衛後故氏子南而稱君也
自大主集解徐廣曰武帝姑方梅案是爲大長公主之省文
其夏六月中汾陰巫錦爲民祠魏脽后土營旁見地如鉤狀掊視得鼎方梅案漢書郊祀志汾陰男子公孫滂洋等見汾旁有光如絳上遂立后土祠於汾陰脽上乃前此十一月事而水經汾水注曰汾陰男子公孫祥望氣寶物之精上見言之武帝武帝於水得寶鼎遷於甘泉宮改年元鼎酈乃類敘故不分別言之考漢書恩澤侯表欒大封侯在元鼎四年四月此文乃在侯大之後六月則鼎見亦元鼎四年事耳漢書禮樂志又云元鼎五年得寶鼎此下又云上封泰山反至甘泉有司言寶鼎出爲元鼎以今年爲元封元年司馬氏通鑑考異謂元鼎年號亦如建元元光皆後來追改之漢書武紀元鼎元年得鼎汾水上蓋因改元而誤增此得鼎一事耳非兩會得鼎於汾水上也然則得鼎僅一事實在元鼎四年無疑其云元鼎元年五年又元封元年者皆異辭也
縣瞘方梅案武紀作妟溫

河渠書第七

自是之後滎陽下引河東南爲鴻溝以通宋鄭陳蔡曹衛與濟汝淮泗會。方梅案索隱謂鴻溝卽汴河。然則汴河自禹後已開。然禹時未嘗有也。惟禹時未有此河。故禹貢徐州貢道必浮淮泗達菏。惟禹後遂有此河。故爾雅有水自河出爲灉之文。（灑即淑水改作異體字）蘇秦說魏。有南有鴻溝之語。後儒不察。聚訟紛紛。或謂隋煬帝始通汴入泗。故禹貢徐州達河之河當作菏。或因此文謂淮泗古已通河。故達河仍當作河。二者等失之矣。閻百詩斷此爲出禹以後。說最明確通允。不必好爲異同也。

東方則通鴻溝江淮之間。方梅案鴻字疑衍文。溝洫志無鴻字是也。左傳溝通江淮注、吳於邗江築城穿溝東北通射陽湖。西北至宋口入淮。是邗溝正楚之東境。當不獨謂鴻溝也。

五湖。索隱、五湖者。郭璞江賦云。具區、洮滆、彭蠡、靑草、洞庭是也。又云。太湖周五百里故曰五湖。方梅案太湖是也。觀下云上姑蘇望五湖自瞭若靑草洞庭則楚地矣。所引郭說非是

西門豹引漳水漑鄴以富魏之河內。方梅案滑稽傳同。漢書溝洫志則謂豹無漑田之事。細詳班志。此文上下皆用河渠書。而此獨異說。意班必有確據也。文選魏都賦云。西門漑其前。史起灌其後。蓋亦二說幷用耳。

隄決河方梅案眞讀爲塡。古者字隄、塡、闐、塡皆同聲相通借也。

闕殫爲河。集解、駰謂州閭盡爲河。方梅案溝洫志閭字作慮。師古曰。猶恐也。古慮閭通用。故此作閭。爾雅、馨無閭。漢書地理志遼東郡屬縣作無慮。高祖功臣侯者年表隆慮。索隱音林閭可證。集解蓋未喻此。

吾山平。集解、徐廣曰。東郡東阿有魚山。或者是乎。方梅案水經濟水注馬頰水又東北流逕魚山南。山卽吾山也。漢武帝瓠子歌所謂吾山平者也。山上有柳舒城。酈氏說與徐同。

延道弛兮離常流。集解、徐廣曰。延一作正。方梅案此延字也與延形近誤耳。延、正行也。此言正行之道弛壞。與下常流之常爲對文。索隱以爲延字。解云源道延長。則又誤之誤者。

方遠遊。方梅案方讀爲放。

爲我謂河伯兮。方梅案水經瓠子河注引此。作皇謂河公兮。

齧桑浮兮。集解、張晏曰。齧桑、地名也。如氏曰。邑名。爲水所浮漂。方梅案胡三省通鑑注、徐廣曰。在梁與彭城之間。後漢王梁擊佼彊蘇茂於楚沛間。拔大梁齧桑。則徐說爲近之。

余南登廬山觀禹疏九江。方梅案此謂湖漢九水也。九水者。雩都之湖漢水、鄱陽之鄱水、餘汗之餘水、艾之脩水、新淦之淦水、南城之盱水、建成之蜀水、宜春之南水、南壄之彭水是也。見地理志豫章郡屬縣注。注曰。湖漢水東至彭澤入江。行千九百八十里。

平準書第八

一黃金一斤。索隱、按如氏云。時以錢爲貨。黃金一斤直萬錢。非也。又臣瓚下注云。秦以一鎰爲一斤。漢以一斤爲一金。是其義也。方梅案黃必萬字之僞。一萬。讀猶云一萬錢值金一斤也。如說得之。如說既謂黃金一斤直萬錢。竊疑如據史記本當作一萬金一斤。故其解之若此。且足爲上文更重鑄輕之率。其解中直揭黃金者。黃字非貼正文。蓋申明之。正見惟黃金値此之多。所以別於白金赤金也。又檢汲古閣本無句首一字。但曰黃金一斤。愈信黃爲萬字之譌。不然、其義更無可說矣。如索隱據下注云云。甚於上下文義不貫。當不然也。

發兵因以數攻吏發兵誅之。索隱、吏發兵誅之。方梅案索隱直揭吏字屬下讀非也。此言蠻夷因以數攻漢官吏爲亂。而漢乃發兵誅之。吏屬上。發夷爲句。下文初郡時時小反。殺吏。漢發南方吏卒往誅之。正此義也。

留蹛無所食。索隱、墆音迭。謂貯也。韋昭音滯。謂積也。又按古今字詁、墆、今滯字。則墆與滯同。按謂富人貯滯積穀。則貧者無所食也。方梅案墆與滯同。滯猶久也。見魯語注。言大將軍攻斬虜首萬餘級。留久乏食。理自明順。索隱說殊紆曲。當不然也。

居邑。集解、駰案服虔曰。居穀於邑也。如氏曰。居賤物於邑中以待貴也。方梅案居邑者己所居邑。當云廢居貨物於己所居之邑中以待貴也。上云轉轂百數者。轉物他處。指行商言。此指坐賈言之。集解訓居穀、居賤物。與廢居之居意複無別。非是。

而姦或盜摩錢裏取鎔。集解、徐廣曰。音容。呂靜曰。冶器法謂之鎔。方梅案說文鎔一曰銅屑。讀若浴。此謂摩其錢裏成屑而盜取之。故下云錢益輕薄也。摩、也研也、厲者、砥也。字亦作劘、作劘。禮記大學如琢如磨。又以磨字爲之。集解所引非是。

而下河漕度四百萬石。索隱、樂產云。度猶運也。方梅案漕者水轉穀也。漕字中已具運義。此度字當與河渠書度可得五千頃。度可得穀二百萬石以上兩度字同義。

史記三家注補正 卷四

瞿方梅遺著

吳太伯世家第一

太凡從太伯至壽夢十九世索隱、壽夢是仲雍十九代孫也、方梅案上文壽夢乃仲雍十八代孫。

伐吳至衡山集解杜預曰吳興烏程縣南也。方梅案烏程卽湖州附郭。去鳩茲地遠。亦非楚吳必經之道。劉昭郡國志注、或云丹陽縣之横山去鳩茲不遠。于軍所至也。古衡横通用。顧氏左傳杜解補正本以爲說。當不誤也。江愼修謂今太平府當塗縣東北六十里有横山。似爲近之。存參。

雩婁集解、服虔曰。雩婁楚之東邑。方梅案今穎州府霍邱縣西南有雩婁故城是也。

初楚邊邑卑梁氏之處女與吳邊邑之女爭桑方梅案楚世家及伍子胥列傳皆以卑梁屬吳。而謂楚邑鍾離耳。又卑梁本邑名。而此及伍傳稱氏。楚直作邑。爭桑者楚曰小童。伍曰女子。詞亦各有異同也。

而謁王僚飲索隱、謁請也。方梅案當言請而致之。大荒北經風雨是謁注、言能請致風雨。蓋其義也。

乃從海上攻齊集解、徐廣曰。上一作中。方梅案左氏傳曰徐承帥舟師將自海入齊。齊世家同。然則舟師必不從海上。從海中可知也。如徐作中爲是。

乃長晉定公集解、徐廣曰。黃池之盟。吳先歃。晉次之。與外傳同。方梅案晉趙世家及秦本紀亦皆云卒長吳也

齊太公世家第二

以漁釣奸周西伯正義、奸音干。方梅案奸當音迂。說文、迂、進也。段氏曰。干求字當作迂。干之本訓犯也。干澤干祿云者。乃迂假借字耳。正義失之。

十一年。集解、徐廣曰。一作十三年。方梅案當直云一作十三年。較醒。考書序曰。惟十有一年武王伐殷。泰誓曰惟十有三年春大會于孟津。今据竹書紀年帝辛五十二年庚寅周師伐殷。其明年爲周武王十二年辛卯。然則伐殷事在十一年。審奕術家以五星日月推之。亦云十一年是。

命太公曰。東至海。西至河。南至穆陵。北至無棣。索隱、舊說穆陵在會稽非也。按今淮南有故穆陵門是楚之境。無棣在遼西孤竹。服虔以爲太公受封境界所至不然也。蓋言其征伐所至之域也。方梅案春秋大事記齊穆陵辨力申索隱之說。謂如此乃與五侯九伯相應。與楚使鍼鋒相對。不然仍於楚地風馬牛不相及。烏能折楚使之口。愚竊以爲南至淮南不足包舉九州。殊違九伯之義。詳省管仲責楚語意。其折楚使而鍼鋒相對者。純在五侯八字。而語氣至夾輔周室一頓。惟其有征伐之責。故特廣封其地以表異於他國。卽史所云太公於齊兼五侯地。酬勤勞也。賜履云云。正是另起鋪張以足上意。此文則又先敍封域。下乃推開言之耳。不如仍主杜服兩說爲是。然必實指南至爲臨朐縣之穆陵關。則亦未蓋信也。何者。酈善長侍節東州海岱之間。洵所諳習。穆陵關當東小泰山之麓。其注汶灕沭巨洋等文。但於沭水篇云。左合峴水。水出大峴山。而不言大峴卽齊穆陵地。可知元魏末尙無此稱也。惟淇水注曰。無棣溝蓋齊四履之所。舊說在遼西孤竹。二說參差。未知所定。然管仲以責楚。無棣在此。方之爲近。存參。

蓋太公之卒百有餘年集解、禮記曰。太公封於營邱。比及五世皆反葬於周。方梅案集解未憭。此謂太公卒時凡享壽百有餘年。非謂既卒後又歷百餘年也。說苑、呂望年七十。釣於渭渚。又竹書紀年載文王得尙在帝辛三十一年。至周康王六年齊太公薨。中間六十六年。卽謂釣渭之年遇文王。其卒也已百三十六年矣。可證。

往戍一歲。卒瓜時而公弗爲發代。方梅案卒字屬下讀。言瓜期盡而代弗至也。緊對上文及字。

弟無行。方梅案弟第古今字。

秦穆公辟遠。方梅案辟讀爲僻。

乃說桓公以遠方珍怪物至乃得封。方梅案珍怪物謂鄗黍、北里禾、脊茅、鶼鰈、麒麟、鳳凰、嘉穀之屬。

戲之方梅案戲當讀麾。謂麾丑父入晉軍。故文於頃公計脫下卽緊接入其軍三字可見。

對曰。叔子。齊君母。方梅案上注杜預曰。桐叔蕭君字。子、女也。此云叔子。則史公不以桐叔爲字矣。蓋蕭故子姓。意亦魯女稱伯姬季姬。齊女稱孟姜仲姜之例耳。然究與蕭桐迎文不合。不如仍左氏傳從稱蕭桐叔子爲安。晉世家作姪子。必誤字也。

割齊安平以東爲田氏封邑索隱、安平、齊邑。地理志、涿郡有安平縣。方梅案涿郡安平卽今直隸深州安平縣治。田氏當不割此遠地以爲己邑也。地理志菑川國有東安平縣。故城在今山東青州府臨淄縣東十九里。後燕師入齊。田單走安平。既復封單爲安平君。卽此。

魯周公世家第三

登宋女爲夫人方梅案周禮羊人登其首注、升也。禮記月令農乃登麥注、進也。又登龜注、言登者尊之也。

齊景公使人賜昭公書自謂主君集解、服虔曰。大夫稱主。比公於大夫。故稱主君。方梅案服說蓋以自謂君主者。實景公自謂昭公爲主君也。自字無謂。趙世家、簡子疾。扁鵲視之曰。今主君之疾云云。他日出當道者曰。吾欲有謁於主君。夫簡子爲晉六卿。而扁鵲稱之如此。此大夫稱主君之證也。文義類之。

齊伐我方梅案孔子作春秋內魯國。故稱我也。史於各國皆稱我。而於高祖本紀凡與楚涉之件。謝不言我云云。疑其錄仍各國史詞而未能裁宗壹是耳。書中此類甚夥。特揭其故於此。

楚伐我取徐州集解、徐廣曰。徐州在魯東。今薛縣。方梅案徐州在魯東是矣。非薛縣也。說文、郳、邾下邑。从

邑余疑魯東有郕城。語若塗。段氏注曰。楚所取徐州即郕地。疑非薛。齊湣王三年已封田嬰於薛。不能至魯頃十九年魯尚有薛也。

燕召公世家第四

禹薦益已索隱案以已配益則益已是伯益。而經傳無其文。未知所由。或曰。已、語終辭。方梅案禹薦益句。已字屬下。而字讀。已而者。猶既而也。下傳之於益已而啓云云。又名傳天下於益已而實令啟云云。句例與此并同。

而以啟人爲不足任乎天下。方梅案人字疑衍文。燕策無人字。惟上文而以啟人爲吏句有之。可證。

而燕人共立太子平。是爲燕昭王。索隱年表云。君噲及太子相子之皆死。已平。又云。子之殺公子平。則年表紀年爲謬。方梅案紀年於子之殺公子平下尚有不克二字。是年表謬。紀年并不謬也。索隱何疏戾若此。

士卒樂軼輕戰。方梅案軼讀爲佚。漢書李廣傳而其士亦佚樂注閑豫也。燕策用本字作佚。

卿黍。方梅案燕策作慶秦。古卿慶通用。故慶宴或作卿宴。卿子冠軍或作慶子冠軍也。又通鑑注曰。姓譜、卿姓也。索隱謂戰國策云爰秦。爰盜慶字之訛。非姓爰也。下文有將渠者。通鑑注。將亦姓也。或云卿將皆官也。秦、渠名也。國史變文而書。遂失姓。其說非是。

破卿秦樂乘於代。樂閒奔趙。方梅案趙世家云。趙將樂乘。又云以樂乘爲武襄君。燕策云趙使樂乘以五萬遇卿秦於代。則是乘爲趙將審矣。愚謂此文樂乘乃樂閒之誤。觀趙世家龐爲趙將。破殺栗腹。虜卿秦樂閒可證。或曰。閒則虜矣。此文何以言奔。不知閒軍既破。乃遂脫而走趙。故燕王與閒謝書。責其舍己而去趙。燕書見策而趙世家云虜者。自趙言之。但見其軍破而將亦至。則遂以爲虜焉云耳。其實閒自奔之也。

然社稷血食者八九百歲。方梅案燕立國自召公奭至今王喜。大凡八百二十七年。

管蔡世家第五

蔡潰。方梅案此下皆十九年事。因緣敍之。故亦不復別之也。

陳司徒招。索隱或作昭。或作韶。並時遙反。方梅案即哀公弟公子招也。韶爲本字。招昭皆或作。通用。如舜樂本韶字。獨斷一曰大招。作招。李斯傳昭虞武象。則又作昭。可證也。索隱云并時遙反以此。

賴同母之弟成叔冉季之屬十人爲輔拂。方梅案上云武王同母兄弟十人。是時伯邑考前卒。武王亦甍。管叔誅。蔡叔放。周公故自居攝政見疑。然則同母而輔拂者。惟曹成霍康及冉季五人而已。此云十人。疑有誤或衍文也。

陳杞世家第六

居于嬀汭。其後因爲氏姓。姓嬀氏。方梅案其後者。謂其後至胡公耳。左昭八年傳、及胡公不淫。故周賜之姓。使祀虞帝。注曰。賜姓曰嬀。封諸陳。疏曰。世本、舜姓姚氏。哀元年傳稱夏后少康奔虞。虞思妻之以二姚。虞思猶姓姚也。至胡公周乃賜姓爲嬀耳。可證。下文乃復求舜後。得嬀滿。語欠分曉。而孔氏至謂虞舜居嬀水。故周賜以嬀爲姓。陳世家言胡公之前已姓嬀。是馬遷之妄也。詆斥未免過甚。

桓公鮑卒。方梅案此及左傳皆不言蔡殺之者。而田完世家曰。蔡人爲佗殺桓公鮑及太子免而自立爲厲公。未知何據

爲佗殺五父。集解、譙周曰。春秋傳謂佗即五父。方梅案此杜氏說。春秋傳未明言之。王伯申氏作春秋名字解詁曰。陳公子佗字五父。佗讀爲紽。召南羔羊篇素絲五紽。毛傳、紽數也。釋文曰。紽本又作佗。則是佗五父實一人耳。史公分而二之。正東晳所云馬遷分一人爲兩人者。其此類乎。

厲公數如蔡淫。方梅案此本公穀說。然公穀春秋皆於桓五年春正月書陳侯鮑卒。六年秋八月書蔡人殺陳佗。計佗立才年許耳。此文及年表皆云厲公七年見殺。乃當魯桓公之十有二年。進退參詳。總難曲合。史公亦大好異矣。

而立躍。是爲利公。方梅案田完世家謂桓公少子林令蔡人誘殺厲公而自立。是爲莊公。不言別有利公。與此又異。又考謚法殺戮無辜曰厲、不悔前過曰戾。無利字也。

徵舒自立爲陳侯。方梅案春秋三傳并無徵舒自立之事。此與齊晉世家齊頃請晉景爲王事同一附會。東晳言馬遷以無爲有者。其此類乎。

乃殺陳使者。索隱、即司徒招也。方梅案春秋左氏傳所殺陳使者。乃干徵師也。陳公子招歸罪于公子過而殺之。招遂得不死而放于越。索隱說誤。

遂滅陳而有之。是歲孔子卒。方梅案楚之滅陳。誠爲二十四年無疑。考孔子卒於魯哀公十六年。於陳爲二十三年。此文誤也。

衛康叔世家第七

初宣公愛夫人夷姜。方梅案左桓十六年傳、初衛宣公烝於夷姜。生急子。注曰。夷姜宣公之庶母。疏曰。世家云。初宣公愛夫人夷姜。烝淫而謂之夫人。馬遷謬耳。

太子伋母死。方梅案杜預曰。失寵而自縊死。

宣公正夫人。方梅案此即宣姜。宣公所取太子伋婦以爲己妻而立之者也。云正夫人者。以夷姜實非夫人。而上文已直書之曰夫人矣。故此加正字以別之。此史公意也。

惠公立三年出亡。亡八年復入。與前通年凡十三年矣。方梅案春秋左氏傳、桓公十三年惠公立。十六年出奔齊。莊公五年冬伐衛納之。六年衛侯入。放公子黔牟。乃即位。最魯桓立十八年卒。而魯莊即位。自

桓十三年至莊五年凡十一年并明年即位凡十二年。亦與上文黔牟立八年語合。而此云通十三年。年表又并即位之年通十四年。恐誤。

二子怒如宿索隱左傳作戚。此亦音戚也。方梅案戚从未聲。宿从夙聲。故小明三章以戚宿爲韻。然則二字者古故同聲通假。無勞藉音。正與鄉之作驍。蹴之作味同例。令大名府開州北七里有古戚城。即此也。

宋微子世家第八

面縛索隱、縛手於背而面向前也。劉氏云面即背也。義亦稍迂。方梅案劉說是也。漢書項籍傳馬童面之。師古曰。面謂背之。不面向也。夏侯嬰傳面雍樹馳。師古曰。面、偝也。字以相反爲義。與亂訓治徂訓存同例。

武公生女爲魯惠公夫人生魯桓公。十八年。武公卒。方梅案年表武公生女及卒皆十八年事。

是歲魯弑其君隱公。方梅案是歲謂九年也。檢年表云在八年。與春秋合。從表爲正。

十年夏。宋伐魯。戰於乘邱。方梅案春秋乘邱之戰乃莊公十年事。於宋爲湣公八年。在宋大水之先一年。此誤。

十一年秋。湣公與南宫萬獵云云。方梅案年表無十一年。而書此事十年。考春秋亦合作十年。而上文十年事又當退作八年也。說見上。

諸公子。方梅案謂戴武宣穆莊五族之子。

六鷁退飛。風疾也。集解、賈逵曰。風起於遠。至宋都高而疾。故鷁逢風卻退。方梅案漢書五行志、劉歆亦以爲風發於他所。至宋而高。鷁高飛而逢之。則退與賈逵說同。竊謂風高愈疾。理自確當。而鷁飛過高。無從目驗。何以知其爲鷁。又何以知其爲退飛也。王而農春秋稗疏曰。鷁、水鳥。雌雄相視而孕。亦謂之背雀。舩首畫之以避水災。飛不能高。故其退飛人得而見之。說極近理可從。京房易傳曰。距諫自彊。茲謂卻行。厥異鷁退飛。劉歆以爲象宋襄公區霿自用。不容臣下。逆司馬子魚之諫。而與彊楚爭盟。後六年爲楚所執。應六鷁之數云。二說亦見漢書五行志也。

王偃立四十七年。集解、年表云偃立四十三年。方梅案魏及田完兩世家合從年表爲是。

齊湣王與魏楚伐宋。殺王偃。遂滅宋而三分其地。方梅案魏世家但曰昭王十年齊滅宋。宋王死我溫。不言與齊伐宋分地事。若楚世家則并不記此年事也。又田完世家曰。於是齊遂伐宋。宋王出亡。死於溫。齊南割楚之淮北。西侵三晉。欲以并周室爲天子。泗上諸侯鄒魯之君皆稱臣。諸侯恐懼。是時楚魏皆稍弱。而楚尤甚。己土尚爲所奪。亦安得分有其地乎。此文不足據也。

晉世家第九

而城聚都之命曰絳。始都絳。方梅案左氏傳莊公二十五年城聚以處羣公子。明年。士蔿城絳以深其宮。故兩事兩地。聚在今絳州絳縣東南。即後魏所置南絳縣。一名車箱城。絳在今平陽府翼城縣東南十五里。一名翼。江愼修氏以爲絳即漢絳縣。今絳州北平陽府太平縣南二十五里。而史公混以爲一。失之甚已。

始都絳索隱、春秋莊二十六年傳、士蔿城絳是也。杜預曰。今平陽絳邑縣。應劭曰，絳水出西南也。方梅案此故絳也。水經澮水注引詩譜言晉穆侯遷都于絳。暨孫孝侯改絳爲翼。後獻公北廣其城方二里。又命之爲絳。即此所云。即士蔿所城。不誤。惟年表作獻公九年。推左氏傳亦合作九年爲是。杜預所注乃晉景所遷之新田新絳地。殊謬。而索隱引之。蓋未審也。應說又以故絳爲言。見澮水注。須辨。

狐偃咎犯文公舅也。方梅案狐、姓。偃、名。字子犯。云咎犯者。以文公舅故。咎蓋舅假借字。禮記大學篇作舅犯。穆天子傳咎氏晏飲毋有禮。亦假咎作舅也。可證。

重耳出亡。凡十九歲而得入。時年六十二矣。方梅案杜氏左傳注曰。至此四十矣。齊次風謂杜注所以駁正史記之謬。

五蛇爲輔。索隱、五蛇即五臣。狐偃、趙衰、魏武子、司空季子、及子推也。舊云五臣有先軫顚頡。今恐二人非其數。方梅案上文已明言先軫在五臣之數。而顚頡則未也。愚竊以爲趙狐賈魏者始終相從。而先軫則從於未亡。介推則從於已亡。何言之。楚世家叔向曰。昔我文公有先大夫子餘子犯爲腹心。（子餘即趙衰字）魏犨賈佗爲股肱。齊宋秦楚爲外主。欒郤狐先爲內主。正義引杜說先即先軫焉。有從亡在外而復爲內主者乎。是知趙狐賈魏介適足五蛇之數。而先軫不與焉。故紀年云。狐尾與先軫禦秦于廬柳。蓋惟先軫留不從亡。懷公遂不疑而遣之。而先軫名爲禦秦。實爲重耳內應。正與叔向語合。而徐位山紀年統箋謂禦秦當作禦晉。蓋未得其旨也。

於是文公環縣上山中而封之以爲介推田。方梅案水經汾水注、文公有內難出奔之狄。子推隨其行。割肉以續軍糧。後文公復國。忽忘子推。子推奉唱而歌。文公始悟。當受爵祿。子推奔介山。抱木而燒死。朱箋謂異苑亦載子推逃祿隱迹、抱樹燒死。

願以閒執讒慝之口也。方梅案此本左氏傳爲說。既上文不錄蔿賈謂子玉過三百乘不入之言。則此云閒執讒慝者。殊爲無根。閒實閑假借字。

穀先軫子也。方梅案穀非軫子。齊氏左傳注疏考證曰。以傳考之。軫子先且居。且居子先克。文九年爲箕鄭等所殺。則此先穀當是軫之孫或曾孫。疏云（疏即孔）蓋先軫之後。可謂愼審矣。

逞者欒書孫也。集解、左傳逞作盈。方梅案盈逞聲近假借。左昭二十三年傳、沈子逞公羊氏作楹。穀梁氏作盈。可證。

楚世家第十

陸終生子六人坼剖而產焉方梅案水經洧水注、世本曰。陸終娶于鬼方氏之妹。謂之女隤。是生六子。孕三年。啓其左脅。三人出焉。破其右脅。三人出焉。

四曰會人集解、世本曰。會人者鄭是也。方梅案世本會人卽檜之祖也。此鄭字誤。當作鄶爲是。

四曰會人索隱、系本云。四曰求言。方梅案求蓋萊字之誤。

乃遂與勇力死士石乞等方梅案此上當據年表及左氏傳補十年二字。

惠王乃復位是歲也滅陳而縣之方梅案此上當據陳世家推楚系補十一年三字。則是歲也句乃有根據。徐廣曰是歲爲惠王十年。蓋沿年表之誤。不可從也。

西起秦患北絕齊交則兩國之兵必至索隱、兩國。韓魏也。方梅案索隱意謂楚界秦韓魏齊四國。失秦與齊。則韓魏必輕楚而兵至矣。愚竊以爲韓魏素無兩國之稱。今望文義似仍承上秦齊言較安。

是我亡於秦索隱、謂失商於之地。方梅案張儀以秦商於地許楚。令楚絕齊而不與地。則商於仍秦有者。楚亦安得云亡也。且上文已明言不如因賂之一名都矣。然則亡於秦者。卽謂亡此名都耳。索隱誤釋。

秦破韓宜陽而韓猶復事秦者以先王墓在平陽而秦之武遂去之七十里索隱、亦非河間之縣。則韓之平陽。秦之武遂。並當在宜陽左右。方梅案武遂在今平陽府臨汾縣西南。兩地相去不遠。與此正合。而云並當在宜陽左右。乃泥上文破韓宜陽爲言。迂謬太甚。亦令後人滋異說耳。

名實不得。不足以傷民。方梅案言用兵而民必傷。傷民而得名與實。猶可說也。名實不得。則不足以傷民矣。

越王勾踐世家第十一

銜事者以地索隱、國語以作與。此作以。亦與義也。方梅案以與古通用。詩江有汜不我以。箋、猶與也。儀禮鄉射禮各以其耦進。注、與也。皆以與通用之證。

諸御千人索隱、諸御謂諸理事之官在軍有職掌者。方梅案呂氏春秋愼勢篇、齊簡公有臣曰諸御鞅。又唐開元占經引紀年曰。今王四年碧陽君之諸御產二龍。（檢今本竹書紀年無此四）然則春秋時各國皆有此官。不獨於越爲然也。

於是越遂釋齊而伐楚楚威王興兵而伐之大敗越殺王無彊盡取故吳地至浙江北破齊於徐州索隱、按紀年粵子無顓薨後十年。楚伐徐州。無楚敗越殺無彊之語。是無彊爲無顓之後。紀年不得錄也。方梅案今本竹書紀年周顯王十二年。於越子無顓卒。次無彊立。二十三年。楚入徐州。三十六年。楚圍齊於徐州。遂伐于越。殺無彊。與此正合。何謂無楚敗越殺無彊之語。又無彊立後。尚五十八年。而紀年乃終。何謂不得錄也。

濱於江南海上方梅案上云楚取故吳地至浙江。此江南蓋謂浙江之南。

乃裝黃金千溢方梅案溢讀爲鎰。

鄭世家第十二

而虢、[illegible]十邑集解、虞翻曰。十邑謂虢、鄶、鄢、蔽、補、丹、依、㽥、歷、莘也。索隱、國語云。太史伯曰。若克二邑。鄢、蔽、補、丹、依、㽥、歷、莘。君之土也。虞翻注皆依國語爲說。方梅案水經洧水注。黃水流逕華城西。史伯謂鄭桓公曰。華。君之土也。韋昭曰。華。國名。此注以華莘形近而誤爲莘耳。作華爲是。檢今本國語作莘幷誤。酈氏謂華卽秦昭王三十三年白起攻魏拔華陽之地。司馬彪曰。華陽。亭名。在密縣。又案困學紀聞引此注作華。以證鄭語之失。然則此注本作華。今作莘者。蓋經淺人妄改耳。

單伯索隱、依左傳作檀伯。檀伯鄭守櫟大夫。事在桓十五年。此文誤爲單伯者。蓋亦有所因也。按魯莊公十四年厲公自櫟侵鄭。事與周單伯會齊師伐宋相近。故誤耳。方梅案單伯卽檀伯。與下文傳瑕作甫假同例。古亶字多通用。周頌單厥心。周語作亶厥心。又鱓或作鱣。顫或作戰。嬗媛或作嬋媛。文選服鳥賦變化而蟬作嬗。荀子正論篇堯舜禪讓作擅讓。皆其證也。安得以桓十五年之檀伯。謬爲莊十四年之單伯。且左傳涉周單伯與厲公連文。而此文上下幷無自櫟侵鄭之言。其奚由涉而誤也。索隱說非是。

趙世家第十三

更立襄公曾孫周集解、徐廣曰。年表云。襄公孫也。索隱、晉系家襄公少子名周。方梅案晉世家、悼公周者。其大父捷。晉襄公少子也。是襄公少子名捷。而周則捷之孫也。又下文明言桓叔生談。談生周。周之立年十四矣。考襄公卒後。靈十四年、成七年、景十九年、厲八年。都凡四十八年。焉有襄公旣卒四十八年。而尚有一十四歲之少子者乎。此及趙世家不誤。未知索隱何以云也。年表作孫亦誤。

張孟同索隱、按戰國策作張孟談。談者史遷之父名。遷例改爲同。方梅案同談一聲之轉。如云遷避父諱也。何以晉世家之惠伯談。李斯傳之韓談。不又當避改耶。

二十年魏獻榮椽因以爲檀臺方梅案水經濟水注、京縣城故鄔邑城北有壇山岡。趙成侯二十年。魏獻滎陽。因以爲壇臺岡。說與此異。

兄弟之通義也集解、徐廣曰。兄弟一作元弟。元、始也。弟、平也。方梅案兄弟一作元夷。當由小篆形近而誤。徐說非也。

自常山以至代上黨方梅案常山卽恆山。張守節曰。地道記謂恆山在曲陽縣西北。北行四百五十里得恆山岌。號飛狐口。北則代郡也。上黨卽今山西潞安府。然則代居常山之北。而上黨在其西南。相去千里。此當謂自常山以北至代。以西南至上黨也。至字作兩層解爲是。

高信郎與王戰方梅案與猶以也謂高信郎以王之徒戰而覆王耳高信葉與肥義和親且有密約故遂臨難赴之非高信黨章而與王爲戰也

主父開之索隱開謂開門而納之俗本亦作開字者非也譙周及孔衍皆作閉之閉謂藏之也方梅案開字是閉義雖安不如開較穩雅又稱於史公文字肖也

平舒集解徐廣曰平舒在代郡正義括地志云平舒故城在蔚州靈邱縣北九十三里方梅案二說失之地理志勃海郡有東平舒縣師古曰代郡有平舒故此加東即今順天府大城縣治也趙氏一清謂是時趙境東逼故燕以三邑易之既葛城在高陽則平舒必相去不遠固知平舒不在代郡在勃海也

魏世家第十四

五年與韓會宅陽城武堵爲秦所敗方梅案上文伐秦敗我武下注武下魏地正義引括地志云故武城一名武平城在華州鄭縣東十三里恐謂此武堵卽武下地古讀下如甫下堵聲近相假亦猶番吾之作蒲吾封龍之作飛龍西俞之作先俞也是年秦表曰敗韓魏洛陰考洛陰在今大荔縣西南武城在今華州東北華至大荔凡百八十里武城洛陰相距不過百里言[illegible]曰韓宅陽因謀共城武城而秦襲之於是與師擊武城韓魏退走至洛陰遂爲秦所追敗也正義以城字當屬宅陽何其謬之甚也

岸門集解徐廣曰潁陰有岸亭索隱徐廣云潁陰有岸門亭劉氏云河東皮氏縣有岸頭亭也正義括地志云岸門在許州長社縣西北十八里今名西武亭方梅案河東岸頭亭與曲沃相近劉說是也諸云在潁陰許州者殆未觀於上文而準測其地望耳水經潁水注引此亦誤

秦復予我河外及封陵爲和方梅案河外謂自華州鄭縣以東至虢地

汾水可以灌安邑絳水可以灌平陽正義平陽晉州本韓都也括地志云絳水一名白水今名弗泉源出絳山飛泉奮涌揚波北注縣流積壑二十許丈望之極爲奇觀矣按引此灌平陽城也方梅案水經澮水注原本作汾水可以灌平陽絳水可以灌安邑梁玉章敘傳稱引同黃氏祐誠謂爲史記本文顧景范亦謂此汾灌安邑絳灌平陽爲文互也今考汾水灌平陽甚合若絳水則不可灌安邑如云接引灌溉豈有汾水本近平陽必舍就近之汾水而引取百里而遠之絳水者乎絳灌安邑則又中隔涑水古今遷移未敢強解試以今地言之則顧景范所云以絳水爲涑水者較得閻百詩創爲交錯互舉之說實與接引灌溉等語難從也

五入圍中索隱徐廣云一作城而戰國策作國中方梅案下文尚有國繼以圍之語則此作圍爲是

大縣數十名都數百集解徐廣曰一作百（解上句）一作十（解下句）方梅案春秋時楚滅陳卽縣之下文亦云得韓以爲縣又趙簡子誓衆有曰上大夫受縣下大夫受郡如以左隱元傳大都不過三國之一較之則是縣有一大國之地而都特小國三分之一耳又商君傳則何不降十五都注索隱曰秩封商於二縣其中凡有十五都皆縣大於都之證故此云大縣數十名都數百不誤也

韓世家第十五

七年伐齊至桑邱方梅案地理志泰山郡有梁邱縣此桑字疑梁字之誤

二十六年高門成昭侯卒索隱按紀年鄭昭侯武薨次威侯立威侯七年與邯鄲圍襄陵五月梁惠王會威侯於巫沙十月鄭宣王朝梁方梅案今本竹書紀年周顯王三十三年鄭威侯與邯鄲圍襄陵三十八年王會鄭威侯於巫沙隱王元年鄭宣王來朝然則圍襄陵去會巫沙凡六年去朝梁凡二十三年而索隱以爲一年事不知何所本而云然也

將西購於秦索隱戰國策作講講亦謀議與購求意通方梅案講亦購也講購皆衍聲轉甘列傳與魏講罷兵鄒氏云讀講曰媾可證

不如出兵以到之索隱到欺也猶俗云張到然戰國策作勁勁強也方梅案勁字是古或書至作巠巠至形近乃刀亦形近也故誤朱駿聲氏訓到爲弔亦通

三川而歸正義三川周天子都也方梅案三川者伊洛河三川也伊闕宜陽武遂新城陽城負黍悉在三川地故下云楚塞三川守之公不能救也此三川當云韓地乃於上下文義可通不得因秦置三川治洛陽遂直訓爲周都也正義失之

史記三家注補正　卷五

邵方梅遺著

田敬仲完世家第十六

毌邱索隱毌音貫古國名衛之邑今作毋者字殘缺耳方梅案說文有毌字此毌字之僅存者非殘缺也禮記明堂位貫鼎注國名又春秋僖公二年齊侯宋公江人黃人盟于貫皆其地也作貫者以聲近相通借耳

吾吏有黔夫者使守徐州則燕人祭北門趙人祭西門集解賈逵曰齊之北門西門也言燕趙之人畏見侵伐故祭以求福方梅案徐州卽漢地理志勃海郡東平舒縣是也東平舒在今順天府大城縣界江氏永曰此接燕而近趙之地也故燕趙畏之而祭門說極允合胡三省通鑑注以薛縣徐州當之殊未審也

襄陵正義襄陵故城在兗州鄒縣方梅案此則魏境直與齊南接壤矣考魏初有河西之地嗣喪於秦以次漸東故最後乃築長城榮陽武之間蘇秦所云東有淮潁南有鴻溝西有長城北有河外是也不然合觀年表世家所稱魏之曲沃少梁元里固陽雕陰上郡等地則魏境幾半天下矣恐謂七國紛爭隨時割并或爲犬牙或爲甌脫卽如趙境東偪勃海而齊乃越趙而有靈邱[illegible]之地皆其類也襄陵

當亦魏東境之犬牙相錯者乎。

孔子世家第十七

嘗爲季氏史索隱有本作委吏方梅案季氏史疑委氏吏之譌委、季、吏、史皆形近委主委積卽地官委人之職稱委氏者蓋與考工記稱桌氏冶氏同例。亦於下料量平三字義合。

陳涉世家第十八

發閭左方梅案索隱有二解。當以復除居閭左一說爲長。

爲天下唱索隱、漢書作倡。倡謂先也。說文云。倡首也。方梅案說文、倡樂也。唱首字作唱。解曰導也。古多以倡爲之耳。索隱誤引。

陳守令皆不在索隱、張晏云。郡守及令皆不在。非也。按地理志云。秦三十六郡。並無陳郡。則陳止是縣。言守令則守非官耳。與下守丞同也。則皆字是衍字。方梅案通鑑作陳守尉胡身之亦以守爲權守之守。且曰秦分天下爲郡縣。郡置守尉監。縣置令丞尉。遝固一史作守令皆不在此作守尉皆不在。蓋一史令下缺尉字而通鑑尉上缺令字也。據胡說、則當云陳守令尉皆不在。既於皆字有著落。又與下獨守丞之獨字相貫。胡說是也。

周文集解文穎曰卽周章。方梅案章、名。文、字也。

外戚世家第十九

得無恙索隱、爾雅云。恙、憂也。一說古者野居露宿。恙、噬人蟲也。故人相恤云得無恙乎。方梅案說文、它、蟲也。上古艸居患它。故相問無它乎。索隱以無恙當之。蓋本風俗通易傳爲說。是必以恙爲蛘之假借字耳。段懋堂謂風俗通故多襲用說文。而時或竄改其語。（說見說文先字注）此其類也。

女嫖爲長公主方梅案漢制、帝女爲公主。帝姊妹爲長公主。（見文獻通考）嫖實公主。而云長公主者。漢此時尚無定稱。故婁敬傳亦稱魯元爲長公主。文獻通考曰。其尊崇者。加號長公主。儀服同藩王。案尊崇謂君特寵異之也。

當近其處顏師古以年長釋之。考文帝年四十七而崩。在位二十三年。其卽位才二十四歲耳。又竇后於呂太后時始如代。卽謂如代在呂后初年。如卽得幸。幸卽生嫖。至今文帝入立。當不過七八歲耳。文帝立數月。遂立太子皇后及公主。安得謂其年長乎。顏說非也。

因欲奇兩女索隱奇者、異之也。漢書作倚。倚者、依也。方梅案兩義皆通。然奇字較新雋也。高祖本紀呂媪曰。公始常欲奇此女與貴人。與此同意。

行詔門著引籍通到謁太后方梅案當以行詔門著引籍通爲句。言武帝於行道中詔令門者著其名狀於籍。因引其籍而通之太后也。到字逗。

衛青字仲卿。以大將軍封爲長平侯。四子。長子伉爲侯世子。侯世子常侍中。貴幸。其三弟皆封爲侯。各千三百戶。一曰陰安侯。二曰發干侯。三曰宜春侯。方梅案年表及衛將軍列傳、大將軍故三子。元朔五年、以破右賢王功封其三子。伉宜春。不疑、陰安。登、發干。然三子時尚少也。至元鼎元年。伉坐法失侯。又五年。不疑、登皆坐酎金失侯。元封五年大將軍卒。子伉乃始代爲長平侯。卽前封宜春而坐法者也。此云四子。又云其三弟。是直以長平宜春爲二人矣。何其謬也。

楚元王世家第二十

坐爲薄太后服私姦削東海郡。索隱、漢書云。私姦服舍中。姚察云。姦於服舍。非必宮中。又案集注、服虔云。私姦中人。蓋以罪重。故至削郡也。方梅案太后者。天子之母。而天下臣民之大母也。爲太后服而私姦。罪已重矣。如以常山王勃坐憲王喪服姦。擬誅不忍而廢徙房陵例之。削郡已從末減。何必中人。此服氏肌說不足據信。而索隱采之以備一解。則無識之甚者也。漢書本傳曰。削東海薛郡。

荊燕世家第二十一

以黨干營陵侯澤集解、服虔曰。以計黨干之也。文穎曰。以工黨得寵也。方梅案田生干澤在高后時。細繹下文黨金歸齊。已而如長安。并不見澤而求張卿。遂因以風王諸呂。而激使王澤情事。則文所謂黨者。正預黨此計以待時勢之可乘耳。不然。何田生一聞弗與矣之言而遂行乎。自非素約。不至此。服云計黨是也。索隱謂兩義并通。殆未審耳。

又親戚太后之重方梅案日知錄卷二十四親戚條原注、戰國策蘇秦曰。富貴則親戚畏懼。蓋指其妻嫂。此云親戚者。亦言呂氏爲高帝后也。

已出卽還方梅案謂卽還之琅琊。

齊悼惠王世家第二十二

後二年。孝文帝盡封齊悼惠王子罷軍等七人。方梅案年表、罷軍同時封者凡九人。漢表增多一人。凡十人未知何異。

凡七王索隱、謂將閭爲齊王。志爲濟北王。卬膠西王。辟光濟南王。賢菑川王。章城陽王。雄渠膠東王。方梅案漢書表傳、章薨在孝文三年。明年子喜嗣。爲孝文四年。又八年。當孝文之十二年。徙淮南。又四年。當孝文之十六年復還。與志等新封平別數之。亦不得云章。當云喜也。

蕭相國世家第二十三

關中事方梅案三字屬上以間讀。似於文句不安。屬下讀。又似贅語。細繹文義。蓋以關中事者。關中之故事也。言故事但以轉漕給軍食耳。而何能於轉漕外。乃常興卒以補漢王失軍之缺。明何有功於漢。不特奉行故事而已。是以漢王專屬何以關中事也。三字前後兩見。相應井然。而班書削之。蓋疑之也。

賤貰貸方梅案言以賤價貰貸於民而取重利。庶與下自汙相應。益示無大志。亦信陵飲酒近婦人之故智也。

言相國賤彊買民田宅。方梅案言相國以賤價彊買民之田宅。而句特簡峭模勁。史公用字。多此類也。班

書互易賤彊爲彊賤便遜。

願令民得入田毋收稾爲禽獸食。方梅案毋收稾、屬民言。爲禽獸食、屬官言。索隱言苗子還種田人。留稾

入官。其義是也。顏師古以爲恣人田之。不收其稾稅者非是。

後嗣以罪失侯者四世。紀。方梅案謂何孫則有罪免。而則弟嘉續之。嘉子勝坐不齋耐爲隸。而則子慶續

之。慶子壽成坐爲太常犧牲瘦免。而何五世孫建世續之。建世孫獲坐使奴殺人減死完爲城旦。而何

六世孫喜續之。故曰輒復求何後封續也。惟考建世嗣在地節四年。喜嗣在永始元年。皆史公所不及

見。當是褚少孫據補耳。少孫元成間人。喜嗣故宜知之。

曹相國世家第二十四

參以中涓從。將方梅案集解、索隱。皆止從字爲句。愚謂當止將字。言以中涓從高祖而將兵也。參多戰績。

故首先著異之云爾。漢書削去將字。滋疑之也。

從守方與。方梅案言權徙參取胡陵之兵守方與。及至而反。故擊之。非上泗水守之守。

虜秦候一人。方梅案候、秦官名。漢因之。一曰軍候。百官表戊己校尉有候五人。秩比六百石。百官志、大將

軍營五部。部下有曲。曲有軍候一人。比六百石。可證。

內史保。方梅案內史、周官。秦因之。保其名也。

韓信已破趙。爲相國。東擊齊。參以右丞相屬韓信。方梅案信爲相國。參爲右丞相屬之。參又前曾拜假左

丞相。然則漢初相國外。又有左右丞相。而百官表曰高帝卽位。置一丞相。十一年更名相國。孝惠高后

置左右丞相。馬端臨以爲漢書或誤。意班氏或但據高祖卽皇帝位後言之。故致歧也。

閒之。方梅案當讀有閒之閒。猶言頃之也。漢書作皮之。義別。

從吏幸相國召按之。方梅案幸、猶冀也。

自從其所諫參。方梅案顏師古曰。猶言自出其意。

參爲漢相國。出入三年。卒。方梅案百官表、孝惠二年七月癸巳、自齊相入爲相國。五年八月己丑薨。最凡

四年。實足三年耳。

時尚平陽公主。方梅案年表、時或作跱。漢書衞青傳作壽。當因寺形近壽誤也。平陽公主實陽信公主。以

時嗣平陽侯尚之。從時名也。

留侯世家第二十五

良嘗閒從容。索隱、閒、閑字也。方梅案說文、閒、隙也。此言時之空隙。自是閒義引伸。索隱云閑字非是。

先生因行佩之矣。方梅案今酈生因行求六國後而佩之以印也。非謂酈生自佩。

且夫楚唯無彊。六國立者復橈而從之。索隱按荀悅漢紀說此事云。獨可使楚無彊。若彊則六國屈橈而

從之。又韋昭云。今無彊楚者。晉六國立。必復屈橈從楚。是二說意同也。方梅案二說自是。然愚案有別

解。讀附著之。竊謂六國既立。游士各歸其主。則漢弱而楚自彊。唯楚之計。計無彊於六國之立者。漢復

自橈。彊弱之機。而從楚所自便之計。吾恐漢且臣於楚。夫亦安得而臣楚哉。下陛下焉得而臣之句。與

酈生所云楚必斂衽而朝相應。

雍齒與我故。集解、漢書音義曰。未起時有故怨。方梅案此故字謂故舊相交接。不當遽云怨也。下窘辱乃

其所以怨耳。漢書明言有故怨。故音義云然。不得援彼混此也。

陳丞相世家第二十六

意忌。方梅案意者、疑也。梁孝王世家天子意梁王。索隱、謂意疑梁。與同義。

以衞氏親貴戚。方梅案陳掌與衞子夫之姊少兒通。言以衞氏之親。遂因緣爲國貴戚。徐廣謂掌爲衞青

子壻。殊謬。抑子或姊之譌耳。

絳侯周勃世家第二十七

所將卒當馳道。索隱、小顏以當高祖所行之道。或以馳道爲秦之馳道。故賈山傳云。秦爲馳道。東窮燕齊

也。方梅案二說非也。亦於下爲多義不合。周禮戰功曰多。言勃所將之卒。常先諸軍馳導。推堅陷陳。卽

上文所稱下下邑先登。攻醫桑先登。攻長社先登。攻開封先至城下之謂也。當疑當字。道讀爲導。言先

導也。如酈商傳所謂前拒。淮陰傳所謂前行先行。又黥布爲楚軍前蔽。皆其義也。惟每戰先諸軍馳導。

故於戰功爲多。

最從高帝。方梅案最當从冖。取作冣。說文、冣、犯取也。與撮音同。須辨。

以冒絮提文帝。方梅案提有投擊義。非輕擲已也。吳王濞傳、皇太子引博局提吳太子殺之。又戰國策、夏

無且以藥囊提荊軻。可證。

祝茲侯徐厲。爲將軍軍棘門。方梅案年表、徐厲於文帝六年卒。七年爲其子悼元年。漢表并同。此蓋文帝

後六年事。而云厲爲將軍。疑有誤。考文紀祝茲侯下不名。徐廣以爲名悍。悍必悼字之譌。而漢書紀傳

皆作徐厲。固沿史譌。而又甚焉。蓋亦大不審矣。

子建德代侯。十三年。爲太子太傅。坐酎金不善。元鼎五年。有罪。國除。集解、徐廣曰。諸列侯坐酎金失侯者

皆在元鼎五年。但此辭句如有顚倒。索隱既云坐酎金不善。復云元鼎五年有罪國除。似重有罪。故云

顚倒。而漢書云爲太子太傅坐酎金免官。後有罪國除。其文又錯也。按表、坐免官。至元鼎五年坐酎金。

又失侯。所以二史記之各有不同也。方梅案既諸坐酎金失侯者在元鼎五年。則此所云有罪者卽有

酎金不善之罪也自是一事史公文法類如此如靳歙列傳子亭代侯二十一年坐事國人過律孝文後三年奪侯國除儒林傳楊何以易元光元年徵官至中大夫五王世家而有愛幸少年爲郎爲郎者頃之與後宮亂文法與此并同非顚倒也漢書所云乃班氏疑此文而改訂之遂致誤耳至若表之所云今考史漢兩功臣表但云元鼎五年坐酎金免并不言坐免官也不知索隱據何表云爾百官表元鼎五年平曲侯周建德爲太常坐時衍來失侯故役害曰平曲侯莊也方梅案及太子太傅爲太常之誤

梁孝王世家第二十八

乘輿駟馬方梅案天子之車曰乘輿景帝欲寵異梁王而嫌其偪己乃令以乘輿而駕駟馬以別之故曰乘輿駟馬

安車大駕用梁孝王爲嵛方梅案語出太后口中不應羼入孝字

太后言欲立梁王方梅案此蓋等白太后語非是時自太后言也

五宗世家第二十九

右三國本王皆栗姬之子也方梅案本王謂其國初封之王所以別後世嗣王者耳

遂爲無訾省正義顏師古云訾財也省視也言不能視錄資財方梅案訾訓財非也文選王仲宣詠史詩受恩良不訾注引賈逵國語注曰訾量也又枚叔上書重諫吳王以訾於漢注同此言無所訾量亦無所省視也

封其宮門從一門出游方梅案上門門戶下門門者與公羊傳入其門無人門焉作虛實用者同義言既封宮門以禁其出入防內亂乃私攜一門者從己而出游也

右四國本王皆王夫人兒姁子也其後漢益封其支子爲六安王泗水王二國凡兒姁子孫於今爲六王方梅案眞定續常山不數

三王世家第三十

續蕭文終之後于酇索隱按蕭何初封沛之酇音贊後其子續封南陽之酇音嵯方梅案沛酇實鄼假借字音嵯南陽酇則音贊索隱誤也又何及其子皆封南陽之酇說詳年表不贅

明天施之屬方梅案王者象天故春秋稱天王淮南脩務訓名施後世注施延也諸國本王皆天王之子若其支屬則又天之連延所及者此天施之義也亦與下文使諸侯王封君得推私恩分子弟戶邑義貫或疑施爲地字之譌非是

西湊月氏正義湊音臻方梅案經籍纂詁引太元元掜臆湊羣辟注湊至也此文當得其義言西境至月氏也正義以爲臻字無庸也

史記三家注補正 卷六

羅方梅遺著

伯夷列傳第一

豈以其重若彼其輕若此哉索隱按謂伯夷讓德之重若彼而采薇餓死之輕若此又一解云操行不軌富厚累代是其重若彼公正發憤而遇禍災是其輕若此也方梅案首解偏舉伯夷於義未盡次解較爲得之言不以外來輕重之故而移我也

管晏列傳第二

越石父賢在縲紲中正義晏子春秋云晏子之晉至中牟覩弊冠反裘負薪息於途側晏子問曰何者對曰我石父也苟免飢凍爲人臣僕晏子解左驂贖之載與俱歸按與此文小異也方梅案呂氏春秋及新序則曰齊人累之亦言因負累作僕與晏子春秋凍餓切身是以爲僕意合則其非坐罪明矣此云在縲紲中誤也

晏子爲齊相出方梅案此段蓋錄晏子春秋雜上篇原文惟複其夫二字耳當是史公所據本有之

晏子長不滿六尺方梅案劉向列女傳作三尺

及晏子春秋索隱按嬰所著書名晏子春秋今其書有七篇方梅案藝文志晏子八篇劉向曰其書六篇皆忠諫其君文章可觀義理可法皆合六經之義又有復重文辭頗異復列以爲一篇又有頗不合經術疑後世辯士所爲者復以爲一篇凡八篇後合雜上下二篇爲一故曰七篇也

老子韓非列傳第三

可擾狎而騎也方梅案擾馴也字以相反爲義言龍可馴習而騎之也周禮服不氏掌養猛獸而教擾之左昭二十九傳乃擾畜龍皆取馴擾之義或謂擾即櫌假借字櫌柔也見廣雅釋詁四說亦通

司馬穰苴列傳第四

以爲將軍索隱謂命之爲將以將軍爲官名方梅案此與伍子胥傳吳反二將軍皆爲後世置將軍之始至戰國時楚懷王與秦戰遂以屈匄爲大將軍矣下文願得君之寵臣國之所尊以監軍又爲後世監軍師軍司觀軍容諸稱號之始吳世家乃從中國齊亦爲後世稱爲之始

最比其贏弱者方梅案言總會全軍比校之而別劃其贏弱者也比猶比校櫛比二義

孫子吳起列傳第五

孫子武者齊人也方梅案鄧名世姓氏辨證書曰齊敬仲五世孫書爲齊大夫伐莒有功景公賜姓孫氏食采於樂安生馮爲齊卿馮生武字長卿以田鮑四族謀作亂奔吳爲將軍故吳越春秋謂之吳人也孫氏星衍曰孫子蓋陳書之後陳書見春秋傳稱孫書又泰山新出孫夫人碑亦云與齊同姓史遷未

及深考也。

闔廬曰子之十三篇。方梅案十三篇者、乃孫子奸吳王而作。故魏武孫子序曰。爲吳王闔閭作兵法一十三篇。篇中亦多就言時事之語。可覆案也。

卽三令五申之。方梅案三令者、吳越春秋乃令曰。一鼓皆振。二鼓操進。三鼓爲戰形是也。故下文緊接云。於是鼓之。五申謂凡五申此令於軍中耳。

西破彊楚入郢。方梅案吳越春秋曰。吳王謀欲入郢。孫武曰。民勞未可恃也。又曰。楚使公子囊瓦伐吳。吳使伍胥孫武擊之。圍於豫章。大破之。又曰。吳王舉兵將西伐。伍胥、白喜、孫武、決三戰破郢。王奔發。是卽孫武破楚入郢之證。而左氏闕焉不著者。畢氏以珣曰。蓋武以客卿將兵故也（越絕書曰巫門外大冢吳王客孫武冢也）。水心葉氏謂辯士妄相標指。非事實。陳振孫亦深疑之。疏執甚矣。

後百餘歲有孫臏。臏生阿鄄之間。臏亦孫武之後世子孫也。方梅案阿卽卽齊柯邑。春秋莊十三年、公會齊侯盟於柯是也。今泰安府東阿縣地。鄄、衞地。莊十四年、單伯會齊侯盟鄄是也。字亦作甄。今濮州東二十里舊城集。卽鄄城也。畢氏以珣曰。姓氏辨證書云。武生三子馳、明、敵。明食采於富春。生臏。卽破魏軍、禽太子申者也。按此所說。則臏乃武之孫也。史記之言。猶爲未審。（鄧名世姓氏辨證書恐不盡據所云皆可依據）

欲隱勿見。方梅案謂涓意欲孫臏隱廢終身。勿得有所見於世也。

兵法百里而趣利者蹶上將。五十里而趣利者軍半至。方梅案語本孫子軍爭篇。而微有異同。大體言道遠力疲易敗也。

馬陵道狹而旁多阻隘可伏兵。方梅案孫子行軍篇曰。軍旁有險阻潢井生葭葦山林翳薈。必謹覆索之。此伏姦之所藏處也。語意本此。

吳起兵法。方梅案藝文志吳起四十八篇。今世惟六篇而已。文獻通考吳子三卷。鼂氏曰。魏吳起撰。言兵家機權法制之說。唐陸希聲類次爲之說。圖國、料敵、治兵、論將、變化、勵士、凡六篇。隋唐志皆作一卷。而六篇數同今本。仍之惟變化作應變。則未知孰誤耳。

伍子胥列傳第六

昭關。索隱、其關在江西。乃吳楚之境也。方梅案昭關在今江北和州含山縣小峴山西。爲自來中原入吳之衝途。故子胥亦自鄭走吳由此也。云江西誤。

乃去郢徙於鄀。索隱、鄀、楚地。今闕。方梅案水經沔水注曰。沔水又逕鄀縣故城南。古鄀子之國也。秦楚之間自商密遷此。爲楚附庸。楚滅之以爲邑。縣南臨沔津。津南有石山。上有古烽火臺。縣北有大城。楚昭王爲吳所迫。自紀郢徙都之。地理志南郡若縣注亦曰。楚昭王畏吳。自郢徙此。李申耆曰。鄀、今湖北襄陽府宜城縣東南。索隱何謂闕也。（此新郢在商密今河南淅川縣地楚既徙都仍名郢乃之鄀郢左傳所謂遷郢於鄀是也因名江陵爲故紀郢）

大敗齊師於艾陵。遂威鄒魯之君以歸。方梅案鄒卽邾也。左傳吳爲邾伐魯。又使太宰子餘討邾子。云威鄒魯卽此。然此在哀公八年。不與艾陵同歲。敗齊艾陵乃後三年。爲哀公十一年事。此文殊錯倒也。一本威字作滅。考戰國時尚有鄒穆公。魯亦至頃公者始見滅於楚考烈王。定非滅字。

齊鮑氏殺其君悼公而立陽生。方梅案此文大謬。陽生卽悼公也。當據齊世家云。立悼公子壬。是爲簡公。又左傳言齊人弒悼公。不言鮑氏。以鮑牧於前二年已爲悼公殺之矣。然與齊世家及年表皆云鮑氏。又鮑子者疑牧子。或其宗黨耳。田完世家徑云鮑牧與齊悼公有隙。弒悼公。恐誤。

石乞從者屈固。方梅案者疑之字之譌。

仲尼弟子列傳第七

在國必聞。方梅案凡邦之字曰國者。避高祖諱耳。

馯臂子弘。索隱、按儒林傳荀卿子、及漢書皆云馯臂字子弓。今此獨作弘。蓋誤耳。方梅案弘弓聲近相通借。又王氏引之曰。弓讀爲肱。古字弓與肱通。鄉射禮侯道五十弓。鄭注云。今文弓爲肱。昭三十一年春秋邾黑肱以濫來奔。公羊作黑弓。據此則弘蓋肱字之譌。

壬子中同。正義、漢作王同。字子仲。方梅案古字中仲通。書中此類甚多。如仲行作中行。仲虺作中䖒。賈仲作賈中。又儒林傳殷忠、漢書作段仲。酷吏傳殷中、顏氏漢書注曰。中讀爲仲。皆是也。

秦商字子丕。集解、鄭氏曰。楚人。方梅案左傳有秦丕茲者。齊大風謂卽秦商也。據家語七十二弟子解曰。秦商魯人。字不慈。不丕字通。茲字譌慈。然則家語作魯人爲是。鄭說非也。

邦巽字子斂。索隱、家語巽作選。字子斂。文翁圖作國選。蓋亦避漢諱改之。劉氏作邽巽。晉圭所見各異。方梅案作邽是也。如實邦字。何以上文諸邦字皆諱作國。而此則獨否。當是邽形近邦誤邦。文翁圖以其邦也而諱作國。後世又以其國也而信爲邦。不思文翁圖應避此文何不先避之耶。情事較然。作邽爲近。又趙氏水經注釋引隸續魯峻碑陰、亦作邽子斂。名巽也。與劉氏合。

商君列傳第八

而令民父子兄弟同室內息者爲禁。方梅案此夷狄之俗也。秦實周天子故地。漸化已深。安得有此惡俗。當是西戎犬邱大駱之屬。因從秦徙居此土。亦猶今苗民番回雜處之意。故特申令禁之耳。父子兄弟。雜男婦言。

凡三十一縣。方梅案秦紀作四十一縣。當是古四字。或從籀文作三。遂以三三形近誤耳。儀禮覲禮三享誤爲四享。與此一例。

秦發兵攻商君。殺之於鄭黽池。方梅案年表云。商君反死彤地。蓋秦兵追殺商君黽池。至彤乃車裂以徇耳。是以所載異辭。而義實互見。細繹自知之也。

蘇秦列傳第九

宜陽效則上郡絕，河外割則道不通。正義、宜陽即韓城也。在洛州西。韓大郡也。上郡在同州西北。言韓弱與秦宜陽城。則上郡路絕矣。河外、同華等地也。言魏弱與秦河外地。則道路不通上郡矣。方梅案正義宜陽即韓城者。即韓所屬之城。猶云韓地是也。非謂同州韓城、須辨。正義言韓與宜陽則上郡路絕。考趙往上郡。不必紆途宜陽。竊疑宜陽或平陽之誤。蓋平陽爲韓舊都。所謂根本之地必爭也。昔秦正告韓曰。我起乎宜陽而觸平陽。則平陽亦秦所屬意者。若宜陽便於上郡無涉矣。正義又言魏與河外則道路不通上郡。似與上語意複。愚謂河外乃卷衍酸棗。非同華也。道者、從道。非上郡道也。張儀說魏曰。秦下兵攻河外。據卷衍酸棗。則趙不南。梁不北。從道絕。正此意耳。

魏軍河外。索隱、河外謂陝及曲沃等處也。正義謂同華州。方梅案二說失之。河外亦酸棗燕地。魏軍於此。與齊清河兵爲邯鄲犄角之勢。又楚軍武關以司秦之虛。韓軍宜陽以睨秦之後。何勞魏軍復遠至同華也。

六國從親以賓秦。方梅案賓讀爲擯。

北有河外卷衍酸棗。方梅案集解正義但曰衍、地名。不言地之所在。愚謂衍延聲近。衍即南燕縣之延鄉是也。高祖功臣表、翟盱封衍侯。水經濟水注謂盱所封爲南燕延鄉。是其確證。又酈氏云延鄉在春秋爲宋長邱。考長邱在今衛輝府封邱縣南八里。即白溝也。孟康曰長邱今翟溝。是當以翟盱所封得名。而卷縣故城在今原武縣西北。酸棗故城在今延津縣北。與衍地勢相望。當不誤也。

過衛陽晉之道。方梅案水經瓠子河注、瓠河又逕陽晉城南。蘇秦所謂過衛陽晉之道者也。胡氏三省曰。所謂衛陽晉者。以魏境有陽晉。故稱衛陽晉以別之。集解、索隱以秦拔魏陽晉釋此。非也。正義云陽晉故城在曹州乘氏縣西北三十七里。最爲有據。惟又謂陽晉乃是晉陽則未當也。

秦必起兩軍。一軍出武關。一軍下黔中。則鄢郢動矣。正義、秦兵出武關則臨鄢矣。兵下黔中則臨郢矣。方梅案顧氏方輿紀要謂黔中今辰州、常德、至岳州之澧州。又永順保靖諸衛。皆是其地。與唐黔州及夷費思播隔越峻嶺。炳然自分。又華陽國記言秦將司馬錯由枳南入取楚商於地爲黔中郡。枳縣即今四川長壽酆都涪州南川之地。其故城在涪州西。由涪州而南則爲今酉陽彭水。自彭水而南迤東則爲永順保靖。正與顧說脗合。然則秦兵趨郢。或水或陸。必由漢中巴巫等處。不由黔中可知也。或曰蘇秦不云乎。楚之西有黔中巫郡。不知六國說士言地與所稱東西云云者。姑舉大略。不必其正東正西也。即如秦說秦。謂秦西有巴蜀漢中之利。亦得以巴蜀漢中爲秦正西之岷隴地乎。巫郡固楚西境。黔中則其西南境也。秦何得紆途黔中以趨郢乎。愚疑黔中必有誤。或即巫中漢中之譌。未可知也。

而無所終薄。方梅案薄、附也。見廣雅釋言。又止也。楚辭而無所歸薄注、止也。可證。

我起乎少曲。一日而斷太行。我起乎宜陽而觸平陽。二日而莫不盡繇。我離兩周而觸鄭。五日而國舉。方梅案起少曲斷太行、北路之師也。離兩周觸鄭、南路之師也。起宜陽觸平陽、則韓地遂中斷爲兩。此兵法所謂倍則分之。亂而取之者也。

我下軹道南陽封冀。索隱、又下軹道、是河內軹縣。言道者。亦衍字。方梅案道字屬下讀。言取道南陽封冀也。與下字相隱爲文。於義較安。如謂河內軹縣無軹道之稱。因訂道爲衍字則非也。竹書紀年周顯王十二年我取軹道。翻魏之河內。軹道失於秦至是而魏復取之。可證。括地志、故軹城在懷州濟源縣東南三十里。

決宿胥之口。集解徐廣曰紀年云。魏救山塞集胥口。方梅案今本竹書紀年無此文。

張儀列傳第十

其一軍塞午道。索隱、此午道當在趙之東。齊之西也。午道、地名也。鄭康成云一縱一橫爲午。謂交道也。方梅案此午道當云在趙之南。即衛陽晉是也。上文儀曰。刼衛取陽晉。則從道絕。又曰。秦下甲攻衛陽晉。必大關天下之匈。索隱云蓋其地是秦晉齊楚之交道也。可證。又與下軍成皋、軍澠池者地望略等。壁援相接。當不謬也。

樗里子甘茂列傳第十一

寡人欲容車通三川。方梅案容讀爲頌兒之頌。謂欲儀飾兵車。壯軍容。遂通三川以窺周室耳。

穰侯列傳第十二

勝甲。方梅案勝甲謂年十五以上。秦攻長平。年十五以上悉發。亦此意也。

七仞之城。集解、爾雅曰四尺謂之仞。倍仞謂之尋。方梅案此小爾雅之文。而云爾雅者。亦易緯稱易。逸禮稱禮之例也。說文、仞、伸臂一尋八尺也。趙注孟子、王注家語、郭注山海經、顏注漢書、皆同。包注論語、鄭注禮、高注淮南、并云七尺。應注漢書食貨志則云五尺六寸。程氏曰人伸兩手一尋。度廣則適得八尺。度深則身側臂曲而爲七尺。義極允當。小爾雅孤說無據。疑有誤。不可從也。

白起王翦列傳第十三

方投石超距。方梅案胡三省通鑑注曰。投石、以石投人也。齊高固桀石以投人是也。超距、距躍也。晉魏犨距躍三百是也。胡說瞭當有據。惟桀石投人。乃臨敵致果之事。此則習勤勞。彊武力。不必如固投人情事。蓋微異耳。

以王坳身。方梅案坳蓋㘬字或㘬字之譌。

孟子荀卿列傳第十四

遊事齊宣王。宣王不能用。適梁。方梅案此與六國年表及魏世家說異。司馬氏作通鑑。訂爲周顯王三十

三年、孟子入魏。愼靚王二年、孟子見梁襄王。後於赧王元年、乃有齊王問孟子之語。年歲不齊。然大體

皆以先梁後齊爲正。焦氏循謂此爲史公駁文。非實事。是也。

學者所共術。方梅案、術讀爲遹。禮記祭儀而術省之。漢書賈山傳、術追厥功。皆用術爲遹也。可證。

覽天下諸侯賓客。方梅案、覽猶示也。謂示能致賢士之意於天下諸侯賓客。俾具知之。以侈大而誇耀之

耳。

荀卿趙人。索隱、後亦謂之孫卿子者。避漢宣帝諱改也。方梅案、荀孫聲近。亦猶慶卿之稱荆卿。徵生之稱

尾生也。漢宣帝諱詢。荀其嫌名耳。韓氏辨諱曰、武帝名徹。爲通不聞又諱車轍之轍爲某字。詢荀亦徹

轍例也。索隱說恐未然。

而趙亦有公孫龍。索隱、按卽仲尼弟子名也。此云趙人。弟子傳作衞人。鄭康成云楚人。各不能知其眞也。

又下文云竝孔子同時。或曰在其後。所以知非別人也。方梅案、平原君傳、公孫龍諫存邯鄲請封。考秦

圍邯鄲、在赧王五十八年。如謂此卽孔子弟子。據弟子傳曰、公孫龍字子石。少孔子五十三歲。孔子七

十三歲卒。是龍於孔子卒時已二十歲矣。又自孔子卒在周敬王之四十一年。至秦圍邯鄲在赧王之

五十八年。中間二百二十二年。公孫龍諫平原存邯鄲請封。其時當二百四十二歲。想無此理。定係別

人無疑。索隱疏謬。太姦斷難從也。

孟嘗君列傳第十五

孟嘗君太息歎曰。方梅案、說文、喟、大息也。歎、吟也。此與論語喟然歎同意。蓋孟嘗旣廢復用。情有所悅感

念前事。故長言不足而嗟歎之。與永嘆痛嘆之嘆、从口嘆省聲、近哀怒者迥別。

所期物忘其中。索隱、忘者、無也。其中、市朝之中。方梅案、當作忘者亡也。較安。古者字忘亡通用。詩假樂、不

愆不忘。說苑作亡。漢書戾太子傳注、忘、亡也。可證。

平原君虞卿列傳第十六

槃散集解、亦作蹣。方梅案、說文無蹣字。故假散爲之。駢雅、蹣跚、跛也。文選子虛賦、嫳姍勃窣。韋昭曰、匍匐

上也。

今臣爲足下解負親之攻。索隱、言爲足下解其負擔而親自攻之也。方梅案、朱氏水經注箋曰、異苑載子

推逃祿隱迹。抱樹燒死。文公拊木哀嗟。伐而製屐。每懷割股之功。俯視其屐曰、悲乎足下。足下之稱起

於此。又負親之攻云者。謂趙負所親於秦。故遂相攻不已。今臣爲足下解之。是以云然。索隱殊誤釋也。

魏公子列傳第十七

有能深得趙王陰事者。索隱、按鹿周作探得趙王陰事。方梅案、探深二字皆通。深得與徵得義同。蓋言於

深徵之中得之。字法尤新雅也。

直上載公子上坐。方梅案、上載音雲上於天之上。上坐音文王在上之上。言直升載車。遂於公子之上而

坐也。公子上三字屬讀。

俾倪。方梅案、俾蒼、睥睨、謂邪視也。俾倪其假借字。魏其武安傳作辟倪。廣雅作頓倪。義幷同。

如姬資之三年。方梅案、禮記表注、資、謀也。此言謀爲其父復仇者已三年矣。

以稱平原君。方梅案、稱、當也。荀子禮論、貧富輕重皆有稱。注、謂各當其宜是也。又副也。見漢書景紀注。刺

客傳聶政曰、未有大功可以稱者。言無大功以副嚴仲子千里枉交之王意。文義與此正同。

春申君列傳第十八

黃濟陽嬰城。正義、故黃城在曹州考城縣東。濟陽故城在曹州宛句縣西南。嬰城未詳。方梅案、是直以嬰

城爲地名也。下文云、王以十萬戍鄭。梁氏寒心。許鄢陵嬰城。而上蔡召陵不往來也。又酈生陸賈傳、令

獨爲亡秦嬰城而堅守。然則嬰城者。蓋言嬰城而守也。正義失之。

范睢蔡澤列傳第十九

謁君。方梅案、百官表、謁者掌賓讚受事。王稽爲昭王謁者。故稱謁君。亦由受封爵者稱封君。更始時、使使

者徇郡國稱使君。須賈稱秦相張祿曰相君。（南越太后稱嫪相呂嘉家曰相君）太子之立。儲以嗣位。稱儲君。蘇秦爲合

從主曰主君。舜三年成都曰都君。石奮及四子皆官二千石。號萬石君。皆其類也。

亡其言。臣者賤而不可用乎。方梅案、亡者發聲之詞。與用毋用無同。亦或作忘。趙策、忘其憎懷而愛秦耶。

是也。又作妄。越語、妄其欺不穀耶。是也。索隱解亡猶輕蔑也。殊謬。

宿昔而死。方梅案、宿昔卽夙夕也。爾雅釋詁、夙、早也。夙古文作㑥。故夙亦假宿爲之。又楚世家、其樂非特

朝昔。注、昔、夕也。可證。

乃取其一綈袍以賜之。索隱、按綈、厚繒也。蓋今之絁也。方梅案、絁卽纁之俗字。見廣韻五支。綈纁皆繒屬。

而微有異。何者。綈少侵於纁耳。釋名釋采帛、綈似蛻蟲之色。綠而澤也。玉篇、纁、粗細經緯不同者。又說

文曰粗緒。廣韻曰似布。可證也。正義云今之麤袍。亦誤以絁爲綈耳。

樂毅列傳第二十

先王以爲慊於志。索隱作嗛。嗛者、常慊然而不愜其志也。方梅案、索隱失之。慊、足也。慊蓋厭假借字。卽作

嗛。嗛亦有假爲厭者。荀子禮論、嗛然不嗛。注、足也。是其證。

室有語。不相盡以告鄰里。正義、言家室有忿爭不決。必告鄰里。今故以書相告也。方梅案、正義非也。室有

語者、言家中有隱語之事。不盡之於家長。而轉以其語告之鄰里。蓋喻燕猶閭之室也。趙則燕之鄰里。

謂閭不盡言於燕。而謀助趙幷告以燕陰事。

二者寡人不爲君取也。正義、二者謂燕君未如紂。燕民未如殷民。復相告子反燕以疑君民之惡。是寡人

不爲君取之方梅案正義非也。二者、承上文笑商二子言。蓋賁聞不能爲二子之行。

廉頗藺相如列傳第二十一

設九賓於廷正義、劉伯莊云。九賓者、周王備之禮。天子臨軒。九服同會。秦趙何得九賓。但亦陳設車輅文物耳。方梅案文獻通考、漢高祖七年長樂宮成。諸侯羣臣朝。大行設九賓。九賓則九卿也。蓋賓卽擯字。謂九卿以次傳命。略如上擯、承擯、紹擯之制。相如欲重其使命。戒無反覆。故請設之耳。刺客傳、秦王朝服設九賓。與此正同。正義以爲九服。何固謬也。

莫府索隱、以幕帟爲府署。故曰莫府。則莫當在幕字之訛耳。方梅案莫幕通假字。非訛也。張湯傳、上功莫府。漢書李賁傳、莫府。省文。書皆以莫字爲之。蓋與民瘼作民莫。[illegible] 鏌邪作莫邪 [illegible] 同例。

田單列傳第二十二

乃身操版插正義、古之軍行。常負版插。方梅案版廣二尺。長六尺。插實鍤字。以其插地起土也。亦作插。二者皆操築營壘之用。故黥布傳亦曰項王伐齊。身負版築。爲士卒先也。

爲絳繒衣方梅案繒蓋帛之總名。用以衣牛。當是說文所云大絲繒之類。粗而無文。便染且豐也。絳、大赤。段懋堂曰。卽今俗所謂大紅是。

遂經其頸於樹枝。自奮絕脰而死。方梅案水經淄水注、澅水去臨淄城十八里。西北入於時水。水南山西有王歜墓。昔樂毅伐齊。賢而封之。歜不受。自縊而死。

魯仲連鄒陽列傳第二十三

魯仲連者。齊人也。好奇偉俶儻之畫策。正義、先生乃飛兔也。豈直千里駒。方梅案千里駒日行千里者。飛兔日行萬里。見呂覽注。又開元占經、馬占引瑞應圖云。飛兔者、馬名也。日行三萬里。禹治水勤勞。天眷其德而至。則知飛兔什百於千里駒也。故此云然。

九侯集解、徐廣曰。九一作鬼。方梅案九鬼古同聲。故宄軌字从九得聲者。今讀皆如鬼也。

抱机索隱、音紀。方梅案机當爲杌字之譌。杌卽簋字也。與下視膳允合。

固不敢入於鄒。方梅案越語注、固、故也。

曹子爲魯將。三戰三北而亡地五百里。方梅案此語失實。魯地至全盛時。橫多七百里。從斂四百里。此事在莊公之十三年。魯時尙無曹暨邳泗之地。雖盡魯亡之。不逾五百里耳。齊世家云。魯莊公請獻遂邑以平。左氏亦云。齊人滅遂戍之。考遂邑在今肥城縣南。去曲阜不三百里。書辭何其誣也。

屈原賈生列傳第二十四

庚子日施兮。集解、徐廣曰。施一作斜。方梅案施斜義同。說文、迆、衺行也。字亦作迤。施其假借字。

得坻則止。索隱、漢書坻作坎。按周易、坎九二有險。言君子見險則止。方梅案坻字較長。與上乘流爲對文也。

而賈嘉最好學。世其家。與余通書。至孝昭時。列爲九卿。方梅案通書亦通家之類。書者、籍也。箸其年貫於籍以通好。卽古執友是也。[illegible] 不稱武帝今上。既於書例不合。又有孝昭云云。亦非少孫所補。少孫蓋元成間人。安得於武昭之間與賈嘉通好。或者宣帝時遷外孫楊惲述其書而竄入耳。

呂不韋列傳第二十五

食河南雒陽。索隱、戰國策曰。食藍田十二縣。而秦本紀、莊襄王元年、初置三川郡。地理志、高祖更名河南。此秦代而曰河南者。史記後作。據漢郡而書之耳。方梅案河南者、大河之南。此文與稱江南、雲夢、江南、黔中一例。不必漢高更名後也。周本紀、考王封其弟於河南。五帝本紀、舜讓辟丹朱於南河之南。前古皆有河南之稱。此其明證。

刺客列傳第二十六

甘義集解、此芮反。索隱、鄒氏音脃。二義相通也。方梅案義卽脃假借字。七發作甘脃。用本字也。段氏說文注曰。脃膬本一字異體。篇韻皆云膬同脃。可證。集解不誤。索隱分脃膬爲二字。說欠瞭當。

大人正義、韋昭云。古者名男子爲丈夫。尊婦嫗爲大人。漢書宣元王傳、王遇大人益解。爲大人乞骸去。按大人、憲王外祖母。方梅案大人父母之稱。此謂舜政母也。宣元王傳、張博令弟光恐王云。王遇大人益解。師古曰。大人、博自稱其母也。義極允合。而正義引爲凡尊婦嫗之證。殊錯會也。

多人不能無生得失。索隱、無生得、戰國策作無生情。言所將人多。或生異情。故語泄。此云生得。言將多人往殺狹累。後又被生擒而事泄。亦兩俱通也。方梅案索隱說非也。蓋言將人多則心不一。彊者慮得。弱者慮失。欲其無生得失。恐不能也。得失之心生。則防閑難周而語必泄。

家丈人。方梅案索隱引劉氏云。謂主人翁。是也。其引韋昭及漢書宣元六王傳、又古詩云云。皆與上文大人正義語同。而改大人字俱爲丈人。恐索隱誤也。

李斯列傳第二十七

由竈上騷除。集解、徐廣曰。騷音埽。方梅案騷合音掃。一切經音義十二引說文曰。掃、刮也。

而駿良駃騠。方梅案文選作駿馬駃騠。考說文、駃騠、馬父驘子也。段氏曰。當作馬父驢母驘子也。今人謂馬父驢母者爲馬騾。

置始皇居轀輬車中。方梅案轀輬本非喪車。此時亦不飾以柳翣。惟李斯等祕之而置其中。示人無疑。如喪車何祕之有。然後世遂因以爲喪車之用。說文、轀、臥車也。輬、臥車也。本二車。故各自爲解。不然當如段氏所訂上文轀輬例。於轀下曰轀輬臥車也。於輬下曰轀輬也。乃合又段氏曰。始皇本紀上渾言曰轀輬車。下言上轀車。奥以晁寶在轀車。不在輬車也。古二車隨行。惟意所適。而集解引文穎曰。如今喪轜車。其說殊欠分曉。

詐爲受始皇詔丞相立子胡亥爲太子。方梅案詔字屬上下讀。

不勤於此矣。方梅案法言先知注、勤、苦也。

高聞李斯以爲言。方梅案以爲言者、以趙高侍中用事爲言也。

與其中子俱執。方梅案執讀爲縶。

蒙恬列傳第二十八

作謹三川郡。方梅案廣雅釋詁、作、始也。下作置東郡義同。

以是籍於諸侯。索隱言其惡聲狼籍於諸國。方梅案漢書江都易王非傳、國中口語籍籍。注、謹聒之意。此則單言之義與陸賈傳名聲籍甚、文選謝元暉詩廣平聽方籍之籍幷同。

公旦自揃其爪。方梅案揃讀爲剪。剪者、齊斷之也。士喪禮蚤揃注、蚤讀爲爪。張氏曰。蚤字一讀。如云蚤則揃之。亦假揃爲剪也。

張耳陳餘列傳第二十九

邵騷爲護軍。方梅案此與隋煬帝所置護軍四人以副將軍、將軍無則一人攝者同意。若陳平所爲護軍中尉。則主武官選矣。故有受金之譖。不類此也。

獨介居河北。集解瓚曰。方言云。介、特也。方梅案特獨義複。非是。漢書鄒陽傳、介于羊勝公孫詭之間。注、謂間厠也。言趙地西直河東。南逼兗豫。四面皆敵境。獨䰟然間厠於羣雄之中。而居河北。故必王以填之也。

貫高等乃壁人柏人。要之置厠。集解、韋昭曰。爲供置也。索隱、要之置厠。文穎云。置人於厠壁中。以伺高祖也。張晏云。壁空之。令人止中也。今按云置厠者。置人於複壁中。謂之置厠。厠者。隱厠之處。因以爲言也。亦音側。方梅案置義俱誤解也。廣雅釋詁、四、置、驛也。曹參世家注亦曰。漢謂驛曰置。言高等預度高祖過趙所必由之地。乃於柏人之驛舍厠中空其壁以伏人。而要殺之。特其文法深曲。故必倒錯言之乃解。

魏豹彭越列傳第三十

吾王番出乎。方梅案番、貿也。見呂覽先已番此言也注。

黥布列傳第三十一

即絕河津。方梅案此即河南府東北五十里平陰津是也。索隱於淮陰傳解曰蒲津。恐由榮陽歸平陽路迂。非是。以絕河津者。蓋即絕其歸國所過之津故耳。

於是上使使掩梁王。方梅案掩讀爲揜。揜者、自覆其迹而襲取之。說文、自關以東謂取曰揜。一曰覆也。

史記三家注補正 卷七

翟方梅 遺著

黥布列傳第三十一

幾是乎。集解、徐廣曰。幾一作豈。駰謂幾近也。方梅案幾字本有豈義。不必改字作豈也。荀子榮辱篇、幾直夫芻豢稻粱之縣糟糠爾哉。又大略篇、幾爲知計哉。其文義皆與豈同。可證。

共俳笑之。索隱謂衆共以俳優戲笑之。方梅案說文、俳、戲也。言共戲笑之理自明。順何必紆說作俳優解也。如俳優爲俳字本義。則許例當云、俳、俳優、戲也。索隱未喻此旨故誤。

布迺見番君。方梅案漢書吳芮傳、吳芮秦時番陽令。甚得江湖間民心。號曰番君。

敢進對大王御者。方梅案御者、猶言執事、左右、下吏、又從者、將命者之類。蓋尊之不敢直斥其身。故假言僕御以通意。

大王宜騷淮南之兵。集解、騷音埽。方梅案騷音搔。搔者括也。言宜盡括淮南兵。即後世括民爲兵之意。

淮陰侯列傳第三十二

衆辱之。方梅案言少年於市人廣衆中辱之。非衆人相與共辱之也。

何所不誅。方梅案索隱解無所字下何所不散句同。疑其所據本有譌脫也。

塞臨晉。索隱、臨晉、縣名。在河東之東岸。對蒲關也。方梅案地理志臨晉本注曰。故大荔。秦獲之更名。然此縣實在河西。其東岸則蒲坂境。信既陳船欲渡。則是魏王所塞者惟東岸耳。東岸而曰臨晉者。蓋關名。非縣名也。關跨大河。故東西岸皆得臨晉之稱。索隱說恐未當也。

夏陽。正義、在同州北渭城界。方梅案渭疑韓字之譌。

吾聞兵法。十則圍之。倍則戰。方梅案孫子謀攻篇曰。十則圍之。五則攻之。倍則分之。敵則能戰之。

已入水上軍。軍皆殊死戰。方梅案此即孫子所謂不得已則鬬。

兵法。右倍山陵。前左水澤。方梅案杜牧曰。太公云。軍必左川澤而右邱陵。（梅甚足曰右背邱陵勢則有澤前便後陰戰者所便）

兵法不曰。陷之死地而後生。置之亡地而後存。方梅案語本孫子九地篇。

臣聞智者千慮。必有一失。愚者千慮。必有一得。方梅案語本晏子春秋內篇雜下第六。

頓之燕堅城之下。方梅案頓讀爲鈍。孫子作戰篇曰。其用戰也勝、久則鈍兵挫銳。孫氏淵如曰。通典御覽俱作頓兵。

燕齊相持而不下。則劉項之權。未有所分也。方梅案高祖扼榮陽爲正兵。而淮陰以奇兵虜魏破代定趙地而謀燕齊。以斷西楚之右臂。燕齊既舉。項羽安得不亡。

醳兵。集解、魏都賦曰。肴醳順時。劉逵曰。醳、酒也。方梅案醳質釋字或體。說文、釋、漬米也。言將淘淅兵士以

厲其氣而威燕耳集解訓酒嫌與上文士悳複當不然也（[illegible]）

齊必從風而靡方梅案此所謂屈人之兵而非戰也

齊楚自居其地戰兵易敗散不如深壁令齊王使其信臣招所亡城亡城聞其王在楚來救必反漢漢兵二千里客居齊城皆反之其勢無所得食可無戰而降也方梅案此兵法所謂散地也昔孫武對吳王曰吾兵安士陳則不堅戰則不勝當集人聚穀保城備險輕兵絕其糧道彼挑戰不得轉輸不至野無所掠三軍困餒因而誘之可以有功又兵法上謀不鬭故善戰者之勝也無智名無勇功而龍且不聽其策乃曰不戰而降吾何功宜其一敗塗地而遂不振爾

置之方梅案說文置赦也

韓信盧綰列傳第三十三

數閒使方梅案顏師古漢書注曰閒私也

觖望索隱觖音決觖望猶怨望也方梅案肯決非也當音映說文映睊也趙氏孟子注曰睊睊側目相視側目則怨望之貌也又解觖肯缺之假借字淮南繆稱自視猶觖如注不滿也可證此言綰功與羣臣等耳王綰而不及羣臣則羣臣必不滿其望爲此故及其有功王之

田儋列傳第三十四

皆豪宗彊能得人方梅案皆豪句宗彊句能得人又自爲句言其兄弟皆豪桀而宗族彊盛且能得人死力也以他本中數以宗彊連文知之

從少年之廷方梅案令少年從己同詣狄令所治之廷

田榮使人將兵助陳餘令反趙地方梅案項羽本紀乃陳餘使人說田榮請資以兵非榮令餘反也

樊酈滕灌列傳第三十五

以待大王正義時羽未爲王史追書方梅案史記稱呼淩雜蓋子長信手錄之未嘗一例張氏殆未合全書論也

臣恐天下解正義王此爲絕句方梅案當屬下心字爲句較自然亦近古也

項羽亦因遂已無誅沛公之心矣方梅案項羽亦因遂已絕句已者止也止其見在所欲爲無誅沛公之心者謂此後免無是心也

嬰證之後獄覆嬰坐高祖繫歲餘掠笞數百終以是脫高祖方梅案證之者爲高祖證其不傷己也然嬰實被傷人之告之者必直其辭故後獄覆嬰坐罪高祖亦久繫笞掠然終以嬰之不服謂高祖傷己而脫高祖文義本如此明協而索隱以爲高祖自言不傷嬰嬰證之是獄辭翻覆未免於後獄覆之後字不愜其說非是

常以太僕奉車方梅案文獻通考曰太僕掌輿馬領五監六廄奉車掌御乘輿車然則太僕奉車本二職惟其職事差同遂令嬰以太僕之官兼領奉車之職耳須知非一官也

賜爵封轉爲滕公集解徐廣曰令也漢書曰嬰爲滕令奉車故號滕公方梅案轉者遷轉也既由賜封邑轉則滕爲封邑可知其後屢轉乃徙定封汝陰耳水經泗水注滕城漢高祖封夏侯嬰爲侯國號曰滕公是其明證集解以爲滕令烏有由賜封後遷轉爲縣令者乎又嬰已前爲太僕太僕九卿也亦無由九卿遷縣令之理漢雖草創當不然也賜爵封三字絕句

常蹶兩兒索隱漢書作跋音撥方梅案跋字不古且跋見於他書惟小徐本說文有之不足據信竊疑漢書作跋者仍蹶字形近之誤耳說文蹶僵也言常僵仆此兩兒車下

乃賜嬰縣北第第一方梅案縣字絕句言賜嬰食邑於下邑之間又賜嬰帝城北之甲第一區其云第一者自帝城推數之此第特居衆第之首最與帝城相近故高后曰近我班氏削去縣字蓋疑之也（[illegible]）（[illegible]）

子侯頗尚平陽公主立十九歲元鼎二年坐與父御婢姦罪自殺國除方梅案外戚及曹相國世家功臣表衛將軍列傳又漢書文獻通考皆云曹壽（[illegible]）尚平陽公主壽病癘歸國武帝乃詔衛青尚之考漢故事用列侯尚主頗嗣侯在元光二年其坐罪自殺在元鼎二年衛青尚主在三子既爲侯家世極盛之後亦當元狩年間不應一主而尚二夫竊疑壽青所尚之主本號陽信因壽封亦曰平陽頗尚之主乃實封平陽應是泰山山陽所屬縣與壽封異地而史文失載馬氏亦疏於考核耳惟漢書嬰本傳曰主隨外家姓號孫公主是知與壽青所尚之主出自王皇后者迥然異也文獻通考曰平陽公主王皇后長女本陽信長公主可證

張丞相列傳第三十六

公彊爲我相趙王正義桓譚新論云使周相趙不如使取呂后家女爲妃令戚夫人善事呂后則如意無憂也方梅案桓論失之雜時繼如意王趙者幽王友以諸呂女爲后共王恢以呂產女爲后而遂幽死或自殺夫幽共者諸姬出耳尚婚呂以速其命彼戚氏宿怨深入而謂能庇其子無恙乎是不待辨而知其不然也

隊率方梅案賈逵曰百人爲一隊說文䢦先導也經傳中凡表達䢦領字皆以率或帥爲之此言爲一隊之帥領也袁盎傳遷爲隊率漢書作隊帥蓋官名正與夏官師帥旅帥同意

廟堧垣集解服虔曰宮外垣也方梅案堧即說文壖字壖城下田也一曰郤也此言錯居室右旁抵廟外郤地之垣穿垣行郤地出入也

故他官居其中索隱漢書作冗官謂散官也方梅案古他字作它它冗形近致惑然文義兩通遂亦各留

字解耳。鄜生傳刓印、漢書作玩印。陸賈傳極欲、漢書作極飲。亦此類也。

受故官。送方梅案送謂餽送財賄也。蓋與蕭何主進之進皆本處字而實用者。陸賈傳曰他送亦千金義同。

酈生陸賈列傳第三十七

據敖倉之粟。塞成皋之險。杜大行之道。距蜚狐之口。守白馬之津。方梅案據敖倉者、因糧於敵也。塞成皋者不令項楚西兵也。杜大行、守白馬者、防諸侯之師侵魏趙。此爲楚齊形勢也。距蜚狐者、備匈奴勿內援。又以愼燕新集之燕代諸城、而魏趙亦恃爲聲援也。

人衆車轝。方梅案轝實輿字或體。與衆對文同義。廣雅釋詁三、輿多也。周禮輿司馬、左氏傳輿䑣、輿人皆訓衆義可證。

自天地剖泮。方梅案泮判古字通。故詩冰泮、封禪書泮涣、皆假泮爲判也。

左右呼萬歲。方梅案此呼陸賈萬歲也。蓋萬歲乃古者歡呼慶幸之語。非如後世惟稱天子也。戰國策、馮煖以責賜諸民。民稱萬歲。水經河水注、漢耿恭爲士卒禱井出水。衆稱萬歲。皆此類也。

極欲十日而更。方梅案至更字絕句。

率不過再三過。方梅案此敘諸子家言。謂一歲中常往來過止他親友爲客。長計諸子家。不過每家再三過耳。

食三萬戶侯。方梅案戶字讀。侯字句。言食三萬戶而爲侯也。索隱以侯字屬下可謂極富貴爲句。殊於足下語複非是。

走復入言沛公。方梅案文選注、走猶僕也。左傳三十年傳、使走問諸朝。釋文、走使之人也。

使者懼而失謁。方梅案謁字實用。謁者、書其姓名於上。若今讀刺是也。

妄言者無類。方梅案言將族滅之。無復遺類存者。魏其侯傳、則妻子毋類矣。同義。

傅靳蒯成列傳第三十八

爲齊右丞相。正義按爲齊王韓信相。方梅案漢初王國亦得置左右丞相者。本秦制也。百官表注、荀悅曰、秦本次國命卿二人。是以置左右丞相。無三公官。

東絕甬道。方梅案甬道在今開封府滎澤縣西北。卽漢王所築屬之河以取敖倉粟者。令樑行守之。以絕楚軍饟己糧道耳。

賜入殿門不趨。殺人不死。方梅案叔孫通傳、諸侯羣臣皆朝十月儀。引以次入殿門。傳言趨。又高帝入關約曰殺人者死。

此有傷心者然。集解、徐廣曰、此一作比。方梅案比字是。比猶類也。與下然字屬讀。若言類有傷心者然。釋名、事類相似謂之比。天官書正義、比類也可證。

劉敬叔孫通列傳第三十九

豈嘗聞外孫敢與大父抗禮者哉。方梅案祖稱大父。此外大父亦云大父者。曰吾謂之孫。者謂吾大父可也。

迺使劉敬從所言關中十餘萬口。方梅案所言、卽上所云六國後豪桀名家是也。漢書高帝紀、九年十一月徙齊楚大族昭氏屈氏景氏懷氏田氏五姓關中。與利田宅。

俠陛。方梅案古俠浹挾字皆假借爲夾。儀禮既夕注、在左右曰夾。

季布欒布列傳第四十

迹且至臣家。方梅案莊子天運、夫迹、履之所出。而迹豈履哉。此言迹其行履所在。正與游俠傳、跡至籍少公孟嘗君傳而蹤跡驗問。周禮迹人注、迹知禽獸處同義。

長事袁絲。弟畜灌夫籍福之屬。方梅案長事弟畜爲對文。

少年多時時竊籍其名以行。方梅案漢書籍作借。古籍借耤藉字固通用也。然從史記作籍。爲是。籍者、書也。言竊書其名。如今用名片之意。

鄃侯。方梅案地理志、鄃縣名。音輸。屬清河郡。作鄃。

身履典軍。集解、徐廣曰、履一作歷。一曰遐。駰案孟康曰、履、履蹈之也。瓚曰、履、數也。方梅案歷字與下數字意複。履字亦與典複。漢書作身履軍搴旗者數矣。師古曰、流俗改履爲歷、而加典字。云身歷典軍、非也。此當與俗本漢書同誤。則據顏說訂正可也。

袁盎鼂錯列傳第四十一

字絲。父故爲羣盜。方梅案絲字絕句。

徙處安陵。方梅案地理志、安陵屬右扶風。李申耆曰、在今西安府咸陽縣東二十一里。

臣聞天子所與共六尺輿者。方梅案阮氏車制圖解曰、車上受物者曰輿。輿者、軫轛軹較之總名。秦始皇本紀曰、數以六爲紀、而輿六尺。漢承周秦制而稚就之故云。

不騎衡。集解、徐廣曰、一作行。方梅案是衡字。因脫角、遂誤爲行耳。此與詩勿士衘枚之衘、脫金字訛行同例。

毋何時說王。方梅案言時時乘間說王。

愧其吏。方梅案言盎對從吏有愧色。以從吏固目覩丞相之倨謝狀也。

使君所言公事之曹。方梅案曹猶類也。

欲請治盎宜知計謀。方梅案言吳王反。盎宜預知其計謀。錯欲請治盎以見知之罪。其言似繁而實簡折多味也。
躊躇猶與方梅案猶與卽猶豫
諸陵長者。方梅案長者猶長官也。如長陵、安陵、霸陵諸令長之屬皆是。文獻通考曰。長陵令、秩二千石。百
官志曰。先帝陵、每陵園令各一人。六百石。
乃悉以其裝齎置二石醇醪。方梅案言盡以其裝中所齎衣物自隨者質錢備酒。漢書置作買。
乃以刀決張道從醉卒直遂出。方梅案張讀爲帳。道讀爲導。隧者、道也。言盎居帳中。卒守帳外。從史乃以
刀決帳導盎從西南隅醉卒處直道出也。張字一讀。集解訓道爲當所從亡者之道。非是。
司馬與分背。方梅案古背北通用。三國志虞翻傳注、北古別字。虞書分北三苗。鄭注、北猶別也。此背北字。
言司馬與盎分手別去亡匿也。
袁盎解節毛懷之。方梅案漢書毛作旄。後漢光武紀注曰。節、所以爲信也。以竹爲之。柄長八尺。以旄牛尾
爲其眊三重。馮衍與田邑書曰。今以一節之任。建三軍之威。豈特寵其八尺之竹。氂牛之尾哉。考通俗
文、毛飾曰眊。
杖步行七八里。明。見梁騎。騎馳去。方梅案言持杖步行而逃亡。明字讀。見梁騎句。騎字讀。上騎音奇寄切、
馬也。下騎音渠羈切。言騎馬也。
令公常從數騎。方梅案數騎者、安陵富人之客所乘馬。言富人故多客也。而實無足恃。
詔以爲太子舍人門大夫家令。方梅案百官表、太子太傅屬官有太子門大夫、舍人詹事屬官有太子家
令。應劭曰。門大夫、員五人。秩六百石。張晏曰。太子稱家。故曰家令。臣瓚曰。茂陵中書太子家令、秩八百
石。據漢書本傳及注。錯蓋初爲舍人。未幾。爲門大夫。遷博士。上書言事。文帝善之。於是乃拜錯爲太子
家令。
收其枝郡。方梅案枝郡者、諸侯王都之外所有郡也。太史公曰。齊趙梁楚支郡、咸納於漢。
時鄧公免。起家爲九卿。方梅案鄧公既免官家居。今自其家起用之。故曰起家。然後世相承。至謂某以某
官起家。又尙書毛詩起家。不必初入仕及免官家居者。殊失本意。

張釋之馮唐列傳第四十二

十餘問。尉左右視。盡不能對。方梅案十餘問句。尉左右視句。盡字一讀。言每一問。每左右視。盡問皆然。
欲以觀其能。方梅案觀、猶見也。言嗇夫欲因此以自見其所能於上。非上欲觀其能也。義與匈奴傳以見
武節之見略同。
又復問東陽侯張相如。方梅案東陽、縣名。屬臨淮。萬石君傳曰。文帝時。相如爲太子太傅。卽此時也。
疾於景響。方梅案景影古今字。

上拜釋之爲公車令。頃之。太子與梁王共車入朝。不下司馬門。方梅案百官表、衞尉屬官有公車司馬、衞
士旅賁三令丞。師古曰。公車司馬掌殿司馬門。夜徼宮中。天下上事及闕下凡所徵召皆總領之。令秩
六百石。
一傾。方梅案傾則不平。老子、高下相傾。釋文、不正貌。
假令愚民取長陵一抔土。陛下何以加其法乎。方梅案漢書高帝紀十二年五月丙寅、葬長陵。臣瓚曰。在
長安北四十里。愚民、隱言巨盜。取土、隱言掘陵。凡用法至族極矣。如盜環者處以極刑。後有大逆。則將
窮於治之。
父知之乎。方梅案方言六、凡尊老南楚謂之父。此蓋文帝以唐老稱之云爾。上文父老何自爲郎。老者、謂
其年老。非父老屬讀。故此單稱父。與相應也。漢書作父老知之乎。失其旨已。
上曰何以。方梅案漢書作何已。古以已通也。師古訓已猶耳。非是。
爲官卒將。索隱、案國語百人爲徹行。行頭皆官師。賈逵曰。百人爲一隊也。官師、隊大夫也。方梅案此卽張
丞相傳所云隊率之職而名稱微異。
搏髀。方梅案廣雅釋詁三、搏、擊也。髀者、文選七命注引說文曰。股外也。
獨無閒處乎。方梅案閒、隙也。猶言不留餘地以相處。斥其辱之甚也。師古漢書注曰。何不閒隙之處而言。
義亦通。
百金之士十萬。索隱、事見管子及小爾雅。方梅案今本小爾雅無此文。蓋佚之也。
頗聚。索隱、漢書作取。方梅案取、古聚字。漢書蓋多存古字者。
夫士卒盡家人子。索隱、案謂庶人之家子也。方梅案卽良家子是也。百官志曰。羽林郎掌宿衞侍從。常選
六郡良家補。李將軍傳、而廣以良家子從軍。恩謂良家子者。謂其非亡命贅壻賈人惡少年之類。如氏
云非醫巫商賈百工。於義未盡。
一言不相應。方梅案一言、一字也。於數日中筆誤一字耳。指下差六級事。
削其爵罰作之。方梅案說文、作、起也。言既削其爵不已。而罰又起而隨之。
王道便便。集解、徐廣曰。一作辨。方梅案古便辨平字聲近通用。故虞書平章百姓。史公作便章。鄭康成氏
作辨章。可證也。

萬石張叔列傳第四十三

召其姊爲美人。方梅案漢書外戚傳、適稱皇后。妾皆稱夫人。又有美人、良人、八子、七子、長使、少使之號焉。
美人視二千石。比少上造。
不言而躬行。方梅案不言者、不斤斤以儒術爲言。

陵里索隱小顏云陵里里名在茂陵非長安之茂邑也方梅案漢法天子即位一年而爲陵徙諸功臣二千石高貲富人及豪桀名家居之武帝建元二年初置茂陵邑時石建爲郎中令石慶爲內史秩皆中二千石又其尊寵集門宜在徙中故知陵里爲茂陵邑中里也

入外門不下車方梅案外門即里門也古者二十五家爲里里有門曰閭。

誤當馬者與尾當五今乃四不足一集解服虔曰作馬字下曲而五正義顏師古曰馬字下曲者尾幷四點爲四足凡五方梅案馬篆文作[illegible]說文曰象馬頭髦尾四足之形男頭髦也彡四足也乀尾也此云與尾當五明係小篆無疑服說近是小顏直以眞書解之大謬正義引其說蓋未審也

上以爲縮長者不忍方梅案縮爲中尉有徼循治捕之責不忍者上慮其不忍治捕栗氏

以此稱爲長者文帝稱舉稍遷至太中大夫集解徐廣曰漢書云稱爲長者稍遷至太中大夫無文帝稱舉四字方梅案今本漢書作中大夫幷無太字徐廣所見皆古本可據徐說訂正也百官表曰孝景中六年中大夫令直不疑更爲衞尉考中大夫令即衞尉更名與中大夫太中大夫職份迥別豈此所云太中大夫者抑即中大夫之譌耶然考百官表云衞尉景帝初更名中大夫令不疑安得於文帝時爲此官是則不疑事孝文爲太中大夫及事孝景乃爲中大夫令耳太中大夫秩比千石

朝廷見人或毀曰方梅案朝字斷廷見絕句言常朝君而君未發出之時因是同寮於廷中得衆相見而人或毀之詳其辭氣固非大朝見時所得毀言於帝前者而顏師古漢書注謂當闕廷大朝見時毀之恐未然也

我乃無兄方梅案無兄言我即諸弟中之最長者安得有兄更何云嫂非謂兄死爲無兄也

不疑學老子言其所臨爲官如故唯恐人知其爲吏跡也方梅案臨字讀言其所臨事與夫爲官出治也如故者如故所學老子之言老子清淨無爲因俗利導吏者形名家之屬務以文深苛察爲能不疑初爲郎即學吏事者

田叔列傳第四十四

田叔索隱案下文字少卿方梅案褚少孫曰田仁諸刺舉三河三河太守使人謝謂田少卿曰顧少卿無相誣汙也是叔子仁字少卿索隱誤會

張敖自持案進食方梅案案者進食器也段氏懋堂曰案上有四周下有足今之上食本槃近似惟無足耳後世謂所凭之几爲案古今之變耳又顏氏急就篇注曰無足曰槃有足曰案或曰案當作桉桉古椀字存參

死罪有之方梅案死罪者即奏牒首尾所云味死死罪之語衞綰對景帝曰死罪實病亦此例

民自言相訟王取其財物百餘人田叔取其渠率二十人各笞五十餘各搏二十方梅案民自言相絕句謂民自詣相所口言之不具詞關告也渠大也率即今俗用之帥字渠率爲首者餘爲從者笞搏皆擊也然笞者漢法用竹即書所謂官刑是搏亦用竹如策而輕於笞略同教刑此則當時私爲變通者及至孝景中六年乃詔定箠令搏即箠也田叔相魯在七年中元年之間

扁鵲倉公列傳第四十五

虢太子索隱案傳云虢是晉獻所滅先此百二十餘年此時焉得有虢則此云虢太子非也然案虢後改稱郭春秋有郭公蓋郭之太子也方梅案虢郭雙聲故左氏傳昭元年會于虢公羊作漷穀梁作郭可證也

曾不可以告咳嬰之兒方梅案咳古文作孩小兒笑也引伸爲凡幼少之稱蒼頡篇曰女曰嬰男曰兒

是以陽脈下遂集解徐廣曰一作隊方梅案本隊字假遂爲之耳荀子儒效篇注隧謂山石崩摧隧讀爲隊古隧遂同字遂隊通借其明證也

齊侍御史成方梅案百官表御史大夫內領侍御史員十五人文帝以前諸侯王官屬如漢朝成其名也

齊中御府長信方梅案中御府長官名信人名中御府爲少府屬官有令丞僕射署長主王衣服者也說本百官表及注一

即告其人曰死不治適其共養此不當醫索隱適音釋共音恭案謂山跗家適近所持財物共養我不敢當以言其人不堪療也方梅案此說非也其人其家人也廣雅釋詁一適善也言病法當死不可治亦第善爲供養而已正醫者告家人語氣供養自屬病者言之

陽虛侯相方梅案孝文四年封齊悼惠王子將閭爲陽虛侯漢制列侯改所食國令長名相

臣意告永巷長方梅案永巷爲少府屬官有令丞僕射署長武帝太初元年更名永巷爲掖廷也

不修家生方梅案言不修家人生產之業

吳王濞列傳第四十六

煮海水爲鹽方梅案水經沔水注曰谷水又東南逕鹽官縣故城南九州志曰縣有秦延山谷水之右有馬皋城故司鹽都尉城吳王濞煮海爲鹽于此縣又地理志會稽郡海鹽縣注曰有鹽官即其地也在今杭州府海寧州境

於是乃使中大夫應高誂膠西王方梅案說文誂相評誘也段氏曰後人多用挑字

治次舍方梅案周禮天官有掌次掌舍幕人之職謂預度王行所止舍之處爲共張事文選西京賦曰故其館室次舍注引鄭氏禮記注云次猶止之處是也

而曰城陽景王有義攻諸呂勿與事定分之耳方梅案勿與絕句事定一讀其時乃景王子喜嗣王追言其父有義故不與其子謀逆也

燕王趙王固與胡王有約方梅案固讀爲故故者舊也魯世家沓於固實亦假固爲故字又衆經音義二十四引小爾雅曰固亦故也越語道固然乎注固故也可證

楚元王子淮南三王或不沐洗十餘年怨入骨髓方梅案楚元王子者元王孫戊也古通謂後嗣曰子故孫亦稱子卽爾雅所謂子子孫孫引無極也淮南三王者淮南王安衡山王勃廬江王賜皆厲王長之子厲王謫蜀道死戊坐服姦削郡故皆怨之然厲王死在孝文六年至是二十年矣戊削郡卽是年事則此云不沐洗十餘年者專謂淮南三王故加或字別之不沐洗者顏氏漢書注曰心有所懷志不在沐洗也

裨將方梅案偏將小將之謂漢書衛青傳得右賢裨王注裨王小王也文選爲袁紹檄豫州授以裨師注裨師偏師也是其義

筭軍食方梅案筭卽算字或體論語釋文算譔也

乘六乘傳方梅案傳車有四乘者故此云六乘別之相如傳曰馳四乘之傳

以梁委吳吳必盡銳攻之方梅案兵法趨諸侯者以利

乃以全彊制其罷極方梅案兵法善用兵者避其銳氣擊其惰歸此治氣者也以佚待勞以飽待飢此治力者也

無佗奇道難以就功方梅案兵法戰以奇勝

臣願得五萬人別循江淮而上收淮南長沙入武關方梅案此循高祖道南陽趨嶢關之故轍

王奈何且擅兵而別多佗方梅案主佗字絕句擅專也王且自專兵柄而奈何別以多兵與佗人

願大王所過城邑不下方梅案此之謂城有所不攻地有所不爭是也

卽大王徐行留下城邑方梅案漢書西南夷傳注曰卽猶若也武安侯傳卽宮車宴駕袁盎傳卽私耶吾不受私語卽字皆得若義書中往往多有可隨文義審讀也

條侯壁不肯戰吳糧絕卒飢數挑戰遂夜奔條侯壁驚東南條侯使備西北果從西北入吳大敗方梅案此所謂聲東而擊西者是之又荀子議兵篇曰圜居而方止則若盤石然觸之者角摧

魏其武安侯列傳第四十七

多易難以爲相持重遂不用方梅案相字一讀難以爲三字貫下持重爲句相貫厚重持大體隱格君心不得以猾潔廉介自喜如屏居藍田引厄酒進上讓官病免皆其多易處也老子曰多易必多難是以聖人猶難之故終無難

王太后賢之方梅案此時尚爲皇后而曰王太后者還本武帝時人追稱之漢書作王皇后

蚡弟田勝皆以太后弟孝景後三年封蚡爲武安侯勝爲周陽侯方梅案漢書謂武帝初卽位以舅封蓋孝景以後三年正月甲子崩二月葬而蚡勝之封在三月此時武帝已卽位而年號猶曰孝景至明年乃始改元此春秋正月卽位例也史漢語異而事同亦各書其實耳

竇太后太后方梅案此姨舜等無別且疑於哀帝時之趙太后帝太后類也當推準儒林傳太皇竇太后好老子言之語例稱太皇太后皇太后（又考漢書[illegible]）

天下士郡諸侯愈益附武安索隱按謂仕諸郡及仕諸侯王國者猶言仕郡國也方梅案古士仕字同通用然其說殊嫌鑿會恐未然也愚謂士字一讀言天下之士夫及郡國諸侯王皆附武安顏氏漢書注曰郡及諸侯也猶言郡國耳亦同此義故不以士字屬郡諸侯解也可會又考百官表注引蔡邕曰漢制皇子封爲王其實諸侯也故知此文云諸侯者兼侯國王國言之

非痛折節以禮詘之天下不肅索隱案痛甚也欲令士折節屈下於己不然天下不肅或解以爲蚡欲折節下士非也案下文不讓其兄蓋侯知或說爲非也方梅案二說皆失之此蓋史公論蚡之語上文又以爲者乃史公私心自揣云爾一氣貫至天下不肅句又字意承上侵貫二字生來言蚡貌不厭衆而貴甚又處疑忌之地之時自非痛自折節以禮下於諸侯士夫而使諸侯士夫爲我屈則恐天下之不肅而嘖嘖有煩言也自此下當是時云云始提敍武安所爲正見其不能折節耳

坐其兄蓋侯南鄉自坐東鄉方梅案東鄉尊於南鄉此賓主之位也漢書文紀注或曰賓主位東西面君臣位南北面又周勃傳每召諸生說士東鄉坐責之如氏曰勃自東鄉不以賓主之禮也可證然考古宮室制皆上北下南左東右西亦既以坐西而東鄉者爲尊則當坐北而南鄉者次之坐南而北鄉者再次之西鄉主位則又次之故項羽本紀曰項王留沛公與飲項王項伯東嚮坐亞父南嚮坐沛公北嚮坐張良西嚮侍是知西鄉次於北鄉而南鄉次於東鄉也漢書本傳曰坐其兄蓋侯北鄉蚡不肯以兄上己又肯以他客上其兄乎恐漢書北字誤也

曲旃集解如氏曰旃旗之名通帛曰旃曲旃僭也蘇林曰禮大夫建旃曲旃柄上曲也索隱按曲旃旌旃柄上曲僭禮也方梅案非僭也蘇說是又劉熙釋名曰三孤所建象無事熙漢人其言頗存漢制當不謬也旃柄故曲說文曰旃旗曲柄也非曲旃又別有異

長安中諸公方梅案徐廣曰時人相號長老者爲諸公年少者爲諸卿如今人相號爲士大夫也

已然諾方梅案已者成也竟也亦畢也見廣雅釋詁三及易損卦注齊語注游俠傳已諾必誠貨殖傳則清刻矜已諾義同

然失勢卿相侍中賓客益衰方梅案至勢字絕句言卿相侍中所使之賓客往來者遂益衰少以上文宗族賓客食客日數十百人兩言推之故知此益衰者乃卿相侍中所使而其依門下爲夫客者固自在

也

其游如父子。方梅案謂灌夫以後輩禮事嬰也。觀下下魏其老且死之言知之。又嬰自孝文時已爲吳相。而灌夫起家。乃在吳楚之役。嬰年故較長大也。

宜往。方梅案謂蚡宜往過魏其家。

乃謾自好謝丞相。曰。方梅案說文。謾。欺也。言籍福僞爲好語謝丞相中解之。

屬之。方梅案士昏禮。酌元酒三屬於尊。注。屬。注也。又左氏昭二十八年傳注。屬。足也。言夫謂必注之令滿觴也。正與武安不能滿觴語針對。漢書屬字作畢。意同。

不仰視天而俯畫地。方梅案猶云不如此便如彼。

俱宗室外家。方梅案與國有親戚屬籍者。亦得呼爲宗室也。說見上文宗室諸竇索隱。漢書但云俱外家。

無宗室字。班意固疑之也。

所言灌夫頗不讎。欺謾。正義。讎音市周反。對也。言簿責魏其所言灌夫實穎川事。故魏其不對。爲欺謾者也。方梅案此說非也。注言重黎、夫欲讎僞者必假眞。注。讎。類也。又漢書郊祀志、其方盡多不讎。注。讎。應當也。此云御史簿責魏其所言灌夫事。與武安所案夫前事頗不相類應。以此見嬰有欺謾。故劾之也。

幸得復召見。方梅案此未事而心竊覬幸如此。非事後幸之也。韓長孺傳、幸大王自改。幸字與此同義。

家丞。封方梅案百官表。列侯有家丞、門大夫、庶子。

乃劾魏其矯先帝詔。罪當棄市。方梅案此。蚡風人劾之。蓋劾其矯持遺詔藏私家。以圖陵藉爲害亂耳。漢書於詔下罪上增一害字。卽此意。非謂其矯無詔爲有詔也。

坐衣襜褕。正義。爾雅云。衣蔽前謂之襜。郭璞云。蔽膝也。說文字林並謂之短衣。方梅案云蔽膝非也。段氏說文襜字注曰。釋器云衣蔽前謂之襜。此謂衣非謂蔽膝也。郭注失之。又云短衣亦非也。且說文曰直裾謂之襜褕。并無短衣之訓。惟廣雅曰。䄙裯、襜褕也。說文訓䄙裯爲短衣耳。不知䄙裯與襜褕有別。方言曰。汗襦、自關而西謂之䄙裯。陳魏宋楚之間謂之襜襦。與上襜褕各條。廣雅當誤以襜襦爲襜褕。抑或合襜褕、汗襦爲一條也。今考方言曰。襜褕、江淮南楚謂之橦褣。自關而西謂之襜褕。其短者謂之裋褕。小爾雅曰。襜褕謂之童容。釋名曰。襜褕、言其襜襜宏裕也。童容宏裕。皆無短小之義。顏師古注急就篇及外戚侯表。爲不疑傳曰。直裾禪衣。頗與說文允合。當爲近之。然必較長於䄙裯裋褕耳。或謂衣裳相連者曰襜褕。是徑以釋名獨屬也與襜褕相連爲一條。失之遠已。

遷怒及人。命亦不延。衆庶不載。竟被惡言。方梅案人延言三字爲韻。

韓長孺列傳第四十八

大長公主。集解、徐廣曰。景帝姊。方梅案文帝卽位。已立爲長公主矣。故於景帝時得稱大長公主。其實長公主也。漢是時公主之號。尙無定稱。文獻通考曰。漢制、帝女爲公主。帝姊妹爲長公主。說欠分曉。

故出稱蹕。入言警。方梅案又選東京賦曰。是時稱警蹕已。注引漢書儀注云。皇帝輦動。以左右侍帷幄者稱警。又周官、隸僕掌蹕宮中之事。鄭司農云。謂止行者淸道。若今時警蹕。此分出入言者互文耳。

卽欲以侘鄙縣。方梅案周官遂人、五家爲鄰。五鄰爲里。四里爲酇。五酇爲鄙。五鄙爲縣。

起徒中。方梅案自徒中起用之。論衡四諱、被刑謂之徒。周官大司寇、以圜土聚敎罷民。卽徒義也。唐制有笞杖徒流死五刑。徒者。奴也。謂奴辱之。

語云。雖有親父。安知其不爲虎。雖有親兄。安知其不爲狼。方梅案父虎爲韻。兄狼爲韻。

別從代。主方梅案代孝王參之子恭王登也。

李將軍列傳第四十九

日以合戰。方梅案詩江有汜箋。以。猶與也。

置廣兩馬間。絡而盛臥廣。行十餘里。方梅案西京賦注、絡。網也。易說卦、莫盛乎艮。鄭注、盛。音成。裹也。言併兩馬。網其背。置廣於間而裹臥之。絡而盛臥廣絕句。

於是上召廣代建爲郎中令。方梅案百官表。建卒及廣爲郎中令。皆在元朔六年。廣五年免。而廣子敢代之。郎中令中二千石。掌宮殿掖門戶。

大將軍驃騎將軍。方梅案百官志、將軍不常置。掌征伐背叛。比公者四。第一大將軍。次驃騎將軍。次車騎將軍。次衛將軍。注引漢儀曰。大將軍、驃騎。位次丞相。

使長史持糒醪。方梅案書費誓、䂊糒。糒。乾飯也。三蒼。醪。有滓酒也。

匈奴列傳第五十

大會蘢城。索隱、崔浩云。西方胡皆事龍神。故名大會處曰龍城。方梅案上文謂諸左方王將居東方。直上谷。而韓長孺傳曰。衛青擊匈奴出上谷。破胡蘢城。是東方胡亦有蘢城。不僅西俗然也。崔說未審。

且得匈奴地澤鹵。正義、上音昌。方梅案古澤舃斥三字通用。本斥字也。當云音斥。說文、鹵。鹹地。東方謂之斥。西方謂之鹵。釋名、地不生物曰鹵。主父偃傳、固澤鹹鹵。不生五穀。

復遣宗室女公主。方梅案以宗室女名爲公主。遣之。漢書作翁主。翁者父也。其父自主婚。故曰翁主。卽宗室女也。班氏書實史公紀事其究一也。

願漢所輸匈奴繒絮米糵。令其量中。方梅案三蒼、雜帛曰繒。說文、絮。敝緜也。段氏曰。敝緜、孰緜也。古無今之木緜。必絲爲之。禮記月令、仲冬之月。乃命大酋。秫稻必齊。麴糵必時。注云。古者穫稻而漬米麴。至春而爲酒。漬米漬麴皆二事。漬米卽大酋之糵也。中者、充也。令其量必皆充足。正與下文詔吏遺單于秫糵絲絮相應。

則候秋孰以騎馳蹂而稼穡耳。方梅案孰熟古今字。漢書司馬相如傳注、蹂謂踐蹈也。小爾雅廣詁、而汝也。

奸蘭出物。索隱、上音千。干蘭、謂犯禁私出物也。方梅案小爾雅廣言、奸、犯也。漢書王莽傳與牛馬同蘭注、謂遮蘭之。文帝遺匈奴書曰。匈奴無入塞。漢無出塞。塞卽所以遮蘭出入者。索隱故訓奸蘭爲犯禁也。又解、蘭卽闌字。言令翁壹爲奸細。不以符節而闌度關塞。出財物與匈奴交。亦通。漢書作間闌。正此義也。間者、卽兵法所謂反間生間之類。漢書汲黯傳闌出財物注、闌妄也。無符傳出入爲闌。

乃粟馬。方梅案粟字虛用。言以粟秣馬也。猶云芥雞飯牛之類。

禪姑衍。方梅案姑衍山名。衍讀若延。一作烏員。與上闐顏山、趙信城、狼居胥山、俱在漠北喀爾喀部內。

臨翰海。集解、如氏曰。翰海、北海名。方梅案齊次風水道提綱曰。大漠、古稱瀚海。今曰戈壁。井泉亦罕覯焉。段懋堂曰。凡地大物博者皆得謂之海。然則此翰海者。蓋絕漠沙磧之地。非若東南之海可以會納百川者。如說殊未瞭也。

卽南面而臣於漢。方梅案上文云。其坐長左而北鄉。是匈奴俗北鄉尊而南鄉卑也。故臣於人曰南面。亦猶中國稱北而事人耳。又解、漢居匈奴之南。故必南面臣之。亦通。

遷之北海上。正義、北海卽上海也。蘇武亦遷也。方梅案此卽今所謂泊池濼淀鄂模之類。（日知錄注錢氏曰北人稱海子爲湖）

史記三家注補正 卷八

翟方梅 遺著

衛將軍驃騎列傳第五十一

與侯妾衛媼通。索隱、衛、姓也。媼、婦人老少通稱。漢書曰。與主家僮衛媼通。案既云家僮。故非老。或者媼是老稱。後追稱媼耳。又外戚傳云薄姬父與魏王宗女魏媼通。則亦魏是媼姓。而小顏云。衛者、舉其夫姓也。然案此云侯妾衛媼。似更無別夫也。下云同母兄衛長子及姊子夫皆冒衛姓。又似有夫。其所冒之姓爲父與母皆未明也。方梅案漢書作僮者。古僮妾字對文則別。散文則通也。漢書賈誼傳、今民賣僮者注、僮謂隸妾也。可證。又衛是夫之姓。小顏說是。而索隱以侯妾疑之。蓋未知此妾字義耳。妾从䇂女會意。䇂讀若愆。辠也。䇂女者、有辠之女。故說文訓妾爲有辠女子給事者。晉語納女工妾三十人注亦曰。妾給使者。是此用妾字本義。乃媼本有夫。因從坐沒入充役。爲平陽侯給事之妾。非妻妾也。安得云更無別夫。既衛是夫姓。則靑所冒爲父姓。且詳文義。世云靑及子夫男弟步廣冒姓。而不言長子之冒姓。是長子本從其父姓耳。安得云所冒父母姓未明。索隱殆未覩其通也。

師大率減什三。索隱、案漢書云減什七。不同也。小顏云。破匈奴之師十滅其七。一云漢兵亡失之數。下皆類此。案後說爲是也。方梅案索隱以漢兵亡失之說爲是。不誤。但其引漢書作什七與此不同。則囂妄

（方之謂也）齊次風曰。沙漠中凡稱海者。皆巨澤渟而不流。大宛傳曰。奄蔡臨大澤無崖。蓋乃北海云。或者吉武所遷卽此乎。漢書蘇武傳亦言武等在某澤中。可證也。正義以爲卽上海者。當據上注翰海北海名之說。因謂此卽上文翰海。失之甚已。

譋以甘言。方梅案譋古詔字。

屯朔方以東。方梅案漢朔方故城。在今鄂爾多斯右翼後旗界內。以東、卽五原雲中等郡地。

而令因杅將軍敖築受降城。方梅案因杅將軍亦浮沮將軍、貳師將軍諸將軍之類。皆權置。非常號。敖、公孫敖也。受降城在今吳喇忒旗之北。

卽兵來迎我。我卽發。方梅案上卽若也。下卽、就也。言就日發事應漢兵。上文單于卽不能卽南面而臣於漢。與此皆一字并用而義異也。

至臚朐。集解、匈奴地名。又山名。方梅案疑卽臚朐河也。今名喀嚕倫河。喀嚕一作克魯。五代遼時以此河爲邊界。此河自源東北流入黑龍江。約千數百里。自古皆爲漠北著地。其距五原塞亦千數百里耳。正與上文遠者千餘里語合。當不誤也。

爲其切當世之文而罔褒。忌諱之辭也。索隱案罔者、無也。謂其無實而褒之。是也。忌諱當代故也。方梅案索隱說非也。褒卽裒字。小爾雅廣詁、裒、取也。微與採略等字同義。謂凡有觸忌諱之辭。皆無取。惟切當世。故章。惟無取忌諱之辭。故微。

甚矣。蓋漢書師率減什七、及注云云。皆上文收休屠祭天金人句下之語。此文固史漢同也。何得援彼證此。

益封去病五千戶。方梅案漢書云五千四百戶。與此異者。史舉成數。漢核實言之也。上文益封去病二千戶。漢書作二千二百戶。同此。

賜校尉從至小月氏爵左庶長。方梅案校尉七字屬讀。漢書於小月氏下增者字。語較醒。此史漢句法異處。書中所在多有。（史公凡遇此等句法皆不用者字）左庶長、第十爵也。

千騎將得王王母各一人。索隱按漢書云右千騎將王。然則此千騎將、漢之將。屬趙破奴。得匈奴五王及王母也。或云。右千騎將、卽匈奴王之名。方梅案漢書既云右千騎將。自是匈奴右方之將千騎者。蓋匈奴王將率冠左右字。此書例也。又漢書於將下王上無得字。愈推見此千騎將者、當與上稽且王并承捕字爲句。蓋言趙破奴捕稽且王及千騎將。又得王王母各一人也。漢制、將軍以下、曰校尉、曰軍候、曰候司馬。皆有指目。當不如是稱也。不知索隱何以云然。

僕多。索隱案漢百官表作僕朋。方梅案古文多字从並夕作㚌。與朋形近易惑也。疑多爲是。五帝本紀與爲多焉亦誤多爲朋也。故徐廣曰。多一作朋。可證。

遲明。集解、徐廣曰。遲一作黎。方梅案古遲黎字音近通用。故晉世家索隱、犂猶遲也。廣雅釋詁曰。遂、遲也。

尉佗傳犂旦集解曰漢書爲遲旦高紀黎明漢書作遲明皆其證也段氏謂黎犂皆遲假借字說文遲、徐也是。

躬將所獲葷粥之士。方梅案葷粥卽匈奴也。匈奴傳注引晉灼曰。堯時曰葷粥。周曰獫狁。秦曰匈奴。匈奴俗喜戰鬬習騎射。故集解引應劭曰。所降士有材力者也。

逴行殊遠。索隱音與卓同卓遠也。方梅案匡謬正俗六逴者超踰不依次第。吳都賦曰。騰趠飛超。是其義。蓋言軍行疾也。索隱說未當。

孫吳兵法。方梅案漢書藝文志兵權謀家、吳孫子兵法八十二篇。圖九卷。吳起四十八篇。今存者孫子十三篇、吳子六篇而已。武起皆周人。爲自來談兵家所祖。故史漢亦多引其言也。

貴不省士。方梅案言早貴顯不知省恤士卒。以其未嘗歷艱苦也。如下云餘粱肉而士飢之類。

天子爲遣大官齎數十乘。方梅案大官爲少府屬官。掌御飲食。荀綽晉百官表注曰。漢制、太官令秩千石。說文、齎、持遺也。今俗字作賫。

既還重車餘棄粱肉而士有飢者。方梅案重車卽輜重之車。匈奴傳曰。輜重不與焉。三蒼、粱好粟也。案卽漢九章所謂糳米御米之屬。言去病既還軍重車中有餘棄之粱肉。而不以給食士卒。

輕車武射也。方梅案輕車、古戰車也。虎賁校尉掌輕車。司馬彪輿服志曰。洞朱輪輿不巾不蓋。大駕法駕出以次屬車在鹵簿中。隆爲輕車中武射之士。謂其有武力者射。亦依飛射士材官蹶張之類也。

平津侯主父列傳第五十二

建元元年。天子初卽位。招賢良文學之士。方梅案此卽董仲舒對策之年。爲漢第三次舉賢良也。

徵以賢良爲博士。方梅案博士掌通古今。秩比六百石。

元光五年。有詔徵文學。方梅案漢書本傳云。復徵賢良文學。而漢書武帝紀乃謂元光元年、詔賢良而董仲舒公孫宏出焉。與此及漢書本傳不同。然其於元光五年紀曰。發巴蜀治南夷道。卻與下文擢宏策第一。令覩西南夷道語合。且仲舒對策。在建元元年。不知武紀何以云也。

二歲中至左內史。集解、徐廣曰一云一歲。方梅案云一歲是也。百官表曰。元光五年、博士公孫宏爲左內史。可證。故漢書亦作一歲也。左內史卽左馮翊。秩二千石。屬長陵以北地。

位在三公。方梅案漢時以丞相太尉御史大夫爲三公。張湯謝書有曰。湯起刀筆吏。卒致三公。時湯亦爲御史大夫也。

學長短縱橫之術。方梅案顏師古曰。短長術興於六國時。長短其語。隱謬用相激怒也。漢書藝文志有縱橫家者流。言其當權事制宜。受命而不受辭。蓋出於蘇秦張儀之徒。故首列蘇子三十一篇也。張子十篇也。淮南注曰。南與北合爲縱。東與西合爲橫。

轉輸北河。率三十鍾而致一石。方梅案杜牧曰。北河卽今朔方郡。漢書律歷志曰。十合爲升。十升爲斗。十斗爲斛。杜氏左傳注曰。鍾、六斛四斗。此舊制也。自齊陳氏加量。而秦漢因之。則鍾率八斛。故小爾雅曰。缶二謂之鍾。缶四斛也。說苑、辨物、十斗爲一石。石卽斛也。猶言費二百四十石而致一石。孫子曰。故智將務食於敵。食敵一鍾。當吾二十鍾。秦漢方域。廣於春秋遠甚。孫意謂二十致一者。此則二百而致一矣。

故兵法曰。興師十萬。日費千金。方梅案孫子作戰篇曰。凡用兵之法。馳車千駟。革車千乘。帶甲十萬。千里饋糧。則內外之費。賓客之用。膠漆之材。車甲之奉。日費千金。然後十萬之師舉矣。

南越列傳第五十三

胡方日夜裝入見天子。方梅案日夜猶云旦暮間。蓋期近不久之辭。滑稽傳、國且危亡。在於旦暮。是其意也。

慍入見要用漢法。方梅案言慍漢要切之。使己必遵用漢法。漢書文紀注、要、切也。

將兵屯桂陽。方梅案高帝置桂陽郡。故城爲今湖南郴州治。又桂陽縣、卽今廣東連州治也。

賜其丞相呂嘉銀印及內史中尉太傅印。方梅案漢制、太師、太傅、太保、丞相、太尉、前後左右將軍、皆金印紫綬。餘自比二千石以上、皆銀印靑綬。銀印皆龜紐。其文曰章。謂刻曰某官之章。如以內諸侯王例之。則越之傳相史尉當得皆賜銀印靑綬。其不言靑綬。與內史中尉太傅不言銀印者。省文耳。

使者狐疑相杖。方梅案顏師古曰。狐性多疑。每渡冰河。且渡且聽。故言疑者而稱狐疑。說文、杖、持也。言其如狐之善疑。相持不決。

其後越直開道給食。方梅案此誘漢兵深入擊之也。

諸侯力政。方梅案力政謂以力相征擊也。古征政字通用。范雎傳、政適。徐廣曰。音征。敵可證。

出桂陽下匯水。集解、徐廣曰。一作湟。駰案地理志曰。桂陽有匯。永通四會。或作淮字。索隱、劉氏云。匯當作湟。漢書云下湟水。或本作涯。方梅案出桂陽者。謂桂陽縣。今廣東連州治也。匯一作湟、作淮、作涯。又作潢。別作桂。變作灌。實一水。而小源號別。傳寫異字耳。劉云當作湟。蓋未觀其通也。水經曰。涯水出桂陽縣盧聚。東南過含涯縣南。出涯浦關。爲桂水。黃黎洲曰。湟水在廣州府連州城下。東注陽山。出洸口。入於湞水。今案涯水、蓋合連山連州兩境諸枝水、流至英德縣西南、會湞湊二水爲北江也。四會、漢縣名。屬南海郡。今縣屬肇慶府。

出豫章下橫浦。方梅案今廣東南雄州、江西南安府、於漢皆爲豫章南野縣地。僕所出道卽此。橫浦水出大庾嶺。南流逕始興縣。西合北江。卽古湞水。有橫浦關。一名桑關。在南雄州西北。卽上文所謂移檄告橫浦關也。

出零陵或下離水。集解、徐廣曰。在零陵。通廣信。方梅案李申耆曰。零陵在今廣西桂林府全州西南七十八里。廣信、漢縣名。蒼梧郡附郭。爲今梧州蒼梧縣治。離水今曰桂江。觀下云或抵蒼梧。似與離水爲兩道。而其實一也。否惟强分水陸言耳。

下牂牁江。正義、江出南徼外。東通四會。至番禺入海也。方梅案此卽今南北盤江。一名烏泥江。俗曰紅水河。源出雲南霑益州。流經貴州。達廣西。爲左江上流。[illegible]

太史公曰。尉佗之王云云。方梅案呂[illegible]侯[illegible]嚭[illegible]搖[illegible]朝[illegible]五字爲韻。女[illegible]後[illegible]二字爲韻。恐[illegible]殖[illegible]福[illegible]羅[illegible]四字爲韻。此與下朝鮮傳贊同爲書中變體。其范氏韻語之權輿也乎。

東越列傳第五十四

都東冶。方梅案今福州閩縣、卽漢初東冶地。有冶山。漢冶縣故城在其東北。籠元封元年國除後置也。

欲從閩越。方梅案欲閩越從己。

閩越擊南越。方梅案下文語意、此擊南越云者。乃擊其邊鄙別邑。非直搗其國都也。不然、腹心之患。何暇上聞待漢兵來哉。

王恢出豫章。方梅案此救南越之師也。

韓安國出會稽。方梅案此圖搗閩越之虛。以牽制之。且攻其所必救也。

兵未踰嶺。方梅案此單言王恢之兵。

不許。罷兵。令諸校屯豫章梅嶺待命。方梅案不許絕句。謂不許擊東越。罷兵者、蓋皆罷伐南越之兵也。豫章梅嶺者。以下文梅嶺屬會稽。恐混。故此加豫章字別之。正與稱衛陽晉同列首冠衛字。以別於魏之陽晉也。下梅嶺屬會稽說詳本條。

入白沙武林梅嶺。索隱、白沙武林、徐廣云在豫章界。案今豫章北二百里接鄱陽界。地名白沙。有小水入湖。名曰白沙阬。東南八十里。有武陽亭。亭東南三十里。地名武林。此白沙武林。今當閩越入京道。方梅案索隱說非也。胡三省通鑑注引劉昫說。謂武林在蒼梧猛陵縣界。尤非。愚竊以爲武林在會稽。地理志、會稽郡錢塘縣注、武林山。武林水所出。吳都賦注、錢塘縣、武林龍川所出是也。水經漸江水注亦云。何以知其然也。上云漢兵臨境。且往。又下文云元封元年冬。咸入東越。東越素發兵距險。使徇北將軍守武林。樓船將軍率錢唐轅終古斬徇北將軍。爲禦兒侯。夫其所謂臨境者。臨東越境也。東越既素距險守武林。則武林必東越近邊地。且武林正直東越之北。與徇北將軍號適脗合。況終古錢塘人。惟徇北守地近錢塘。故樓船得因用之有功。遂就其地封禦兒侯。又今嚴州府壽昌縣西有梅嶺。亦要道。故徐廣謂梅嶺在會稽界。見上注也。又若耶山在今紹興府治南。觀下云越侯二人出若耶白沙。如以南越傳命二人同道出零陵例之。則白沙必若耶一帶地也。三地相望。爲漢越出入要道。情事允諧。援據較古。當不謬也。若謂梅嶺在大庾路紆。又上文無容稱豫章梅嶺矣。或曰。惟上令諸校屯梅嶺。故吾漢將軍入殺之。是尤拘謬之甚。夫事係兩年。時異情遷。紫文省敘。何得援彼疑此。獨不思白沙武林上亦何曾令諸校屯之。而爲三校被殺地乎。是不待辨而知其兩不相涉也。

句章。索隱、會稽縣也。方梅案趙氏水經注刊誤曰。闞駰云。勾踐之地。南至句無。其後并吳。因大城之。章霸功以示子孫。故曰句章。

朝鮮列傳第五十五

魋結。方梅案卽椎髻也。言總其髮結之如椎形。說文、椎、所以擊也。齊謂之終葵。形近似錘。故尙書亦假椎爲錘。朱氏謂卽稱懸之權也。陸賈傳及下西南夷傳貨殖傳皆同。

遣樓船將軍楊僕從齊浮渤海。方梅案此與韓說出句章擊東越。皆爲奇道之師。渤海、海名。西直朝鮮。北倚遼陽。南通大海。按圖。朝鮮大同江口、正與山東登州府榮城縣之成山相對。封禪書所謂成山斗入海。最居齊東北隅。以迎日出者也。自是凡有事朝鮮者。皆循其故轍。如隋開皇十七年、周羅㬋自東萊泛海趨平壤。唐顯慶五年、蘇定方自成山濟海伐百濟。皆是。百濟亦朝鮮地。平壤卽王險城。今爲平壤道。在大同江北岸。大同江、古浿水也。

左將軍卒正多率遼東兵先縱。敗散。多還走。坐法斬。方梅案卒正、官名。猶張丞相傳所云隊率。馮唐傳所云官卒將之比。周禮夏官曰。百人爲卒。卒長皆上士。多者、卒正名。衛霍傳、校尉僕多。亦名多也。下文軍多驕。固已多敗亡。先縱失亡多。乃訓多少義耳。不得因彼概此。此言左將軍麾下有卒正名多者。權率遼東兵。前行縱擊朝鮮。而兵敗散。多亦還走。於是左將軍按多以軍法斬之。漢書無正字。又解多爲多少義。未免使坐法斬句無著落。師古曰。於法合斬。其意蓋謂先縱敗走者。爲左將軍。故强解如此。此則謬之甚也。

朝鮮不肯心附樓船。方梅案下文意。則此不肯絕句。言朝鮮不肯應左將軍。而竊心附樓船。正與東越傳不許罷兵同一句法。漢書無朝鮮二字。則直謂左將軍不附樓船。義亦通。然不如史較安也。

心意樓船。方梅案意猶疑也。

剸決。方梅案嫥專古今字。剸則專之通借字也。吳世家專諸、索隱一作剸。

復攻吏。方梅案言復攻漢之師吏。周禮夏官注、將師長司馬者。其師吏也。此時朝鮮新降。不及置守土官吏。故知必師吏耳。

降相路人之子最。方梅案上右渠子長注、徐廣曰。表云長路。漢書表云長路。音各。索隱說同。愚竊以爲此文降字。或卽長路路字之譌。當屬上長字爲句。下長爲幾侯句。亦失路字。此及漢書師古注、皆以降相屬讀。則誤中之誤也。

太史公曰。右渠負固云云。方梅案祀（止韻）首（有韻）咎（有韻）三字爲韻。疑（之韻）誅（虞韻）侯（侯韻）三字爲韻。（按林氏謂古人平仄通押此句韻之通後一韻也亦偏不可）

西南夷列傳第五十六

丹駹最大。方梅案丹駹、二國名。蓋同種而異部也。觀大宛傳、出駹出丹。司馬相如傳、朝丹從駹知之。

其俗或土著。方梅案土著言自先人世居之。著其土地。猶後世云主戶。或云土人。由來不他徙者皆是。

皆氐類也。方梅案皆類云者、承謂丹駹以東北什數君長。及白馬。無大小皆是。并不連上夜郎滇邛嶲筰丹駹言也。文獻通考曰。氐者、西戎之別種。在丹駹東北。廣漢之西。是其證也。海內經、汲冢古文、及孔晁注逸周書王會篇并謂氐羌爲一種。惟高誘注呂覽云。氐與羌二種夷民。高說得之。馬貴與亦曰。其俗語不與羌胡同也。氐當在今秦階以西至松潘雜谷廳地。地理志、隴西郡有氐道。蜀郡有湔氐道。廣漢郡有甸氐道、剛氐道。可證。自元鼎六年置武都郡。排其種人。分竄山谷間。而青氐白氐之族。遂蔓延與胡漢雜居矣。或謂皆氐二字通承上文從邛等君長爲言。大謬。司馬貞曰。纂文云。氐亦羊稱。則殆以氐爲羝也。存疑

司馬相如列傳第五十七

扶輿猗靡。正義、輿音餘。猗、於綺反。謂鄭女曼姬。侍從王者、扶其車輿而猗靡。方梅案正義失之。扶輿猶猗靡也。蓋當[illegible]。扶搖調曲之貌。與方言之忸怩同義。顏師古曰。此自言鄭女曼姬爲侍從者所扶輿而猗靡耳。非謂扶持楚王車輿也。顏說是也。

連駕鵝。集解、郭璞曰。野鵝也。駕音加。方梅案索隱駕字作駕。漢書文選亦作駕。考說文無駕字。依正文當作鴚。駕其聲近假借字也。故中山經是多駕鳥。左氏定公元年傳榮駕鵝、（石本宋本下皆从鳥與漢書文選合）古今人表榮駕鵝、皆用駕字爲之。下文駕鵝鸕鷀亦當作駕。相如用字極古。而後人傳寫亂之耳。

專結縷。集解、徐廣曰。專古布字。方梅案段懋堂曰。專訓布也。非一字。

生貔豹。搏豺狼。手熊羆。足野羊。方梅案生猶性也。呂覽侈樂搖蕩生注、生性也。此四句皆言獵士技力之盛。謂其生性如貔豹。搏如豺狼。手如熊羆。捷足如野羊也。集解謂足爲拍蹋殺之。非是。

蒙鶡蘇。索隱按蒙謂覆而取之。鶡以蘇爲奇。故特言之以成文耳。鶡音曷。決疑注云。鳥尾爲蘇也。方梅案索隱說非也。此以下四句皆言獵士服飾之盛。鶡蘇者、鶡尾冠也。郭璞中山經注曰。鶡似雉而大。青色、有毛勇健。鬬死乃止。出上黨。故趙武靈王取之以冠武士。秦漢從沿用之。蓋以表勇健也。輿服志曰。武冠俗謂之大冠。環纓無蕤。以青系爲緄。加雙鶡尾。豎左右。爲鶡冠云。蒙者冒也。被也。猶周禮蒙熊皮。晉語蒙甲胄之義。卽今云戴也。東京賦曰。虎夫戴鶡。義本明晰。又與下白虎豳文訓衣袴相合。而索隱謂蒙爲覆取。其意當以上文生搏手足皆係掩殺禽獸之義。故相緣解之如此。此殆未合前後文義細審之。又不知上注有誤。不可從也。

被豳文。集解、郭璞曰。著斑衣。索隱、被斑文。文穎曰。著斑文之衣。方梅案豳斑雙聲字通用。

右弔番禺。索隱、文穎曰。番禺、南海郡理也。弔、至也。東伐閩越。後至番禺。故言右至也。案姚氏弔讀如字。小顏云。兩國相伐。漢發兵救之。命弔番禺。故遣太子入朝。弔非至也。方梅案姚顏說爲長。天下以西爲上。又漢都長安。居天下之西。自西而東。則南越正當其右。故曰右弔。

雜見可觀也。方梅案文選見字作鼠。姚曾選古文從之。然究其義一也。荀卿子曰。欲觀聖王之迹。則於其粲然者矣。見卽粲然之義。風則所謂聖王之迹也。或解見爲見在。亦通。

后稷創業於唐。方梅案文選、唐下有堯字。

大行越成。集解、漢書音義曰。行、道也。文王始開王業。改正朔。易服色。太平之道。於是成矣。索隱、案行、道也。越、於也。以言道德大行。於是而成之也。方梅案二說皆非也。姚氏鼐曰。成、卽成王也。下云躡梁父。登泰山。卽管子所云成王封泰山禪社首。案謂大道之行至成王封禪。而後乃變衰寖微也。

獲周餘珍收龜于岐。方梅案漢書無珍字。收字作放。姚曾古文本皆從漢書。

鬼神接靈圉。賓於閒館。方梅案集解引郭璞曰。靈圉、仙人名也。又上林賦靈圉燕於閒館注、張揖曰。靈圉、衆仙之號也。愚竊謂此當鬼神接一讀。靈圉賓一讀。鬼神與靈圉、接與賓、皆對文。猶云接鬼神、賓靈圉、俱在此閒館中也。曾文正公選古文以鬼神接靈圉爲句。恐未然也。文正公蓋本何氏評點文選。

或謂且天爲質闇。珍符固不可辭。方梅案闇字絕句。爲者、行也。言天行極其質闇。既有珍符不可辭以遜天意。漢書、文選、皆於闇下有示字。則又當至質字絕句。而義各通。各從本書讀之可也。姚氏薑塢引周頌匪且有且。傳謂且爲此也。存參。

王者之丕業。方梅案漢書丕字作卒。蓋因丕或體作平誤耳。漢書匡衡傳、未丕揚注丕字或作本。後書耿秉傳、吉丕註、丕或作平。皆形似相譌之證。

悉奏其義而覽焉。方梅案義卽今用之儀字。周禮肆師鄭司農注曰。古者書儀但爲義。說文、義、己之威儀也。段氏曰。古者威儀字作義。義之本訓謂禮容各得其宜。今漢書本作儀。可證然非古也。

自我天覆。四句。方梅案油游爲韻。

滋液滲漉。四句。方梅案育畜爲韻。

非惟雨之。又潤澤之。非惟濡之。氾尃濩之。方梅案澤濩爲韻。漢書、濡之作偏我。文選作徧之。觀索隱引胡廣曰。言雨澤非偏於我。是史同漢書作偏我。後乃別爲濡耳。文選曰。非惟徧之我。氾布護之。之我字疑有衍者。徧必偏之譌也。

萬物熙熙。六句。方梅案思來哉爲韻。

般般之獸。樂我君囿。白質黑章。其儀可嘉。方梅案囿嘉爲韻。漢書囿字作圃。嘉字作喜。胡氏文選考異曰。何校嘉改喜。陳同。以韻求之。喜與囿爲協。何陳從漢書是也。史記嘉亦有誤。考廣韻、嘉在九麻。囿在四十九宥。宥平韻爲十八尤。苗氏變以支脂之微齊佳皆灰咍麻尤爲一部。且荀子非相篇、莫不美麗姚冶。（高韻屬平 韻屬第九部）與下中人羞以爲友（有韻有平韻 爲十八尤）相協。又雞樞九鍼十二原、以右者（有韻 屬韻）相協。顧亭林氏爲古者平仄通押。則嘉囿爲韻不誤。胡說所謂知其一耳。又案囿嘉韻通。故詩角弓六章以猷附爲韻。嘉圃亦韻通。故詩雨無正七章以都家爲韻。然則囿圃嘉喜四韻通協。各從本書。無勞改字爲也。

旼旼睦睦。四句方梅案能來爲韻。

厥塗靡蹤。四句方梅案徵興爲韻。

濯濯之麟。八句方梅案畤祀祉有爲韻。

宛宛黃龍。興德而升。采色炫燿。熉炳煇煌。方梅案升煌爲韻。考離騷以荒章常懲四字爲韻。段氏曰。懲本音在第六部（段氏六書音韻表訂以蒸登爲第六部）離騷以合韻常字。然則升煌亦合韻也。宋鄭庠以今韻東冬江陽庚青蒸爲一部。未當不可據。

正陽顯見。四句方梅案烝乘與上升煌幷爲韻。

厥之有章。四句方梅案諄㥛爲韻。

上下相發允答。聖王之德。兢兢翼翼也。方梅案上下相發絕句。發翼二字爲韻。曾文正以允答屬上讀。恐未然也。

故曰興必慮衰。安必思危。是以湯武至尊嚴。不失肅祗。舜在假典。顧省厥遺。方梅案危祗遺爲韻。

淮南衡山列傳第五十八

擅罪人。罪人無告劾。繫治城旦舂。以上十四人。方梅案謂專擅以罪治人。其所罪之人。未嘗被告劾。而逕爲繫治城旦。城旦者旦起治城。舂者、婦人不預外徭。但舂作米。皆四歲刑也。城旦舂以上。有髡鉗箠笞釱趾棄市諸法。

王使郎中令斥免。欲以禁後。正義言屏斥免郎中令官。而令後人不敢效也。方梅案正義非也。雷被爲郎中。郎中、比三百石。爲郎中令之屬官。被固未嘗爲郎中令也。此蓋王使其長官郎中令斥責雷被而免其官職耳。

郎從臣東南至蓬萊山。方梅案從者、自神令我從之。猶云導也。蓬萊、海中神山。今山東有蓬萊縣、蓬萊鎮。皆蓋取蓬萊以名之者耳。

以爲士卒衣補。方梅案言爲士卒補紩衣物也。猶唐人詩所謂絮征袍。備長炊之意。佗欲繁其種類。故爲此請。

夫吳王賜號爲劉氏祭酒。集解、應劭曰。禮、飲酒必祭。示有先也。故稱祭酒。尊也。方梅案此說未盡。祭酒蓋與僕射略同。皆取以爲領事之號也。胡廣曰。凡官名祭酒。皆一位之元長。古者賓得主人饌。則老者一人舉酒以祭地。故以祭酒爲稱。漢之侍中。魏之散騎常侍。功高者幷爲祭酒。見文獻通考國子監祭酒條注。漢以吳王爲宗室之長。故加此號。

鏦鑿棘矜也。方梅案淮南子兵略訓、伐棘棗而爲矜。周錐鑿而爲刃。注曰。棘棗、酸棗也。矜、矛柄、周、內也。撚矜以內鑽鑿也。此則錐字作鏦。鏦即剟字之或體。剟、大鎌也。切地以芟草者。大都言其兵械之不整飭如此。

伍被自詣吏。因告與淮南王謀反。反蹤跡具如此。方梅案漢律、有罪而詣吏自首告者。免其應治之罪。

與諸侯王列侯會肆丞相諸侯議。集解、徐廣曰。詣都座就丞相共議也。索隱、會肆丞相者。案肆、習也。方梅案二說皆非也。漢書義縱傳注曰。肆、閱也。言天子與諸侯王列侯會於朝廷。公閱此丞相諸侯所上讞。其或言諸侯王列侯丞相諸侯者。隨文錯舉之耳。漢書刪去會肆丞相諸侯六字。蓋疑之也。

日夜從容王密謀反事。方梅案從容即慫慂也。方言十、慫慂、勸也。南楚凡己不欲喜而旁人說之。不欲怒而旁人怒之。謂之慫慂。漢書作縱臾。臾容雙聲通用。郊祀志、鬼臾區。藝文志作鬼容區可證。

不與太子通。方梅案不與通問。非小爾雅旁溜曰通之義。

循吏列傳第五十九

市令言之相曰。方梅案市令、主市廛之官。猶周官之司市質人廛人類也。

如此幾何頃乎。市令曰。三月頃。方梅案頃猶閒也。莊子、不爲頃久推移。荀子、天下之悖亂而相亡。不待頃矣。義與此同。

罷吾令令之復矣。方梅案罷字一讀。罷者、休也。復者、除也。猶云先生休矣。吾今後且出令復除之也。又解罷者。罷其重幣。復者。復其輕幣。故下云遂令復如故。又云下令三日而市復如故。

乘車者皆君子。方梅案君子在位者也。

故三得相而不喜。知其材自得之也。三去相而不悔。知非己之罪也。方梅案此語本之荀子、莊子、呂氏春秋與論語云子文者有異。然考子文仕楚三十年。而叔敖才二三年耳。又國語有子文三舍令尹之說。似云子文較合。抑兩人幷有其事耶。法言病子長愛奇。其此類也。（鄒論識中上書本有叔敖三去相之語）

僮子不犁畔。方梅案犁當讀離。禮記少儀、牛羊之肺、犁而不提心。釋文、犁本又作離。是犁離通用之證。僮子、謂奴隸之屬也。與上豎子義別。豎、未冠者也。見楚語注。

公儀休者魯博士也。以高第爲魯相。方梅案百官表云。博士、秦官。據此文、則博士不自秦有。或者。列國顧創置此官。而秦始著爲制耳。

今受魚而免。方梅案魚字一讀。言今者受魚。如他日或以事免。非謂因受魚遂免其官也。

食茹而美。拔其園葵而棄之。方梅案文選七發注曰。茹、菜之總名。爾雅、菟葵。芹、楚葵。廣雅、蘗菲、鳧葵。楚葵卽詩禮所謂芹者。鳧葵卽菲。或曰蓴菜。此云食茹而美。則楚葵鳧葵爲是。所謂菜之美者雲夢之芹。又菲滑美。南人謂之蓴也。邵氏爾雅正義引本草蘇恭注云。菟葵煮啖極滑。太平御覽引廣志云。菟葵瀹之可食。不言美也。

汲鄭列傳第六十

上踞厠而視之。集解、如氏曰。厠音側。謂牀邊。踞牀視之。一云溷厠也。厠、牀邊側。方梅案二說皆非也。此言上踞牀側自視之。踞字一讀。青以外戚貴幸上。故媟嫚畜之。漢書刪而字。意益顯。師古以溷厠之說爲是。是尤謬也。

非苦就行。放析就功。方梅案此疑有誤字。不可强解。或者、析本期字。因期斯形近誤斯。又因斯析形近誤析耳。相如傳蔵蕲之蕲。文選作菥。荀子期止矣注曰。期當爲斯。是析斯期轉誤之證。期者、卽文帝時所定考功課吏之期。放者、效也。依也。放期猶尅期。欲其改過成功之速也。言不厲苦自成其行。誼以尅期而就功。而乃務以紛更爲事。

唯天子亦不說也。方梅案唯當讀雖。古雖唯聲近通用。故漢書亦作雖也。禮記表記唯天子受命於天注、當爲雖。莊子庚桑楚唯蟲能蟲。釋文本作雖。荀子性惡、唯禹不知仁義法正。注、讀爲雖。少儀雖有君賜注、或爲唯。皆其明證。

故諸時丞相史。方梅案相字疑衍文。言諸舊所屬之丞吏。觀[illegible]本傳曰。諸時丞吏皆與同列。益信。

愚民安知市買長安中物。方梅案愚民安知絕句。安知卽無知也。惟無知。故妄市京師之物。正與下文殺無知者相應。

諸姑姊子。方梅案漢書無姑字。

夜以繼日。至其明旦。方梅案由日而夜而明旦也。八字爲句。

莊任人賓客爲大農僦人。集解、徐廣曰。一作入。方梅案謂上人字一作入也。任者、保薦也。入者收而納之。言保收所善賓客爲大農僦本興利之人。

儒林列傳第六十一

以春秋白衣。方梅案白衣者。無文繡之衣。宏從齊人胡毋生治春秋之學。時年七十一。病免家居。故曰以春秋白衣也。

胥靡申公。集解、徐廣曰。腐刑。方梅案漢書楚元王傳注、師古曰。聯繫使相隨而服役之。故謂之胥靡。當從顏說爲是。

稱其好學。方梅案稱當讀爲漢書景紀而廟樂不稱之稱。師古曰。稱、副也。此謂行足副所學耳。班氏删其好學三字。是以稱爲登譽屬上廉而讀。句法較遜。亦失史文本義也。

而至於大夫郎中掌故以百數。方梅案漢制、博士弟子射策中甲科補郎中。乙科補掌故。

履雖新必關於足。方梅案漢書關字作貫。關貫聲近通用。禮記雜記以其杖關轂。疏、關穿也。是假關爲貫之證。

善爲容。索隱、漢書作頌。亦音容也。方梅案頌貌儀容本字。何旁借音容也。此蓋索隱緣漢書注而誤。

然要言易者本於楊何之家。方梅案家謂家法。後漢左雄傳注曰。儒有一家之學。故稱家法。此云楊何之家。猶漢書儒林傳所謂張家顏家公羊家也。藝文志、凡易十三家。楊氏二篇。其一家也。楊氏卽楊何。

弟子傳以久次相受業。或莫見其面。方梅案傳、轉也。言仲舒當令後至之弟子。轉以弟子之久居門下有學行者爲師。相受業。故有莫見仲舒面者。

著災異之記。方梅案公羊疏曰。左氏善於禮。公羊善於讖。仲舒治公羊者。故於陰陽災異之事獨詳。

其傳公羊氏也。方梅案藝文志、有公羊董仲舒治獄十六篇。公羊序疏引戴宏序曰。子夏傳與公羊高。高傳子平。平傳子地。地傳子敢。敢傳子壽。至漢景帝時。壽乃共弟子齊人胡毋子都。著於竹帛。與董仲舒皆見於圖讖。漢書亦云。胡毋生治公羊春秋。與仲舒同業。又自序索隱曰。裴駰以遷述仲舒所論公羊經傳。凡四萬四千。然則仲舒亦有著述也。

自公孫宏得用。嘗集比其義。卒用董仲舒。方梅案其義者、仲舒與江公之義是也。漢書曰。武帝時。江公與仲舒並。仲舒通五經。能持論。善屬文。江公吶於口。上使與仲舒議。不如仲舒。而丞相公孫宏本爲公羊學。比輯其議。卒用董生。

酷吏列傳第六十二

由以宗家任爲郎。方梅案宗家或作宗室。魏其傳索隱引姚氏云。案酷吏傳周陽由以宗室任爲郎。則似與國有親戚屬籍者。亦得呼爲宗室。然則姚氏所見此文。固不作宗家作宗室也。

罪常釋聞。方梅案漢書聞字作閒。屬下卽奏事爲句。猶云不時卽奏事也。似從漢書爲是。

湯左田信等。集解、漢書音義曰。左、證左也。正義、言湯與田信爲左道之交。故言左田信等。方梅案集解是也。說文左右字作ナ。佐佑字作左。證左其引申義。故漢書楊惲傳考問左驗。明白亦作左也。信足爲湯左驗。先捕之以爲異日簿問地。正義訓左道。謬甚。

黎來。方梅案晉世家索隱、犂、遲也。猶言待也。此言待其既來。則已將立春。不復得行刑矣。漢書作追求。竊謂追求亦黎來之誤。考古黎遲通用。遲古文作迡。遲、追、來、求。形近易惑。致誤。然於文義各通。故遂不復省知也。趙世家、兄弟或作元弟。亦此類。

知豪惡吏。方梅案知者、謂相與交接爲知好。

爲方略。方梅案方者、如醫之主方。略者、如田之畫界。

講告言姦。方梅案講與搆同。言姦未著而搆成之。因以告言於官也。淮南衡山傳、乃深講淮南事。亦假講爲搆。

舞文巧詆。下戶之猾。方梅案八字句。

尸亡去。集解、徐廣曰。尹齊死。未及斂。恐怨家欲燒之。尸亦飛去。方梅案徐說謬誕。不足采也。史公最善實字虛用。此尸字亦然。蓋言持尸而亡去也。字例與而國大叔之國。乃粟馬之粟并同。漢書作妻亡去。似於下歸葬二字無著。殊失史公意也。

坐課累府。方梅案府者、郡府也。郡府有督課吏屬之責。如吏屬所理有盜賊。或遂發覺而捕不可得。得亦未能滿品。則必坐郡府以督課不勤實之罪。而累及郡府也。故郡府亦令吏屬勿言有盜賊也。

大宛列傳第六十三

于窴之西。則水皆西流。注西海。方梅案西海卽下文條支所臨西海也。據董立方水經注圖說。葱嶺以西水皆西流。其入達里岡阿鄂謨者。川流較近。惟今巴達克山以南之水。皆出西南葱嶺中。三水合而西流。逕科克倫回部南。又西北流逕布哈爾部落。西南入騰吉斯鄂謨。周圍數千里。疑卽所謂雷翥海。然則西海卽水經注所謂雷翥海。亦卽董氏所謂騰吉斯鄂謨是也。董氏又謂于窴西南二面。葱嶺環帶、亦無西流之水。而此云于窴之西。則水皆西流者。疑其本謂今巴達克山以南諸水。而舊窮河源。僅至于窴而止。但聞河源之西。有水皆西流。不曾親履其地。又于窴與葱嶺相接。言于窴猶言葱嶺。故聊假于窴以表之。乃遠憶約略之辭。非直謂西流自于窴始。亦猶敦煌酒泉張掖三郡界中實無河。而水經注則云。河水東入塞。過敦煌酒泉張掖郡南之例也。

鹽澤潛行地下。其南則河源出焉。方梅案索隱引漢書西域傳、山海經注、皆略具其說。而微有異同。因詳覈備言如此。一以今地證之。考鹽澤一名蒲昌海。今名羅布淖爾。蒙古語謂湖爲淖爾當土魯番西南。周圍數百里。停而不流。葱嶺以東。凡葉爾羌、和闐、與夫烏什喀什噶爾諸水。皆會於塔里木河。而豬於此。自此伏流至噶達素齊老。蒙古語噶達素北極星也齊老石也復出爲阿勒坦郭勒。蒙古語阿勒坦黃金郭勒即河也東流至鄂敦塔拉。卽星宿海。衆泉并發。挾以俱東。豬爲札陵海。又東爲鄂陵海。折而南。逕蒙古爾津土司。又東逕積石山南。此河源也。

積石山、西距星宿海約五六百里。俱在青海境內。

大月氏在大宛西。可二三千里。居嬀水北。方梅案水經注、黃河源出葱嶺。葱嶺之水。分流東西。東爲河源。其西流者。西逕月氏國南。又西逕安息國南。而此文云大月氏居嬀水北。是嬀水逕其國南明矣。又下文云安息最爲大國。臨嬀水。然則嬀水其卽葱嶺西流入雷翥海之水無疑也。

條枝有弱水、西王母、而未嘗見。方梅案爾雅以西王母、與觚竹北戶日下爲四荒。注曰。西王母在西。則西王母乃國名。大荒西經曰。西有王母之山。則西王母又山名也。畢氏沅校正西山經有曰。俗以西王母爲神人。非也。西王母國名。尙書大傳、西王母來獻白玉琯。荀子、禹學于西王國。是也。莊子云。西王坐乎少廣。淮南子云。西王母在流沙之瀕。其餘傳說多謬。蓋無取云。譙周亦疑穆天子觴西王母瑤池之事。而索隱援以爲解。不足信也。

今身毒國。又居大夏東南。可數千里。有蜀物。此其去蜀不遠矣。方梅案身毒卽今印度。東近西藏。北抵克什米爾。而西南夷傳索隱以爲身毒之身音捐。是直謂身毒卽捐毒也。考漢書、捐毒國王治衍敦谷。東至都護治所二千八百六十一里。至疏勒。南與葱嶺屬。西上葱嶺。則休循也。西北至大宛千一十里。北與烏孫接。以今地望準之。捐毒當在西布魯特地。直長安西北。若身毒居大夏東南數千里。去蜀不遠。於長安當在西南。然則身毒之與捐毒。洵風馬牛不相及矣。先儒多相沿誤解。故揭別之。

而漢使窮河源。河源出于窴。方梅案胡氏渭曰。西域之水注鹽澤者。其源有四。一曰葱嶺。二曰于窴。三曰敦薨。四曰阿耨達。

烏孫、侖頭。方梅案漢書侖頭作輪臺。師古曰。亦國名。董氏祐誠曰。輪臺在庫車河之西。近今庫車城也。

禹本紀。方梅案此上古之書。子長本之以述史者。杜佑通典疑漢武帝所案古圖書卽禹本紀。

窮河源。惡睹本紀所謂崑崙者乎。方梅案胡氏渭曰。張騫及後使者。皆未嘗指于窴之山爲崑崙。武帝自案古圖書以名之耳。故太史公云不睹。

游俠列傳第六十四

傳險。方梅案書說命作傅巖。險巖聲近通用。今山西解州平陸縣有聖人窟。卽說版築處。

延陵。集解、徐廣曰。代郡亦有延陵縣。駰案韓子云。趙襄子召延陵生。令車騎先至晉陽。襄子時趙已并代。可有延陵之號。但未詳是此人非耳。方梅案集解非也。此延陵自是吳季札。觀下文云。皆因王者親屬。藉於有土。顯名諸侯。季札正吳王介弟。封延陵州來。交徧列國。亦與孟嘗春申平原信陵相倫比。如讓國、解劍、贈平仲子產紵。以言皆其俠義之章章較著者也。

邑中賢豪居閒者。方梅案言居兩仇家之閒和解之。

佞幸列傳第六十五

然獨郎中令周文仁。索隱、案漢書稱周仁。此上稱周文。今兼文仁。恐後人加耳。案仁字文。方梅案史文例。有一人而兼舉名字者。如王同子仲、郭解翁伯之屬皆是。

淺與中人亂。集解、徐廣曰。一云坐弟季與中人亂。方梅案漢書但云弟季與中人亂。無坐字。當從漢書。以下文有云。擒誅延年昆弟也。

滑稽列傳第六十六

甌窶滿篝。集解、徐廣曰。篝、籠也。索隱、案甌窶猶杯摟也。窶音如婁。古字少耳。言豐年收掇易。可滿篝籠耳。

正義、窶音樓。篝音溝。籠也。甌樓謂高地狹小之區。得滿篝籠也。方梅案荀子大略篇語曰。流丸止於甌臾。注、甌臾皆瓦器。謂地之坳坎如甌臾者。蓋謂坳坎則磽确不沃美者矣。臾窶聲相近。故从臾从婁之字。幷收廣韻十虞部中。此甌窶當與甌臾同義。故荀子甌臾注亦引此文也。且曰。裴駰云。甌窶、傾側之地。今檢集解無此語。然則楊氏注荀子時。所見集解本有之。而後世傳寫佚奪耳。索隱以爲收掇。非是。

正義謂高地狹小之區近之。然未足爲其無左據耳。駢雅曰。甌臾、窳下也。

西門豹往會之河上。方梅案水經濁漳水注、漳水又北逕祭陌西。蓋卽豹覗取婦者祭于此陌。曰溜祀雖斷。地留祭陌之稱焉。當在今彰德府臨漳縣西。

日者列傳第六十七

比周賓正。集解、徐廣曰。客旅謂之賓。人求長官謂之正。方梅案此說太紆。書中多賓擯通用。此言與嘗小比周以擯排正人。義自明當。

毒恨而死。方梅案猶云篤恨而死也。非飲酖藥殺之謂。說文、毒、厚也。段氏曰。毒與竺篤同音通用。微子、天毒降災。史公作天篤是也。

龜策列傳第六十八

神龜出於江水中。廬江郡。方梅案水經決水注、灌水導源廬江金蘭縣西北東陵鄉大蘇山。卽淮水也。許慎曰。出雩婁縣。俗謂之澮水。褚先生所謂神龜出于江灌之間嘉林之中。蓋謂此水。

宋元王二年。江使神龜使於河。至於泉陽。漁者豫且。舉網得而囚之。置之籠中。方梅案宋有元公。名佐。乃平公成子。然未稱王。且元公在位十五年。詐殺諸公子大夫。諸華向氏相攻亂。爲魯昭求入道死。與下文所云元王之時。衛平相宋。宋國最强。不合。未知此何指也。又案說苑、伍子胥諫吳王曰。昔者白龍化爲魚。漁者豫且。射中其目。與此微同。大都野聞稗說。存而不論可也。

以韋爲囊。囊盛其血。與人懸而射之。與天帝爭彊。方梅案殷本紀、武乙囊血射天。宋世家、王偃亦有射天之事。與此言桀紂者不同。然類爲無道主行耳。

正足。集解、徐廣曰。一作止。方梅案徐云足一作止。止足故義同也。說文、止、下基也。象草木出有址。故以止爲足。段氏曰。許書無趾字。止卽趾也。詩、麟之止。易、賁其止。壯于前止。士昏禮、北止。注曰。止、足也。可證。

貨殖列傳第六十九

賤之徵貴。索隱、徵者求也。謂此處物賤。求彼貴賣之。方梅案如索隱說。則解下文貴之徵賤句。必曰此處物貴。求彼賤賣之矣。殊於事理不通。愚竊以爲徵有求取之義。蓋云人趨賤價之物。則吾徵其貴者。人趨貴價之物。則吾徵其賤者。言不與人同尚。亦買人旱資舟水資車以待之意也。

積著之理。方梅案著貯古字通。詩、俟我于著乎而。亦假著爲宁也。可證。

令倮比封君。方梅案漢興列侯曰侯。封率千戶至萬餘戶。關內侯曰君。封率數百戶。如孔霸以師賜爵關內侯。號褒成君。又上文云。萬家之侯。百室之君是也。比令封君。故富者曰素封也。

嘻游子弟。方梅案嘻當讀嬉。晉語、妹嬉。漢書古今人表作末嬉。可證。

髹者千枚。方梅案索隱、千謂千枚也。則此文當無枚字。

果菜千鍾。方梅案從索隱作千種爲是。

人爭取賤賈。索隱、晉灼云。爭取賤賈金玉也。正義音價也。方梅案正義謂賈音價是也。賤價屬田畜言。觀上文重言田畜可見。晉氏以爲賤買金玉。殊未審也。

任氏獨取貴善。索隱、謂買物必取貴而善者。方梅案當云買田畜。

太史公自序第七十

故易曰。失之豪釐。差以千里。集解、徐廣曰。一云差以毫釐。一云繆以千里。駰案今易無此語。易緯有之。方梅案易緯稱易者。亦逸禮曰禮。逸周書曰書。小爾雅曰爾雅之例。

不韋遷蜀。世傳呂覽。方梅案呂不韋傳、謂不韋爲相國。羞不如信陵春申平原孟嘗之下士喜賓客。亦招致士厚遇之。至食客三千人。乃使其客人人著所聞。集爲八覽六論十二紀。二十餘萬言。號曰呂氏春秋。是呂覽之成。不必遷蜀後也。此因上文類及。殆非信證。

（全書已完）

讀史記蠡述

李澄宇

一九三三年湘鄂印刷公司印行本

讀史記蠡述

癸酉春孟 徐琫署耑

讀史記蠡述目次

讀史記蠡述卷一　　岳陽李澄宇洞庭著

書卷首

古者帝王右史記言左史記事史記之名本此又春秋爲約史記之名司馬遷繼春秋取法左氏化編年爲紀傳仿君子稱史公上自五帝下訖漢武使二千四百一十三年之事燦若星日持中大業雖遜聖尼實並肩左

後以史記名者惟歐陽修之五代史記（或稱新五代史）若班固漢書范曄後漢書房玄齡晉書沈約宋書蕭子顯南齊書姚思廉梁書陳書魏收魏書李百藥北齊書令狐德棻周書魏徵隋書劉昫舊唐書歐陽修新唐書則仿尚書之夏書商書也陳壽三國志則因左傳孟子皆有志曰二字也李延壽南史北史薛居正舊五代史托克托宋史遼史金史宋濂元史柯劭忞新元史張廷玉明史則因古有右史左史遂稱名史也

大學中庸春秋三傳經經傳緯大略相似史記則帝紀經而列傳緯帝紀又年經而事緯列傳人經而事緯蓋其事治尚書春秋三傳國語國策等於一爐其體亦治尚書春秋三傳國語國策等於一爐也通鑑易紀傳爲編年綱目效之志皆在春秋而取材不能外紀傳就書言化橫爲縱就事言質化整爲散此紀事本末通考通志諸書所由繼作也

雲山讀書記有云魯論微子一篇表三仁以爲後世大臣遭變之式表接輿沮溺諸人以爲後世山林隱淪往而不反之式表伯夷諸逸民以爲後世四皓黃憲陳寔諸人道高身退屈於下僚之式表樂師摯諸人以爲後世大隱金門不夷不惠之式表周公魯公八士諸人以爲後世黼黻治平立德立功之式此皆馬遷世家列傳所由濫觴也遷可謂善讀魯論矣而於微子伯夷兩章獨取裁焉以爲傳贊之體又邱明內外傳所不如也意甚精確附錄於此（雲山讀書記武岡陳葆之先生著）

書五帝本紀

紀阪泉涿鹿之戰見文治基於武功統觀一部廿四史文治皆基於武功

漢武帝時方士喜言黃帝乘龍上升此但曰黃帝崩葬橋山足解萬代之惑

昌生無澤無澤爲漢市長無澤生喜喜爲五大夫順敘也高辛父曰蟜極蟜極父曰玄囂玄囂父曰黃帝逆敘也

修身而天下服取地之財而節用之足抵大學一書溉執中而徧天下日月所照風雨所至莫不服從足抵中庸一書書曰帝德廣運吾於帝嚳亦云

李商隱謂韓文公平淮西碑點竄堯典舜典字可移評五帝本紀後半也點竄處雖遜尚書然可作註釋尚書之用夏殷周紀采尚書處亦如此

歲三百六十有六日以閏月正四時吾國陰歷最精語蓋陰歷務敬授民時若但使知日不使知月知四時若陽歷然非所謂敬授民時也必使知月知四時則非置閏定大小建無由測晦朔節候寒暑旱澇

薦之於天至而後之中國踐天子位焉堯乃賜舜絺衣至舜復事瞽叟愛弟彌謹舜之踐帝位至然後禹踐天子位皆采孟子而略變化之然文遜孟子

昔高陽氏有才子八人至天下惡之比之三凶采左氏傳

贊自稱太史公猶左氏自稱君子或謂稱其父談非也其太史公自序即司馬遷列傳雖有談爲太史公太史公學天官於唐都太史公既掌天官太史公留滯周南等語明稱父談而太史公曰先人有言至小子何敢讓焉太史公曰唯唯否否不然至噫先人所言罪莫大焉太史公遭李陵之禍幽於縲紲乃喟然而嘆曰至於是卒述陶唐以來至于麟止自黃帝始則皆自稱也傳既自稱矣而後人於贊乃疑之殆未嘗讀史記乎

書夏本紀

贊曾大父三字始見於此

夏紀雜采尚書論孟左傳等書化散爲整搜縫滅盡鍼線迹處即金鍼度與人處殷周紀雜采各書亦然

書殷本紀

言帝王受生之瑞自史記簡狄吞玄鳥卵始讖緯者乃謂此記私生子之始詩則但

云天命玄鳥降而生商意未章著或以時序解謂天命有娀玄鳥方降而契適生也契卒子昭明立至主癸卒子天乙立是爲成湯又亦順敘法也

改正朔易服色六字始見於此

天子稱帝自黃帝始稱王自禹始稱宗自中宗始

帝紂資辨捷疾聞見甚敏材力過人手格猛獸知足以拒諫言足以飾非矜人臣以能高天下以聲以爲皆出己之下好酒淫樂嬖於婦人可謂千古昏主模範也一笑使男女倮逐今日海國或以爲新奇可喜不知殷紂時已行之史乃以爲罪惡也漢之王六朝五代之帝有效紂者史亦以爲罪惡也

九侯以入好女於紂致醢文王以獻美女於紂得賜弓矢斧鉞

貶帝號爲王之說不可信蓋漢制沿秦帝下有王或遂疑三代不稱帝爲貶也

書周本紀

大雅生民有履帝武敏歆句史記乃言見巨人跡心忻然說欲踐之踐之而身動如孕者或謂帝即帝嚳履帝武即踐帝嚳跡因祈子與帝同往履跡而悅身動如孕也

后稷者主稷也（[illegible]）舜曰棄黎民始飢爾后稷播時百穀與舜曰皋陶蠻夷猾夏寇賊姦宄汝作士同例他如禹汝平水土伯夷汝爲秩宗等亦同

號曰后稷以所職爲號也

夷秋於所欲爲惟利是視於所爲惟力是視故不能以情動然秦公守法故法治往往有效我國則王道本乎人情道德齊禮特緣情以動之故有恥且格有恥且格無庸乞靈法治矣故德治往往有效虞芮之人如周見耕者讓畔民俗讓長而慙此非以法迫之使然也知此則言法治於我國者可以已矣

紂兵皆倒兵以戰以開武王武王馳之紂兵皆崩開馳崩三字妙後漢書光武紀乘銳崩之蓋亦由紂兵皆崩句化出

厲王好利近榮夷公大夫芮良夫諫之有匹夫專利猶謂之盜王而行之其歸鮮矣夷公若用周必敗也語王不聽卒以榮公爲卿士用事召公諫王又有民不堪命語利之不可專也如此哉今有國省縣區稅等名出入實數皆不可究詰省於國稅大抵得自爲附加用益省稅縣於省稅亦得自爲附加用益縣稅區亦自立名色益區稅上下交征利甚展轉迷民民以區稅事愬縣縣不理恐區向縣求益也以縣稅事控省省不理恐縣向省求益也以省稅事告國國不理恐省向國求益也民不堪命欲無亂得乎

天子聽政使公卿至於列士獻詩瞽獻曲詩曲之爲用大矣豈今所謂詩曲止娛耳族下且誨淫誨盜哉

吾友番禺沈宗畸著共和鈎沈有古者政權操之君相故其善惡美刺但及君相不及民獨變雅之詩刺民者多刺官者少而刺王之辭寥寥焉竹書紀年云共伯和干王位竊意共伯必假仁義之名誑惑愚民盛倡民治之說偏致羣不逞於一黨共伯和略如今之議長諸侯不知其奸亦姑推奉之於是蜩螗沸羹不可終日羣怍民治有害無益共伯始歸政周召後世反謂共和好行仁義奪之不言廢之不怒班氏人表且躋之上中之列顛倒黑白矣等語蓋以節南山之國既卒斬桑柔之滅我立王證變雅爲共和時詩故有此論也後世漫言共和實昧其朔而亂象乃前後一轍亦可異矣

召公以己子代王太子開程嬰救趙孤例

夏亡傳此器殷殷亡又傳此器周比三代莫敢發之非畏龍漦畏變異耳厲王獨不畏發而觀之且使婦人裸而譟之蓋欲以壓禳制變異也龍漦竟化爲玄黿入後宮童妾遭之既笄而孕生褒姒私生子託於變異耶抑變異待人而著耶予惡乎辨之

蘇代爲周說楚王有周絕於秦必入於郢語較王孫滿對楚莊王問鼎時大異矣釋周書而讀左傳可爲太息釋左傳而讀國策可爲痛哭

赧王延立而兩周分治已不國矣而東周復與西周戰惡得不亡乎

百發百中不以善息一發不中百發盡息可與畫蛇添足喻參證

游說之士大抵怵以禍而誘以利怵以禍易聽誘以利尤易聽

書秦本紀

秦之先又有女修吞燕卵生大業事是燕卵一啓殷商一開秦爲作兩朝天子祖也遂致使御而妻之自太戊以下中衍之後遂世有功以佐殷國故爲姓多顯遂爲諸侯迪用三遂字不避複

今陝西有寶雞縣以秦文公十九年得陳寶故名得雄者王得雌者霸秦得雌雉而東漢光武乃得雄雉西漢呂后亦爲雌雉雉於秦漢所繫大矣哉

書初有三族之罪惡之也

長子宣公中子成公少子穆公長子宣公立先平叙後側叙也

秦不得志於春秋惟晉之故蓋殽函在晉秦自不能越國鄙遠也至三國分晉秦得蠶食晉地東諸侯遂同就破滅晉誠春秋戰國一大關鍵哉

以船漕車轉自雍相望至絳謂輸粟極有聲勢

三百人推鋒爭死以救繆公竟轉敗爲勝生獲晉君生力軍一可當百信哉

不聽蹇叔百里徯諫而使百里徯子孟明視蹇叔子西乞術及白乙丙將兵一可異孟明視西乞術惟君命是奉不復詳思反覆二可異蓋三帥新進冒事繆公且甚任信故如此也

秦獲夷吾而繆公夫人救之晉獲三帥而文公夫人救之婦女重母家自古然矣

由余謂上含淳德以遇其下下懷忠信以事其上一國之政猶一身之治不知所以治此眞聖人之治蓋老氏之要道霸者惡足語此乎

秦誓作於殽之役後非作於報殽之役之後誓辭具在可覆按也

秦繆公前未書從死之事黃鳥之歌自不能已然黃鳥僅哀三士彼百七十四人者果皆宜從死耶

衛宣公後復有楚平女家皆不以亂倫故興師問罪殆以婦女爲贈品但恃交鄰不必復問父子耶

晉復彊奪秦河西地即奪回晉惠公敗後所獻河西八城耳

孝公布惠振孤寡招戰士明功賞上繼繆公之業下啓始皇之祚爲秦第一令主也惜以商君佐之恃法恃力無覆幬宇內之度有鞭笞六合之意秦於帝統僅爲閏位蓋有由也

戰國時魏惠與齊威先稱王而秦惠文君六年魏納陰晉於秦八年納河西地於秦（即秦出子時晉所奪之河西地）十年復納上郡十五縣於秦國與强鄰接壤不能保土地而稱號自娛抑何可哂

惠文君四年書齊魏爲王索隱謂係齊威王魏惠王十三年書魏君爲王韓亦爲王正義謂係魏襄王韓宣惠王孟子有見梁惠王梁襄王之文梁惠王更有西喪地於秦七百里之語可證（[illegible]）

惠文君十三年張儀伐魏取陝自是以殽函爲戶進可戰退可守天下無如秦何矣

十四年更爲元年蓋惠文君始稱王是爲秦惠王元年也

張儀相秦後時而相魏時而相楚儀不足怪諸國信任儀可怪也

秦武王元年與魏惠王會臨晉惠王蓋襄王之誤

楚不伐蜀而秦聽司馬錯伐蜀又因蜀攻楚黔中白起復攻楚取郢楚於是不可爲矣

秦昭襄王五十三年西周雖亡東周尚在而書周初亡者九鼎已入於秦也或曰一鼎飛入泗水其八入秦

書秦始皇本紀

五帝共爲一紀略遠也秦紀外復有始皇紀詳近也

戰國時各國無信常以愛子爲質故莊襄亦爲秦質子於趙

嬴秦未幷天下而呂不韋已以呂易嬴天之惡秦亦甚矣

秦王政四年書秦質子歸自趙趙太子出歸國蓋又一質子也此歸彼出蓋解質耳

秦政遷母咸陽宮而茅焦於已戮二十七人後進諫有假父兩弟云云直稱無忌者蓋秦承春秋戰國之遺不諱淫亂也而秦政竟聽焦自迎太后歸者以焦有天下誰

瓦解無向秦者二語也彼惟知計利害而我仰動以利害茅焦蓋亦善諫說

秦始以前所傳帝王異表亦多矣史記皆不載仰舜之重瞳亦僅於項羽本紀贊見之蓋年代久遠恐不可信故略之茲大梁人尉繚謂秦王蜂準長目摯鳥膺豺聲少恩而虎狼心居約易出人下得志亦輕食人獨載於篇蓋詳近也

令語有自今以來操國事不道如嫪毐不韋者籍其門視此云云蓋探憾二人也自今以來之來與論語來者猶可追之來同猶言自今以後耳

引水灌城自智伯始王賁特效智伯耳

始皇令歷數六國罪皆自取滅亡若初無利天下之心者文亦質勁可喜

楚在戰國時奄有大江南諸省江北鄂豫蘇皖境亦所隸其廣荊則衰弱後復其始號也（楚於春秋之始曰荊）境愈蹙故距咸陽愈遠

秦廢井田開阡陌廢封建置郡縣此中國言農言政二大事然未可厚非蓋自此人人可得田無孟子所謂餘夫人人可得政無孔子所謂世卿富貴貧賤皆視己德與力升降盈絀焉或始貧而後富或且貴而夕賤不必曰共產而產可共有不必曰平等而等可平視奚不可者若乃任法不德流爲暴虐則商鞅李斯誤之也

始皇泰山之罘碣石會稽刻石皆三句一韻琅邪刻石則二句一韻

秦博士統言湘君爲堯女舜妻而楚辭有湘君湘夫人於是有言娥皇湘君女英湘夫人者有言舜爲湘君娥皇女英爲湘夫人者有言湘君水神如洛妃非堯女者有言湘君男水神湘夫人乃水神妻者總之史記所載者近是

始皇時圖讖與王莽時符命同

始皇挾雷霆萬鈞之力焚書坑儒而聖道終明後世小人乃復欲效始皇何也

秦皇漢武皆大聰明而方士以極淺陋語惑之詩所謂靡哲不愚也

盧生謂眞人入水不濡入火不爇陵雲氣與天地久長蓋竊莊子語耳

始皇以刑殺爲威天下畏罪持祿莫敢盡忠蓋專任獄吏勢必至此也

告以今年祖龍死又告以游徙吉蓋不游徙則始皇不崩於沙丘胡亥且不得立也

二十八年浮江至湘山祠問湘君神爲堯女舜妻大怒伐樹赭山三十七年行至雲夢乃望祀虞舜於九疑山於舜亦可謂前倨後恭矣一笑

令匠作機弩矢有所穿近者輒射之以水銀爲百川江河大海機相灌輸上具天文下具地理以人魚膏爲燭度不滅者久之此蓋求神仙不死藥未得無可奈何而後出此也而終被楚軍發掘者以中有奇器珍怪耳秦漢迄清帝后陵大抵不免惟漢文薄葬得完

二世一再與趙高謀以黔首未集附巡行郡縣以大臣不服及諸公子必與爭恣行誅戮無事自擾諺所謂作虧心事見鬼也

宗室振恐黔首振恐復作阿房宮用法益刻深安得不大亂（[illegible]）

趙高說二世常居禁中有天子稱朕固不聞聲二語解稱朕如此而二世信之無怪趙高異日指鹿爲馬也

二世謂堯舜過儉雖監門之養不觳於此大禹過勤臣虜之勞不烈於此朕尊爲萬乘無其實吾欲造千乘之駕萬乘之屬充吾號名朕惡勤儉肆意極欲安得不亡國而謬解萬乘二字亦與趙高解稱朕同

書楚上將軍項羽將楚卒往救鉅鹿予之也

趙高用事於中將軍有功亦誅無功亦誅此數語不獨司馬欣章邯等寒心千古功臣志士往往同此遭遇念之痛哭也

趙高謂鹿爲馬與冒頓射馬及父同一用意

二世向閻樂言願得一郡爲王願爲萬戶侯願與妻子爲黔首不圖始皇乃有是子然趙高立二世兄子嬰爲秦王以黔首葬二世可謂如願矣一笑

嬰克族誅趙高尚屬千古快事

以賈誼過秦作贊不一刪節後世無類此者班固陳勝列傳錄過秦中段亦史記陳涉世家本如此也

書項羽本紀

列項羽於本紀以政由羽出號爲霸王足爲秦續故以帝統擬之耳然不曰楚霸王本紀而曰項羽本紀不曰霸王下相人姓項氏字羽而曰項籍者下相人字羽究非以帝統予之也

始皇本紀二十四年王翦蒙武攻荆破荆軍昌平君死項燕遂自殺蓋已項燕爲王翦所殺蓋項燕以軍敗自殺或遂傳爲翦所殺也然亦無異爲翦所殺也

吳中有大繇役及喪項梁陰以兵法部勒賓客及子弟以是知其能乃今或擁兵若干萬於所部能否不甚了了反謂能爲不能不能爲能抑又何也

項梁志不在小會稽守通不度德量力乃欲用項梁爲將致被斬首死由自取觀此益信

范增說項梁有秦滅六國楚最無罪語秦滅人國豈待有罪耶增於是爲失辭矣蓋楚憐懷王以王被秦紿喪身失國楚之人皆與有辱氣不能平耳非他國當滅楚最無罪乃憐之也

懷王爲項氏所立不德項氏而忌項氏以項氏非實心擁戴也然項梁敗死懷王亟并項羽呂臣軍自將之以呂臣爲司徒呂臣父青爲令尹沛公爲碭郡長將碭郡兵觀項羽若無物復以宋義爲上將軍項羽爲次將范增爲末將諸別將皆屬宋義項羽能不寒心哉他日宋義以此死懷王亦以此死

夫被堅執銳義不如公坐而運籌公不如義是斥羽有勇無謀也復下猛如虎很如羊貪如狼强不可使者皆斬之之令是斥羽且禁羽毋自動也天下事惟心與氣可以左右之羽心已寒氣復被壓其屈更遠痛梁敗近恥羽被制欲無變得乎將戮力而攻秦至非社稷之臣皆羽未殺宋義前與素所親信計論之辭宋義與齊謀反楚楚王陰令羽誅之則羽既殺宋義後對衆宣布之辭諸將皆折服莫敢枝梧蓋無足怪

懷王因使項羽爲上將軍因字可味蓋此時已無可奈何也

項梁起東阿西北至定陶再破秦軍項羽等又斬李由益輕秦有驕色及項羽已殺卿子冠軍威震楚國名聞諸侯此皆總上啓下大開大闔處

史記鉅鹿之戰左傳後所僅有於是至則圍王離與秦軍遇九戰絕其甬道大破之殺蘇角虜王離字少而氣勁有天崩地塌之勢而諸將皆從壁上觀楚戰士無不一以當十楚兵呼聲動天地諸侯軍無不人人惴恐四語尤爲頰上添毫讀史者至今若身預其役也於是已破秦軍項羽召見諸侯將入轅門無不膝行而前莫敢仰視寫餘威亦非俗筆所能及

陳餘遺章邯書亦可誦不減魯仲連遺燕將書

約未成而使蒲將軍日夜引兵度三戶軍漳南與秦戰再破之復悉引兵擊秦軍汙水上大破之因其懈一再欲擊遂獲全勝此豈有勇無謀者所能耶

將軍戰河北臣戰河南然不自意能先入關破秦下接以得復見將軍於此七字如孺子久離母側驟見而泣無怪項王墮其術中不復欲殺漢高也

馬遷傷項王破秦有大功而終敗滅故於羽紀特詳班固以專史與通史異故於羽事務省約然破秦大功要亦具錄無漏

書項王項伯東嚮坐亞父南嚮坐沛公北嚮坐張良西嚮侍爲與噲遂入披帷西嚮立瞋目視項王頭髮上指目眥盡裂數語對照耳

樊噲鴻門之對先舉懷王之約繼言守關備盜終言功高待賞又激以亡秦之續云云一若漢高初未嘗欲王咸陽但望封侯但項王不宜效嬴氏誅有功之人耳其辭令之妙不減漢高爲得以屠狗少之

前書當是時項羽兵四十萬在新豐鴻門沛公兵十萬在霸上後書當是時項王軍在鴻門下沛公軍在霸上相去四十里項氏兵多又相距近漢君臣所由恭順惶懼至於此極也史記此等處高於漢史

項紀不可觀者少惟引兵西屠咸陽殺秦降王子嬰燒秦宮室收其貨寶婦女而東數語最令讀者失望然使田榮敗死後不燒夷齊城郭室屋坑田榮降卒係虜其老弱婦女則齊不再反事尚可爲至田横起鯨布叛天下皆敵秦鹿非楚有矣

彭城敗後楚騎追急則推墮孝惠魯元車下楚與俱臨廣武而軍欲烹太公則曰幸分我一杯羹置父子不顧惟務得天下此漢高所以爲漢高也噫

楚勝齊而漢入彭城楚勝漢而漢復故地楚下滎陽而漢得英布楚破彭城而漢取成皋顧此失彼該所謂雙手但捉得一魚也而況楚定梁地而漢敗楚於汜水楚劄鴻溝而漢追楚於固陵衆寡殊勢客主易位垓下之困詎得免乎龍門咲其欲以力征經營天下。身死東城尙不覺寤蓋篤論也

信越以有分地而會師垓下項王困敗信越旋戮是名爲漢高滅敵實爲本身造家耳。悲夫

拔山之歌以力自豪項王所以爲項王也然漢高大風之歌亦僅以威自詡耳噫

臨死從容。以頭贈友千古僅見一死王可易五生侯亦千古僅見

漢王以魯公禮葬項王穀城因魯爲項王守禮義爲主死節乃有此葬也他日以太牢祀孔子亦因魯能爲項王守禮義爲主死節乃有此祀欲用孔學勸天下俾忠漢室也

贊有三年遂將五諸侯滅秦分裂天下而封王侯政由羽出號爲霸王位雖不終近古以來未嘗有也語列項本紀之旨昭昭然揭日月以行矣以滅秦功歸之以宰天下柄予之與漢高贊之僅云得天統者異矣

書高祖本紀

呂公家沛而沛中豪傑吏聞令有重客司馬相如客臨邛而臨邛富人聞令有重客世固趨炎而令獨當一面有威權亦可想也

始皇因東南有天子氣因東游以厭之蓋欲人謂天子氣因已而有庶定民志也高祖卽自疑因呂公及老父言又有斬白帝子事而疑也疑則恐人告密致鉅禍故亡匿隱於芒碭山澤巖石之間

同鄉有願爲沛公出死力者蕭曹樊噲等是也有雅不欲屬沛公者雍齒是也貴人同鄉每有此二種人

羽紀但言秦果悉起兵益章邯擊楚軍大破之定陶項梁死高紀則言秦益章邯兵夜銜枚擊項梁大破之定陶項梁死蓋是時羽等方攻陳留項梁兵力薄又定陶未下。大敵猝夜襲敗無足怪也

章邯等在鉅鹿懷王令沛公西略地入關是不使沛公當大敵而繞道入武關襲秦也乃復與諸將約先入定關中者王之是明知項羽方爲宋義下救趙前有大敵無由遽入函谷故爲約詞欺之也此約詎尙宜守乎

酈食其謂沛公大人長者沛公果大人長者乎

夜引兵從他道還避宛耳目也更旗幟則僞爲秦軍掩他道耳目也故黎明圍宛城三匝。事出不意南陽守齮乃欲自剄

始皇本紀子嬰殺趙高前有吾聞趙高乃與楚約滅秦宗室而王關中等語則此所謂及趙高已殺二世使人來欲約分王關中非詐也沛公以爲詐殆恐中緩兵之計耳啗秦將以利襲破武關沛公自是先入遂定關中矣

於項紀有又惡負約巴蜀亦關中地故立沛公爲漢王等語於高紀則徑曰負約更立沛公爲漢王蓋楚旣立懷王有主約權如約則沛公王關中關中以外地惟懷王命宰封之今皆不然怨者甚衆又不自都長安坐令漢高再起齊趙復叛顧此失彼遂阻厥業。甚可咲也

除秦苛法秦人大喜持牛羊酒食獻饗軍士不受人又益喜諸故秦苑囿池皆令人得田之人益大喜惠而不費楚不知一爲而漢益爲之已得民心復聽三老董公言爲義帝發喪正名討罪士氣作矣民心得士氣作宜其遂成帝業也

漢與楚相距滎陽數歲漢常困袁生乃說漢王出武關令滎陽成皋間深壁得休又使韓信等輯河北趙地連燕齊君然後漢王復走滎陽如此則楚備多力分楚一范增且不用漢則旣聽董公又從袁生天下雖未遽定欲無定得乎

未用袁計以前漢常絕食旣用袁計以後楚常絕食

漢數羽罪首負約蓋痛心疾首惟此也其他則傅所謂欲加之罪何患無辭耳

漢王爲死者數而鴻門之飲不與焉彭城敗後楚追擊至靈壁東睢水上漢卒十餘萬人皆死睢水圍漢王三匝非大風從西北起折木發屋揚沙石窈冥晝晦惡得遂遁乎漢軍乏食時楚急圍滎陽非紀信乘黃屋車傅左纛詐楚稱漢王又惡得免乎與項羽臨廣武之間而語數羽十罪羽大怒伏弩射中漢王傷何使弩中心又惡得不死乎此其中有天焉非人力所能爲也而必劉與爲項胡爲者

割鴻溝中分天下後項羽解而東歸漢雖追至固陵以信越不往被楚擊大敗可見項羽善戰非信越漢終無如楚何漢與日皆族誅之誠知項王外惟信越能也

項王與韓信皆胸中有三代封建之局故項王衆建諸王不以天下爲一己產業而不知彭城非覇王之都不能控制天下雖欲效春秋時齊桓晉文不可得韓信不聽蒯徹之言以武王待漢高而不知漢高終忌異姓雖欲效尚父國於齊爲周東藩不可得

善家令言賜金五百斤乃尊太公爲太上皇善田肯言賜金五百斤乃封子肥爲齊王

成敗未可知一語乃高祖心病信越被族誅以此張良願辟穀以此蕭何亦下獄以此

前置酒雒陽南宮令言所以取天下是示驕於羣臣也後置酒未央前殿自言所就業孰與仲多是示驕於老父也此皆無賴本色而以天下爲一己產業尤項王所不屑道

帝即位後不敢復令諸將專征伐故燕王臧荼反自將擊之潁川侯利幾反自將兵擊之韓王信反自往擊之趙相國陳豨反代地自東往擊之淮南王黥布反自往擊之安得猛士兮守四方蓋欲得少年有材力者用代守夜之犬也於內忍誅信越於外苦患匈奴以天下爲一己產業惟恐失之泣數行下不敢告人故託爲游子悲故鄉且以沛爲湯沐邑復其民世世無有所與耳此猶戰國時梁王戍周遂城周以置事端矣

五年書使丞相噲將兵攻代十一年書太尉周勃定代地茲又書使樊噲周勃將兵擊燕王綰蓋帝自即位至崩奉命出征者僅噲勃二人也

高祖於呂后問一則曰安劉氏者必勃再則曰此後非而所知前知若是而呂后不懼帝亦弗明言甚可味也

呂后與審食其謀盡族諸將猶秦二世與趙高謀誅大臣及諸公子

生則戮功臣死則寵姬愛子任人屠戮天道好還乃若此乎

高祖崩後呂后欲盡族諸將賴酈商獻言止之孝惠崩後呂后又將戮及大臣賴張辟彊設計止之

呂雉剛悍淫妒有大罪十族韓信罪一勸高祖族彭越罪二（此二事似爲劉氏謀實則欲遣諸將待高祖崩後呂祿總攝代之）私審食其罪三酖殺趙王如意罪四以戚夫人爲彘罪五欲酖殺齊王肥罪六王諸呂罪七詐取美人子爲太子罪八幽死趙王友罪九令產祿將南北軍罪十

呂雉以呂祿女爲朱虛侯章妻以諸呂女爲趙王友后以呂須女爲營陵侯澤妻以呂產女爲趙王恢后以呂祿女爲少帝后蓋欲假女色慰諸劉心且微伺之爲計亦可謂周矣乃諸呂欲爲亂而朱虛侯以妻爲呂祿女陰知其謀竟啓滅呂之鍵是何之所計非爲呂直爲劉氏耳此其中有天焉非人力所能强也

呂后前欲盡誅諸將賴酈商止之茲諸呂欲爲亂又賴商子寄與典客劉揭說呂祿歸將印以兵授太尉

范增欲項羽擊沛公謂不者若屬皆且爲所虜茲諸大臣謀廢立亦有吾屬無類語蓋人臣與國共休戚爲國謀即所以爲身謀也

本紀正名呂后附孝惠事不復爲孝惠作本紀蓋政令實操自呂后也贊平列孝惠呂后於本紀諸事外別發要論此龍門過人處

書孝文本紀

中尉宋昌謂秦失其政諸侯豪傑並起劉氏卒踐天子之位天下絕望蓋得天時高帝封王子弟地犬牙相制天下服其強蓋得地利漢興除秦苛政人人自安難動搖

蓋得人和

曰丞相以下皆迎曰丞相陳平太尉周勃大將軍陳武御史大夫張蒼宗正劉郢朱虛侯劉章東牟侯劉興居典客劉揭皆再拜言是相在將前宗正且在御史大夫後也而代王乃曰宗室將相王列侯以爲莫宜寡人寡人不敢辭蓋朝列相在前奉宗廟宗室在前天子即位以奉宗廟爲重也前遺薄昭往見絳侯茲復以將居相前殆亦天下安注意相天下危注意將之意耶

即位後第一詔有賴將相列侯宗室大臣誅之云云則就事直指以功爲次將謂周勃相謂陳平列侯謂灌嬰紀通劉章興居宗室謂劉揭大臣謂酈商奇滕公等也

夜拜宋昌爲衛將軍鎮撫南北軍亦猶惠帝崩後呂后必令呂台產祿將兵居南北軍而後心安也

漢文喜黃老言省刑薄稅與民休息史稱其專務以德化民而吳王詐病不朝賜几杖張武等受賂賜金錢以愧其心尤他帝所弗及世之謬談法治者曷不細思此理乎

令祠官致敬毋有所祈所謂敬鬼神而遠之也

書新垣平事覺夷三族幸之也蓋長命富貴人所共欲諺謂作了皇帝想神仙即此一念擴之耳文帝早寤故僅一新垣平武帝晚寤故有神君薄忌李少君少翁欒大公孫卿公玉帶等

三年遺丞相灌嬰擊匈奴匈奴去詔罷丞相兵後六年以周亞夫等備胡數月胡人去亦罷但備邊不深入亦馭夷一法

書孝景本紀

三年書吳王濞楚王戊趙王遂膠西王卬濟南王辟光菑川王賢膠東王雄渠反似春秋

七國之變周亞夫功最多而此但言封大將軍竇嬰爲魏其侯者蓋因以帝舅爲大將軍周功即竇功也

賓深咎晁錯刻削諸侯爲之不以漸予亦謂然

書孝武本紀

書孝武皇帝初即位尤敬鬼神之祀此全紀綱領也

漢武不尊用董仲舒而信趙綰王臧公孫弘等此漢之不幸亦儒之不幸

李少君匿其年及所生長故人異之又善爲巧發奇中故人信之而致物化金益壽不死僅始於祠竈故人使之

漢書紀李夫人事甚詳此王夫人當作李夫人

漢書文景武三紀皆詳於史記

欒大以黃金可成河決可塞不死之藥可得仙人可致欺帝帝乃以文成食馬肝死欺大可笑

旗自相觸擊誠小方童時有請棋神者棋自立相擊有請棋神者棋自相觸擊有請棹神者以水一盂置地反棹以面繞盂棹自旋盂上甚疾其人但解符咒無他長若如欒大言多方略處之不疑則亦必有神仙之名矣

神未至而百鬼集矣八字可笑

書十二諸侯年表

言阻三河齊負東海楚介江淮秦因雍州之固所謂得地利也四海迭興更爲霸主豈偶然哉

篇言十二諸侯而實敘十三索隱以爲賤夷狄不數吳列而不數無此理且楚亦當時所謂夷狄不外楚寧外吳乎蓋鈔胥誤十三爲十二耳

書六國年表

僭端見矣君子懼焉則與齊桓晉文中國侯伯侔矣三語嘆秦遂盛也海內爭於戰功矣六國之盛自此始二語嘆田齊三晉遂盛也

書秦楚之際月表

初作難發於陳涉虐戾滅秦自項氏撥亂誅暴平定海內卒踐帝祚成於漢家褒貶

意甚顯可作陳涉世家項羽本紀高祖本紀總贊讚
以德若彼用力如此蓋一統若斯之難也可作漢以前史總贊讚鄉秦之禁適足以
資賢者爲驅除難耳可作秦以後史總贊讚（與王侖論方苞謂不盡論可參看）

書漢興以來諸侯王年表

厲幽之後王室缺侯伯彊國興焉天子微弗能正非德不純形勢弱也可作春秋總
贊讚

既曰非德不純形勢弱也又曰形勢雖彊要之以仁義爲本知此可與言治天下矣
漢初天子獨有三河東郡潁川南陽自江陵以西至蜀北自雲中至隴西與內史凡
十五郡而公主列侯頗食邑其中諸侯大者或五六郡連城數十厥後齊分爲七趙
分爲六梁分爲五淮南分爲三及天子支庶子爲王王子支庶爲侯百有餘國又或
以適削地燕代無北邊郡吳淮南長沙無南邊郡齊趙梁楚支郡名山陂海咸納於
漢諸侯大者十餘城小者數十里而漢郡八九十形錯諸侯間乘其阸塞地利盡自
是漢室之變不在諸侯而在外戚宦豎權奸矣

書高祖功臣侯者年表

封爵之誓曰使河如帶泰山若厲國以永寧爰及苗裔此取詩九如之意而反言之
謂即令河竭山崩而國不滅也

一則曰漢興功臣受封者百有餘人再則曰至太初百年之間見侯五餘皆坐法隕
命亡國三則曰觀所以得尊寵及所以廢辱亦當世得失之林也知此則有德言功
而未王侯者其祚或反在王侯上不待言矣

書建元以來侯者年表

荆荼是徵詩作荆舒是懲

曰北討彊胡南誅勁越與謬言黷武者異矣

書建元已來王子侯者年表

一人有慶天下賴之非謂諸侯王子弟賴之謂衆建諸侯而少其力天下自此無反
者民賴以安也

書禮書

禮嚴車輿衣服宮室飲食嫁娶喪祭之分俾大小不相踰越所謂君子以辨上下定
民志也今無是矣欲如何便如何耳

舊俗祀天地君親師由天地者生之本祖先者類之本君師者治之本無天地惡生
無先祖。惡出。無君師惡治故禮上事天下事地尊祖先而隆君師等語而起君臣親
前者。以論語君君臣臣前於父父子子也

至備情文俱盡。其次情文代勝其下復情以歸太一古今言禮者盡此三語

書樂書

太乙貢兮天馬下之前書歌曲曰天馬來兮從西極之前書歌詩曰蓋曲以調言詩
以文言一而二二而一者也

汲黯謂王者作樂上以承祖宗下以化兆民今陛下得馬詩以爲歌協于宗廟先帝
百姓豈能知其音耶此誠直諫而公孫弘乃曰黯誹謗聖制當族小人哉公孫弘也
武帝但默然不悅不聽弘言罪黯不失君人之度

禮以導其志。樂以和其聲政以壹其行刑以防其姦此先聖制治清濁之具也今四
者以夷爲師痛哉

因易有履卦而采繫辭天尊地卑云云以言禮因易有豫卦而采繫辭陰陽相摩云
云以言樂且於禮曰別於樂曰和是善讀易者是善言禮樂者蓋別則知其當然而
不相犯和則視若固然而不相妒也不相犯志定也不相妒心安也心安志定天下
太平矣

聞宮音使人溫舒而廣大聞商音使人方正而好義聞角音使人惻隱而愛人聞徵
音使人樂善而好施聞羽音使人整齊而好禮此就音之正言也宮亂則荒其君驕
商亂則搥其臣壞角亂則憂其民怨徵亂則哀其事勤羽亂則危其財匱此就音之
變言也

書律書

二十八宿十母十二子十二律此言陰曆必不可闕者古人恃以驗五行八正之氣

今一切廢除自誤而已矣（宿一作舍母一作姆子一作枝）

律書之東壁營室須女牽牛今省稱壁室女牛又建星今稱斗注稱柳濁稱畢留稱

昴天官書之觜觿東井輿鬼七星今省稱觜井鬼星又柳畢昴不作注濁留與今同

書曆書

陰曆有年月日陽曆有年日無月何也陰曆之月以晦朔弦望與月光合故可曰月

陽曆不置閏不問晦朔弦望但強以二十八二十九三十三十一日爲月不可曰月

也且陽曆或十二月爲年或十三月爲年（蘇軾以四歲閏爲一月十三月爲一年）於月盖隨意劃之耳又陰

曆之年一日歲以歲星之行驗之陽曆無是也

書天官書

柳爲鳥注。與律書西至於注可互註

觀象於天自古重之今雖其人

書封禪書

始皇封禪之後十二歲秦亡可見封禪與國祚無與。

今天子初即位以下大抵與武紀同。然詳於武紀

秦以前重寶鼎秦以後重玉璽五帝時無是也黃帝采首山銅鑄鼎於荊山下。特方

士之言耳

尙書言巡狩事甚常以不雜神仙符瑞之說也

書河渠書

韓欲罷秦使水工鄭國說秦鑿涇水自中山西邸瓠口爲渠而秦轉富强視西門豹

引漳水溉鄴以富魏之河內利尤大焉禍之適以福之此類是也

田蚡以奉邑食鄃。鄃居河北河決而南則鄃無水災邑收多乃僞爲正論欺帝不塞

瓠子決小人與國家大議往往有此

河決瓠子後二十餘歲歲數不登梁楚地尤甚武帝親臨河決作歌有瓠子決兮將

奈何。皓皓旰旰兮閭殫爲河語誠悼之也卒塞瓠子而導河北行功亦不在禹下。

書平準書

入物者補官。出貨者除罪。後世往往效此

楊可告緡致商賈中家以上大率破民偷甘食。好衣。不事畜藏之產業。雖國用皆饒。

源自是竭矣又損下以增不正之入復損上而益不正之出是徒損上下利小人耳

大農之諸官盡籠天下之貨物貴即賣之賤則買之如此富商大賈無所牟大利則

反本而萬物不得騰踊此事後世可效之

讀史記蔵述卷二

岳陽李澄宇洞庭著

書吳太伯世家

我以禮讓爲國故讓爲美德歷見載籍堯舜太伯夷齊季札或讓天下或讓國皆爲

聖尼所稱盖深嫉春秋篡殺之禍欲以讓化爭永爲世範也

太伯讓天下而子孫卒弱何與此中盖亦有天意。

邊女爭桑致吳楚兵連禍結天下振動所謂大風起於蘋末也

以太伯之讓而其後有公子光刺王僚事盖太伯之讓以文王諸樊之讓以季札季

札不上師文王乃遠效太伯負諸兄致弟之意釀闔閭弒兄之禍未免爲虛名所誤

子胥以報父讎故覆楚國鞭平王尸俱忠孝不兩全創局然覆覆無極尸不問何也。

子胥於楚則孝父於吳則忠君而事皆慘痛令人墮淚子胥殆不祥人哉

越在心腹疾而王不先而務齊此亦子胥痛切語而夫差弗聽者信越已臣服不敢

復眸也

書齊太公世家

魯桓與夫人如齊已一誤又不能暫忍而怒夫人於齊則再誤矣齊襄亂倫固可誅。而魯桓被彭生拉殺未免禍自由啓也

魯送子糾而管仲將兵遮莒道計慮亦周乃小白被射不死而子糾竟以送糾者行遲致誤豈非命耶

曹沫劫盟反魯侵地齊未爲有所失而諸侯以齊不棄信皆欲附之所獲滋多非魯侵地可得而比也燕莊送齊桓入境桓公割燕君所至與燕齊固有所失而諸侯聞之皆從齊所獲又非溝割與燕者可得而比也

文姜以淫醜殺夫之禍哀姜以淫醜殺子之禍

斷丙戎父足而使丙戎僕奪庸職妻而使職驂乘懿公可謂自速其死也

逢丑父恐齊頃公爲晉所得以頃公爲右車絓於木而止乃使頃公下取飲亡去事出介卒而容辭安定令敵不疑較紀信代漢高降楚尤難也

齊莊陳靈皆以淫被殺而史必書弒其君與孟子聞誅一夫紂之論不合與論語君不君臣不臣之論亦不合。

晏子不討崔杼弒公且以崔杼爲右相足見莊公被弒齊君臣視爲固然也

夾谷之會犁鉏請令萊人爲樂因執魯君與鴻門之會范增使項莊舞劍因擊沛公略同。

簡公使監止爲政監止果賢必不誤信田豹以盡逐田氏之謀相告也

書魯周公世家

書旦爲子孝篤仁異於羣子蓋一篇綱領在是也

策告三王不嫌爾我孰謂周文勝質乎。

因成王少在強葆中而恐因天下已畔乃踐阼攝政此心惟知有國未暇計身故不避嫌疑如此此已難能可貴洎乎管叔流言猶不就國且興師東伐管蔡無不自安之色此尤置身於度外不惟不避嫌疑且不知何者爲嫌疑而避之也此誠聖人千萬世所無也使任國事者盡如此國焉得亂乎（張履通編稿）

史記開金縢書在周公既沒之後與尚書異然以此爲成王命魯郊祭文王及魯有天子禮樂之由則史記似無誤也

平易近民民必歸之此古今言政較精之語然不如民之所好好之民之所惡惡之

衛宣楚平奪婦自妻於前 之魯惠奪婦自妻史記外他書未詳若可信則桓母乃隱婦矣

前有周公攝政而管叔流言謂公將不利成王後有隱公攝政而羽父獻謀謂吾請爲殺子允攝政信嫌疑地哉（隱讓國事予於嫌疑教逐論之甚詳故不贅）

桓公身死於齊而莊公復娶哀姜詩曰彼孟姜矣姜固若是可說乎卒通慶父殺子斑又殺湣公九原有知莊公亦必自悔矣（哉左傳作殆）

叔牙後爲叔孫氏季友後爲季孫氏慶父亦有後爲孟孫氏一曰仲孫皆桓公後故曰三桓

子斑被殺一因魯莊公不主兄終弟及致慶父有異志一因哀姜不貞與慶父通一因斑前說梁氏女妒圉人犖自牆外與梁氏女戲怒而鞭之事甚複文少克盡古史所以可貴也

季文子廉忠而其後竟專魯政積漸使然也

季氏與郈氏鬭雞季氏芥雞羽郈氏金距均欲以詐巧勝也卒致季氏怒而侵郈氏郈氏且欲挾昭公殺季氏叔孫氏復救季氏敗公師孟懿子且殺郈昭伯三家共伐公公出奔鬭雞之始豈意逐君諺謂小事乃大事根苗信哉

書燕召公世家

周公攝政不知避嫌疑此周公之忠也召公疑公公作君奭乃說此召公之忠也

有讓天下之名而實不失天下豈堯本懷哉許由不受終讓之舜豈得謂實不失天下哉魯隱居攝蓋亦鹿毛壽之見欲有讓名而弗實踐耳而卒被弒於羽父燕噲老不聽政國事皆決於子之亦欲幸與堯同行而實太子用事也而國破身死故欲貌

爲堯舜者魯隱燕噲是也欲强人爲堯舜者王莽曹丕是也。先從隗始至今以爲美談蓋隗誠愛君以身爲招不復避妄自夸大之嫌而心實能容故樂毅不爲隗所忌幸赴殊績否則騎劫代毅豈待燕惠王時哉

書齊田單伐我與魯史書伐我同當日史例如此也。臣非以自爲爲王也將渠此語足令後世同泣。趙悼襄王使樂乘代廉頗豈忘樂乘爲燕將時實爲廉頗所敗乎而能代廉頗乎。

書管蔡世家

以臣伐君夷齊非詣也故管蔡挾武庚作亂後人有甚義其所爲者管蔡列於世家始亦此意乎然史遷此篇實爲蔡仲作蔡仲改行率德受封於蔡述蔡仲必連蔡叔且及管叔故以管蔡名篇也

景侯爲太子般娶婦於楚而景侯通焉太子弑景侯自立是爲靈侯景侯無道楚不以爲罪而討靈侯豈眞討靈侯哉所欲者蔡土地耳楚靈王固弑君之人其意何嘗謂弑君非是哉

贊前附伯邑考冉季載諸人贊後附曹世家又復爲贊此史記創例

伯陽立三年而國人有夢曹叔振鐸止衆亡曹請待公孫彊事夢之見於經史亦多矣。而此爲尤異蓋曹叔不令伯陽夢而令國人夢一異也曹社不能自主而任衆君子謀亡曹於社宫二異也既止衆君子亡曹矣而請待公孫彊三異也公孫彊亡曹事在十五年距夢時一紀可前定而不可預禳。四異也

書陳杞世家

厲公取蔡女蔡女與蔡人亂宜棄之矣而厲公乃數如蔡淫致奸人誘以好女而殺之禍由自起果誰怨乎

陳敬仲後爲田氏卒有齊國不足異所異者始生於陳而筮知之始至於齊而卜知之卜之占有有嬀之後將育于姜復云五世其昌並于正卿八世之後莫之與京果何以知之而筮易得觀之否爻辭但有觀國之光利用賓于王而其子孫必有國且必姜姓且陳衰乃昌又何以知之田敬列傳可參看

有人類即有男女之愛然縱欲敗度惟貴族爲甚。陳靈君臣淫亂至此尤所罕有陳靈無道徵舒激於愧憤伏弩殺之而史以爲弑君楚莊且以討賊爲名而縣陳焉法但爲護貴族設寧勿可痛

曰無譜者無史也史紀某生某及某卒某立今氏譜正仿此也在國曰史亦曰譜在家曰譜不曰史

贊於舜祀百世不絕嘆舜至德且有至禹於周則杞微甚語此誠灼見盈虛消息知傳賢之祚永於傳子也而世猶篡奪不止不亦大可哀耶

書衛康叔世家

衛宣以奪太子伋妻故蓄意謀殺太子伋漢惠帝所謂此非人所爲而太子伋不避死且與壽爭死其愚蓋不可及壽與朔同母而獨欲免伋於死則尤難能可貴也贊以晉太子申生不敢明驪姬之過惡傷父志相擬可謂知言。

衛宣以一女子故禍延數世直至文公始定古人謂女子禍水豈不然哉

康叔示夢於襄公賤妾曰令君子必有衛。名而子曰元殆妾與孔成子謀欲藉是說立己子爲嗣耳。不然康叔何取於衛靈公而必令其有衛耶。

書宋微子世家

分叙微子箕子比干本論語殷有三仁章。

論語曰。君子不黨。鴻範曰毋偏毋黨黨爲聖仁所弗言由來久矣後世黨禍常有或乃謂海外諸國有政黨無害於治我宜效之甚者主一黨顓政不知海外諸國政黨一國之內爲類匪一。各以政論相引可柄政不可顓政蓋甲黨當國則乙丙丁戊等諸黨爲議士。國大事可否由議士。欲顓政無從也若上下一黨則黨無對無對則黨名且廢何取斯黨若貴族俾恣雎民上不復可問耶故毀黨造黨黨外有黨時言也毀黨救國黨外無黨時言也黨外無黨勢必至黨內有黨不能毀黨救國勢必至亡國禍民

五福一曰壽二曰富三曰康寧即俗所謂長命富貴常樂永康而言富不言貴者古人以貴爲責重任大非若後世以貴爲安富尊榮也四曰攸好德蓋必好德而後壽富康寧爲可喜否則小人而爲害日久且大豈福哉五曰考終命此福最難然壽富康寧而不獲此福者多有攸好德而不獲此福者蓋寡（毛詩其所著偉宜以考終命論）

三多祝言多男子五福不言多子孫

華督殺孔父取其妻遂弒殤公而莊公以爲相蓋德其迎己於鄭立以爲君耳噫

信陵君醇酒婦人宋萬亦醇酒婦人一笑

紂醢九侯。衛醢仲由宋醢宋萬漢醢彭越惟宋萬實有罪耳

宋景公憂熒惑守心司星子韋謂可移於相移於民移於歲而景公皆不可此誠君人之言熒惑徙三度可與殷太戊之祥桑亡並論

宋君偃自立爲王東敗齊取五城南敗楚取地三百里又西敗魏而後卒爲齊楚魏所滅三分其地已得不善守之過也

讀晉世家

魯季友文在其手曰友黠甚少易辨晉唐叔文在其手曰虞黠甚多難辨然魯桓以卜而先知友名武王以夢而先知虞名則手文特驗而已耳

史佚謂天子無戲言其謬等於叔孫通謂人主無過舉柳宗元嘗著文辯之蓋所關甚大不可無辯也

太叔段居京而將襲鄭成師處曲沃而欲入晉大都耦國勢必至此

周釐王受曲沃武公賂命爲晉君列於諸侯與周威烈王命趙韓魏爲諸侯同失而晉之始末因果具是矣可勝慨哉

士蔿勸申生爲吳太伯亦善策。申生不忍以去彰父過故不從也然與其他日被惡名而後自殺不如未被惡名而早適異國

重耳不入非僞讓恐先入而人或與爭也觀夷吾外許河西地於秦內許汾陽邑於里克其爭入也必矣

晉滅虞虢荀息主謀獻公又以愛子託之其必强有力且多奇計可想也顧爲里克所制殺奚齊卓子如探囊取物豈兵權在里克手獻公在時無法奪之奚齊及卓子立後無法禦之耶自桓莊以來未聞里氏繫晉重輕而里克竟能殺二君一大夫使人迎重耳。又迎夷吾既乏曲逆朱虛之助復無太后日磾可恃其事蓋難于周勃安劉而效乃易於霍光廢賀匪特國爾忘身實亦力能副志惜晉乘已佚末由考其所以。又惠公賜里克死里克不反不畔不奔視死如歸比恭太子亦春秋時未易有也

惠公殺里克一誤不聽慶鄭而用虢射謀二誤遂卜御右皆不用慶鄭三誤

晉侯至國誅慶鄭較左傳殺慶鄭而後入事意並異不如用左氏原語

履鞮即勃鞮亦曰寺人披蓋未有印刷以前傳寫易誤不獨履鞮然也

敘晉文遊歷事涯左傳而趙衰歌黍苗詩致繆公有知子急欲反國語尤與檀弓大異晉文君臣皆賢決不若此

介子被焚綿山事史記不載但云聞其入綿上山中文公環綿上山中而封之以爲介推田然寒食節傳之至今豈妄語耶

從龍之彥兼資文武者不少而趙衰則舉郤縠將中軍可異者一郤縠敦詩書悅禮樂千載以爲美談而於城濮之戰未嘗發一謀可異者二晉制六卿將中軍爲正卿而此乃於欒枝將下軍上書趙衰爲卿豈此時郤縠狐偃欒枝等皆非卿獨趙衰爲卿耶。可異者三先軫屢決大計可將中軍而屈佐下軍豈資望不逮郤縠耶可異者四。（據晉語六年晉道歷代趙衰執政則趙衰此時爲正卿也）

平王命晉文侯仇之語可移贈晉文公重耳乎史記誤也

論語謂民無信不立文公亦以假言册失信爲萬世功殆因齊桓不失信於曹沫遂基霸業深悟孔氏重信之旨乎

婦人以泣制勝。故驪姬能殺申生秦穆夫人能釋晉惠公晉襄夫人能立晉靈公

晉靈一國之主宰夫胹熊蹯不熟而不敢顯然殺之可見當時重視人命非法不能殺人後世但有兵柄即往往無故殺人是人人皆顓制魔王也而漫評昔之人顓制

豈知皆暴如晉靈尙忠臣下諫阻耶噫

晉靈公使鉏麑刺趙盾及伏甲攻盾亦因不敢顯然殺人而後如此

左傳敘晉師爭渡事舟中之指可掬也七字甚美蓋可掬則爲已斫之指也史記但曰船中人指甚衆事意並晦矣

殺先軫子也五字冷甚殆不異戰國時徒讀父書之趙括晉有兩趙括一趙衰子一趙奢子

晉靈公七年書晉六卿患隨會在秦晉景公七年又書晉始作六卿何也豈晉文作三軍時將佐未正名爲卿故但云命趙衰爲卿晉靈公時將爲卿佐未爲卿六卿乃追紀之辭直至景公時將佐始皆正名爲卿耶正義受命於天子故曰命

其殆有三字可殺郤至無怪莫須有三字可殺岳飛

郤稱郤錡郤犨郤缺皆有聲於晉而郤錡郤犨郤至竟爲胥童所殺郤至之言曰信不反君智不害民勇不作亂其心蓋皎然與日月爭光也欒書以忌功故設謀陷害已亦幾與同盡小人哉欒書乎至孫逞滅宗宜哉吉無以是爲名者命之曰[illegible]

平公十四年晉大族趙韓魏外尙有智荀范中行祁羊舌等而季札與趙文子韓宣子魏獻子語知晉政卒歸此三家其前知過於叔嚮也叔嚮左傳作叔向卿羊舌肸

智伯欲盡幷晉乃立忌子驕爲君蓋欲挾晉君以令國人終爲莽操所爲耳而被趙襄子韓康子魏桓子所滅算不由人信哉

書楚世家

楚熊通因隨人代請尊楚而周不聽乃棄公侯伯三等不用而自立爲王蓋怒而以天子自居開楚莊問鼎之漸矣至今楚猶有自立爲王者

楚武王恃彊兼幷其伐隨尙藉辭興師至文王伐申伐蔡滅鄧成王伐許伐黃滅英滅夔穆王滅江滅六蓼莊王滅庸滅舒靈王滅陳蔡伐徐皆無故徑伐總之所欲者土地耳豈得免乎

齊桓伐楚問諸水濱宋襄召楚遂被執辱自是鄭文南朝楚魯僖且請兵伐齊矣噫

幾江芊而勿敬激使怒言潘崇智矣哉而楚成於是以弒始以弒終矣

楚莊王問鼎而靈王求鼎可謂繼武矣一笑

先歸復爵邑田室後者遷之以本身利害動之也故楚衆皆潰

棄疾以靈王入矣靈王至矣二語驚國人復以王至矣國人將殺君司馬將至矣等語驚王及令尹蓋必有前二語而後後數語易以奏績也楚諺有一彈號三字殆始於此耶

觀從督勸子比殺棄疾棄疾既爲王乃謂觀從恣爾所欲蓋但知觀從從師於乾谿以國有王矣先歸復爵邑田室等語散楚衆有功其他未聞也

費無忌以無寵於太子藉端構禍其始不過欲殺太子建及太傅伍奢父子耳而楚幾以此滅可畏哉至楚平王蔑倫與衛宣比所謂衣冠禽獸也噫

伍奢知楚平必殺已父子可謂知君莫若臣知尙至胥不至胥亡楚國危可謂知子莫若父然奢何以不自殺而必爲平王致二子豈防守甚嚴欲自殺不得耶抑藉是使胥知父已被囚出奔免死耶

吳太伯世家謂楚邊邑卑梁氏之處女與吳邊邑之女爭桑二女家怒相滅兩國邊邑長聞之怒而相攻滅吳之邊邑吳王怒遂伐楚取兩都而去楚世家則謂吳之邊邑卑梁與楚邊邑鍾離小童爭桑兩家交怒相攻滅卑梁人卑梁大夫怒發邑兵攻鍾離楚王聞之怒發國兵滅卑梁吳王聞之大怒發兵使公子光因建母家攻楚遂滅鍾離居巢建楚郢太子建母一則以卑梁爲楚邊邑而吳邊邑不能舉名一則以卑梁爲吳邊邑於楚邊邑實指鍾離一則謂處女與女爭桑二女家怒相滅未明言所滅爲何一則謂小童爭桑兩家交怒相攻滅卑梁人但小童未言男女蓋傳聞異辭故吳楚世家原本各別然楚世家較吳世家翔實當以楚世家爲是也伍子胥列傳可參看楚誅費無忌迎未足壽而衆猶詈者恨之深故以終被顯戮爲宜也

吳世家謂子胥伯嚭鞭平王之尸楚世家謂辱平王之墓以伍子胥故也亦兩世家載筆者因所處之國不同故措語相異耳

白公但有力士無謀臣縱弒惠王未必能敵葉公也

昭王滅頓、滅胡。惠王滅陳、滅蔡、滅杞。簡王滅莒、皆春秋所謂中國地也

楚懷王四年、秦惠王初稱王、而楚卒爲秦所滅、楚早稱王、何益哉

秦宣言張儀免相、智也、秦宣言復得商於、愚也、張儀謂北弱齊、西德於秦、爲秦言也

陳軫謂西起秦患、北絕齊交、爲楚言也、懷王不聽爲楚言者、而悅爲秦言者、惡得不見欺於秦

靳尚信口開河、欺懷王、復欺鄭袖、其言天下見楚無秦、必輕王、係欺小兒語、其言楚王重地、秦女必貴、而夫人必斥、則真欺婦語也、尚未必能此、大抵張儀所教耳、儀私於靳尚、私此耳。

國策言事甚辯、故史記采錄不少、齊湣王遺楚王書、及昭睢議合齊善韓、揣情審勢、警闢可喜

合從秦所甚懼、故秦必設法令楚倍齊而合秦、賂之以貨寶、結之以婚姻、要之以盟誓、奉之以土地、救之以師旅、非得已也、迨秦與齊韓魏合、則又拔以攻楚、破軍殺將矣、所謂連衡者、以六國亡六國耳

懷王令太子質於齊以求平、上計也、故秦甚恐、乃因秦王約會武關、而乃欲往、恐見欺、無往、恐秦怒、何庸懦至此乎、昭睢謂王毋行而發兵自守、計非不善、而竟聽子蘭之言、就死於秦、冥頑不靈、無過懷王者矣

屈原諫懷王入秦、後世甚稱之、而昭睢之名弗著、蓋昭睢無楚辭、文采不逮三閭也、聖門重文學、有以哉

以衆敵一、利害各異、故易間、以一卒衆、威福自主、故難破、戰國時六國言從、秦獨言衡、而秦卒勝、應此理耳。

楚文王始都郢、而楚以強、昭王去郢、北徙都鄀、而楚以弱、頃襄王東走徙陳、而楚以危、考烈王東徙都壽春、命曰郢、而楚以亡、

書越王句踐世家

吳有一太宰嚭、貪而受美女寶器、雖百子胥諫、勿赦越、無益也、古今事類此者多、可勝慨哉。

越之報吳也、內與百姓同苦樂、信任種蠡、外結齊親楚附晉、以厚吳、復使大夫逢同與吳太宰嚭共謀讒殺伍子胥、且必俟吳王北會諸侯於黃池、吳精兵盡從王、惟老弱與太子留守時、蓋必勝而後動也、

觀范蠡謀之二十二年之語、可見十年生聚、十年教訓、匪虛擬也（此語見吳越春秋信之言可參看）、子胥抉目、夫差蔽面、千古極可痛哭事、而以太宰嚭一人始終之、句踐誅太宰嚭矣、未知其美女寶器猶在否、一笑

前有句踐與齊晉諸侯會於徐州、號稱霸王、後有項羽定都彭城、號爲西楚霸王

范蠡稱上將軍、殆與韓信稱大將軍等、

朱公長子稱父爲大人、漢高祖亦稱父太公爲大人、蓋當時貴家例如此

附陶朱公傳於越世家、恢詭可喜

朱公不前言所以不遣長男之故、殆明知前言無益、遂不復言、姑以憤無與爭事、誠之耶、富者以多金致禍、每有事託張乞趙、張可任以富者乞趙、故不欲盡力、卒誤事、或張盡力、而富者以功趨事中變、此蓋常有、又富者有病、中外醫雜致、甲進此方、乙主他藥、且以電氣、夕用鍼治、於是輕病重、生病死、此亦常有、使細思朱公長男以愛弟而卒殺弟、事或亦稍瘥與、

書鄭世家

易左傳夫入將啓之曰武姜爲內應、易闕地及泉曰穿地至黃泉、蓋以當時通俗語點竄舊籍、俾衆易識也、（史記類此者甚多）

厲公使祭仲婿雍糾殺祭仲、實大誤、無徒怪雍糾謀及婦人也、然劉章匹妻爲呂祿女、知諸呂欲爲亂、卒與絳侯誅諸呂、天下事亦視其人何如耳、豈可概論耶、

書鄭相子產卒、惜之也、

齊秦晉楚皆欲服鄭、而晉楚爭霸、尤以服鄭爲大業、蓋地居河洛濟之交、用兵者所必爭也、卒弱於晉、滅於韓、楚遠、難與晉爭耳、

里克始終惡驪姬，必殺其二子而後快，蓋痛其世子死，且爲晉國求長君也。而瑕以剏殺鄭子。此里克所盜而贊徒以厲公忘德殺甫瑕與晉惠似，遂視里克者甫瑕，抑亦過矣。甫殹左傳作傳殹

晉趙世家

惡來爲周所殺，其後爲秦而卒滅周，此亦異事

趙衰未從重耳出亡時，妻生趙同、趙括、趙嬰齊，從重耳出亡後，得翟女叔隗生趙盾。衰既反晉，而舊妻固要迎叔隗，且以盾爲適嗣，而盾後卒有趙國。衰舊妻賢如此，甚難得，豈有所徵兆而然耶。抑前知同、括、嬰齊非令器，遂屬望盾耶。古史簡佚，弗可攷矣。扶纖以

晉靈公少，趙盾益專國政，與漢霍光略似，匪有他志也。靈公不君，終使盾爲法受惡，事之不幸，過霍光矣，惜哉

絕而後好，後世亦有之，不獨趙盾然也

春秋時亂臣賊子固多，而忠臣孝子實不少，即以晉論，若申生忠，若程嬰，後世豈易有乎

詩有奏膚功、奏爾能等語，與後世人臣言事稱奏之奏異。趙世家簡子曰奏之，則人臣言事稱奏之奏也。韓王信傳趙相奏斬常山守尉，亦其例也

烈侯欲貴歌者，公仲謂富之可，貴之則否。烈侯命賜歌者槍、石二人田人萬畝，公仲諾而不之與，此蓋不欲以正折之也。迨進牛畜、荀欣、徐越三士，而烈侯竟自止歌者田，官牛畜爲師，荀欣中尉，徐越內史，且賜公仲衣二襲，可見君所好固可移易，亦不必以正折之也。孟子於人君好色、好貨、好勇，皆因勢利導，視此又進一解矣

趙武靈王胡服騎射，卒拓土彊國，後世以爲美談。其傳國惠文，令主治國，而身胡服將士大夫西北略胡地，欲從雲中、九原直南襲秦，志不在小，而詐自爲使者入秦，尤戰國僅見之舉。使無長子章及田不禮爲變，趙未可量也，惜哉

蘇厲爲齊遺趙王書，揭秦計甚明，故趙王聽之，不與秦擊齊

婦人之愛，未暇計深遠，因其愛而導之深遠，且先言他事和其氣，使言易入。言已入，若弗自知，於是惠文太后千肯萬肯，而長安君遂質於齊矣。左師觸龍誠善諫者哉

趙王遷誅李牧，用郭開，國焉得不亡，我深痛恨之有以也

晉魏世家

魏文侯師事田子方、卜子夏、段干木，可謂雖能，而文侯子擊逢田子方於朝歌，引車避下謁，田子方不爲禮，不怒，聞貧賤驕人語，且愧而不懌，亦不易得也

李克對魏文侯問相，有居視其所親，富視其所與，達視其所舉，窮視其所不爲，貧視其所不取等語，觀人之術大略盡矣。而文侯以是相魏成子，翟璜以是不敢比魏成子。魏成子固賢，文侯與翟璜亦不易有也

汾水可以灌安邑，絳水可以灌平陽，此二語足令魏桓子、韓康子寒心，故韓魏卒與趙合謀，而智氏地分身死，國亡爲天下笑。秦王聽此，故不爲知氏之續，其後且併六國也

信陵君諫魏王勿與秦伐韓，於當日利害言之甚辨，蓋蘇秦、蘇厲、蘇代外所僅見。其禮賢下士，尤過於孟嘗、平原、春申，不爲魏王而僅以公子終，惜哉。我謂天方令秦平海內，其業未成，魏雖得阿衡之佐無益，此其中有至理，古今治亂皆若此，不可視爲憤語而忽之也

晉韓世家

韓哀侯滅鄭，因徙都鄭，故戰國策稱韓惠王爲鄭惠王，猶魏徙都大梁，而孟子稱魏惠王爲梁惠王也

以不爲名者，韓有申不害，趙有田不禮，秦有呂不韋，漢有程不識、直不疑、衛不疑嬰子、劉不害河間獻王子又淮南王安亦有孼子名不害、趙不虞、蘇不韋，而越王句踐孫名不壽，特異也

陳軫恐秦韓合兵伐楚，說楚以虛名救韓，可謂極伐交之能事，而秦後伐韓，楚竟不救，名不救韓，實不救楚也。蓋楚救韓，韓無岸門之失；韓救楚，楚豈有丹陽之敗哉。從人不敵衡人，大抵由從人背約不相救，甚可痛恨

韓公子以蟣蝨爲名可謂絕無僅有

魏唐雎求秦昭王救魏數語而兵發韓陳筮求秦穰侯救韓亦數語而兵發蓋割地而約從秦所甚懼唐陳皆以此懼之也

贊謂韓厥以存趙孤陰德與趙魏終爲諸侯十餘世此理甚信

書田敬仲完世家

以小斗受大斗出所損甚微而民德之甚何也蓋此惠實及貧民也貧民多又無吝望故小惠易徧田釐子知此田成子亦知此齊人歌曰嫗乎采芑歸乎田成子有以哉田成子非謂田常謂己歸田氏成子也然與田常謂暗關

六國惟約從爲上計今魏與秦攻韓是自攻也齊不與楚趙同救韓而趙兵襲燕是自襲也今日自攻自襲明日復自攻自襲故曰滅六國者六國也非秦也

卽墨大夫不事左右以求譽今亦有是人然甚少阿大夫以幣厚左右以求譽今大抵效此安得有如威王者盡取烹之耶

威王時公孫閱爲騶忌謀陷田忌幾死宣王召田忌復故位不去騶忌且不罪閱何也

孫臏弊韓魏而後救韓卒承魏弊敗魏馬陵故秦二世時卿子冠軍奉楚懷王命救趙亦欲效此

晉楚合必議齊秦齊秦合必圖晉楚一部戰國策可以此二語爲總贊

自晉分爲趙魏韓而秦無近敵自燕秦楚三晉會師破齊而秦無遠敵

今日亡趙明日患及齊楚周子之諫亦切矣而齊王建不聽致趙有長平之敗趙自是弱六國亦自是滅矣可勝慟哉

秦與郭開金而趙亡與后勝金而齊亡知伯謂始未知水之足以亡人國也予亦謂始未知金之足以亡人國也噫

書孔子世家

聖人宜在帝位而孔子不然蓋天以孔子師表萬世不必南面一時也贊謂孔子布衣傳十餘世學者宗之自天子王侯中國言六藝者折中於夫子可謂至聖矣列孔子世家之意蓋以此耳孔子嘗爲大司寇非布衣而贊必曰布衣者貴布衣也

要盟神不聽此其所以爲神也否則神且爲妄者役矣

不容然後見君子君子所以淑身恥獨爲君子君子所以淑世

孔子因魯史記作春秋史遷因魯春秋作史記太史公自序可參看

自子貢廬冢遂成孔里自漢高祀以太牢遂有孔廟

書陳涉世家

我以農立國壟上有輟耕之歎則大亂作矣史遷書此用警萬世不獨爲涉也

勝廣起事且假項燕爲唱則項梁起事不必立楚懷王亦明矣而項梁卒聽范增所謂聚六州鐵鑄此大錯也唱通

起事未幾遂有車六七百乘騎千餘卒數萬人人心思亂從亂者衆也

周文至戲軍焉伐秦先入關者也然卒以孤軍深入敗而出關自刎澠池可見漢高南入武關而函谷關外章邯重兵爲項羽所破鄧艾入蜀而鍾會在劍閣牽制姜維也

武臣自立爲趙王至韓廣自立爲燕王一段似讀戰國策蓋陳柱國趙王將相及燕故貴人豪傑所言皆戰國謀臣策士語也

章邯破周文破田臧李歸鄧說伍徐等破蔡賜張賀等若摧枯拉朽而陳勝以死使無楚項羽鉅鹿之戰項梁敗後章邯無敵於天下矣齊趙韓魏燕無意與秦決無楚亦決難勝秦秦祚不誠萬世哉列項羽本紀有以也

觀章邯始勝終敗可見亂易平而致亂之人未易除致亂之人未易除則亂平猶之未平也子嬰雖嘗誅趙高已晚也

書外戚世家

以外孫女爲子婦是呂娥姁令孝惠亂倫宜其無子也萬方終無子而詐取後宮人子爲子卒以族滅呂氏作僞心勞日拙信哉

呂后以外孫女爲孝惠后。欲其生子而孝惠短祚。子亦無有。竇姬無心至代而竟爲文帝后。且生景帝及梁孝王。觀此而不安命者。殆非人也。

絳灌虛資長君少君。復效諸呂。乃選長者士之有節行者與居。而長君少君卒爲退讓君子。有國者儻注意此乎。且非獨外戚宜爾也。

民間娶婦。勤貴處女。而桑繆以故子阿妻。辰嬴與重耳。臧兒以金王孫婦王美人與孝景。以色不以德。宮掖所以穢于里巷也。

栗姬妒而慍長公主嫖。欲以女爲太子妃。不許。而太子遂因長公主被廢。帝屬諸姬諸子爲王者。不應而已。遂不得爲后。且以憂死。蓋長公主有德於景帝。景帝信其言。既以女爲王夫人子妃。必令王夫人爲后。王夫人子爲太子。而後其女大貴也。栗姬儻知此太子榮。惡得廢。己亦惡得不后乎。

陳皇后求子。與醫錢凡九千萬。而竟無子。可見長公主嫖使女爲后。無益衛皇后。後以戾太子事致死。可見子爲太子。己得后。未必爲福。

平陽主寡居。而武帝詔衛青尙之。蓋古無貴婦必守節之習也。自宋儒有餓死事小失節事大之解。於是寡人守節。或召疾。或播醜。或醸禍閨內。遂以多事矣。

尹夫人既見邢夫人。低頭而泣。自痛不如。美人有自知之明。在古罕有。見西施自忖其貌不圖。尹夫人亦如此也。

武帝懲諸呂之亂。凡爲武帝生子者。無男女。其母皆譴死。呂雉之遺禍烈矣哉。

書楚元王世家

貧家厭賓客。而高祖微時。乃時時與賓客過丘嫂食。食多次矣。不懷其德。櫟釜一次。遂深怨之。此高祖所以爲無賴也。

書荆燕世家

劉賈燒楚積聚。劉章擊斬呂產。漢宗室有功者。此二人最著。

蒯通田生蘇秦陳軫之流也。韓信不聽蒯通。被貶被誅。遂夷三族。劉澤悅田生。王琅邪。王燕。稱孤三世。

書齊悼惠王世家

劉肥以外婦子。食七十城。而其母曹氏。未聞入宮。想高祖未貴時。已前卒也。

劉章耕田歌。有非其種者。鋤而去之。二語甚爲呂后所忌。幸明年呂后崩。否則劉章不免誅。功復矣。有謀未發。而露。未可也。

召平欲圍齊王。而被魏勃所紿。所謂君子可欺以其方也。而齊哀王又使祝午東詐琅邪王劉澤。請幸臨菑計事。因留澤。并將其兵。齊君臣可謂善欺矣。乃劉澤以帝位餂哀王。願入關與大臣計事。而齊王遣之。卒以齊王母家駟鈞惡戾。立齊王是欲復爲呂氏等語。致哀王徒爲孝文發難。其見欺於澤何如耶。

路中大夫告齊以漢發兵百萬。擊破吳楚。方引兵救齊。亦猶昔解陽許楚反言而卒告宋以昔師至矣也。解陽免死。而路中大夫被殺。則所遇異耳。

紀太后以其弟紀氏女爲厲王后。王不愛。乃令長女紀翁主入王宮。毋令後宮得近王。而王不愛紀氏女。乃與翁主姦。主父偃欲以己女充齊後宮不得。乃自爲齊相治通翁主事。王自殺。己亦被誅。天下事不由人算。往往如此。可畏也。

書蕭相國世家

指蹤發蹤指示獸處者。功人是也。而以蕭何爲功人則非也。張良運籌帷幄。決勝千里。乃功人也。漢高不以良功爲第一。良恭謹未如何也。論功則蕭何第一。封國則劉肥最大。一以親。一以故。而親又勝於故也。張良辟穀。與范蠡去越比美。智矣哉。

漢高謂蕭何舉宗數十人皆從我。功不可忘。鄂君謂陛下雖數亡山東。蕭何常全關中以待陛下。此萬世之功。較功狗功人說稍允。（山東本描寫旋稍勞飽以叙由）

漢高以張良韓信蕭何爲三傑。故疑忌特甚。良以辟穀免。何幾死者數。幸赦而僅免。夷三族。史遷極痛之。贊謂淮陰黥布等皆以誅滅。而何之勳爛焉。蓋深既阻之矣。

書曹參世家

曹參破軍殺將。功最多。但謀不及韓信。贊謂功多以與淮陰侯俱。諒哉。

蓋公謂治道貴清淨而民自定。曹參用其言相齊。齊國安集。用其言相漢。民以寧一。

欲無爲而治者、蓋尙黃老乎、然亦秦亂後民苦兵革、乃有效、王道重一張一弛、亦視其時而已耳

讀留侯世家

古人武技不及後人、故重力、爲武技者且號曰力士、然鐵椎百二十斤、運用豈便哉、狙擊不中、不待論矣、

項伯以報張良德故、私見張良、遂使項王不擊沛公、後受張良厚遺、爲漢王請漢中地、遂使項羽失天下、然項伯初不意事乃如此也、此其中殆有天焉、噫、

張良爲漢王燒絕棧道、以田榮反書告項王、於是漢王從容定三秦、張良說漢王捐關以東地於黥布彭越韓信、於是漢王取天下如拾芥。

四人各言名姓、曰東園公甪里先生綺里季夏黃公、嘿有自稱如此者、可疑一、又言天下莫不延頸欲爲太子死、注意欲廢太子事太甚、可疑二、四人爲壽已畢、趨去、倉皇若此。可疑三、故吾謂良所言四皓非僞、客呂澤所四人乃僞也、自此以後、四人絕跡、而曰無僞、誰欺乎、

讀陳丞相世家

假貸幣以聘、予酒肉之資以內婦、爲鄰里宗族交遊光寵也、今日效張負如此者、蓋亦時有、特未遇陳平耳、

陳平謂項王不能信人、其所任愛、非諸項、即妻之昆弟。雖有奇士不能用、又曰項王爲人恭敬愛人、士之廉節好禮者多歸之、語意頗矛盾、然不用奇士、而用廉節好禮之士、此項王所以爲項王也、又謂漢王能饒人以爵邑、士之頑鈍嗜利無恥者多歸漢、然不能得廉節之士、高祖固無賴、使貪使詐、蓋以類聚、而竟有天下、意者戰國後以德以力取天下皆不易、惟詐可集大勳乎、高祖自謂鬬智不鬬力、旨哉是言、捐金行反間、不惟越於吳、秦於趙用之、即漢王令酈食其持重寶啗秦將、亦是術也、

陳平以之間亞父、蓋無足異、

附王陵審食其傅於陳平世家內、二人事少、且事適與陳有連也

陳平之對漢文、特大言欺人耳、然言固可取、丙吉問牛喘、蓋亦祖此、

讀絳侯周勃世家

絳侯誅諸呂、孤身入虎穴不恐、而見獄吏恐、蓋韓彭往事可念也

孫子曰、將在外、君命有所不受、又曰、靜如處女、動如脫兔、亞夫深悟此、遂立大功、然非孝景因文帝遺誡、寵任不疑、未必無騎劫代毅之舉也

高皇帝約非劉氏不得王、非有功不得侯、後世天子大抵崇奉斯語、蓋家天下必封建子弟、異姓有功者特守戶犬耳、功縱大、侯足矣、焉用王、王則誅、然亦有例外、唐之汾陽王、明之中山王、其著者也、

絳侯果餓死下、書死後、景帝乃封王信爲蓋侯、明景帝實因阻王信封恨亞夫、迫之至死也、然亞夫不侯王信、爲劉氏計、非爲己計、使漢帝皆悟此旨、何至有外戚之禍、

讀梁孝王世家

婦人憐愛少子、適以害之、鄭武姜於共叔段、漢竇太后於梁孝王、一欲廢長立幼、一欲兄終弟及、跡雖異、心實近也、

任王后以取罍樽、被漢梟首。可爲貴族愛古物者戒、

讀五宗世家

河間獻王以經術通明見忌於武帝、與信陵君見忌於魏安釐王相類、

奪諸侯權、獨得食租稅、俾不反上、不虐下、似豚在笠、然屏藩之義、亦自此荒矣、

讀三王世家

西漢都長安、與齊燕吳相距遼、欲以親貴鎮撫之、自高至武、用意咸類、高祖始封劉肥王齊、盧綰王燕、劉濞王吳、盧綰以後、此三地雖異姓王者、今立皇子閎爲齊王、旦爲燕王、胥爲廣陵王、廣陵所轄即吳地、三地得人、則東北南無憂、天子可垂拱關中矣、

讀史記蠡述卷三

岳陽李澄宇洞庭著

書伯夷列傳

伯夷事簡。故前以帝堯許由卞隨務光太伯事引起、後雜論顏淵盜跖作結。若作疊然。烟雲縹緲、山水空靈矣、又夷齊並列、但以伯夷名篇者、以兄統弟、且孟子言伯夷常不及叔齊也

中庸言大德者必得名位祿壽、夷齊始讓國、終餓死、位祿壽均未有、名雖幸得、亦賴論語序列、龍門於是上下千古、深嘆由光不見稱於孔子。位祿壽固不有、即名亦甚難、附驥之喻不第爲顏淵引也、然由光逃名、而龍門重名、逃名近黃老、重名近儒

書管晏列傳

龍門被刑後無意仕顯、惟欲以史記一書獨立百代。故於伯夷列傳有沒世無稱之懼。於管晏列傳有知己難遇之歎

俗之所欲因而與之、俗之所否因而去之、大學所謂民之所好好之、民之所惡惡之也

晏子常有以自下、此其所以爲相也、其御意氣揚揚、此其所以爲御也、一旦不意氣揚揚、御也而大夫矣、覩其妻所言、固非御者妻、而宜爲大夫妻也

伯夷事簡、將其事從諸巖山萬壑中。管晏事繁、將其事納入太羹玄酒中。又伯夷傳無贊。贊具於傳也、管晏傳有贊、贊中作傳意、且補所未及也

書老子韓非列傳

孟子謂徒善不足以爲政、徒法不能以自行。故史遷以老子與韓非合傳、中不害學本黃老而主刑名、韓非喜刑名法術。而其歸本於黃老、殆皆善讀孟子者

韓文角者吾知其爲牛、鬣者吾知其爲馬。實自鳥吾知其能飛、魚吾知其能游、獸吾知其能走何化出。然此無語病、而韓有語病、蓋有角之物多不必皆牛、有鬣之物多不必皆馬也

老子隱於周、而道盛於漢、猶龍之嘆、有以也、楚狂以孔子爲鳳、而孔子以老子爲龍、足見當日南北學者互相引重、而儒與道亦實相濟也

莊周雖師老子、而學實進於老子、蓋儒以正己正人爲務、老子以無爲自化爲務、而莊子以逍遙自適爲務、正己故有誠正修諸事、正人故有齊治平諸事、無爲則不必有誠正修之迹、自化則不必有齊治平之迹、然猶有化之見存也、若逍遙自適、則忘其有己。忘其有人、忘其有己己適矣、忘其有人人適矣、夢化爲蝶、則栩栩然蝶也、醒復爲周、則蘧蘧然周也、時而太平、有天下而不與焉、時而擾亂、雖窮居不損焉、此其道大於老。不神仙而神仙、便於儒、不理學而理學、

韓非疾儒者用文亂法、俠者以武犯禁、故言法治者盛稱韓子

韓非說難字字痛切。然注意人主逆鱗、未注意人臣逆鱗、故秦王悅之、而李斯姚賈害之。終死於秦、不能自脫

書司馬穰苴列傳

將受命之日。則忘其家、臨軍約束則忘其親、援枹鼓之急則忘其身、質言之、即武官不怕死也、儒者謂國爾忘家、公爾忘私、謂戰陣無勇非孝、謂事君能致其身、與兵家正復相似

敢斬莊賈、敢謂將在軍君令有所不受、非不怕死能若是乎、能是即勇冠三軍、而復身自拊循與士卒平分糧食、化軍隊爲骨肉、戰勝攻取、固無足怪

鮑氏高國之屬譖害田穰苴、卒致家破國滅、爲天下笑者、一田易害、諸田難去也

書孫子吳起列傳

孫子武敢斬吳闔閭愛姬、其勇亦等田穰苴

信賞必罰、治兵要道、而必罰尤重、蓋必能必罰、而信賞始可貴、法行而後知恩、正謂此也

以君下駟與彼上駟、必不勝也、取君上駟與彼中駟、必勝也、取君中駟與彼下駟、亦必勝也、事甚淺易、而田忌不知、必待孫臏教之者、徒務勝、未暇通計也、兵家以小敗驕敵、而後乃大勝、亦若是已耳

伐魏救趙之計，後世效之亦常取勝

齊號爲怯。故減竈以示怯，晉素悍勇，料必趨利。故設伏馬陵，暮至必舉火。故斫樹白書。使龎涓自觀使射者知敵已至。諸葛亮於木門射死張郃亦類此

吳起貪而好色。後世效之。用兵司馬穰苴不能過，後世則否。

與士卒最下者同衣食，分勞苦。今有效之者。馮玉祥是也。或言其僞，然卽僞亦不易也，至爲卒吮疽。則起後未之聞矣

吳起在德不在險之語由王孫滿在德不在鼎化出而舟中之人盡爲敵國卽事立論尤足動人

吳起有大功於魯，魯人惡之去之魏，有大功於魏，魏相害之去之楚，有大功於楚而楚之貴戚盡害之，此亦柳下惠所謂焉往而不三黜耶。

書伍子胥列傳

子胥過昭關，在與太子建奔鄭，適晉，還鄭後，與建子勝奔吳前，編劇者以爲楚殺伍奢伍尙父子後，蓋因昭關隸楚而誤也

忌功臣必曰謀反，自古已然，子胥有大功不早效范蠡，無宰嚭譖之亦難免也。贊有向令伍子胥從奢俱死，何異螻蟻。棄小義，雪大耻，名垂於後世等語，與季布傳贊同旨。蓋亂門極不願人徒死無益也，報任少卿書亦此意

書仲尼弟子列傳

孔子曰。受業身通者七十有七人。後世或稱七十二人

論語以言語爲政事前。蓋以德化以言感其效神於政事也，史記以言語爲政事後殆因爲政不在多言而然耳。然後世十哲之序則祖論語

易論語未若貧而樂富而好禮。爲不如貧而樂道富而好禮有道字則樂有着落也

無報人之志而令人疑之拙也。有報人之意使人知之殆也。事未發而先聞危也。此與易繫辭幾事不密則害成同旨（幾通機）

伍子胥傳謂越假吳後，吳王自黃池歸與越平，後九年越遂滅吳，殺夫差而誅宰嚭茲謂越王涉江襲吳，吳王聞之去晉而歸，與越三戰不勝，越遂圍王宮，殺夫差而戮其相，似非是。蓋吳越世家所載亦異也

子貢一出，存魯，亂齊，破吳，彊晉而霸越，又好廢舉，與時轉貨貲，其行事蓋類范蠡

宰我列名十哲，而與田常作亂，濟惡狀貌甚惡而行不由徑，故孔子曰吾以言取人失之宰予，以貌取人失之子羽。

原憲謂無財者謂之貧，學道而不能行者謂之病，意若有所刺譏也，故子貢慙不懌而去。

樊遲請學稼與許行言神農意相類。故孔子鬪之。否則禹稷躬稼，古所樂道，何獨鄙樊須爲小人（此小人與孟子小人勞力之小人同）

陳司敗問魯昭公知禮乎，孔子答以知禮，卽諱所謂兒不悄母醜，子不道父過也。司敗舉已事駁之，不可復諱，故受過而不辭。

書商君列傳

彼王不能用君之言任臣。又安能用君之言殺臣乎。此二語寫盡千古庸主

不悅帝王之道。而欲及身彊國顯名。秦以後大抵如此，今則不必彊國顯名，但始奪食終戀棧耳。然商鞅亦非眞知帝王之道者。蓋假此自高且堅秦聽也

民不可與慮始。而可與樂成，作君師者教姦下民，宜味此語，然殘民以逞者亦往往恃此語爲護符。

告姦者與斬敵首同賞，匿姦者與降敵同罰，令民爲什伍，必如此乃有效

徙木予金。信賞也，刑太子師傅必罰也，信賞必罰，人遂趨令，行之十年秦民大說，道不拾遺，山無盜賊。若不復待賞罰矣，然民說而百室不說，故秦獲利而已受禍

魏割河西地與秦，去安邑徙都大梁，秦滅六國以此發軔

書蘇秦列傳

蘇秦說六國，利害切明，不愧揣摩期年。以距秦較遠之燕趙爲基，然後更說韓魏齊楚，尤屬建橋妙法，約言秦攻楚齊魏各出銳師以佐之，韓絕其糧道，趙涉河漳，燕守

常山之北秦攻韓魏則楚絶其後齊出鋭師以佐之趙涉河漳燕守雲中秦攻齊則楚絶其後韓守城皋魏塞其道趙涉河博關燕出鋭師以佐之秦攻燕則趙守常山楚軍武關。齊涉勃海韓魏皆出鋭師以佐之秦攻趙則韓軍宜陽楚軍武關魏軍河外齊涉清河燕出鋭師以佐之諸侯有不如約者以五國之兵共伐之苟能永守秦兵不敢函谷關豈止十五年哉然蘇秦但謀共保未有進取策國多利害雖六王又不以是詔子孫持久甚難固無足怪。蘇代蘇厲且有時不守合從誠說激張儀入秦。但冀秦兵暫弗加趙耳功名士某人家國爭近效往往如此。

使我有雒陽負郭田二頃豈能佩六國相印此在蘇秦則然耳世固有以富致貴或毀家救國者不必謂仕宦者皆爲謀食而來也

蘇代謂凡天下戰國七燕處弱焉戰國之稱始此至獨戰不能有所附無不重當曰縱人橫人皆爲此二語焦唇竭慮耳

蘇代謂驕君必好利亡國之臣必貪於財目光如炬可照二十四史矣

蘇代是欲一齊也是欲二齊也二語。與張耳陳餘傳此又生一秦也同意

或曰秦爲西帝齊爲東帝或曰秦爲西帝燕爲北帝趙爲中帝已爲王必欲爲帝戰國所以爲戰國也

蘇代止燕昭往秦而燕昭聽之復立從約燕昭固賢蘇代之言實亦甚辯也昭睢止楚懷往秦而楚懷弗聽客死於秦楚懷固不賢而昭睢之說實亦甚略也

書張儀傳

此言俱事鬼谷先生學術與霍光傳不學無術同蓋皆以學爲動詞術爲名詞非平列亦非併爲一詞

由我不盜而璧轉出我願且盜而城六字憤甚趣甚

以鼎與楚以地與魏王弗能止也此司馬錯洞悉敵情過於張儀處故惠王聽之

南與楚境西與韓境北與趙境東與齊境此以名詞代動詞與境猶言與接壤也

楚懷絶齊陳軫諫之是也而說楚懷割地賂秦幷兵攻齊是六國爲秦自伐也此其智所以終逐蘇秦與軫皆事秦豈故爲此說厚秦與

蘇秦合從自燕始。張儀連橫自楚始。從約幸延十五年橫約則以秦惠王卒未成也

楚强於韓故說楚則曰長爲昆弟之國終身無相攻伐。說韓則曰先事秦則安不事秦則危。欲鬭楚韓而承其敝則又曰秦之所欲莫如弱楚而能弱楚者莫如韓

張儀說齊王時。尚未至梁趙也而曰梁効河外趙割河間說趙之辭恫嚇特甚其時齊未獻地而曰斷趙右臂至燕時趙未朝秦而曰趙王已入朝澠池趙於秦猶郡縣展轉欺誘說客大抵類是而張儀爲最。

公孫衍犀首與張儀齊名而亦與陳軫附於儀傳者事少且均與儀有連也

書樗里子甘茂列傳

秦人號曰智囊又曰力則任鄙智則樗里。得此於人匪易惜史策簡略雖舉其功未知所謂智者何在至葬於渭南章臺之東謂後百歲是當有天子宮夾我墓則前知也。匪特智矣意者有智之名無智之迹。乃其所以爲大智與。

甘茂將伐韓宜陽引曾參殺人其母投杼之喻秦武王與之盟於息壤至今言約者效甘茂口吻曰息壤在彼盟之神信亦大矣哉

貧女謂富女分我餘光。無損子明較匡衡鑿壁偷光易行也

諺謂親顧親好。鄰願鄰安。爲民言之也此矜漆室女憂國之意也若有國者則不然。

鄭燭之武說秦穆公曰焉用亡鄭以倍鄰鄰之厚君之薄也。楚范蜎說懷王曰茂誠賢者也。然不可相於秦秦有賢相非楚國之利也由此言之民恐鄰不安非民則往往恐天下不亂。

人習謀詐至戰國而極甘羅年十二亦善游說可畏也

書穰侯列傳

蘇代爲齊陰遺穰侯書簡勁可喜

穰侯魏冉有大功於秦。而范睢以巧說擠之實憤昭王薄待勳戚蓋亦有感於淡事。非但爲穰侯也。

書白起王翦列傳

以彊秦攻弱趙、而去其名將廉頗、一必勝、以白起當趙括、而祕之使不爲備、二必勝、雖無備而猶詐敗設伏、間趙軍爲二、三必勝、趙食絕、而發兵遮絕趙救及糧食、四必勝。

白起攻韓魏於伊闕、斬首二十四萬、攻魏拔華陽、斬首十三萬、與趙將賈偃戰、沈其卒二萬於河中、攻韓陘城、斬首五萬、破趙軍於長平、坑殺趙卒四十萬、他役未載者尚不知若干也、後人謂一將功成萬骨枯、萬骨何足數、適令白起竊笑耳

何妄謂白起坑殺趙卒、則後日之戰、死當死耳、何衆肯服、何城肯下、其所以終不敢復加兵於邯鄲者、以此、蓋亦確論

攻人國、勝而前進、必留兵守後、愈前進、兵力愈薄、故非多不可、李信將兵二十萬、雖破荆軍、而引兵西還、蓋兵力已弱、不能再進也、終被敵躡大敗、固無足怪、王翦將兵六十萬、不輕敵、務養士氣、俟敵皆歸而後追擊、遂殺項燕、定荆地、且南征百越、兵多故前進無懼也

書孟子荀卿列傳

贊附傳首、伯夷列傳外又一法也、後人多效之、而變其貌、

曰利誠亂之始、不惟戰國、有史以來皆若此、孟子於內聖言性善、於外王言仁義、所以上接洙泗之傳也。

天下方務於合從連衡、以攻伐爲賢、而孟軻乃述唐虞三代之德、是以所如者不合。退而與萬章之徒序詩書、述仲尼之意、作孟子七篇、此數語眞足傳孟子、

騶衍所言非閎大不經、今雖知之、而當日怪之、蓋理至數極、解人難索也、

借騶衍論孟子、與伯夷傳借顏淵論伯夷略同、騶衍有牛鼎之意、志在一時、而孔孟持方枘欲內圜鑿、則志在萬世

吾前見王、王志在驕、逐後復見王、王志在音聲、此正所謂承意觀色也、蓋以色知意、匪逢迎意旨也

荀卿嫉濁世之政、亡國亂君相屬、不遂大道、而營於巫祝、信禨祥、鄙儒小拘、如莊周等、又猾稽亂俗、於是推儒墨道德之行事興壞、序列數萬言而卒、因葬蘭陵、此數語亦眞足傳荀卿、然於孟子則曰述仲尼之意、以孔道正統予孟也。於荀卿則曰推儒墨道德之行事興壞、不以孔道正統予荀也

書孟嘗君列傳

田嬰有子四十餘人、而顯名當世者、乃屬賤妾之子、噫、

孟嘗君客多、才否不克前知、信陵君略能前知、然猶不審客才果居何等也、信陵譏平原君養士爲豪舉、孟嘗何獨不然、然王荆公以雞鳴狗盜少之、則可不必、蓋彼所謂養客、而世謬曰養士也、且當時死士力士皆曰士、豈吾儒所謂士哉

客笑眇小丈夫、豈辱哉、孟嘗聞之怒、何邪、客與俱者乃因此殺數百人、滅一縣、直盜賊不若矣、

孟嘗君中立、第就於諸侯無所屬言耳、與漢書彭越中立、魏王豹中立異、

前有魏子爲孟嘗君收邑入事、茲有馮驩收債於薛事、蓋收邑入收債各爲一事也、能與息者與爲期、貧不能與息者取其券燒之、此事亦平平、而馮驩以是得名者、以其不請命而放膽爲之、他人未能耳、漢汲黯矯制發粟、蓋亦類此、

寫孟嘗客、雞鳴狗盜外、惟魏子馮驩皆保全孟嘗祿位者、於齊奚裨哉、贊謂孟嘗君好客自喜、招致天下任俠姦人入薛中、亦萬餘家、蓋鄙之也

書平原君虞卿列傳

士不外索、平原蓋以此自豪、備員而行、毛遂實以此自稱

曰先生不能、先生留、而平原君竟與毛遂偕者、壯其言、姑試之耳

因人成事、亦美辭、自來集羣策羣力以就大事者、皆若此、故毛遂舉以相誚、猶後世誚康有爲文聖、張勳武聖、固美辭也

樓昌言橫、故欲趙與秦媾、虞卿言從、故欲趙發使出重寶以附楚魏、然虞卿料事揣情、智不下蘇代陳軫

日助秦自攻曰自弱以強秦曰以六城賂齊并力西擊秦何言之痛而計之決也趙郝樓緩雖善辯豈卿之比哉

非李同則信陵兵未至而邯鄲已降非信陵則李同雖勇而趙終無救由此言之存趙豈平原功哉蓋平原與孟嘗等耳贊稱爲翩翩濁世佳公子未睹大體旨哉是言

書魏公子列傳

四公子獨信陵以公子名傳異之世褒之故異之也

觀公子忠之數請魏王及賓客辯士說王萬端魏王畏秦終不聽公子云云則後世爲竊符救趙論以罪信陵者可以休矣

尙安事客四字罵盡三千人且罵公子

不曰公子誠請如姬必許而曰公子誠一開口請如姬如姬必許諾古人爲文不苟省字也長江大河益一溪不爲多分一湖不爲少也

侯生爲公子謀亦至矣而必北鄉自剄以送公子何爲者蓋古人重知己爲知己死甚樂也

使將將其軍歸魏而公子獨與客留趙此公子不負魏王且明己必不奪王魏國也

救趙卽以救魏救一國卽以救六國何言於趙有功於魏未爲忠臣哉

公子於魏得侯生朱亥於趙得毛公薛公皆竭誠下交非歸斯受之平原孟嘗春申所以不如公子也漢高亦常祀公子有以哉

徒聞魏公子不聞魏王此秦人效范睢秦安得王秦獨有太后穰侯一語以間魏王兄弟耳王聽不聽竟令公子以醇酒婦人卒國亦遂亡可慨也

書春申君列傳

春申雖遜信陵然賢於平原孟嘗其上書秦昭止白起伐楚言利害甚辯其遣太子變衣服爲楚使者御以出關而自請秦昭賜死亦甚忠且智太子旣立爲考烈王春申相楚二十餘年而一旦誤聽李園欲效呂不韋則平原孟嘗所羞也縱使幸聽朱英斬免毋望之禍楚幽王他日亦必有秦政廢呂不韋事矣利令智昏惜哉（毋望讀无妄）

書范睢蔡澤列傳

一則曰秦王之國危於累卵得臣則安然不可以書傳再則曰語之至者臣不敢載之於書其淺者又不足聽也欲望見顏色此未見前以危詞聳聽也三則曰秦安得王秦獨有太后穰侯耳四則曰處人骨肉之間欲效愚忠而未知王之心此旣見後以危詞聳聽也至足下上畏太后之嚴下惑於姦臣之態則圖窮而匕首見矣於是以遠交近攻之說進遂爲客卿以固威重權之說進遂相秦國

須賈綈袍之賜非眞有故人之意賈初至秦人地生疏意范叔或有客習於張祿特以此市恩使效奔走耳范叔感之蓋猶未窺其隱也

人固未易知知人亦未易也侯嬴此語直刺信陵故信陵大慙

秦殺白起可謂自壞長城而後有王翦諺所謂烈椴未斷曲木先生也應侯恐懼亦將請君入甕而卒應蔡澤諺所謂不求柴斷但闘斧脫也

書樂毅列傳

燕惠立而齊間至因燕惠爲太子時不快樂毅也空穴來風可畏哉

未勝齊前趙惠文王嘗以相國印授樂毅故樂毅西降趙

樂毅書有臨不測之罪以幸爲利義之所不敢出也等語蓋燕惠王恐趙用樂毅乘燕之弊以伐燕故樂毅剖心示之俾勿以小人之心度君子之腹也

燕惠王有遺樂毅書燕王喜又有遺樂閒書不責己不宜用騎劫栗腹而徒怨樂毅樂閒至趙可謂後先繼武一笑

書廉頗藺相如列傳

璧卽有用何寶之至此而卞和藺相如且藉璧顯名噫

自曹沫劫盟已來毛遂藺相如效之皆不辱命

趙奢以閼與一戰成名去國三十里堅壁不行靜如處女使秦諜謂已怯也既已遣秦諜乃卷甲趨之動如脫兔料敵無備急取之也然在有宦官監軍時不易如此有軍機處時亦不易如此

趙奢固壁不戰猶周亞夫禦吳楚欲待其惰歸而擊之也惜孝成王以趙括代奢若
燕惠以騎劫代毅惟讒言是信不克知人善任也
韓信驅市人而戰而廉頗爲楚將無功大將與名將異也
先爲怯以惰敵後佯北以驕敵必使大半衆來入然後多爲奇陣張左右翼擊之後
世爲匪者往往竊效斯法此匪所由發延也
郭開多與使者金令毁廉頗。秦又多與郭開金令譖李牧金之爲害酷矣哉
書田單列傳
單間樂毅辭頗近理故燕惠信之蓋下齊七十餘城如疾風掃落葉而莒即墨二城
獨固若磐石非知兵機者不解也曰以伐齊爲名實欲連兵南面而王齊誠中燕惠
所疑矣。
單雖以間去樂毅然尚無力破騎劫故明知飛鳥因飢下食而必假神以行詐如是
使燕人劓降者而守益堅使燕人掘墓燒死人而衆益憤猶恐力薄也乃令富豪
遺降書乘夜縱火牛攻之蓋出其不意敵百萬若一夫也卒破燕軍復齊國豈倖也
哉
附君王后及王蠋事於贊後又孟荀列傳外一法也
書魯仲連鄒陽列傳
且秦無已而帝則且變易諸侯之大臣彼將奪其所不肖而與其所賢奪其所憎而
與其所愛數語最足令新垣衍膽落而將軍又何以得故寵乎十字有畫龍點睛之
妙
始以先生爲庸人。吾乃今日知先生爲天下之士也與吾始以君爲天下之賢公子
也吾乃今然後知君非天下之賢公子也相應
寧貧賤而輕世肆志與田子方貧賤驕人意同。
鄒陽遺梁孝王書往復用典意簡辭複蓋自楚辭化出
書屈原賈生列傳

懷王因衆莫不知非我莫能爲二語怒而疏平蓋怒其事前漏泄意猶少怒其恃才
輕己意實多也。
屈原諫楚懷毋入秦較宮之奇諫虞公勿假道尤爲言略
其所謂忠者不忠賢者不賢也此二語寫盡古今昏主
懷王怒而疏平頃襄怒而遷之視文王亦一怒武王亦一怒何如一笑
漢唐皆都長安。故賈誼忌長沙卑濕韓愈忌湖州瘴癘實則此二地爲賈韓增妙文
數篇。名重千古。縱得志富貴當世庸愈乎。
忽然爲人兮。何足控摶化爲異物兮又何足患小知自私兮賤彼貴我通人大觀兮
物無不可。此贊所謂同死生也乘流則逝兮得坻則止。縱軀委命兮不私與己澹乎
若深淵之靜。氾乎若不繫之舟不以生故自寶兮養空而游贊所謂輕去就也
書呂不韋列傳
子楚母曰夏姬。乃戰國時秦夏姬非春秋時陳夏姬
呂不韋陽翟大賈往來販賤賣貴彼其心目中但知有貨耳故以貨視子楚且曰此
奇貨可居居者販賤也可居者謂他日賣貴可握算以待也奇貨遇大賈而不韋遂
千古矣。
取邯鄲諸姬絕好善舞者與居知有身固爲移花接木計也而復曰呂不韋怒者不
佯怒恐子楚他日疑之耳
四公子養客呂不韋亦養客荀卿之徒著書呂不韋亦使客爲著書客貨也書亦貨
也多財善賈無呂不韋若者矣
夏太后[illegible]別葬杜東曰東望吾子西望吾夫後百年旁當有萬家邑與樗里子言
後百歲是當有天子宮夾我墓略同
呂不韋獻姬移花接木也進嫪毐金蟬脫殼也
書刺客列傳
列傳有以人爲主者伯夷等傳是也有以事爲主者東越等傳是也有類其事而人

更分列者刺客等傳是也。

全傳以其後如干年而某地有某乙之事貫串曹沫專諸豫讓聶政荊軻其法甚老

蒲松齡聊齋志異效之成僉秩一篇有名於世

智伯無後而豫讓爲報仇。無所爲而爲但求不愧死者而已此其心至潔而其意甚哀。然不臣襄子而必直刺之謂將愧天下後世之爲人臣懷二心以事其君者則其事益難

凡正直人心有獨至形氣不足以限之李廣射石沒羽至可信豫讓斬衣出血殆與李類國策载之而史記未载何也

而嚴仲子乃諸侯之卿相也何聶政鄭重言之實則卿相不德視屠沽往往弗若豈政未知耶

嚴仲子百金何足道而聶政不計俠累果宜刺與否而但感仲子意氣爲之行刺未知俠累視趙盾何如而聶政又視鉏麑何如也

俠累國策作韓傀又國策謂韓適有東孟之會韓王及相皆在而此但云韓相俠累方坐府上國策謂韓傀走而抱哀侯聶政刺之兼中哀侯而此但云刺殺俠累國策較詳。當可信。

政恐累姊受禍。而姊又恐以己故累弟不成名此心皆可質天日視性命蔑如也此所以爲俠烈也

荊軻者衛人也其先乃齊人徙於衛衛人謂之慶卿而之燕燕人謂之荊卿連叙三地址。三稱謂簡勁可法

句踐報吳燕昭報齊皆歷二十餘年太子丹豈不知耶乃鞠武請西約三晉南連齊楚。則謂曠日彌久荊軻欲待客與俱然後入秦則疑其改悔卒之所謀不遂身死國滅。欲速則不達信哉

沙中椎中副車殿上劍中銅柱。此其中有天焉毋徒咎張良荊軻也

始皇惜高漸離善擊筑乃矐其目豈知其心尚明耶

書李斯列傳

由竈上騷除。足以滅諸侯成帝業極言其易也諸侯復彊相聚約從雖有黃帝之賢不能并。極言其難也。

可下以財者厚遺結之。不肯者利劍刺之此誠毒計後世多效之者

物不產於秦可寶者多。士不產於秦而願忠者衆諫逐客書通體就此發揮故前叙五子四君中叙色樂珠玉後乃云重物輕人藉寇兵而齎盜糧求國無危不可得。

醫藥卜筮種樹之書往往與政教有關而李斯弗知書幸免厄

物禁太盛。易理也李斯知此何不效范雎功成身退避賢自代乎

李斯始無廢立之意胡亥亦自謂廢兄立弟不義使無趙高以利害說胡亥李斯則扶蘇剛毅而武勇信人而奮士。繼秦緒有餘何至亡秦哉此中有天意特假手趙高耳。必俟秦將亡而後子嬰族滅亥可嘆也

胡亥未立時。李斯力能誅高而弗誅者恐開罪胡亥耳而豈知他日竟死趙高手同一死也早死重於泰山晚死輕於鴻毛而况乎斯誅高斯亦未必有禍哉

重爵祿三字乃李斯不治之症論語所謂苟患失之無所不至也然重爵祿者多也

秦胡亥以趙高爲忠唐德宗亦以盧杞爲忠

始皇本紀謂二世死時欲見趙高閻樂不可願爲王爲侯爲黔首閻樂皆弗許此云高刦令自殺引璽而佩之前後兩歧蓋傳聞異辭所采皆非一也

書蒙恬列傳

扶蘇似晉恭世子。蒙恬似吳伍子胥

書張耳陳餘傳

廉藺爲刎頸交始敵終友張陳爲刎頸交始友終敵（又廉范與洛陽慶鴻爲刎頸交見後漢書）

秦詔書購求兩人兩人亦反用門者以令里中今共匪藏身各界豈僅門者比哉

蒯通說范陽令說武臣料事揣情皆當而不自取富貴他辯士所不及也

名爲求趙王實欲燕殺之語極近理兩賢王左提右挈而責殺王之罪事尤可憎此

所以能歸趙王也。然厮養卒能歸趙王、而終未顯名居位何也。豈武臣不賞耶。抑厮養卒自甘隱遁耶。

趙武臣碌碌無奇。李良殺之不足惜。且非此則張耳與趙王歇不走入鉅鹿。項羽烏鍱古今之大戰無由作也、李良信有大造於羽哉、

項羽破章邯、因數絕章邯甬道、王離軍乏食也、他日漢敗項王。亦因彭越常往來爲漢游兵擊楚、絕其後糧於梁地。噫、

書魏豹彭越列傳

漢高罵詈諸侯羣臣如罵奴、後世亦有效之者、

漢三年。彭越既爲漢游兵擊楚。絕其後糧於梁地五年、又下昌邑旁二十餘城。得穀十餘萬斛以給漢王食。視蕭何轉漕功鉅也、

贊謂彭越智略絕人、獨患無身。得攝尺寸之柄。雲蒸龍變、蓋深察其所以不自殺之意。而憫憤欲絕也、

書鯨布列傳

項王未至咸陽時、布數以少敗衆。常爲軍鋒、既都彭城後、立布爲九江王都六。布誠驍勇。項王亦信任至矣、而後乃徵兵擊齊不往。漢敗楚彭城不救何也。與項王有郤耶、抑功高驕蹇耶。噫、

竟責布未從羽擊齊、未救楚彭城。抉布負孜疑懼之原、使不得不倍楚。竟於楚使者前言九江王已歸漢。楚何以得發兵。絕布首鼠兩端之念、使不得不歸漢。智哉隨賈也、

薛公以布東取吳、西取楚、并齊取魯、傳檄燕趙、固守其所爲上計、蓋與漢平分天下。無後顧之憂也、若東取吳西取楚、并韓取魏、據敖倉之粟、塞成皋之口、則齊魯燕趙起與爲難、與項羽戰漢滎陽時頗相似、故爲中計。至東取吳西取下蔡、歸重於越、身歸長沙、則偏於一隅矣、故爲下計。

書淮陰侯列傳

英雄不能治生。漢高韓信其著者也

韓信將斬而滕公救之、郭子儀將斬而李白救之、韓郭固人傑、滕李亦非可及也。已數以策干羽。羽不用、數與蕭何語、何奇之。楚漢興亡、定於此矣、

觀項王重用黥布。豈不能任屬賢將者。特未能知信爲可惜耳。破秦而後封諸侯甚疾。無沙中偶語者。何謂印刓弊忍不能予、惟不居關中而都彭城、眞大錯也、

於項曰天下多怨百姓不親附。於漢曰秦民無不欲得大王王秦者。於邯欣翳曰秦父兄怨此三人。就人心向背決勝負。信誠不愧大將哉

信未爲大將前。碌碌無所短長、既爲大將。縱橫掃蕩、似入無人之境、位宜與才稱也、甚矣哉。

李左車堅營勿戰。從間路絕輜重之策、古今以此成大功者甚衆、宜韓信師事之也、

成安君自稱義兵、不用詐謀奇計。特宋襄之流耳、

李左車不以短擊長。而以長擊短二語。可爲孫子十三篇總註

引軍半渡。誘敵擊之、而後決壅囊以淹敵、此以兵法所有者示敵、而以兵法所無者勝敵也、趙括馬謖烏足與語此。

武涉蒯通所以說信者亦詳矣。而信卒不爲動者。感恩知己四字誤之耳、不知漢王於信。知固眞知、恩乃僞恩也。恩且不可恃。況僞恩乎。

歸楚。楚人不信、歸漢、漢人疑恐。大英雄往往如此。可憫、

假令韓信學道謙讓、不伐己功。不矜其能云云。蓋史遷痛極之語、然唐宋功臣略有此意幸保首領以沒者不少也、

書韓王信盧綰列傳

同時兩韓信、故一稱淮陰侯。一稱韓王信、

匈奴常敗走、漢乘勝追北、蓋匈奴詐敗誘漢深入也、其匪亦常效此策

盧綰初無反意、特誤於張勝耳、張勝欲長保富貴、盧綰亦欲長保富貴、一念之失、名裂身敗、惜哉。

書田儋列傳

章邯圍田榮於東阿，項梁引兵擊破章邯，可謂有德於榮矣，而榮以楚不殺田假、趙不殺田角田間，怒不救梁，曲盡在榮也。梁之死，以齊；羽之亡，亦以齊，可慟。田儋過章邯，敗死；田榮過項王，亦敗死；田横則自刎於漢。徒雄桀好亂，不惟無伐秦功，且不堪與勁敵一戰。吾甚不取此三人。

書樊酈滕灌列傳

樊噲排闥見漢高，較持盾撞項王帳尤難能也。

灌嬰販繒，貴至侯相，後世有似之者，曹鋸是也。

書張丞相列傳

忽夾叙周昌、趙堯、任敖、曹窋者，因張蒼遷爲御史大夫，而昌、堯、敖、窋皆前任此官也。

前曰十四年遷爲御史大夫，追計也；後曰以淮南相張蒼爲御史大夫，遞接也。

蒼老無齒，而食乳，女子爲乳母百有餘歲而卒，蓋人乳大補也。

鄧通，文帝弄臣，而不敢不應丞相召。文帝度丞相已困通，然後使使者持節召通，且謝丞相。此漢文所以爲令主也。

申屠嘉附張傳，而陶青、劉舍、許昌、薛澤、莊青翟、趙周又附申傳。

贊後別叙韋賢、魏相、邴吉、黄霸、韋玄成、匡衡，雖貴爲丞相，不專立傳，此史記所由卷少也。後世作傳，若縷履歷，篇簡浩瀚，固無足怪。

書酈生陸賈列傳

足下欲助秦攻諸侯乎？且欲率諸侯破秦也？此二語乃説士單刀直入法，蓋反言激之，俾承第二語，然後以第二語折之也。

既得陳留積粟，又得敖倉藏粟，酈生於漢，殆上比蕭何，下比彭越。

他佗篆寫相近，故尉佗作尉他。

陸賈轉易帝心，俾事詩書，漢祚四百，賈亦爲始。李斯長君之惡，俾廢詩書，秦祚二世，斯更族滅。

漢高惡儒冠，而賈著新語，帝未嘗不稱善。陳平憂諸呂，而賈爲畫策，漢已危而復安。此二事非酈生所及。

朱建以百金故，救辟食其命至再，何謂行不苟合耶？漢書有平原君朱建傳 漢書平原君朱建 平原君後忽附酈生，謁高祖，及斬陳留令事，而不嫌複者，事詳於前，辭亦稍異，兩存之也。

書傅靳蒯成列傳

上欲自擊陳豨，而蒯成侯泣曰：始秦攻破天下，未嘗自行；今上常自行，是爲無人可使者乎？蓋欲代上出征也。而上卒自行者，知蒯成未足任此也。

書劉敬叔孫通列傳

漢高被困白登，赦劉敬，且封爲侯，豈紹兵敗官渡，乃殺田豐而後快何也。

劉敬請都關中，與匈奴和親，徙齊諸田、楚昭屈景、燕趙韓魏後及豪桀名家居關中，皆有關漢祚甚鉅。

叔孫通起朝儀，徵魯諸生，而兩生不肯行，觀其言甚正，蓋真儒者，惜名姓不傳，徒令後人驀想也。

纔自今日知皇帝貴，獄吏尊矣，可嘆。

書季布欒布列傳

以死伍員救生季布，朱家不惟大俠，且辯士也。

曹邱生見季布，以楚諺爲頌，布即大説，蓋愛諛乃通病也。

欒布爲彭越辯，不反，漢高甚愧，故釋布弗烹。若彭越在時有人言此，越不殖矣。昔哉！吾於是益恨呂雉。

季布重其死，不失爲賢；欒布不自重其死，又實烈士。此史遷教人自審死法也。蓋季布自負其材，欲有所用，其未足，不重其死，則死輕於鴻毛矣。欒布哭彭越以報知己，不自重其死，死乃重於泰山也。管仲不死，史遷不死，與季布類耳。

書袁盎鼂錯列傳

袁盎毀絳侯、其言似是實非、蓋呂后屠戮功臣視若故常、太尉名雖主兵、大權在呂后手、徒死無益、未足安劉、呂后死時南北軍皆非漢有、非絳侯深入虎穴、諸呂豈易夷滅、而乃一則曰太尉主兵柄、弗能正、再則曰太尉主兵、適會其成功、何言之易耶。

袁盎稱漢文有高世之行者三。一孝過曾參。二勇過賁育。三讓過許由。實則惟侍病三年不交睫不解衣可稱孝。餘未足道也。

盎諫遷淮南王。諫馳下峻阪。及引卻慎夫人坐。皆可謂有遠慮。惟譖斬晁錯謝吳。則小人專事報復者所爲也。

錯父稱錯爲公。蓋憤極以是稱之。猶村夫怒而呼子爲爺也。

書張釋之馮唐列傳

袁盎譖徙釋之補謁者。釋之遂自此扶搖直上。匪盎始念所及。

有李齊而鉅鹿顯。有項羽而鉅鹿大顯。

馮唐以死李牧救生魏尚。可謂善諫。

書萬石張叔列傳

萬石君家不言而躬行。乃眞儒教。儒者文多質少。乃僞儒教。

有譴常蒙其罪。有功常讓他將。今安得復有衛綰哉。

直不疑惟恐人知其爲吏跡。今人則惟恐人不知其爲吏跡。

於周文張叔傳皆以子孫咸至大官矣七字結之。蓋幸其食報也。

書田叔列傳

田叔蓋亦學黃老言者。以笞渠率愧魯王使償民錢物。以暴坐愧魯王使不大出游。賢乎哉。

書扁鵲倉公傳

以禁方書盡與扁鵲而必先出懷中藥令飲以上池之水三十日者。蓋去病不難。對症實難。不能盡見五臟癥結。雖禁方無益也。

俞跗華佗之術。西人頗效之。然往往殺人。蓋秦越人所羞也。

詔問淳于意方伎所長及所能治病者有其書無有。皆安受學。受學幾何歲。嘗有所驗。何里縣人也。何病醫藥已其病之狀皆何如。猶今以裴式飭下造報。意所對則似醫案。所謂診籍也。然與所問合。且言病源脈理至精審。雖百世不能改。

欲男子不可得。則月事不下。月事不下者腰背痛。且往往死。俗謂之乾經癆。詩詠摽梅。王道本乎人情也。晚婚病。早婚病。及時乃可無病。

病得之飲酒且內。病得之憂。病得之內。病得之當浴流水而寒甚已則熱。病得之流汗出滫。滫者去衣而汗晞也。病得之盛怒而以接內。病得之酒且內（按前言飲酒且內偶然也此言酒且內常然也）。病得之酒。病得之汗出伏地。病得之欲溺不得因以接內。病得之風及臥開口食而不嗽。病得之流汗數出灸於火而以出見大風。病得之好持重。病得之欲男子而不可得。病得之於寒濕。病得之飽食而疾走。病得之墮馬僵石上。病得之數飲酒以見大風氣。觀此。於衛生思過半矣。

書吳王濞列傳

皇太子引博局提吳太子殺之。則皇太子師傅亦可想。而必曰吳太子師傅皆楚人輕悍何耶。蓋長安人阿皇太子。特爲是言以罪吳太子。史遂據以書之耳。

已封而削之不以道。皆必反。漢七國明燕王是也。

發二十餘萬人而遺諸侯書乃曰精兵可具五十萬。虛倍其數以示衆也。

劉濞不知兵。故不聽田祿伯之計。收淮南長沙入武關。又不聽桓將軍之計。據雒陽敖倉。

周丘以一漢節得下邳三萬人。比至城陽兵十餘萬。亦奇士也。

書魏其武安侯列傳

竇嬰進名將賢士。一可佩。賜金不以入家。二可佩。不掣周亞夫肘。三可佩。

灌夫不好面諛。非病。剛直使酒則病也。貴戚諸有勢在己之右不欲加禮。亦非病。必陵之則病也。

灌夫以田蚡相過告魏其。俾帳具。灌夫多事。魏其強灌夫俱賀田蚡娶妻。魏其多事

一贊中兩用嗚呼哀哉亦龍門創格

贊韓長孺列傳

雖有親父安知其不爲虎雖有親兄安知其不爲狼爲人子弟以此自戒懼則可若至尊而以此疑猜父兄則大亂伏矣

安國幾得相以奉引墮車蹇竟不得相豈命也與然於梁孝王事上解兩宮猜怨下誅王出詭勝（公孫詭羊勝）可謂善處人骨肉之閒矣

贊李將軍列傳

李廣以百騎退匈奴數千騎不還走而前進且下馬解鞍蓋使匈奴疑漢有伏虛者實之也

廣廉得賞賜輒分其麾下飲食與士共之已屬難能而乏絕之處見水士卒不盡飲廣不近水士卒不盡食廣不嘗食尤世所稀有。

既已知殺降不得侯矣猶復請擊匈奴殆所謂烈士暮年壯心不已耶

龍門雖因李陵事被刑然於李陵功罪皆直書不愧良史

贊匈奴傳

因蒙恬死中國擾亂而匈奴復渡河南與中國界於故塞因楚漢相持而冒頓得自彊遂侵燕代外侮與內亂相倚自古然矣

中行說謂匈奴所以彊者以衣食異無仰於漢也此誠至言今我國衣食皆資外物歲耗弗可計而當道視若固然智豈出中行下哉噫

自高帝被困白登已來漢與匈奴和親孝文時中行說教匈奴寇盜迄於武帝乃取河南地復繕故秦時蒙恬所爲塞因河爲固蓋禦侮若斯之難也漢屢勝匈奴又通西域斷匈奴右臂而匈奴猶數使騎兵侵犯邊直至匈奴內亂五單于爭立始漸臣服於漢然自是漢與匈奴皆有季世之歎矣

贊衛將軍驃騎列傳

衛青以功讓諸校尉有古大將風

驃騎敢深入故常有功而馳入渾邪王軍與渾邪王相見斬其欲亡者八千人遂獨遣渾邪王乘傳先詣行在所盡將其衆渡河降者數萬尤爲一身是膽也

贊平津侯主父列傳

北方豕食草若牛羊故衛青牧豬公孫弘牧豕

公孫弘暮年對策拜爲博士後竟正位丞相封平津侯以緣飾儒術且順上旨也。

民困而主不恤下怨而上不知俗已亂而政不修此三者陳涉之所以爲資痛語也

武帝好大喜功此時蓋亦稍倦矣故主父假徐樂嚴安上書諫伐匈奴皆召見。

贊南越尉佗列傳

番禺負山阻海東西數千里可以立國不惟尉佗時然也惜世無漢文去黃屋左纛未易耳。

此贊獨用韻蓋龍門別調

贊東越列傳

莊助敢詰田蚡天子前甚壯其持節發兵會稽克斬司馬諭意指遂發兵浮海救東甌蓋尤可佩

贊朝鮮列傳

兩將不相統屬往往爭功不僅左將軍荀彘與樓船將軍楊僕然也

贊西南夷列傳

西撻大宛北逐匈奴南破南越東定朝鮮復定西南夷東越武帝旌旗照耀四裔矣

夜郎自大滇王亦然然實各爲一州主無怪也傳亦曰西南夷君長以什數夜郎最大其西靡莫之屬以什數滇最大也

夜郎滇皆受王印而滇王乃楚苗裔此亦項紀外差強人意事故贊有欣幸語

贊司馬相如列傳

以相如傳西南夷後者事與西南夷有連也猶匈奴後有衛霍傳也

卓王孫聞而恥之正中文君計蓋文君本欲從昆弟假貸酤酒當鑪滌器特藉以假

貨耳、卓王孫不得已分予文君僮百人、錢百萬及其嫁時衣被財物、文君姿凱矣。

蜀人楊得意名似美、而為狗監、果得意否耶、相如本名犬子、而由狗監進、物以類聚矣、一笑。

觀蘇秦朱買臣司馬相如事、勢位富厚所繫大矣哉、可哭也、

讀淮南衡山列傳

厲王椎殺審食其、誠快事、而數食其三罪尤快語。

淮南雞犬皆仙、世所樂道、觀淮南王安自剄、殺王后荼太子遷、諸所與謀反者皆族、云云、可證其謬

衡山王后姬相妒、子女皆失教不道、已足阻祚、況乃謀逆。

讀循吏列傳

孫叔敖為楚相、施教導民、上下和合、世俗盛美、政緩禁止、吏無姦邪、盜賊不起。子產為鄭相、豎子不戲狎、班白不提挈、僮子不犁畔、市不豫賈、門不夜關、道不拾遺、田器不歸、士無尺籍、喪期不令而治、必如此乃眞循吏、公儀休奉法循理、使食祿者不得與下民爭利、受大者不得取小、亦可謂循吏、

孟子謂瞽瞍殺人、舜竊負而逃、楚石奢父殺人、而石奢縱之、不與偕逃、且歸死者、奢職同皋陶、較舜所處尤難也、舜可有父子、無君臣、奢不可有父子、無君臣也、

李離與石奢皆為法自殺、宜別為傳、以獎守法、不必列之循吏也、

讀汲鄭列傳

置汲鄭列傳於循吏後者、汲鄭均好黃老言、可為眞循吏也

黯恥為令、而皆為東海太守、淮陽太守、皆大治、惜阨於弘湯、欲長為社稷臣、未得也、

鄭莊為太史、誡門下客至無貴賤無留門者、執賓主之禮、以其貴下人、其推轂士及官屬丞史、誠有味其言之也、今能效此者蓋寡

讀儒林列傳

為治者不在多言、顧力行何如耳、申公眞儒者、故有此語、為治然、為學亦然、諸訕儒疾毁轅固。公孫弘更側目視固。而固乃諭弘無曲學阿世。蓋固亦眞儒者也、故其論湯武事與孟子合。

讀酷吏列傳

法令滋章。盜賊多有。以今驗之。益信。既已盜賊多有、則酷吏不可少矣、

寧成好氣、為人小吏、必陵其長吏、為人上、操下如束濕薪、此等人今常有、周陽由暴酷驕恣。所愛者撓法活之、所憎者曲法誅滅之、此等人今更常有、

趙禹為吏以來、舍毋食客、公卿相造請禹、禹終不報謝、務在絕知友賓客之請、孤立行一意而已。今法吏宜效此、

張湯藉法濟奸。義縱專務屠殺、皆一死未足蔽辜者也。

王溫舒楊僕治盜皆有法。而溫舒好殺伐行威、有勢家、雖有姦如山弗犯、無勢者、貴戚必侵辱、其爪牙吏虎而冠、他日禍及五族、宜哉、

讀大宛列傳

安息以銀為錢。錢如其王、王死輒更錢、效王面。今我國銀幣有袁項城像、孫中山像、亦若是矣

畫革旁行、以為書記、今西人皆若此、

張騫使月氏、往還俱為匈奴所得。雖天幸得亡、甚艱危、既將身所至大宛月氏大夏康居、及傳聞其旁國烏孫扜罙于窴樓蘭姑師奄蔡安息條枝黎軒身毒(印度)等、道近遠、強弱、風俗、土產奏報。又因身毒有蜀物、度身毒去蜀不遠。建議由蜀使大夏、於是以求大夏道得通滇國。其事所繫甚鉅、且遠非特漢世也。

匈奴使持單于一信、則國國傳送食、不敢留苦、西域國亦多、而畏匈奴若此者、力不集、不厚。觀六國畏秦可知也、

贊謂禹本紀山海經所有怪物、余不敢言、可見本紀乃當日原名、如此匪遷所造

讀游俠列傳

治世無俠、亂世乃有俠、蓋有所激而然也、上失政、刑不平之事、隨地而有、而游俠赴

人扼困不愛其軀故甚可貴若侵凌孤弱恣欲自快則豪暴所爲游俠亦醜之相門恐世以豪暴與游俠併爲一談故特爲游俠列傳

魯朱家不伐能不歆德楚田仲父事之自以爲行弗及郭解雖不矜功而鑄錢掘冢劇攻不休朱家未必如此也

書佞幸列傳

非獨女以色媚而仕宦亦有之高祖至暴抗然籍孺以佞幸此四語痛甚

鄧氏錢布天下其後竟不得名一錢凡文官要錢不怕死武官怕死又要錢者讀此傳儻夢醒乎

李延年父母及身兄弟及女皆倡而以女弟李夫人故亦得貴幸後世若李者豈少也哉噫

書滑稽列傳

楚世家載楚莊王卽位三年不出號令日夜爲樂伍舉進隱曰有鳥在於阜三年不蜚不鳴莊王曰三年不蜚蜚則沖天三年不鳴鳴則驚人與此傳淳于髡齊威王所言無異豈傳聞有誤耶抑時異地殊偶爾巧合耶未可知已

樂極則悲萬事盡然淳于髡能爲是言蓋知道矣秦優旃善爲笑言合于大道抑其亞也

賤人貴馬正諫也而以滑稽出之轉易見聽者有諸侯聞之四字在前令人耳聳也

郭舍人救武帝乳母數還顧而郭舍人罵之曰咄老女子何不疾行陛下已壯矣寧當須汝乳而活耶明季亦有此事巧合耶抑效之耶均未可知也

鄴三老廷掾常歲賦歛百姓得數百萬用其二三十萬爲河伯娶婦令之借美名歛錢者大抵類是惜無西門豹治之耳

子產治鄭民不能欺子賤治單父民不忍欺西門豹治鄴民不敢欺前清時有人以不忍欺三字欺曾文正蓋亦善讀褚先生書者矣

司馬季主卑梃而前云云劉基賣柑者言所祖也

書龜策列傳

褚先生所謂能見夢於元王而不能自出漁者之籠卽大蘇潮州韓廟碑能開衡山之雲而不能回憲宗之惑之祖也

書貨殖列傳

善者因之其次利導之其次教誨之其次整齊之最下者與之爭後世往往棄前數者不講惟與民爭利痛哉

人各任其能竭其力以得所欲各勸其業樂其事若水趨下味此數語寧復待教誨整齊哉

關中自汧雍以東至河華至則非吾財也足補禹貢所未及

書太史公自序

道家無爲無不爲無成勢無常形能究萬物之情能爲萬物之主有法無法因時爲業有度無度因物與合此數語可作易贊讀至乃合大道混混冥冥光耀天下復反無名則道德經之緒論也

敘目於夏本紀二句一換韻故每句有韻於周本紀前四句亦然於項羽本紀惟第五句無韻三句已下韻在第三字業接立爲一韻懷非爲一韻此外或有間或無韻句法更參差變化各盡其妙

史記識誤

周尚木

一九三八年石印本

自敘

史記於魏晉間不爲世所重。六朝以還。誦習漸廣。傳寫既久。魚豕孳生。雖代有釐訂。而其書或不傳。或傳而未廣。大都鱗爪散見。全豹難窺矣。有清一代。斯學大盛。汪氏越之讀十表。邵氏泰衢之疑問。錢氏大昕之攷異。梁氏玉繩之志疑。王氏念孫之雜志。何氏焯之讀書記。姚氏範之筆記。拾遺補闕。訂誤攷殊。洵足以津逮後學。羽翼龍門也。余自幼好史記。家塾所儲。僅有坊刻。甲寅春。始將游京師。道經滬上。得乾隆校刊本史記一部。攜之北上。簿書鞅掌。誦事久廢。藏弆行篋。忽忽五年。戊己以後。國家多故。余以駑駘。浮沉郎署。政稀事簡。家居時多。乃取史記以爲日課。遇有滯礙。輒復條記。積日既多。于以成帙。遂更取清代各家著述。證余所業。同者删之。異者存之。闕者補之。誤者訂之。釐爲上中下三卷。上卷曰本紀識誤第一。表識誤第二。中卷曰書識誤第三。下卷曰世家識誤第四。列傳識誤第五。視初業所就。存者僅十三四耳。凡所考訂。文字爲限。而龍門論列。則不敢有所是非。蓋區區之意。將以維古書面目于萬一云爾。

紀元十有七年十二月二十日。周尚木誌於北平城東堅河里寓廬。

史記識誤卷上

紹興周尚木撰

本紀識誤第一

旁羅日月星辰水波土石金玉（五帝本紀黄帝）

索隱云言帝德旁羅日月星辰水波及至土石金玉謂日月揚光海水不波山不藏珍皆是帝德廣被也正義云水波瀾漪也言天不異災土無別害水少波浪山出珍寶也按此文當以旁羅日月星辰爲一句水波土石金玉爲一句水波二字實乃傳寫錯誤致義不可解此文上言時播言淳化言旁羅下言勞勤言節用則此水波二字之原文必與上下相對爲文無疑且時播二句指植動言旁羅二句指天地言勞勤二句指人物言部居類別極爲謹嚴而索隱正義合十二字爲一句並以波浪瀾漪釋水波之義失其旨矣又按水波疑分泱二字之譌分泱猶言分別也隸書分與水頗相似泱與波亦易混故誤泱今字作決集解引徐廣曰一作沃沃與決尤爲近似

彤車乘白馬（五帝本紀帝堯）

按乘字衍彤車白馬與黄收純衣相對爲文不得有乘字致句法參差大戴禮作丹車白馬可証又彤字諸家無音釋此即古文丹字與大戴禮作丹同不當讀彤弓彤矢字音

夜中星虛以正中秋其民夷易

按夷字衍史文春曰其民析夏曰其民因冬曰其民燠均祇一字秋何以有夷易二字且夷訓平易亦訓平二字連用于義無取史公多以訓字改易經文致此以其民易代堯典之厥民夷後人因以堯典之夷字旁記于此爲寫者誤入正文耳

堯辟位凡二十八年而崩

按二十八年當作八年下云舜得舉用事二十年而堯使攝政攝政八年而堯崩又云舜年五十攝行天子事年五十八堯崩則堯之辟位不得云二十八年明矣此涉上文二十字而誤衍

雷澤上人皆讓居（五帝本紀虞舜）

按上當爲之字之誤也上云歷山之人皆讓畔此云雷澤之人皆讓居句法同也隸書之字亦作㞢形似

上而誤

象曰本謀者象象與其父母分

按與其二字傳寫倒置當云象其與父母分義方聯貫

三年喪畢讓丹朱天下歸舜而禹皋陶契后稷伯夷夔龍垂（按正義云倕音垂亦作垂則史記原文本作倕字今本作垂者誤也）益彭祖自堯時而皆舉用未有分職於是舜乃至於文祖

殿本考証云自禹至彭祖爲十人而下文敘其分職則惟九官無彭祖又下文舜曰嗟汝二十有二人注

引書傳謂四岳九官十二牧也亦無彭祖疑彭祖二字是衍文按考証之說是也疑舊本彭祖二字當爲文祖蓋涉下乃至於文祖句而誤衍古字文作彣較書者不知彣祖之爲衍文又以彣字希見以爲彭字之譌而意改之致誤而又誤不然無緣衍彭祖二字也

夏本紀　徐州

其土赤埴墳草木漸包其田上中賦中中貢維土五色

按其田上中其字衍爲貢厥字史文均以其字代之其土之其字即統下田賦貢核之他州均如此知此處當云田上中也

浮於江沱涔於漢　夏本紀　荊州

錢塘梁曜北云史詮曰涔古潛字諸本涔下有於字羨文也偃師武虛谷云當以涔字絕句於漢更爲句如孟子號泣于旻天于父母疊兩于字句法同蓋以浮貫下兩於字也舊讀涔於漢乃大誤按武君不衍於字說較有據尚書禹貢浮于江沱潛漢陸德明釋文云本或作潛于漢非孔穎達疏亦云本或潛下有

于誤今史文涔下有於字正與陸孔所云或本尚書同如經文果衍于字必早經史公刪削何以仍而不改故以於爲羨文之說未敢決其必是細審文意經文史文或均當作浮於江沱於漢潛爾雅云水自江出曰沱自漢出曰潛水經云沱水在南郡枝江縣西南其一在郫縣西南皆還入江潛水南源取巴西是西漢水也可知沱潛二水沱屬於江潛屬於漢荊州地廣貢道有二於江沱者爲一道於漢潛者爲一道文著兩於字所以明水程之不一否則潛既連於江

沱爲句漢亦何庸更爲句也

浮於雒達於河（夏本紀 豫州）

按依上文例達當爲通

皋陶曰然於亦行有九德亦言其有德

按史文以然字代尚書之俞於字代尚書之都當此處文義不當以然於並言以尚書證之知然字衍

禹曰洪水滔天浩浩懷山襄陵下民皆服於水

按史文以皆服二字代尚書之昏墊義不可解當爲昏般二字之誤也般玉篇云古文沒字漢書匈奴傳

注沒溺也尚書作下民昏墊墊傳亦訓溺是昏般卽昏墊也此以昏般二字似皆服故傳寫誤耳

帝舜乃命契曰百姓不親五品不訓汝爲司徒而敬敷五教五教在寬（殷本紀）

按史記訓字均作馴此作五品不訓後人所改又文不當重五教字五帝本紀本云敬敷五教在寬與尚書同

葛伯不祀湯始伐之湯曰予有言人視水見形視民知治不伊尹曰明哉言能聽道乃進君國子民爲善者皆在王官勉哉勉哉湯曰汝不能敬命予大罰殛之無有攸赦作湯征

按湯曰予有言至勉哉勉哉一段與伐葛事渺不相涉無緣有此文參入且伊尹干湯事至下方詳敘此處亦不應先有伊尹語雜出其間疑此段乃下湯舉任以國政句下之文而錯簡在此者金樓子興王篇敘伐葛事卽本於史記攸於湯始伐之句下卽接湯曰汝不能敬命知蕭梁時史記傳本尚未誤也

湯曰格汝衆庶來女悉聽朕言

按格汝卽來女既言格汝衆庶便不當再有來女二字疑史記本作來女衆庶後倒寫來女於衆庶下較書者又據尚書文加格汝二字耳

桀敗於有娀之虛桀犇於鳴條

按桀敗當作敗桀言湯敗之也若作桀敗則下句但云犇於鳴條足矣犇字上毋庸再有桀字邵泰衢史記疑問去下桀字非

告諸侯羣后毋不有功於民

按毋乃女字之譌史文汝多作女

武王既入立於社南大卒之左右畢從周本紀武王
按之字下脫左字當云大卒之左左右畢從逸周書
作太卒之左羣臣畢從
其章顯聞于天皇上帝
按天皇當作皇天逸周書作昊天
乃命伯臩申誡太僕國之政作臩命復寧周本紀穆王
正義云尚書序穆王令伯臩爲太僕正梁曜北云此
云太僕國之政則非太僕正矣史公親受古文不應
與書序違異如此蓋謂太僕之官其係于國政最重

太僕得其人而國以永寧也復寧二字承上文武道
缺而言王若虛斥爲不成文理粗莽之甚按梁君之
說頗涉迂濶其詈王爲粗莽尤非史文本作乃命伯
臩申誡太僕之政作臩命國復寧傳寫者誤置國字
於太僕下遂致文義不明耳
王怒將以翟伐鄭富辰諫曰凡我周之東遷晉鄭焉依
子頹之亂又鄭之由定今以小怨棄之王不聽周本紀襄王
按今以小怨棄之句下有脫文一大段攷國語云我
周之東遷晉鄭是依子頹之亂又鄭之繇定今以小
怨棄之是以小怨置大德也無乃不可乎且夫兄弟
之怨不徵於他徵於他利乃外矣章怨外利不義棄
親卽狄不祥以怨報德不仁夫義所以生利也祥所
以事神也仁所以保民也不義則利不阜不祥則福
不降不仁則民不至古之明王不失此三德者故能
光有天下而和寧百姓令聞不忘王其不可以棄之
王不聽敘事起訖極爲完具史文于富辰所言尚未
完畢遽接王不聽三字辭意殊不聯貫細審國語原
文上下有兩棄之字一爲今以小怨棄之一爲王其

不可以棄之王不聽三字本在王其不可以棄之句
下傳寫者寫今以小怨棄之句畢卽爲下文棄之二
字所亂致脫去中間一段流傳旣久不能知史記原
文云何矣梁曜北云今以小怨棄之句下脫不可二字梁蓋徒依文義求之不足據也
十三年齊人管至父連稱等殺其君襄公而立公孫無
知晉滅霍魏耿齊雍廩殺無知管至父等而立齊桓公
秦本紀武公
按管至父殺襄公在魯莊公八年當秦武公十二年
雍廩殺無知在魯莊公九年當秦武公十三年以其

同屬一事本未史文統入于秦武公之十三年猶可說也若晉滅霍魏耿則在魯閔公元年是時乃秦成公三年去武公十三年有二十餘年之久何至外誤如此又按十二諸侯年表列此事於晉獻公十六年當魯閔公元年秦成公三年與左傳合乃知史記本不誤滅霍魏耿爲秦武公十三年事也此晉滅霍魏耿五字當爲下脅桓公伐山戎次于孤竹句下之文而錯簡在此者且晉字上亦當有三年二字宋葉大慶考古質疑遂指爲史公之謬誤未免輕議古人

二年初伏秦本紀德公

按初伏當作初作伏祠蓋脫文耳集解正義解爲六月伏日始此非是年表及漢志均云初作伏祠可證

景公母弟后子鍼有寵景公母弟富秦本紀景公

按文誤衍下景公母弟四字

薛文以金受免秦本紀昭襄王

正義云金受秦丞相姓名免辱其丞相按上云薛文來相秦則薛文即爲秦之丞相薛文爲相之次年即逃歸齊故云免下云樓緩爲丞相樓緩即以代薛文者不得更有所謂丞相金受也以金受三字非誤即衍正義所云殊爲無據又姚薑塢云金受當作受金謂以賄免相也事於史無確證亦未敢信

四十八年十月韓獻垣雍秦本紀昭襄王

梁曜北云十月二字衍白起傳亦誤出下文于是年書正月時秦尚未以十月爲歲首不應先書十月按梁君之說恐未必然史記秦本紀白起傳似用秦正而不用周正試擧所見證之一秦殺白起事白起死于昭襄王五十年十二月此據本紀說白起傳作十一月誤按白起

傳昭襄王四十九年正月王陵攻邯鄲少利秦王欲使武安君即白起代陵將武安君不肯行秦王使王齕代陵將八九月圍邯鄲不能拔計其時當爲昭襄王四十九年八九月間也是時秦王彊起武安君武安君遂稱病篤於是免武安君爲士伍遷之陰密武安君病未能行居三月此時以周正計當爲昭襄王四十九年十二月以秦正計當爲昭襄王五十年十二月白起既留咸陽三月秦王遣之行至杜郵即賜死據此則白起死于昭襄王五十年十二月者乃秦正

非周正也一猴侯之陶事本紀昭襄王四十二年十
月宣太后薨九月猴侯出之陶先記十月次記九月
此又可爲史文用秦正之證且白起傳云四十七年
昭襄王王齕取上黨上黨民走趙四月齕因攻趙六月
陷趙軍七月又攻奪趙西壘壁趙因使趙括代廉頗
將以擊秦九月秦軍射殺趙括括軍四十萬人降武
安君盡坑殺之趙人大震四十八年十月秦復定上
黨分軍攻皮牢定太原韓趙恐割韓垣雍趙六城以
和正月皆罷兵畱此文四十八年十月如爲周正則

距四十七年九月已及一年以事機之急迫如此趙
韓危在旦夕豈能相持至一年之久則所謂四十八
年十月正月者其爲秦正殆無疑義梁君爲周正所
拘遂謂十月二字爲衍文蓋未統紀傳上下文而詳
數之耳本紀昭襄王四十八年其十月五大夫陵攻趙邯鄲應據白起傳作九月又四十九年其十月將軍張唐攻魏此十月亦誤諸本均同無可正蓋四十九年正月至五十年十月已據白起傳斷爲秦正中間不得再有十月也史文十字七字多互誤此十月或爲七月之譌
四年王齕攻上黨秦本紀莊襄王
按四年二字衍莊襄王立僅三年也此因上句四月
日食之文而誤衍四字後人不省莊襄卽位年數以
爲脫一年字妄加之耳
十月六國表作七月梁曜北云作七月者是也庚寅蝗蟲從東方來蔽天天
下疫秦始皇本紀
按下天字衍文當以下字絶句疫字更爲句蔽天下
者謂蔽天而下蓋極言其多也後人誤以蔽天爲句
故又增一天字以足下句詞乃拙甚六國表正作蝗
蔽天下
長信侯毐作亂而覺矯王御璽及太后璽以發縣卒及

衛卒官騎戎翟君公舍人將欲攻蘄年宮爲亂
按而覺二字義無所屬如連上爲句作發覺解則下
有王知之句文近乎贅連下句讀則覺字義難索解
此覺字當爲竟字之誤也蓋覺字俗亦作覔與竟易
混故誤
十二年文信侯不韋死竊葬其舍人臨者晉人也逐出
之秦人六百石以上奪爵遷五百石以下不臨遷勿奪
爵
按晉人下衍也字不韋死後其舍人臨喪者有晉人

有秦人史文臨者二字即統下晉人秦人而言讀者不解臨字之義以爲舍人之名又於晉人下加一也字謬甚

項梁嘗有櫟陽逮捕項羽本紀

攷證云諸本皆無捕字惟北監本有之按無捕字者是也索隱云逮訓及謂有罪相連及爲櫟陽縣所逮錄也故漢制獄有逮捕索隱原文祇言逮錄不言拘捕引漢制獄有逮捕者不過因逮字連類及之耳審其文義則史文本無捕字明矣且果有捕字則當云

項梁嘗爲櫟陽逮捕惟其祇逮而不捕故云有今本之有捕字者後人所加耳漢書亦無捕字

乃渡江矯陳王命拜梁爲楚王上柱國

按楚王之王字衍下云陳嬰爲楚上柱國與此同漢書亦無王字

陳餘爲將將卒數萬人而軍鉅鹿之北

按爲將二字衍上既云陳餘爲將張耳爲相此不必再云陳餘爲將矣漢書作陳餘將卒數萬人語極明晰攷證引或說謂上文陳餘爲將句刊落未盡而張照氏則謂上文叙王與將相國不得獨舍將不言此則餘軍鉅鹿北以爲將故則又不得不重叙云云皆支離之論也

項王乃與漢約中分天下割洪溝以西者爲漢洪溝而東者爲楚項王許之

按項王許之當作漢王許之蓋中分天下乃項王所以約漢王非漢王之求項王也安得云項王許之乎

西過高陽酈食其謂監門曰高祖本紀

按謂當作爲是時酈食其爲高陽監門吏高祖過之故求見也觀本傳自明

凡有天下治爲萬民命者呂后本紀

按治爲萬民命者句衍爲字命字當依漢書作治萬民者史記命字下集解引徐廣曰一無命字而不及爲字疑徐所見本尚無爲字也

親與朕俱棄細過偕之大道孝文本紀

按親當作新時爲文帝後二年方使使遺匈奴書定和親故云新也漢書正作新

高皇廟宜爲帝者太祖之廟

按高皇下依上下文合當有帝字寫者誤脫也

元年四月乙卯赦天下乙巳賜民爵一級孝景本紀

按乙卯乙巳不能同月惠景閒侯者年表楚元王五子均于景帝元年四月乙巳受封漢表同則云乙卯者誤也又按是月爲甲午朔乙卯或是癸卯之誤

古者天子常以春秋解祠孝武本紀

按封禪書漢志均無秋字是也解祠者謂祠祭以解殃咎也漢書注以歲始祓除凶災云歲始則解祠以春不以秋明矣此春秋並舉蓋涉上春秋祭太一之

文而誤衍

神君所言上使人受書其言命之曰書法

書法正義云書音畫按自古無讀書字爲畫者此蓋史記原文字本作書書古畫字也以其字難識故正義音注及之傳寫者不知書爲何字以上句有受書字因意改之爲書法既改正文并改注文古書之面目失矣集解引漢書音義云策書之法也策書亦當作策畫

其祠列火滿壇旁

按旁字涉下句而誤衍

其冬公孫卿候神河南見僊人跡緱氏城上

按見字上當據封禪書增言字此極寫公孫卿之誕妄者一言字其罔上之情畢露

公孫卿言見神人東萊山若云見天子

按見天子上當依封禪書增欲字義始完足

官名更印章以五字

集解引徐廣曰一無名字按無名字者是也官更印章以五字者謂官吏印章前有少於五字或多於五字今更限以五字也若云官名更印章文不成義矣

封禪書亦誤漢志無名字

乃命祠官進時犢牢具五色食所勝而以木耦馬代駒焉

按五字衍當云色食所勝孟康云若火勝則祠赤帝以白牡即所謂食所勝也封禪書本無五字又木耦馬當作木寓馬索隱云一音偶引孟康曰寓寄龍形於木又引姚氏云寓假也則史記作寓不作耦明矣今本作耦者後人所改也

表識誤第二

孔子因史文次春秋．紀元年．正時日月．蓋其詳哉．三代世表．
按日月當作月日．正時月日者．指春秋書法．先書時．次書月．次書日而言．例如隱公二年書秋八月庚辰是也．故不得先言日．後言月也．傳寫者習聞日月之語．因之誤倒其文耳．

帝堯．起黃帝．至俈子．五世．號唐堯．
按表文有脫誤．當作帝堯．黃帝玄孫．俈子．起黃帝至堯．五世．號唐．蓋此表於顓頊曰黃帝孫．帝俈曰黃帝曾孫．帝舜曰黃帝玄孫之玄孫．帝禹曰黃帝耳孫．何獨於堯而畧之．且俈子有四．不獨堯也．但云起黃帝至俈子五世．則於堯之序世．終覺未甚明晰．至所謂號者．國號也．故舜曰號虞．不曰號虞舜．禹曰號夏．不曰號夏禹．獨堯則曰號唐堯．不例甚矣．此因原本殘錯．後人有所竄亂故也．

惡來助紂．父飛廉有力．初封．女防．旁皐．大几．大駱．非子．
按惡來至大駱十九字．後人所加．表首當虛六格．非子二字．當在孝王行格內．幷當增初封事孝王五字．遷移秦侯．公伯．秦仲．三世於左格．蓋秦當周孝王時．非子始受封．則記秦之初封．當自非子始．惡來爲武王所殺．何得云初封．女防旁皐大几大駱時．並無有秦．且無分土．何得攔入秦表．此蓋後人不明表例．據秦本紀以附益之．而不知與表意大背也．

熊繹．繹父鬻熊．初封．事文王．
按繹父鬻熊四字．衍．文王當作成王．本表．諸國僅記初封者爲何人．不更追記其父爲誰．何惟秦楚兩國有父某云云．斯爲不例．秦表之誤說見前條．且楚世家云．鬻熊事文王．蚤卒．其子曰熊麗．熊麗生熊狂．熊狂生熊繹．熊繹當周成王之時．舉文武勤勞之後嗣．而封熊繹於楚蠻．據此．則熊繹之父爲熊狂．而非鬻熊矣．熊繹乃以功臣之後受封．與魯公伯禽．衞康伯．晉燮．齊呂伋．俱事成王．世家言之甚詳．則熊繹幷不得云事文王矣．史記縱有前後互異處．亦何致矛盾如是．其爲後人隨意竄亂所致無疑．

又按三代世表．以每行表一世．凡表中云某生某者．均當獨占一格．夏殷周各帝王．均列於第一格．以統于表首所標之帝王世國號．顓頊屬序世．自黃帝至顓頊止。俈屬序世。自黃帝至帝俈止。堯屬。舜屬。禹屬。殷屬。周屬。序世各自黃帝至堯舜禹湯武王止。至周武王一行以後。又分十一格。標魯齊等十一國。作爲子表。以分載魯齊等十一國之世次。條例至爲謹嚴。後人傳寫不明表例。或歸幷欄格。如昌意生顓頊顓頊生窮蟬。本當分二格。今入一格是也。或刪除表線。如帝泄以下爲統行。無分格。致表首帝王世國號之標語。僅能統至帝芒而止是也。遂使全表支離滅裂。精意全失。而史文之真面目。不可復得矣。

史記識誤卷上　十九

欲一覩諸要難。十二諸侯年表

按難字下合當有矣字。寫者誤脫。致文句與澀。

項王崩。公卿爭政。故不赴。十二諸侯年表周項王六年

按此十字乃後人所竄入。項王崩於魯文公之十四年。春秋不書。故左氏釋之曰。周公閱與王孫蘇爭政。故不赴。凡崩薨不赴。則不書。此乃左傳所以釋春秋不書之故。若史記則並不拘拘於書法。赴與不赴。非所問也。周本紀既畧而不載。表尚簡要。安有反記此無足重輕之事。且細審表例。凡某王崩。某公薨。皆不書。表有某王崩。某公薨者。皆後人增竄也。推表末記敬王崩乃史記原文所以終結本表。蓋既書新君元年。則故君之卒自明。何煩再記。今表于襄王以前。簡王以後。均不記各王之崩。而獨于襄頃匡定簡五王則記之。史記原本何至前後不例如此。

真公濞十五年。一云十四年。十二諸侯年表魯表首

按一云十四年五字乃注文。誤入正文者。史記既以十五年列表。何得更載疑年。使讀者無所取信。致成王元年。歲在丁酉。厲王犇彘。歲在己未。歷年凡二百

史記識誤卷上　二十

零三。又伯禽以成王元年受封。四十六年卒。據魯世家集解引皇甫謐語。其後考公四年。煬公六年。幽公十四年。魏公五十年。厲公三十七年。獻公三十二年。據魯世家至真公十四年。而厲王犇彘。歷年亦二百零三。次年即共和元年。爲本表所始。然則真公十五年于表甚合。云十四年者。以魯世家真公十四年。有厲王犇彘。共和行政之語。讀者誤以是年即爲共和之元年。故附此或說耳。

九
孝公稱元年　伯御立爲君
稱爲諸公子云伯御武公孫
二
三
四
五
六
七
八
九
十

十一周宣王誅伯御立其弟稱是爲孝公 十二 十三 十四 十五 十六 十七 十八 十九 二十 二十一 二十二 二十三 二十四

二十五 二十六 二十七 二十八 （十二諸侯年表魯表原表剪行）

（限于篇幅改作直行後仿此）

按此段表文凡三十九格當作

九 伯御立爲君稱爲諸公子云 伯御

元年伯御武公孫 二 三 四 五 六 七 八 九 十 十一周宣王誅伯御立其弟稱是爲

孝公 孝公稱元年 二 三 四 五 六 七 八 九 十 十一 十二 十三 十四 十五 十六 十七

十八 十九 二十 二十一 二十二 二十三 二十四 二十五 二十六 二十七

史例有仍用故君紀年者未有新君即位在後而追紀已往之年爲元年也魯自懿公被弒後伯御得國雖不正然當國至十一年之久豈可削去其年而不紀魯世家明云二十七年孝公卒可知史記並不以伯御元年爲孝公元年也此蓋傳寫錯誤又經後人改竄致年次紊亂與世家不相應矣

王使衛來求金以葬非禮（十二諸侯年表魯文公八年）

按王使二字乃毛伯二字之譌且係左格九年表語而錯入此格者觀左傳自明

會晉宋衛曹伐楚鄭（十二諸侯年表魯成公三年）

按此事魯世家不載左傳是年載諸侯伐鄭不言伐楚表中楚字明是衍文

又按魯表自隱公以後後人依據春秋事迹增竄者頗多（諸國均有增竄魯表尤甚）最著者二事一記變異春秋所書變異如地震大雨雹之類不一而足表中或記或不記取舍殊失其準又如記載日蝕雖較詳備然或繫月或不繫月前後亦失其例二記某公薨卒表例但紀新君元年不紀故君薨卒（諸國均如此）惠公以前其例甚顯自隱公以後始有某公薨之記載不知史記俱言卒而不言薨今言薨者其爲後人竄入無疑且史記諱僖（史公祖名僖自序誤作喜說詳後）故僖公爲釐公今表于釐公三十三年乃云僖公薨竄入之迹更爲顯然要之本表自魯隱以後事迹著于春秋讀者參攷經傳隨意增注原爲便於檢閱又爲欄格所拘故往往僅記數字不復問其文義完否傳寫者失于識別概行寫入流傳既久原表遂爲所亂而舊觀不可復矣

伐吳（十二諸侯年表齊靈公十二年）

按伐吳事齊世家不載是年爲魯襄公三年春秋經傳亦無齊伐吳之事此伐吳二字疑後人所加因春

秋。是年有楚公子嬰齊帥師伐吳之文。讀者不細審全句文義。誤以嬰字絶句。以爲是年齊師帥師伐吳。率爾記注。遂成笑柄。

晏嬰大破之。十二諸侯年表齊靈公二十七年

王念孫云。齊世家曰。晉使中行獻子伐齊。齊師敗。靈公走入臨淄。晏嬰止靈公。靈公弗從。此文傳寫殘缺。僅餘晏嬰二字。其大破之三字。則因下一行晉表内圍齊大破之而衍。按王以晏嬰二字爲殘剩字。甚是。以大破之三字爲衍文。則非。此大破之三字。乃上格

魯表與晉伐齊句下之語。而錯入此格者。晉圍臨菑之役。在魯襄公十八年。魯預其事。敗齊師。故魯表云大破之耳。蓋抄寫表文行格最易錯亂。若重寫。則因字數不多。極易發見。故知其非衍文也。

潘父殺昭侯納成師不克昭侯子立是爲孝侯　二　三　四　五　六　七　八　九曲沃桓叔成師卒子代立爲莊伯　十　十一　十二　十三　十四　十五　十六曲沃莊伯殺孝侯晉人立孝侯子郤爲鄂侯　十二諸侯年表晉表

按此段表文凡十六格。當作

七潘父殺昭侯納成師不克昭侯子立是爲孝侯　晉孝侯平元年　二　三　四　五　六　七　八曲沃桓叔成師卒子代立爲莊伯　九　十　十一　十二　十三　十四　十五曲沃莊伯殺孝侯晉人立孝侯子郤爲鄂侯　今本表文。誤奪昭侯之七年。爲孝侯之元年。故孝侯本立十五年。而表乃增爲十六年也。晉世家。潘父弒昭侯。明云七年。左氏桓二年傳云。惠之三十年。晉潘父弒昭侯而立桓叔。不克。晉人立孝侯。此表魯惠公三十年。正當昭侯七年。是年孝侯雖立。其改元當在翌歲。何得便削去昭侯七年。爲孝侯元年。因之曲沃桓叔之卒。世家在孝侯八年。而表乃在九年。曲沃莊伯之弒孝侯。世家在孝侯十五年。而表乃爲十六年。表與世家皆遞

差一年矣。且世家鄂侯二年。魯隱公初立。與此表同。由魯惠公三十年。順數而下。由魯隱公元年。逆數而上。孝侯之無十六年明甚。則此表爲傳寫之誤可知矣。

晉小子元年　二　三　曲沃武公殺小子周伐曲沃立晉哀侯弟湣爲晉侯晉侯湣元年　二　三　四　五　六　七　八　九　十　十一　十二　十三　十四　十五　十六　十七　十八　十九　二十　二十一　二十二　二十三　二十四　二十五　二十六　二十七　二十八曲沃武公伐晉侯湣以寶獻周周命武公爲晉君并其地　晉武公稱并晉已立二十八年不更元因其元年　二十九武公卒子詭諸立爲獻公

按此段表文凡三十三格。當作

九　晉小子元年　二　三　四曲沃

武公殺小子周伐曲沃立晉哀侯弟湣爲晉侯 晉侯緡元年 二 三 四 五 六 七 八 九
十 十一 十二 十三 十四 十五 十六 十七 十八 十九 二十 二十一 二十二 二十三 二十四 二十五 二十六 曲沃武公滅晉
侯湣以寶獻周周命武公爲晉君并其地 晉武公稱并晉已立三十八年不更元因其元年 三十九 武公
卒子詭諸立爲獻公 晉世家哀侯九年曲沃武公伐晉虜哀侯則哀侯之有九年明甚世家哀侯六年魯弒隱公順推至哀侯九年適當魯桓公三年左傳于是年載曲沃武公伐翼翼哀侯所都與世家合哀侯九年被虜翌年乃爲小子元年世家晉小子四年曲沃武公誘召晉小子殺之則小子侯之有四年亦明甚是年爲魯桓

公七年左傳於是年載曲沃伯誘晉小子侯殺之亦與世家合今表奪哀侯九年爲小子元年又占小子之三四年爲侯緡元二年因之宋執祭仲事世家在晉侯緡四年左傳在魯桓十一年而表則緡四與魯桓十一不合矣齊無知弒襄公事世家在晉侯緡十九年左傳在魯莊八年而表則緡十九與魯莊八又不合矣且侯緡立實秖二十六年據左傳魯桓八年爲侯緡元年至魯莊十五年被滅故爲二十六年世家誤六爲八後人不加詳攷以已誤之世家改竄本表委曲以足其數其謬甚矣又曲沃武公元年當魯隱公七年表與傳合推至滅晉之歲已立三十七年次年既不更元當爲三十八年表作二十八者蓋涉右格二十八而誤而二十九又蒙二十八而誤也

十三 堵敖囏元年 二 三 四 五 弟惲殺堵敖自立 十二諸侯年表楚表

按此段表文凡六格當作 十三 十四 十五 堵敖囏元年 二 三 弟惲殺堵敖自立 左傳魯莊公四年載楚武王伐隨卒于樠木之下表與傳合次年即爲楚文王元年楚文王十三年即魯莊公十七年左傳于魯莊公十九年載楚子伐

黃還及湫有疾六月庚申卒則文王立爲十五年非十三年明矣以此推之堵敖元年當在魯莊公二十年堵敖被弒表當魯莊公二十二年雖不載於春秋經傳然成王爲太子商臣所弒載於左傳文公元年表與傳合成王立四十六年表與世家亦合由此逆推而上則成王元年當魯莊二十三年是堵敖確于魯莊二十二年被弒而其立實僅三年不得有五年也史記各表後人多所竄亂此因楚世家謂文王十三年卒杜敖即堵敖五年欲殺其弟惲其三五二字本

屬互譌後人反據以改表故有此謬

華督見孔父妻好悅之華督殺孔父及殺殤公宋公馮元年華督爲相 二 三 四 五 六 七 八

九 十 祭仲 執 十一 十二 十三 十四 十五 十六 十七 十八 十九

十二諸侯年表宋表

按此段表文凡十九格當作

十 華督見孔父妻好悅之華督殺孔父及殤公宋莊公馮元年華督爲相 二 三 四 五 六 七 八 九 祭仲 執 十 十一 十二

十三 十四 十五 十六 十七 十八 原表及殺殤公之殺字衍宋公馮元年宋字下脫一莊字茲分别删補

宋世家云十年華督攻殺孔父取其妻殤公怒遂弑殤公左傳隱公三年八月宋穆公卒殤公即位又桓二年傳宋督殺孔父遂弑殤公據此則殤公之立爲十年此表何得削殤公十年爲宋公馮元年也春秋宋公馮卒爲魯莊公二年推其即位年數實祇十八年以宋世家誤作十九年後人乃據以改表此所以奪殤公之十年爲莊公之元年也執祭仲事世家在宋莊公九年與傳合而表因紀年之誤故退在十年

重耳從齊過無禮 十二諸侯年表衛文公二十三年

按本表是年所載重耳過楚過衛過曹過鄭皆後人讀左傳不精妄行竄入者也攷左傳晉文公以魯僖之五年犇翟處翟十二年之齊其之齊之歲當爲魯僖公之十六年衛文公與魯僖公同年立故本表晉惠公七年即魯僖衛文十六年云重耳聞管仲死去翟之齊則過衛即在此時故衛世家于文公十六年云晉公子重耳過無禮是史記本未誤晉文公之過衛爲衛文公二十三年也左傳于魯僖公二十三年歷敘晉文公過某國某國者乃追敘之詞非當年之事讀者不審文義既誤以爲同年之事又據以改竄此表可謂謬矣又嘗攷之重耳出亡其經歷諸國可分二途其自西而東也即自翟過衛而至齊其自東而西也即自齊過曹過宋過鄭而至楚明乎此則所歷諸國之先後可知矣晉文既以魯僖之十六年過衛之齊其過曹過宋過鄭過楚經傳雖不明言何時然即晉世家所載亦可考見其大畧世家云至齊二年而桓公卒留齊凡五歲過曹是過曹當在魯僖之二十年曹世家共公十六年初重耳其亡過曹云云其共公十六年五字與下文語意不屬亦後人妄增說詳後晉世家又云居楚數月而晉太子圉亡秦圉之亡歸左傳在魯僖公二十二年秋則晉文之適楚當在是年之春或夏因此可知晉文之在曹在宋在鄭必在魯

僖公二十年春夏以後 晉文去齊時謀於桑下以妾在上故可斷其爲春夏以後
二十二年春夏以前 宋世家記重耳過宋在宋襄公十三年當魯僖公二十二年原無不合然以爲宋襄公傷於楚欲得晉援厚禮重耳乃史公意謂之辭蓋是敗宋於泓在是年之冬以時計之乃在重耳過宋以後也又鄭世家記重耳過鄭在鄭文公三十六年此三十六年乃後人所改蓋鄭文三十六年即魯僖二十三年斷時重耳去鄭已久矣 綜核史記所載亦未誤
重耳之過諸國爲同年之事則此表所記其爲後人
竄入也審矣 曹表有僖負羈字若果爲史記原文當如曹世家云釐負羈以史文諱僖字也
伐衛 十二諸侯年表 曹成公二十二年
按伐衛二字當作衛伐我是年爲魯襄公十七年春

秋經傳載衛石買伐曹並無曹伐衛之文衛表于是
年亦云伐曹可以證曹表之脫誤梁曜北引孫侍御
說謂報石買之伐無稽之談也
誅子駟晉率諸侯伐我 十二諸侯年表 鄭簡公二年
按誅子駟事鄭世家在簡公三年是年即魯襄公十
年與左傳合此表在二年誤當移入左格三年內因
表中二三兩年俱有晉率諸侯伐我之文故傳寫錯
亂也
守門閽殺餘祭 十二諸侯年表 吳餘祭四年

按守門閽殺餘祭六字乃後人據左傳竄入者當削
左傳餘祭之立爲四年餘眛之立爲十七年史記則
表與世家均以餘祭之立爲十七年餘眛之立爲四
年此乃史公之本誤或所據不同未可強史記以從
左傳也幸表中於是年雖記餘祭被殺而以後仍以
餘祭紀年增竄之迹尚有可尋否則表與世家全相
矛盾無以考見史記之真象矣
論秦之德義不如魯衛之暴戾者量秦之兵不如三晉
之彊也 六國表

按德義與暴戾寫者倒置當云論秦之暴戾不如魯
衛之德義者與下量秦之兵不如三晉之彊文法相
同評注家強作解人曲爲之說謂史公特用錯互文
法直是郢書燕說
初以君主妻河 六國表 秦靈公八年
按此疑下格魏表文而錯入此格者魏有河伯娶婦
之俗至西門豹治鄴其風始革溯其原則于是年始
故云初蓋魏瀕河立國受患最烈故于河多祈禳之
事若秦則東竟雖至河而所據在上游爲害甚微故

可知其無妻河事也

相張儀將兵取陝（六國表秦惠文王後元年）

按此當在右格十三年與魏君爲王連文傳寫者溢寫於此格蓋取陝如果在此年依表例當先記年後記事不應記於初更元年四字之前也秦本紀張儀取陝正在惠文王十三年

丹封名會丹魏大臣也（六國表魏惠王二十七年）

梁曜北云丹封名會四字與澀難曉注家皆缺疑名會乃于澮之譌澮爲魏地丹封于澮猶言齊封田嬰

于薛耳按梁說非是表内本無丹封名等九字表之有此九字者乃後人誤據魏世家之注而妄增也魏世家惠王二十一年與秦會彤趙成侯卒集解引徐廣曰年表云二十七年丹封名會丹魏大臣也徐廣所云二十七年乃二十五年之誤謂趙成侯之卒年表云立二十五年也至丹封名等九字乃所以釋彤形本古丹字與彤弓彤矢字異讀魏地名也惟其文錯誤致不可讀然其爲解釋彤字固無疑義細審此九字原文當爲彤地名音丹魏之邑也舊本楷字筆畫殘斷漫漶寫者依形臆補成字遂傳訛至今後人不加深攷以爲惠王二十七年表内據徐說當有丹封名等九字輒復妄加可謂謬矣

燕釐公元年（六國表燕表）

按釐公二字索隱於燕世家云年表作釐侯莊據此則表文本作燕釐侯莊元年今作釐公者後人據世家文改也

殺其大夫牟辛（六國表齊威王三十三年）

按大夫本作夫人田敬仲世家殺其大夫牟辛集解

引徐廣曰一作夫人索隱云牟辛大夫姓字也徐廣與年表並作夫人索隱之言如此則世家之作夫人者乃是異本而年表固無有作大夫者後人據世家文以改表致與索隱之說不符

與趙會伐魏（六國表齊宣王三年）

按田敬仲世家集解引徐廣曰表云三年與趙會博望伐魏據此則表文脫博望二字明甚

二年一月	二	三	四	五	六	七	八	九

（秦楚之際月表楚懷王表）

按二年一月當作十三以下二三四五六七八當遞

改爲十四十五十六十七十八十九二十其九字衍文當削說詳下條蓋本表紀月有正時之月有記數之月正時之月二世之月也秦滅則以義帝之月幷漢王之月代之一尊共王一尊漢也皆于歲首之月冠以年二世元年七月以表首故亦冠以年在歷十二月更其數閏則三月十俾于時序有所稽也凡正時之月表中皆詳書一月二月三月等記數之月則僅記一二三等數目字而已餘則依次順記其月數但以表某某王若干月而已不復以十二月更數也凡表中如非正時之月有云二年一月或三年四年一月者皆後人所改竄當次第更正其月數也懷王二年一月是時二世未滅正時之月有秦表楚表便當從諸國例記其月數爲十三不得云二年一月也且秦以十月爲歲首故二世表每于十月冠以年若懷王之二年一月乃當二世三年之五月既非歲首則謂二年者根據何種曆法乎此尤不可通者也至秦既亡諸侯尊懷王爲義帝其元年一月秦表終十二月適相銜接乃代秦爲正時之月依本表書法凡記義帝月數當詳書一月二月三月等不得僅記一二三等而省去月字其十月上幷當有二年二字是月亦爲漢王之十月漢表十月上亦當冠以

二年二字今表惟元年一月二月尚不誤其餘諸月字均削去遂失其例

秦楚 項 趙 齊 漢 燕 魏 韓

	十二月	義帝元年一月
諸侯尊懷王爲義帝	八	九
項羽自立爲西楚霸王	十六 至關中誅秦王子嬰屠燒咸陽分天下立諸侯	十七 分楚爲四
分爲衡山		
分爲臨江		
分爲九江		
更名爲常山	二十五 分趙爲代國	二十六
分爲代		
更名爲臨淄	十八 項羽怨榮殺之分齊爲三國	十九
分爲濟北		
分爲膠東		
分關中爲漢	二十九 與項羽有郄見之戲下講解羽倍約分關中爲四國	正月
分關中爲雍		
分關中爲塞		
分關中爲翟		
燕	二十九 臧荼從入分燕爲二國	三十
分爲遼東		
更爲西魏	十七 分魏爲殷國	十八
分爲殷		
韓	二十 分韓爲河南國	二十一
分爲河南		

二月 徙江南郴	三	四
西楚霸王始爲天下主命立十八王	二 都彭城	三 諸侯罷戲下兵皆之國
	二 都江郴	
王吳芮始故番君	二 都邾	三
王共敖始故楚柱國	二 都江陵	三
王英布始故楚將	二 都六	三
王張耳始故楚將	二 都襄國	三
二十七 王趙歇始故趙王	二十八 都代	二十九
王田都始故齊將	二 都臨淄	三
王田安始故齊將	二 都博陽	三
二十 王田市始故齊王	二十一 都即墨	二十二
二月 漢王始故沛公	三月 都南鄭	四月
王章邯始故秦將	二 都廢丘	三
王司馬欣始故秦將	二 都櫟陽	三
王董翳始故秦將	二 都高奴	三
王臧荼始故燕將	二 都薊	三
三十一 王韓廣始故燕王	三十二 都無終	三十三
十九 王魏豹始故魏王	二十 都平陽	二十一
王司馬卬始故趙將	二 都朝歌	三
二十二 王韓成始故韓將	二十三 都陽翟	二十四
王申陽始故楚將	二 都洛陽	三

原表以限于篇幅其橫綫有作曲綫處茲改作直綫稍便有覽

按此表亦爲後人所竄亂兩月之間應有分月綫今

秦表之十二月與義帝之元年一月楚表之八九項表之十六十七趙表之二十五二十六齊表之十八十九漢表之二十九正月燕表之二十九三十魏表之十七十八韓表之二十二十一均兩月同格非表例也又子嬰十二月被誅秦表即當於是月止以後即為虛格不得以義帝元年一月接書楚表九字即義帝之九月既紀義帝元年一月不當更紀九月蓋表內本無九字其九字處乃所以書義帝元年一月者以義帝誤占秦表位置于是楚表繼八而書九右格之八字本為二十之誤說見前而楚表之二月從都江南郴項表之西楚霸王項籍始為天下主命立十八王等語俱錯上一格項表至此遂成虛格監本殿本乃取索隱之文以補其缺已屬可笑及至下月楚表之三月項表之二月都彭城又隨右格而錯上項表至此又成虛格乃重紀項羽之二月以補之并妄增都江都三字自此以後改竄之技已窮又自知其終不可通遂不得不任其缺致項表絕于二月可謂謬妄者矣茲將原表訂正如左原表謬誤處尚多以讀者易知不復舉出統于左表訂正

史記識誤卷上　三十五

秦	十二月					
楚	二十	義帝元年 一月	諸侯尊懷王為義帝	二月 從都江南郴	三月	四月
項	十六 至關中誅秦王子嬰屠燒咸陽分天下立諸侯	十七 分楚為四國	項籍自立為西楚霸王	西楚霸王項籍始為天下主命立十八王	二 都彭城	三 諸侯罷戲下兵皆之國
			分為衡山	王吳芮始故番君	二 都邾	三
			分為臨江	王共敖始故楚柱國	二 都江陵	三
			分為九江	王英布始故楚將	二 都六	三
趙	二十五	二十六 分趙為代國	更名為常山	王張耳始故楚將	二 都襄國	三
			分為代	二十七 王趙歇始故趙王	二十八 都代	二十九
齊	十八 項羽怨榮殺之	十九 分齊為三國	更名為臨淄	王田都始故齊將	二 都臨淄	三
			分為濟北	王田安始故齊將	二 都博陽	三
			分為膠東	二十 王田市始故齊王	二十一 都即墨	二十二
漢	二十九 與項羽有郄見之戲下講解羽倍約	元年正月 分關中為四國	分關中為漢	二月 漢王始故沛公	三月 都南鄭	四月
			分關中為雍	王章邯始故秦將	二 都廢丘	三
			分關中為塞	王司馬欣始故秦將	二 都櫟陽	三
			分關中為翟	王董翳始故秦將	二 都高奴	三
燕	二十九 臧荼從入關	三十 分燕為二國	燕	王臧荼始故燕將	二 都薊	三
			分為遼東	三十一 王韓廣始故燕王	三十二 都無終	三十三
魏	十七	十八 分魏為殷國	更名為西魏	十九 王魏豹始故魏王	二十 都平陽	二十一
			分為殷	王司馬卬始故趙將	二 都朝歌	三
韓	二十	二十一 分韓為河南國	韓	二十二 王韓成始故韓王	二十三 都陽翟	二十四
			分為河南	王申陽始故楚將	二 都洛陽	三

史記識誤卷上　三十六

以後皆虛第一格不虛第三格

地上不過百里下三十里以輔衛王室漢興以來諸侯年表

按三十當作五十周制封國公侯百里伯七十里子男五十里然則下不得云三十里矣或舊本五字殘破故譌而為三

高祖	楚	齊	荊	淮南	燕	趙	梁	淮陽	代	長沙

元年

按此表楚齊間。齊荆間。趙梁間。梁淮陽間。俱有虛格。所以備所分之國。隨表補入也。楚後分魯。故楚下應虛一格。齊後分七國。故齊下應虛六格。淮南後分三國。故淮南下應虛二格。趙後分六國。故趙下應虛五格。梁後分五國。故梁下應虛四格。合首欄高祖紀年。應共有二十九格。今本減爲二十七格。惟齊下六格。趙下五格不誤。楚下多一格。梁下少一格。淮南下無虛格。因之衡山、廬江二國本自淮南分置。例當類從在淮南下。今表衡山乃在魯齊間。廬江則占趙所分之清河。史記原本豈有糅雜無例如此者乎。茲正之如左。

高祖元年
楚
齊
荆
淮南
燕
趙
梁
淮陽
代
長沙

十一。淮陽王武徙梁元年。是爲孝王。漢興以來諸侯年表文帝前十二年梁表

按十一兩字乃承右格而誤書。當削。淮陽王武徙梁元年。當作淮陽王武徙梁十一年。淮陽王與故梁王紀年本同。蓋本表紀年。本有此例。若不削十、一兩字。則疑爲梁王之十一年。不改元年爲十一年。則左格十二無所承矣。

書曰。協和萬國。遠於夏商。或數千歲。高祖功臣侯年表

按歲字衍。當云遠於夏商。或數千。此言唐虞之際。國以萬計。至夏商時尚有數千國。言其相傳之久也。今之有歲字者。或出于後人之誤增。蓋自唐虞歷三代。不過千有餘歲。下文既明言之矣。安得云數千歲乎。

高祖功臣侯者年表。惠景間侯者年表。建元以來侯者年表。建元以來王子侯者年表。

按此四表經傳寫之錯誤。後人之改竄。讀者每一展卷。輒復迷眩。未半中止。不佞曩曾列識其誤。嗣讀梁曜北明經玉繩史記志疑。于此四表糾正稠詳。不佞所識。多明經所已發。故遂刪去。不復列舉。僅條表例。用爲發凡。讀者依例核表。則謬誤所在自易明也。一。每格紀年。各數相加。與表首所統之某帝總年數同。如高祖功臣侯年表。表首孝文之年數二十三。而平陽表于是欄紀年爲十九與四。相加爲二十三。即與

孝文之年數同也。又曲逆表于是欄記二與十九相加與二十三之數不符。可知表中脫寫恭侯之年數二也。二。初封侯之紀年自行封之某帝某年起數至某帝末年止。如惠景間侯者年表軑侯於孝惠二年初封。至孝惠末年。（孝惠七年）共計六年。故紀年爲六。平都侯於孝惠五年初封。至孝惠末年。當爲三年。而表紀年云二者。誤也。三。諸侯有國年數除絶之年不計。如本年有罪國除。或無子國絶。則紀年之數。計至除絶之前一年止。高祖功臣侯表射陽侯於孝惠三年國除。故孝惠所統格内紀年僅爲二。又惠景間侯者表壯武侯於孝景中四年國除。其紀年當計至中三年止。爲十年。而表云十一者。誤也。四。諸表均迄太初止。表記太初以後者。皆後人所竄也。五。凡書某侯元年。必在兩紀年之中間。上數爲前侯之年。下數爲嗣侯之年。如高祖功臣侯表平陽侯孝文所統格内簡侯奇元年。書於十九與四之中間。十九爲孝文時靖侯之年。四爲孝文時簡侯之年。其孝惠所統格内。靖侯元年與紀年之二字並書者誤也。其餘脫文譌字錯格。則梁氏已詳言之。茲不贅焉。

漢興以來將相名臣年表。

按本表凡將相御史大夫薨卒罷免遷調例皆倒書。此倒書各條均當列入大事欄内。今本皆分析而散記於各欄。原其所以倒書之故。以下欄各官此免彼任。恐讀者難明。故特倒寫出之。俾讀者一見即知前後遞嬗之由。今惟涉丞相者尚在大事欄。餘則將占相位。御史大夫占將位。紛紜糅雜。失其統系。此蓋後人傳寫圖省篇幅。故移易其位置耳。

史記識誤卷上終

史記識誤卷中

紹興周尚木撰

書識誤第三

故聖人一之於禮義則兩得之矣一之於情性則兩失之矣禮書

按聖字衍人字統下兩得兩失而言加一聖字甚非其旨荀子禮論篇爲此文所本本無聖字

宛之鉅鐵施鑽如蠭蠆

按施當爲鉇字之誤也之字衍此當以鉇字絕句鉇短矛也字或作鍦亦作鉈史文譌鉇爲施後人乃解作施行之施以屬下句讀又于宛字下加一之字強足文句則一誤而再誤矣荀子議兵篇商子弱民篇均作宛鉅鐵鉇韓詩外傳四作宛如鉅蛇亦誤

故王者天太祖諸侯不敢懷大夫士有常宗所以辨貴賤貴賤治得之本也

荀子禮論篇懷作壞所以辨貴賤三句作所以辨貴始貴始得之本也按荀子文于義爲長壞猶毀也言諸侯於其始封之祖其廟不毀若魯於周公然也貴始即尊先祖之義上言先祖者類之本無先祖惡出故王者以太祖配天諸侯於始祖之廟不毀大夫士有百世不遷之大宗皆貴其所自始也史文誤壞爲懷小司馬乃訓爲思謂諸侯不敢思以太祖配天而食又云王之子孫爲諸侯不思祀其父祖均是望文生義與尊先祖之旨不合又史文誤始爲治後人不知貴治爲何義乃以意增改爲貴賤字不知此言王者以至大夫士皆以尊祖爲本非言貴賤之等差也

郊疇乎天子

金陵本疇作時按作時者是也經典疇或誤作時左傳襄三十年成愆奔平時釋文時本作疇蓋彼誤疇爲時而此則誤時爲疇致義不可解俗書壽作寿與寺相似故易互誤

大饗上元尊而用薄酒

按大字衍當作饗上元尊而用薄酒大戴禮亦誤衍大字上云大饗祫祭先王也此云饗四時享廟也下云祭月祭也文本三事不得有兩大饗明矣荀子禮論篇正作饗上元尊無大字

祭嚌先大羹而飽庶羞

按先字涉上先大羹而誤衍說文嚌嘗也嚌大羹飽庶羞相對爲文此言祭之時尸於大羹則嘗之於庶羞則飽之文中無緣有先字也荀子禮論篇嚌作齊無先字可證

故至備情文俱盡其次情文代勝其下復情以歸太一

按諸情字均當作請集解引徐廣曰古情字或叚借作請諸子中多有此比若本作情字集解無緣有此說今本改請爲情遂與注文不符

然而不法禮者不足禮謂之無方之民

按者字衍不法禮不足禮是並列非謂不法禮之人有不足禮之事也禮記經解隆禮由禮謂之有方之士不隆禮不由禮謂之無方之民彼云隆云由此云法云足其義一也荀子禮論篇亦無者字

商亂則槌其臣壞 樂書

正義云商音亂其聲欹邪不正由其臣不理於官壞故也按自古無訓槌爲欹邪者此槌當爲坡字之誤也樂記本作陂坡即陂之或體其所以誤槌者因史文陂作坡陂隸書作陂校書者以其字本从𠂤添注𠂤字于坡字之旁其後書簡殘破坡之土旁漫其下半與木旁之上半無別皮旁亦殘闕難辨又誤以所注之𠂤併爲一字寫者未能闕疑遂誤以爲槌字耳

感於物而動性之頌也

按頌當依樂記作欲正義云其心雖靜感於外情因物而動是性之貪慾也據此則史文明爲欲字也欲與頌草書形似故誤

其於兵械尤所重 律書

按械當爲家字之誤也以下皆言兵家之事與兵械無涉正義引劉伯莊云師曠審歌知晉楚之強弱故云兵家尤所重訓解中凡言故云多述原文可知劉伯莊所見本作兵家不作兵械明甚張長史既引劉說又以械爲弓矢殳矛戈戟蓋未之審耳械音解此方讀家字音亦近之寫者習聞兵械之語故誤家爲械考證以械爲戒字之譌亦非

天所以成熟萬物也

按天所以三字涉上二句文内字而誤衍此言律之

功用不得有言天者參入

不周風居西北主殺生東壁居不周風東主辟生氣而東之至於營室營室者主營胎陽氣而產之東至於危危垝也言陽氣之危垝故曰危十月也律中應鐘應鐘者陽氣之應不用事也其於十二子爲亥亥者該也言陽氣藏於下故該也

按主殺生東壁五字當以主殺爲句生東壁爲句主殺者以不周風在十月應立冬之候肅殺之氣盛故曰主殺生東壁者謂不周風起於東壁之度也又居

不周風東五字居字風字均衍其不周二字當在主殺下所以釋不周風之義以傳寫殘闕僅餘不周二字復錯簡在下耳（下凡八風二十八宿十二律十二子十母均有自解惟不周獨無可知其脫文）爲東字下脫壁者二字乃起下句主辟生氣而東之以釋東壁之義又東至於危危垝也言陽氣之危垝故曰危（王念孫曰言陽氣之危垝句衍危字）數語當在故該也句下蓋東壁營室爲十月宿危爲十一月宿本書前後文例某月也句上所敘之宿爲本月之宿某月也句後所敘之宿爲下月之宿以各風終始約爲四十五日月雖終而風未終應經過下月之宿度故敘在本月宿度之後也

東至牽牛牽牛者言陽氣牽引萬物出之也牛者冒也言地雖凍能冒而生也牛者耕植種萬物也東至於建星建星者建諸生也十二月律中大呂大呂者其於十二子爲丑丑者紐也言陽氣在上未降萬物厄紐未敢出

按前後文例之東至牽牛句至字下當有於字十二月下當有也字又牽牛者句牛字衍本文牽牛二字

分解此但解牽字下文始解牛字故此句不得有牛字也大呂者句下脫寫解詞諸本如此無從校補

條風居東北主出萬物條之言條治萬物而出之故曰條風南至於箕箕者言萬物根棋故曰箕正月也律中泰簇泰簇者言萬物簇生也故曰泰簇其於十二子爲寅寅言萬物始生螾然也故曰寅南至於尾言萬物始生如尾也南至於心言萬物始生有華心也南至於房房者言萬物門戶也至於門則出矣

按主出萬物句絕條之當作條者所以起下句釋條

字之義南至於尾二句當在故曰箕之下尾正月宿

依本書例不得敍在正月也句後

明庶風居東方明庶者明衆物盡出也二月也律中夾鍾夾鍾者言陰陽相夾厠也其於十二子爲卯卯之爲言茂也言萬物茂也其於十母爲甲乙甲者言萬物剖符甲而出也乙者言萬物生軋軋也南至於氐氐者言萬物皆至也

按南至於氐氐者言萬物皆至也當移在二月也句上氐二月宿依本書例不得敍在二月也句後

清明風居東南維主風吹萬物而西之軫軫者言萬物益大而軫軫然西至於翼翼者言萬物皆有羽翼也四月也律中中呂中呂者言萬物盡旅而西行也其於十二子爲巳巳者言陽氣之已盡也西至於七星七星者陽數成於七故曰七星西至於張張者言萬物皆張也

按言陽氣之已盡也句下當接西至於張張者言萬物皆張也以完此節西至於七星數語下接西至於注入景風節詳下條蓋清明風終於張宿而七星爲景風所起故不得先言七星後言張也

西至於注注者言萬物之始衰陽氣下注故曰注五月也律中蕤賓蕤賓者言陰氣幼少故曰蕤痿陽不用事故曰賓景風居南方景者言陽氣道竟故曰景風其於十二子爲午午者陰陽交故曰午其於十母爲丙丁丙者言陽道著明故曰丙丁者言萬物之丁壯也故曰丁

按此文順序當云景風居南方景者言陽氣道竟故曰景風西至於七星七星者陽數成於七故曰七星下乃接西至於注云云故曰宿句下乃接其於十二子爲午蓋景風爲五月之風應夏至之候七星與注

皆五月宿爲景風所經二宿之前不先言景風則清明風所終便失限界且依前後文例景風居南方數語亦不得厠於月律與月辰間也

西至於弧弧者言萬物之吴落且就死也西至於狼狼者言萬物可度量斷萬物故曰狼涼風居西南維主地地者沈奪萬物氣也六月也律中林鍾林鍾者言萬物就死氣林林然其於十二子爲未未者言萬物皆成有滋味也

按涼風居西南維數語乃下文錯簡在此故曰狼句

下便當接六月也云云詳下條
北至於罰罰者言萬物氣奪可伐也北至於參參言萬
物可參也故曰參七月也律中夷則夷則言陰氣之賊
萬物也其於十二子爲申申者言陰用事申賊萬物故
曰申北至於濁濁者觸也言萬物皆觸死也故曰濁北
至於留留者言陽氣之稽留也故曰留
按舊說以參罰爲一星史文以罰代觜蓋所據不同
也又此文順序當云涼風居西南維主地地者沈奪
萬物氣也北至於參參言萬物可參也故曰參北至

於罰罰者言萬物氣奪可伐也以下接七月也云云
蓋涼風爲七月之風應立秋之候起於參宿之度故
不得敘在六月內也又史文既以罰代觜依二十八
宿之順序由西至北當先言參後言罰也
八月也律中南呂南呂者言陽氣之旅入藏也其於十
二子爲酉酉者萬物之老也故曰酉閶闔風居西方閶
者倡也闔者藏也言陽氣道萬物闔黃泉也其於十母
爲庚辛庚者言陰氣庚萬物故曰庚辛者言萬物之辛
生故曰辛北至於胃胃者言陽氣就藏皆胃胃也

按此文順序當云閶闔風居西方閶者倡也闔者藏
也言陽氣道萬物闔黃泉也北至於胃胃者言陽氣
就藏皆胃胃也以下乃接八月也云云故曰酉句下
即接其於十母爲庚辛數語蓋上言北至於留乃記
涼風所終之度自此以後即閶闔風代之而起應立
秋之候而胃又爲閶闔風於八月內所經之宿故依
上文例均不得散敘在八月也句後且上文釋十二
子十母均屬連文此處於故曰酉之下其於十母之
上間以閶闔風數語尤爲不例

自不周風居西北起迄故曰戌止所敘八風終始經
行宿度往往失其次序以律理本屬難曉讀者遂不
遑研覈轉相傳寫錯亂益多已將誤處分條列舉於
前今復備録更定全文并附八風終始圖於左聊便
讀者省覽云爾
不周風居西北維（原本無維字據下東南西南增）主殺不周者（下有脱文）
生東壁東壁者主辟生氣而東之至於營室營室者
主營胎陽氣而產之十月也律中應鐘應鐘者陽氣
之應不用事也其於十二子爲亥亥者該也言陽氣

八風終始之圖

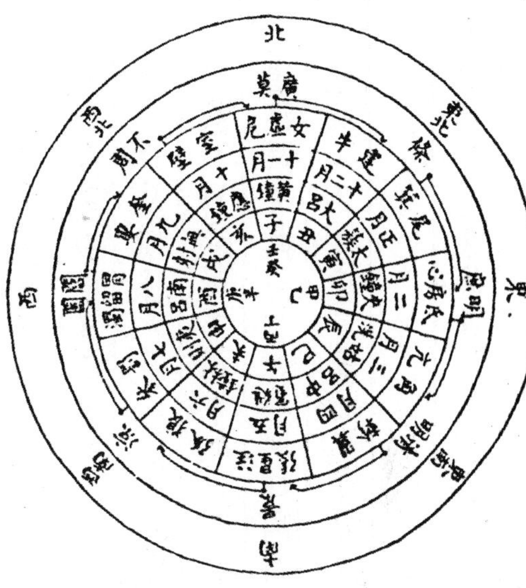

藏於下故該也東至於危危垝也言陽氣之垝原本作言陽氣之危垝依王念孫氏說刪危字故曰危

廣莫風居北方廣莫者言陽氣在下陰莫陽廣大也故曰廣莫東至於虛虛者能實能虛言陽氣冬則宛藏於虛日冬至則一陰下藏一陽上舒故曰虛東至於須女言萬物變動其所陰陽氣未相離尚相如胥也故曰須女十一月也律中黃鐘黃鐘者陽氣踵黃泉而出也其於十二子爲子子者滋也滋者言萬物滋於下也其於十母爲壬癸壬之爲言任也言陽氣任養萬物於下也癸之爲言揆也言萬物可揆度故曰癸

東至於牽牛原本無於字據上下文增牽者言陽氣牽引萬物出之也牛者冒也言地雖凍能冒而生也牛者耕植種萬物也東至於建星建星者建諸生也十二月也律中大呂大呂者下有脫文其於十二子爲丑丑者紐也言陽氣在上未降萬物厄紐未敢出

條風居東北維原本無維字據下東南西南增主出萬物條者言條治萬物而出之故曰條風南至於箕箕者言萬物根

棋故曰箕南至於尾言萬物始生如尾也正月也律中泰簇泰簇者言萬物簇生也故曰泰簇其於十二子爲寅寅言萬物始生螾然也故曰寅南至於心言萬物始生有華心也南至於房房者言萬物門户也至於門則出矣

明庶風居東方明庶者明衆物盡出也南至於氐氐者言萬物皆至也二月也律中夾鐘夾鐘者言陰陽相夾厠也其於十二子爲卯卯之爲言茂也言萬物茂也其於十母爲甲乙甲者言萬物剖符甲而出也

乙者言萬物生軋軋也

南至於亢亢者言萬物亢見也南至於角角者言萬物皆有枝格如角也三月也律中姑洗姑洗者言萬物洗生其於十二子爲辰辰者言萬物之蜄也

清明風居東南維主風吹萬物而西之至於軫（至於二字依王念孫氏增）軫者言萬物益大而軫軫然西至於翼翼者言萬物皆有羽翼也四月也律中中呂中呂者言萬物盡旅而西行也其於十二子爲巳巳者言陽氣之已盡也西至於張張者言萬物皆張也

景風居南方景者言陽氣道竟故曰景風西至於七星七星者陽數成於七故曰七星西至於注注者言萬物之始衰陽氣下注故曰注五月也律中蕤賓蕤賓者言陰氣幼少故曰蕤痿陽不用事故曰賓其於十二子爲午午者陰陽交故曰午其於十母爲丙丁丙者言陽道著明故曰丙丁者言萬物之丁壯也故曰丁

西至於弧弧者言萬物之吴落且就死也西至於狼狼者言萬物可度量斷萬物故曰狼六月也律中林鍾林鍾者言萬物就死氣林林然其於十二子爲未未者言萬物皆成有滋味也

涼風居西南維主地地者沈奪萬物氣也北至於參參言萬物可參也故曰參北至於罰罰者言萬物氣奪可伐也七月也律中夷則夷則言陰氣之賊萬物也其於十二子爲申申者言陰用事申賊萬物故曰申北至於濁濁者觸也言萬物皆觸死也故曰濁北至於留留者言陽氣之稽留也故曰留

閶闔風居西方閶者倡也闔者藏也言陽氣道萬物

闔黃泉也北至於胃胃者言陽氣就藏皆胃胃也八月也律中南呂南呂者言陽氣之旅入藏也其於十二子爲酉酉者萬物之老也故曰酉其於十母爲庚辛庚者言陰氣庚萬物故曰庚辛者言萬物之辛生故曰辛

北至於婁婁者呼萬物且內之也北至於奎奎者主毒螫殺萬物也奎而藏之九月也律中無射無射者陰氣盛用事陽氣無餘也故曰無射其於十二子爲戌戌者言萬物盡滅故曰戌

黃鐘長八寸十分一。宮。　大呂長七寸五分三分一。
太蔟長七寸七分二。角。　夾鐘長六寸一分三分一。
姑洗長六寸七分四。羽。　仲呂長五寸九分三分二。徵。
蕤賓長五寸六分三分一。　林鐘長五寸七分四。角。
夷則長五寸四分三分二。商。　南呂長四寸七分八。
徵。　無射長四寸四分三分二。　應鐘長四寸二分三
分二。羽。

按各律數字。頗多錯誤。大呂當爲七寸五分三分二。
太蔟當爲七寸十分二。夾鐘當爲六寸七分三分一。

姑洗當爲六寸十分四。蕤賓當爲五寸六分三分二。
林鐘當爲五寸十分四。夷則當爲五寸三分一。南呂
當爲四寸十分八。蓋鐘律上下相生。上下相生者。即
下云下生者倍其實。三其法。上生者。四其實。三其法。
是也。其法以黃鐘爲主。黃鐘長八寸一分。（八寸一分者。即原本所謂八寸十分一也。）下生林鐘。即以八十一倍之爲一百六十
二。又以三除之。得五寸四分。故林鐘長當爲五寸十
分四。不得云五寸七分四也。林鐘上生太蔟。即以五
十四四倍之。爲二百十六。又以三除之。得七寸二分。

故太蔟長。當爲七寸十分二。不得云七寸七分二也。
太蔟下生南呂。即以七十二倍之。爲一百四十四。又
以三除之。得四寸八分。故南呂長當爲四寸十分八。
不得云四寸七分八也。南呂上生姑洗。即以四十八
四倍之。爲一百九十二。又以三除之。得六寸四分。故
姑洗長當爲六寸十分四。不得云六寸七分四也。姑
洗下生應鐘。即以六十四倍之。爲一百二十八。又以
三除之。得四寸二分又三分之二。故云應鐘長四寸
二分三分二也。應鐘上生蕤賓。即以四十二又三分

之二四倍之。爲一百七十又三分之二。又以三除之。
得五寸六分。又九分之八。約之去奇零。故蕤賓長當
爲五寸六分三分二。其小分不得云三分一也。蕤賓
上生大呂。即以五十六又九分之八四倍之。爲二百
二十七又九分之五。又以三除之。得七寸五分又二
十七分之二十三。約之去奇零。故大呂長當爲七寸五
分三分二。其小分不得云三分一也。大呂下生夷則。
即以七十五又二十七分之二十三倍之。爲一百五
十一又二十七分之十九。又以三除之。得五寸又八

十一分之四十六約之增奇零故夷則長當爲五寸三分二不得云五寸四分三分二也夷則上生夾鍾即以五十又八十一分之四十六四倍之爲二百零二又八十一分之二十二又以三除之得六寸七分又二百四十三分之一百零三約之去奇零故夾鍾長當爲六寸七分三分一不得云六寸一分三分一也夾鍾下生無射即以六十七又二百四十三分之一百零三倍之爲一百三十四又二百四十三分之二百零六又以三除之得四寸四分又七百二十九

分之六百九十二約之去奇零故云無射長四寸四分三分二也無射上生中呂即以四寸四分又七百二十九分之六百九十二四倍之爲二十九分之六百九十二四倍之爲一百七十九又七百二十九分之五百八十一又以三除之得五寸九分又二千一百八十七分之二千三十九約之去奇零故云仲呂長五寸九分三分二也

未二千一百八十七分一千二十四　酉一萬九千六百八十三分八千一百九十二　亥十七萬七千一百四十七分六萬五千五百三十六

按未酉亥三分數之分子均誤當云未二千一百八十七分二千四十八酉一萬九千六百八十三分一萬六千三百八十四亥十七萬七千一百四十七分十三萬一千七十二此蓋以黃鍾數爲基數推各律長數之通率也與下生者倍其實三其法上生者四其實三其法理同十二律之次黃鍾子林鍾丑太蔟寅南呂卯姑洗辰應鍾巳蕤賓午大呂未夷則申夾鍾酉無射戌中呂亥其造分數之法以黃鍾爲主黃鍾八十一下生林鍾求林鍾之數依下生法即以二

因八十一又以三除之得五十四爲林鍾之長亦即以三分之二乘八十一之數也故丑三分二爲林鍾之率林鍾上生太蔟求太蔟之數依上生法即以四因五十四又以三除之得七十二爲太蔟之長亦即以三分之四乘五十四之數也因五十四爲三分之二與八十一相乘之數故三分之四乘五十四與三分之四乘三分之二又乘八十一之得數同而三分之四乘三分之二爲九分之八故寅九分八爲太蔟之率因之求各律之分母可據丑之分母三二方之

爲寅分母三方之爲卯分母遞至十一方之爲亥分母其分子則寅因丑卯因寅辰因卯巳因辰午因巳未因午申因未酉因申戌因酉亥因戌凡上生者則四倍其所因之分子爲分子如南呂上生姑洗南呂卯姑洗辰卯之分子爲十六辰之分子即因十六而四倍之爲六十四是也下生者則二倍其所因之分子爲分子如太蔟下生南呂太蔟寅南呂卯寅之分子爲八卯之分子即因八而二倍之爲十六是也依律法蕤賓上生大呂夷則上生夾鐘無射上生中呂

故未酉亥之分子當得午申戌分子之四倍今文均作二倍因之與所求大呂夾鐘中呂三律之數不合此蓋原文殘缺後人不明律理妄行補入故也

置一而九三之以爲法實如法得長一寸凡得九寸

按置一而九三之以爲法下當依漢志增十一三之以爲實一句史文脫去致下實如法之實字失其所指九三者謂累乘三至九次得一萬九千六百八十三以爲法也十一三者謂累乘三至十一次得十七萬七千一百四十七以爲實也得長一寸凡得九寸當爲得長一寸者凡九文有衍敓也蓋實如法云者謂以一萬九千六百八十三除十七萬七千一百四十七也其得數適爲九故云得長一寸者凡九若云得長一寸不特非其數且與凡得九寸句義亦矛盾

於時冰泮發蟄百草奮興（曆書）

按奮興當依大戴禮作權輿蓋孟春時百草不過萌動而已尚未達奮興之期故作權輿者於義爲長也此作奮興或因舊本漫漶殘破權字剝蝕輿字缺車校書者臆補其字以成句不知其與時令不合也

次順四時

按次當爲以字之誤也隸書以作以與次易混大戴禮正作以順四時

右三星曰天棓（天官書）

按三星當作五星索隱引詩緯云天槍三星天棓五星在斗杓左右又引石氏星讚云天槍天棓八星備非常之變正義亦云天棓五星在女牀東北則天棓之本作五星明矣若本作三星則索隱正義必明指其異

廷藩西有隋星五曰少微士大夫
按五當作四正義云少微四星第一星處士第二星議士第三星博士第四星大夫而不言少微五星幷不言第五星爲何是少微實爲四星也漢書天文志亦云廷藩西有隋星四
軫南衆星曰天庫樓庫有五車
按樓字衍天庫者軫南衆星之總名五車者位於庫中之星名樓字屬上屬下均贅不成義蓋樓字亦作廔形與庫相似疑舊本或有誤作廔者後人剪記廔

字以誌異傳寫者誤入正文後復轉訛爲樓耳
其西有句曲九星三處羅
按羅字下當依漢書增列字三處羅列卽下文天旗天苑九斿也脫去列字於文不詞
若木（本或誤作水）金在南曰牝牡年穀熟金在北歲偏無
按此文有脫字當云若木在北金在南曰牝牡年穀熟木在南金在北歲偏無蓋木爲歲星陽也金爲太白陰也木北金南陰陽位順故年穀熟反之則歲偏無矣今云木金在南則義不可解云金在北則意亦不完漢書天文志作太白在南歲在北名曰北牡年穀大熟太白在北歲在南年或有或無可以證史記之誤
其出行十八舍二百四十日而入入東方伏行十一舍百三十日其入西方伏行三舍十六日而出
按太白出東方二百四十日而伏出西方亦二百四十日而伏今史文於東方伏行十一舍百三十日以後不云其出西方二百四十日而入者顯有脫文蓋既言出見東方日數卽不得不更言出見西方日數

否則太白兩出入便無由知其日數淮南子天文篇太白元始以甲寅正月與營室（今本淮南誤作正月甲寅與熒惑依王引之氏校改）晨出東方二百四十日而入入百三十日（今本淮南誤作百二十日）而夕出西方二百四十日而入入三十五日而復出東方正可以證史記之闕又伏行三舍十六日當作伏行三舍三十六日上云行十八舍二百四十日行十一舍一百三十日則每舍約行十三日故三舍不得秖行十六日也（古時推算未精云若干舍者不過約數而已淮南天文篇西伏三十五日以史記料有十六二字故斷其爲三十六日蓋所據或有不同否則五無緣誤六也）

其始出東方行遲率日半度一百二十日必逆行一二舍上極而反東行行日一度半一百二十日入 其始出西行疾率日一度半百二十日上極而行遲日半度百二十日旦入必逆行一二舍而入

按此兩節文有誤脫上極而反東行行日一度半一百二十日入東字衍下行字當作疾入字上脫旦字文當云上極而反行疾日一度半一百二十日旦入又其始出西西字下依上文當有方字百二十日旦入必逆行一二舍而入旦入二字誤行而入當作夕

太白東西伏見之圖一

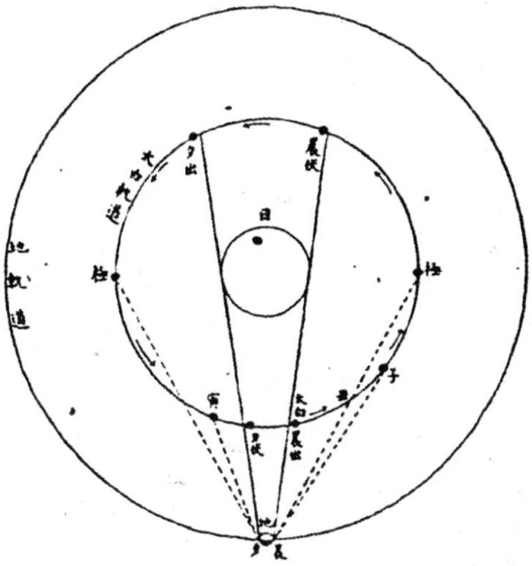

入文當云百二十日必逆行一二舍夕入所謂極者蓋指見伏軌上之中心而言上極猶言至極處也如圖太白晨出東方經子至極爲一百二十日軌近直覺行遲至極時人目所見如在丑處偏於子之左似乎逆行自極至伏亦一百二十日所經方向與晨出時向子之方向相反且軌近橫故覺其反行而疾漸次不見是謂晨伏（晨伏在日後軌長故晨伏日多）又太白夕出西方至極軌近橫覺行疾經極至寅軌近直覺行遲至寅時人目所見偏於極之右亦似乎逆行漸次不見是

謂夕伏（夕伏在日前軌短故夕伏日少）明乎此則史文之誤脫不辯而自明（東伏在晨西伏在夕今史文於兩伏有旦入字蓋上文之錯簡也）

月蝕歲星其宿地饑若亡熒惑也亂填星也下犯上太白也彊國以戰敗辰星也女亂

按文中諸也字於句法不類當爲地字之誤也此列舉月蝕五星其宿地所見之咎徵熒惑地亂者謂月蝕熒惑其宿地有亂也文以熒惑爲句地字爲句亂字爲句下解同蓋月蝕二字統歲星熒惑填星太白辰星爲文其宿二字統下諸地字爲文若作也字義

不協矣

山崩及徙川塞谿坼水澹澤竭地長見象城郭門閭閨臬枯槀

按及徙二字諸家均不得其解此當爲斥陁二字之誤也斥與岸同陁卽陊字岸毀曰陊（淮南子繆稱篇岸崝者必陊）山崩斥陁與川塞谿坼相對爲文隸書斥作厈易與及相混陁作陁亦與徙字近故誤（漢書天文志陁字未誤斥亦作反蓋後人不識斥字據史文改之也）又水澹澤竭地長見象當依漢志作水澹地長澤竭見象澹與贍通足也長讀長養之長象罔象水怪也言水足則地潤澤而能長養澤竭則罔象無所藏而見也閨臬枯槀亦當依漢志作潤息槀枯潤息乃滋生之義正與槀枯相反若云閨臬則義不類矣此六句陁坼爲韻（陁音移與坼協）古長象爲韻閨枯爲韻傳寫者錯誤顚倒故遂失其韻也（自天開懸物至其人逢俉凡二十二句均以四字爲句兩句爲韻疑原文當有二十四句今合化言誠然爲二十三句句單義大顯有脫文錢氏溉亭謂化言誠然四字兩韻非）

有日無雲不風當其時者稼有敗如食頃小敗熟五斗米頃大敗風復起有雲其稼復起

舊本風復起作則風復起殿本無則字王念孫氏云則若也言若風復起有雲則其稼復起也或以則爲衍字失之按訓則爲若於文固可通然此則字當涉上句大敗字誤重而轉訛者且於文若省則字或若字文義亦固自明白（漢書天文志本無則字王氏以爲省文蓋意謂之辭）王氏之說未免有墨守舊本之嫌耳

禮官議無諱以勞朕（封禪書）

按勞朕當依漢書作朕勞謂禮官議郊祀上帝諸神禮無用諱忌以朕爲勞也若云勞朕非其旨矣

若見五人於道北遂因其直北立五帝壇

按下北字衍文當云遂因其直立五帝壇集解引孟康曰直值也值其立處以作壇言立處則不得有北字明矣漢志亦無北字

皆至泰山祭后土

按祭后土當依武紀及漢志作然後去謂禪肅然禮畢皆至泰山然後去而之他也此作祭后土者以隸書祭字或作祭與然相似後古又作后去字漫其下半遂成土字又以上文有如祭后土禮之語故誤然

後去爲祭后土也．

穿渠引汾溉皮氏汾陰下．句原本汾陰與下字之間有正義文間入．蓋以下字屬下句讀．非．引河溉汾陰蒲坂下．度可得五千頃．五千頃故盡河壖棄地．民茭牧其中耳．河渠書

按文誤重五千頃三字．當削．河壖棄地．指汾陰蒲坂下而言．五千頃者謂引汾引河後．約計可墾之數耳．非謂棄地盡此五千頃也．漢書溝洫志不重五千頃三字．

鄭當時爲渭漕渠回遠．鑿直渠．平準書

按漢志渭漕下無渠字．於義爲長．蓋渭漕循渭水上度．並無渠也．觀河渠書可明．

令縣官銷半兩錢．更鑄三銖錢．文如其重．

按文如其重．當依漢志作重如其文．寫者誤倒其詞也．文重二字．雖可互易．然此乃言錢之重．不言錢之文．故云文如其重者．于義未洽．

赦天下．因南方樓船卒二十餘萬人．擊南越數萬人．

按赦天下．漢書食貨志作赦天下因．於義爲長．蓋是時方有事于南越西羌．故赦天下因徒．因南方樓船士卒以共擊南越．其非因者．無預于戰事．何得有赦．此以因字與下句因字相連．形似而易混．故寫者脫耳．

令遠方各以其物貴時商賈所轉販者爲賦．而相灌輸．

按貴時．當依漢志作異時．字之誤也．異時．猶云往時．謂遠方之物．往時爲商賈所販運者．各令作爲賦稅．而輸于京師．即下文所謂盡籠天下之貨物也．蓋遠方產物甚多．何者用繁．何者用少．商賈知之最詳．故其所轉販者．必皆急需之物．賦而平準之．斯商賈無所牟大利矣．若作貴時．便覺文不成義．

史記識誤卷中終

史記識誤卷下

紹興周尚木撰

世家識誤第四

初楚邊邑卑梁氏之處女與吳邊邑之女爭桑（吳太伯世家）

按楚吳二字當互易寫者誤倒耳文當云初吳邊邑卑梁氏之處女與楚邊邑之女爭桑楚世家云初吳之邊邑卑梁與楚邊邑鍾離小童爭桑伍子胥列傳亦云楚平王以其邊邑鍾離與吳邊邑卑梁氏俱蠶兩女子爭桑據此則史記斷不至於吳世家誤卑梁

爲楚地也祁遯翁云一卑梁也吳楚之外若此其他錯誤可想未免輕議古人

且盤庚之誥有顛越勿遺商之以興

按顛越下有脫文故義不可明此與伍子胥列傳所載俱本左傳胥傳云且盤庚之誥曰有顛越不恭劓殄滅之俾無遺育無使易種于茲邑此商之所以興文意至爲明白此處實爲傳寫脫誤當依伍子胥傳補之

欲霸中國以全周室

按全當爲令字之誤也伍子胥傳正作令

六月戊子越王句踐伐吳乙酉越五千人與吳戰丙戌虜吳太子友丁亥入吳

按戊子當依左傳作丙子下既有乙酉丙戌丁亥等日戊子乃丁亥後一日一月中不得有兩戊子日也

國惠子犇莒遂反殺高昭子晏圉犇魯八月齊秉意茲田乞敗二相乃使人之魯召公子陽生（齊太公世家）

按此文誤脫又爲後人所竄亂當云國惠子犇莒遂及高昭子晏圉犇魯八月齊秉意茲犇魯其田乞敗

二相云云乃別爲一事不與秉意茲相屬春秋哀公六年夏齊國夏及高張來犇國夏即國惠子高張即高昭子也左傳亦云國夏犇莒遂及高張晏圉弦施來犇（左傳文意蓋謂國夏犇莒後偕與高張晏圉弦施三人犇魯也）然則高昭子並未被殺明矣此云遂反殺高昭子者蓋舊本既誤及字爲反字後人不能句讀於反字下加一殺字遂與傳不合（田敬仲世家亦云反殺高昭子蓋後人據已誤之齊世家改也）至秉意茲下本有犇魯二字左傳亦明云齊邴意茲來犇後人以上句既有犇魯二字又不省左傳之詳載此事疑此

句犇魯字爲衍文而刪之。與下句田乞敗二相連讀。謬矣。

太公亦封於齊。五月而報政周公。周公曰。何疾也。曰。吾簡其君臣禮。從其俗爲也。（魯周公世家）

按君臣二字衍。當云吾簡其禮。從其俗爲也。蓋禮不僅爲君臣間而設。若僅簡君臣之禮。則非太公治齊之旨矣。齊世家亦云因其俗。簡其禮。並無君臣二字。

宣公卒。子成公黑肱立。是爲成公。

按上成公二字衍。魯世家中如孝公卒。子弗湟立。是

爲惠公。釐公卒。子興立。是爲文公。成公卒。子午立。是爲襄公。其例甚多。可以證此處之衍。

三桓氏分爲三軍。

按三軍下。當如左傳有各征其軍一句。寫者脫也。索隱云。征。謂起徒役也。武子爲三軍。故一卿主一軍之征賦。若本無各征其軍句。則小司馬何緣而釋征字之義乎。

十二年。朝晉。至河。晉平公謝還之。

按平公二字涉上二年朝晉事而誤衍。（上二年實係三年之誤。）平公卒於昭公十年。年表及左傳明載之。則昭公十二年。不得有平公謝還事也。又按昭公十二年之如晉。爲朝嗣君。晉以魯取莒之鄆。因平公之喪未之治。故辭昭公。觀左傳自明。

四年。齊高偃如晉。請共伐燕。入其君。（燕召公世家）

按上文既敘六年事矣。此何以又倒敘四年。以年表證之。乃九年之誤也。

諸將謂齊湣王曰。因而赴之。破燕必矣。

按諸將。國策作儲子。於義爲長。此云諸將。不知爲燕

之諸將歟。抑齊之諸將歟。殊未分曉。儲諸音相近。疑國策作儲子。史記作諸子也。（古人名。故籍多以同音字互用。如逢蒙作逢門。離婁作離朱。不乏其例。）後人不悟諸子之即爲儲子。而改子爲將。失其義矣。

二十九年。景侯爲太子般娶婦於楚。而景侯通焉。太子弒景侯而自立。（管蔡世家）

按太子般弒景侯事在景侯四十九年。年表與左傳同。此作二十九年。字誤。

昭侯將朝于吳。大夫恐其復遷。乃令賊利殺昭侯。已而

誅賊利以解過

索隱云利賊名也按小司馬以利爲賊名乃從爲之辭耳春秋哀四年盜殺蔡侯申左傳謂昭侯將如吳諸大夫恐其又遷公孫翩逐而射之入于家人而卒則殺昭侯者爲公孫翩傳固明舉其名矣豈有所謂賊利其人者蓋春秋書盜不書名故史記以賊字代之利即射字之誤耳至下句本作已而誅賊以解過後人以誤信小司馬說於賊字下復加一利字其謬益甚矣

共公十六年初晉公子重耳其亡過曹曹君無禮欲觀其駢脅釐負羈諫不聽私善于重耳二十一年晉文公重耳伐曹虜共公以歸

按共公十六年本作共公二十一年後人據已誤之年表改二十一爲十六又加二十一年四字於晉文公重耳伐曹句上也蓋此段敘事以文公伐曹爲主其所以伐曹者以文公過曹時曹君無禮故也其事在共公二十一年以前故云初晉文過曹當在共公十三年年表誤在十六年乃後人竄入說見前敘事因果最爲分明果如今本所云則共公十六年之事初既如此終究如何於文全無結束史公何至疏畧如是其爲後人妄竄無疑

共公八年卒子德公立德公十八年卒弟桓公姑容立陳杞世家

德公徐廣曰世本作惠公索隱曰世本譙周並作惠公又云惠公生成公及桓公是此世家脫成公一代下云弟桓公姑容立非也且成公又見春秋經傳按世本譙周均以德公爲惠公疑作德公者是而作惠公者誤也德字亦作悳形與惠相似故誤若本作惠便不至誤作少見之悳更無緣誤作德字至史記無成公一代者乃是脫簡其原文當爲德公十八年卒子成公立成公十八年卒據集解引世本弟桓公姑容立因三句中十八年卒四字凡兩見故傳寫者易致脫誤耳

懷君三十一年朝魏　二十五年元君卒衛康叔世家

按六國表懷君立三十年以表推之世家云三十一年者誤也又表元君立二十三年世家云二十五年者五乃三字之誤也

丁公申卒。子湣公共立。（宋微子世家）

按三代世表湣公。丁公弟。此以湣公爲丁公子。與表異。然三代世表例。凡嗣者爲子。均不書某公子。若嗣者爲弟。則云某公弟。今表既云湣公丁公弟。則世家子字實弟字之誤也。

昭公無道。國人不附。昭公弟鮑革賢而下士。

按昭公弟名鮑。不名鮑革。此革字當爲尊字之誤。文當云。昭公弟鮑。句尊賢而下士。左傳稱公子鮑國之材人。無不事也。即此所謂尊賢下士也。舊本尊字漫滤。故寫者誤而爲革。下云鮑革立者。乃後人因上文有鮑革云云。不悟其譌而妄加耳。若本名鮑革。何以襄夫人欲通於公子鮑句。獨無革字乎。（錢大昕氏云。革字衍。周禮攻皮之工。有鮑氏。鮑或作鞄。从革。此字蓋讀如鞄革之鞄。後人溷入正文。按錢說非。）

微里子寡人不得立。（晉世家）

按里字涉上里克字而衍。此告里克語。無須有里字也。

惠公之立。倍秦地及里克。誅七輿大夫。

按及誅二字當互易。

君不禮。不如殺之。且後爲國患。

按且字於義未洽。當爲毋字之誤也。毋與且形似而易誤。

於是舉國政屬大夫種。而使范蠡與大夫柘稽行成。爲質於吳。（越王句踐世家）

按成字乃後人依國語命諸稽郢行成於吳之文而加之也。史記之柘稽行。即國語之諸稽郢。國語命諸稽郢行成者。在吳未許越成之前。故可云行成也。史記言范蠡與柘稽行爲質於吳者。在吳既許越成之後。不得再言行成也。讀者誤以柘稽爲人名。故於行字下加一成字。强史記以就國語。去義遠矣。

拊循其士民。士民欲用以報吳。

按文不當重士民二字。寫者誤衍也。此言句踐所以拊循其士民者。欲用之報吳也。下文逢同鷙鳥之喻。正勸句踐以韜晦待時。毋遽欲用此士民也。今本重士民二字。則所謂欲用者。便失所指。而義不可通矣。

今乃復殷給。繕飾備利。吳必懼。懼則難必至。

按利當爲則字之誤也。屬下句讀。周禮夏官掌固設其飾器。注飾兵甲之屬春秋昭二十一年傳齊致死莫如去備注備長兵也然則繕飾備云者即所謂繕治兵器耳若有利字便文不成義矣則吳必懼則難必至兩則字蓋相承爲文

三十三年宋殺孔父。鄭世家

按宋殺孔父年表在鄭莊公三十四年當魯桓公二年與左傳合此作三十三年者蓋三十三年之下有脫簡也上文云二十九年與魯易祊許田然三十三年時鄭又以璧加魯易許田自應兩事兼載則易田之事始畢不宜祇載前事而遺後事也年表及魯世家兩事均載又宋殺孔父并弒殤公弒君事大殺大夫事小亦不宜畧其大而記其小故三十三年下當脫以璧加魯易許田事宋殺孔父上脫三十四年四字其下當脫弒殤公事

九月辛亥忽出犇衛己亥突至鄭立

按辛亥當依左傳作丁亥若辛亥不能與己亥同在一月內也

二十一年與宋華元伐鄭

按左傳宣公二年春鄭公子歸生受命于楚伐宋戰于大棘宋師敗績囚華元今史文乃云與宋華元伐鄭不特與傳不合且所謂與者亦不知何指其爲脫誤明甚

成侯與韓昭侯遇上黨趙世家

按世家此爲趙成侯十三年事年表于成侯十三年當韓莊侯之九年昭侯之立尚在後四年此昭侯當爲莊侯之誤韓世家昭侯作懿侯

八年韓擊秦不勝而去

按趙武靈王八年魏韓趙楚燕五國合而攻秦不勝而還不僅韓也此云韓擊秦韓字蓋涉上文而衍

王欲得故地今負彊秦之親王以爲利乎魏世家

按親當爲覭字之誤也覭即禍字負讀如負債之負言欲得故地而反受秦禍也若作親非其義矣魏策正作負彊秦之禍

伐楚道涉山谷

按索隱云道猶行也涉谷是往楚之險路從秦向楚有兩道涉谷是西道河外是東道據此則史文當云

伐楚道涉谷並無山字也姚伯聲本國策作道涉而谷而字本屬衍文後人校刊國策以而爲山字之誤改作道涉山谷校史記者又不明涉谷二字之義復就已誤之國策以改史記因之兩書均譌矣

禍必由此矣

按由此當依魏策作百此百此者猶言百倍於此也此字即指上文列舉所受秦禍而言謂秦魏相去遠所受之禍猶如此今若與秦鄰則禍且百倍矣讀者不明百此之義以爲由字之誤而意改之失其旨矣

每朝代參乘言曰（田敬仲世家）

按代當爲乞字之誤也參乘無代之可言左傳云每朝必驂乘齊世家亦云每朝乞驂乘（乞謂田乞）

田乞之衆追國惠子惠子犇莒遂反殺高昭子晏孺子犇魯

按遂反殺高昭子句當云遂及高昭子連下讀說詳齊世家識誤中晏孺子當作晏圉蓋涉上文晏孺子而誤也左傳及齊世家均云晏圉犇魯（晏圉晏嬰子）並不言晏孺子有出犇事且下文云使人遷晏孺子于駘則晏孺子之在齊明矣

齊國大治諸侯聞之莫敢致兵於齊二十餘年騶忌子以鼓琴見威王

按騶忌子上當有二十一年四字寫者涉二十餘年句而誤脫也年表騶忌以鼓琴見威王在威王二十一年

吾吏有黔夫者

按吏當爲臣字之誤也上下文均云臣不應此處獨云吏蓋隸書臣亦作臣形似吏而誤

願王受之而勿備稱也

按備當依齊策作庸言秦使魏冉致帝王且受之但勿庸遽稱帝號也庸字亦作庸備字亦作葡以形似而誤

有濟西趙之阿東國危

正義云阿東阿也爾時屬趙故云東國危按正義之說非也威王九年烹阿大夫則阿本齊地自後亦不聞有阿地入趙之說張氏所云甚爲無據此文本云有濟西趙之河東危以河誤作阿又涉下句楚之東

國危而誤衍國字遂不可句讀正義又從而誤解之其義愈失矣齊策正作趙之河東危

分同姓以珍玉展親分異姓以遠方職使無忘服孔子世家

按職字下當有貢字職貢者謂遠方之國所應貢之物也脫一貢字便文不成義魯語說苑均作遠方之職貢

楚雖勝秦不敢制趙若楚不勝秦必重趙趙承秦之弊可以得志於天下陳涉世家

按趙乘秦之弊當依漢書作趙乘秦楚之弊蓋謂楚勝秦則秦弊不勝秦則楚弊無論秦弊楚弊趙俱可以得志故云乘秦楚之弊也脫一楚字義便未協

秦以前尚略矣外戚世家

按尚略二字難解疑略字衍文史記多云尚矣本大戴禮尚訓久遠此略字或乃尚字之別義讀者旁記於此而傳寫誤入耳

主見所侍美人上弗說

按侍當作偫偫猶備也晉語韋昭注偫備也言武帝過主家主以前所備儲之良家子女十餘人使之見帝也漢書作偫偫侍同義師古曰儲偫也偫後人不知偫有備具之訓輒以意改作侍不知與上文意不相屬矣

二十年冬坐爲薄太后服私姦削東海郡春戊與吳王合謀反楚元王世家

按二十年當作二十一年年表於是年爲景帝之三年薄太后崩於景帝之二年四月是時漢未行太初曆尚以十月爲歲首故王戊坐服私姦削郡不得在二十年之冬也漢書楚元王傳謂二十年爲薄太后服私姦削東海薛郡者蓋王戊私姦事在二十年而發覺則在二十一年之冬漢書削郡與謀反分年敘述故不云二十一年冬以明薄太后之崩于二十年也史記削郡與謀反并敘於一年故詳記其時以明王戊之反由於削郡而起也王戊以削書到遂應吳王反時在景帝三年正月與年表所記楚王戊二十一年反誅相合漢書亦云二十一年春應吳王反戊自殺

立遂弟辟彊取趙之河間郡爲河間王以爲文王立十三年卒

攷證云按文義當云取趙之河間郡以爲河間王文王立十三年卒按攷證之說非也以爲文王蓋是爲文王之誤此僅一字之譌耳如攷證說將不知文王

爲何國王也。

民道遮行上書言相國賤彊買民田宅數千萬。蕭相國世家

按漢書賤彊買作彊賤買。數千萬作數千人。於義爲長。彊賤買者。謂彊以賤直買民田宅也。數千人。極言遮行上書人之多。故下云民所上書。皆以與相國。史記作賤彊買。文不成義。以數千人作數千萬。爲彊買田宅之數。未免過多。蓋前者爲傳寫之誤倒。後者爲後人所妄改。漢紀亦云民遮道上書數千人言相國彊賤買民田宅。

擇郡國吏木詘於文辭。曹相國世家

按漢書作擇郡國吏長大訥于文辭。於義爲長。長大謂年長之人。史記木字本爲大字。以上脫長字。讀者不知吏大爲何語。故改爲木耳。詘與訥通。

陛下精兵孰與楚。陳丞相世家

按精兵當作兵精。傳寫者誤倒也。兵精孰與楚者。謂兵比楚孰精也。若作精兵。義不協矣。漢書正作陛下兵精孰與楚。

謚爲哀王。子慶爲王。五宗世家

徐廣曰。他本亦作慶字。惟一本作建。不宜與叔父同名。按子慶當作子通平。此作慶。蓋涉上下文諸慶字而誤也。上云長子名賢。少子名慶。則王賢之子。斷無再名慶之理。年表王賢之子。乃通平二字。徐云一本作建。建即通之誤字。又脫一平字耳。漢書亦云通平。

列傳識誤第五

則非能仕之所設也。老莊申韓列傳

按設字無義。可尋韓子作恥。此設字當爲訷字之誤也。訷即恥字。蓋史文字如此。故轉譌爲設也。

夫龍之爲蟲也。可擾狎而騎也。

按可擾二字寫者誤倒。文當云夫龍之爲蟲也擾。句可狎而騎也。擾訓馴。言龍之德馴。故可狎而騎。韓子作夫龍之爲蟲也。柔。柔亦擾也。

秦先人藏器甲二十領。鈇屈盧之矛。步光之劍。仲尼弟子列傳

索隱云。鈇音趹。謂斧也。劉氏云一本無此字。按此當云鈇盧之矛。越絕書作屈盧。鈇屈同聲。史記作鈇。後人旁記屈字以誌異。因之誤入正文耳。劉氏謂無鈇字者。蓋誤去鈇存屈也。

夏殷不易禮而亡。商君列傳

按夏殷本作殷夏傳寫誤倒也商君書更法篇作殷夏之滅也不易禮而亡。范欽本秦四麟本作夏惟元刊本作殷夏商嚴萬里云作殷夏者與史記同據此則舊本無作夏殷者索隱云指殷紂夏桀先釋殷次釋夏可證

作爲築冀闕宮庭於咸陽

董份曰既云作爲又云築何也恐有衍字按此當云作爲咸陽築冀闕宮庭以誤倒咸陽二字於宮庭下後人又於咸陽上加一於字遂致文不成義秦本紀云作爲咸陽築冀闕可以証此處之誤

遠者括蔽洞胷。蘇秦列傳

按括蔽洞胷義不可解蔽洞二義不相連屬云蔽不當復言洞疑史文本作遠者括蔽胸近者鏑弇心胸與洞草書相混而致譌後人以文義不明又加一胸字耳且括蔽胸鏑弇心相對爲文亦不得有洞字致句法參差

秦王知以己之故。

按燕策作秦知王以己之故於義爲長

齊加不信於王而忌燕愈甚。

按加不信當云不加信燕策作齊未加信于王

從鄭至梁二百餘里張儀列傳

按鄭即今鄭縣梁即今祥符縣相去不過百餘里不得云二百餘里戰國策云從鄭至梁不過百里從陳至梁二百餘里陳即今淮陽縣去開封適二百餘里據此則史記從鄭至梁下明脫不過百里從陳至梁八字也

言不足以求正計

按言不足以求正計文義難明燕策云言不足以求正諫不足以決事史文蓋脫誤當依策補正也

夫項橐生七歲爲孔子師樗里子甘茂列傳

按夫項橐本作大項橐索隱本云橐音託尊其道德故曰大今本改正文大爲夫又改索隱尊其道德故曰大二句爲尊其道故曰項橐依義有以作夫爲長小司馬釋大固不免望文生義之病然竟改正文注文以滅古書之跡是亦妄舉也改索隱文爲尊其道故曰項橐文理尤爲不協

楚趙怒於魏之先已也（張儀列傳）

按已字下當依秦策增講字。索隱云。楚趙怒魏之與秦講。皆爭事秦。則正文之本有講字明矣。

拔燕酸棗虛桃入邢。魏之兵雲翔而不敢校。（春申君列傳）

黃堯圃云。桃入乃桃人之誤。邢當作荆。即策文之楚。宋刻本新序。人作仁。人仁同字。知劉向時。史記不作入也。按黃說是也。高誘國策注云。桃人邑名。索隱亦以桃人爲魏邑。（見始皇本紀。）秦取邢在前。拔酸棗等在後。截然兩事。何得連敘。且地已入秦。云入邢者。乃入已國之地也。於理不合。自當依國策正此文。爲拔燕酸棗虛桃人。（句）荆燕之兵。雲翔而不敢校。（史記以此爲黃歇上秦昭王書。審其書辭。實有未合。蓋史公之誤也。）

魏旦莫亡。不能愛許鄢陵。其許魏割以與秦。

按其許魏割以與秦。當云魏割其許以與秦。寫者誤倒也。許魏地。與陳相近。故下云秦兵去陳百六十里。李塵父明經、（諱庭。浙江山陰人。）讀其許絶句。謂上句許鄢陵合言。此單舉許。故更爲句。蓋從爲之辭也。

假使臣得同行于箕子。（范雎蔡澤列傳）

按上云。箕子[illegible]爲膺被髮爲狂。則此亦當云同行于箕子接輿。方與上文相應。蹋係傳寫誤脫。當

大夫則斯時相如方歸。固不得稱大夫也。

房也。

扶孤獨之位。（魯仲連鄒陽列傳）

漢書鄒陽傳位作交。按作交者是也。此作位乃佼字之誤。佼與交同，古多通用。（趙策「夫齊韓事趙宜爲上交」，史記文作佼）佼與位以形近而誤。

易服色法制度（屈原賈生列傳）

按法制度當爲制法度，寫者誤倒也。制，作也。與上句易字下二句定字與字俱有更新之意。若云法制度，則有率由舊章之意，非賈生本旨矣。漢書賈誼傳作易服色制度，恐亦有脱文。

乃悉草具其事儀法，色尚黄，數用五，爲官名，悉更秦之法。

按悉更秦之法，漢書賈誼傳作悉更奏之，於義爲長。更，迭也。更奏，謂將草具之儀法迭次奏進也。（師古訓更爲改，非是）史記誤奏爲秦，故後人又加法字以成義耳。

不以此時蚤自結於諸子中賢孝者，舉立以爲適而子之。（呂不韋列傳）

按不以此時上合當有何字，否則與下文夫在則尊重等語義不相屬矣。

以爲備天地萬物古今之事

按爲字涉上以爲句而誤衍。

然是者徒深知政也（刺客列傳）

按徒字無義可尋，乃涉上下文諸徒字而誤衍。

何太子之遣往而不反者，豎子也。

按之字下有脱文，與遣往句不連屬。文意盖言何太子之見疑也。佚脱無可據補，今并兩句爲一句，文不成義矣。

李斯因以得説説秦王（李斯列傳）

按以得乃得以之倒文，應正。上説字讀論説之説，下説字讀游説之説。

長有天下，終吾年壽，其道可乎

按可當作何。二世志在縱欲，其意已決，與趙高所謀者，非可不可之問，乃如何而可之問。若云其道可乎，非其旨矣。

貧者富之，賤者貴之，盡除去先帝之故臣，更置陛下之所親信者近之，此則陰德歸陛下。

按賤者貴之句下當有遠者近之一句（本紀有此句）今脫遠者二字又錯近之二字於下耳蓋旣云更置所親信自合有親近之義無容更言近之也又此則陰德歸陛下句義亦難曉此字上當有如字歸字衍

里吏嘗有過笞陳餘（陳餘張耳列傳）

按有過當依漢書作以過

陳王相國房君

按相國當作柱國楚官有柱國無相國也陳涉世家云以上蔡人房君蔡賜爲上柱國又云章邯已破伍徐（世家作伍徐依王念孫氏說改）擊陳柱國房君死是其證漢紀亦作柱國房君漢書作相國乃後人據誤本史記改也

而欲附趙難獨立立趙後扶以義可就功

按此文當云而欲附趙難立（句）獨立趙後扶以義可就功難立者即索隱所云難以立功也漢書作難可義同

張耳數使人召前陳餘

按前字於義無取蓋衍文也漢書正作使人召餘

故曰楚兵不足恃也（黥布列傳）

史記識誤卷下　二三

徐廣曰恃一作罷按作罷者是也曰字衍不足罷者謂罷之不難耳此言項羽從齊還軍其師已老奔而得至滎陽成皋漢第堅守不戰則羽進不得攻退不得解故罷之不難也讀者不解不足罷之義改爲不足恃又於故字下加一曰字以爲勸黥布不可恃楚背漢去義遠矣漢書正作罷無曰字

楚數使奇兵渡河擊趙趙王耳韓信往來救趙（淮陰侯列傳）

按文當以趙王耳絕句中間不得重趙字蓋誤衍也是時韓信方有事于齊楚故云往來救趙若張耳則已立爲趙王鎮撫其國不得云往來也

史記識誤卷下　二四

或說龍且曰漢兵遠鬭窮戰其鋒不可當齊楚自居其地戰兵易敗散

按窮字下當依漢書增寇字遠鬭窮寇一句中自相對下兩戰字均以一字爲句

皆虜楚卒漢四年遂皆降平齊

按此數句文不成義乃寫者顛倒錯亂也當依漢書正其句讀云虜廣楚卒皆降漢四年遂平齊

角弟田間前求救趙因留不敢歸（田儋列傳）

按求字衍。是時章邯圍趙。諸侯皆往救。田閒乃齊將。故將兵救趙也。至田榮之逐田假。君相出亡。事出倉卒。當未發時。斷無求救於趙之理。且趙之邯鄲被圍。方急。何暇救人。漢書云。前救趙。因不敢歸。可證史文求字之衍。

項伯常肩蔽之。樊酈滕灌列傳

按肩字。漢書作屏。於義爲長。蓋字形相似而誤也。

諸田宗彊。負海阻河濟。南近楚。酈食其列傳

按海字下。當依漢書增岱字。負海岱。阻河濟。三字爲句。相對爲文也。

此蚩尤之兵也

按漢書漢紀。蚩尤均作黃帝。蚩尤暴亂。鄙生不當以此比漢高。疑史記本作此黃帝伐蚩尤之兵也。漢書仍史記之文。而節去伐蚩尤三字。蓋以既言黃帝。即可知其伐蚩尤耳。今本史記脫去黃帝伐三字。僅云此蚩尤之兵。便義不可通。

凡居此者。欲令周務以德致人。劉敬叔孫通列傳

按漢書無周字。於義爲長。此涉上下文而衍也。蓋言居洛陽者。其意欲令後世以德致人。因洛陽地非險阻。有德則王。無德則亡耳。皆泛論都洛陽之不便。非專指成周言也。

文帝怒下廷尉。廷尉治釋之案。律盜宗廟服御物者爲奏。奏當棄市。張釋之馮唐列傳

凌稚隆曰。一本不重廷尉字。按不重廷尉字者是也。此涉上文今既下廷尉。廷尉天下之平也句而誤衍。又奏字亦不當重。奏當者。謂奏處其罪也。漢書正作爲奏當棄市。

上既聞廉頗李牧爲人。良說而搏髀曰。

集解引如淳曰。良。善也。漢書師古注云。聞頗牧之善。帝意大說。按如顏訓良爲善。以爲人良爲句。非。史文合以爲人句絕。良說更爲一句。良說猶言頗說。謂帝聞馮唐論頗牧之爲人。意頗忻說耳。又而當爲乃字之誤。乃古作迺。以脫去又旁。僅存西字。後人不解其義。故改爲而字也。漢書正作迺字。搏當作拊。漢書作拊。音義均同。

乃出其懷中藥予扁鵲。飲是以上池之水。扁鵲倉公列傳

按飲字上合有曰字寫者脫耳。

乃割皮解肌訣脈結筋搦髓腦揲荒爪幕。

按自割皮以下俱言治病之術以二字爲句共八事。今本腦字上脫一字致不可句讀。又荒空也。揲荒猶今言按穴。小司馬作膏肓解。非是。

要事之三年所。

按要當爲更字之誤也。上云受讀解驗之可一年所。尚未精故此云更事之三年所也。更字與㪅字相近故誤。後復以㪅改從今體作要耳。

陽虛侯相趙章病名臣意衆醫皆以爲寒中。

按寒中當爲寒入中。謂寒氣入心胸也。此與上齊郎中令循病曰衆醫皆以爲蹷入中下齊北宮司空命婦出於病曰衆醫以爲風入中同一句法。

病氣疝客於膀胱。

按此當云疝氣客於膀胱。文衍一病字。又誤倒疝氣二字也。疝氣客于膀胱者。謂疝氣將入膀胱也。下言脈來難者。疝氣之客於膀胱也。即承此句而言。

病方今客腎濡。

按濡字涉上文而衍。病客腎者。謂病將入腎尚未合腎臟時也。故上云不亟治病即濡腎。（濡腎猶言侵腎。）及其未舍五臟急治之。今有濡字於義爲贅。正義訓濡爲溺。非是。

暮要脊痛不得溺。至今不愈。

按至今當爲至旦之誤也。旦字蓋承暮字而言。若云至今不愈。便與下文十八日所而病愈之語相矛盾。

則吳王先起兵膠西正月丙午誅漢吏二千石以下。（吳王濞列傳）

按膠西下有脫文。審文義當以起兵絶句。膠西下係脫應之二字。下文明云吳初起兵廣陵。則不得云起兵膠西。況吳與膠西相距甚遠也。又丙午乃丙寅之誤。下云正月甲子起兵。同月不得有丙午日。蓋吳以甲子日反。三日後乃誅漢吏耳。

今賊臣晁錯擅適過諸侯。

按適即讁字。過乃適字之誤而衍者也。漢書正作擅讁諸侯。可證。

諸侯奉金玉狗馬玩好不可勝數。（魏其武安侯列傳）

按漢書作諸奏珍物狗馬玩好。不可勝數。於義爲長。諸奏者。謂諸所進之物也。史文奏誤奉。而後人又加一侯字耳。此極言田蚡之豪侈。若以爲賂遺。則趙附者正多。豈僅諸侯乎。

願寢兵休士卒養馬。匈奴列傳

按卒字乃後人所加。寢兵。休士。養馬。以二字爲文。下文除前事。復故約。以三字爲文。以安邊民。以應始古。以四字爲文。若有卒字。則句法不齊。且士。即卒也。云休士。其義已足。亦不必再有卒字。漢書正作休士。下文帝遺匈奴書。述此亦有卒字。亦後人所加。

所遺物及言語云云。

按所遺物。當作所以遺物。蓋謂書中言所以遺物之意。及其餘言語也。下文單于報書。所以遺物及言語亦云云。即承此而言。

父子兄弟死。取其妻妻之。

按此當云父兄死。子弟取其妻妻之。上文漢使謂父死。妻其後母。兄弟死。盡取其妻妻之。中行說即承其說辯之。而稍變其詞。若云父子兄弟死。則非漢使所言之意。而義亦不可通矣。

歲入邊殺略人民畜產甚多。雲中遼東最甚。至代郡萬餘人。

按代字。乃後人妄加。至郡萬餘人。云者。言雲中遼東。爲匈奴所殺畧。每郡各萬餘人也。故云最甚。讀者不解文義。以代近匈奴而意加之。謬甚矣。漢書並無代字。

得胡首虜騎萬八千餘級。破得休屠王祭天金人。

按破字衍。金人可云得。不得更言破也。此破字乃上級字之誤重而轉訛者。漢書無破字。

厚葬直數千金。

按葬字當依漢書作幣。於義爲長。匈奴貴人之死。漢但送還其喪耳。葬則匈奴事也。遺以厚幣。欲以解匈奴之怒也。觀上下文意自明。

殺折蘭王。斬盧胡王。衛將軍驃騎列傳

集解引張晏曰。折蘭盧胡。國名也。按漢書盧胡作盧侯。張晏注云。折蘭。盧侯。胡國名也。胡即匈奴。胡國名云者。謂匈奴之國名也。集解引文。寫者脫一侯字。後

人又據已誤之注改正文盧侯為盧胡誤之又誤矣

師大率減什三

索隱云案漢書作減什七按此係小司馬誤也漢書師率減什七乃指元狩二年春出隴西之役而言（漢書在收休屠祭天金人句下史記無此句是否史記有脫簡未能明也）此云減什三者乃指同年夏與合騎侯敖出北地之役而言漢書於是役亦云師大率減什三並無如小司馬所云作什七也又師大率減什三者謂破滅匈奴之師徒大約當其十之三也蓋師徒衆多不能如王王母閼氏王子相國將軍當戶都尉等之可以人計故僅總計其大概耳小司馬不從師古之說以為漢兵亡失之數誤矣

大當戶銅離

銅離集解引徐廣曰一作稠離也索隱云徐注與功臣表同此文云銅漢書云調字又異也按如索隱所云史記正文當作銅雖徐注稠離當作稠雎蓋漢書文作調雖史記所異者即以調字為銅故索隱第云此文云銅漢書云調若本作銅離索隱自當更言離字之異矣又史表漢表新本均作綢雕按師古漢書衞霍傳注表文乃是綢雎雖雎同音古或通寫雕即雎字之誤耳索隱謂徐注與功臣表同故知其當作綢雎也

隆慮離溼疫佗得以益驕（南越尉佗列傳）

按南越尉佗傳贊均以四字為句兩句為韻而隆慮離溼疫佗得以益驕二句有五字者其疫字得字乃後人所加焉（西南夷傳中有離溼語離遇也既言離溼則疫自在其中）又因禍為福句上亦脫一句蓋福與殖須隔句為韻也

誠通蜀身毒國道便近有利無害（西南夷列傳）

按利字後人所加有讀為又言通蜀身毒道既便近且又無害也讀者誤以為有無之有故加一利字耳漢書正作又無害

所以言雖外殊其合德一也（司馬相如列傳）

按外字無義可尋蓋即殊字之誤寫而未削者漢書正無外字

資之五穀種種百工而行（淮南衡山列傳）

按五穀種種百工漢書作五種百工於義為長五種

即五穀之種與百工相對爲文後人以五種義難曉記五穀種三字于旁傳寫誤入正文校書者刪所重五字以穀字絶句種種二字屬下讀斯爲謬矣

夫以吳越之衆

按越字涉上越人而衍此述吳王之反不得幷言越也漢書正無越字

數稱引吳楚反時計畫以約束

按以字衍蓋周邱等所稱引者爲吳楚反時之計畫及約束耳若有以字便文不成義

然至其輔少主守城深堅招之不來麾之不去汲鄭列傳

按守城當依漢書作守成汲黯戇直治尚無爲戒紛更故莊助許其可輔少主守成深堅二字即言其戇直之性以起下文招之不來麾之不去二語若以深堅連守城讀作城守堅固解此乃勇武善戰者之所爲與汲黯不類也

臣常有狗馬病力不能任郡事

按狗馬病三字文不成義漢書作臣常有狗馬之心今病力不能任郡事師古以病力連讀訓力爲甚非文合以心字絶句病字絶句也云狗馬之心者猶言思報稱也蓋汲黯自言非不思圖報稱惟今以病自度力不能任郡事耳是史記顯有脫文也當依漢書補正

其慕長者如恐不見年少官薄

按文有脫字漢書云其慕長者如恐不稱自見年少官薄據此則不字下脫稱自二字耳不稱言不稱長者之意自見猶言自問也

以秦焚其業儒林列傳

按焚當爲禁字之誤也業謂儒業秦焚詩書百家語

偶語詩書棄市以古非今者族即所謂禁也是焚書不過爲禁令中之一事耳且書可焚業固不得而焚也漢書正作禁

太常議與博士弟子崇鄉里之化以廣賢材焉

按廣當依漢書作厲以字形相近而誤也下云崇化厲賢即承此而言

爲人小吏必陵其長吏酷吏列傳

按人字衍爲小吏與下爲人上對言漢書作爲少吏少小古通

所虔者撓法活之所憎者曲法誅滅之
按滅字衍曲法誅之與撓法活之相對爲文此因漢
書作曲法滅之讀者以滅字旁注於此寫者誤入正
文耳
所治即上意所欲罪予監史深禍者
按禍當爲猾字之誤也深猾謂深刻姦猾之吏此謂
上所欲罪之人即予監史之深猾者以文致之若作
禍義不可通漢書作深刻意同
以爲敢摯行

按文當云以敢摯爲行敢摯言果敢猛摯也以治放
尹齊故其行如此今本倒置爲字於敢摯上不可讀
君爲天子決平
按天子當依漢書作天下
更名烏孫馬曰西極（大宛列傳）
按西極下當依漢書增一馬字
戰死不能多
按能當依漢書作甚
既已存亡死生矣（游俠列傳）
按死生當作生死寫者誤倒也生死與存亡相對爲
文謂亡者存之死者生之也若作死生非其義矣
以軀借交報仇藏命作姦剽攻不休及鑄錢掘冢
漢書交作友休字上無不字以剽攻絕句及作乃按
於義當從漢書爲長借交二字于文不詞古友字作
叐形似交而誤此言郭解以軀借友報仇又屢屢藏
命作姦剽攻或偶值休止乃復鑄錢掘冢作種種違
法之事所以極言郭解少時之無賴也故本乃或誤
作及讀者又誤以休字屬上句不得其解故加一不

字以足其義斯爲謬矣索隱於本書與漢書異者多
注云漢書作某今此文獨無可知小司馬所見本尚
不誤也
且無用待我待我去令雒陽豪居其間乃聽之
王若虛曰疑重待我字按王說是也索隱引蘇林曰
且無便用吾言則上句無待我二字明甚此亦唐以
後傳寫之誤也
吏逐之跡至籍少公
按之字淺人妄加逐跡者言蹤跡解之所至思捕治

之也上言解轉太原所過輒告主人家故吏得按解所過次第以究其所至讀者不明逐跡二字之義分作二讀又以吏逐二字不成句讀加一之字謬矣漢書正無之字

力田不如逢年善仕不如遇合（佞幸列傳）

徐廣曰遇一作偶按作偶者是也文當云善仕不如合偶合偶謂與其儕偶相合猶言得一知己也蓋此文上句以田年爲韻下句以仕偶爲韻（古韻仕偶相協例如詩木瓜李玖爲韻魚麗鯉有爲韻小旻止否爲韻信南山理畝爲韻）舊本既誤偶爲遇傳寫者又習聞遇合之語因之誤倒其文而不知失其韻矣

號協聲律

按聲字衍協律者延年官號也中間不得有聲字外戚世家正作號協律可證

號曰齊王太后甍昔者齊王使淳于髡獻鵠于楚（滑稽列傳）

凌稚隆曰此淳于髡事誤入於此按凌說非也昔者以下乃別爲一節寫者誤連上文致文義不屬耳褚先生自序云復作故事滑稽之語六章以附益太史公之三章今攷其文所謂六章者即郭舍人東方朔東郭先生淳于髡王先生西門豹也凌氏不審序文故有此誤說又東郭先生一章文止于號曰齊王太后下誤衍一甍字

富者得勢益彰失埶則客無所之以而不樂夷狄益甚（貨殖列傳）

按文中客字夷狄字均不類疑客爲竆字之誤夷狄爲焦秋二字之誤竆或作窮以字殘破故誤而爲客焦秋即憔愁之段借焦或作臭與夷相似秋亦與狄相似故寫者誤也

無澤生喜喜爲五大夫卒皆葬高門喜生談（太史公自序）

按諸喜字皆當爲僖傳寫之誤也史記一書凡言僖均以釐字代之如魯僖公晉僖侯及曹之僖負羈等均作釐公釐侯釐負羈蓋即避其祖諱也若本作喜字則史公當諱喜而不諱僖今史記如燕世家則云今王喜魏世家則云公孫喜其他以喜字入文者甚多並不諱爲某字據此則史公之祖名僖而不名喜明矣

有度無度.因物與合.

按與合當依漢書作與含.師古曰.興.起也.含.廢也.此作與合.蓋以字形相似而誤.此文上二句以法業爲韻.此二句以度含爲韻.若作與合.便失其韻矣.

接三代統業.

按統當爲絕字之誤也.絕業.謂已絕之業.與上句末流相對爲文.蓋三代之業.已絕于暴秦.漢滅秦.故云接.若作統.失其旨矣.

史記識誤卷下終

史記識誤三卷.吾友周君郇智之所著也.君自幼好史記.憶昔辛丑歲.余從君尊人 仲文師遊.諱德鴻.咸貢生.候選訓導.讀書君家問渠閣.時李君廑父.庭孫.君夢蘭.吉熊.假館樂王廟肄業.距甚近.而李又爲君之中表.以故課餘嘗相過從.君年二十一.最少.好酒.吾 師家教嚴.禁君酒.君時時竊飲.及酣.輒舉史記疑義問難.以爲樂.李孫二君皆績學.隨問隨答.君亦無以難之也.一日. 師他出.李孫二君至.余市魚脯一尾.酒二經.約不與君飲.君旁皇門外.垂涎甚.孫君憐之.呼君曰.郇智.汝欲飲.不得過三爵.如約.納汝.否則終屏門外耳.君不得已.誓聽命.既入.有大椀在座.閒君舉以注酒.李君曰.是烏可.君曰.所約者三爵.不約爵之大小也.李語塞.孫亦無如君何.惟共勸勿過量而已.酒將終.君與李爭一魚尾.各不相讓.孫君曰.吾有一問.請二君答.此魚尾當爲合答者所有.乃言曰.史記中何處寫得有聲有色.李未及答.君曰.從周本紀二句.其色赤.其聲魄云.語畢.攫魚尾以遁.嗚呼.幼年趣事.歷歷在目.曾幾何時.而吾 師歸道山.已十有四年.

孫李二君。亦墓久宿草。人事靡常。君亦有同此隱痛歟。余與君别將十年。今年夏遇於杭州。互道别來事。君出所撰史記識誤稿相示。且囑余一言。自慚學殖久荒。未能道君之所學。雜寫所憶。聊以誌吾二人相遇之緣而已。戊辰六月十五日。沈祖德子寅誌于杭州客次。

太史公書知意

劉咸炘

成都尚友書塾一九三一年刻本

凡六卷

太史公書知意

四史知意之一

辛未八月刊成

太史公書知意一　　雙流劉咸炘

序論

史之質有三其事其文其義而後之治史者止為校注論其事論其文者為評論攷其事攷其文者為校注論其事論其文者為評論攷其事攷其文者為

評論攷其事攷其文者為校注論其事論其文者為評

其義者闕焉蓋史法之不明久矣太史公書人所共讀而前人用功最深者莫如方苞梁玉繩方則藉以明其所謂古文義法梁則借以攷秦漢前事迹二人之說義例較多於他人然梁氏止知整齊方則每失鑿幻蓋攷據家本不明史體而古文家又多求之過深二人之外皆視此矣吾既撰漢書知意復究太史公書亦作知意六卷體與漢書知意同偶涉攷證論事論文必與義例有關是書前人議論甚多故辨駁加詳非不知忞為擊難坐長煩無欲明本義不得不然耳至於攷證家所舉字句之訛誤古文家所標章段之神奇亦不錄也己未年閏七月初稿己巳年十二月重修二十三日畢

治史公書須明四義先總舉之

一辨眞僞

是書本有缺亡又經續補缺亡究為何篇當審張晏以降之說續補斷自何處當辨史公作書之年以是紛糾論者歧異梁玉繩攷之最詳近人崔適復創異說今具錄之如下

梁氏史記志疑曰案史公作史終於太初而成於天漢其歿在征和間一部史記惟自序傳後定其曰至太初而訖者史作始於太初元年即以太初終也曰論次其文七年遭禍者明未遭

祕以前已爲史記至是乃成也若所稱麟止者取春秋絕筆獲麟之意也武帝因獲白麟改號元狩下及太初四年凡廿二歲再及太始二年凡廿八歲後三歲而爲征和之元太始二年更黃金爲麟趾褭蹏蓋追紀前瑞焉而史公借以終其史假設之辭耳又曰七年者太初元至天漢三年也觀報任安書史公征和中尚存其史成於天漢而曾以太初爲限漢書遷傳贊謂史訖天漢張守節正義序吳仁傑刊誤補遺從之殊失攷史公高祖功臣表序云至太初此傳云漢興至太初百年又云至太初而訖他若荀紀後書班彪傳及史通六家篇古今正史篇皆云訖太初即漢書敘傳亦云太初以後闕而不錄則遷傳贊辭明屬妄談蓋誤以李陵之降爲斷復見諸處後人附加之語遂認史不終太初矣炘按梁說詳矣遷傳贊當謂成之年耳不然孟堅何健忘如是

崔適史記探源曰太史公自序曰卒述陶唐以來至於麟止集解張晏曰武帝獲麟遷以爲述事之端上包黃帝下至獲麟猶春秋止於獲麟也然則孝武本紀當止於元狩元年冬十月獲麟猶春秋止於哀十四年春獲麟也是時尚以十月爲歲首元狩之冬猶春秋之春也年表世家列傳稱是乃篇末更載太史公曰余述歷黃帝以來至太初而訖卻踰麟止年限二十二建元以來侯者年表末褚先生曰太史公記事盡於孝武之末又踰太初年限十四集解索隱正義皆謂終於天漢猶介乎其間術更較全書酷吏傳載杜周捕治桑弘羊昆弟子且及昭帝元鳳閒事矣楚元王世家王純自殺且載宣帝地節年號矣齊悼惠王世家城陽王嘉菑川王橫卒將相名臣表衍宣爲丞相且載成帝建始鴻嘉年號矣此史通所譏衞衡史岑等相次撰續者邪亦後人據漢書竄入耶太史公所作自當踐其至於麟止之言今可證成其說者八焉自序引其父談及壺遂之言比之於春秋漢時亦有獲麟之事此千載難逢之機會必不宜舍而喻之一也漢書公孫弘與卜式兒寬同傳主父偃與嚴助朱買臣吾邱壽王終軍同傳史記止爲弘偃作傳以弘相偃誅在麟止前故也後此不爲之傳他人姑弗論若終軍者非自序所謂忠臣死義之士其所欲傳者邪軍之對策以獲麟死節在太初如史記訖於太初何不爲軍作傳而不爲之傳非以至於麟止故邪二也外戚世家竇姬長男爲太子王夫人生男爲太子衞子夫生男名據是則景帝武帝爲太子皆不名獨於衞太子名何邪未立爲太子故也立據爲太子在元狩元年四月在獲麟後前此猶是皇子故名若訖於太初安知太子之終廢而名之邪三也別傳終於淮南衡山王以其獄在麟止前一月也四也自序大序之末既曰卒述陶唐以來至於麟止小序之末又自爲一節曰余述歷黃帝以來至太初而訖與上文年限起訖皆異其爲續竄甚明五也漢書司馬遷傳有至於麟止之言無太初而訖之語六也揚雄傳曰太史公記六國歷楚漢訖麟止注原曰惟遷傳贊云述楚漢春秋接其後事訖於天漢敘傳云太初以後闕而不錄與此二傳意分爲三豈側一人之言更以彪語證之可見天漢太初二說皆非固語亦後人竄入也七也後漢書班彪傳曰太史令司馬

遷上自黃帝下訖獲麟作本紀世家列傳書表凡百三十篇原注曰上文亦有太初以後不錄之言與此乖異乃范氏信爲班固語不如彪言爲得實也八也凡此皆可爲至於麟止之徵踰此者據漢書竄入也又曰自序言五年而當太初元年於是論次其文七年而遭李陵之禍於是卒述陶唐以來至於麟止絫此則其稿創始於太初元年告成於天漢三年而其述事實止於元狩元年冬十月廿三者序次極爲分明後人誤以其起草之年爲述事之年遂造太初而訖之說以張續貂之本此節集解引張晏索隱引服虔亦謂止於武帝獲麟集解序引漢書司馬遷傳贊訖於天漢之言不思遷傳亦云至於麟止班氏敘傳又有太初以後訖而不錄之語文皆出自漢書說成三隅今以後漢書班彪傳史記後傳略論太史令司馬

遷上自黃帝下訖獲麟之言證之則天漢太初二說決非班固之語裴駰序信遷傳贊以自背其集解何如據遷傳以自申之也咸炘按崔氏執定麟止之語以非太初之說似甚強固而實不安何也一則未殺證據太多一則刪削本書太甚訖太初之證梁氏舉之甚詳序末總計之言崔氏以爲後加序中漢興至太初百年句崔氏以爲言作書之始非事之限斷皆姑置勿論諸表之序向無疑者而崔氏皆以爲褚補已不安矣班彪略論漢書敘傳固皆兼言訖獲麟與太初後不錄崔氏則以獲麟之言爲眞而以太初後不錄之言爲後人竄入凡攷古書合己說則以爲眞不合己說則以爲竄乃攷據家之通病假令刪有一人焉謂麟止之語乃後人妄以史公附會孔子麟止無可取義

經生家說本迂史公不當如此拘繫效顰去此一語則一切皆合於是以凡言太初者爲眞而以訖麟止之言爲竄崔氏又何以駁之耶崔氏固持劉歆改竄經史之說者夫西漢時書尚罕傳本而劉歆又總校秘書謂其託於秘藏善本之獨見以行其改竄猶可言也若東漢魏晉縑帛已盛書漸易得而漢書又非孤僻之物欲以一人之力掩衆人之耳目勢有難能梁之漢書眞本人已不信而謂人竄太史書因竄漢書以自證其可信乎因謂此書爲竄而遂謂他書爲竄以至於無所不竄乃今文家消滅敵人證據之法然豈足爲信乎謂劉歆幾於無所不竄已是不近情理況東漢以後乎崔氏既執定麟止於吳王濞以上諸傳末語及元狩後事者猶止以爲增竄南越以下諸傳元狩事

居大半遂不得不直以爲本無此目而中閒李廣衞青公孫弘三傳元狩前後事各半者則強將後半截去此三人遂如生而立傳始末不全其爲割裂亦太甚矣故曰崔說雖似強而實不可從也然則麟止之語將何說耶曰此非難解且先徵舊說也漢書遷傳服虔注曰武帝得白麟而鑄金作麟足形作史記止於此也此與張晏說異師古曰遷敘事盡太初張說是也吳仁傑兩漢刊誤補遺則曰自太初改元至太始改元之明年適盈十歲是歲更黃金爲麟趾趾與止通遷所謂至於麟止者此也張謂遷以獲麟爲述事之端乎長於獲麟之歲未爲史官也王先謙補注曰史記成於天漢要以太初爲限武帝獲麟改號元狩至太始之年更黃金爲麟趾追紀前瑞時雖遼隔事本一端

遷借以終其史特假託是事取象春秋猶曰終於獲麟之代云爾班彪謂史記下訖獲麟則彪已解此爲獲麟矣史記之作不爲感麟遽仰希聖經取義絕筆文人恢奇難可拘閡讀止爲趾意切事理實傷文詞案以上諸說意各不同張晏述事之端謂作書始於獲麟時宜遭吳氏之駁而古從張不思獲麟之非太初服氏吳氏以爲訖於更名黃金又不思與班彪所謂訖獲麟及太初而訖之說不合王氏申梁氏說而合太始名金與元狩獲獸爲一調和含糊乃歸於文人恢奇更不饜理諸說誠不足以敵崔氏然吳王二說有可采者則趾與止通及終於獲麟之代二語是也蓋麟止者固非謂獲麟而止獲麟而止乃言麟止則不成詞縱云恢奇豈宜如是此所謂麟止本與武帝名金之意

同詩有麟趾故漢人相沿以此二字連爲一名見於詞賦者不少麟止即麟耳蓋元狩獲麟乃武帝平生得意之事當時以爲大瑞足以表一時之盛史公蓋以是爲當時一時之嘉號其言至於麟止猶言至於今上時耳班氏言獲麟亦然其於春秋不過偶合春秋編年故可至一條而止紀傳述事須備始末豈能斷於一年一月間左氏作傳已有後經終事及續傳麟後之文況紀傳書乎史公縱欲摹擬孔子亦何至舍實事就虛名而強爲斷割如是邪序言陶唐以來以示折衷何書與麟止皆是取義而非以爲斷限故序末又自著其斷限曰黃帝以來太初而訖若麟止必是止於元狩元年十月則陶唐必當始自帝堯元載乎崔氏竟謂五帝本紀當作陶唐本紀然於黃帝頊嚳又不

敢以爲僞而刪之則妄引周之后稷武王以比黃帝虞舜尤謬不通亦徒勞耳且其所舉八證亦不足爲證第一第五第七第八上文已足破之公孫王父合傳自有深意餘人則非其倫云某某賢當作傳者乃後世不明史法者之陋見史本不以立傳不立傳爲褒貶終軍死節自在南越傳中豈在南越傳即未足以傳之邪二不足證也或書太子或書名史於此等小例本不齊一不可勝舉昔人泥視皆非三不足證也別傳終淮南衡山本是崔氏妄說史無別傳總傳之分更無別傳居前總傳居末之例崔氏固執麟止乃以汲鄭爲僞而有此說今反以此爲證是不食致瘠而反以瘠爲當不食之證也四不足證也漢書之不錄序末總計之詞猶之不錄序目全文耳此撮要省略之常

亦不足證也覼縷言之亦以示強古人就己說之未易安立耳漢書藝文志司馬遷傳及後漢書班彪傳並言缺十篇有錄無書張晏謂遷歿之後亡景紀武紀將相表禮書樂書兵書三王世家傅靳等傳日者傳龜策傳元成之間褚先生補缺作武紀三王世家龜策日者傳非遷本意也顏師古曰序目無兵書張晏言亡失者非也史通正史篇與張晏說同但止云十篇未成有錄而以張晏云遷歿後亡失爲非索隱謂景紀褚先生取班書補之武紀取封禪書禮取荀卿禮論樂取樂記兵書亡不補畧述律而言兵遂分曆述以次之三王世家空取其策文日者不能記諸國之異同而論司馬季主龜策直錄太卜占兆雜說正義謂褚少孫補景武紀將相表禮書律書三王世家傅靳日者

龜策傳集解引衛宏漢舊儀注謂太史公作景紀極言其短及武帝過武帝怒而削之後坐李陵下蠶室有怨言下獄死西京雜記謂武帝怒削景紀及已紀後遷以怨望下獄死魏志王肅傳謂武帝聞遷作史記取景紀及已紀覽之大怒削而投之今兩紀有錄無書呂祖謙大事記曰以張晏所列亡篇之目校之或其篇具在或草具而未成非皆無書也其一曰景紀篇具在者也所載間有班書所無者二曰武紀唯此篇亡衛宏時兩紀俱亡今景紀所以復出者武帝特能毀其副在京師者耳藏之名山固自有他本也武紀終不見者豈非指切尤甚雖民間亦畏禍而不敢藏乎其三曰將相年表書具在但前缺序其四曰禮書其序具在自禮由人起以下則草具而未成者也其五曰樂書其敘具在自凡音之起以下則草具而未成者也其六曰律書其敘具在自書曰七正以下則草具而未成者也其七曰三王世家其書雖亡然觀敘傳則所載不過奏請及策書或如五宗世家首畧敘其所自出贊乃眞太史公語也其八曰傅靳蒯成列傳此其篇具在其九曰日者列傳自余志而著之以上皆太史公本書其十曰龜策列傳其序具在自褚先生曰以下乃其所補耳方班固時東觀蘭台所藏十篇雖有錄無書正如古文尚書兩漢諸儒皆未嘗見固不可以其晚出遂疑以爲僞也殿本攷證張照曰晏所稱褚先生補者一紀一世家二傳而餘六篇并未著爲誰氏所補又六篇中兵書本無則止九篇與班固十篇缺者又不符合然則其五篇之果缺否亦難信也今擇其

如孝武紀等之灼然無疑者則低一格刻以別之餘并存疑子曰吾猶及史之闕文也古人疑以傳疑其爲功後世豈淺耶顧班固作史時十篇雖亡而或後人得之若河內女子之類亦屬事之所有或今之所缺轉不至十篇之多惜載籍闕如不可得而考也武紀全錄封禪書蓋雖褚先生亦不至是愚陋謬妄張晏定爲褚先生補亦臆說也至遷傳又云遷死後其書稍出宣帝時遷外孫楊惲祖述其書遂宣布焉乃魏書王肅傳謂武帝聞其述史記取景帝及已本紀削而投之後坐舉李陵降匈奴下蠶室有怨言下獄死誠齊東之語矣又遷腐後爲中書令尊寵用事故人任安書責其不能薦天下豪傑遷之報書具載本傳書云僕誠已著此書藏之名山傳之其人通邑大都則償僕前辱之失雖萬被戮豈有悔哉是遷被刑久而書尚未成也衛宏舊漢儀注云云與王肅傳同以是書成於救李陵前何其謬哉梁氏曰衛宏等言史公之死竟似北魏崔浩然漢書遷傳但云遷死未聞有下獄之事况被刑後爲中書令尊寵任職故其報任安書稱著史未就會遭陵禍甘隱忍成一家言以償前辱不復推賢進士則死獄之說固虛而以爲成於救李陵之前亦謬且史遷書死後稍出至宣帝時始宣布明載本傳武帝安得見之且史公自序曰天下翕然大安殷富作孝景本紀漢與五世隆在建元作今上本紀可知紀中必不作毀謗語祗殘缺失傳耳豈削之哉且封禪平準諸篇頗有譏切又何以不削而其八篇不盡是譏切非關怒削又何以俱亡若謂史公未成則自

序中篇目完全并字數亦明白記載何云未成至班固生於東漢其書成於章帝建初中乃司馬貞有補生以元成閒人而取用之有是理乎更可笑者張晏諸人動言褚生補史今即其所數十篇明言褚補之者惟三王世家日者龜策兩傳其餘七篇安得概指爲褚作耶如補史止屬少孫一人則始皇紀本附秦記及班固語高祖惠景侯表增入征和後元封禪書增天漢後事楚元王世家增地節時事齊悼惠世家增至建始曹相國世家增曹宗征和時坐法賈誼傳書賈嘉至昭帝時列爲九卿韓信傳書韓增續侯酈商傳書侯宗根坐法免張丞相傳續車丞相下七人李將軍續李陵事匈奴傳載天漢已後李廣利降匈奴衛將軍驃騎傳載諸將公孫賀坐巫蠱滅族平津主父傳載

元王后詔及班固所稱司馬相如傳改易賦詞及剿入班固引揚雄語酷吏傳添入漢書減宣傳及杜周爲執金吾後事凡此衆端詎皆少孫爲之歟又如晏等所數十篇則三代世表建元侯表外戚世家梁孝王世家田叔傳滑稽傳少孫俱有附益何以不在十篇之數歟而十篇之中兵書旣序目所無則止九篇與前後書言十篇不合若云律曆本一而分次之則史公序目原分爲二書也據藝文志馮商續太史公七篇注韋昭曰馮商受詔續太史公十餘篇在班彪別錄商字子高師古曰七略云商陽陵人事劉向與孟柳俱待詔頗序列傳未卒病死張湯傳注亦云班彪傳史記自太初以後闕而不錄好事者或綴集時事然多鄙俗不足踵繼其書李賢注好事者謂揚雄劉歆陽城衡褚少孫史孝山之徒又史通古今正史篇續史記諸儒有劉向歆馮商衛衡揚雄史岑梁審肆仁晉馮段肅金丹馮衍韋融蕭奮劉恂等迄於哀平猶名史記則補史非少孫一人明矣今讀孝景紀所書惟大事另一體格後世史家作帝紀多祖此例且有漢書所無者宋眞德秀錄景紀論於文章正宗亦以爲史公之筆夫豈他人所能僞哉將相名臣表惟缺前序自高祖元年至太初四年完然具存天漢以下後人所續亦如建元侯表之類非本表有未全也律書即是兵書易稱師出以律而古者吹律以聽軍聲所以名律爲兵索隱已嘗論之觀本書及自序可見烏得以爲闕乎傅靳傳非史公不作其敍事而有法與曹相國世家樊酈滕灌傳同一體例孟堅仍其文少所删潤其闕安在蓋

史記凡闕七篇十篇乃七篇之譌故兩漢書謂十篇無書者固非而謂九篇俱存者尤非也七篇者今上本紀一禮書二樂書三曆書四三王世家五日者傳六龜策傳七或問以十篇爲七篇之譌何據曰史漢中七十兩字互舛甚多王掞史記評曰臣照所論詳矣所據報任安書尤爲確據史公所自言也史本子長未定之稿補者非褚少孫一人缺止篇目亦不一說竊謂如孝武紀三王世家理宜從缺三王世家當是褚少孫武紀乃并非褚先生筆禮樂二書原本未缺所補似亦未必褚手兵書則張晏以律書而誤亦並未缺傅靳列傳儼然完書日者龜策列傳與禮樂書略同景紀後人所補方氏說亦云然其果少孫所補與否猶未可知而少孫所補又有在此十篇外者如外戚世

家楚元王世家齊悼惠王世家曹相國世家梁孝王世家賈誼傳田叔傳滑稽傳匈奴傳衛將軍傳不一而足至太史公自序後簡則又鄙愚所有疑也咸炘案衛宏武帝削投之説張晏十篇之目張晏司馬貞歸獄褚生之説張梁二氏辨之明矣缺亡之究爲何篇則尚有未可定也呂氏九篇具存之説固非律書雖未可直斷爲補然已甚可疑三王世家日者龜策二列傳前半固非褚補然三王世家日者列傳褚生皆明言求之不得而補之贊世家未論亦出後人影撰龜策傳褚雖未言求之不得而其前半與日者傳前半正同皆與自序不合顯非史公文也梁氏七篇之説亦未遂可信禮書樂書二篇前半皆不惟不似日者龜策傳之疏謬且有義旨可言無由斷爲僞託與景紀傅靳

太史公書知意一　序論　十二　推十書

傳正同也且禮書歷書梁氏皆以爲存序論史公書本無所謂序即正文耳既有文安得爲無書王氏之説尤疏謂禮樂書爲不缺勝於梁氏而信日者龜策爲眞則誤同於呂氏以景紀爲補更誤同於張晏而疑自序後簡又其自創之謬説至所舉十篇外褚補者又誤以續爲補矣夫補與續大不相同補者篇簡俄空而補其亡也續者原文具在而附記於後也褚生所加實兼二者自張晏以降言褚先生補者皆含糊不明凡褚生所補所續皆明標褚先生曰未嘗混無識別張晏以降言褚補者乃於其所認爲非原文者悉歸之褚此無稽之武斷雖梁氏亦不免者也今別擇含糊之説定據明驗而總計之褚生之時已亡而褚據自序傳補之者凡二篇曰三王世家日者列傳而今本

前半則又不出褚生不知何人補者凡二篇曰今上本紀以其全録封禪書也曰龜策列傳以其與自序不合也張晏所舉褚補恰此四篇而今不悉以爲褚補者無驗也全書之亡僅此耳雖然如是則不特與十篇有録無書之説顯不合卽七篇亦不合矣十篇有録無書之説非出張晏也乃漢藝文志注之言也漢藝文志自班所增數書外皆本七略其注乃劉向歆別録之文也非如呂氏之言班氏時始無其書也若曰班彪本止言缺不言亡當如呂説草具未完則雖未完而篇具存安得云有録無書耶將謂十篇之十乃四字之訛耶則四之訛爲十不若七之近也將從梁氏之説耶則禮樂曆書正與景紀將相表傅靳傳等何以定此是補而彼非補耶無已則惟有二途一則全從張

太史公書知意一　序論　十三　推十書

晏之説而修正之晏晉人去古未遠今書雖似史公作實則續者所補續者中固有能手但非褚耳二則從呂氏張照亡篇復出之説而修正之復出者止六篇餘四則竟亡耳然此二説亦皆有難難卽在傅靳傳此傳據功狀敍之與曹參樊酈諸篇同不但非僞亦非續書者所能補若是復出則是班氏父子所不見何漢書用其文耶推勘至此吾不得不曰十篇無書今無以質言惟不信其明非原本而且信其似原本者而已

崔適史記探源所指亡篇續書較前人尤多適本治春秋今文家説謂劉歆竄改經史又固執迄於麟止之語謂史不當書元狩以後事於是凡史之言春秋古文終始五德諸非今文説及記元狩以後事者悉指爲僞或則文中竄入或則全篇皆僞其

說甚悍然細審之亦不安今錄而駁之崔氏曰今之篇目篇文不但非太史公之舊亦非班固張晏時之舊今十篇皆補無一缺者轉視班張時爲備矣其可信邪正足爲殘缺益多之反比例也武紀等篇亦非褚先生補八書皆贋鼎惟景紀傳靳列傳轉不似缺今姑舍是證其爲通篇皆僞者二十有九文紀武紀年表第五至第十八書三王世家張蒼南越東越朝鮮西南夷循吏汲鄭酷吏大宛佞幸日者龜策等十二列傳是也惟年表第五至第九當是褚先生補餘皆非才妄續又曰凡史漢文同有漢錄史者有竄漢入史者漢錄史者姑弗論竄漢入史者如平準書者斷頭刖足之食貨志也五宗世家廣川惠王章者截胸斧腰之景十三王傳也十二諸侯年表序論者剜腹納肝之

七畧也太史公稱揚雄語者改頭換面之班贊也前一類全錄漢書後三類史漢雜糅全錄漢書者補缺也史漢雜糅者續竄也麟止後語亦是也又曰太初而訖者褚先生補託之太史公者也盡於孝武者後人所續託之褚先生者也孝昭後事無所用其託矣又於漢興以來諸侯年表曰此篇以下褚先生補而託之太史公者也猶非褚先生而託之於褚先生也知是褚先生補者其人能補史記必與太史公文相似不在揚平通下又於建元以來侯者年表下曰末云後進好事儒者褚先生曰太史公記事盡於孝武之事曾謂褚先生並太初而訖之言而食之乎此詭託褚先生之僻咸炘案崔說之不可通觀吾上文所辨已可以知之矣崔氏既謂今本非班張之舊殘缺益多然則

張氏所謂缺者今當仍闕何景紀傳靳傳又獨存邪景紀傳靳傳之不似補書雖崔氏亦不能強說爲僞此二書既爲張指之僞而今證爲眞則今本之非班張之舊十篇皆全乃亦可爲殘缺益少之證矣以舊亡今在爲他篇亦亡之反比例不知是何論理卽此十篇誠僞亦不足爲他篇有僞之證而況乎十篇中又有兩篇非僞乎十篇無書之說之難於攷定卽在此二篇崔氏言此二篇轉不似缺何故轉不似缺耶乃遂曰姑舍是固未嘗深思而含糊以了之耳崔氏必曰十篇無書今不能質定今僞者乃二十九則十篇在其中矣然班氏父子所見猶僅缺十篇而今本則又張晏徐廣以來之舊本自東漢和帝時至西晉未久也何頓亡十九篇而後皆補完邪如崔氏說文紀律書

至平準書張蒼傳南越至佞幸傳十七篇皆錄漢書是補者在班氏後其去晉未久也何魏晉間人皆未嘗言之邪尤有謬者崔氏於三王世家及南越至佞幸九篇不止謂亡而直謂其目亦非史記所有然則是據班書補史記者之所造也何班書遷傳乃列其目邪崔氏必以爲漢書亦後人竄則又無書不竄之遁辭矣且進而觀其二十九篇之僞證則又大都文致成辭證非其證已各辨於當篇其所恃者不過非今文家說與事適獲麟二端天官張蒼傳封禪書皆以中有非今文說爲證諸表則以事適獲麟爲證夫如崔氏之所舉百三十篇中有非今文家說及元狩後事者多矣何他篇則止以爲增竄而此諸篇則全以爲僞邪麟止之說已辨於上今文家劉歆竄書之說亦本不

足信今文家之言劉歆竄書既多且巧殆過上智之才而竟不能并改他篇掩其矛盾又似下愚之質吾已有專論言之矣而崔氏之定僞又以與史公他篇矛盾爲據此其說何以取信崔氏於天官書則以其言分野與今文家說不合封禪書則以言五色帝矛盾且直謂天文志郊祀志皆本劉歆夫以己所非之說謂爲古人必無已非通論况班書錄劉歆書者止三統歷七畧皆明著之崔氏并其不著者悉以爲劉歆豈攷信之道乎將相年表歷書南越傳皆以有訛字爲證歷書以與五帝本紀矛盾爲證文紀以書法不畫一爲證不悟訛脫自屬傳寫不可以責作者班彪已言史公書刋落不盡多不齊一觀梁氏志疑所糾矛盾不一處甚多豈皆僞耶至於河渠書則全無可證而直

以八書皆膚槪之此豈攷證之法乎至所謂取漢書者又皆證非其證無以斷爲其是史襲漢非漢襲史也文紀汲鄭傳不以爲漢移史而以爲史移漢平準書不以爲倒而必以爲僞酷吏傳則漢書離析史記文脈甚明無以自圓則更以爲漢書遺竄今史記反是未竄之漢書其曲如此既固執麟止之說於南越以下四篇及汲鄭傳悉斷爲僞而於李廣衞青公孫宏傳則又不敢直以爲僞而删去元狩以後事削足斧屨乃更甚於平準書且即使崔氏所指果僞而必以爲錄自漢書則亦難立以諸表歸褚先生尤謬蓋續史公書者自馮商以降甚多皆班氏所承襲盡以歸班已屬武斷且如劉向歆楊雄史岑馮衍諸人皆能文者安見皆不如褚生又何以知褚生之文獨似太史公耶

補續前人之書自是常事非同作僞欺人褚生補史固自明著之何必其文能似乃可補乎崔氏於明著褚生諸篇三代世表梁孝王世家滑稽列傳則以爲是褚三王世家日者龜策列傳則以爲非褚而於不著何人者則反以爲褚補不知究何所據褚生既嘗自著其名何又忽不自著其名而假名太史公後人既欲妄託史記何不直假名太史公而乃假名褚生崔氏謂盡於孝武故託褚生然三王日者龜策三篇所書固不在太初以後何又託名褚生耶凡此皆其任意爲說而自不相顧者也

二明體例

既别出僞本然後可讀凡讀書必先明其體例而讀史尤必先明史法史法不明雖工攷證善鑒賞論必不當前世學者眼光

囿於後史整齊之法於此祖書反不明瞭至會稽章實齋氏乃始發明尚書春秋馬班相承之迹吾引申其說詳論諸體爲史體論一篇矣兹撮章君論史公之語於此文史通義内篇書教下曰尚書一變而爲左氏之春秋尚書無成法左氏有定例以經緯也左氏一變而爲史遷之紀傳左氏依年月而遷書分類例以搜逸也遷書一變而爲班氏之斷代遷書通變化而班氏守繩墨以示包括也就形貌而言遷書遠異左氏而班史近同遷書蓋左氏體直自爲編年之祖而馬班曲備皆爲紀傳之祖也推精微而言則遷書之去左氏也近而班史之去遷書也遠蓋遷體圓用神多得尚書之遺班氏體方用智多得官禮之意也又曰遷書紀表書傳本左氏而畧示區分不甚拘拘於題目

也伯夷列傳乃七十篇之序例非專爲伯夷傳也屈賈列傳所以託絳灌之讒其敘屈之文非爲屈氏表忠乃弔賈之賦也倉公錄其醫案貨殖兼書物產龜策但言卜筮亦有因事命篇之意初不沾沾爲一人具始末也張耳陳餘因此可以見彼耳孟子荀卿總括遊士著書耳名姓標題往往不拘義例僅取名篇譬如關雎鹿鳴所指乃在嘉賓淑女而或且議其位置不倫（如孟子與三鄒子）或又摘其重複失檢（如子貢已在弟子傳又見於貨殖）不知古人著書之旨而轉以後世拘守之成法反譬古人之變通亦知遷書體圓用神猶有尚書之遺者乎和州志列傳總論曰六藝爲經則論語禮記之文謂之傳自在氏春秋依經起義兼史爲裁而司馬遷七十列傳畧參其例圖以十二本紀竊比春秋者矣夫其人

別爲篇類從相次按諸左氏稍覺方嚴而刪識心裁畧規諸子揆其命名之初諸傳之依春秋不過如諸記之依經禮因名定體非有深文卽楚之屈原將漢之賈誼合傳談天鄒衍綴大儒孟荀之篇因人徵類品藻無方咏歎激昂抑亦呂氏六論之遺也（呂氏十二紀似本紀所宗八覽似八書所宗六論似列傳所宗）又和州志藝文書序例謂太史書與七畧同道亦一大義也其畧曰史家所謂部次條例之法備於班固而實仿於司馬遷司馬遷未著成法班固承劉歆之學而未精則言著錄之精微亦在乎熟究劉氏之業而已矣究劉氏之業將由班固之書人知之究劉氏之業當參以司馬遷之法人不知也夫司馬遷所謂序次六家條辨學術同異推究利病本其家學尚已紀首推本尚書（五帝本紀贊）表首本推春秋（三代世表序）傳首推本詩書所闕至於虞夏之文（伯夷列傳）皆著錄淵源所自啟也其於六藝而後周秦諸子若孟荀三鄒老莊申韓管晏屈原虞卿呂不韋諸傳論次著述約其歸趣詳略其辭頡頏其品抑揚咏歎義不拘墟在人卽爲列傳在書卽爲敘錄古人命意標篇俗學何可繩尺限也劉氏之業其部次之法本乎官禮至若敘錄之文則於太史列傳微得其裁蓋條別源流治百家之紛紛欲通之於大道此本旨也又邵晉涵四庫提要稿論是書語亦與章君言相發邵章本同道也官本提要刪去今幷錄之如下邵氏曰遷自言繼春秋而論次其文後之學者疑辨相屬以今攷之其敘事多本左氏春秋所謂古文也秦漢以來故事次第增序焉其義則取諸公羊春秋辨文家質家之同異

論定人物多寓文與而實不與之意皆公羊氏之法也遷嘗問春秋於董仲舒仲舒故善公羊之學者遷能伸明其義例雖未必盡得聖經之傳要可見漢人經學各有師承矣其文章體例則參諸呂氏春秋而稍爲通變呂氏春秋爲十二紀八覽六論此書爲十二本紀十表八書三十世家七十列傳篇帙之離合先後不必盡同要其立綱分目節次相成首尾通貫指歸則一而已世嘗議史遷義法背經訓而稱其文章爲創立獨製豈得爲通論哉咸炘案章君說遷史承尚書左氏乃言其體邵氏說本春秋則言其意然文質之辨特止一端意師春秋不過大意不必舉以實之也至師承呂氏春秋則章君之旨本謂大體蓋諸子書多引古事而連類之惟呂氏爲然而遷之撰傳亦連類

其事有諸子遺意故謂其相承耳其以紀書傳分配紀覽論亦大概言之實則八與十二之數不過偶同呂之紀與覽論亦不似紀書傳相爲經緯之嚴整邵氏不必盡同之言較章君爲允安穩矣

又隋書魏澹傳載澹所作魏書例曰壺遂發問馬遷答之義已盡矣後之述者仍未領悟董仲舒司馬遷之意本云尚書者隆平之典春秋者撥亂之法治定則直敘欽明世亂則辭兼顯晦聖德仍不能盡余所謂述故事而君比之春秋謬哉然則紀傳之體出自尚書不學春秋明矣而范曄云春秋文既總略所以爲短紀傳事義周悉此焉爲優此言豈直非聖人之無法又失爲遷之意旨魏收云魯史既修達者貽則子長自拘紀傳不存

師表蓋泉源所由地非企及雖復遜辭畏聖亦未思紀傳所由來按澹此論失之混淆按自序傳初言紹明世繼春秋壺遂問春秋何由作乃引董生之言以答之凡數百言皆明春秋之重壺遂又問孔子時上無明君下不得任用故作春秋今子遇明天子守職欲以何明乃又答以伏羲作易書載堯舜詩歌湯武推三代之德褒周室非獨刺譏而已也漢興以來深流罔極余掌其官廢明聖盛德不載滅功臣世家賢大夫之業不述罪莫大焉余所謂述故事非所謂作也前一答直言承春秋後一答則謂春秋不專刺譏而以易書爲證皆未言承尚書蓋以當時經生皆重春秋之刺譏褒貶今自言承春秋恐人以爲多刺譏故復遜其辭以避謗文意甚明若以爲實言則是書乃黃帝以來之通史豈專爲載漢之盛德與世臣賢士之業乎澹不識微言遂爲所惑亦闇矣且此答問之詞皆論其意非論其體即使義果仿尚書亦與體之承春秋無關紀傳之體本春秋之經傳固甚明白何可誣也蔚宗之言乃較編年紀傳二體之優劣本是論體而非論意伯起以不仿春秋爲避聖則未明承變之故與澹同失也

史之一篇首尾渾成與子之一篇無異非如後史之排履歷塡格式也後世不知圓神之意刊本妄爲提行分段而大體遂亡歸氏評老子韓非傳謂莊子以下界斷提行必小司馬之陋歸非小司馬雖爲誣加而已知提行之非實則全書皆然不獨此篇也王拯曰列傳中有連傳體如老韓及孟荀是也有合傳體

如廉頗藺相如張耳陳餘是也有附傳體如虞卿之於平原君是也有分傳體如魯仲連鄒陽是也當分別觀之唯分傳乃各爲起止餘體皆不可强爲割劃至有標目如刺客游俠等更是一篇文字無可分斷者按此說似是而猶未究史法圓神一事爲一篇而名之曰傳初不計其中所載人之多少亦不分孰主孰賓傳乃緯體之稱非某傳乃某人所據有如墓志行狀也所謂連附合分皆後人見分耳即末段論語亦不應提行安得劃魯仲連鄒陽爲兩篇哉提行以明段落固是善法而後世因提行而視爲某人傳某爲前序某爲後論則大謬也敘議相雜書表同倫本皆一篇本無序論之名强名表首語爲序猶之可也以表之名本指旁行之文也泥視後論則大不可史之太史公

本仿左氏之君子曰在前在後在中初無定規與班書之贊不同若泥視之則無怪疑伯夷傳爲序謂孟荀傳無後論矣

三挈宗旨

既明體例然後可求其宗旨古史家皆有宗旨非徒記事而已後世讀史者罕知求旨而於是書則以其多議論之故尙知求之然其所論皆偏狹不當非司馬之本意今先辨之

一遭禍怨憤通按全書惟游俠列傳中略見此意伯夷傳末及貨殖傳雖極感慨皆非爲己而言自序明言論次七年而遭李陵之禍則著書之願在前絕非爲遭禍而作可知持此說者乃誤認報任少卿書其實報任書乃言已既遭刑不得他有建樹故一意於史以垂空文非謂因遭禍乃作史也持此說者又誤

認報任書及自序所引古人與發憤之語今按自序曰昔西伯拘羑里演周易孔子厄陳蔡作春秋屈原放逐著離騷左邱明失明厥有國語孫子臏腳而論兵法不韋遷蜀世傳呂覽韓非囚秦說難孤憤詩三百篇大抵聖賢發憤之所爲作也此人皆意有所鬱結不得通其道故述往事思來者按史通及梁氏皆謂不韋韓非非因遷囚始著書此文爲誤吾謂豈特此也國語乃左傳之別記必與左傳同時並撰未必在失明後厄陳蔡作春秋亦與儒林傳相矛盾史公縱不長攷證何至舛誤若此且呂韓傳明載著書之時何自敘之而自忘之邪細察之乃知後人誤讀非史本誤也遭禍一事著書又一事馬遷欲明己雖遭禍而未嘗不可著書因引古人以自證謂某某皆遭禍亦皆著書

非謂諸人皆出遭禍而著書也後人誤認遷爲怨憤遂連讀之謂上何爲下句之因耳馬本無此意也孔子豈因陳蔡而著春秋左邱豈因失明而著國語邪發憤二字更當細解憤如不憤不啟之憤非怨也凡從賁之字皆有鬱勃欲出之意此所謂發憤謂吐胸中所欲言如孟子所謂不得已莊子所謂不可以已耳故下文云意有鬱結不得通其道非如後世所謂磊塊不平也不然詩三百篇豈皆怨邪自此文誤解而卑陋狹褊者乃託於馬遷矣曾國藩讀書錄曰太史傳莊子曰大氐率寓言也余讀史記亦大氐率寓言也列傳首伯夷一以寓天道禍善之不足據一以寓不得依聖人爲師非自著書將無所託以垂不朽次管晏傳傷己不得鮑叔者爲知己又不得如晏子者爲之

薦達此外如子胥之憤屈賈之枉皆借以自鳴其鬱耳非以此爲古來偉人計功簿也按自昔曲說是書爲憤辭者皆止游俠貨殖耳曾氏乃濫及各篇可謂顢頇矣其說之非且勿論七十篇纔說數篇耳餘又何說乎王若虛有言史非一己之書也豈所以發其私憤者哉不知諸曲解者將何以答之也二曰譏刺武帝自王允以是書爲謗書而後世沿之說多泛濫幾無一篇非譏刺不思此乃黃帝至漢武之通史非專爲武帝而作之謗書也述往思來非陳古刺今也是故全書有刺譏之篇而非篇篇皆刺譏平準書匈奴傳以下則誠刺譏也餘則非也何乃謂黃帝本紀老子列傳爲譏求仙邪一篇有刺譏之節而非節節皆刺譏封禪書貨殖傳中載武帝事者則誠刺譏也餘則非也何

乃謂述古封禪郊祀災祥貨殖之事皆反映武帝郊故吾謂後之論者皆未熟記黃帝以來迄於麟止八字耳以上二說章實齋史德篇曾辨之而未圓足

如上二說皆狹陋矣然則史公之旨何在耶史公已自詳言之後人輕忽視為泛語故少知其意者耳綜而言之厥有二義第一義者自序曰余所謂述舊事整齊其世傳非所謂作也又曰拾遺補藝厥協六經異傳整齊百家雜語五帝本紀曰百家言多不雅馴孔子世家曰天下言六藝者皆折衷於夫子伯夷列傳則曰載籍極博考信於六藝合以上諸言則曰信六藝表孔子以正百家而已蓋古史法本闕畧成書又少傳聞固多異辭而諸子爭鳴稱引古人古事以自證如莊周所謂重言寓言者

尤多昔孟子嘗本先後一揆之心明尚論古人之法七篇之中歷舉當時游士之誣伊尹百里孔子者而明辨之史公之意亦猶孟子故據戴記以紀五帝而不取百家據論語以傳太伯而疑許由正軼詩惟惜其識力未足故別擇不盡尚多冗雜然其志則已明矣第二義者報任少卿書曰究天人之際通古今之變自序曰原始察終見盛觀衰此尤要旨也而昔人皆不能解蓋史公承其父學本於道家道家之術以觀變知終始為貴七略所謂道家者流蓋出於史官歷記成敗存亡禍福古今之道然後知秉要執本者也古今之變蓋莫大於周漢之際六國表序挈其大旨封建改而為郡縣諸侯王表序言之井田改而為重商貨殖傳詳之禮書樂書概禮樂之真廢封禪書概郊祀之義亡外戚世家概婚姻之禮廢叔孫通傳概君臣之義失儒林傳概利祿之途興凡此皆秦以前與秦以後之變也至其所謂天人之際者亦非難解史公雖承教於董子而所謂天人者實道家之言蓋謂古今之變有非人力之所能為者則歸之於天此所謂天非有深意即孟子所謂莫之為而為者耳故於秦之成則歸之天助項之興則疑為舜裔后妃之事則委之於命此皆譎詞以明古今大變有不可全以人力解者勢之成也天人參焉故曰際也古史官本兼天官至漢世猶然故曰文史星歷近乎卜祝之間後世不解此則謂左氏記災祥為浮夸矣吾有道家史觀說論此可參也以上所說二義明白正大真史家之本務也太史之書上續尚書春秋端在於此正百家而明古今

之變正所以繼經也不然上攀元聖夸言天人毋乃妄乎惜乎前人多不知此其探求意旨者又徒瑣屑挑剔不能提挈綱要故特詳論之若舍此而謂尚別有微旨則必玄怪不近情理之論縱使言之成理未必史公之本意也

四較班范

班彪論前史得失曰遷之所記從漢元至武以絕則其功也至於采經摭傳分散百家之事甚多疏畧不如其本務欲以多聞廣載為功論議淺而不篤其論術學則崇黃老而薄五經序貨殖則輕仁義而羞貧窮道游俠則賤守節而貴俗功此其大敝傷道所以遇極刑之咎也然善述序事理辯而不華質而不俚文質相稱蓋良史之才也誠令遷依五經之法言同聖人之是

非意亦庶幾矣又曰司馬遷序帝王則曰本紀公侯傳國則曰世家卿士特起則曰列傳又進項羽陳涉而黜淮南衡山細意委曲條例不經若遷之著作采獲古今貫穿經傳至廣博也一人之精文重思煩故其書刊落不盡尚有盈辭多不齊一若序司馬相如舉郡縣著其字至蕭曹陳平之屬及董仲舒並時之人不記其字或縣而不郡蓋不暇也漢書司馬遷傳贊曰其言秦漢詳矣至於采經摭傳分散數家之事甚多疏略或有牴牾亦其涉獵者廣博貫穿經傳馳騁古今上下數千載間斯已勤矣又其是非頗繆於聖人論大道則先黃老而後六經序游俠則退處士而進姦雄述貨殖則崇勢利而羞賤貧此其所蔽也然自劉向揚雄博極羣書皆稱遷有良史之材服其善序事理

辯而不華質而不俚其文直其事核不虛美不隱惡故謂之實錄按二班之言自是平允采摭多疏刊落不盡王若虛梁玉繩糾之多矣其可貴者大略之明也彪所謂細意委曲條例不經本非詆辭不經者不常也言遷雖定本紀世家列傳之等而特以陳項爲世家本紀降淮南衡山於列傳曲致其意條例亦非固定耳後人多誤認爲詆詞班書不列世家自是時勢異於遷耳豈正其非哉又議論淺而不篤亦是質言史公論議寬而不嚴於是非過不及之辨不甚致意不似班書必折之於中正然婉愼之度固史家所應具也至彪固所舉旨意之四失則後人嘗辨之晁公武讀書志曰後世愛遷者多以此論爲不然謂遷特感當世之所失憤其身之所遭寓之於書有所激而爲此言

耳非其心所謂誠然也武帝表章儒術宜乎大治而窮奢極侈海內彫弊反不若文景尚黃老時此其所以先黃老而後六經也武帝用法刻深而當刑者得以貨免遷遭李陵之禍家貧無財賄自贖交遊莫救其進姦雄者蓋歎時無朱家之倫故曰士窮窘得委命非所謂賢豪其羞貧賤者蓋自傷以貧故不能自免於刑戮故曰千金之子不死於市非空言也固不察其心而驟譏之過矣馮班鈍吟雜錄曰游俠貨殖傳詞旨抑揚有爲言之孟堅之言固爲正論然亦未免深文至於先黃老後六經自是史談所論談當文景之後尚黃老者隨時也至遷則不然矣老子與韓非同傳仲尼爲世家自序言禮以節人云云上言六經不言黃老父子自不同梁氏曰補筆談亦云班固所譏甚不

慊太史公攷信必於六藝造次必衷仲尼是以孔子儕之世家老子置之列傳尊孔子曰至聖評老子曰隱君子六家要旨之論歸重黃老乃司馬談所作非子長之言不然次李耳在管晏之下而竊其弊於申韓固非先黃老而後六經矣游俠傳首云以武犯禁又云行不軌於正義而稱季次原憲爲獨行君子蓋見漢初公卿以武力致貴儒術未重舉世任俠干禁歎時政之缺失使若輩無所取材也豈退處士而進奸雄者哉貨殖與平準相表裏敘海內地產孟堅地理所本且掘冢博戲賣漿胃脯并列其中鄙薄之甚三代貧富不甚相遠自井田廢而稼穡荒貧富懸絕漢不能挽移故以諷焉其感慨處乃有激言之識者讀其書閔悲其遇安得斥爲崇勢利而羞貧賤耶況孟堅於史

公舊文未嘗有所增易不退處士不羞貧賤何以不立逸民傳又何以仍傳游俠貨殖此文人之習氣名曰彈射遞相瘡痏蹈襲紙悟目睫不見所謂笑他人之未工忘己事之已拙感慨按諸家爲馬辨意非不善然竟以班爲誣則非也遷載其父之論正以明其家學全書議論多本道家稱引老子不啻若自其口出酷吏貨殖諸篇其顯者也古者儒道二家敵仇不甚宗黄老者固不妨尊孔子信六藝後六經非斥六經也安得謂遷尊孔信經遂不從其家學乎游俠傳言使鄉曲之俠與季次原憲比權量力效功於當世不同日而論矣貨殖傳言無嚴穴奇士之行而長貧賤好語仁義亦足羞也此二段詞氣抑揚甚明班氏之譏卽專指此梁氏乃概論全篇宗旨殊不當對游俠傳自有

感慨已非激詭之說貨殖傳吏非以抒己憤無財自贖與矯語仁義何干涉乎史公原語固有分寸然循此而言自不免於傷道亦豈爲深文邪故謂班氏爲稍過則可若竟謂誣加不實則非惟苛於班亦昧於馬矣且更有當知者古之良史固不相承亦罔不相詆叔皮詆子長蔚宗又詆孟堅非喜謗前人也正以明其相矯之意也事變之自然如衡之左右倚相矯者所以救偏弊也故被詆者固不受詆而施詆者亦不爲誣史家之相續與子家之並立不同此義昔人罕知聞吾言者或將以爲模稜媚古今詳論之凡作史之人必有本學之宗旨故知言必先知其人凡作史之旨必因其時之趨勢故知人必先論其世宗旨者儒道名法之類是也趨勢者張弛動靜之類是也儒流爲鄉

原道可容狂狷狂狷剛而鄉原柔政張則人柔政弛則人剛柔則靜剛則動此其大較也戰國漢初人剛及景帝用刑名武帝崇僞儒鄉原進而狂狷遂衰故司馬遷贊汲黯而斥公孫宏列衞霍於佞幸而樂道季欒田鄭諸人因惡俗儒遂取游俠刺譏拘謹頗崇奇激遷之學本道家故多引老子以立論崇黄老而薄六經退處士而進奸雄之譏卽由此微倚而生其後西漢竟亡於柔謹之俗遷若見之矣光武中興矯莽陽儒陰法而用黄老士俗亦恥西漢儒者之原媚而尙節概明章之世奇行漸與故班固過揚王孫胡建諸人之奇行而明狂狷之失辨王貢諸人之清名而折出處之中借龔鮑之取禍改游俠之舊論固之學本儒家贊多引論語爲斷傳玄所謂飾主闕而折忠臣貴取容而賤直節華嶠所謂排死節而否正直又因此而生者也其後東漢竟亡於剛激之俗固若見之矣曹氏復尙刑名沿至六代士習柔媚與東漢末適相反矯激之行又爲對症之藥故范蔚宗特著獨行逸民諸傳以救時弊學者能取諸傳一貫而讀之則於古今之變得其要矣獨陳承祚局促無遠識止得修飾字句故於魏晉之間無所發明耳然史公雖崇振奇而所惡者乃俗儒非眞儒於諸俠士亦未過褒班氏雖崇中庸而於匡張孔馬亦深致譏貶范雖尙節概而於黨錮傳亦深慨矯行之致亂矯枉而不過正斯其爲亞經之良史也學者亦宜知之

太史公書知意二

雙流劉咸炘

太史公書

梁氏曰自序言爲太史公書漢藝文志亦云太史公百三十篇又云馮商所續太史公七篇蓋史公作書不名史記史記之名當起叔皮父子觀漢書五行志及後書班彪傳可見蓋取古史記之名以名遷之書尊之也按梁說本名是也而謂始班氏尊之則非漢書東平王宇傳後漢書范升傳楊終傳亦皆云太史公不云史記史記者古史策之通名漢以後人稱太史公書爲史記者乃省略之言猶引六藝而渾云經引諸陰陽家書而渾云陰陽書以當時史策止有司馬氏之書故加之以通號而無嫌耳自後相沿通號乃反成專名矣史

通六家篇謂遷作百三十篇因魯史舊名目之曰史記自是漢世史官所續皆以史記爲名迄乎東京著書猶稱漢記按此則本名之義知幾已不知其謂遷自目史記固非事實續者之名史記蓋以己非太史公故不襲其號而用通名是亦理之所有然馮商亦止稱續太史公且續者固皆未嘗勒成一書非有定名漢記自沿著記之稱（著記亦見藝文志）亦非沿遷書也太史公之爲官名而非尊父之稱及東方朔楊惲之題梁氏已辨定俞正燮癸巳類稿有太史公釋義一篇尤詳密但梁氏未辨名書之義耳原其以是爲名者非獨以人名書近類子家且以官名書遠同官禮周南執手雖是私傳金匱紬藏自爲本職舉官名而父子之世業見紛紛辨其爲談爲遷者皆泥論也自史記之名行而此意始晦惟錢大昕知是以官名書耳

本紀

五帝本紀

崔適曰案自序曰述陶唐以來至於麟止然則此紀之錄本當爲陶唐本紀與夏殷周秦本紀一例而上系黃帝下兼虞舜猶周本紀上系后稷下統武王之比且世家始泰伯列傳始伯夷表讓德也是則本紀始陶唐又可比例而得者後人改爲五帝紀遂增自序篇末云述歷黃帝以來按麟止之說已詳序論崔氏敢删獲麟以後之事而不敢删陶唐以前於是別爲曲說其不可通甚明黃帝顓頊及虞舜何可與后稷

武王同例如其言則夏殷亦可并爲一紀矣如曰五帝同祖故似后稷則依史公所書夏殷周又何嘗不同祖邪表讓本前人之謬說豈可引爲證乎史公論語屢言五帝無以附唐爲主之意

梁玉繩曰孔子删書肇於唐虞繫易起包炎史公作史祖述仲尼則本紀稱首不從何書之昉二帝即從易辭之敘五帝庶爲允當而乃以黃帝顓嚳堯舜爲五何邪三皇之說半歸誕謾年代悠遐莫由詳定略之可也繫辭之言不及少昊略之可也若羲農實與黃帝堯舜爲五帝安得遺之後漢書張衡傳衡表奏司馬遷所敘不合事請專據繫詞誠卓識也問史據大戴禮孔子家語五帝德篇是亦從孔氏之言豈俱謬

歟曰家語乃王肅僞造大戴禮是漢儒采集非出孔氏烏足
據憑問後代氏姓無不出黃帝是以首宗之明柯維騏史記
攷要謂黃帝鼎成升天本方士說太史公紀之封禪書見武
帝之惑此云崩且葬所以袪後世之疑因知黃帝一紀專爲
漢武好神仙寫照豈亦非歟曰否帝王之上世不能悉詳斷
以姓氏盡出黃帝未敢爲信至若史之首黃帝不過誤仍大
戴禮將謂大戴禮爲漢武寫照耶書黃帝葬橋山而不書顓
嚳葬頓丘堯葬成陽史偶不書非關意義使以書葬橋山爲
喚醒求仙之惑則舜紀書葬零陵當作何解按殿本張照攷
證卽竊柯氏之說梁氏所辨明矣然怪史公不從尚書易繫
則非也史公網羅放失自當上溯以補經不能仍斷自唐虞

然上溯則百家之言駁異難信攷信六藝又無記述折中孔
子不得不降取傳記傳記所述則易傳述包犧禮記述五帝易
傳寔參數語不若禮記之詳故舍彼取此此即自序所謂正
易傳也易傳戴禮皆出聖門其可信正相等耳梁氏謂戴記
漢儒所輯不足信乃不明傳記體裁之言如梁氏言則周秦
漢人所傳孔子語皆無一眞耶五帝之名古說不定五數亦
非確目必謂羲農定當在內亦梁氏之說而已易繫固未明
定某某爲五帝也惟是五帝德帝繫二篇雖相次列大戴記
中而一可信一不可信五帝德乃孔子語帝繫則非五帝德
不言五帝同祖帝繫乃言之史公信五帝德而并信帝繫則
誤吾有帝繫辨詳之梁氏知五帝同祖之非而以歸罪於戴

記亦誤也吳汝綸評謂史公謂其傳自孔氏古文近是亦不
謂無疑此說亦是

史公於堯舜事皆本尚書孟子而加以訓詁注家乃多引緯
書雜說失史公意矣

堯崩三年之喪畢云云　馬班曰恉括孟子則諸家異說自廢

舜之踐帝位至如子道　凌稚隆評林引凌約言曰復以踐位
提起衆朝父封弟薦禹終焉以三事所關甚大特揭於後不
嫌於綴按此本皆前文所未有非複提也

史通敘事篇謂史漢之文當尚書春秋之世則其言淺俗垂
翅不舉此論後世皆沿之文家尤甚如歸有光評謂史公究
是秦漢時人五帝本紀便時見其陋凌稚隆謂三王紀爲尚

書所掩王拯評謂夏本紀載禹貢氣不足以舉之此皆幻妄
之說不知諸公欲如何而後爲舉也此類甚多今不具駁

吳汝綸評曰此篇以撰言尤難爲主按吳氏評本每篇必有
如是一語亦似是而非謂義之主耶則史本敘事其必有此
篇者以必書此事豈因明此一義而始作耶謂文之主耶則
賓主開合時文之法安可以之論史故其所舉或偏舉一節
或強立一義妄分客主多成迂鑿今悉不錄

夏本紀

殿本攷證德隃曰禹功具於禹貢故全載禹貢凡史記引用
經傳全文皆有意義或謂其未及刪裁者非按此說是也史
通首譏班書錄禹貢而以史公五帝本紀爲不足取王若虛

竟謂史之錄尚書皆無謂非也已詳史通駁議蘇洵譏遷割裂二典尚鎔史記辨證謂其徒以文論史是也

相崩少康立　此不書羿浞事而見於吳世家索隱以為疏畧之甚馮班謂是紀載不詳難敘故闕之尚鎔謂是史家回護之法本春秋之書魯隱薨按史公書不同春秋此自疏耳不必繫說崔適更以為本寓言非實事故棄之不知何據也

天降龍至懼而遷去　方苞評以為無關體要不宜入殿本攷證德齡按謂載豢龍事所以明孔甲之荒淫與其極以概其餘吳汝綸謂古事傳者少史公好奇故載之且以見孔甲之失政是也

贊　特提小正明夏時為禹最著之制或言以下存異同

殷本紀

梁曰契封於商而湯亦以商為代號其稱殷者子孫所改當書曰商本紀按此苛責也宅殷土芒芒契始即居殷詩亦稱殷商是殷在前何不信詩而信竹書耶即從其後號而書之亦何不可

西伯既卒　史通因習篇曰春秋諸國皆卒而魯獨稱薨者畧外別內之旨史記西伯已下與諸列國王侯凡有薨者同加卒稱此豈畧外別內耶

吳汝綸謂此篇以書名為章法按殷事不詳而商書較虞夏為多此適然耳豈作者故為之法乎文家拈章法多此類今悉不取

太史公曰　著殷輅與夏本紀著小正同意

周本紀

史通本紀篇謂西伯以上當為世家王拯曰是過論也溯自先公史例至當按此語不足以破知幾特三代紀述先世緣起事文簡畧寄在篇首尚無害耳

是為公季　從其本稱史家通例也漢書高紀初稱沛公繼稱漢王後乃稱帝稱上即此例

錄祭公諫語以其陳周德也

錄呂刑獨詳罰數者以此法始於穆王傳至後世不改也

詩人作刺　著變風之始蓋以詩緯其中

王拯歸方評點史記合筆按語謂國語芮良夫與召公語雖佳文於本記不甚關要是也周史缺畧史公祇據尚書國語國策故未能割愛而溢載之載國策語尤濫方氏謂當畧舉事實芟其蔓詞是也至王謂伯陽甫夫天地之氣數語亦不關要則太苛古人原不徒刪語句以為簡也

石父為人佞巧善諛好利王用之又廢申后去太子也　王拯謂重筆複述史公極用意處然王念孫讀書雜志校刪用又二字作起下語勢張文虎札記謂王上依冊府元龜引加而字據皇甫謐言號石父與褒姒比而讒申后太子則王用之三字專指此一事又字衍其說尤當拯說姑為之詞耳

書魯隱即位緯以春秋也

紀世家中書孔子生卒錢大昕廿二史攷異辨其偏闕甚詳

張之象邵懿辰謂是史公用意處然無以解錢之惑也

秦本紀

黃淯耀史記論略曰子長爲秦及始皇項籍三本紀以繼五帝三王之後此卽正統之說也歐陽子有言居天下之正合天下於一斯正統矣予長豈不知秦項爲天下之公惡也哉以爲政固嘗繼周而有天下矣籍固嘗專天下之約矣吾從其繼周而有天下與夫專天下之約者而爲之本紀非進秦項於三代也雖然秦自始皇以前固西戎之國耳籍雖專天下之約未嘗一天下而稱帝也爲有天下之始皇立紀則可爲西戎之國與未一天下之項籍立紀則不可故秦與始皇宜合而爲一籍宜降而爲傳按黃氏謂從其有天下與專天下之約是也謂卽正統之說則非古史之紀僅取事勢所歸以爲一時之綱領初無正統之辨後世舉正統二字則於事勢之外加一義理評衡而又須兼顧事勢遂使中多矛盾糾紛黃氏徒知從其專天下之約而不知羽稱伯王伯固亦可立紀說詳後秦紀誠有未安但非黃氏西戎之謂詳下

索隱及史通本紀篇謂莊襄已上當爲世家梁氏曰三王事簡不別其代秦則分列三紀與三王殊例當并始皇作一篇倘因事繁則當依索隱史通之說拔始皇以承周赧水經注引辥瓚稱爲秦世家史通之所本矣此說是也歸有光謂本如周紀以簡帙多始皇自爲紀說似是而非苟止爲簡帙多則分上下可也不宜別立王拯又非歸說謂史公紀秦漢間事非專爲漢紀此說尤謬蓋謂秦亦當詳而不知非王伯不得爲紀也何焯讀書記曰在襄之世秦已盡取周地固繼周而王矣然六國未亡猶存封建之制至始皇并吞而盡有之三代規模一變此秦本紀所以離爲二此說亦由秦未并六國則伯亦未成何云繼王乎然此說實有見莊襄雖未統一而周固已滅始皇統一又在後編年不可有空若如劉梁之說則周滅以後始皇并六國以前將何所寄如劉梁說將截自莊襄之滅周爲始邪將截至始皇之滅齊爲始邪無論何從皆無首不便敘事史公殆亦因此難不得已而并莊襄以前通敘之耳章實齋匡謬篇謂十二本紀隱法春秋十二公故秦紀分割莊襄以前別爲一卷而未終漢武之世爲作今上本紀明欲分占篇幅欲副十二之數乃拘迹之謬此說亦鑿非史公本意

馮班曰近秦而與秦爲難者無如晉與秦同大而足以難秦者莫如楚故插敘晉楚事爲多按此紀兼敘霸者大畧故出齊桓之立及晉文楚莊楚靈晉悼之霸並管仲隰朋之死亦書之書魯翬弒隱公蓋亦以春秋緯之徇鎔謂傷魯不能討賊不如秦武公鑿矣

歸曰秦本紀方成一篇文字當時有所本也方曰秦紀多夸語其世系事蹟獨詳於列國蓋秦史之舊又曰不載國策一語遂覺峻潔由國史具存也吳曰篇中敘春秋戰國事多與他篇相出入皆史公所自爲決非秦史之語惟篇首不見他

書史公所采者博不得謂全本史文也按秦記具存見六國表與他篇出入正是本秦史之證但固非全本耳中間字句頗冗散且事宜直敘者偏多迂回斡補蓋秦史本編年史公聯之有未及改竄者也

評林引余有丁曰太史公采傳多略節至若傳所無雜見他書及舊所得聞者獨詳之以傳自成書也

秦滅梁芮　凌稚隆曰上兩書梁伯芮伯來朝此書滅梁芮不特文字　則應有深意在按此乃事之本然文之當然即非史公亦必如是書者也以爲特筆則賛明人所拈書法多類此今悉不取

武王死　梁曰變卒稱死豈以絶臏故與又曰始皇本紀莊襄

王死變言死何以貶也當書曰卒按史公此書不似春秋名稱參差甚多固由未及修整亦本不以此爲褒貶故周紀諸王書崩康王昭王書卒厲王書死後人斤斤致辨皆非也何鎔謂孝公書生以朝天子武王書死以窺周室妄矣

秦始皇本紀

上宿雍　梁氏駁裴駰稱上尊尊之義謂此乃誤仍秦史舊文與燕世家稱今王喜同按誤仍舊文史固有之然上本不定爲見在本朝之稱也

歸謂說苑載茅焦諫書頗害義故畧之按說苑本采戰國時雜說史公所見書不如子政之多或本不知此或以其不足信而棄之要必非爲害義也

方曰琅邪頌妄言侮聖故備載與議者之名以見其敢爲不義按此殆原文有之他篇無之蓋原文無耳方說殊鑿七篇皆夸詞何獨於此著其罪邪方氏前評又謂餘無後語者舉一例餘二說自相違迕而王拯强合之謂舉一例餘而所舉則尤有係者義仍不悖亦太曲矣

何鎔謂始皇生事畧於紀而詳於傳乃史家回護之法此不知紀傳之分之言也

更名臘曰嘉平　王曰特書秦皇欲仙之始蓋自是以後一意求仙按此亦鑿說此本當書即後不求仙亦應書凡自昔評是書者每於本應書之事說爲特筆皆不可從今不具駁

盧生相與謀曰云云　殆以此語揚始皇惡班孟堅霍光傳書

任宣語即此法

何鎔謂二世宜別作本紀蓋初創例多不純非也紀以編年通史宜畧不宜詳省并無不可

項羽爲西楚霸王云云　此數語亦見項羽列紀之意

太史公曰以下　馮班曰史公以賈生推言一句全載過秦論三篇另是一格其先列第三篇者論始皇與亥應始皇自以爲三句次列第一篇者論秦之先公應贊中興邑西垂等句末列第二篇者總論其大勢歸到二世結耳按此就今本爲說也集解徐廣曰一本有秦并海內篇無前者秦孝公已下而以秦并兼諸侯繼此末也索隱曰按賈誼過秦論以孝公以下爲上篇秦兼并諸侯爲下篇鄒誕生云太史公删過秦

論著此當其義而省其辭褚先生增續既已混殽而世俗小智不惟删省之旨合寫本論於此歸日當從别本起秦并海内至二世之過也續以秦并兼諸侯至社稷安矣而孝公以下當屬之陳涉世家梁曰今以下篇後段置於上篇之前以下篇前段置於上篇之後何其紊也蓋史公取上篇爲陳涉世家論取下篇爲始皇紀論後人妄以上篇增入此紀而又傳寫倒亂且與世家複矣王鳴盛十七史商榷曰吾藏新書淳祐本自秦孝公起爲上篇自秦并海内爲中篇自秦兼諸侯爲下篇今本史記則倒其次又陳涉世家末有褚先生一段卽用秦孝公一段如本紀已有此段則兩處重出不但遷必不如此卽褚生亦不至是今取原書尋繹上篇是專贊始

皇而以陳涉六國相形以見其不施仁義亡國亦易中篇亦數始皇罪惡而下半欲歸罪二世下篇則兼責子嬰其次第甚明更取徐裴司馬注詳玩知馬遷當日實取中下二篇爲本紀贊上篇爲陳涉世家贊而中下篇仍就賈生原次未嘗倒本紀贊中上篇一段乃魏晉間妄人所益後人見世家重出疑出褚手又妄改世家贊太史公曰爲褚先生曰崔適曰賈生過秦論三篇自爲首尾此錄其下篇也各本復錄其上篇中篇於下此王船山所謂屍下出頭者必非史記本文下載班固云賈誼司馬遷曰向使子嬰有庸主之才云云文出下篇則下篇固漢時史記所已錄而晉時一本有中篇者亦後人竄入也陳涉世家集解引班固奏事曰太史遷取賈誼

過秦論上下篇以爲秦始皇本紀陳涉世家贊文今按世家錄其上篇則此惟錄其下篇無中篇有明證矣炘按諸說皆謂無上篇而各不同小司馬梁氏說謂賈論本是二篇故止謂上篇爲後加王氏崔氏則據今賈書謂本是三篇王氏止謂上篇爲後加崔氏則謂中篇亦後加若索隱所見是賈書古本則合之班固奏事所云當如梁王說不當如崔說然觀徐廣注語則今本之倒錯徐廣時已然若賈書本二篇不應下篇又自割裂爲二且其文實不似一篇則崔說據班固奏事語近可信矣然又引下文班固語爲證則非下文固不必全舉上文其不舉中篇不可爲無中篇之證也

襄公立以下　梁曰此篇是秦紀魏了翁古今攷謂班固明帝

時所得也史公言秦燒書獨秦記不滅故東漢時猶有存者後人遂并班固語附載本紀之末史詮及丹鉛錄並云古本自低兩字别於正文按魏説是也楊慎謂太史公存以互證非也

項羽本紀

梁曰本紀不當稱字程一枝史詮曰以月表例之當稱楚項王本紀按古史小例不如此畫一名字參差左傳已然蓋從時人口稱而書之本不以是爲襃貶且史公書本多不齊一班叔皮已言之梁氏一一繩之無當也今不具説

索隱史通後漢書注容齋隨筆續古今攷皆謂項羽不當列本紀由不明通史之法及紀傳經緯之義也已詳史體論評

林引林駉曰項羽政由己出且封漢王則羽可紀也宋羅泌路史後紀謂高祖之王出於項籍天下之勢在籍高祖固出其下史記紀籍得編年之法王氏明史稿例議曰羽爲伯王政由己出是時漢未得天下紀羽可也馮班曰秦亡後天下之權在項羽故作本紀當時羽實主約漢封巴蜀羽爲之也故用共工之例列於本紀馮景書後曰作史之大綱在明統羽號令天下既五年矣此五年之統非羽誰屬哉天下不可一日無君君天下不可一日無統殿本攷證張照按曰史法天子爲本紀莽祖述史遷遷前無所謂本紀也但遷之意亦非以本紀爲天子之服物采章如黃屋左纛也特以一時事權所屬則其人爲天下之本即謂之本紀如秦本紀言秦未

得天下之先而天下之勢已在秦也呂后未若唐武氏之簒也而其時天下之勢在呂后則亦曰本紀也後世史官君爲本紀臣爲列傳固亦無可議者但是宗史遷之法而小變之不得轉據後人議前人也按此諸說是也馮班共工之喻尤明確史通譏此紀全同傳體甚中而謂羽僭不當爲紀則非已詳史通駁議馮景之言稍有語病史止以事勢之主爲紀非計及於統言統則引起正統之爭矣容齋隨筆路史注宋濂皆謂當紀義帝其說自有理然此紀之立本所以爲秦楚之際之綱義帝死後漢未統一者尚數年且義帝固止虛名史家紀實故不託義帝而託羽自序曰項梁業之子羽接之固知史公不數義帝後世正統之爭固古人所不論斷代猶可論正僞通史本不能計此也趙翼陔餘叢考謂義帝智畧信仁亦有足稱馬班不爲立傳爲疏漏此亦不知史之列傳以書事不以褒貶也

黃震日鈔曰遷以羽嘗宰制天下而紀之疑已過矣然既君之而又字之抑揚之義豈有在歟按史於陳項皆不稱其王號而稱其字亦未必是貶也

彼可取而代也　特書此語著匹夫狂起之初機此三代與秦漢以下之一大關鍵也高紀書大丈夫當如是矣陳涉世家書王侯將相寧有種乎皆此義

陳嬰者云云　歸氏曰中包陳嬰小傳凡大紀傳中多有此等法按陳嬰事僅此自不須別立傳此處自當敘嬰原起非有

意爲一小傳讀書如是觀則可如謂作者如是造則鑿矣說史最當慎於此際

漢之元年　馮景書後曰或謂羽本紀仍書漢元是天下大統史遷不與楚而與漢也是固然春秋之法有名與而實不與其人行弒逆而爲君直書其弒而仍不沒其君之號羽既滅秦則登之本紀而不沒其爲君之文羽放弒義帝則以漢紀元名與而實不與所以彰其弒君之罪按此亦鑿說當時諸侯各自紀年此紀漢元取便後世之計算耳豈以爲褒貶乎登本紀本非與元號亦不可例古史亦不以例元爲貶此皆後儒妄鑿之論史家不計是也

方氏曰楚與秦合兵由趙而怨結於齊羽之東歸又二國首

難而其國事亦多端故因與齊將田榮救東阿入諸田角立之數於救趙入張耳陳餘共持趙柄以爲後事張本然後脈絡分明韓魏及燕於劉項興亡無關輕重則於羽分王諸將見之先後詳畧各有義法所以能盡而不蕪也

顧炎武日知錄曰秦楚之際兵所出入之塗曲折變化唯太史公敘之如指掌以山川郡國不易明故曰東曰西曰南曰北又以關塞江河爲一方界限一言之下瞭然形勢故曰渡江而西曰引兵渡河曰畧地至河南曰渡淮自古史書兵勢地形之詳未有過於此者按此篇敘事工處大要則善用已字之字能并說一時東西南北事錯綜不亂其用已字者如已并秦嘉軍已破東阿章邯已破楚兵已破羽已殺卿子冠

軍於是已破秦軍項羽已定東海諸段是其用之字者如項王之救彭城漢王之敗彭城漢王之出滎陽諸段是皆脫卸之法其尤轉捩有力者則如又聞沛公已破咸陽是時漢還定三秦漢王部五諸侯軍伐楚圍淮陰已舉河北諸句是也又善用當是時句至其敘事之妙則氣舉而語簡如項梁起東阿比至定陶再破秦軍項羽晨朝上將軍宋義即其帳中斬宋義頭九戰絕其甬道晨擊漢軍而東楚起於彭城常乘勝逐北與漢戰滎陽南京索閒云云皆剟去膚語支語故無滯態歸方知之而語未詳但寓之圈點中又往往但知氣盛而未知詞精今指出之以與歸方評點合觀凡彼所謂神妙者皆不必深求而自得矣

籍何以至此　王氏引梅曾亮說謂至字當從毛本作生生字可味非也生字無義史公不作此艱巽字桐城文家好爲立怪之論不可從

太史公曰吾聞之周生云云　此乃詳其興之暴求其說而不得耳

史公於古今之變最致意不然楚本不出舜重瞳豈必一家史公何作此癡語邪王若虛又從而辨駁則所謂癡人不可與說夢矣

遂將五諸侯至號爲霸王　何鏳謂此即所以列紀之故是也

高祖本紀

梁曰高祖乃臣下總論號之稱不可爲典要閻百詩謂號曰

太祖史訛爲高祖班固正之續古今攷曰不書漢字疏也

凌稚隆曰篇首書高祖追稱之也及敘始事稱劉季得沛稱沛公王漢稱漢王即皇帝位稱上此史公縝密處趙翼陔餘叢考曰此法本於舜典未即位以前稱舜即位之後稱帝王若虛謂劉季之稱在當時則可遽數呼之可乎此說則泥古人自不以此爲忌

秦人大失望然不敢不服　與上秦人大喜惟恐沛公不爲秦王文相對此乃史文用意處而歸方皆未指出大抵歸方偏於論文氣往往於義無關文順說者以頓挫密標之而於此等反不留意

漢王數項羽曰云云　十罪弒義帝反居末王九思謂據事之

先後非輕弑逆按嬌殺卿子在負約王蜀漢前而反居二豈據先後哉高祖心獨以負約為非其為義帝發喪特激諸侯耳故第一節言負約其情可知王拯以為至末乃點正意亦非

當此時彭越將兵居梁地往來苦楚兵絶糧食　倪思曰此正漢事將成處子長重出此語未必無意按此固是詳明大勢之言然何必重書史公文本多不整無庸曲為之說此類曲說亦多今不具駁

朱子曰浙學者謂史記夏紀贊用行夏時商紀贊用乘殷輅事至高紀贊曰朝以十月黄屋左纛譏其不用夏時殷輅遷意誠恐是如此按此說雖纖而未必不是

共請尊漢王為皇帝　凌稚隆漢書評林曰高祖初上尊號開四百年之基自當鄭重故班書載諸侯王兩疏及高祖兩讓之詞史記失之畧矣按此不明斷代通史不同體之言也斷代所應詳通史所應畧

皇帝曰義帝無後云云　梁曰本紀以制詔為重自宜詳載今觀漢諸紀高祖文帝之詔不載頗多景帝則不載一詔而其所載詔書復不若班史概以詔稱之或稱高祖曰或稱皇帝曰或稱帝曰或稱上曰體例亦太錯雜矣王應麟漢書藝文志攷證云文帝紀凡詔皆稱上曰以其出於帝之實意也此論殊非紀中赦天下賜酺赦濟北吏民及除肉刑議郊祀何以稱詔不稱上豈不出於實意邪而詔詞每與漢書不同甚

且撮舉數言而不全錄增損字句而非原文去取之情固不可曉擅改之咎尚復何辭史通點繁篇謂撰史不妨減畧詔書以武后時史官寫制誥一字不遺為嗤斯偏說也豈亦因後世詔語冗長故為此論漢詔簡古奚取裁削哉案此說非也馬班書載詔令本於本紀之體不純說詳史體論豈可反以不詳為譏史家載文本有删削之權豈可謂簡便不當删梁氏之言乃後世編檔案之見耳

呂后本紀

序目作太后　梁曰太字衍漢書遷傳是呂后蓋太后乃一時臣子之稱不曰高后者不與其為高帝之后也班氏便妄更按作呂太后未嘗不可惟其尊為太后乃得臨朝惟臨朝乃

作本紀也至謂不稱高為絀之更非光武改配薄后已為禮家所譏呂但臨朝未聞移國何得便絶且后者何人之后既已稱后便非絶之矣史公於篇題本不拘書法班氏亦何遂為妄更

困學紀聞引鄭樵謂遷遺惠而紀呂為獎盜然通志則謂漢書立呂后紀為當自相矛盾黄震曰惠帝立七年名惠帝子者踐阼復二人史遷皆係之呂后責者示女主專制之變也然呂氏漢之賊也而可紀之哉何焯曰作呂后紀者著其實贊以孝惠冠之書法在其中矣按此何說極是史公書本通史不為漢一代設分立孝惠紀則嫌繁矣昔人極譏史公不立孝惠紀要皆論辨正統之習耳文心雕龍索隱謂當立孝

惠紀而以呂后兩少帝附之王拯曰紀呂可括惠紀惠不能盡呂是也班書亦立呂后紀論者亦非之已詳辨於漢書知意

是時高祖八子　凌曰先總此段在前以後敘呂后廢置諸王便不費力

凌約言曰欲侯諸呂則有先封而以迺字轉之欲王諸呂則有先立而以風字轉之皆史揣呂后意按此等本不必挑剔而後明

后鴆齊王殺趙王事班移入齊趙二王傳中趙翼謂遷書於此以著呂后之忍固移之較爲得法按此無甚優劣可言惟遷書此篇不甚符紀體正如項羽紀耳

諸人臣相與陰謀曰云云　梁曰上文一則曰孝惠後宮子再則曰取美人子名之則不得謂非孝惠子乃後言詐名他人子非劉氏何歟攷要謂大臣陰謀假詞以絕呂黨不容不誅信已史公兩書之有微意存焉紀中作一片說但敘廢劉立呂及誅諸呂事未及當時國勢故於贊中補之

孝文本紀

方曰諸詔皆帝職兢恐懼克己以懷安天下之大政其他書則各入本傳觀此可識本紀記事與言之法

崔適曰五年七年至十二年後三年至後五年皆無文漢書有之孝文帝從代來至興於禮義在漢書爲贊語此乃移入紀何其顛錯而殘缺也張晏云景紀亡當是文紀之誤小司馬所謂取班書補之者在此不在彼也不然何由錄班贊且太史公於高惠景紀帝崩皆諡此紀獨否高后惠景崩皆不地此書於未央宮皆與班書合可爲錄取班書之證按此說似可信而實未安史公本紀世家書法本參差不一律處多矣豈可悉以爲僞耶帝崩不諡或是脫文且高紀書高祖崩惠紀書惠帝崩景紀則書孝景皇帝崩亦不一律孰爲僞高祖崩亦書地豈亦僞耶缺略自是原文之節倘爲漢書何不全寫若不缺崔氏不將又以爲僞證乎若代來以下論前論後固皆可書前人以爲班移入贊崔氏則以爲寫贊入紀安見此是而彼非乎趙翼廿二史劄記謂總敘自應在帝崩後史殊非法此乃以後史法繩之耳

論意以不改正服封禪爲仁譏武帝爲不仁也

孝景本紀

張晏謂此篇本亡索隱謂褚先生補之梁氏已辨其非董份謂此止書年月明景不及文茅坤則謂文景紀但系時事之大者及明詔大政大議特條見於將相名臣傳紀中不敢詳次竊謂史公未定之書梁曰景紀所書惟大事另一體格後世祖之且有漢書所無者豈他人所能僞哉按梁說是也雖不敢斷他人不能僞要無可定爲僞也方苞謂申屠嘉周亞夫皆非自卒史公多直筆此不宜曲諱吳汝綸曰中三年周亞夫死死乃免字之誤嘉賈歐血死書卒宜也方說非篤論

呂祖謙謂文帝多載詔書至景紀則皆不載蓋以爲不足載王若虛駁之曰史書實錄也縱使行不副言豈可悉没此自遷之私憤按王駁呂是也然王說仍未安遷何憤於景帝乎

孝武本紀

索隱曰褚先生補史記合集武帝事以編年今止取封禪書補之信其才之薄也殿本攷證張照曰自序云作今上本紀夫既曰今上本紀則自當有目無書遷作本紀自黃帝至武帝則自當無書而有其目崔適曰觀於三代世表五宗世家下褚先生說則其文章經術卓衛不羣何至襲志爲紀耶諒褚補亦亡後人因張晏之言錄此以充其數也小司馬誣褚先生矣按崔說是也誣褚者豈獨小司馬哉張說有目無書則不然苟今上不當書則何必列此虛目耶吳汝綸謂褚少孫所補乃漢書中之武紀非此篇其說亦似是而非褚補時無漢書之名果今漢書武紀爲褚文則本在此不應後人更錄封禪書矣

太史公書知意三

雙流劉咸炘

表

三代世表

索隱曰三代長遠宜以名篇正義曰五帝久古傳記少見夏殷以來比於五帝事迹易明故舉三代爲首表殿本考證德齡曰五帝皆以天下爲公器自禹乃不得不家天下史遷表之所以作萬世有天下者之模範以紀首述五帝又三代世系又皆出黃帝故仍自黃帝敘起而名篇則曰三代索隱未覓其義梁氏曰表中明標帝王世則篇題當爲帝王世表乃止稱三代索隱正義之說豈其然哉按正義說是也以三代尤詳可攷寓攷信六藝之意耳仍從黃帝起者猶之先經始事耳索隱但以長遠爲說甚陋德齡之說益支

以五帝繫牒尙書集世紀　崔據索隱謂本作五帝德帝繫姓今脫三字是也方曰疑世紀亦古書名蓋五帝繫牒及尙書所記五帝三代事甚略故并集世紀中世次爲表也按自序亦云取之譜牒漢書藝文志有帝王世譜年譜及太古以來年記

梁曰五帝三王之世其屬長短不相當自帝泄至帝辛有世無屬又成王以後周之世與列侯之屬亦不相當此非盡史公之誤也桓譚新論云三代世表旁行斜上並效周譜今表有旁行而無斜上久失其舊則知帝泄以下之無屬固因世系脫誤不能緜歷無差亦緣連敘殷周之世於前遂致乖絕

而列侯之屬不相當均是傳寫誤爾按此說非也旁行斜上
卽謂縱橫經緯格無屬自因無考非由脫誤此表本止以世
次排列不取其年相當功臣侯表諸篇皆然班氏亦沿其例
彼之縱卽此之橫也豈亦傳寫誤耶緯以世次乃因上古本
氏族部落之故今日觀之則若於檢尋無用耳若依十二諸
侯六國表之例則三代年世多不可稽卽使可稽而歷祀長
遠緯格限於紙幅亦不足排列也

魯齊晉秦楚宋衛陳蔡曹燕　梁曰侯之有世家者自當盡載
何不及吳杞越此宜魯爲先蔡曹衛次之明長幼也次晉武
穆下於文昭也次燕爲同姓次陳宋周之恪也次楚尊師也
次齊周以異姓爲後也次秦封晚也而補吳居於首嘉讓也

補杞於宋上夏裔也補越於楚之上重故國也按此與十二
諸侯年表同但不及吳耳其不及越說見後杞則以微而畧
至其排列本以魯爲主而齊晉秦楚四大國次之餘則威服
於四大國者也十二諸侯表序言之甚明梁氏不詳讀乃以
意妄改其所言乃禮官明倫之法非史家明勢之法也

十二諸侯年表

索隱謂篇言十二實數十三者賤夷狄不數吳蘇洵更謂不
數越者擯之趙恒曰吳後出其事畧故不及若賤夷狄楚非
夷狄乎梁氏亦如趙說而直謂當作十三下六國當作七國
殿本攷證德齡曰是表主春秋吳於春秋之季始通上國而
壽夢以前自不得列於此表然則十二之號固不得不仍其
舊王拯曰史公殆以齊至吳爲十二諸侯而周魯不與焉蓋
此表本春秋以周魯爲綱紀序曰齊晉秦楚微甚而不言魯
又曰自共和迄孔子是以周魯爲起訖也若旣列吳而又賤
之不數豈理也哉越則僻遠未有赴告卽列於表無所可書
六國表不數秦以秦爲綱紀義正同矣按王說是也春秋本
編年魯事已不待表此特以春秋爲綱而表六國故不數魯
也此序標春秋六國表序標秦記已著其旨本甚明白不待
多辨諸家紛紛皆不細讀序耳如漢興以來諸侯年表首一
格亦列漢漢豈在諸侯數中耶經格不可無標準造表之常
法何奇之有

嗚呼師摯見之矣　此託義於詩卽詩亡春秋作之義

方氏以七十子之徒及魯君子左邱明一段分配斷其義騁
其詞非也儒者斷其義包七十子以下至董仲舒馳說者騁
其詞則謂公孫韓非也張蒼亦治左氏方但謂爲歷譜之學
亦非梁疑遺晏子春秋楚漢春秋按晏子陸書皆不取春秋
之義與文故不舉自鐸氏虞氏論春秋成敗而孟荀諸家皆
以春秋之義斷事立誼故皆爲春秋家史通譏虞呂書不編
年而名春秋爲名實之爽不知傳春秋者不皆作編年古之
傳記諸子本相出入卽太史公自稱上繼春秋亦豈編年書耶
吳汝綸曰自紂爲象箸而下皆言世亂而箸作始與自厲王
始亂四國更伯孔子所以作春秋此十二諸侯之提要亦自
況己之史記亦春秋之類後幅歷引各家春秋不能得春秋

要領己所以作史記也然不明揭此義乃以譜十二諸侯亂之使人瞭求其指而不能得此史公文所以爲奇按此說有是有非十二諸侯當春秋時故於此表言春秋敘春秋家源流謂其書多難觀要故作此表文義甚明非謂諸家皆不得要領而作史記以發明之也吳氏强鑿之使深反謂史公亂其詞而以爲奇豈足信乎

太史公曰段　合年月世謚爲譜而述盛衰大指兼歷人數家而譏儒者以綜終始也因記十二諸侯本春秋故敘春秋以明己之家法

六國表

評林引茅坤曰予觀太史所撰次五帝三王紀甚無經緯而

秦記獨詳斷疑之及讀六國表乃知古史藏周室爲秦所滅而秦紀偏得不廢故太史本之方曰六國并於秦史記爲秦所焚所表六國事迹獨據秦記故通篇以秦爲經緯錢大昕曰十二諸侯年表終敬王四十三年其時惟陳曹先亡耳史公以六國表繼之晉附於魏鄭附於韓魯蔡附於楚宋附於齊各述其後事以續前表文簡而法密矣三家分晉魏得晉之故都魏人自稱晉國而韓趙則否史公以晉附魏蓋以此按此二說是也梁氏謂當作七國且謂先書三晉爲奪君與臣當改爲晉燕楚齊秦此亦不讀序之妄論此表乃表戰國

晉不過緣起耳秦乃表主豈可居末

蓋若有天助　蓋疑詞史曰此乃反復推求不得其所以并天下之故

傳曰法後王段　方氏曰自漢以後所用皆秦法史公蓋心傷之而不敢正言故微詞以見之非果以秦爲可法也又曰篇首讀秦記必秦記中有秦制可法後王語而引申之

方曰六國失道秦能自强於政治其始事也漢興一仍秦法其終事也姚範書後曰世變之極天下競謀詐而棄德義秦之德義無足比數而卒并天下乃前古所未有故求其說而不得者或本以地形或歸諸天助又或以物所成熟之方宜收功實而不知秦之得意蓋因乎世變以謀詐遇謀詐則秦非六國所能敵此世變也世變異則治法隨故漢多沿秦法昔三代受命相因孔子以爲百世可知秦始變古乃曰法後

王何也孔子所謂因者禮也天不變道亦不變遷之所謂法者政也政必逐乎情與勢而遷包世臣書後曰孟開曰史公序六國表先刺僭越次譏暴戾繼言得天助據地勢而終以法後王秦豈有可法乎支離其辭意將何屬曰是史公之所以觀於孔子而班氏以爲微文者也蓋全書之綱領矣孔子曰人有禮則安無禮則危安上治民莫善於禮能以禮讓爲國乎何有不能以禮讓爲國如禮何善哉史公之自序也王道缺禮樂衰孔子修舊起廢作春秋撥亂世反之正春秋者禮義之大宗禮禁未然之前而爲用難知蓋其幼誦古文長則講業齊魯之都觀孔子之遺風既多也史公既不能違所學以變漢夫是以不讓周孔五百之期垂空文著興壞欲以

明齊禮之化而已矣故篇首引禮文以正秦襄之僭明秦之廢禮自上始也禮廢則必爭爭必以利戰功者利之大而爭之至極也好戰則財匱不能不專利專利則人心不附不能不嚴刑以心移爭利之身涉嚴刑之世不能不阿諛取容史公傷之曰先本絀末以禮義防於利事變多故而亦反是職是故也至推秦之德與力皆無可以并天下而當天心者謂上帝必歆其非禮之禮而助之則未敢質故言若以疑之伯夷傳之所反覆申明者仍此志也是其心憂時變而爲天下後世計者至深且切寓意六國則於漢爲無嫌危行言孫之教也秦蔑禮用暴漢不引爲殷監而循其故轍故賈生曰秦功成求得終不知反之廉節仁義轉而爲漢遺風餘俗猶

尙未改高祖常稱李斯有善歸主孝文以吴公嘗學事於李斯徵爲廷尉是舉事不非秦也然則史公謂戰國權變頗可采譏學者牽於所聞不察終始而以漢興自蜀漢互證秦收功實之故屬事比類隱示端緒眞知懼之君子哉懼以漢因秦不變而禮教遂至廢亡也高祖素慢無禮唯能以爵邑饒人陳平謂士之頑鈍嗜利無恥者多歸之繼以孝文好刑名之言竇太后尙黄老之術黄老尊生尊生則畏死求不死者必矜無外孝武不勝多欲而遂始皇之迹土木兵革無虚日徭役繁怨讟興而算緡告緡之法見知誹謗之律相繼竝作蓋平準封禪所記其事皆昉於西時也迹漢廷君臣父子之間其慚德洵不後秦矣然秦雖遺禮義黜儒術而聖人遺化

猶在齊魯之間申公轅固生之流竝廉直無所絀意及叔孫通希世度務弟子皆爲首選公孫宏曲學阿世廣厲學官之路舉遺滋利孔興禮造爭端至使文學掌故援春秋比輕重以求尊顯是禮亡於通儒亡於宏也史公知化爭莫如讓絀利莫如義是故太伯冠世家伯夷冠列傳重讓也表兩吝貧孔美兩生不行書王蠋絕吭紀田叔鉗足尙義也尙義重讓則禮殆於可興矣然而漢廷諸臣唯賈生爲能不以卑近自囿達制治之源其言曰遺風易俗使天下回心向道類非俗吏所能爲俗吏務刀筆筐篋報簿書期會不知大體秦俗尙告訐任刑罰今不避秦轍是後車又將覆也先王執勸善懲惡之政堅如金石而必曰禮云禮云者貴絕惡於未萌以起

敎於微眇也孝文以爲然使草具其事儀與禮樂悉更秦法而絳灌大臣短而抑之史公悲賈生之窮乏不止其身也故既善其推言過秦之說復箸之屈平以明其志所以深致慨於娼嫉壅害而爲萬世有心維持禮教者慟也管晏之動爛然矣史公乃推本鮑叔艷述越石凡以尙讓重義之教必待入而後行庶幾帝臣不蔽足以黜利去爭隆禮而興孔子之業耳相其折衷遂比於春秋爲謬自居整齊世傳非所謂作而卒謂奚以拾遺補藝成一家之言明爲百王大法非僅一代良史而已孟堅讀之乃不得其旨歸猥以爲陷刑之後貶損當世是非頗謬於聖人史公所爲著於書首大聲疾呼非好學深思心知其意固難爲淺見寡聞道者也又附記曰絀禮

尙法以爭利秦治也漢初因之至孝武興禮重儒顧尊飾五
帛鐘鼓以欺世而嚴刑嗜利反甚於高惠文景之世遂使利
操大權而斷人心如鶩是天意欲變古今之局故史公發憤而
作全書言曆書而歎者三一厲王好利惡聞己過一孟子言
王何必曰利一公孫廣厲學官之路其義類可見矣按此論
甚有條貫然亦有支蔓牽强處如以首秦伯伯夷爲表讓孝
文竇后爲啟孝武皆失實

評林引宋林駉曰六國年表所以示天下之名分故齊康公
之十九年爲田和遷居海上而書曰齊太公卒且繫之康公
二十年康公既卒始書曰齊此尊卑逆順之正理可見矣按
此亦據實耳蓋雖遷海上而號未廢也

秦楚之際月表

趙恒曰秦楚之際者秦二世子嬰楚則陳涉義帝與項籍也
初作難至成於漢家　史公以陳爲世家項爲本紀不數義帝
虛名卽此意後人不知因多妄論
王跡之興至爲天下雄　此所謂古今之變也苟非秦已并兼
大勢集於一安得起一方而爲天下雄易代如是之速
豈在無土不王至豈非天哉　封建時皆有土乃王變爲郡縣
乃莫之爲而爲故　以爲天既云天則非以聖矣其兩言聖
皆止作疑詞本非聖而不得不言聖以杜效尤後世郡縣之
天下立言多異於古卽以此故史公於此盡吞吐抑揚之妙
後人鮮能識之

錢曰別項於楚者義帝雖項所立羽不爲義帝用也且項梁
與沛公起兵皆在涉未敗前其後權奉義帝不得竟係於楚
列漢於趙齊之下魏韓之上趙齊强也趙先於齊據起之先
後也按此說極詳細標楚者統一時之勢別漢項於楚者核
並起之實梁謂漢封出於項故項先漢又謂趙爲王先於齊
漢不後於趙齊則拘論也

林駉曰秦楚月表上尊義帝而漢居其中明大義也錢大昕
與梁曜北論史記書曰足下謂秦楚之際月表當稱秦漢不
當以楚踞漢先儼然承周秦之統蒙未敢以爲然也此篇微
指厥有三端一曰抑秦二曰尊漢三曰紀實何謂抑秦秦無
道史公所深惡也秦雖并天下附書於六國表之後不以秦

承周也及陳涉起秦猶未亡也而卽儕諸楚齊燕趙之列猶
六國視之也雖稱皇帝者再世與楚之稱霸王等耳表曰秦
楚言秦之與楚匹也何謂尊漢史公以漢繼三代不以漢繼
秦若繫漢於秦之下是尊秦而貶漢也十二諸侯年表不題
周而周尊秦楚之際月表不題漢而漢尊秦楚皆亡國之餘
以漢承之失立言之體矣何謂紀實楚雖先亡覆秦之社稷
者楚也高祖親北面義帝漢王又項羽封之秦亡之後主天
下命者非楚而何本紀既述其事而表又以秦楚之際目之
言天下之大權在楚也案梁說固非錢辨亦謬是書乃通史
不以漢爲主表之用所以齊不齊秦統一時本不須表故附
書六國表後而不別立秦末則須表故立此表名秦楚者止

以上接六國下接漢興耳此乃事之自然非有抑秦尊漢之
意錢氏所說皆是支詞自序曰八年之閒天下三嬗夫豈不
以楚漢繼秦乎要之史表所以明事勢非以褒貶一切推測
爭論皆無謂徒勞耳
漢興以來諸侯年表
梁曰漢書遷傳無興以來三字是也此後人增索隱本侯下
有王字按興以來三字不必後增王字則當有諸侯王乃當
時定名以別於古之天子乃稱王也
崔適以此下五篇首稱太初謂為褚補已辨於序論又謂遷
述漢事不自此始而臣遷之稱實出於此亦不成僞證
非德不純形勢弱也　趙恒曰下文形勢雖彊要當以仁義為

本仁義雖應上而直貫後二表敘論之意惟仁義為本故奉
上法則為篤仁義而久存於功臣侯表見之當時以仁義成
功而久存者其惟長沙乎惠景侯者表見之
尊卑明而萬事各得其所矣　吳曰此文以末二語為主此非
頌美也探其削弱諸侯之意而為之詞耳班序論削弱太
過仍本此意為說按末二語固是為當時進言之不可以削
弱為已足然尊卑之言則非反詞當時自患太強自當抑損
上文言諸侯稍微未嘗言削弱太甚史公自不及見後來事
不可鑿之使深
益損之時　楊慎曰漢初之彊庶孽為益後之抑削為損
以上二表殿本皆別考定王氏曰史記稿本諸表恐亦多所

未定特義例犂然耳
高祖功臣侯年表
林駉曰十二諸侯年表以下以地為主故年經而國緯所以
觀天下之大勢也高祖功臣年表以下以時為主故國經而
年緯所以觀一時之得失也按此亦鑿說也十二諸侯諸表
備列甲子非緯格所能容而國則無多自當緯國而經年高
祖功臣表以下國多非緯格不能容而年則無多固當國經
而年緯此自不得不然非有用意也
方氏曰漢武以列侯莫求從軍坐酎金失侯者百餘人遷不
敢斥言其過故微詞以見義言古之道篤於仁義以安勳舊
而今任法刻削不同於古帝王殊禮異務各以自就其功緒

豈可混而一之乎刺武帝用一切之法而使尊羣下而成其
南誅北伐之功也吳曰篤仁義奉上法皆就為臣者言意主
諷上詞專舉下
異哉所聞　方曰異於古河山帶礪爰及苗裔之意也吳曰謂
異於春秋尚書千載之封也
功狀中屢稱呂澤為悼武王知是呂后時陳平所定
惠景閒侯者表
梁曰此表不曰功臣者蒙前表省遷傳作惠景閒功臣非也
太史公讀列傳至便侯　董份曰獨以長沙發端即賈生所謂
欲皆忠附莫如若令如長沙王也吳曰此說非是長沙王子
乃呂后挾私意封之所謂無功而侯者也史公為之回護乃

言遺澤耳按吳說非也呂后意固私然非高帝嘗著令亦無因史之稱長沙固不妨為正言也

及孝惠迄孝景間五十載云云　趙恒曰高祖遺功臣一也從代來二吳楚之勞三諸侯子弟四肺腑五外國歸義六便侯郎在遺功臣內方曰仁義謂追修遺功臣及諸侯子弟肺腑外國歸義封者成功謂從代來及吳楚之勞封者

建元以來侯者年表

殿本攷證齊召南曰漢表列長平冠軍於外戚恩澤甚失平衛霍之功豈可以呂竇王田例史記敘功不曰皇后弟姊子可謂公論按齊說非也班書分立外戚恩澤外戚雖有功亦入焉竇嬰霍光亦在不獨長平冠軍也遷書本不分外戚恩澤自當列於此史公固不滿二人者也即班氏敘功又易嘗曰皇后弟姊子乎

少孫之補有可資攷證者如書蔡義韋賢以帝師為相有譏刺意著魏相譖毀韋賢可以補漢書之闕記張章事可見霍氏反謀出於影響以陽平終而曰盛貴用未聞知畧益亦有見而慨言之也

建元以來王子侯年表

殿本攷證齊召南曰漢書直題曰王子侯表起自高祖封冀頡而史記截自建元最有深意蓋武帝以前即有王子封侯出自特恩非通例爭主父策行則王無不侯而諸侯益弱矣

制詔御史　梁曰此詔與漢書不同豈班馬於詔詞亦擅改之耶按史家載文自當刪竄乃通義也何足為疑

太史公曰段　宋陳仁子曰似頌似諷

漢興以來將相大臣年表

梁曰此惟缺前序天漢以下後人所續非本表有未完也按崔適以此篇至鴻嘉為僞其所舉證止司徒一訛不足證也王曰大事記遂為後人所宗將相御史則百官表所由昉也按紀既題綱本不須有大事表此不過為大臣對照耳此篇有倒書者不知何意又不盡一例寫誤

太史公書知意四

書

禮書

趙恒曰論三代制禮大義與秦漢之禮其畧已具於此論於秦則曰悉納六國禮采擇其善於高祖則曰抵皆襲秦故於文則述其繁禮飾貌之言於景則言官者養交安祿莫敢復議於武則載其制詔之詞雖能獨斷創始然觀其近俗爲制因民而作之語則因秦舊亦多矣此大畧已具者也所缺者改正朔封禪易服色度數儀文之常然改正朔封禪已詳封禪與歷書而封禪書之論又曰有司存是其意又不欲圖書而見也今不知其缺不具者果原無其書耶或果出亡遺否

也按趙論甚篤儀文度數別有專書非史所宜書非史所能盡也

評林引楊慎曰自禮由人起至儒墨之分一段荀子禮論之文自治辨之極也至刑措不用一段議兵文自天地者至生之本也至終皆禮論之文乃斷至矣哉之上加太史公曰此小司馬譏其率畧無陋其爲褚少孫補明矣殿本攷證張照曰張晏所稱褚先生補書未及禮書今攷太史公曰洋洋美德乎以下至垂之於後云句太史公禮書當如是止矣以下則後人取荀子補之耳不知禮意禮制已備舉數百言內不必補也末又横加太史公曰字作禮書贊謬戾已甚按此說極是錢氏謂有今上即位之文非褚生所補梁氏亦知荀子及後人補而謂僅存一序則誤矣崔適以此篇爲僞曰敍論專爲太初改正朔易服色發非麟止前語錄禮論與漢事不相接按崔氏何以知專爲太初發後人補何以專論太初耶後加語亦豈得爲前文全僞之證耶宋林駉謂載孫卿禮論而不載叔孫綿蕞者以見野儀之失古禮之得則又鑿說明茅坤謂禮樂書揣摩影響反以褚少孫所割裂加太史公曰以下爲備古尚鎔且謂爲思古傷今是直不讀荀子矣

豈人力也哉　方曰自秦以後古禮所以終不可復者以漢諸帝皆挾私意苦其拘縛而樂秦之汰侈故首揭其義曰豈人盌哉見其出於天理之自然而非聖人所以强世也按此說亦是但史公雖知禮緣情依理異於荀子而仍止以表尊榮

爲說義猶狹也

觀三代損益云云　方曰此言三代之禮具存惜四君皆樂秦之故而不能復耳

故德厚者位尊云云　方曰非使肆於民上以爲淫侈也按此言貴賤只以別分非以尊君末世專以尊君則禮廢所以惡叔孫通後言尊君抑臣亦反射此意

仲尼曰云云　方曰僭禮者於諸侯舉魯秉禮之國也於大夫舉管仲賢大夫也魯之僭禮多矣而獨舉此者禘雖典祀而行之者怠慢尙爲聖人所不欲觀况以封禪爲不死之術乎正與篇末以封泰山爲典法相發封禪書引或問禘之說其義蓋亦如此按禘爲事天事祖之大本故首舉之禮運首仲

尼之歎即此義方氏未明

而况中庸以下三句　方曰不以禮防之而以俗誘之倘可禁民之淫侈乎

孔子曰必也正名云云　方曰名以禮正故拂時君之欲而其徒守禮者亦遂為世所擯

至秦有天下云云　方云秦人以私意背天理故不合聖人制禮之意其尊君抑臣即所謂不合聖制者而儀法則依託於古所稱朝廷濟濟以漢襲秦故不敢斥言其非也

孝文即位云云　方曰無躬化禮不虛行有躬化而不行先王之禮亦不能化民成俗以孝文之德而如此惜哉

孝景時至事在袁盎語中　述此事者明孝景以好刑名而不興禮蓋以禮抑臣不如竟以刑名為易效晁錯亦一叔孫也此即荀卿流為韓非之故方氏未知此義不明則此節為冗文矣

或言古者太平云云　方曰正與武帝時四海騷動百姓愁怨災異數見相反蓋諸儒之私言也故曰上聞

議者或稱太古五句　方曰惡復古而樂秦情見乎詞

乃以太初之元云云　方曰禮乃止此乎此足以宰制萬物役使羣衆乎以是為典常垂之於後則古禮終不可復矣

樂書

茅坤謂史公采樂記以成文趙恒方氏則以後半樂記為後人所續張照曰太史公目下敘虞書以至秦二世見古樂之失傳自高帝過沛至天馬來志漢樂之梗概後載汲黯正直之言公孫宏諂諛之語以結之以明漢樂所以不興馬遷之時所應作之樂書如是止矣然則樂書未嘗不竟也後人復將樂記寫入又取晉平公事附益之而遷之意晦矣梁氏曰樂書全缺此乃後人所補序言仲尼作五章不知所指李斯議焚書安能諫二世放棄詩書大風歌有三首而無三侯其曰今上作十九章漢志武帝時作安世房中歌十七章郊祀歌十九章以為房中歌不可言十九以為郊祀歌則十九章竝太始三年赤蛟歌數之又非史公所及覩史公作史時尚未定十九章之名且同為郊祀歌何以止載四時太一天馬六章而太一歌不但字有增減竝刪去四句天馬歌全與漢志別俱不可曉其曰中尉汲黯譏馬歌丞相公孫宏謂黯誹謗攷馬生渥洼水作歌在元鼎四年禮樂志誤以為元狩三年因元狩二年夏得馬余吾水中遂移屬渥洼耳獲宛馬作歌在太初四年春而公孫宏卒於元狩二年三月不但渥洼大宛事不及見即余吾馬亦不及見黯未嘗為中尉得渥洼馬時黯在淮陽得大宛馬時黯卒已十二年困學紀聞通鑑答問謂樂書後人所續厚誣古人豈有遷在當時而乖舛如此至中段既直寫樂記濮水聞琴節又攙用韓子十過篇尤為冗濫又崔適吳汝綸俱以此篇為偽亦據弘黯之不及見宛馬按梁氏所疑仲尼五章不可攷不足疑李斯之主焚書乃以愚民非謂君臣皆不說學諫語不足怪惟後半載武帝詩

及黠宏語之外謬則證據確鑿然前半實詞旨深美頗不易作郎非遷書亦良史也吾疑此篇原文當至世多有故不論句止十九之九字當是誤文自又嘗得馬以下乃後人續記耳若采樂記攙韓子則趙張方氏皆知其非原文更不得因之而概斥首段爲僞董份及方張王諸人皆重視末公孫宏斥汲黯語說爲譏刺方氏且謂與首段股肱不良相應則失之不攻至尙鎔竟以所錄樂記爲規諷終以平公聽樂致災刺武帝更疎矣

余每讀虞書云云　首以恐懼爲說即後主節之議乃針對武帝之流湎方氏謂股肱不良爲末引公孫宏發則不攻末之非原文也

君子不爲云云　此下論樂雖主盈而要當以反齊之之義當時阿諛之臣蓋皆以治定功成諂武帝無以恐懼持盈之義進者故史公諷刺之

所以節樂　董曰以減損爲樂此有傳授之言按太史公言樂專取主減一義即樂記盈而反以反爲文之義蓋武帝之爲樂不患不盈但患不反

自仲尼不能與齊優　趙曰此段重看惟孔道不行是以古樂不興與禮書必也正名一條意同蓋孔子爲禮樂之主也此論非子長不能爲按此即史公尊孔攷六藝處

趙高曰云云　高言以和悅爲尙是知樂主盈而不知反也其言一世之化是後來偷懶自爲者之常談武帝之造新聲正是趙高之意

高祖過沛云云　方曰首載三侯之章次及惠文景於樂無增更次及武帝所作十九章四時之歌而明著其指曰世多有故不論則漢之樂更無可言者矣或乃疑其辭事未終而以古樂語續之謬矣

律書

漢書音義云律書缺無書又張晏數亡篇有兵書司馬貞言今律書即兵書褚少孫以律書補之分歷述以次之楊慎曰按自序律書即兵書非亡而未補也歷之氣實應乎律非分歷數以次之兵與律相因先儒謂史公論文帝寢兵息民天下和樂爲得論律本意余以爲此書雖頗殘缺而補綴之非

全失而全出褚少孫手也柯維騏曰此律書也何以兼言兵按周官執同律以聽軍聲詔吉凶兵之資乎律尙矣史遷雖兼言兵而所重在律宋儒陳永嘉謂其知制律之意蓋指其言兵也蔡西山謂自太史公之後無識其意者朱子亦謂太史之法可推蓋指其言律也其非兵書與褚先生所補明矣趙恒曰律爲萬事根本而兵戎尤重所以畧述律而言兵兵與律應易所謂師出以律也以律則爲黃帝顓頊成湯不以律則爲桀紂故兵不可廢而不可黷歸於偃兵息民而天下和樂禮樂乃與高祖偃武孝文不議軍然禮樂之事謙讓未成至武帝則窮兵黷武何足與於制作之盛哉論中雖不言而意可知其畧述律而言兵以息民天下和爲制律之本可見

後世屑屑於黍生尺量求音者淺矣此論非子長不能到謂疏畧興亡逸者均妄也方說畧同柯趙按言亡逸者趙翼廿二史劄記曰此篇最無頭緒蓋少孫補作時見遷序目言兵故以兵律相關爲言其正文則以律書爲名遂專取律呂以釋之崔適曰此後人取漢書律志補之敘論武王伐紂吹律聽聲等語乃補竄者用爲僞託兵書之據不知兵書當言卒乘之制此仍見其不類也言疏畧者王若虛曰多敘兵事何關於律若果兵書安用許多律呂事梁曰律爲兵家所重故史公序律先言兵皆賢謂律書卽兵書是已然言用兵之事僅七百言未免於律意太遠且止述歷代用兵之事而不詳其制又不及漢景武毋乃疏乎拎小司馬言分歷述以次之

者謂旣取律書爲兵書乃分其餘言歷者爲下篇歷書楊氏未明其意其以爲褚補固是亂斷而謂是本名兵書補以律書則證之自序與張晏之言頗似可信今文固甚可疑律與兵究是二事安可牽合若謂相關則兵家亦用陰陽可合於歷書軍亦貫禮又可合於禮書柯氏謂史雖言兵而所重在律然今文則似所重在兵正如王梁所言且自序亦止言兵與柯說相反楊柯趙之說固未能勝王梁也顧此補者何不直采兵家書以補兵書而乃以律書補之使與自序不相應又迂說以牽合兵律自留破綻此似不近情理索隱之說殆亦未可遽信若黃淳耀謂後半敘律其文簡質變化非褚先生所能辦此又不然補者本取古書古書固簡質耳

張文虎舒藝室隨筆曰欽金氏輔之云孟堅刑法志實本子長律書之旨古者師出以律故名爲律書蓋卽兵書也褚少孫妄作輒以律書補之坿會周官執同律以聽軍聲之說與子長作書本旨刺謬殊甚案金說是也自漢書以律曆同志後代之史多效之皆以爲本于孟堅不知孟堅實本子長其自序曆書云律居陰而治陽曆居陽而治陰律曆更相治閒不容翲忽據此知今本律書十二律名義及律數分寸史公元文必在曆書其篇首王者制事立法物度軌則壹禀于六律六律爲萬事根本此四句當爲曆書起首之文正孟堅律曆志所本其下文書曰七正二十八舍云云至終篇皆曆書之文中閒兵者聖人所以討強暴以下至孔子所稱有德君

子者耶則律書本文蓋史公此篇明聖人不得已而用兵之故以爲窮兵黷武民不聊生及將兵失律者諷故不曰兵書而曰律書續貂者不知其意徒見律書殘缺輒割裂曆書之半以足之又自覺其不可通乃妄摭其於兵械尤所重以下至何足怪哉凡六十字以聯絡之謬矣史公自序總論八書別兵權于律曆之外小司馬云兵權卽律書也遷沒之後亡褚少孫以律書補之又似八書外別有律書者由不悟律曆同篇而法律樂律字同義異也按此說最精卽本索隱而推明之楊氏所不及王梁之疑可以解矣蓋張晏魏人其言兵書必不謬序目于此篇止言兵無一字及律于下篇則兼言律歷甚顯白今此篇反言律下篇反不言律其爲改竄何疑

或曰如張氏說言兵一段是史公原文則此書固未亡張晏何爲言其亡後人何爲移補曰晏所謂亡者今本固多存無僞迹此言兵一段綜敘大畧與禮樂書同斷是太史公筆此綜叙法依東漢以後史志塡寫制度之例觀之則似止一序彼以爲亡者卽以爲序存而正文亡耳禮樂書之補以荀子樂記亦此見也三篇正同一例皆魏晉間人不知史法誤以史公書爲未足而增之禮樂二書有記可用此書言兵無成文可用又見其名爲律故分下篇言律者入此而妄加數語以牽合之耳

武王伐紂證兵律相應下乃符言兵

誅伐不可偃於天　先作揚語非正義下接桀紂窮兵之害乃正義也

太史公曰段　複贊文帝鄭重言之

書曰　柯曰太史公旣論文帝時天下和樂禮樂可興故繼以律呂之說云書曰者乃太史公自言其律之書猶下文云術曰之類或謂引尙書非也按柯氏所說論文帝而繼以此雖傷於鑿而以書目爲目下文則確

歷書

梁曰歷書缺惟存前敘然篇首昔自在古至難成矣百餘字乃大戴誥志篇而倒亂先後改易字句不可解按八書本無序後世名之耳其術別有專書史公故不著也安得認正文爲序哉刪取戴記史公常事倒亂或出傳寫不足爲疑崔適更以與五帝本紀矛盾及訛誤處爲僞之證尤非已辨於序論

昔自在古至順承厥意　此段明歷之大義宗夏時也

民是以能有信云云　引國語者太史公職在天官歷算與神仕相聯故著神事之古誼王氏曰天官史公家學文與禹貢周官伯仲

歷術甲子篇　張照及梁氏斷此爲後人所附是也

天官書

梁謂似缺前序非也八書皆無所謂序梁皆誤認崔適以此

篇及下篇爲僞已辨於序論

封禪書

宋人多謂史公以古郊祀禮與方士怪妄之說並載爲非此不知史述源流而以邪正繩之也

自古受命帝王曷嘗不封禪　方曰但不以爲合不死之名接仙人蓬萊士之術耳

蓋有無其應至是以即事用希　楊愼曰此一篇之綱要也曰無其應而用事後所論秦始皇曰豈所謂無其德用其事者耶應此曰雖受命而功不至謂未有天下而政不及泰山所謂文王受命政不及泰山應此曰至梁父矣而德不洽至梁父謂已有天下而政及泰山所謂武王克殷天下未寧而崩

周德之洽惟成王亦應此以漢高比武王則德猶未洽也曰洽矣而日有不暇給意謂漢文也睹符瑞而泰功至德洽而暇給意雖屬武帝而辭有憾焉

伊陟曰妖不勝德至桑穀死　方曰有德則妖異不爲災與贊鼎一角獸反對接郊祀乃鬼神之義故著災祥

巫咸之興自此始　巫祝郊祀之義一也故著之

由是觀之二句　方曰始祗肅舜禹之典祀大戊武丁之修德是也後稍怠慢孔甲之好神武乙之慢神是也正與高文重祠敬祀武帝好仙瀆神相對其餘湯武之封禪皆肅祗之類秦先公始皇之淫祀皆怠慢之類

於是作鄜畤　方曰郊畤之興妖妄之說皆自秦始

黃淳耀曰屢用　或曰字盍字焉字若云字皆疑辭按此說是云者彼盲如此也

而後世皆曰秦繆公上天　方曰黃帝鼎湖亦猶秦繆上天之妄故於後特書繆公立三十九年而卒

管仲曰段　著管子語見古者固有封禪而黍禾茅藉乃管子設詞非實後世信之爲誤也方曰管子能止君之妄與漢公卿不能辨明相反對

而孔子曰段　以孔子語斷明郊禘之說即封禪也此乃全篇要義舉其本義以明方士之非班書改名郊祀志亦沿此義封禪乃古者升中告代之禮羅泌路史及近儒阮元孫星衍論之甚詳馮班謂封禪古禮儒者諱言之以爲失德之舉是

也史公之父以不及與封禪爲恨彼固以是爲大典也史公非不信有封禪一事特不足於武帝之求仙耳方氏以引經爲明古無封禪梁氏則謂牽引郊社爲黷經引孔子爲嫁名由不知封禪之本末也管子言致瑞而後可封禪即有事天事祖之德而後知禘之說此即無其應而用事之正面季氏旅泰山以下僭上無其德與位而用事也方氏又謂孔子論述不及封禪則傳言七十二王亦無稽之談可知孔子欲斥爲妄則傳有是言而實爲典祀所不載是以難言之而置弗論非謂其儀曠不舉而俎豆之禮難言是誤解此段之語也

周人之言方怪者自萇宏　自首至此爲一段明古災祥舉尚書周公孔子語以明正義

周之九鼎入於秦至泗水彭城下　方曰書此著鼎出汾陰乃
附會之妄
徵齊魯儒生　郊祀義亡儒者不知故方士得以乘之故書此
及武帝用趙王徵羣儒以見意
八神　歷舉之見與古異古郊祀禮具存六經故不載
自齊威宣之時至不可勝數也　此明方士起於燕齊非古所
有與巫咸之巫孔子所言之禘周官之巡狩郊祀異
始皇封禪之後十二歲秦亡　方曰大書之與孔甲好神三代
而亡武丁慢神二世而亡相應
自今祝致敬毋有所祈　方曰與封禪合不死藥反對
使博士諸生刺六經中作王制　方曰書此爲後羣儒采尚書

周官王制望祀射牛事爲封禪禮儀張本
羣儒既已不能辨明封禪事二句　方曰不能辨其非接仙求
不死術也不能騁見詩書古文無封禪不敢如方士之騁其
誣妄也
太史公曰一段　楊曰表者其外之儀文也裏者其內之德也
方曰漢武封禪以爲招來神仙致不死之術而假儒術以文
之故曰具見其表裏以儒術文之用自託於古帝王之功至
德洽者表也而妄意於上封則不死者裏也究觀方士祠官
之意言推究其意專以逢君而不主於敬神也按表裏二字
楊說是此文本云自古以來非專指秦始漢武
章實齋方志立三書議曰馬遷八書皆綜核典章發明大旨

者也其曰籩豆之事則有司存此史部書志之通例也馬遷
所指爲有司者如叔孫朝儀韓信軍法蕭何律令各有官守
而存其掌故史氏不能一概而收耳
河渠書
崔適以此篇爲僞直言錄漢書而絕無一證
吳曰以河爲經以諸渠爲緯故曰河渠書
平準書
林駉曰平準一書固述歷代也正以譏當時征利之非茅坤
曰窮兵黷武酷吏興作敗俗僨事壞法亂紀皆與興利相爲
參伍相爲根柢故錯綜縱橫摹寫曲盡按此篇名平準本以
武帝時事爲主故漢前事不詳林說非也茅說甚明利重則

義輕吏道雜酷刑生不僅害貨而已也故文中多推論及此
牽引淮南衡山之獄公孫宏布被之事皆此意
統觀全篇史公未嘗非卜式自輸財固其忠武帝苦費而羊
利宏羊孔僅等之搜括於民非式啟之也天下不樂輸縣官
乃斂之不善如式者少也而括取之則病民矣史公既引式
言以著鹽鐵租船之害又引式言以著宏羊之罪未有非之
之意後儒爭詈之何哉
黃震楊慎董份茅坤皆以末烹宏羊一言爲意所在顧炎武
亦以爲不待論斷而於序事中即見其指楊氏又曰先敘漢
事而贊語乃述自古以來而微寓詞於武帝敘事之變體也
柯氏曰史公此贊乃平準之發端耳上述三代貢賦之常中

列管仲李克富强之術下及嬴秦虛耗之弊然後次及漢事文理相續所敘武帝事未竟而遷死其書未成故就其文止於烹宏羊天乃雨後人截其首一段移爲書末之贊耳或謂遷用烹宏羊結以斷武帝之罪殊非本旨姚氏顧曰柯說最當唯云其文止於烹宏羊天乃雨爲敘事未竟而遷死則非是史公此書以平準書爲題敘至此年置平準則事竟矣載卜式之言以論平準之失義亦盡矣無可復益爲長語矣此書止於元封元年較封禪過十年以據任安書少卿抱不測之語推之是征和四年史公尚在見任安之及禍又過封禪十年豈因其死有未竟哉若太初二年籍吏民補車騎馬太始二年鑄褭蹄麟趾之類此在漢書食貨志似當續入乃爲

前後相備而班氏於元封元年之下遂入昭帝事則疎漏耳方東樹曰望溪曰七書皆依世次順敘以其事歷代之所同也平準乃武帝一時之法故以上古及秦事綴於書後體當然也竭天下之資財以奉其上而猶不足秦漢所同舉秦事而漢不必言矣王氏曰顧說正足與方說相發獨柯說異論姚氏取之考據尤精顧以論文則方顧較得之史公八書大同小異七書皆列古事於前而亦各不同如律書獨先後兩太史公曰者先論其事後載其術也歷書敘不多其前古事載太史公曰下天官書起首卽敘星垣亦將前事載太史公曰下常疑歷書天官書太史公曰字皆馬遷舊文以歷與天官其家學太史公曰本云遷父談之言也吳汝綸亦不從柯

姚說謂此起句正以無端而來爲貴贊以秦弊終之爲此句申解亦自相首尾按顧說與方不同然按文實當如柯姚說後之物盛則衰卽前之物盛卽衰也秦弊未說何可遂言承秦之弊哉秦錢重難用究何重也凡此皆當如柯說王吳徒知以文論然嘗竭天下數語豈必在後而後可其說似深實淺論斷在前固不妨先斷激射後與後論激射前亦何異哉卽爲武帝一時法敘古事以發端亦何不可吳說尤幻不可信案首秦錢重下集解不說秦半兩錢索隱乃說之蓋秦錢半兩末段已著之集解本猶未倒故不待說索隱本則已如今本矣此柯說之顯證梁氏仍主方說未細審也

崔適曰此錄漢書食貨志而任意割裂也志上篇曰漢興接

秦之弊上承始皇并天下內興功作外攘夷狄而言此無上文則接秦之弊何弊乎又云自天子不能具鈞駟將相或乘牛車上承民亡蓋藏下啟約法輕租而言其下篇曰以爲秦秦錢重難用更令民鑄莢錢上承秦錢半兩而言此書於將相乘牛車齊民亡蓋藏下突接云於是爲秦錢重難用語無倫次至此又曰首言漢興接秦之弊上無所承不似起語豈非書截志之上文乎末卜式曰烹弘羊天乃雨下無所接不成收語且突然而止直似弘羊果烹而天果雨者漢書下云武帝拜弘羊爲御史大夫明言卜式言之不用而超遷弘羊也豈非書截志之下文乎按末段移前而無所承之疑解矣末段固在何云截去上文漢書之文整齊以相比較似此反

雜亂然史公之文固不整齊而貨幣關係民生綜言亦何不可至於末語又意自完弘羊爲御史大夫乃在太始二年故班書於天乃雨下有久之二字太始事自史公所不及見亦豈武帝不聽卜式而遂超遷之耶論斷已在前文此處又不容顯加論斷故止此崔氏云不似收語豈必如後之文終以語詞乃爲收語乎

太史公書知意五

世家

吳太伯世家

楊愼曰尚書首堯典舜典春秋首隱公世家首太伯列傳首伯夷貴讓也按此說非說詳伯夷列傳及自序

史公書本未盡磋磨之功班叔皮所謂刊落未盡不齊一者也世家尤多罅漏此篇疏誤梁氏已詳惟吳別封虞一事乃史公攷得故既敍而復總計之贊復言之贊亦姑作數語無深義歸方圈點皆多事耳

梁氏曰世家於列國事有附書在當年者有追書往年者挂一漏萬殊無義例豈皆本舊史耶王氏曰此於共和五霸及列國時事獨不具者吳未通上國以前列邦皆不赴告史公著諸世家其於各舊史完缺不一要皆各有所據而爲之按史公書惟秦本紀據舊史有據至諸世家惟有左傳國語國策事實及譜系年代間采雜說耳何嘗據舊史耶挂漏乃史公常事不必豔也王若虛竟以世家中記他國事爲徒亂其文無關義理則悍矣又如錄季札觀樂入此篇洪範入微子世家亦皆不必求其義

昔有過氏段　王曰不載夏本紀而載吳世家要不可解史公不過襲之左氏云爾恐亦無他見也按此即所謂刊落不盡尙有盈辭者也

黃淳耀曰齊世家載管晏事吳世家載子胥事越世家載范

蠡事鄭世家載子產事葢皆掇其大者而管晏子胥另立傳范蠡又入貨殖傳子產又入循吏傳太史公之惓惓於五子至矣獨不為季札地乎豈以其讓國大節已見吳世家中欲別立傳無可稱述乎愚謂管晏事功既詳見齊世家而本傳止摘其一二逸事如札讓國之外豈無可論者即觀樂事已足別立一傳矣札為聖人所許乃不得與管晏比太史公於此恐失大書特書之義也按此說亦似是而非范蠡事附書越世家正與季札事附書吳世家同非掇其大貨殖之述蠡僅備源流非為立傳循吏之子產乃偶采雜說亦非重為子產作傳管晏為齊人所盛稱春秋士大夫為戰國時著書所託者惟二子故必專論之季子觀樂之外蓋無可稱觀今所

存古傳記亦絶少道季子事者史本不以立傳與否為褒貶也

齊太公世家

史公兼取雜說如此篇書陰謀傾商就國報政皆未詳攷所謂刊落不盡者也凡諸雜說出於何書今猶多可攷見古文家圈點以為史公之妙攷據家糾駁以為史公之失史公皆不任也整齊百家乃是其志然力有未逮見有未周以今所傳古書觀之所采僅十之三四而十之五六非皆不雅馴也若以所去取為信否之斷則誤矣此篇景公坐柏寢混三事為一事且晏子之諫多矣何獨取此亦顯係鈔左傳而誤參雜說凡世家中敘事訛舛皆隨手排比之誤其排比左傳續

有痕迹顧氏謂其與左傳不同者當以傳為正是也吳攷綸評首載獵渭陽事謂此等俗說史皆載之所以博其趣夫史公志在厥協異傳正當刊正謬妄何反博其趣耶

與太公作此泰誓　董份曰此字不知何意馮班曰尚書不言太公惟此泰誓有之與詩相應按此說足見攷信六藝之旨然此字則非此意自是衍文耳

凡世家書共和及晉楚秦諸大事霸迹孔子生卒則皆有意程一枝謂秦繼周而王其始為諸侯列國世家謹書之孔子繼周公而聖其相魯而卒列國世家亦謹書之皆以係天下之大黄淳耀曰諸世家於王室始亂伯主代興皆謹書之如厲之奔宣之立幽之弒周東徙雒秦始列為諸侯桓文宋襄

楚莊之立卒與申生之殺及敵國相滅各國弒君皆三致意焉而於孔子之生卒及相魯尤詳至書魯隱公初立者以為作春秋地也王氏曰是時周室微一段尤諸世家中一大關鍵共和行政宣王中興及周之東遷五伯時事諸世家中率具載之獨尤備於此卷中者葢以齊為霸國首也晉宋秦楚迭霸事備書亦此意其他世家所載亦有多者則過而存之耳

魯周公世家

王氏曰此篇載列國事具見體要則春秋具在耳

管蔡武庚等云云　此節與經不合乃師說不同又采雜說攙入遂使前後情事歧誤

毋逸稱云云　王氏曰載無逸語雖與季札觀樂有別顧於體

製亦稍重膇按首數語亦史公約說其刪存先王事年一節者蓋取與本紀互攷也然當分取入諸紀此殆史公鈔撮而未覆勘之故至載無逸大旨乃明周公之功王概謂重膇未細揣也

作肸誓云云　王曰此段載尚書語往往氣息不貫時代相絕使然雖史公不能强按史公鈔撮經語多疏漏以訓詁字代又未歸一律此乃不及整齊之故非時代相絕

大史公曰段　馮班曰魯有春秋故所論止此

燕召公世家

茅曰燕僻處不與中國會盟境內賢人君子通於上國者少故所書不數事王曰止子之昭王落落數事耳樂毅荊軻皆

自有傳世家特括爲數言亦體然也乃獨簡潔畧無閒字剩何於列國事所載稍繁有過而存之者顧於秦事尤多則滅燕者秦也按茅說是王評末語則非六國皆秦所滅何此獨多秦事乎世家本不整密鑿求反誤

周公乃稱云云　吳曰獨舉此者此篇以用人爲主噲用子之而亂昭王用樂毅而興與此相發也按此說亦鑿以人而亂而與何國不然吾意此乃史公因數人事不傳是書未錄故於此存其名耳

蘇秦之在燕云云　王曰此世家中特詳子之事重提秦代見子之之禍乃秦代爲之也按子之事固當詳無所謂特秦代事本當如是敘亦無所謂提也

管蔡世家

曹世家不列卷數司馬貞謂曹小事少不別題又管是曹見程氏梁氏謂管既無世當以蔡曹標名王氏亦謂標題及卷次前未必悉爲史公之舊此皆拘論也此篇承太公周召之後收拾文王諸子下則列三恪及衞次第甚明白若當別出則宜在衞前不當在此曹國非重豈宜獨夾於三公三恪之間哉且此篇雖題管蔡實總敘文昭曹亦文昭故敘於此猶萬石張叔列傳實不止石張二人陳丞相世家中雜王陵張丞相世家後敘周趙任申屠史公篇題本不取該備也世家二家本不當泥說詳史體論王氏之說則其疑序傳之妄見也篇中曹世家三字梁謂小司馬所加是也若謂管蔡後已

有論當別爲篇則史公本無以論終篇之例後人自名之曰論而提行耳

惲敬大雲山房文集謂同母兄弟之數不宜書於周本紀而魯世家宜書太史公不書其懼傷周公之心歟然必書於管蔡世家者所以見聖人之不幸也管叔無後不得有世家而曰管蔡世家使管叔有後必如蔡仲之封按此說甚曲求之過深耳此自因魯衞已別立此篇盡收文昭故錄總數於此耳

王曰按曹世家秖僖負羈公孫彊兩事耳相映成文國有與立於斯可見觀於論贊史公之意亦顯然矣按此說亦非本有此事豈故爲相映乎桐城家議論往往以事之自然爲文

之妙

記列國事不似諸篇之備畧以點綴時事耳曹世家書魯隱公立馮班曰記春秋之始也

陳杞世家

王氏謂舜之後段較管蔡世家末尤有光燄此吾所不解也故弗采著於傳上　觀此語知世家亦傳之變耳紀傳法經傳固不容又增一爲三體也說詳史體論

衛康叔世家

三恪當相接此獨間其中盖衛居殷墟承武庚也

公孫鞅入秦　凌稚隆曰特書以衛之亡在鞅也

宋微子世家

王鏊曰微箕迹異而心同宜牽連書黃淳耀曰作微子而箕子比干附見焉不幾重微子而輕箕比乎箕子國於朝鮮比干絕無後故二子不得別立世家使爲箕比立傳則與微子不類設以箕比之故降微子而同傳則微子爲宋祖又無可降之理故牽連書之按黃辨實多事本是宋世家非爲微子一人箕比不傳國安得立世家乎

太史公曰段　黃震謂史譏宣公多襄公爲非梁氏謂褒宋襄乃公羊家謬說史公擇而不精按史非果褒襄公正文明言君子或以爲乃傷禮義之闕耳此篇於宣公襄公兩事皆正文據左氏而論語本公羊盖一以存事一用其義

晉世家

梁氏曰史公作世家篇題必書始祖合二爲一則書國乃晉楚鄭趙魏韓六國皆不書始祖此亦史例之可議者詩作於改晉之後猶謂唐風此當書唐叔世家按此殆以但書唐叔則不見晉故變例耳

方曰此篇通以世數年紀爲章

重耳出亡凡十九歲　方曰文公少而得士紀年其出也紀年入而得位紀年因以爲章法

孔子讀史記云云　特舉此見霸之異也

悼公問治國於師曠云云　凌稚隆曰春秋急功利談仁義者寥寥故特紀之

楚世家

梁曰當書楚熊繹世家蠻夷不書爵無謚與字故書名越句踐世家其例也按此說是但史公原不拘此句踐乃始大之君熊繹非始大之君亦不盡同

鄭桓公初封於鄭又晉始亂　書此以二國與楚多事也令尹子文事不書疏也

析父對曰云云　述此語以與首段相參也故析招詩亦不載

周顯王致文武胙於秦惠王　王鏊曰致胙於諸侯史公特書之著周之弱也王拯曰此當書周紀或秦紀耳楚世家書之與諸世家同無當於義法周紀特書秦惠稱王秦紀則書天子致胙義法之正者也

楚使柱國昭陽至引兵而去　此喻何必詳書史公取國策多

未淘汰所謂刊落不盡

幽王悍立　王曰或曰幽王即李園女弟所出李曾幸於黃歇而進之於考烈王者楚祀絶矣上著秦王趙政立下著呂不韋卒有以哉愚按幽王立下即書李園殺春申君何必引書秦事以爲證秦事諸世家皆具書非必於此獨有意也如或說則義近佻刻非古人意故載而辨之

越王句踐世家

梁曰越僭號不應書當删王字按此説非也史於名號皆從其所稱

方曰句踐先世無攷子孫事亦甚畧實傳體也按此説未明世家與傳之分豈在詳畧

王曰龍門意葢以句踐爲五伯之一也句踐已平吳段大書特書觀贊語而其意尤著故列爲世家所以重之也按此説是也所以不題始封之君而題句踐

范蠡浮海云云　何良俊曰貨殖傳止載蠡貨殖事伯越諸謀則附見越世家中其救中子殺人事亦附其後此皆太史公作史法也方曰范蠡謀吳霸越具見句踐語中其浮海以後事又不足别立傳而史公惜其奇故附載於後非常法也蠡事可附而殺子事則太煩瑣按方説是也此事在此本是疣贅史公書采雜説多有編排銓配未定處文家於此乃圈而識之以爲奇若史公所得意者然不知此雜説也非史公之筆也吳汝綸謂越之謀吳用險譎故以莊生險譎之事附著相發明此説尤鑿如不相關之事皆可以類附著則何止此篇乎

鄭世家

梁曰當書鄭桓公世家

乃求壯士得霍人解揚　王氏大贊此節謂史公好奇有意爲文字生色吳氏亦謂此文字恣肆處是皆文家癖病之談也此亦采雜説耳世家中支蔓處不少皆不爲奇

此篇於晉楚强弱甚詳以鄭更事二國也

茅坤曰子産善詞命惜也史公遺之按此篇於左傳所載鄭事采掇去取詳畧多不可解

吳汝綸曰吳世家附季札越世家附范蠡鄭世家附子産韓公順宗實錄用此法案此説亦非唐宋實錄例於諸臣卒下附其小傳乃是制度非韓所創方苞譏韓書爲支吳氏又以爲仿史記皆不攷附辨之

趙世家

史通世家篇謂三晉田氏未爲君以前不宜歸世家使君臣相雜按此與周本紀同不與秦本紀同不必責也

梁曰三晉皆篡國當依田完世家稱名之例書曰趙籍世家魏斯世家韓虔世家按史本不以書名爲貶

歸曰趙世家文字周詳是趙有史其他想無全書方曰秦燒詩書傳記尤甚故五國之事迹春秋傳國語國策外見者甚稀獨趙先世事迹特詳豈與秦爲同祖簡襄以前之史記無

所刺譏者皆存而不廢賤吳汝綸曰史公明言獨有秦記則六國無史可知趙世家所載多小說家言史公好奇罔羅放失而得之非趙史也按吳說是也梁曰史於秦趙多紀不經之夢趙世家載宣子簡子主父孝成之夢不一而已何夢之多乎法言曰趙世多神聖人曼云經史問答曰世家莫如趙之誣謬龎怪按梁說是也何焯謂載秦穆公趙簡子夢之帝所意以飛廉惡來之後昌熾天道不可問則太鑿矣

王謂禱神圖結獨簡子與主父兩事前有嬰杵事為左傳所未載後有觸龍說太后取之國策遂成世家中一篇非常奇采之文按此說非也此實足見史之采擷隨意耳何奇采之有吳謂趙無德而興故詳記鬼怪以為滑稽之指尤鑿矣

王曰廉頗李牧之事有不及載而見之列傳恐冗長也然於頗牧戰事悉書特不及其方畧相如完璧是傳中事世家不書亦見義法之嚴故於伐齊至平邑則書矣

子義聞之曰　此語不必引蓋刊落未盡者也

凡世家引國策有但有其說而未終言其效者蓋多遊士設詞不可徵實也

太史公曰段　唐順之曰獨論遷者蓋罪之也太史凡於美刺但揭其要按此說非也論本隨拈此節亦非全篇之要也王曰補正文所未備或六歲之中事不得詳故附見之而已

王曰中山為國興滅具在此世家中太氏密邇於趙相為消長或漢初其國紀載猶有存者抑得諸故老之傳聞

魏世家

惠王之所以云云　此數句乃策家引而論斷故推論及無適子與趙世家記子義語同為失刪

梁惠王曰寡人不佞　金王若虛譏以為雜亂梁氏謂誤并二問為一楊慎及王氏亦皆以為拙皆不識史家用文約取之例觀梁氏所舉國策誤以魏相田文為孟嘗則史公之采國策亦多失攷未可謂國策不可信而史公所取皆當也

太史公曰云云　史通王若虛皆譏此節之棄事而言數然此正所謂天人之際者也何焯曰此嗟惜深痛之詞譏之者俱非

韓世家

田敬仲完世家

梁曰篇題未有名諡兼書此必後人妄增漢書遷傳無敬仲二字滑稽傳語在田完世家中尤可證此按此亦未然滑稽傳或是省文

史通世家篇謂不當沒齊號而書田完宋馬永卿嬾真子曰不謂之齊不與其篡也梁曰世家皆書開國之君完何不敢為卿何有於世家奈何以後代之篡追崇其先祖齒列諸侯乎當書曰田和世家按題篇無襃貶馬梁說皆非實當曰田齊何鎔謂以完制名本春秋存陳之意且為孔子世家開端則曲甚矣

齊桓公立十四年矣　王曰此語隱然東遷五霸之後一大脈絡亦史公用意處

田乞僞事高昭子至遷晏孺子於駘　王曰此段與齊世家同其間特字句一二小異耳史公於事互見必有詳略此段則齊田兩世家皆不可少之文故不忌複也

田常乃選齊國中云云　吳曰此深惡田氏而極詆其所出之猥賤索隱乃引譙周妄議以爲非實所謂癡人說夢也按如吳說則是史公造作醜言以詆田氏邪果若是則史穢矣

始君王后賢云云　王曰田世家爲列國世家之殿故以此段爲諸世家總結

太史公曰段　此語亦遭王若虛駁謂亂臣賊子皆得以天命自解而無所懲艾按此乃微詞言田氏無功於齊不應得國求其說而不得故爲此詞意謂特厭兆祥耳不可解也史公

此類語甚多

孔子世家

索隱正義皆謂以傳十餘世代有賢哲故爲世家王安石則以爲進退無據黃淳耀謂不可夷於列傳故特抗之何焯謂史公自據素王之說乃變例梁氏亦從索隱正義說謂以德世其家按史公意似止如此然世家列傳本非以分崇卑變例抗之終是多事若梁氏又從晁補之孔子繼宋姜宸英尊周之功諸侯之事之說則鑿矣何良俊謂史公逆知必有褒崇之典浦起龍說亦同尤謬已詳史通駁議

歸曰采摭經傳用心亦勤雖時有淺陋而往往能識其大者評林引作王濟說　按此說是也用心之勤衆史所同未足爲異惟能識其大則卓爾不羣也史通謂重編論語祇覺煩費已駁於駁議

是時也晉平公注云云　方曰首舉天下大勢傷天下之不能用孔子也吳曰史文無此意但言魯以小弱介居強大之間當急求賢乃有孔子而不能用爲可惜耳

孔子年三十五云云　方曰次舉魯國禍亂傷魯不能用孔子也按此即無傷意亦必書

乃因史記云云　此蓋史公所聞於董仲舒者

陳涉世家

孔子不得用於世而春秋變爲戰國戰國并於秦而先王之道隳陳涉傾秦而人君之局變天下大事莫過於君師師道

立而君位無定非復三代以來之舊矣涉固非古諸侯之比然當時名爲復楚固嘗有國幾伯一時雖未統一大勢不可如項之立紀而止列列傳亦不安故史公變例書之此班彪所謂細意委曲者也索隱謂涉列世家以其所遣王侯將相竟滅秦爲首事故馮班謂項梁未起以天下之命制於一人之手故升於世家皆是也乃索隱又作騎牆之說謂當降列傳史通後漢書注古今攷示兒編皆同此論非也王氏曰置守冢至今血食者其所以爲世家然實傳體史公憤書亦好奇之過此說則又迂謬守冢血食便足爲世家則當立世家者多矣世家之體本在紀傳之間何待言傳體哉

茅瓚曰涉雖發難而當時諸王起兵者皆備載於此故稱世

家而首之按此說亦非諸起兵者不盡立國不可爲世家其已立國者又已別爲專篇矣
其故人段　此著匹夫崛起之初之情狀
陳勝雖已死王由涉首事也　此所以不得不列爲世家
褚先生曰云云　此論班固徐廣裴駰所見皆作太史公集解明白可據索隱王氏乃謂爲褚氏妄加何其不攷也王謂班亦據少孫本班安得如此昏憒明有褚先生而乃認爲太史公耶史公以此爲陳涉世家論正以收以上諸國世家之局見諸國爲秦并而陳涉乃崛起亡秦王氏乃謂與陳涉無關是不知而妄斷也

外戚世家

史通題目篇曰皇后而以外戚命章則書天子以宗室紀可乎梁氏曰后妃止宜在列傳若謂代有封爵不妨儕之世家亦應書后妃世家不當標題外戚范史本王隱作皇后紀尤非按孔子陳涉外戚三篇本非世家正義遷之意不過因外戚有封爵以古封建視之后妃之事則本是寄書於此其例本未安後史改之是也后妃又安可爲世家耶

尙鎔曰竇田衞霍各爲列傳外戚之無足重輕者始著於此篇漢書從其例

方曰外戚尊紀漢代不宜稱秦以前孝惠后傳後不宜及迎代王事蓋漢興至居北宮史記之舊秦以前尙畧矣二句末迎立代王語則褚少孫補也吳曰褚少孫雖妄亦不致於文中擬補此文引秦以前承敘夏殷周而言爲漢事發端敘立代王見惠后之卒無嗣於文似皆不爲駢枝按吳說是方說非也少孫所增明白有褚先生字安得遇所不解輒歸獄於少孫乎此書本通史苟史公不著此二語吾且將譏其疏畧篇名外戚秦以前豈無外戚耶篇目所以歷敘古事用國語者正通史所宜此即正文非敘論也方王不知通古斷代之別又不知一篇自成首尾乃妄目爲敘論謬矣迎立代王數語豈爲繁冗以義論則此正明張后之不終以文論亦因以起下文薄后

黄淳耀曰首論歸之於命今以其所載攷之信矣其爲命也寵辱推遷禍福倚伏當其賤也塵埃不足以喻其微及其貴

也天霄不足以喻其遠雖萬乘之君愛憎子母且莫能自主也而況下之者哉信矣其爲命也吳曰此篇譏漢諸后非王侯有土之女而配人主皆命而已其嫉妬求寵又皆妄與命爭也按此篇以命立論故述其出身微賤偶幸而合甚詳與陳涉世家所書同意蓋歎封建廢匹夫崛起選色於微其合不正故不能終悲禍福之無常實傷婚姻禮廢兢慎義亡而夫婦之道苦也意甚隱微方氏未能發明吳氏乃畧見之王若虛則更以爲費辭矣

王氏謂薄竇王衞各爲篇皆史公原文亦謬諸段中錯出諸后妃本一篇書後世提行取易明耳方氏從而圈斷之竟以爲各自爲篇則竇太后後敘愼夫人尹姬衞后後敘王李夫

人皆有不整齊之譏矣

漢興呂娥姁　梁曰本紀標目既緜高后之年外戚裁篇雖缺娥姁之事撮敘大畧體例宜然按此數語明塙王若虚謂呂事已見他篇此恐不須非也

益其家號曰衞氏　加益字故作疑詞也

崔氏曰此篇獨無贊語脫也按此說非也

褚先生曰以下　梁曰此續爲褚生極筆非他蕪陋可比然贊武帝諡死鉤弋爲聖賢雖立言之體究非人情王鳴盛十七史商榷曰每段各系議論皆鄙瑣按兩說皆是梁言其敘事王言其體

楚元王世家

以下諸世家史通譏爲不當立謂宗子稱王皆受制京邑自同州郡異姓封侯亦從宦天朝不臨方域必編世家實同列傳班漢釐草事勢宜然其說是也然漢初諸王實自爲政未受制京邑列侯就國亦臨方域至於五宗三王事乃不同史公仍列之者取與前一律耳武帝以後始僅食稅租故班改之不得因班而咎馬也若索隱謂蕭曹張周五宗三王當爲列傳又不如劉說之周矣

淩稚隆曰伯蚤卒仲王代亦卒不及特爲立言故附此按此說未周仲乃濞父依後史例當書於濞傳首而不然者此篇以高祖近親爲主濞傳以七國事爲主也於此可見古史之以事爲主

不載元王好書諸事梁以爲疏按史公蓋不及知此等殆出向歆所記耳

附載趙王遂事　柯曰蓋以防與先生申公事相類有贅不用均可爲戒王曰楚元趙幽皆親戚遂又同與吳濞反按柯說纖不如王說不載燕靈趙幽隱者通史不必太詳既列於表但舉有事者書之班則斷代必詳各有宜也

太史公曰段　王曰申公防與先生論中補出又一法以其文互見也崔曰論必據傳文申公防與先生之事必世家已言今脫去耳且述元王以下不如漢書詳殘缺多矣按崔說是也

荆燕世家

梁曰遷傳作荆燕王世家是也此脫

豈不偉乎　王謂此句亦抑損之詞而不能言其故偉漢書作危王懷祖讀爲詭按詭偉聲近漢書所據史記乃善本耳作詭則明是抑損之詞

齊悼惠王世家

此別開一篇者以其強大誅諸呂賴其力而後亦屢反蓋幾於春秋之四大國矣

後半敘諸王以地爲綱故濟北後敘王志菑川後亦敘王志以地爲綱者明齊地之裂也即論中意崔適謂敘述多複冗當是原文散失後人補綴而成其說亦未可信

蕭相國世家

以下數人皆以功大列世家耳樊酈等固仍在列傳中也林駉曰雖通侯而皆社稷之臣則亦列於世家近之矣

方云首舉收秦律令圖書進韓信鎮撫關中而功在萬世可知矣末記與曹參素不相能而舉以自代則公忠體國具見矣中間但著其虛己受言以免猜忌雖定律受遺概不著於篇觀此可知立言之體要矣

太史公曰段　楊慎曰末比閎夭散宜生或譏其無謂不知太史斷蕭何咄咄諸將語正在此等不然何不曰與太公望同功王云贊文亦似挹損之辭觀其以韓英爲襯筆可見散閎爭烈殆洋洋有弦外音者且何不言伊呂乎蓋三代以前之人之事不能復見卽何者遂已當與散閎比烈矣豈非概哉按

此說散閎句似求之過深古人之視散閎不如後世之甚高也

曹相國世家

錢曰蕭曹皆以相國終故目錄皆云相國與陳丞相張丞相一例也而篇首一則曰蕭相國何一云平陽侯曹參不稱相而稱侯與周勃同然勃以侯終不可以例參也平津侯亦以丞相終而目錄不稱丞相與蕭曹諸人書法異矣其首則云丞相公孫宏若以蕭相國例之不當繫姓於官之下此皆史公義例之疎也按錢說推求極密但篇題或有義而篇首則不拘本無須深求蕭何起卽爲相曹參則本以戰將列侯纘故與其稱若公孫宏之以侯爲題則著其始以布衣丞相封侯也至官與姓之上下益瑣屑不足論矣後世多以春秋法概史記祇見煩謬而無益耳向鎔謂史記或稱官或稱侯或稱字號蓋猶沿左傳稱謂例未盡純是也

方曰條次戰功不及方畧所以能簡治齊相漢祇虛言淸靜不塡實一事按此說非也參本止戰將敘功據功狀本止如此豈有意爲簡淸靜之治本無可塡實記屬獄市飲醇酒事已徵實矣

留侯世家

良乃固要項伯段　方曰與高祖問答語不載本傳恐與立六國後八不可議辭氣相類也按此說大非史文自互見耳豈可以文調之複而割棄事實乎

所與上從容言三句　方曰紀事之文義法盡於是矣

八難之說王若虛已辨其惑王氏謂鋪張其說多爲之辭猶是戰國策士之習是也武帝時策士之風尚存凡良平事大都類國策所載史公聞而記之必多失實

太史公曰以下　怪老父而又歸之於天蓋史公於陳項以來人才皆不滿不以爲才德應爾而以爲時勢使然此卽所謂天人之際此意處處可見昔人皆不察故眞以項劉爲聖良平爲賢而反譏史公好舍人事而言天命矣吳汝綸謂言狀貌如婦乃輕之敘四皓事亦譏其陰附呂氏以取媚此則鑿之使深之說也

陳丞相世家

少時家貧一段　史公書於秦漢間名人微時事必詳書自陳項及漢諸后諸功臣皆然此正所以著古今之變王氏以爲說沒要緊語乃文之妙淺謬甚矣夫圯上黃石正篝火狐鳴遇龍斬蛇之類也宰天下亦如是肉正彼可取而代大丈夫當如是之類也薄姬與趙管之約正陳涉輟耕悵恨之類也後世不察乃信假說以爲實謂命世之夙成史公當失笑耳幷書王陵足見史之一篇非以一人爲主尙鎔乃謂爲以傀平曲矣

絳侯世家

方曰封侯安劉氏之功具呂后孝文本紀故首敘戰功承以可屬大事共後獨載懼禍遇誣二事

曾國藩讀書錄曰太史公於不平事多借以發抒鬱抑此於條侯父子事卻不代鳴冤苦而以不學不遜責條侯故知子長自聞大道

梁孝王世家

名爲梁孝王實文三王世舉著以包之史公書多此類尙鎔謂當題文三王又言孝王功不掩罪不當以爲主而附二王非也誠知史之一篇非爲一人設則一切疑義皆解矣

梁曰孝王及五宗三王帝胄也而混於諸臣之中似乎非體然後世史臣皆仿此例矣按此以時敘何非體之有馬班皆如是後世視史體如朝儀乃以宗室異姓區尊卑耳可反以議史公耶

五宗世家

王鳴盛謂號五宗無理妄也

王齊數上書告言漢公卿及幸臣所忠等　崔適曰漢書下云又告中尉蔡彭祖捕子明罵曰云云此從漢書竄入者偶爾中輟忘其未畢下乃別錄膠東王事也按此是續語有脫文耳奚由知必爲竄者中輟耶

太史公曰段　垂是封建之勢將變盡矣江都與趙尙欲自爲膠西不得自爲而憤中山以淫樂自晦魯亦耽樂

三王世家

此篇大有可疑今具論如左

太史公曰燕齊之事無足采者然封立三王天子恭讓羣臣

守義文詞爛然甚可觀也是以附之世家自序曰三子之下文詞可觀按觀此則此書本完備無闕又與自序符合所謂恭讓守義即所載諸奏疏及封策也何至褚先生乃取封策編列其事耶

褚先生曰臣好覽觀太史公之列傳列傳中稱三王世家文辭可觀求其世家終不能得竊從長老好故事取其封策書編列其事而傳之令後世得觀賢主之指意又曰謹論次其眞草詔書編於左方按褚先生既言如此又續記王夫人事於後而釋策文謂三王後事竟如策指則是封策書明是褚先生所取入何以太史公已云附之世家

柯維騏曰太史公書原缺三王世家獨贊語尙存故褚先生

取廷臣之議及封策書補入按此說甚似是但如何有一贊褚先生終不得言求其世家終不能得也且又何待讀列傳而後知哉

歸氏曰世家本不闕讀贊文可見太史公亦不見三王後事褚先生淺見謂求其世家不可得也又序曰三子之王文詞可觀可知獨載其文詞耳按褚先生明言竊取策書編列其事歸氏何竟不見既有策書何待褚先生取乃反謂褚爲淺乎

王鳴盛曰直取請封三王之疏及三封策錄之與他王敘述迥異則遷特漫爾鈔錄猶待潤色未成之筆也按此則不但不讀褚先生語并不讀自序不足辨也

梁氏曰史缺三王世家褚先生從長老好故事者取廷議封策補之論亦僞託而其誤處如元狩六年命俞侯欒賁爲太常而曰太常臣充是時張湯爲御史大夫用事而曰太僕臣賀行御史大夫事五等之爵成周定制而曰春秋三等從殷制合伯子男爲一其餘月日亦駁殆半由好事者傳錄之誤歟又自序傳稱三子之王文詞可觀以三策爲武帝自制故漢書武紀特書初作誥也乃以褚所補者與武五子傳校之字句之間多有同異豈史臣敢竄易耶抑褚先生所編不盡依元本耶按此則全以此篇爲褚補矣但其所致疑者未盡然公卿表固多脫文趙充之脫不足怪公孫賀之行御史大夫或張湯偶在告後之封策固湯行事也春秋三等乃漢人今文家師說之與不足爲病若武五子傳文字之異同則安知非由傳寫或褚班所見本與武帝自制語本無據褚但鈔錄補闕亦未必便點竄也

王氏曰三王世家史公止載策文三篇而著其後曰燕齊之事無足采者故弗論著也又曰封立三王文詞爛然甚可觀也是以附之世家說甚明白少孫不識而剌取廷臣之議於前又錄三王等事於後疑當仍以三策文及贊附之五宗世家爲篇按王氏以自序傳爲僞而謂五宗三王當爲一篇此無徵臆斷之詞已駁之於自序篇茲不具論其止認策及論爲原文而謂前疏爲褚加又與柯歸殊實亦謬也褚生明言補封策書而定甫乃誣以補奏疏謬一論中稱天子恭讓羣

臣守義即指奏疏若本無奏疏則此語何指謬二故弗論著也何本在燕齊句上乃承上文所由來久矣統指封建事何乃顛倒其文謬三

如上諸說皆不可從矣蓋謂存贊存策則此篇終是尚存褚不得言不能得亦不得言覽列傳乃知文詞可觀吾謂此終以梁說爲是但梁所舉不足致疑耳今且先論褚先生之言列傳者即自序傳也自序本爲列傳七十之一序目明著之若自序非傳則列傳只六十九矣梁氏曰自序在七十列傳中索隱作自序傳是也太史公自言列傳七十序義完好何可背且自序自述先世本是傳體孟堅序傳即法史公亦在列傳數內褚生讀自序傳三子之王文詞可觀之語意文詞

郎議奏及封策故取封策書補入耳且其論文亦謬史公於周諸世家皆未嘗論封建之制必不於此又作冗文此論首乃詳說封建謂所從來久故弗論著語甚可笑其僞可見者一又曰燕齊之事無足采者史公在時三王皆存其人未終其事未完何以云無足采此明是補論者意史公但取文詞必以事無可采故作此語其僞可見者二歸熙甫既知史公不及三王事乃又信論文爲眞曾不思無足采者語作何解耶王定甫更以無足采爲說甚明白彌可笑矣

旣爲此說後讀龜策列傳褚先生記云竊好太史公傳太史公之傳曰三王不同龜云云臣往來長安求龜策列傳不能得云云此乃一鐵證稱太史公傳與此稱列傳同直引自序

傳原文故加曰字此畧引其文故曰稱三王世家文詞可觀而兩皆云求之不能得豈不明白苟吾先得此證則不必費詞矣仍存吾駁難之說以識吾之用心獨怪昔之論者何不舉也得此證不但明此篇之爲補並可證二事一證自序在列傳中當稱自序傳二證自序之非僞足以關王定甫之口曷勝愉快

吾疑此竟是後人所補非出褚生何也褚生豈不知史公不及見三王後事而乃云無足采雖愚未必至是且褚請明言編列左方今乃在前是右方矣吾疑褚生本載疏策於其識語之後王夫人者云云之前作僞者乃移前加論耳

索隱謂當補許邾世家吳芮世家梁氏曰周時列邦當先吳魯管蔡衛晉燕鄭乃及陳杞宋越楚齊韓趙魏田氏而以孔子殷焉漢代以外戚居首乃及楚荆燕齊梁五宗三王然後蕭曹張陳周而陳涉附焉此條次也史似不得其序若編晉則邾莒並春秋時次國世系足攷其事迹較詳於曹杞安得云滕薛騶以小弗論耶又吳芮至忠著於令甲五代稱王侯封支庶何獨缺如乎按整齊畫一古人自不如後人然世家序次焉有一定梁氏所敘亦不過以宗盟異姓夷夏爲序史公則以三公文昭三恪武穆爲敘皆有意皆非有據安見此是而彼非乎陳杞之列世家以存舜禹之後通史上下古今自宜如是若其他次國小國豈可備載史公當時所見有世譜世本可攷者豈獨邾莒乎至於吳芮事迹無多表已見矣

太史公書知意六

列傳

伯夷列傳

先大父有評語舊曾作述疏今修補錄之於下

疏曰尚書因事命篇春秋編年經提大綱傳詳細目經爲經傳爲緯太史公變春秋之貌而用其綱目經緯之義參尚書之法改爲紀傳名爲列傳者示其不同於左氏附經之傳列謂排列爲數十篇非謂列人也黎庶昌誤謂數人合傳乃稱列伯夷列傳豈二人哉史體每篇一義先以一時代之事羅於胸中而分篇說之畢一事爲一篇或數事爲一篇旁見側出數十篇書如一篇非拘拘爲一人立一傳非拘拘爲一人

備始末此之謂圓而神故史公創此體以人名篇以事名篇兼而有之一篇兼數人非有正附也即以人名篇亦以事爲主非以人爲主故其名篇亦非有定例所謂伯夷列傳第一者猶詩之關雎卷耳孟子之梁惠王公孫丑耳孟子七篇皆言仁義而梁惠王篇第一章首舉仁義太史公書百三十篇皆攷信六藝而此傳首舉攷信六藝古人著書無凡例此即其義法也昔人謂爲七十列傳總序是也此篇特舉許由伯夷二事以明古事之多異辭爲全書攷信六藝折衷夫子發凡非專爲伯夷一人作傳不標爲由夷傳而但標伯夷者以由事不足信夷經孔子論定也不然伊尹傅說何不立傳乃獨以伯夷冠篇邪伊傅事迹明著六藝不待傳也百三十篇

各有主旨此篇主旨在攷信六藝質而言之即謂之攷信六藝列傳可也猶之孟子梁惠王篇謂之仁義篇可也知此乃可讀百三十篇列傳圓神之意章實齋詳發之茲會通其說撮要而顯言之如此

史通探賾篇曰葛洪云司馬遷發憤作史記百三十篇伯夷居列傳之首以爲善而無報也按史之於書也有其事則記無其事則闕尋遷之馳騖今古上下數千載春秋已往得其遺事者蓋唯首陽之二子而已然適使夷齊生於秦代死於漢日而乃升之傳首庸謂有情今者攷其先後隨而編次斯則理之恒也烏可怪乎必謂子長以善而無報推爲傳首若伍子胥大夫種孟軻墨翟屈原賈誼之徒或行仁而不遇或

盡忠而受戮何不求其品類簡在一科而乃異其篇目各分爲卷浦起龍釋曰愚嘗論伯夷之爲傳首也當作七十列傳總序觀非本紀世家之比人兼顯晦事待表章龍門寄意於首篇所傳在伯夷所附託乃在孔子也稚川之見偏居巢之說臆似皆未得其肯馮班曰此七十列傳之凡例也本紀世家事跡顯著若列傳則無所不錄然大旨有二一曰徵信不經聖人表章雖遺冢可疑而無徵不信如由光是已一曰闡幽積仁潔行雖窮餓崖穴困頓生前而名施後世者如伯夷顏淵是已章實齋丙辰劄記曰伯夷列傳蓋爲七十列傳作敘例惜由光讓國無徵而幸吳太伯伯夷之經夫子論定以明己之去取是非奉夫子爲折衷篇末隱然以七十列傳竊

比夫子之表幽顯微拨前人於此篇居首之意多妄生曲說知幾之論可以廓淸之至於發明本旨則浦氏尙屬含糊馮章乃能精顯惟皆未知由光及伯夷叩馬之事史公本已辨明其不足信甚矣讀書之難也

夫學者載籍極博至可知也

先大父曰一起便揭明六藝可信不當信其他

疏曰太史公撰百三十篇書自黃帝迄於漢武全以六經孔孟爲宗周秦閒子書傳記載古事多異辭必奉六藝以折百家其義散見本紀世家列傳本紀始於黃帝曰百家言黃帝者多不雅馴此則曰猶攷信於六藝孔子世家則曰言六藝者皆折衷於夫子此三處三言合之便見全書宗旨至其書

中猶多誤采雜記此則學力未到或失於刪定耳下言虞書夏書舜禹之事備在焉有許由隨光之事哉

堯將遜位至若斯之難也

大父曰此六藝之可以攷信者

而說者曰至葢有許由冢云

大父曰說者非六藝湯讓天下於隨光未必實有其事其人則似實有之葢有許由冢似實有其人

疏曰何以稱焉謂從何生出此說顯出虞夏書之外而與虞夏書不合也直以六藝辨其不可信明白如此而方望溪乃謂史公之意亦無從攷信梁曜北謂史公葢亦疑其說何其粗也

揚子法言曰或問堯將讓天下於許由由恥有諸曰好大者爲之也顧由無求於世而已矣允喆也知堯傳嗣舜之重則不輕於由矣此末數語卽本此篇葢許由巢父卞隨務光石戶之農及越王子搜諸事皆道家寓言所謂厲憐王之論也封建之世天子選於諸侯無士不王豈有牽一隱民而付以大位縱堯有此舉諸侯亦必不許則由之不從乃不敢耳豈爲恥貴而足高哉論衡對作篇曰太史公書據許由不隱燕太子丹不使日再中史通雜說篇曰馬遷持論稱堯世無許由士安撰高士傳具說箕山之跡向聲背實捨眞從僞知而故爲罪之甚者觀此知唐以前人皆知此篇之意蘇子由古史亦謂史公知其妄宋以後乃不能讀耳由光事雖虛然箕山有冢或有其人此史公之愼猶伯夷亦是人實而事譌也宋黃震日鈔曰

史公意雖無其事嘗有其人賊曾國藩曰葢者疑詞許由冢不足深信是也云字亦疑詞封禪書屢用之王若虛謂遷既知許由事之非而又惑於箕山之冢非也然冢雖亦未可信而許由之名則未必虛宋樓昉說申呂齊許皆四岳後堯讓許由卽其一也汝能庸命是讓許由之實湯師中說同見後村詩話元黃溍駁之謂周封太叔於許四岳在唐時未嘗封許安得預以爲氏然此實未足難樓湯之說但稱許由非必卽是氏周封安知非仍舊壤乎明陳霆又襲樓說謂由不敢當逃避如益避啟之類近儒宋翔鳳則謂由與夷與陽一聲之轉許由卽書之伯夷尙書大傳之陽伯伯夷封許章炳麟則謂許由卽咎繇雖尙無定說要足見傅會之有由矣

孔子序列至何哉

大父曰孔子旁搜六藝是學者攷信之宗未經孔子序列終不敢確信爲有又曰此段引許由務光作襯見孔子未言故不敢如伯夷與之立傳

疏曰攷信六藝尤必折衷孔子六藝所無以孔子之言爲斷如黃帝許由伯夷是也黃帝爲本紀之首伯夷爲列傳之首文中已明著之惟泰伯爲世家之首自來偶有說者皆謂泰伯伯夷皆讓德列於首以表讓此似是而非此書之意不專在表讓自黃帝迄於漢武所褒貶發明多矣豈專重一讓字若云規切當時漢武又無不讓之失且果表讓何不以堯舜冠本紀耶紛紛罔罔失之目睫不知此篇固已明言孔子序

列古之仁聖賢人如吳太伯伯夷之倫二語已表明世家冠首之意太伯僅一見於詩自太伯王季而其事不見於書亦以孔子稱之而傳與伯夷同以黃帝泰伯伯夷分冠本紀世家列傳皆攷信六藝折衷孔子也太伯世家末直引孔子至德數語與此傳引孔子四語正同黃帝之事見於大戴記五帝德出於孔子故本紀全載之伯夷則全不見六藝而有孔子之言可證若許由隨光則六藝無之孔子不言且攷信於舜禹之讓而其事又背於義何可信哉燕噲之讓子之卽由誤信許由之事見徐幹中論謬說之誤人甚矣

孔子曰伯夷叔齊至可異焉

大父曰異其有涉於怨

疏曰伯夷之事蓋古書亦無傳傳者惟軼詩傳耳史公作傳卽據孔子四語此便是伯夷事正文後人有謂其傳曰以下乃傳文甚至有謂此篇爲伯夷列傳序者其淺陋何待論可異焉與上文何以稱焉同意

其傳曰至怨耶非耶

大父曰頗疑其怨又曰此段乃入夷齊先以孔子之言爲主乃言軼詩可異異者異其與孔子之言戾也孔子謂夷齊不怨而軼詩乃言其怨故不足信

疏曰傳乃軼詩之傳古者承上文詞甚明白王若虛曰傳曰二字吾所不曉遷所記古人事孰非摭諸前書而此獨稱傳乎此眞不明文勢矣經外皆稱傳傳事傳義無分毛詩傳猶

閒載事經傳史傳同源章實齋已詳論索隱謂是韓詩外傳今外傳無其事特詳載其不可信之事而駁之者以示攷信六藝折衷孔子之準則叩馬事又見莊子讓王呂氏春秋誠廉獨舉軼詩傳者以其託於六藝也

或曰天道無親至其何如哉

大父曰卽善人以疑天道

盜跖日殺不辜至較著者也

大父曰卽不善以疑天道

若至近世至是耶非耶

大父曰非公正二句自寓爲李陵遭刑意又曰此段以夷齊爲善人而窮餓疑天道不足憑亦世俗之論史公借以作波

淵

疏曰疑自天道無親至勝數也乃或人語余甚惑焉以下乃史公語此從伯夷顏子發論就俗說言餓死非真以爲不食周粟而餓死蘇秦傳載蘇秦說伯夷不肯臣武王而餓死本非史公語游俠傳言伯夷醜周餓死首陽則又述鄙人言也史公自寓身世書中往往有之然非全部宗旨後世竟認全書爲牢騷則非

子曰道不同至若此哉

大父曰志字重看知輕重則知天道而不怨

疏曰此足見史公議論雖激昂而仍歸於正

君子疾沒世至後世哉

太史公書知意六 世家　七　推十書

大父曰名湮沒不能爲之作傳慨立名者之難正爲伯夷幸

又曰此段仍以孔子之託作轉見聖人不以遇之困改其德之貞夷齊雖不遇於當世經孔子論定而終顯砥行立名者當卓然自命安知世無如孔子者表而出之

疏曰借伯夷之餓以疑天道仍歸於重道從志而終以垂名明乎己之百三十篇乃以發潛德而雪其誣如伯夷者幸遭孔子論定猶受誣謗其他受誣及湮滅者何限此思古之幽情也史公自序及與任安書皆以述往事思來者爲全書宗旨此篇之義即所謂述往思來也伯夷遭誣竟因夫子而彰則又隱然自命以繼孔子而表章古之仁聖賢人也此自序所以述春秋也特舉伯夷而其餘篇之表章古人可推伯夷遭誣而得據孔子之言以辨正其他未遭誣與經孔子論定者亦可推矣若索隱謂疾沒世乃以明己之著書亦是疾名不稱引同明相照云云乃明己之遭非罪與伯夷同類正義謂引同明相照云云乃明己著書而萬物覩此皆不顧文義而橫生支蔓者也

大父總評曰伯夷讓國事實叩馬而諫恥食周粟則流傳之誤太史公特以孔子爲憑爲之作傳開端即言考信六藝當以孔子爲宗若許由隨光讓天下之事孔子未言即不敢信若伯夷爲古之賢人孔子所言當信孔子不當信軼詩但伯夷操行甚高不免窮餓殊爲可悲然經夫子論定而終顯於世亦足慰矣不得以爲善無報遂至甘如盜跖因歎世不乏

太史公書知意六 列傳　八　推十書

砥行立名之士不得聖人品題遂爲流俗所淹沒若伯夷非孔子評定太史公亦無從爲之作傳則附青雲而顯者良有厚幸此通篇大意向來讀者不得其文義而至以史公所疑據爲實事叩馬而諫恥食周粟數千年以來譌以傳譌由於未解史公之意文士又以其文法離奇不當節節求其貫通尤屬瞀瞀

咸炘謹按此篇大義沈晦久矣史公爲紀傳開山此篇爲列傳之首此而不明何取紛紛言史法哉實齋精於馬班而於此篇亦未詳說吾祖乃發明之吾合以實齋之說圓神大體粲然無疑因詳疏先說以示初學爲讀史之階文繁不節不厭詳也又按叩馬餓死之事史公特舉駁之而後世猶沿其

說亦有辨正者始於郭象莊子注莊子讓王篇載二子非武王北行至首陽之山遂餓而死焉注曰論語曰餓於首陽之下不言其死也而此云死焉亦欲明其守餓以終未必餓死也此已知餓不必死但尙未明非武王之誣王介甫伯夷論首辨叩馬之說近世辨論莫詳於崔述梁玉繩而王筠說文句讀餲字注最簡明略曰伯夷就養西伯途中偶乏資用耳論語但言餓則夷齊當是考終命不由餓而死太史公曰怨邪非邪已將傳曰一段撮除淨盡郢書燕說皆由誤讀伯夷列傳致然此獨據史爲說與大父符契論語本謂餓而民稱可異若餓死而民稱豈不尤可異孔子當直言餓死何爲減省一字邪俞理初正變甚工攷據而過信古書無所別擇正

與史公相反其讀伯夷列傳謂後廣徵雜說必以叩馬餓死爲眞其說曰伯夷孔子所稱宜立傳文或伯夷事史官不詳而論語云民到於今稱之故采民間所說著於篇其人見六藝即爲攷信而特表之以其傳曰此變例也史公以伯夷爲孔子論許得仁不怨其名益顯民間所稱說者又未嘗不怨合所稱無以爲傳其怨亦未嘗違理孔子言不怨兄弟間事也不怨仁也其傳言怨君臣間事也怨亦仁也云云此說豈復與本文相合邪謂出軼詩爲見六藝已謬旣謂見六藝而又以傳曰爲史公之傳民間所稱史公曷嘗言民間所稱民間所稱何可爲信又何可當六藝此非自相矛盾乎果怨不怨皆仁史公何不分別申明而但言怨邪非邪細讀正文知理初之鑿强矣至其所徵引言叩馬者如莊子讓王盜跖本出其徒而盜跖篇言辭孤竹之君而餓死又不言叩馬若呂氏春秋韓非本是雜說韓非則謂武王讓以天下而不受死以將軍葬周時安有將軍之稱史公正見此等紛雜而特辨正以此等駁史尙不可况以證史乎若左傳言武王克商義士非之語本不可信且未言伯夷管子制分篇言夷齊非死之日而有名曾子制言篇言夷齊死於溝澮之間其仁成名於天下此皆言死而有名不言叩馬不言餓死何足爲證理初謂曾子言夷齊窮餓死已爲武斷且與叩馬何干至於所引論語義疏古史考三秦記列士傳金樓子類林楚辭天問注所說采薇憐女之事則又漢後附會言人人殊尤不足爲

證理初所據不過如此而乃毅然斷之曰諫不能必去去則不食其祿老貧入首陽焉得不餓餓焉得不死何謂孔孟不言夷齊死此則擬語可笑矣必不食祿乃餓耶餓者必死耶吾恐學者震於理初之名因附辨之亦示古書言餓死者已盡在此後世有欲求新異翻此案者亦可已矣

是篇已成始知近儒方癸如謂自來論伯夷事者皆誤讀史記作伯夷列傳解檢國朝文徵果得之錄附於下其文曰與其書不能讀即讀與謗胥失之吾見若讀伯夷傳而讀者矣以爲神鬼出沒風雨合離使人不可捉搦而不知其文之進退一成規一成矩也其謗者則謂怨氣滿腹與吾夫子何怨一語背而馳而不知其自爲客主四五復之凡皆爲論語義

疏也發首曰學者載籍極博猶攷信於六藝嗚呼盡之矣六藝者六經也下所云詩書及虞夏之文是也攷信於六藝則非六藝何信之有故其述由光事曰何以稱焉曰何哉疑之也一以其戾於虞夏之文而疑一以其不為孔子序列而疑也孔子者六藝之所折衷也木以由光起伯夷而反以孔子之序列伯夷形由光以楔出楔文章之法也於是遂及夷齊及夷齊而先列孔子之稱夷齊以為斷乃次軼詩而及傳其傳者軼詩本傳云爾非太史公之為之也而曰可異焉則亦疑之也疑亦將遂不信有讓國餓死事與非然也末世爭利維彼奔義讓國餓死天下稱之太史公自序言之矣奚為而不信所疑者獨采薇之詩爾子曰又何怨曰怨是用希而軼

詩乃爾乃爾者非怨耶可疑也抑孔子嘗刪詩矣既以夷齊為古賢人顧編詩不收入者何故曰睹軼詩可異焉疑其詩疑其軼也則猶是攷信於六藝之說也然且有送難如或人者視天夢夢如此種種夷齊固有怨理復奚疑雖然非其志也無以斷之終以孔子之言斷之孔子言從吾所好言歲寒後凋使軼詩可信則夷齊為無從頌而死匪從所好而與松柏之性異矣豈曰能賢是故羣言殽亂衷諸聖聖人作萬物睹也夷齊不得孔子則傳聞異詞政復與没世不稱者何異顏淵遇孔子故顯巖穴之士不遇孔子故湮非湮也蓋傳之非其真也然則士有孔子垂六藝之統紀於後世乃所謂披雲　霧睹青天者考信將舍是焉安之故曰非附青雲之士惡能施於後世而篇以終焉而自新鄒楊氏外奉如盲人瞎馬彼無異故凡於中權余甚惑焉一語鑄成錯耳不知自是耶非耶以上皆太史公設為或人難端所謂余者代或人自余焉耳其下則史公之折之也循首訖尾熟之復之定當拊手曰解按方氏此說甚暢惟說從吾所好以下傷鑿耳

歸曰本紀世家列傳後皆有論惟伯夷孟荀合傳與論為一故無後論按此瘤謬之論也史公書各篇皆本為一篇無論名後人妄提行立名耳茅坤乃謂以議論敘事傳之變體夫列傳自此篇始始即變耶非此說者又謂其傳曰一段為正傳則又不明文義之言矣

管晏列傳

唐順之曰太史公作春秋戰國人列傳頗甚潤畧蓋本書所自載與載之左傳國策中凡盛行於世者皆不論也柯氏曰古之賢人君子衆矣太史公列傳獨有伯夷春秋列國大夫如展遽叔向季札諸賢皆不得錄乃次及管晏何哉太史因言得罪殆所謂非公正不發憤而遇禍災者與潔行餓死者同乎舒雅曰太史以李陵故被刑而生平交遊故舊無能如晏子贖石父者按唐說是柯舒說非也上篇舉尚書外之軼事此篇舉春秋傳外之軼事凡三代春秋時之軼事為尚書與左傳所不載者皆視此矣尚書春秋傳所載則不必更著矣此自序所謂拾遺補藝也後儒議史公傳多遺漏史通人物篇及梁氏志疑歷舉尚書春秋傳中名人謂某不當遺某

不當遺皆擬論也古書經典外惟傳記與諸子二者相出入子書始於戰國春秋時無之而世傳有管子晏子書者齊人所爲也孟子謂齊人惟知管晏益道法兵家託於管儒墨家託於晏說詳子書原論及子疏史公整齊百家雜語而首舉管晏以示例豈無因哉世儒止見鮑叔越石事相類以爲史公抒慨淺矣史通謂管晏書當取已駁於史通駁議或謂此篇詳小畧大閒後世別傳體尤妄

管仲曰吾始困時云云　方曰管仲之功焜耀史籍於本傳敘列則贅矣其微時事則以稱鮑叔者見之此虛實詳畧之法也按謂借稱鮑叔語見其微時尙可若謂焜耀史冊敘之爲贅則自五帝至項劉之事孰非焜耀史冊皆不應書耶不知

太史續經之意所以妄爲之詞

故其稱曰云　方曰其書不可多載故撮其指要

其爲政也云云　方曰其事人所共知故著其權畧

晏平仲　方曰晏子之事亦人所共知故本傳不復敘列與管仲同而總論其爲人卽於序次其顯名諸侯見之與管仲異此章法之變化也

越石父賢云云　方曰於管仲傳敘鮑叔能知其賢於晏子傳舉其能知越石父及御者三歸反坫正與食不重肉衣不重帛反對觀此可知文之義法無微而不具也按此說不可泥史家不能以事就文其事自相應非史家故爲之方評每涉此嫌決不可信

梁曰晏子春秋雜篇載此事與此文小異但下文曰其書不論論其軼事則石父事不在晏子春秋中後人集錄而異其詞也按管同卽據此謂今本晏子春秋爲僞黃以周據劉向敘錄太史書五篇謂史公止見五篇本無此事其說至精吾昔疑晏子春秋所載事多出傳外何但記石父及御者事今乃知史公固掇晏子春秋外之事而僅得此耳王氏以爲史公微意有在鑿矣

此篇虛述自是體宜而後人乃以爲正格唐順之謂歐公志銘文字多用此法夫史貴質直銘貴濫濶史不厭詳而貨銘則取約而華二體本異以此法爲傳猶不可況以爲志銘此乃歐公見識不足處而後人乃爭推之以爲正宗何耶

老子韓非列傳

道家法家一張一弛後來治術莫能外焉此篇之旨也史之合傳本非如九等人表之同格一篇之中自有高下後人乃誤認耳史自以源流論流失不得咎源道流爲法初同終反說已詳於子疏以老韓爲同者不明諸子之言自王儉以來恨老韓同傳爲卑老唐人竟移之伯夷之前宋以來人則又以卑老爲史公特識皆各自遂其私見耳且史公家學本道家又深惡刑名彼豈以老韓等視哉

方曰始詳其國邑鄉里姓氏名字謚爵職守終及其子孫雲礽封爵時代居國蓋以世傳老爲神仙幻怪之流故詳之以見其不然

莫知其所終　方曰老子本以周衰隱身遠去莫知所終故世人遂以爲神仙

方曰前言老萊子與孔子同時後言太史儋後孔子百二十九年乃中閒入老子年數蓋謂老子隱去其年壽所極世人亦莫知其眞故與老萊子太史儋相混也又老萊子與老子同時同國而著書言道家之用周太史儋與老子同官同姓名而號前知故其傳與老子相混而太史公正言老子爲隱君子所以破衆說之荒怪具見老萊子與儋別爲二人也按史公於此本未能決故文義迷離

李耳無爲自化二句　董份曰先綴數語以贊老子亦變體方曰言著書者乃李耳非老萊太史儋按梁引萬承蒼說此二

句乃敘傳中語誤入是也

自孔子死之後云云　此明孔子沒後儒道二家乃相攻以前不然

獨戒說難而不戒申韓之說者以其世所多有獨悲韓不能自脫耳末數語極分明王氏乃謂申子文不高故棄之又謂載說難過多夫史術學術豈論文之高不高桐城家讀書不離文士之見如此取說難正足見遊士之術耳

吳汝綸曰此篇以自隱無名爲主老子所以猶龍也莊子得之申韓失之按吳評每篇必云某義爲主本無謂今悉不錄若此語其迂鑿尤顯故著之餘多此類不具出也

司馬穰苴列傳

孫子吳起列傳

以上四篇皆敘錄諸子皆云其書弗論章實齋所謂敵別錄之法者也

伍子胥列傳

當是時吳以伍子胥主孔子相魯　方曰荆蠻吳越更强齊晉霸統並絕惜魯用孔子而不終也

王曰論語跌宕揭出通篇趣旨史公於子胥蓋心悲之篇中所載多有與吳楚世家複者豈不如是則情事不出耶

仲尼弟子列傳

首段掇拾論語不足該諸子所舉嚴事稱道亦有遺漏蓋但據大戴記將軍文子篇也

史公自謂悉取論語弟子問然實多漏問語及孔子告諸子語不足見諸子生平而采之復未盡若諸子嘉言及言志語乃足傳諸子者顧采有子語而不采子夏子張語敘曾晳言志而不敘冉有公西華言志又敘商瞿之傳易而不敘子夏之傳詩禮春秋凡皆見其疏略蓋止粗撮大概耳獨仲由事詳備

梁曰弟子先後當依論語或以齒敘如子路曾晳冉有公西華是也或以德敘如顏淵季路侍是也史殊錯雜按此論是也曾晳何以不著曾子之父晳路何以在子淵子輿之後子雖齊聖不先父食曾謂孔門弟子籍乃如此乎設曰弟子籍以受業先後爲序則顏路曾晳之受業豈後於其子耶以是

知所據未必眞孔子元本也以德序固不易品第以齒序乃善耳

曾子事太畧司馬牛不載其憂高子羔不載孝行皆非表章之義乃載子路何必讀書之語此何關於子羔公西華之長於相禮明見論語大戴禮樊遲冉求能執干戈具見左傳乃均不載太粗畧矣

梁玉繩謂子貢傳獨椽燕不休疑後人闌入吳汝綸亦謂其與前後不一律與贊言取論語不合當是褚補皆非也說詳下條

太史公曰段　王若虛曰遷所引雜說鄙事有不足信矣又豈皆論語之所載也按戰國人說諸子本多附會然據論語一二語以斷諸子生平亦易失眞且此篇所掇摭益於論語外

者正是過實之言如子路好勇宰我子貢利口子貢說齊宰我黨田以貌取人之說貧也非病之慚皆出戰國誣說有若之事尤爲怪妄與孟子不合甚明說齊黨田昔人已辨以貌取人與家語歧異且於予改是一時之語非終身定論也子貢旣聞性道豈猶以富貴驕故人惟子路之死宓子之治差當於理然述子路語已失眞史公志在整齊而力不克副於此篇尤顯至於未覩容貌一語容貌者狀也言未親見其事狀耳王梁崔適皆以以貌取人譏之則不明古語耳

商君列傳

梁曰商君爵號也似失史法按此拘論也爵不可稱絳侯淮陰侯李將軍何也

方曰管子治齊蕭何定律皆畧不具而獨詳記商君之法者葢王道所由以滅熄也按變法始末本商君書所不詳而令民父子兄弟同室內息者爲禁云云　王曰記商君法但此數語與前令民爲什伍百餘言耳簡而有詳他人屢幅所不能盡

令君之見秦王也云云　王曰此傳鞅之惡迹盡從趙良口中敘出又是一法

非其質矣　質誠也非誠帝王之術也

蘇秦列傳

張儀列傳

尙鎔謂鞅變法而秦强六國始畏秦乃有縱横故次此此說

亦可通然諸傳自以時序不可概以義推也尙氏多强說次序今不取

姚氏曰蘇張之說多非當日本詞爲縱横學者爲之耳按此說是二人說辭以時事攷之多牴牾皆此故也

太史公曰段　蘇究是爲六國謀公益差勝於張故史公言毋令蘇秦獨蒙惡聲而貶張儀又謂兩人皆傾危之士論至平允曾國藩讀書錄曰觀次其時序一語知當時有非蘇秦時事而附之於秦者班固次東方朔傳旨意亦頗類此

樗里子甘茂列傳

蘇張外戰國策士多矣見於國策者多不列傳獨列此二人者以繼張儀相秦亦以秦獨存始末可攷耳篇中所載自國策

外蓋皆出秦記然秦記仍畧故幷樗里子卒葬亦書之此本
無關係特旁及僅此過而存之耳歸氏密圈之蓋以爲閒情
逸致古文家之僻謬如是

穰侯列傳

王曰穰侯事大都備於范雎傳中此止點次其出身歷官以
須賈說詞蘇代書兩篇生色按出身歷官蓋亦出秦記如王
說則此傳可不立矣韓非言秦用商鞅徒法無術富強資人
臣然秦亦以相權重而強如穰侯是也

白起王翦列傳

此及上二傳秦之智士功臣武將也秦之得天下此數人之
力故述厲之自序已言尙鎔謂范雎代穰侯相無攻取之功

且害白起於是幷六國又待李斯王翦此傳次穰侯意甚微
亦是
白起傳末載當死之言以見殺降之禍王翦傳末著三世
必敗之論以見多殺之禍皆以戒爲將者也與陳平傳同此
乃史公黃老之學

孟子荀卿列傳

梁謂此當列仲尼弟子之後非也仲尼弟子後便序秦臣然
後敘諸國人物而以此篇冠之也
戰國諸子講學著書始盛於稷下諸人亦惟稷下爲成聚餘
皆其流裔此篇卽綜述此而冠之以孟終之以荀末公孫龍
至吁子及墨翟不在稷下中故附於末不啻諸子總傳也老

莊申韓商鞅孫吳穰苴則已別爲傳矣不知稷下之重則不
明此篇欽次之意
宋黃震曰鈔謂傳淳于髡諸子於孟荀之間者所以表孟荀
也陳仁子則謂漢初不知尊孟子遷以孟荀同傳已不倫而
更以騶子淳于髡等實之何卑孟耶程氏讀史偶見曰此傳專
爲孟子作與陳蔡之厄比齊梁之困旁及諸子牽連書之荀
卿亦附見傳目孟荀並列或後人加按陳說固謬程說亦似
是而非尊孟自之非專爲孟子作也後人陋見謂立傳是褒
又槪謂諸子不足道故有此謬說耳尙鎔竟謂此篇前爲孟
傳後爲荀傳中閒諸子皆是帶敘此皆由不知史之一篇乃
書一事篇中諸人無主附之分篇題舉其著者亦非區別主

附後人乃以命題作文法規之耳
黃淳耀論略曰漢人以孔墨並稱而孟子者當時與說士並
稱者也太史公出孔子之道始獨尊而孟子始得以繼孔矣
此傳始孟子終荀卿中三騶淳于愼到之徒錯見焉而其傳
則以孟荀立名孟荀雖並稱而首引孟子對梁王者且以夫
子罕言利爲比又云述三代之德是以所如不合述仲尼之
意作七篇則孟子之源流皦然而此傳之爲尊孟而作無疑
矣其下述騶衍爲時王所尊以見孟子所如不合因復以仲
尼之困爲比下接淳于髡數子之學術見時所尊尙不過此
類而以荀卿終之荀雖非孟比然與騶衍等相反已絀廢死
矣按方氏書後王氏評皆謂獨尊孟子自史公始而說不如

黃氏之暢前後論者甚多皆不出此此篇意旨在以孟繼孔而奉孟以敵孫吳田商鄒淳于諸人其結構則以孟荀爲始終線索固皆甚明然若謂專爲孟荀作諸人皆不足傳則非也

茅坤曰太史公傳諸子多草草以不得於諸子所自爲之說故也按此說甚草太史論老莊申韓甚精餘家則未能綜括蓋當時諸子書猶未備出觀史公所錄篇數皆不如七畧之多可見而史公又未及一一細究也

首段特表孟子義利之辨此特識也先提孟子之不言利見其不放利苟合與諸子大不同欲辨諸子之非必奉孟子爲準而其大別在義利唐氏姚氏移首段於末乃妄分傳論之陋

其游諸侯至可勝道哉　黃曰或曰一段非美騶衍也太史公稱或曰者皆甚不然之辭觀封禪書及他傳中可見蓋當時之稱騶衍其論云云爾王曰純乎拒斥之詞於此可悟抑揚反復史文妙處不然豈以騶衍爲孔孟弗如也又藉或言以申異說而不爲正言以折之覆以以干世主豈可勝道乃所謂微言也而大義存焉矣按豈與何抑揚易見游俠傳亦如是後人誤解至牛鼎一說黃說固是太史公書之或曰固非其本旨亦非皆甚不然此說未爲無理故兼存之耳豈可勝道亦非貶辭史公意不若後人之嚴刻也

歸曰荀卿下叙墨翟四句因上言荀子推儒墨道德之意而申言之又隱然見孔子之與墨猶孟之與荀也方氏書後曰序荀卿於衍奭諸人後者非獨以時相次卿之學雖不能無駁而著書則非以干世所以別之於衍奭也王曰史公獨尊孟子夷荀卿與三騶淳于諸子竝稱直揭之曰推儒墨道德之行事然則其術雜於異端明矣歸評正得其意按歸說固鑿而不通方亦過於深求荀固不同衍奭然非不干時也王氏所言則愈妄荀乃極非道家顯斥墨學者也推者推論也非宗其說也諸公皆不讀子書故影響遝肌耳

方曰篇終著墨子之地與時而不一言其道術蓋世以儒墨並稱久矣其傳已見荀卿所序列而不必更詳也按此節本史公附書率畧未完之語墨子書具存何賴荀卿序列邪然則荀亦嘗序儒與道老孔二傳亦可刪減矣乎

孟嘗君列傳

梁曰公子當以信陵居首按此乃後人襃貶之論傳次非襃貶也何鎔謂四君好士沿稷下之風以明次此之意亦通

田嬰者段　方曰田嬰事多見田齊世家而復詳著之終傷於繁

初馮驩段　王曰亦稍繁矣

太史公曰段　論頗不滿孟嘗後世學者多過推孟嘗於奔魏之事必以史記爲誤而辨護之殊可不必

平原君虞卿列傳

漢書遷傳敘曰此在孟嘗傳上

虞卿事亦姑附此耳非有深意也未詳具春秋者明家法也

庸夫且知二句　王曰蓋悲其不幸
然虞卿非窮愁云云　梁曰虞卿嘗再相趙則其著書非窮愁之故按此說可怪當爲相即定不致窮愁邪

魏公子列傳

顧璘曰獨曰公子者蓋尊之以國繫也何曰獨書魏公子以其爲國存亡所繫按此二說亦繫觀傳文乃當時本稱之如是耳

公子遂將晉鄙軍段　王曰卻秦存趙纔數語耳此史所以爲潔茅坤謂詳在公子所以待士畧在秦軍所以卻是也按此說亦非蓋原本自如是耳使此戰有詳情可書安得省之凡歸方王氏言史公獨書某事者細審多無義可說蓋史公所

采事本止此非特有去取其特有去取者固自著之矣如留侯世家繇秦傳周末諸子諸列傳是也餘皆未可強說

其後秦稍蠶食魏二句　唐順之曰以魏亡系信陵傳見信陵係國之存亡

春申君列傳

范睢蔡澤列傳

垂功於天下者　梁曰睢澤無分寸功而云功垂天下何哉按此從當時之言耳非果褒之

樂毅列傳

尙曰毅行事獨近正遷蓋重其爲人

方曰詳其前後世系因以爲章法按此說亦非樂氏世系自可考他人自不可考可考自當書無關章法

太史公曾段　楊愼曰贊及老子傳按次第太史公之學本老子

茅坤曰樂臣公以下太史公以文爲戲處然亦太史好黃老本旨按謂特著道家傳授是也謂戲則非

廉頗藺相如傳

茅曰兩人爲一傳中復附趙奢已而復綴以李牧爲四人傳詳太史公次四人線索知趙之興亡余有丁曰此傳敘趙之存亡係相如頗牧之去留死生故言李牧誅及王遷虜以終尙曰趙以廉藺趙李爲存亡故合傳按三說皆是此趙世家之緯也於此可知列傳非以人爲主矣乃茅氏又謂自邯鄲圍解五年以下廉頗本末當入廉頗傳而顧入趙奢傳者依

趙任將次第前廉藺二人爲一傳故不及併入余氏又謂奢括名將又括代頗故附入頗傳此則謬矣本是一篇本不當劃分爲頗傳奢傳何云併附也蘇洵史論謂遷傳廉頗議救閼與之失不載而見之趙奢傳爲與善隱惡說本謬誤而於一篇之中強分二傳則與茅余同蓋皆狃於後史行狀墓志之體及刻本之提行耳

尙曰廉藺功尤偉故以統趙李曾國藩讀書錄曰頗功最多而予長最仰相如贊中專美之故以名篇按此說亦非也史篇題名本不求備無關輕重

方曰趙奢李牧將畧及趙括之敗具詳始末假而牧再破秦頗破齊燕復一一敘列則語蕪而氣漫矣變化無方各有義

法此史之所以能潔也

其明年趙乃以李牧爲將而攻燕云云　方曰李牧顯功趙邊久矣至此始書以相如病廉頗棄趙奢死所恃唯牧也書趙奢破秦後即具奢始末書李牧攻燕後乃詳頗居楚魏事者牧誅而趙滅矣更綴頗事於其後則文氣懈惰故頗事既終而後著牧之始迹焉

趙悼襄王元年云云　方曰頗亡牧將事已見前而後舉之者以爲前後之關鍵兼著頗既亡而牧又不能自安趙所以速亡也

王云按他合傳或自爲始末其伏應處爲一耳唯此廉藺起即雙提入後奢牧亦皆聯綴而下益信諸合傳之不可劃分

也此傳以廉頗爲主故起書廉頗數語即頓住入後奢牧傳中又每以頗爲提綴又此傳數人皆一起即先爲斷語與他傳略異

太史公曰段　茅氏梁氏以論不及頗牧爲疎豈知論本不以徧說爲體邪每人作數語乃陳詩以降之陋耳

田單列傳

初淖齒至末　程氏謂當在號曰安平君下非也歸王皆以爲附出亦泥視後論之謬先敘單事隨即論之又書二事皆傳之正文無所謂附王曰末載王蠋事著齊之所以存故與單傳相附是也

茅坤曰七十傳節義者僅伯夷耳若王蠋則附見豈數百年間義士忠臣凋喪至此邪太史公所嚮慕者在彼而不在此一故遂零落也按此說非也春秋戰國死忠節者本少觀今存諸子傳記所載可知俠者傷勇之行又不關大勢本不必備書豈太史之疏忽乎

魯仲連鄒陽列傳

索隱謂魯鄒屈賈年代乖絕當抽魯連同田單屈原與宋玉等爲一傳鄒陽與枚乘賈生同傳此說固拘淺然此二人之所以合傳則誠不如屈賈之易明茅坤曰鄒陽本不足傳太史公特愛其文詞以附魯連而竝傳亦其草草處黃淳耀曰史公以陽抗直不撓不過指其末數語篇中桀犬吠堯跖客刺由則以狗盜自比不亦甚哉以與魯連同傳此史公之失

也梁氏曰二人無所謂類或謂以排難之功故同編而傳削救梁事意不在斯論云附之列傳附也非合也序傳無片語及陽更非合傳也篇題乃後人加觀漢書遷傳可證惲敬大雲山房集曰翁詵者據高位愚賤者服先敵天下之士不能待死牖下又不能通籍於天子之庭則挾技以遊於諸侯間耳是故如仲連者飄然遠舉不受羈紲則可耳不然能不如鄒陽之受禍哉尙鎔襲此說曰遷意蓋以士之懷才者入世只有兩途不能如仲連之輕富貴則欲希榮而難免禍大氐如鄒陽耳曾國藩曰仲連似非鄒陽可擬上梁王書亦無精義子長特以書中有與己身相感觸者遂錄存之吳汝綸曰鄒書能自脫於患與魯連能解圍城類負氣不撓亦與魯連

輕世肆志類按諸說皆似通而實未可信如梁說何不他附而獨附此序自本多不周如刺客傳序但舉曹豫亦可因而謂餘人爲附乎如惲說則蔡秦主父偃亦可合矣何又不合如曾說止取有感則何以必附於此吾謂鄒陽亦遊士而稍有氣概畧似魯連史公偶連述之後人視魯連太高遂覺其不倫耳

其指意雖不合大義　梁曰仲連不肯帝秦一節政見大義史公此語未當王曰按史傳仲連非常俊偉論乃謂其指意不合大義何哉西山眞氏曰燕將堅守聊城此人臣之節也仲連道之反燕歸齊非可爲訓此論得之按眞氏謂指意句專指射燕將書一事於史論本文未見其合仲連不肯帝秦語

多據利害故序目以爲設詭說以齊威朝周爲戒以秦魏各稱王而帝秦爲羞曾無一言及周王見存秦德不足代非指意不合大義而何豈得見其行是而遂謂其言皆是乎

屈原賈生列傳

離騷者至爭光可也　董份曰此傳大概漢武帝命淮南王安爲原作者也太史公全用其語班固嘗有論見王逸序注中按此說是也此節本離騷傳原文後人不察盛贊史公文妙矣雖放流至豈足福哉亦疑是淮南語此篇敘事倒亂不可考證亦由此二段措置非所益是史公未定之稿後世文家强謂文章變化而大贊之考據者則知其不合爲之移正而終不可理也

屈原至於江濱至以死　止取漁父懷沙乃剪裁之法方曰獨存懷沙著其處死之審

梁曰不載陳政事疏與董仲舒傳不載賢良策對同幾等董賈於馬卿矣舍經濟而登詞賦毋乃失去取之義按此說非也史公於屈賈皆畧敘謀畧於前而錄賦於後屈原謀畧既無詳書可載故賈生亦畧焉錄賦正以惜其不用特表其志非重詞章也自與傳馬卿殊班氏掇取新書以賈爲漢世魁儒特傳詳其說可以詳而詳也馬則通史於此等不能盡詳而此篇又專致悲忠賢之意別識心裁何可一概凡馬不載之文班載之者皆馬體通史不能詳班書斷代可以詳昔人多謂班載文過多爲好文章又或謂馬不載遜於班皆謬論

也吾謂讀史公書須先將黃帝以來迄於麟止八字熟記諸論班馬異同者皆未熟記耳

呂不韋列傳

尙鎔曰昭王思并六國而不韋已暗移其祚直書於史見恃力者先亡不然何必爲作專傳按此說非也不韋於秦嘗當傳史止紀實書此即爲此不爲他端也

始皇七年至當有萬家邑　方曰太后薨葬本不應載不韋傳以太后有後百年旁當有萬家邑語史公好奇欲傳之而以入秦本紀則無關體要故因莊襄王之葬牽連書之而莊襄王之葬所以見不韋傳又以後與莊襄合葬芷陽者乃不韋姬也此等只爲文章波瀾據史法則不宜書按列傳本不以

一人爲主此傳本是秦本紀之緯連書自無妨但此節細瑣
正如樗里傳所書自是鈔撮未及删耳
太史公曰云云　王曰論中誅嫪毐事與傳畧殊以入後論又
一法也
孔子之所聞者　梁曰不韋亂民也而以聞許之豈因其著書
乎黄氏日鈔經史問答並言其誤按亂民何待言索隱已明
引論語爲證何必致疑此正謂其居之不疑僞爲好事有文
耳其時不韋頗有名故曰聞覯游說者衆相望於道以請之
可知
刺客列傳
王若虛曰史之列傳或以善惡示勸戒或以技能備見聞至

於滑稽游俠刺客之說已無謂矣貨殖之事特市井鄙人所
爲何足以汙編錄按此言足爲宋以後陋見之標不破此陋
無以言史也
梁曰史詮謂儒林循吏酷吏刺客游俠佞倖滑稽醫方日者
龜策貨殖雜傳也以類相從合在後此說甚是葢此十一傳
當在司馬相如傳後以儒林循吏酷吏貨殖刺客游俠滑稽
佞倖醫方日者龜策爲次崔適曰後人所亂按此說亦本王
若虛陋謬習見最爲可恨史公書仿尙書遺意百三十篇猶
自著百三十篇書也豈可以後世記注之法繩之篇次相接
自有意旨序目之設正以防此因事名篇本無專傳彙傳之
分故扁鵲倉公不名醫方孟荀不名諸子張丞相傳不名丞

相御史大夫衞霍列傳不名將帥紀傳之書創自史公法由
彼立安得據後人之法以疑之
此傳次此者此風盛於戰國也
方曰觀史公所增易乃知國策之疏荆軻傳乃史所自作編
國策者取而删其首尾後論自言得之公孫季功董生所口
道則非戰國舊聞明矣按今行燕丹子一篇即論所謂太過
皆非者也國策之有此事殆劉子政取史記入之
蘇轍古史謂五人皆盜太史稱之失春秋之意困學紀聞載
唐仲友說謂曹沫賊禮專諸賊仁聶政賊義荆軻賊信諸人
不當列傳而嗟歎其志又謂豫子烈士宜諸四子間爲薰蕕
同器讀史管見黄氏日鈔並譏之梁氏曰刺客本不當列傳

各附入世家可也且表稱聶爲盜足見書法而稱之不容口
何哉況曹沫事之誣妄者乎按刺客乃一風氣何可不書世
家體近本紀安可書此等事越世家附范蠡本非體史公於
四人亦止謂其志較然未嘗過譽之也要之史之列傳合敘
諸人乃以風習流品事端相連本非以邪正爲敘宋後儒者
以九等人表法議之實無所當此類甚多今悉舉而駁之
其後百六十七年　歸曰紀年者見刺客之不可多得也
凌稚隆曰太史次荆卿傳先以聶聶曹句踐之短卿者發端
而末復結以魯句踐之惜其不滿卿可見矣
李斯列傳
歸曰趙高謀亂入李斯傳以高之惡斯成之秦之亡斯主之

也其始迹入蒙恬傳以蒙毅曾治高當其罪死而高因有此賊心也茅坤曰傳斯本末僅十之三傳高亡秦特十之七八以高亂由斯爲之讀李斯傳不必讀秦紀矣按此亦拘論也史之列傳本不以人爲主此傳乃秦本紀之緯耳秦之興亡二人之力也故合書之不必題斯高傳而後明也若以後人之見繩之將譏史公不立高傳爲漏矣夫豈知百三十篇猶一篇哉

首識見厠鼠而歎中載貴顯時置酒喟然而歎爲高超所脅仰天而歎終以父子相哭見遊士崛起干祿憑權卒以貪權祿而敗詭遇驟隕秦以前無此也古今之變之一端也

人皆以斯極忠（至）之異　言斯本志在干祿敗以懷祿見厠鼠之歎聽趙高之欺其本見矣

不然斯之功且與周召列矣　梁本王若虛說謂史公贊蕭相國與閎散爭烈贊絳侯云伊周何以加贊淮陰云可以比周召太公已爲儗於不倫若李斯何人乃贊其功並周召不亦悖乎王曰此抑損之詞按正文明有不然字梁何不覩邪此言斯若不敗世且將比之周召凡史公以古王佐比論者皆止言其功名宋人視王佐乃甚高以前不然也

蒙恬列傳

張耳陳餘列傳

索隱謂張耳吳芮當列世家不知史本但舉其大若如其言漢諸侯王列侯多矣可盡世家邪

韓廣至燕以下　吳曰此傳本以張陳爲主而詳著韓廣李良事以其與張陳相類又皆見利中變與張陳之交相發也而其事又皆不可不見者但他人記載如此之詳則未易使主客分明按此說非也史雖以人題篇實以事爲主陳涉世家敘所遺者多竟其事直至景駒不專敘涉此傳亦與彼同此本史之常不足爲怪後人視史傳爲行狀墓志乃以爲奇而強分客主實則史文本無所謂客主也

所由殆與太伯延陵季子異矣　梁謂儗於不倫按此明言耳餘之交不知讓信慨諸崛起豪傑之爭利無信古人詞寬緩固如是

魏豹彭越列傳

王曰傳中稱越稱梁王稱彭王各有所宜按封梁稱梁王削爵稱彭王然亦偶爾他篇不皆如是

彼無異故（至）不辭云云　此明崛起者皆逞才乘勢固不擇於名義也王氏以爲嗚咽何邪

黥布列傳

史通稱謂篇曰英布而曰黥布避佗而曰尉佗取叶隨時不藉稽古按此說是也梁氏則必規以後世稱名之一律矣

別爲傳者項羽大將繫楚漢之成敗也

太史公曰（至）何其拔興之暴也　與項羽紀同義

淮陰侯列傳

梁曰遷傳侯下有韓信二字非也史公於罪誅黜者例不稱

爵惟淮陰之死爲寃故書其降貶之爵而不名以微見意云
按此亦鑿說也侯自是其所終之官若云誅者不書爵吳王
濞何說乎
王曰方氏點此傳尤精傳首不得推擇三句著信之無行也
其後遂用信計二句著漢能任信也至韓信猶豫三句史公
明著信之果未嘗反而旣不忍倍漢又自爲功多此其所以
死也
且天下銳精持鋒至末　王曰若逎之言然則力所能而又欲
爲之者豈可得而亨之邪史公以此爲結其意可見
太史公曰至其然　此與黥布傳書當刑而王同意史公於諸
崛起者微時之兆必詳書之

韓王信盧綰列傳
梁曰索隱本無王字是蓋叛臣削爵耶盧綰不稱燕王可見
按信本以韓爲氏索隱本或是然謂削爵則非
此二人別爲傳者皆本漢將非彭黥比又皆居邊通胡也王
氏止謂其危疑致變同猶淺耳
夫計之生孰二句　吳曰此識高帝之失計韓盧疑之過遲陳
豨治之過急自登之圍計之未孰破豨則計得矣按此說顯
與文義不合
田儋列傳
尙鎔謂耳餘傳結趙局魏豹傳結魏局韓王信傳結韓局盧
綰傳結燕局田儋傳結齊局是也

王鏊以從橫二客名不傳爲史公輕節義苛矣自是史公亦
不知其名耳
樊酈滕灌列傳
曾國藩曰樊夏侯皆沛人灌嬰睢陽人亦去沛不遠且終身
爲騎將與夏侯終身爲太僕畧相類三人同傳宜也酈商不
入食其傳又不入傳靳等傳而列之此不可解按此說太淺
四人皆戰將之功多者非以地以騎之同也商入食其傳乃
後史之死法耳商功豈傳靳等比耶
王曰四人皆戰將敘功處別立一格遂爲後法亦他廣之所
言能詳故也按傳中所載有人數有總計蓋據功狀原文傳
聞焉得如是之詳據狀直書亦何創格之有樊酈步卒滕奉

車灌將騎
張丞相列傳
此篇連敘數人王鏊以爲文奇楊愼以爲體之變黃淳耀謂
中包數小傳申屠無術學故題止曰張丞相方曰漢初御史
大夫與丞相並重蒼嘉兼兩職故合爲一傳其餘爲御史大
夫者四人俱有聲績故列敘之爲丞相者六人皆無所發明
故總記以爲戒按諸說俱非也史本以一事爲一篇無所謂
奇變本幷敘蒼非以蒼嘉爲主篇題詳畧亦無關褒貶六人
自當書亦不必爲戒
崔適以此篇言終始五德遂以爲僞且曰張耳陳餘魏其武
安合傳以其事相牽屬故錯綜其文張蒼與周昌趙堯任敖

絕無一事相關特以相次爲御史大夫強分一傳以跨三傳
前後效顰之迹可笑甚矣按此說可謂悍且妄矣既相次爲
御史大夫何云絕不相關本是一篇何云強分一傳且崔氏
以爲此錄漢書然則班氏創此例可笑也

漢立皇子長爲淮南王而張蒼相之云云　方曰漢興爲御史
大夫者五人皆在張蒼之前張蒼既相而申屠嘉代之故於
蒼相淮南預書十四年遷爲御史大夫然後五人爲御史大
夫可牽連以書然後蒼自淮南相入爲御史大夫蒼爲丞相
嘉遷御史大夫脈絡相貫而主客之分判然蒼以前爲丞相
者名跡顯著故不復言嘉以後爲丞相者六人最其名氏而
以娖娖備員蔽之別有見者不列皆義法之不得不然按此

說是也但謂客主則不然此傳直是丞相御史大夫傳耳初
無所謂客主傳中高帝時大臣又皆多死餘見無可者乃以
嘉爲丞相及末皆以列侯繼嗣數語爲全篇脈絡方氏未知
蓋秦之丞相樗里甘茂范蔡不韋李斯俱有傳所以著秦之
所由興也漢之丞相自蕭曹陳王周灌嬰皆佐命功臣也灌
嬰死無可爲相者惟張蒼尚是舊人蒼死申屠嘉猶是舊人
然與蕭曹陳平異矣此乃論中語嘉後更無舊人乃用諸襲侯自
陶靑至趙周周以酬金免武帝乃破格擢公孫宏於布衣而
命相之法乃大變自宏以後遂雜用矣故史公於平津以下
別敘劃斷界限班氏之意亦同御史大夫則亞相也自周苛
至任敖皆初起功臣申屠嘉以後則用鼂錯而局一變後亦

雜用不限於功臣矣

孝武時以下　此所補漏畧梁氏已糾之矣然其記事亦自不
煩亂連合脈絡亦學太史公著韋玄成浮沈諂巧亦特筆末
著漢中葉循資望相之陋而結以賢才困厄有刺譏之微意
何奴所謂漢世相非用賢者也黃震曰景武之世丞相備位
僅有名氏太史公不復爲傳而褚先生直舉韋賢以下繼之
皆歸之命有慨嘆不滿之意是也

于丞相已有廷尉傳在張廷尉語中　此必釋之傳後褚生尙
有所記今不見耳諸家遂痛詆爲誤褚生縱劣何至誤若此

酈生陸賈列傳

二人皆戰國遊士之餘未嘗竟以儒者許陸生附朱建者以

其亦遊士善說又與陸賈善同免辟陽故附之黃震全祖望
之論非也已駁於漢書知意大氏史公道遊士事誠不無過
褒然以後世褒貶議論槪之則非其意且不知史體矣

方曰賈與尉他語入南越傳則傷國體且紀其五君九十餘
年事而漫及此枝且贅矣再使南越語不復詳者恐涉複也
按此說非也著之賈傳人亦見之何便不傷國體耶且史以
紀實又非爲漢設何鄭國體史文本互見入之南越傳亦未
遂不可若再使自是無可書若有可書則是一事何至複耶
文家氣調之說不可以論史法

語在黥布語中　黥布傳無其文者梁氏疑後人刪之
初沛公至末　歸曰疑褚先生所補茅曰蓋初本世所傳草次

之其未定藁也凌約言曰詳畧不同必有二聞故並紀之殿
本攷證張照曰史記事兩見而小異者甚多史家疑以傳疑
不肯斷也梁氏曰史無兩存之例其爲羼入無疑猶始皇紀
後之附秦紀也御覽引楚漢春秋與此正同王氏曰抑當所
取材而未經削去者少孫不識因而存之然是子長藍本存
之可見剪裁之妙按諸說均未安有不合便歸之褚無稽已
甚楚漢春秋乃史公所取材何定爲後人鈔寫既謂未經削
去則是本有此何又云少孫存之吾謂此直是史公鈔楚漢
春秋文未經削去耳

傅靳蒯成列傳

歸曰傳靳傳不類補者崔曰傳或從漢書補錄贊乃班氏所

無亦似太史公作按此傳與樊酈傳同必非班書詳序論
王曰按傳靳俱不詳其爲人所謂攀龍附鳳者邪論曰此亦
天授意可見矣按即詳其爲人史公亦必云天授曾國藩曰
子長於當世艷稱之功臣封爵者皆不甚滿意常以不可知
者歸之天命如於蕭何則曰依日月之末光於曹參則曰以
與淮陰侯俱於樊酈滕灌則曰豈自知附驥之尾於傅寬靳
欲則曰此亦天授於衞青亦曰天幸皆以成功委之於命亦
由子長褊衷不能忘情於功名故時以命字寓諸喉舌之間
按此說是也但以爲褊則未知天人之際之義耳
此有傷心否至篤厚君子矣　王曰語氣抑揚殆有所謂或曰
陳豨之反正在彭韓菹戮之時所謂傷心者其是邪

劉敬叔孫通列傳

唐順之曰此等傳似不爲本人但爲漢敘事耳按此說是也
史之列傳皆不爲本人唐氏何見之晚也
從豪傑而古封建之遺自此亡定朝儀而古君臣之禮自此
廢古今之變二人之力也敬之勸徙都通之對二世皆所謂
知時變者誠與酈陸之沿習戰國者異矣王氏以建都定儲
天下大計和親制禮漢代行之爲合傳之故淺矣
方曰史公於禮書痛漢用秦儀法三代聖制由是湮沒而成
之者實通然時王之所用也不敢言其非故於後論隱約其
詞若褒若諷而希世之汙則假魯兩生以發之首載秦二世
之善其對以爲面諛之微也末載原廟之立果獻之與著其

悉臆無稽以示所定漢諸儀法皆此類耳
王曰衣褐褐見與便服楚制相映然則敬乃賢於通矣
此傳中如知上益厭之與秦儀雜就之不知時變吾能爲此
誠聖人也諸語皆譏刺甚顯
備載其儀此於古今之變爲甚重也於是高帝曰數句重筆
特著茅坤曰此儀直行至今大畧皆秦故尊君抑臣之舊而
三代以前上下同體處消歇矣此論是也
梁氏以不書兩人所終爲疏王亦謂不知何義皆泥論也傳
固不必備其人始末蓋史公已不知矣

季布欒布列傳

二人及季心丁公皆任俠也亡秦者游說游俠之力也尚鎔

謂傳氣節之士淺矣

論　季布重其死欒布知所處故不重其死此卽輕於鴻毛重於泰山之說陳仁子茅王謂是自道是也

袁盎鼂錯列傳

全祖望經史問答曰爰晁合傳失史法晁錯雖以急切更張蒙謗殺身然其料七國則非過爰盎直是小人之尤但當附見之錯傳中按全氏之論史漢列傳一切以九等人表法繩之無一當也全氏所論二人功罪史公非不知之故於盎亦著其善而於錯則借鄧公語以明其冤吳王傳論亦稱其爲國遠慮而此論中則全貶兩人要皆未嘗深許之也

方曰盎忌疾錯刻深而鄧公持議平其子脩黃老言亦與錯

學申韓相應

太史公曰段　此論用韻

張馮列傳

全祖望曰張是名臣馮非張比張可與田叔合傳而馮附之大氏史記習氣但就一節紐合張晚年不用於景帝馮亦老困故合之按此說非也此論及下篇皆文帝時長者之風也何鎔謂張馮長者與袁晁相傾反直至下四篇作一篇讀亦有見此傳自當次此固不爲袁晁然此四篇則誠文景時黃老刑名之錯互也

萬石張叔列傳

是時漢方云云　特挈大勢眞史法史識所見處此傳見文景武三朝之變萬石遭竇后而榮石慶遭武帝而辱黃老僞儒之殊也孝謹衰矣何不獨慨石氏也

太史公曰段　梁氏謂此論未協引明邵氏說謂佞人不可謂君子周仁不可附萬石王氏則竟謂石張皆不克當訥敏史公文意抑揚此皆贊論也史家立傳本以著風氣非以高下爲離合後人持褒貶之論以議之乃以東西論南北耳景帝刻深故一時大臣皆以恭謹自全萬石性恭謹而景帝揚之故張周直諸人皆以黃老術起萬石父子自是正人直周自是智巧然皆恭謹史公合傳以著一時習氣而分論以著是非論言雖近佞而其行自難且厚篤行二字本不如後世所謂之高讀書不精又不識史家立傳之故宜其多言而無當

也史公極贊石氏而深著武帝之不喜恭謹何嘗刺譏石氏若如王說前半篇全無意矣

田叔列傳

特立一篇者史公好言俠士也班氏合之季欒猶史公意也叔亦長者與上二篇諸人類

茅曰貫高不自立傳而田叔顧得立傳王曰此特爲與仁善傳之郭曾國藩說與王同皆非也叔事自多貫高止一節見張耳傳足矣古史不以立傳爲褒也

數歲　梁謂此以下爲褚生所增按論中言故並論之卽指敘不受金擊匈奴爲郞中但補者非褚生此傳後諸篇多有後人續語梁氏已具舉之歸方王氏每認續語爲原文而論義

法無當也故今悉不舉

扁鵲倉公列傳

正義曰此傳合與龜策日者相次以淳于意孝文時醫故以次述之扁鵲不可别序故引爲傳首接倉傳居後乃後史法史公書無此例也

曾曰太史公好奇如此及日者龜策貨殖無所不載初無一定之例後世或援太史公以爲例或反引班范以後之例而譏繩太史公皆失之矣按此說謬也學術生計本史所當書後史不書正其識隘何反以史公爲好奇無定例以常爲奇以正爲變後史之陋正此等謬論爲之也

王曰其文去史公遠矣漢魏間習其術而不文者之所爲也

按此妄論也過以神奇窺史公耳本載醫書何能自下己意邪桐城家務以靈變爲長不知敘事固有不得靈變者使聖人預知一節作泛論疑是周秦書倉公醫案皆云詔問臣意亦疑是倉公自記或弟子記載之專書術數專門師授著於竹帛史公因而取入耳史本言公取衆作而不有王氏未知之也且其文亦不劣王氏從何斷爲遠至其疑前言無子後言子男殷來則梁引王氏說定爲下文有五女上脫簡矣董份曰述對問太詳恐非太史法然又非褚先生所能意者漢史具藏其本而褚對錄之耳趙翼曰淳于意答詔問必當時有此現成文字而抄入者使史遷爲之必不如此瑣屑竊意亦少孫抄入也按此二人知爲原文是也而疑非太史所錄則非也既傳醫術自不能無瑣屑何以知太史必不錄此史以述爲職鈔錄本無所嫌史公所鈔何止此乎吳氏謂史公以爲奇而錄之則又以不怪爲怪矣

吳王濞列傳

索隱曰五宗之國但享大邦雖復逆亂萌心豈可謂非青社之國哉淮南猶有後不絕衡山亦其罪甚輕安得出其王國不列於世家其吳濞請與楚元王同爲一篇淮南宜與齊悼惠王爲一篇梁曰濞與淮南衡山俱帝胄大邦不但當以類從亦當次於齊悼惠王世家之下若以謀反貶在列傳則彼在世家者皆不反之王乎又何相隔之遠也且淮南衡山例王字吳何以王何以濞獨名均所未曉班彪譏遷黜淮南衡

山例不經而不及濞學史謂淮南衡山在東越朝鮮西南夷後以二國故荆地有合於春秋用夷禮則夷之義殊非案史公本不以世家列傳爲升降而獨於此菽人以其不終而止列列傳遂來後人之譏叔皮言不經謂其變而非常本非譏詞且此亦未至參差楚趙三齊諸反王乃附在祖事後與此自不相妨稱王稱名本無定例安知淮南衡山下非脫王字即無王字亦陳杞管蔡之例何梁氏又不識陳杞管蔡而反發例合二則但書國之例邪若邵說則誠妄耳代頃王不立世家者以事少已見表故省之不列吳傳自當追敘皆史之定法也

方云此篇側入逆敘處酷似左傳蓋以吳及六國之敗亡必

牽連以書設篇終更舉周邱之師及漢制詔則如附贅懸疣故因敘吳兵之起而及周邱之圳出因周邱之勝而側入吳王之敗走因吳王敗走而及天子之制詔然後追敘吳楚之攻梁及亞夫之守戰吳王之走死六國之滅亡而弓高侯出詔書以示膠西王亦自然合節矣凡此皆義法所當然非有意如是以爲奇也按如此說敘事法自無病

太史公曰段　此論用韻爲國道處四字爲韻錯渦書也

魏其武安列傳

全祖望曰竇田灌猶相去遠甚竇本不以外戚封自以七國時功而爭梁王爭栗太子其大節甚著在景帝時當與條侯合傳田蚡特豎子無一可稱晚有交通淮南之大逆只合黜之在外戚傳史公生平皆氣喜道人盛衰榮枯之際以自寫其不平而不論史法以灌夫之故強合竇田爲一傳按此說妄也功臣亡而外戚興戰國養士秦相專權之風猶在此武帝初年之形勢也此篇正以明此遞接張丞相列傳乃眞史法也若全氏之言乃九等人表法耳豈史法乎

淩約言曰三人徒以賓客相傾而卒無賴於賓客太史公三傳聯合微旨見矣按收召賓客乃戰國之餘風也

包世臣論曰或謂史公既云魏其不知時變灌夫無術不遜相翼以成禍亂又云武安負貴好權則曲直顯明禍源昭著而復繼以禍所從來者何謂也予曰此自序之所謂原始察終見盛觀衰者也蓋憂世之微言而垂戒外戚矣其序世家曰孔子罕言命蓋難言之也非通幽明之變惡能識乎性命哉言難以知命責外戚也在下不可恃而在上不可縱也故曰魏其武安皆以外戚重外戚惟魏其賢能引大義以阻傳梁之失而太后顧以此除其屬籍故曰魏其之舉以吳楚明非吳楚則終身廢棄也既以賢而廢棄則所舉必富貴好權通賄賂恣睚眦如武安者耳進退人才者人主之柄東宮操進退之權而顛倒若是豈必臨朝稱制乃足爲亂哉外戚重則公室卑其究則子政所謂王氏與劉氏亦且不竝立者也迹武安初用事下賓客進名士欲以傾諸將相推轂儒術設明堂興禮樂痛折節以禮詘天下非新莽之前車乎高祖之侯澤釋之也以爲將有功而台產之竝侯者以父澤死事恐議者不察疑爲恩澤故白馬之盟曰非有功而侯天下共擊之侯以恩澤自薄昭始昭功與定策亞於宋昌顧以建太子恩使與駟鈞趙兼同科白馬之約始敗矣昭卒變謹亘之舊至殺漢使是故長君少君初至長安而絳灌以爲我輩他日命且懸兩人手則文帝示私外戚之禍可勝言哉是故竇太后趣侯王信政君敕讓下傳之嚆矢也條侯力持正議遲信侯數年而條侯卒以得死竇太后好黃老以清淨退讓教宗室諸竇當如此則婦人之不可用也亦甚矣當武安鬱用之時武帝曰君除吏已盡未其請宅地則曰何不遂取武庫是不必至魏其灌夫事始不直武安也帝初即位即以夫守淮南鎮天下勁兵處及其爲太僕以酒持竇甫恐太后誅夫爲

徙相燕則帝之知夫而全夫者至矣至東朝廷辯以兩人孰是徧問朝臣汲鄭對不能堅餘皆莫敢對武帝之用心實欲倚朝臣公論以抗太后而全魏其灌夫如袁盎諸大臣之持梁事也既莫對對又不堅而遂無如太后何矣故怒曰今日廷論局趣效轅下駒吾並斬若屬也以武帝之雄才大畧而上迫太后驕所瀕陷所嚴況成哀之下材乎史公蓋言之而隱其辭以爲萬世戒不然武安之患苦吏民修成子仲之傳耳吳楚之功最條侯魏其灌夫附條侯以傳可矣何遽如此自序所述乎史公之特立此傳者深憂履霜之戒不至政君三世稱制亂階遂移不止也是禍所從來之謂也按包氏述貫傳事固詳明必謂史公意在戒外戚以譏文帝及說衆以吳楚句意則未免於鑿之使深耳太后外戚之專乃治秦故豈可歸禍始於文帝乎

方云魏其灌夫生平事蹟並正敘於前故武安事蹟皆與魏其夾敘其初也著魏其方盛而卑事之其益貴用事而下賓客進名士也以欲傾魏其諸將相其讓魏其爲丞相也以天下士素歸之而用以釣讓賢之名其好儒術興禮度也與魏其俱其益橫益驕也以言事多效天下吏士皆去魏其而歸之吏士去魏其歸武安則魏其與灌夫相權相倚之由也武安益橫益驕則怒魏其激灌夫之由也中間魏其夫婦治具旦及日中與武安往來侍酒蹶起如子姓相對灌夫尤微諸士貧賤者與武安折詘諸侯王坐其兄南鄉相對好陵貴戚有勢在己之右者爲後罵坐張本而魏其初致名譽及後銳救灌夫則以沾沾自喜多易蔽之章法蔽過使覽者心怡目眩不知其所以然所謂工倕旋而蓋規矩也按此說亦可用但不可誤認爲魏其爲主

盎疏不用無勢三複語其游如父子然相得歡甚無厭恨相知晚亦三複語皆極書也

韓長孺列傳

竇田遞爲丞相在衞綰許昌之間其傳實遙接張丞相傳後田蚡死安國行丞相事將即眞而罷是時名公卿可爲相者獨安國耳故此傳次竇田後然安國事實不足專傳史公特以不用命惡故詳之全氏所謂喜道人盛衰者也且安國亦好士與李廣皆老將二人不用而衞霍乃進史公極稱許好士者津津不厭故貶衞霍而褒韓李此乃史公偏處不可爲定論論中所舉壺遂亦不得爲相者而稱長者者也班氏合韓於竇田亦猶史公意而更簡整矣全氏既以史公爲非謂韓止合與鄭莊同傳又以班爲李合非也

凌稚隆曰兩受金兩言太后田蚡之寵賂章章也太史不載之蚡傳而載之安國傳則於張湯傳見弘羊之意按蚡傳已總述此則散見者耳讀史當留心然不可謂作史故如此

李將軍列傳

宋黃震日鈔曰使武帝志在息民專任李廣足矣看衞霍傳須合此傳看衞霍聲振華裔今看其傳不值一錢李廣困躓

終身今讀其傳英風如在史公抑揚予奪之妙豈常手可及馮班亦謂此傳在匈奴前見北邊非將軍莫可寄管鑰黃淳耀曰李廣非大將才也行無部伍人人自便此以逐利乘便可耳遇大敵則覆矣太史敘廣得意處在爲上郡以百騎禦匈奴數千騎射殺其將解鞍縱臥此固裨將之器也若夫堂堂之陣正正之旗進如風雨退如山岳廣豈足以與乎此哉衛將軍數萬騎未嘗挫衄其將略優於廣遠矣且出雁門時廣所將萬騎乃爲敵所得而霍去病以八百騎斬捕過當必謂廣數奇而去病天幸恐非論之得平者也淮南王謀反止憚青與汲黯而不聞及廣太史以孤憤之故敘廣不啻出口而傳衛青若不直一錢然隨文讀之廣與青之優劣終不掩

按淳耀此論一洗宋以來之痼見史公雖許廣然止言其勇悲其數奇與論韓安國意同論之稱許亦張季馮公之等耳未嘗有用廣已足禦匈奴之意也武帝欲使衛霍專其賞青欲自當與公孫敖同功而移廣誠不無私意然受戒以其老數奇猶公孫昆邪恐亡之之意未嘗不善非衛霍有傾廣之謀簿責失軍狀何至自殺趙食其同受責亦未誅史公敘述甚明安得以此而譏武帝貶衛霍耶史公於此傳及衛霍傳頗抑揚其詞乃其偏習於好士者則喜之於不好士者則貶之觀兩論已可見此豈論世知人之定準哉後世好史公之文爲其情氣所動因慷史公之慨而極貶衛霍推李廣非史公意也若李陵與蘇武書則六朝人假託固不足以爲證

匈奴列傳

漢書遷傳序自此下三傳次序爲衛霍平津主父匈奴疑倒誤

梁曰史詮謂匈奴南越東越朝鮮西南夷大宛四夷也以類相從當在雜傳之後此說是小司馬亦云司馬相如汲鄭不宜在西夷下大宛不合在酷吏游俠之間又漢書遷傳衛將軍驃騎列傳第五十平津侯主父列傳第五十一匈奴列傳第五十二則今本史記有譌正義反謂舊本匈奴傳在第五十非也說者遂言司馬相如開西南夷者故次西南夷後匈奴傳後繼以衛霍公孫弘而全錄主父偃諫伐匈奴書史公有深意並曲解耳按此論本王若虛淺陋之習見也即如梁

氏說移匈奴傳於後仍非與四夷諸傳爲類也雜傳後乃列四夷此班書以後之例耳史公本無此例不但無四夷中國之分亦且無特傳雜傳之別自李廣至大宛武帝時事數大端也皆今上本紀之緯也韓李不用而衛霍起故此傳次其間顧氏曰因匈奴犯塞而有衛霍之功故敘匈奴於衛將軍驃騎傳之前此說是也梁氏所稱說者之言皆有見特何焯以主父偃書黏合說之則鑿耳

於是周遂作甫刑之辟　方云忽插此語與漢武窮兵入穀贖罪相射

太史公曰以下　此論意謂當時言匈奴者皆徒奮氣於斬虜未嘗參彼己有深遠之謀解絕邊患也故進以擇將相觀建

功不深之言可見史公亦以武帝逐匈奴爲功但惜其不深非謂匈奴不當驅也謂多微辭者言不敢直言其時之徼功疲民然於衞霍之功仍詳敘未嘗隱略也武帝開邊固屬侈心然逐匈奴之功則不可沒先太父史存曾詳論之宋以後人謂史公譏武帝之逐匈奴乃以己見度古人耳王氏曰堯雖賢得禹而九州安故於李將軍傳詠歎於不已此宜不可解彼意謂用一李廣足以[illegible]邊夫廣亦好戰安見用之便不疲民且其徒勇豈遂可[illegible]禹乃以比之於禹乎史公意必不如此

王氏又曰鹿門謂敘衞霍戰功草草非也衞霍仁善恭讓傳中何嘗不悉著之其敘戰事則不及其方畧當時亦據軍國

文書之類書之云爾何嘗不極詳盡且衞霍有何方畧可談而欲責以如廣傳哉況贊明言戰功不深然則其事不過云爾按茅說固妄王說亦非此傳何嘗不敘衞霍之功衞霍方畧外此更何求圍單于一節豈非方畧廣傳所書不過善戰耳又何方畧之可稱功不深乃言擴夷之功未深非衞霍戰功不深王氏何乃不看上文封狼居胥圍單于豈得云不過云爾乎讀者平心觀之史公有此意否

吳汝綸曰此篇後繼以衞霍公孫宏皆所撰任之將相也按此說似是而實未可信衞霍事固止關匈奴公孫宏則不然史之次序不能以一事一語黏連也

衞將軍驃騎列傳

王鳴盛曰敘述戰功雖詳而指摘其短特甚其論補敘與傳中和柔自媚等語相應敘述而止無所可否乃論之變例隱以見其人本庸猥用兵制勝皆竭民力以成功豈眞有謀畧敵未滅無以家爲亦自媚之詞又曰李廣傳美其死天下盡哀誠信於士大夫衞青傳則著不肯招士士大夫無稱優劣自見按史公之於衞霍本過貶後人推衍又多非史公意此篇多以天子曰三字敘其功一若天子爲之粉飾然然匈奴傳中又全用此詔書語贊敘則亦未嘗竟以爲無功也仁柔自媚乃由避武帝之忌刻不招士亦由避忌史公論語中明著之以譏武帝而明著志且青非不下士救郭解敬汲黯進用仁減宣主父偃皆史公所書宜假固不賢仁則史公所友

也即史公所稱許韓長孺鄭莊之流其所舉又豈皆賢耶莊舉桑宏羊與青舉減宣何異士大夫稱與不稱特好士與不好士耳彼時風氣固然非士大夫固有公論也淮南衡山傳載伍被稱衞將軍曰遇士大夫有禮於士卒有恩衆皆樂爲用號令明當敵勇敢常爲士卒先依舍穿井未通須士卒盡得水乃飲軍罷卒盡已渡河乃渡皇太后所賜金帛盡以賜軍吏雖古名將弗過被之言容或有游說過甚之詞然此節被謂得之黃義曹梁則必非妄造觀此則後之人貶青豈有當耶王極乃以李廣傳與此傳並論謂爲誅奸諛發潛德太失倫矣

董份曰史公敘諸將則右李廣而貶青衞霍並言則右青而

貶去病按右李貶衛非也右衛貶霍則是霍之豪侈遠下於
青其爲將但能勇往不及青功之多武帝賞其健耳
李廣自有傳 王謂此句著眼非也此乃史家常例豈因此爲
褒耶穿鑿之甚
何曰李蔡已附李廣傳後附此者猶淳于髡已附孟子傳而
滑稽傳後序之張騫已附此而大宛傳後序之范蠡子貢亦
然蓋因事類敘故不避重複按此說是也但不當言附耳
家在大猶鄉 程一枝曰張騫家在漢中二家字本作冡載此
二冡者從驃騎冡象祁連波及之耳此文家血脈按此校是
也而云血脈則似故以此爲趣矣殆不然此二冡備可考耳
冡豈必盡書耶

平津侯主父列傳
二人皆武帝特舉之文士拔宏以勸窮儒用其勵學官之策
拔偃以收遊士利其私怨以治諸侯用其分封從豪傑之策
此武帝雄猜之畧所以成集中之治也宏險而柔故竟以相
終偃不改縱横之習故名敗身誅二人禍福之殊即縱横銷
匿而僞儒昌盛之關此古今之變之大端也史詮謂行事終
不相合主父以下當別爲一傳何焯謂弘以議朔方族二人
合傳猶之袁晁吳氏說同皆非也
宏學春秋雜說 何氏謂雜說乃雜家說是也偃學長短縱横
晚乃學易春秋百家言百家言與雜說皆著其不純於儒也
弘爲人恢奇多聞云云 方曰以恢奇多詐蔽宏之爲人唯恢

奇故多詐而天子以爲敦厚也唯天子以爲敦厚故不唯汲
黯之詰不能動即左右佞幸之毀亦不能入也其稱人主病
不廣大及陽屈於買臣之議陰禍主父徙董相詐也而使匈
奴還報不合上意數諫通西南夷築朔方置滄海郡汲黯廷
詰反稱其忠使天子察其行而以爲敦厚所謂恢奇也黯之
詰以背約不忠則曰知臣者以臣爲忠不知臣者以臣爲不
忠詰其儉以飾詐則曰管仲侈擬於君而桓以霸晏嬰下比
於民而齊亦治所謂辯論有餘也淮南衡山之反泛引傳記
使覽者莫識其意向而究其隱私則自引咎以釋人主之惑
所謂習文法而又緣飾以儒術也凡此類皆以恢奇行其詐
也天子報書一則曰君宜知之再則曰君宜知之而曲學逢

君飾詐不忠之實不可掩矣按此說詳而未盡是人主病不
廣大示當多容以收人心也人臣病不儉示束身以附上也
其論管晏語有輕重與田蚡與竇嬰辯語同人主固利晏而
忌管之僭也弘與武帝智相等凡武帝之用心弘皆相視莫
逆其以功名終宜矣
弘爲人意忌 王氏曰再提爲人極力寫出專以汲黯董仲舒
與之對照按排董仲舒足見其儒之僞殺主父偃又兼張相
傾之遺史公之惡弘亦直書其事耳曾國藩乃以爲史公之
褊其識下方氏遠矣
開閣延賢此傳不載蓋不以好士許之也班史書之而接以
意忌亦以明其延賢要譽之僞也梁氏乃以開閣爲盛德事

而疑焉何不載淺矣自宏以後爲相者不能如此亦不敢如
此客館邱虛而亦遂多以譴死矣漢書於此最明
是時趙人徐樂齊人嚴安云云　此皆游士與偃同類吳氏謂
因偃諫伐匈奴連類幷及非也王鏊曰史傳不必人人悉具
顛末如嚴安徐樂一書足矣蔡澤傳亦然此論是也王拯既
知引此何又疑於劉敞叔孫通之不言所終耶載二人之書
取其中時弊也梁氏曰莊安書首尚有二百七十餘字皆切
中時弊不知何以删之
公孫宏諫築朔方終謝鄙人主父偃初諫伐匈奴而後議置
朔方此皆游士逢君常談何焯摘偃前言地澤鹵轉輸率三
十鍾致一石後言地肥饒省轉漕之相反當矣

唯獨汲孔車　書此事亦史公好俠之習
然亦遇時　此二字論定公孫宏與叔孫通論同
南越尉佗列傳
崔適以此及下三篇爲史記本無後人錄漢書乃以其不合
麟止之說其說之非已詳序論適於東越朝鮮二傳無他證
於此則曰漢書有文帝賜趙佗書此無漢書載佗上書謝此
存十分之三要齊藏其先武帝文帝雖此脫文帝二字則似
其父胡未嘗稱帝割裂漢書之微也於西南夷傳則曰班傳
本爲平定四夷而作至成帝河平中陳立始定西南夷此傳
中止則亦删漢書之足耳按此所舉皆不足爲證漢書本詳
於史若不及漢書詳即爲僞則賈生傳亦僞耶脫字咎在傳
寫若脫字即爲僞證則百三十篇中僞者多矣至平定四夷
一說尤不可解如崔氏言豈謂必平定乃可作傳耶然則匈
奴傳亦僞矣
尙氏謂南越獨題尉佗以其有雄才大畧不同東越朝鮮西
南夷諸君長按此亦世家之例耳不必爲表異也
曾國藩曰五世九十三年必有善政趙光等之屬漢必有事
實皆不書畧人所詳也太后之淫亂置酒之坐次詳人所畧
也按此說亦非善政及屬漢事必已不傳若傳烏得畧且所
謂人所詳人所畧者何稽乎
天子微三句　此用春秋義諂文必不止如此乃史公删削可
見史家載文多非原本

梁氏謂終童奇人何不爲立傳此不知史法之言也漢書立
傳斷代加詳耳
太史公曰段　此亦用韻茅坤以爲銘體陋矣古人文本多韻
史傳豈與碑志同乎
東越列傳
梁曰遷傳作閩越是尙鎔曰亡東甌南越者閩越亡閩越者
餘善也故題東越以罪之按此皆拘論前名後名無不可用
若罪之當仍錄原名以示存古何反題後名耶
太史公曰段　此遂承世家合古今而言
朝鮮列傳
太史公曰段　此論亦用韻

西南夷列傳

太史公曰段　此與東越傳論同

司馬相如列傳

吳曰相如開西南夷故傳次西南夷後按境土廣而侈心生乃好詞賦歌頌之矣

史通謂此篇本相如自序其說在疑信之間許漢書知意方曰史記所載賦頌書疏甚畧蓋氣體爲所滯壅也長卿事蹟無可稱故獨編其文以爲傳而各標著文之由兼發明其指意以爲脈絡匪是則散漫而無統紀矣按相如固以文傳文之當傳與事等非因無事乃編其文方語微誤

王鳴盛深詆司馬相如小人得志詆韋昭注相如事云言其無恥也此言甚有識司馬遷究屬文士頗有取於相如之文按昭所言誠得史公瑣敘當爐著褌之意然與載文何關劉知幾詆史公載詞賦爲無裨勸獎有長奸詐本偏謬之言已駁於漢書知意王氏襲其說耳

梁氏又譏史公不載相如明經化俗之大端而但采其賦按文翁遣相如受經歸教事華陽國志始載漢書所無未可信也

春秋推見至隱　于慎行讀見爲中甫莫見乎隱之見甚確

淮南衡山列傳

方曰備著淮南衡山二王逆節見漢法非過也厲王反迹皆於獄辭具之故安之事既畢敘乃曰伍被自詣吏告與淮南

王謀反蹤跡如此而獄辭則甚畧觀此傳益信淮陰之枉始則詐而禽之而告反者無聞也既則詐而斬之宮中而上變者無徵也使果有蹤跡何難具獄而明徵其辭哉著以傳疑以傳疑俾百世下可以尋迹推理而得其情此之謂實錄也吳曰一路附會謀反全爲疑兵豈有眞反但與子女及賓客數人同謀遂能舉事連坐數千人絕無反謀可敘者乎且使淮南王眞反而史公錄其前後蹤跡如是之冗也亦爲詞費矣按方說未盡吳說是也安事正與淮陰類史公於淮陰與陳豨語等反狀皆作直敘與此敘安與田蚡語同此敘安反狀著伍被告則其中亦有不實矣

氣怨結而不揚涕滿匡而橫流二句　梁引劉辰翁曰游說如賦近乎小說矣王若虛亦譏其失史體按劉王皆未察也此傳中所載伍被之論必別有他書淮南賓客本多縱橫詞賦恭即其所爲觀此後言上以伍被雅詞多引漢美則亦或即被自造之詞自王坐東宮至歷階而去一節文勢明是縱橫家詞說後伍被問答皆簡要而論陳勝吳廣語已稍泛前一段尤多無用之泛語說始皇徐福事繁而無要又說尉佗王在陳勝前及客謂高皇帝皆非事實也要必本他書文而史公鈔入之失於删削耳董份謂被自告之文不無飾詞而史公具載之所以微見被冤而惡湯專殺曾國藩因謂史公素惡宏湯故欲曲貸伍被或不無增飾則皆無稽武斷之誣詞矣

太史公曰段：安之謀反由遊士慫慂而其招遊士適為武帝所切齒武帝方崇儒而禁雜流縱橫故河間蒙寵而淮南被誅知彭黥之反高帝致之則知淮南之反武帝致之也此論止責遊士之啟禍自有深意梁氏引史義拾遺乃謂安自取亡何地俗之咎所謂癡人不可與說夢也

循吏列傳

索隱曰有管晏列傳國僑羊舌肸等合著管晏之下不合入循吏傳梁曰傳循吏無漢時人傳酷吏無秦以前深所難曉又所舉僅五人而為相者居其三吏事不責公卿何以入孫叔子產公儀子當與管晏并傳為允也愳閒錄云循吏五人而不及漢春秋列國賢臣尚多而獨以傳叔敖子產公儀不

太畧乎石奢李離以死奉法豈曰非賢於循吏未甚當也且敘事寥寥絕無光燄史詮云漢之循吏莫若吳公文翁子長不為作傳亦一缺事焉班曰史公以為循吏必如古諸人則可若漢書所載史公猶以為未慊耳不然文翁在景帝時何不存之邪又曰子產叔敖勳業皆不敘闕畧僅數語若曰為吏當如此也此敘循吏非為二君作傳方氏曰循吏獨舉五人傷漢事也孫叔順民所欲不發而從化以視猾賊任威使吏民重足一跡而益輕犯法者何如哉子產既死而有遺愛以視張湯死而民不思王溫舒同時五族而眾以為宜者又何如公儀子使食祿者不得與民爭利以視僭平準筦鹽鐵縱告緡以巧奪於民者何如石奢李離以死守法以視用愛憎撓法視上意為輕重者何如史公蓋欲傳酷吏而先列古循吏以為標準故序曰奉職循理亦足為治何必威嚴哉然酷吏恣睢實由武帝侈心不能自克而倚以集事故曰身修者未嘗亂也崔適曰此篇目及文皆非太史公所有循吏傳為酷吏傳而作酷吏傳偽託則循吏傳可知酷吏皆今人循吏皆古人太史公非愛古薄今者不宜有此二傳不相屬中隔汲鄭儒林二傳亦甚不倫孫叔敖霸佐也子產良相也列之循吏轉為降格矣索隱說是也太史公每述一人分見數傳者其世次其事跡皆相密合惟仲尼弟子傳宰我之事跡與此傳子產之世次乖異特甚其為妄人所偽託正如一轍也按以上四說可謂紛紜矣焉說本末可信循吏之義本非

甚高石奢李離亦未遂過文翁方說固成理然審此五人事參差不齊似止就所見錄之未必果如方說觀傳首數語誠似為酷吏之反映然何以解不相屬之疑邪梁崔所疑亦多未當史傳以品類名者乃著一事一風不為一二人設漢自無循吏之風戰國自無酷吏之風其畧固不足怪吳公文翁事必史公不詳無所采即有所采亦不必立一傳後世視黨傳為類書目錄以專傳為榮附傳為辱皆是陋見安可反以繩史公吏事不責公卿乃秦以後之說若春秋時一國之卿何嘗不親吏事列國賢臣史公本以其已見左傳而皆不錄此所敘孫叔子產公儀休皆取之雜說其事與左傳不同孫叔固是異詞子產則吾疑其別是一人春秋時人名字相同

者多如宋有兩子罕即使眞是國僑馮說亦足以釋司馬梁崔之疑循之爲名本謂循法若奢李離之事本出法家所傳曾國藩曰循吏者法立令行識大體而已後世之稱循吏專尙慈惠與此傳本意不侔此說是也豈可反據後人之義以疑前人乎至以先後為說則又捕風之談與酷吏傳不相屬之疑乃由用方說若不用方說則無可疑矣雖然此篇何以獨取五人盡敍周事何以次此終令人莫解若謂爲後人所補則補者何不述漢事錄漢書若謂爲殘缺則何以適取去漢事且論與自序皆適與此文相應則二說亦本難通吾不敢如崔氏之悍惟姑從蓋闕以俟好學深思之士

太史公曰段　此論用韻王若虛以爲少許論總結之語陋矣

汲鄭列傳

崔適謂此傳非史公所有乃後人錄漢書几舉三證一謂爲所記事在麟止黯卒後上官其弟子至九卿諸侯相黯卒在元鼎五年則子弟至卿相當在武帝末年非太史公所及見矣第二證謂翟公事漢書在鄭傳末此錄班傳爲贊其爲竄入之迹甚顯第三證謂列傳次第先別傳後總傳各史皆然法當列自史記此不當在循吏儒林之間按崔說之不足爲僞證甚顯麟止說已辨於序論黯卒時其子弟豈定尙爲小官擢之至卿相豈必在史公身後此以汲鄭同傳二人皆失勢零落故合論引翟公事班以張馮汲鄭同傳則不宜舉此事矣故移附鄭傳後勢所必然何反爲此移彼耶淮陰侯傳貧時葬母事還書在論中漢書亦移前豈淮陰傳亦僞乎別傳先總傳後乃創自班氏何所據而知史公之必然耶

宋劉子翬黃震王應麟皆謂汲鄭不當合傳黃震則謂鄭盜名不足玷汲全祖望曰汲無倫輩鄭不能望况鄭又有引桑弘羊之罪汲當作專傳鄭應附韓安國一輩中大氏史記習氣但就一節紐合汲鄭以其失勢後之寂寞拔此皆九等人表之論耳史公非不尊汲然史不以特傳爲尊也傳末附書翟公事非合傳之旨若謂寂寞則何不合之李廣史家銓配人物乃依當時事勢二人皆武帝爲太子時僚屬皆好黃老皆好客皆爲名卿皆以郡守終故合之耳黃震謂鄭雖少鯁諒然行修絜與汲等所以同傳亦是何焯引葉萬說謂次循吏後乃以汲爲循吏武帝好吏張汲向無爲鄭尙黃老故附之茅氏則謂二人意氣相合其廢賓客益落故合之則曲狹之說也

方云汲黯治東海爲九卿徙內史居淮陽不塡實一事止虛言其性情氣象畧舉其語言及君臣上下之嚴憚遂使千載下聞風而興起必如此乃與黯之爲人相稱又此傳傷武帝有社稷臣先知灼見而終不能用也篇首稱黯以數切諫不得久留則其進言多矣爲右內史守東海淮陽列於九卿事迹衆矣而見於傳者止此蓋非關社稷之計則不著也其直攻武帝之多欲社稷臣之所以格君也矯節發粟以賑貧民奉使東越不至而返諫征匈奴迎渾邪罪民匿馬及賈人與

市者社稷臣所以安民也而詰宏湯責李息社稷臣所以體國也始仕爲太子洗馬即以莊見憚及列九卿與丞相大將軍抗禮致天子敬禮不冠不見社稷臣所以持身也史於蕭相國非萬世之功不著於黯非關社稷之計者不著所謂辭尚體要也黯之爲社稷臣不獨莊助知之淮南謀逆者憚之武帝實自發之而終不能用則內多欲之故也黯之爲人不獨徧人憚之大將軍賢之即武安侯亦不間合怒而宏湯獨深疾之欲擠之死則宏湯爲人又出武安下哉黯學黃老之言段正與武帝及諸臣好興事病民相反治務在無爲而已二句近複然前郡守之治後九卿之治也其體各異故分言之且與張湯文深小苛武帝分別文法反對黯爲人性倨投

亦與公孫宏懷詐飾智阿諛取容反對

曾曰處處以公孫宏張湯相提竝論此史公平生好惡之所在景武間人才以此傳爲線索

茅坤曰鄭君節義之士惜太史公不能自勒爲一傳按此說非也鄭君事止此史不以專傳爲褒

史公推許鄭莊好俠之習也其推汲黯亦曰游俠任氣節慕傅柏袁盎

儒林列傳

茅曰太史傳儒林不采道德之士及其說經者之旨獨疏六藝門戶此其不知學之故也按史以敘事非以辨學史公所謂儒林本指漢之經生非謂孔子正傳後世乃以儒爲尊正之稱史公本無此意

方曰序曰廢書而歎歎儒術自是而衰也自孔子修六經明正道因而不悔諸弟子守道不變至於戰國儒術既絀孟子荀卿猶遵夫子之業遭秦滅學齊魯諸儒講論不絕漢興七十餘年自天子公卿皆不悅儒術而諸老師尙守遺學不肯曲以阿世故武帝一鄉之而遺經竝出凡此皆聖人之遺化也自叔孫通以禮儀爲太常諸弟子共定者爲選首始喟然歎興於學則已稍鄉於功利矣至公孫宏以春秋至三公而天下靡然鄉風宏既曲學阿世以至富貴不能興禮彰教乃置博士弟子使試太常補卒史誘以利祿自是天下多文學之士而儒者之道熄焉自孔孟以來羣儒相承之統經戰國

秦漢絀滅擯棄而未嘗絕者宏以一言敗之而其名則曰厲賢才悼道之鬱滯吁可歎哉按此說極是武帝本懲其祖父黃老刑名之弊而用僞儒宏乃其所特拔而與謀者也

故子路居衞云云　方曰獨言五子皆世所隆也外此則隱而不見者

其令禮官勸學講議洽聞云云　方曰制所下二事令禮官勸學講議所聞使皆協洽與禮以爲天下先如敢制度易服色是也宏議古者政教未洽不備其禮對此葢言禮之未易興也太常議與鄉里之化欲士興於學也宏議爲博士置弟子郡國縣道上秀民對此

吳寬曰董仲舒胡毋生瑕丘江公三傳皆引入公孫宏何也

宏治春秋不如三子三子皆不顯宏位至公卿史公微致不
平之意

葉蕃曰儒林諸公皆取其廉直而異於公孫宏者蓋對公孫宏而發下卷酷吏則爲張湯而發史公受學於董仲舒而不載天人三策蓋史公意本春秋所以救時之失三策雖合於正道而當時不能行馮班駁葉說曰學官所立傳之有本敘中甚明非取廉直也公孫宏自宜特傳此非不取廣厲學官用酷吏一代之大事乃曰太史公爲張湯公孫宏不亦末乎子長不善張湯公孫宏則有之矣非作傳之本旨也按馮駁甚快凡昔人務說是書爲刺譏武帝時事者皆視此公孫宏本學雜說不與師傳故不著於此不載三策亦非必有意史公載嚴徐上書而不載公孫宏對策蓋皆偶然耳

酷吏列傳

此篇首尾一貫楊愼謂十人只是一篇文字是也今行本提行皆非也方評於脈絡甚詳但往往謂此傳敘彼事與茅坤同則泥於提行矣今次第簡說之先舉侯封鼂錯次舉郅都次甯成次周陽由次趙禹次張湯兼終禹事由王溫舒次義縱終甯成事次王溫舒次尹齊次楊僕終溫舒尹齊事次減宣次杜周終焉敘諸人事互見他人尤爲變化皆不可截斷不得謂湯傳終禹事楊僕傳終溫舒事也王若虛誤認爲某傳某傳遂屢糾其支贅矣王鳴盛曰論稱十人蓋不數楊僕不當提行後世陋儒所改班氏因此遂以僕列酷吏數中子長不數也且僕爲將軍班以征戍事皆入酷吏傳事尤不類按此說是也但楊僕何嘗不可入酷吏數內史公以其不甚酷而畧之不數耳尙氏謂僕勇將不宜入亦非

王鳴盛曰子長不忍抑鼂錯侯封不明目之爲酷吏而不數者子長意以酷吏惟郅都當景帝時餘皆盛於武帝之世侯封高帝時人故畧而不數於郅都特提云是時民朴而都先嚴酷深著首惡以爲世戒也次敘甯成周陽由皆由景入武者而又提云武帝即位吏治尙循謹然由最酷末又結之曰自成由後事益多大氏吏治類由成等矣見酷吏多而政治壞在武帝世也又次趙禹而言禹隴節吏愈嚴而禹治反名爲平其用意如此按王謂深貶郅都是也至謂侯封不數之

意則迂曲不明封殆事少無傳耳其論子長節次用意則甚簡明反過於方評

梁氏歷引權德輿王世貞全祖望郅都不當入酷吏之說而駁之曰史公明云都先嚴酷此是罪案按黃震已明此義酷吏本不皆非有剛嚴者有殘刻者論中明言廉者足爲儀表污者足爲戒凡史家彙傳皆舉一代風俗其人雖同風而各有邪正及微細處功過輕重皆直書其事而自見後世必較量區分反滋議論而非古人之意也

與汲黯俱爲忮司馬安云云　此節文義論者紛紛惟錢大昕說爲是王應麟王懋竑謂以黯傳由爲非乃過尊黯之見耳此但言俱忮豈遂等視之乎

方曰甯成周陽由之前不過吏之治酷而已趙禹張湯而後則朝廷之用法益刻

吳曰此傳以張湯爲主故敘湯事獨詳郅都甯成湯之先聲而甯成周陽皆湯所事王溫舒尹齊杜周皆事湯者義縱雖未事湯而縱以造五銖白金而用爲內史湯所興事也至趙禹減宣則尤與湯相出入矣漢書去張湯失史公本意殊甚按此說非也本總敘酷吏何分主客吳氏所說已多强引以連湯況又有未引及者耶漢書雖去湯事此文之連貫處固未損也

自溫舒等以惡爲治　梁曰自此至以文辭避法焉一段無端橫入不成章法乃漢書減宣傳尾之語後人妄取入史而又

誤置於此也蓋漢傳減宣已上皆襲史元文田廣明已下孟堅自作故以斯語結之且徐勃等阻山攻城天子遣使者繡衣治盜事在天漢元年沈命法更在後則非史公所撰益明矣按梁氏此說當分別觀之其以此段後半遣繡衣及沈命法爲不合太初之限疑爲有續加語猶可信也若以前半總述諸酷吏爲橫入不成章法則妄矣史焉有一定章法上文敘至王溫舒故此自溫舒後總言之然後下文追敘減宣杜周曰宣自殺而杜周任用隨即敘周曰與減宣相編更爲中丞其治與宣相放銜接顯然班氏既別傳杜周故將此段總言移入減宣傳此自不得不然班氏杜周傳仍用史公之文與宣相編相放云云皆如其舊在史記銜接者在漢書則分裂痕迹甚明有目者所不能掩知班之移彼文則知班必移此文而此文之非錄班語明矣

周中廢　梁曰此下乃後人增入而謬者也杜周於天漢二年爲執金吾明年爲御史大夫四年卒而兩子夾河爲守政當周爲副相時史訖太初皆非所載至衞太子巫蠱事在征和二年周已卒四年桑宏羊之誅在昭帝元鳳初更後十餘載矣安得言周爲執金吾捕治之因遷御史大夫乎周之子延年顯於昭宣之際訾數千萬孫緩熊等元成間至大官乃謂周列三公之時子孫尊官家累巨萬不亦誣歟按梁此說亦當分別觀之周爲三公已在天漢疑爲後人所增猶可若子孫尊官止一孫字可疑此自渾詞耳若以爲謬則漢書固亦

如是豈班氏亦謬耶至桑弘羊事則本文原不言是衞太子及弘羊誅事而止云衞后弘羊昆弟子姚範謂武紀有天漢二年止禁巫祠道中及大搜事或弘羊與衞后昆弟子有相連逮者歟此說是也

崔適曰此傳既非史記所有漢書亦非班固之舊班氏贊曰自郅都以下皆以酷烈爲聲然都抗直張湯阿邑人主杜周從諛以少言爲重若是則張湯杜周與郅都同傳明矣下云湯周子孫貴盛故別傳然則何謂自郅都以下乎周傳云周以少言爲重正與酷吏贊語相應仍可爲周在酷吏傳之證不然豈有贊離本傳而附他傳者乎少言爲重一句此傳所無而贊語有之文無所承是亦割裂漢書之據少言爲重敍

於與爲中丞十餘歲後在元封間亦麟止後語太史公無由入贊於杜周云捕治桑弘羊衛皇后昆弟子刻深史漢皆有之在漢書固已顛倒世次在史記且豫及昭帝時事矣且吏之酷至王溫舒杜周而極反爲此傳之主人翁此傳尚不爲郅都寧成輩作也其事多在太初後故知非太史公作而班固創爲之湯周皆在傳中別爲其子安世延年作傳後人徙湯周事於安世延年傳首而增酷吏贊末云湯周別傳致與上文義不可通後人復從未徙之漢書去其田廣明以下錄入史記其後又多訛脫爾如寧成周湯由章稱武帝不成太史公語張湯章一稱嚴助兩稱莊助東漢諱莊因改爲嚴此傳莊嚴雜出非史非漢矣按崔氏此論可謂詳由矣魯者驟

觀殆不能得其端緒實則不足怪也彼欲自圓其說輾轉求通如人倒立則看天作地耳蓋彼於諸傳記元狩以後事者悉以爲出漢書至此傳則史記顯是渾成一篇漢書顯是割去張杜無可奈何遂更謂漢書亦遭人竄改而史記乃是漢書未竄之本如此一轉移間以主爲盜而復以盜爲本是主人矣因謂此書竄遂謂他書亦竄以至無所不竄是固今文家消滅敵人證據之一良法然而吾見其徒投人　以柄也即如崔氏此說其前半所言固非漢書分割史記之證而其說又有誤者班雖割去張杜然贊語自郅都以下未嘗不通以郅都後寧成周陽由以降尙多固不止張杜也論云杜周從諛以少言爲重無論崔氏麟止之說本　不足信即使可信此亦何害豈周於元封前多言至元封乃特少言乎史家敘性行或在此或在彼豈實指其年此雖三尺童子亦知之若崔氏言則史家常有於卒後敘性行者豈死爲鬼乃然耶桑弘羊衛皇后云云上文已辨酷吏自是一時風氣自周陽由以後已盛特至王杜爲尤甚耳史記一時風氣無所謂主人翁不特王杜非主人即寧成義縱張湯亦非主人如崔氏言豈謂王杜以前猶不足爲酷不値作傳耶武帝之稱史多有之裴駰所見本已然已明其爲後人所改莊嚴歧出漢書亦然藝文志謂莊葱奇豈又西漢人書乎唐諱民爲人諱治爲理今後漢書章懷注本人民治理雜出豈亦非唐人非非唐人乎崔氏此說本不足駁縷縷如是者見攷證之不

容任意也正惟班氏割此書而別作杜周傳贊故以此贊語入傳中耳少言爲重乃言其性行與上文郅都伉直引是非張湯知陰陽人主趙禹據法守正同爲綜括之語何必傳中有之乃可入贊即班書酷吏傳亦豈有伉直知陰陽云云耶雖慘酷斯稱其位矣　張照曰深其文使讀者自明王鳴盛曰
此乃紆其詞

大宛列傳

索隱曰此傳合在西南夷下不宜在此蓋司馬公之殘闕褚先生補之失也崔曰此後人直錄張騫李廣利傳也按歸之褚生固誣以爲漢書尤悍矣漢書張李傳除此傳事外止取衞青傳數語而張李無他事顯是取此而改名以已有西域

傳故不仍大宛原名耳正惟大宛事已詳此故西域傳不更述而別爲結構使如崔言則班氏何不并之西域傳而又作此支指乎

王鏊曰史記不與張騫立傳其始附衛青而於大宛傳備載始末若漢書則大宛張騫各自爲傳矣董份曰本欲立張騫傳而以騫不足立也茅坤曰大宛事以張騫沒後十餘年而始畢遷特惡騫始倡故通篇精神歸騫一人按諸說皆非也皆由見漢書改題張騫而有此紛紛擬議質則史篇本以事爲主或述人而事見或述事而人見形式微異質則無殊固不以爲褒貶尤不拘於題名也

方曰諸國地勢道里皆以大宛四面言之列敘諸國皆牽連

大宛

游俠列傳

先大父曰戰國紛爭是非不明賞罰淆亂任俠之風由是而開漢興不能修明禮樂以道化民故俠尤著史公遭刑家貧不能自贖而親故又無人爲之援救故有感於游俠之徒赴阨之義特爲立傳然其事本不可訓其人又何足稱故先言韓子之言將通篇主意提明下乃層層申說反覆感慨只爲眞儒受困俗儒稱顯不可少游俠一輩非遂謂游俠優於儒修也篇中賓主自明特其行文變化觀者易於眩目按明人說此篇皆誤認史公爲眞謂儒不如俠今不具駁

殿本攷證張照曰遷志所不滿莫若公孫宏及衞霍此言儒不如俠其所謂儒即指公孫輩言此說稍近而仍未明也

韓子曰至世云　方曰謂二者實皆可譏而學士則多見稱於世蓋有感於游俠之獨爲儒墨所排擯也大父曰以俗儒游俠同論則非重俠矣學士該下文季次原憲之流側重學士已定是非

至如以術至無可言者　方曰此謂公孫宏張湯輩其行事具在國史鄙賤醜陋不足道也大父曰指小人假託儒修倖致顯位以固無可言輕輕放過不論蓋指斥當世有微詞也

及若季次原憲至志之不倦　大父曰及若二字鄭重之詞二子眞學士也按此本揚詞明人誤以爲抑詞

今游俠至足多者焉　大父曰不執於仁義已斷游俠之非又

曰此段外出三項人來蓋游俠正因俗儒苟貴而眞儒偃蹇特側爲急難赴義之行也按戰國學士多妾婦之行漢武崇儒本以摧辱士氣登進者皆懷祿近佞其後竟以此亡史公史公已見其禍源而憤之故特表俠者儒俠本不相能由俗儒遭用法家之術而其行又偏於柔謹也此節以俠次於季次原憲言儒不苟合而弟子志之俠亦是多

且緩急至何可勝道哉　大父曰此段乃自言作傳本旨王氏曰此引伊傅又在季次原憲上史公眼光徹上徹下按此說非也此引其遭厄非以與儒俠比較也

鄙人有言曰至又曷可少哉　大父曰借鄙人之言發出感慨見世俗好惡不明是非顛倒聖賢既不見知而游俠又以不

執買之蓋無以發抒公道矣其徒誦義無窮以上皆鄙人之言也竊鉤三句亦諺也今拘學以下乃史公自言拘學卽季次原憲之類本非拘學史公承鄙人之論而言蓋傷之非毀之也又曰此段感慨是史公自遭戮辱不見援而爲此言然其賓主自明義理自正按方氏說卑論儕俗爲曲學阿世是也然又謂此段譏拘學始或抱義及不爲世所取則變其初志以爲不若與世浮沉此則未明拘學及豈若二字也豈若止是謂不如彼是敘述語非論斷語孟荀列傳亦用之而布衣之徒以下乃側重俠言季原輩窮者尚須賴俠故功力不可同日語班氏譏爲進姦雄退處士卽指此辭氣抑揚閒也張照謂首引季次原憲豈游俠所敢望亦於文義不合至王氏謂士窮窘而得委命何是一篇主腦游俠只不肯委命耳此說竟未讀通正文矣

方曰竊鉤者誅喻俠客之捍文網也竊國者侯喻宏湯誣上殘民以竊高位也諸侯之門必有稱誦其仁義者譏世人不知宏湯之醜而稱美之也按方說上二句是說侯之門二句則與索隱說同爲不通余有丁曰此卽上文嚮其利者爲有德意也此說是也言仁義惟存於侯門耳

近世延陵　楊慎曰吳季札也旣重游俠必援名人以尊之顧炎武曰季札徧游上國與名卿相結解劍繫樹有俠士之風梁氏曰季子非俠疑衍此二字崔說同按顧說是俠本二事一好士一赴阨非必招士亦不限於閭里之雄也

然關中長安至之羞也　張照曰此後人所增玩前後文義自得之崔氏曰上言敖而無足數下又言有退讓君子之風則不可謂之敖又北道姚氏以下正所謂無足數者而又數之豈不與上文相矛盾此妄人從漢書竄入爾按此二說皆無理張氏益誤以先序中敘事後論爲定例耳崔說則不通文義敖而無足數下明有然字何乃熟視無睹無足數者言無足稱非名亦不足舉正惟皆此等人故無佼佼可數者耳

佞幸列傳

曾曰以本朝臣子而歷敘諸帝幸臣此王允所謂謗書也按古人質樸佞幸人人所知非訐陰私也

崔曰此後人錄漢書也太史公自序謂春秋主乎作故善善惡惡賢賢賤不肖史記主乎述故一則曰論載明主賢君忠臣死義之士再則曰誠明聖盛德述功臣世家賢大夫之業此開名臣言行錄之先聲非爲司空城旦書也是故傳游俠賢其赴士之阨傳滑稽賢其可以解紛傳貨殖賢其人富而仁義附焉此皆有益於人國故傳之傳之者賢之也（原注曰王者親屬不在此例）何賢於佞幸而傳之若漢書則嘗游俠貶貨殖自當傳佞幸耳卽以此傳之事實徵之鄧通韓嫣皆非色衰愛弛比以彌子瑕爲不倫惟李延年事稍似然非麟止前事按崔說非也事逾麟止不必多論彌子瑕愛憎之語止畧爲譬況不可混視至謂傳乃賢之是則大謬史法之言矣向來儒者止知褒貶善惡已使史狹今崔氏乃擬之方志之揚善隱惡

又向來未有之怪說也自序所述本是巽詞其言論述功業德行亦凡爲史傳者之所同實則所書固不止賢賢史以記時勢傳人乃其第一義固非司空城旦書亦豈名臣言行錄崔氏直以貨殖爲賢之淺妄甚矣史公書之非名臣言行錄有目皆知何待多說彼呂不韋李斯魏豹彭越又何賢而傳之乎史家論人本寬措辭本婉善善從長豈可爲止書賢者之證自序中盡舉所長卽佞幸亦云各有所長非崔氏者又將以爲賢而傳之之證矣邪

衞青霍去病云云　王鳴盛曰末忽贅一語若二人本可入佞幸者子長措詞如此按此謂二人雖幸而非如諸人之以色與伎乃別白之詞如王說反成巧詆矣

滑稽列傳

孔子曰至可以解紛　劉辰翁謂從六藝莊語說來卽太史公之滑稽王若虛不能解而譏之董份則疑其有誤皆非也吳謂發端見有益於治者非一塗此滑稽之所以可傳是也此明六經之用已不同道無不包滑稽亦有用亦天地間一術故必書之此史家之宏識也滑稽二字之義以崔浩說爲當非笑噱也何氏以爲游戲之文更妄矣

優孟與淳于先後之誤自是誤采雜說史公往往有此不必護也諸說皆不妥

王氏謂褚補淳于一章複出所載又不關要東郭先生後王夫人一段贅設且又複外戚均屬無謂按獻鵠一節補記耳後人以爲誤入則不足六章矣王夫人一節當是後人因文中王夫人而側記之混入正文未必褚氏原本也梁氏謂補文敘次特妙非他所續之蕪翦董份疑爲舊文褚生取而編之按生明言從外家傳語取入何疑之有

黃震謂西門豹吏東方名臣褚氏例取附之優戲之列非是

梁氏曰六章惟郭舍人東方生東郭先生王先生四章爲類但東方頗能直言切諫安可與齊贅優伶比東郭之白衛將軍王生之語太守皆便計美言何謂滑稽勸入獻鵠一節殊失之贅西門豹循吏也尤爲不倫按梁說本於余有丁實皆非也滑稽乃一流之稱不論其賢不肖直臣循吏何嘗不可有滑稽之語褚生明言作滑稽之語則特著其語之滑稽者

不論其人也東郭固滑稽王生之言亦正與郭舍人東郭先生相類皆詭言也詭言卽滑稽非必諧笑也

日者列傳

梁曰史缺此傳褚生取記司馬季主事補之序論亦僞託然其文頗可愛誦攷要曰蓋沈淪隱遯不得志於時者之言未必出少孫董份曰自有當時舊文而褚述之按褚生所補者後半也前半則非凡褚所補皆明標褚先生曰其不標者卽使非原文亦必他人所補續史者多矣豈止一褚生無據而歸獄不可也且史公書本無所謂序而此文尤不可謂之序此前半篇劉辰翁謂非褚生所能呂祖謙則竟謂是史公作然其文全與自序不相應自序稱齊楚秦趙各有俗觀其大

旨則傳中必詳言其俗蓋史公之立一傳皆以明其事之源流如游俠貨殖皆然非如後世多立名目以備收人而此篇乃但言周尤甚秦可見太卜由漢興而有語殊舛謬下便接司馬季主云云末又云卜人不載多不見於篇此豈史公眼界耶果史公多不見則此傳爲贅設矣且日者既與龜策分傳則非卜筮明甚而此傳首乃與龜策敘首同傳中又皆言卜筮亦顯不合梁氏以爲僞託何董以爲舊文是也王拯亦直認前半爲史公文曰史公意固以日者不足傳傳季主其人而已此論尤謬既列日者傳自當傳日者日者亦一術何爲不足傳若但表季主何爲名目日者傳乎吾謂褚生時此篇尚未亡故褚止補記而未如三王世家龜策列傳言求

之不可得迨後此篇亡而妄人見褚生附記季主遂鈔他書季主事爲傳而妄足首數語耳

龜策列傳

梁氏曰史此傳亡褚生補之而其序則託之史公者也史公封禪書首曰自古帝王曷嘗不封禪而日者序曰自古受命而王何嘗不以卜筮此序曰自古聖王何嘗不寶卜筮胡屢襲之耶余至江南以下尤義支辭弱但衍宋元君事語稍沓必當時舊文而褚述之按此前半亦不可歸之褚生褚生明言取龜策卜事編於下方若前半亦其所補則當云上方矣褚生明言求龜策列傳不能得則此篇爲僞本無疑且其文與自序所謂畧窺其要者亦不合方氏謂文氣類班孟堅非少孫所能作余至江南以下義支詞淺或少孫所爲耳此亦未免肊斷董份謂閎博精雅惜不全而褚補之洪邁何焯錢大昕則據今上即位之文以爲史公原文吳汝綸亦謂是子長意境非褚所能擬按止以文論此篇未嘗不似史公然要不得以爲史公元文者則褚生之言明白不可誣也王拯直認定爲史公之文而謂敘邱子明事有意則可怪矣

宋元君事楊慎謂不似褚先生筆必先秦戰國人所記亦成一家不可廢此說是也此必戰國游士之文故主强權而賤仁義觀故云神至能以下斷語可知是諸子書也

崔適謂此二篇例以三代世表梁孝王世家滑稽傳褚先生補甚不類亦非才妄續此則并褚生自記語亦不信尚可與

辨邪

史通編次篇曰子長之列傳也其所編者唯人而已至於龜策異物不類肖形而輒與黔首同科俱謂之傳不其怪乎且龜策所記全爲志體若與八書齊列而定以書名庶幾物得其朋按傳非專主於記人龜策者一術之稱與日者貨殖游俠相同不類象形之言與兒童之見何異凡傳皆以事爲經人爲緯今本之無人名乃非元本耳若謂當與八書齊列則日者扁倉皆當爲書乎

貨殖列傳

此篇論者甚多如茅坤董份則以爲自傷陳仁子趙汸閔如霖則舉王侯患貧秦皇客巴清之文以爲譏世爭利後

世論者率不外此二說歸曰貨殖傳本以憤慨而成然諸方
之風俗物產人情變態悉具遇所感激則偏宕其辭以示玩
弄古今之概殿本攷證張照曰史以貨殖傳終所以見先王
詩書禮樂之澤至漢武之世而蕩然無遺蓋傷之也王氏申
張說曰先王馭貴馭富之權操之自上曰漸淩夷則不馴至
一商賈之天下而不已也惲敬大雲山房集曰史記七十列
傳各發一義皆有明於天人古今之數而十類傳爲最著蓋
三代之後仕者惟循吏酷吏佞幸三途其餘心力異於人者
不歸儒林則歸游俠歸貨殖天下盡於此矣其旁出者爲刺
客爲滑稽爲日者爲龜策皆畸零之人是故貨殖者亦天人
古今之大會也蔣湘南讀漢書貨殖傳曰世道之變也豈不

以貧富哉古之時九職任民農賤之業皆君相代謀之春秋
之世貧富已分始有子貢計然之術至戰國則秦散千金而
六國之士鬬矣使陳涉吳廣半猗頓之家何至有篝火狐鳴
之舉也封建廢則民與君隔致化衰則詘比利輕金錢行則
本爲末絀君相不爲民謀民不能不自爲謀故貨殖傳者三
代下最重之經濟也太史公識高千古洞悉五方利源創爲
一書以示治生之鵠推而極之遂以陋儒之不知治生而矯
語仁義者爲可恥班氏雖譏其重勢利然亦以法度無限世
變難回爲言均非井隙窺天者之所得知也子長才大而識
高孟堅學醇而論正於此傳見之矣按諸說皆淺惟蔣得之
而猶未盡生計者史之大事本不容不書非必特有用意後

史惟書上之政而不書下之事遂使一時生計無所攷見識
既陋狹乃反詫此爲異謂爲憤慨玩弄譏刺耳篇中固有感
慨譏刺之言然此篇固不爲感慨譏刺而作也張語尤糢糊
難解惲氏知其義大而又妄鑿史書古今之變豈專爲人才
且漢世說經得官儒林乃是仕路豈止有循與酷耶

老子曰至用此爲務　楊慎曰將信己說而先引老子破之以
爲必不然此健吏舞文手也按此止引以當敘述後文亦未
嘗破此

輓近塗民耳目　方曰以心計取之乃謂不加賦而國用足者
是也按此謂不似上古耳首引老子史公本學道家道家
本不尙貨利交通也方說鑿

故善者因之至整齊之　方曰嗜欲既開勢不能閉民欲利之
心而返於至治之極故善者不過因之利道之而已其次教
誨整齊猶能導利而上下布之也

夫西山饒材竹至自然之驗邪　方曰古者國有分土民安其
居無遠商大賈故畧舉土之所出此善者之所因也

周書曰至拙者不足　方曰此因之利導之事也虞夏以來之
政術也

於是太公勸其女功云云　方曰此教誨整齊之事王道之始
也

其後齊中衰以下　此明重商啟侈始於管仲

夫千乘之王云云　歸曰此非有激安得如此云云按此亦實

語不爲激

計然曰云云　方曰太公管仲富國之士者也計然以富家之術施於國則少貶矣按管仲計然術同耳方說微誤

范蠡既雪會稽之恥云云　柯曰陶公治產已詳越世家子貢廢著亦見仲尼弟子傳太史特引以證上文好行其德非爲二子作傳也按謂非爲二子作傳固是謂爲證上文則非二人自是貨殖之雄言源流不得缺之方曰陶朱子貢白圭富家之巧者也故茲以能試所長許之猗頓而下則商賈之誠壹者耳按列子貢於貨殖自來議者甚多劉知幾以爲掩善揚惡黃震謂以纖瑕而汙拱璧皆非也已詳史通駁議貨殖本非汙行豈入之則爲貶出之則爲褒耶史公非不知尊子

貢已列於仲尼弟子列傳矣又入之此以明貨殖之源流也史家兼傳皆總挈政俗非品第高下以爲襃貶本以事爲主故一人兩見後人不知此遂紛紛多言耳

夫使孔子三句　方曰漢時富商大賈得與王者同樂而封君低首仰給所謂勢益彰也不敢顯言而轉以子貢當之謂子貢之所以顯聞乃不以其學而以其財也按此本史公誤取戰國雜說揚厲過甚之詞方說鑿矣

漢興云云　方曰漢興海內爲一舟車無所不通故詳識行賈之地道里疆界所湊幷及其民性質習俗按史公記生計而兼及地勢民風以三者相成也

昔唐人以下　歸曰三河爲綱楊平陽則河東也因北賈種代即穿敘種代溫軹河內也因北賈趙中山即穿敘中山又因趙而穿出燕涿鄭衛洛陽河南也因東賈齊魯南賈梁楚即穿敘齊魯梁楚因及越海九州之大一索貫成余有丁曰貨殖傳列東西南北其中又分都會如禹貢分某山某水爲某州者其胸中包括輿地已盡如行旅逐勝可畫爲圖其言縷縷欲斷不斷不可分界按三河之後尚有潁川南陽歸氏漏數漢世封建大勢天子獨有三河東郡潁川南陽故以此爲綱

由此觀之賢人深謀至歸於富厚也　方曰豈眞能守信死節特深謀議論時云然耳蓋謂趙綰王臧之屬隱居巖穴設爲名高謂公孫宏之屬以士大夫而陰懷欲富之心則與攻剽

椎埋趙女鄭姬無以別耳按方說鑿甚比擬亦不倫要由不知貨殖爲本當書而務說爲刺譏耳此以下一段即老子熙熙攘攘四句之衍義

諺曰百里不販樵云云　此下撮言當世衆流生計最爲簡明與上述風物處眞才識具備之文較諸刺譏之語尤爲貴重

是故本富至亦足羞也　三代後士無田而商大盛天下所以亂也許白雲謂儒者以治生爲急務即此意君子須有所資乃不營非禮之富貴也王若虛謂好語仁義豈可羞遷之罪不容誅甚矣其不明文義也

皆非有爵邑奉祿弄法犯姦而富云云　此語揚商賈所以貶貪酷之吏

豈所謂素封者邪非也　何焯曰只兩字掉轉張照曰非也二字作結傷世意彰彰可見按此說竟是不通文義此猶言所謂素封者非邪非也二字如何可以截斷

索隱謂管晏傳當附子產叔向梁氏曰困學紀聞謂傳伍員而不傳包胥非所以勸忠野客叢書謂不列紀信傳疏於節義是也余謂夏商周帝臣王佐雖代不乏人而世遠事逸故但據詩書所稱一二大端載於本紀若春秋之際名德縣暴者尚有如柳下惠孟獻子等何爲盡闕漢時傳鄒陽而不傳賈山枚叔傳徐樂嚴安而不傳終軍東方朔去取之義亦未曉按春秋名人已見左傳包胥紀信終軍事亦無多其事固亦未嘗闕史本不以特傳爲褒何可遂以爲賤節義邪賈山

僅一疏而史公於疏多不載即賈誼董仲舒之作亦不錄也東方朔亦然班氏之錄成長篇特盡取其小事耳史之書事多不詳整或由采訪不周或由本不關要於去取大旨奚妨乎

太史公自序傳

梁曰史公自序本在七十列傳中索隱本作太史公自序傳是也各本篇題俱缺傳字按此說極是觀篇末弟七十三字可見其不肯敘傳第七十者以本篇即敘傳無庸著也乃昔人猶多不信不思此若不在列傳中則止六十九矣褚少孫於三王世家龜策列傳引此皆作太史公之列傳是確證又江淹有自序傳見本集

論六家要指　晉曰此即遷之學術託諸其父之詞耳按此無稽之言也遷自承其家學耳

虛者道之常二句　虛因固道家之宗旨而亦史家之要術觀變必以虛而熟於變則必主因循矣史公載其父此言非獨明父之學也

有子曰遷　梁曰史通雜說篇譏敘傳不書其字爲失忘班固仍其本傳爲守株余謂史漢中名而不字者甚衆不獨子長三語堅仍史以示不敢改易之意耳

不得與從事二句　梁氏曰此不免失言封禪之誤君子嗤之即封禪書亦深譏焉而乃以其父不與爲恨乎按史公本不以封禪爲非所惡者怪迂之說侈大之心耳在當時封禪自是大禮恨不得與自是常意非諂附也方氏謂恨不得與從事而辨其誣亦不免深求後世儒者但知惡封禪而實未詳讀封禪書耳

正易傳云云　此即班氏緯六經之說也非故爲夸也

上大夫壺遂曰云云　此兩層問答乃後世設問明意之祖第一問明上文詩亡然後春秋作之義明此書之繼春秋也恐人以爲專於諷刺故重明其義謂主於彰漢德班氏敘傳首即專以頌漢德爲義史公援春秋爲祖乃體義所由來其不盡合乃其未到聖人後世自不得推繼春秋也

夫禮禁未然之前云云　春秋之義亦如此史公所謂思來者亦即此義

春秋采善貶惡至謬矣　馮班曰太史本意學春秋此異詞也

於是論次其文七年而太史公遭李陵之禍　方曰太史公三字少孫所妄增也篇首曰談爲太史公則不復以自謂明矣按此不知太史公爲官名之言也惟是官名故可自稱故可父子同稱且惟是官名故曰談爲太史公耳昔人不信官名之說者以書中太史公爲楊惲加今方又歸罪少孫尤宛矣

故述往事思來者　此即章實齋論史舉神以知來智以藏往之義往者非史無以傳來者非史無以鑒

卒述陶唐以來至於麟止自黃帝始　索隱曰史以黃帝爲首而云述陶唐者以尚書雅正故稱起於陶唐按此說是也宜適謂自黃帝始乃旁記入正文下文已言維昔黃帝此何待言此言乃可笑然則陶唐以來亦何待言邪

維昔黃帝以下序目也古書序即目所以必爲此者明其聯屬皆有義類不可亂也故歷數篇敘撮約其事本其體於易序周秦間儒者用之於書淮南用之於鴻烈其後揚子雲法言班氏漢書王符潛夫論亦仿之自范蔚宗妄改以爲贊而附之論後致重複而無當此體遂廢蓋自魏晉以來已誤認此爲贊集解引晉灼語已稱與起贊梁昭明更誤以班書敘傳爲述贊矣數千年來學者無以此序目爲僞者王拯但知桐城文法本不明著述體例又短於攷證乃悍然謂爲僞作非子長元本今錄其說而駁之亦足爲好爲議論者戒王氏曰竊疑史公原文至自黃帝始句而已畢矣篇末歷述黃帝以來至太初而訖百三十篇句或當終於此後而太史公曰字則亦少孫輩妄加維黃帝以下酷似褚先生筆又好用韻全書紀傳各有序論贊矣茲何故於自序之後又一一重爲之詞且於義無所發明於諸紀表志所言大都義淺詞庸至諸列傳則於范蔡袁鼂萬石君平津侯等篇皆大謬於傳中論著意指酷吏大宛亦然孟荀傳孟嘗君傳次第顛倒不獨韓厥事晉匡周天子之賦一語不知所自來也篇中雜我漢下則更詞複義支至二十八宿環北辰三十輻共一轂等語竊諸老子等書義無所取通史何嘗有此文字益疑其爲後人妄增雖歸方氏皆有評騭不敢隨聲附和且漢書本傳截自序原文自黃帝始以下即接序書目第有篇名而已師古注中所謂單目是也按王氏自謂能眞辨別褚生筆邪何以三王世家曰者列傳仍然認褚生爲司馬也且此篇何從斷爲酷似褚生古書本多用韻史公論中尤多有之豈皆僞邪凡百三十篇每篇皆成首尾並無序與論之名後人姑名其繫於首者爲序繫乎末者爲論以便於稱述耳且史公並無贊何以云各有序論贊序本撮要何必有所發明傳中意指隱微往往繁迂其詞乃能達必責此數語中以發明又愚而不當義淺詞庸毋乃易言過以奇求古人過不奇則以爲庸豈百三十篇篇篇皆奇邪至所舉大謬意指者反皆正言若反而非謬者已各說於當條孟荀傳方評已詳非顛倒韓世家語不詳或簡脫或別有據己所不知何可以疑古人雖

漢以下乃紀傳表志都數非複也總敘大義何得爲支二十
八篇二語正義已詳義並不僻史公學宗道家本常引老子
何得爲竊漢書不全載序目之語省畧耳古書並無單目凡
單目皆後人加之易書以降歷歷可數皆有序目無單目師
古並不謂序目爲非王氏豈據此便謂班所見無此序目邪
然則漢書敘傳何體也班氏已嘗見之而謂作僞何人僞之
吾知王氏將必曰作僞在班氏前班氏不察則王氏豈不讀
三王世家龜策列傳二篇褚生記語皆引敘目而稱自序爲
太史公之傳苟褚生作僞何以自作而自引之若謂作僞在
褚生前則褚生元成間人史公書布於宣帝時僅數十年豈
便有作僞者即有作僞者褚生何容不察已所不解乃謂史

公書方出便有人作僞更誰信之甚矣其悍而謬也
追本諸神名山大川禮　此明封禪自有眞也
嘉伯之讓以下　梁氏曰諸世家各摘一事以著作史之由雖
是舉重言之然豈因嘉一事而作乎小司馬及王若虛嘗譏
之矣按梁謂舉重言之是也然史本不謂因嘉一事而作吾
三復之乃知其爲折衷六藝之意今備釋之嘉伯之讓據孔
子語即所以冠世家之意說在伯夷傳中後人誤認此語乃
謂因表讓而冠世家非也嘉父之謀攷信詩嘉旦金縢攷信
書嘉甘棠之詩攷信詩嘉仲悔過嘉彼康誥皆攷信書梁氏
乃謂詰乃書册何嘉之有夫事可嘉文不可嘉耶嘉微子問
太師嘉文公錫珪鬯皆攷信書嘉莊王之義嘉句踐嘉厲公

納惠王嘉轍討周亂皆攷信春秋春秋師說不同不必疑也
嘉武佐晉文申霸道以下亦皆依仿春秋之義大氐史公作
世家自三晉以上皆以六藝孔子爲主所采事不盡六藝孔
子而必舉之正以明攷信六藝折衷孔子也
桀紂失其道云云　困學紀聞引鄭樵說湯武爲可與陳涉同
日並議按此言事之相發耳鄭氏本不滿史公故有此吹毛
之論天下二句即所以列爲世家之義也
嘉夫德若斯　蒐械曰后妃未聞有可嘉之德且不知嘉何人
此語欠明按此疑有脫誤
楚人圍我滎陽以下　蕭曹以下之功舉其大者明所以爲
世家不然功臣列侯多矣何不盡爲世家邪

讓國餓死　明不信叩馬事
李耳無爲條　此序語平列序本約撮不能詳也
天下患秦二條　用二能字
秦所以東攘以下三條　之策之功之計正見數傳相次之意
獵儒墨條　鄭樵何焯皆謂此不可解方氏謂首句指荀次句
指孟三句指孟四句指荀梁氏謂上二句指荀下二句指孟
梁說勝吳謂皆言孟子則不考傳文也
能忍詬於魏齊條　此序並不諱於本傳但舉其著名之事如
蘇張亦稱其能矣王氏疑之淺也
收西河以下四條　皆著其功
欲詳知秦楚之事條　此序獨舉周緤與刺客獨舉曹豫平津

主父獨舉平津同皆以撮要故畧梁氏據魯仲連鄒陽傳序但舉魯謂鄒乃附傳非也

敢犯顏色條　此與平津主父序皆止列其善史本寬也傳論語固亦兼舉其善矣王氏乃以爲大謬於傳非也至萬石君則史公本無刺意而王氏亦以爲大謬於傳則更强古人以從己矣

自孔子卒條　方曰傷武帝不能依古庠序以興教化而儒術變爲文詞之學也史序多微文不敢指斥如酷吏天下所共惡也而序乃曰民奸宄弄法善人不能化唯一切嚴削爲能齊之皆辭若褒而義存譏刺也按此說是也王氏乃以爲謬豈未讀傳文彬彬多文學慘酷稱其位二語乎

救人於厄條　此言仁義有取鄭樵謂序佞幸亦稱其有所長游俠末足爲煦煦孑孑之惠一王若虛亦以遷有取酷吏佞幸爲是非之謬皆苛論也古史容公之識不如是

惟我漢至論攷之行事　此節畧說古今世變文籍原流學術異同豈後人所能僞作乎

賈生晁錯明申商　此語前人多不滿不知賈生本兼儒法者也

王迹所興至第七十　崔氏删此節序語而以十二本紀十表八書三十世家七十列傳十六字及凡百三十篇至六千五百字數句移接至於麟止句下又删去爲太史公書畧以拾遺補藝二句其說曰總述全書篇數此大序也以下分序各篇之意此小序也漢書序傳如此知其本於史記也各本退上亦各加以序語豈不與小序意重敘八書曰禮樂律歷兵權山川鬼神索隱曰兵權卽律書山川河渠書鬼神封禪書是則律書重舉而天官平準二書獨遺序三十世家云三十輻共一轂惟此有所取象紀表書傳皆否於文俱爲不倫按崔說非也大序小序乃崔氏凡說先分後總先總後分均無不可班書遷傳序目正與此同崔氏何反不信而遠取班之序傳爲例總言分言各有不同何嫌於重若嫌重則分序亦可廢矣何獨總序八書之敘本是統詞其文云禮樂損益律歷改易兵權山川鬼神天人之際承敝通變此文於八書有

詳有畧本不必一一分配王先謙謂天人句指天官承敝句指平準亦拘論也世家之敘曰二十八宿環北辰三十輻共一轂孟康以爲象黃帝以下三十世家顏師古非之謂此言眾星諸輻若羣臣尊輔天子是也本非以三十輻擬三十篇若然則二十八又何擬乎後人妄謂十二本紀法十二月八書法八風十表法十干三十世家法一月三十日七十列傳法七十二候百三十篇法一歲加閏章實齋已訶之矣爲太史公書序畧以拾遺補藝此二句舊讀以序字屬上句似非序畧謂次第大畧以拾放失補六藝與下云協異傳齊百家意一貫此二語可見列傳首數篇之旨又可自謝刊落不盡之咎安可删乎

太史公曰云云　右自序既終而復出此十六字蓋舉其凡計綴於篇終按此猶唐以後鈔刻書每卷册之末記某書終也

太史公書列傳七十　列傳　七十

排十書

文メ

太史公書列傳七十終

史記正義佚文纂錄

李慰芬

一九三七年鉛印本

史記正義佚文纂錄

五帝本紀第一

幼而徇齊　幼謂七歲已下時也

遂禽殺蚩尤　轍白朵反

萬國和而山川鬼神封禪與爲多焉　與猶比也

莫不砥屬　砥礪石也取其平也

帝嚳高辛者　（注前佚炎帝作耒耜以利百姓教民種五穀故號神農黃帝制輿服宮室等故號軒轅氏少昊象日月之始能師太昊之道此謂象其德也五十字）

其服也士　服士之祭服緇衣纁裳也

其仁如天　郭璞注爾雅云仁覆愍下謂之昊天也

貴而不舒　凌上慢下謂之爲驕言堯有天下之富而不驕也

申命和仲居西土　和仲主西方之官若周禮秋官卿也

其民燠鳥獸毹毛　冬時其民因鳥獸生毹毼細毛之時遂服精綿絮褚衣溫之服以禦冬寒也褚音竹呂反

舜乃在璿璣玉衡以齊七政　（注末佚蔡邕天文志言天體者有三家一曰周髀二曰宣夜三曰渾天也尙書大傳云七政布位日月時之主五星時之紀故以此爲七日月有薄食五星有措紫七者得失在于人君之政故謂之政易繫辭云天垂象見吉凶聖人象之日月五星有吉凶之象因其變動爲占七者自異政故曰七政也按五星名木曰歲星火曰熒惑星土曰鎮星金曰太白星水曰辰星也一百三十九字）

而後之中國踐天子位焉　堯崩以下孟子文也

夏本紀第二

身爲度稱以出　言出教命皆合衆心是稱以出也出一作士按稱者衣服也禹服緇衣纁裳是士之祭服也孝經鉤命決云禹吾無間然矣菲飲食而致孝乎鬼神惡衣服而致美乎黻冕是也其義亦通不及出字之義也

泥行乘橇　（注末佚撾大歷反今乘船猶云撾舡也十二字）

通九道　通達九州之道路也

度九山　釋名曰山者產也按洪水已去九州之山川所生物產視地所宜商而度之以致貢賦也

至於衡漳　（注末佚衡音橫三字）

大陸既爲　水去大陸以成澤

朔南暨　朔北方南南方也言南北及于聲教皆從之

泥行乘橇山行乘檋　橇昌芮反

姓姒氏　禮緯云禹母修已吞薏苡而生禹因姓姒氏顧野王云薏苡千珠也

殷本紀第三

殷契　契音薛

子天乙立是爲成湯　帝王世紀云成湯豐下銳上指有胼胝倨身而揚聲長九尺臂四肘有聖德張晏曰禹湯皆字也

予大罰殛之　殛紀力反誅也

言素王及九主之事　專君若漢宣之自專自斷不任賢臣也法君若秦孝公用商鞅之法嚴急之君也授君若燕噲授子之類是人君不能自理政歸臣下也勞君若禹之勤勞天下也等君等者類也若漢元成以下不能好惡故云等君也寄君若春秋寄公人困于下主驕于上邦分崩離析可立待故孟軻謂之寄君也三歲社君謂在襁褓而主社稷若周成漢昭平之比也一本云九主者法君勞君等君寄君專君授君破君國君以三歲社君爲一君並上八君成九主恐非也然伊尹說湯素王九主當是三皇九帝及少昊咸勤勞天下廣求賢佐而致太平而裴氏引此九主恐非伊尹之意也

舍我嗇事而割政　種曰稼斂曰嗇

湯乃改正朔易服色上白朝會以晝　殷家尙白晝一日色白也

伊陟讓作原命　伊陟伊尹子也原再也言太戊贊于湯廟言伊陟尊高不可使如臣佐伊陟讓乃再爲書命之

於是乃使百工營求之野得說於傅險中　（注末佚工官也營謂刻畫所夢之形像於野外求之墨子云傅說衣褐帶索傭築於傅嚴三十一字

是時說爲胥靡築於傅險　爲音于僞反胥靡腐刑也

周本紀第四

居期而生子　期滿十月

去稷不務　稷若今司徒也

明年伐犬戎　（注前佚山海經云有人人面獸身名曰犬戎十四字）

其色赤其聲魄云　周元稱火後代改之故秦始皇以爲周火德稱水德滅之是也
日孳孳無怠　曰作日言日日孳孳進其心無怠慢也
與百夫致師　致師挑戰也
武王弟叔振鐸奉陳常車　陳列也常車行威儀車也
蜚鴻滿野　（注前佚淮南子云夷羊在牧按夷羊怪獸也此云蜚鴻滿野淮南子云飛蛩滿野高誘注云蛩蟬蠛蠓之屬也按飛鴻拾蛩則鳥獸各別亦須隨文解之不得引高誘解此也既云麋鹿在牧蠛蠓又在野外則比于外商容之閭忠賢何借詩見鴻雁篇此文飛鴻用比箕子微子比干商容被其放棄若飛野外或殺或去後君子無免疑焉一百二十四字）
我未定天保何暇寐　言殷雖有不明之臣猶不棄絕其國以至於今我雖滅殷尚未定知天之保安我否何暇寐而不憂乎
悉求夫惡貶從殷王受　貶退也受紂名也言武王遍求諸罪惡咸貶退之莫從殷王受之教令令歸周之興化也
日夜勞來我西土　勞來上郎到反下郎代反謂勉循慰勉也
我南望三塗　（注未佚釋例地名云三塗在河南陸渾縣南九十里十七字）

先王耀德不觀兵　言先王以德光耀四方不用兵革征伐也
載戢干戈　顧野王曰戢藏兵也
荒服者王　終一王而繼立者乃來朝享
無勤民於遠　言勤憂萬民無嫌於遠也
率舊德而守終純固其有以禦我矣　犬戎能守終極純一堅固之德必有禦王師也
五刑不簡正於五罰　應乙陵反下同應當也
官獄內獄閱實其罪　官獄謂公案正直也內獄謂心案無枉濫也
使神人百物無不得極猶日怵惕懼恐之來也　極至也夫王人者將道引其利而偏布之命上下共同也故神人百物皆得至其利而猶日怵惕懼恐之來責也怵人質反
近臣盡規　規度時之得失也
子鼂王宮涅立　湼音生案本又作湼湼音乃結反
有天子之二守國高在　守音狩禮記大國三卿二卿命于天子一卿命于其君按國惠子高昭子齊正卿天子所命
襄王乃賜晉文公珪鬯弓矢爲伯　鬯勅亮反珪瑞玉也孔安國云以珪爲杓柄謂之珪瓚黑黍曰秬釀以鬯艸
周太史儋　儋□甘反又丁談反
高祖本紀第八
廷中吏無所不狎侮　廷中吏泗水及沛縣之廷也狎輕俳也侮慢也府縣之吏高祖皆輕慢也
常從王媼武負貰酒　王媼者王家母武負者魏大夫如耳之母也
酒讎數倍　按言聖帝所至皆有福祐故酒讎數倍
項羽嘗攻襄城襄城無遺類皆坑之　言項羽曾攻襄城襄城之人無間大小盡殺之無復遺餘種類皆坑之漢書噍類即依古義
與父老約　約省也省減秦之煩法唯三章謂殺人傷人及盜
至即絕河津反爲楚　絕斷也河津即蒲州蒲津關也蒲津橋即此豹從同州由橋至河東即斷之而叛漢也
反國之王難與守城因殺魏豹　史記項羽及高祖紀漢書及史記月表皆言三年殺魏豹而月表又言周苛魏豹死在四年夏四月表誤使韓信等輯河北趙地連燕齊輯與集同謂和合也

虜中吾指　恐士卒壞散故言中吾足指
乃使使者召大司馬周殷舉九江兵而迎之　漢書云漢亦遣人誘楚大司馬周殷殷叛楚以舒屠六舉九江兵迎黥布
太公擁篲　崔浩曰擁抱也篲長帚卒寺之所執也按擁篲曲腰持帚
立故趙將趙利爲王以反　漢書云韓王信之將曼丘臣王黃共立故趙後趙利爲王按故趙六國時趙也
七月太上皇崩櫟陽宮　括地志云漢太上皇陵在雍州櫟陽縣北二十五里漢書云高帝十年太上皇崩葬萬年縣也
具言縮反有端矣　方言云端緒也
高祖所教歌兒百二十人皆令爲吹樂　上尺瑞反下音岳以前但有歌兒今加吹樂
文之弊小人以僿　先代反又音四僿猶細碎也言周末世文細碎鄙陋薄惡小人之甚
得天統矣　夏之政忠忠之弊其末世敗壞多威儀若事鬼神周人承殷爲文其末細碎薄陋文法無有悃誠秦人承周不改敝反成酷法嚴刑故漢人承秦苛法約法三章反其忠

政使民不倦得天統矣故太史公引禮文爲此贊者美高祖能變易秦弊使百姓安甯

呂后本紀第九

使人持酖飲之　酖亦名運日又食野葛蠹酒小飲立死

尊公主爲王太后　公主此時爲宣平侯夫人正以公主先是趙王敖后其子偃當爲王今齊王未敢言偃爲王故先請其母旣未知偃之封號但言爲王太后下云賜謚爲太后以偃後封魯故也

孝惠崩太子立爲帝　此述前事也

猶豫未決　與音預又作豫爾雅猶如麂善登木說文云猶多疑顔師古云猶獸名也性多疑慮常居山中忽聞有聲則恐有人且來害之每豫上木久之無人然後敢下須臾又上如此非一故不果決者稱猶豫一曰隴西俗謂犬子爲猶犬子隨人行每豫在前待人不得還來迎候故曰猶豫又曰猶豫二獸並與狐疑或有疑事故曰猶豫顔野王曰猿類

平陽侯窋行御史大夫事　窋竹律反曹參子也

軍中皆左襢爲劉氏　襢音但與袒同

即長用事吾屬無類矣　長丁丈反言少帝年少即長用事誅害吾黨豪屬無種類

乃顧麾左右執戟者掊兵罷去　又白比反又李附反徐廣曰音朴

孝文本紀第十

新喋血京師　喋血上音歃漢書作啑廣雅云啑履也顔師古云字當作喋喋謂履涉之耳

願請閒言　上記閑反閒隙也隙之間私語也

太尉乃跪上天子符璽　上時掌反

列侯頃王后　頡紀八反頃奇傾反

酺五日　槓胡孟反

詔獄逮徙繫長安　逮徙上音代謂追捕徙禁長安詔獄

攻朝那塞殺北地都尉印　塞先代反括地志云朝那故城在原州百泉縣西七十里漢朝那縣是也塞卽蕭關今名隴山關漢文帝十四年匈奴入朝那縣之地餅白刑反地理志云餅屬琅邪郡

成侯赤爲內史　赤音赫

十五年黃龍見成紀　見音胡練反韋昭云聽聰知正則黃龍見文帝好孝弟力田又除秘祝肉刑故黃龍爲之見成紀在秦州縣本漢縣至今在州北二里

歲以有年　言豐年也

因說上設立渭陽五廟　漢書郊祀志云漢五帝廟同宇帝一殿陽面五帝各如其帝色括地志云在渭城

令天下大酺　古者祭酺聚錢飲酒故後世聽民聚飲皆謂之酺漢書每有嘉慶令民大酺是其事也彼注云因祭酺而其民長幼相酬鄭注所謂祭酺合醵也酺音蒲

軍勾注　上古侯反下之具反括地志曰勾注山一名西陲山在代州雁門縣西北三十里勾漢書音義章句之句

祝茲侯軍棘門　橫音光秦興樂宮北門對橫橋今渭橋

發倉庾以振貧民　胡公名廣後漢太尉百官識者廣所著書名應劭作官儀次比

召匠計之直百金　漢法一斤爲一金一金直萬錢也百金直千貫

上常衣綈衣　綈厚繒也

已下服大紅十五日小紅十四日纖七日釋服　顔師古云此喪制文帝自率己意創而爲之非有取於周禮也何爲以日易月乎三年之喪其實二十七月豈有三十六月之文禫又無七月也應氏旣失之於前而近代學者因循謬說未之思也按文帝權制百官而已輕重之服不當幷言三十六日

霸陵山川因其故毋有所改　括地志云霸陵漢文帝陵在雍州萬年縣東二十里霸陵故芷陽也漢晉春秋云愍帝建興三年秦人發霸杜二陵珠玉綵帛以千萬計帝問索琳曰漢珠中物何乃多耶對曰天子卽位一年而爲陵天下貢賦三分之一供宗廟一供客一充山陵武帝享年旣久比崩茂陵不復容物赤眉賊不能滅半今猶有朽帛變積珠玉未盡此二陵是儉者也

郎中令武爲復土將軍　張武也

孝景本紀第十一

封故相國蕭何孫係爲武陵侯　蕭何傳云以武陽縣二千戶封何孫嘉爲列侯漢書及史記功臣表皆云孝景二年封係爲列侯恐有二名也

置南陵及內史祋祤爲縣　漢書百官表云內史周官秦因之掌京師景帝二年分置左內史右內史武帝太初元年右內史更名京兆左內史更左馮翊主爵中尉更名右扶風是爲三輔地理志云故祋祤城在雍州同官縣界

殖蘭池　（注末佚括地志蘭池陵卽秦之蘭池也在雍州咸陽縣界三秦記云始皇都長安引渭水爲長池築爲蓬萊山刻石爲鯨長二百丈劉伯莊云此時蘭池毀溢故堰塡六十字

封故御史大夫周苛孫平爲繩侯　繩侯未詳

梁分爲五封四侯　四侯未詳

止馬春　春成龍切馬礙磑之類也先時用馬今止之

禁天下食不造歲　造至也禁天下食米穀恐食不造歲

孝武本紀第十二

欲議古立明堂城南　括地志云漢明堂在雍州長安縣西北七里長安故城南門外也關中記云明堂在長安城南門外杜門之西

李少君亦以祠竈穀道卻老方見上　周禮注曰顓頊氏有子曰黎爲祝融以爲竈神

少君者故深澤侯入以主方　功臣表曰深澤侯頭子修靳七年有罪絕至中九年頭子夷胡復封至元朔五年國除

而事化丹砂諸藥齊爲黃金矣　劑在西切劑皆也言同諸藥化丹砂皆爲黃金

而海上燕齊怪迂之方士多相效更言神事矣　迂猶遠也言怪異遠處燕齊之方士多于相效更言神事謂謬忌少翁欒大之屬

古者天子常以春秋解祠　解紀買反又紀賣反祭神日解言黃帝欲絕其類梟破鏡故使祭百物之祠使世得春秋祠黃帝用一梟及一破鏡以解黃帝絕惡之類故言解祠黃帝

有日與太史公祠官寬舒等議　按二家之說皆非也如淳曰漢儀注太史公武帝置位在丞相上天下計書先上太史公副上丞相序事如古春秋瓚曰百官表無太史公茂陵中書司馬談以太史丞爲太史公自敘傳云生談爲太史公仕于建元元封之間又云太史公既治天官不治民有子曰遷又云太史公遭李陵之禍又云余述黃帝以來至太初而記凡百三十篇攷此四科明司馬遷父子爲太史公太史公乃司馬遷自題

對曰受此書申功　漢書郊祀志及封禪書作申公疑功錯誤

立泰畤壇以明應　下於證反師古云明著神光及黃雲之祥應也

以牡荊畫旛　晉灼曰牡荊節間不相當者月暈刻之爲券以畏病者萬畢術云以南山牡荊指病自愈也顏師古曰言以畏病牡荊爲幡竿而畫幡爲日月龍及星也

比德于九皇　按說同耳張言人皇九首如今人呼牛九頭以上古質故言九首也

還過祭常山　即恒山也括地志云在定州恒陽西北百四十里爾雅云恒山爲北岳道書福地記曰恒山高三千二百丈七方二十里有太玄之泉神華種可口俗

以歲時致禮凡六祠　謂后土與上五凡六祠也后土在汾陰非寬舒所祠故別言凡六祠

天官書第五

其內五星五帝坐　（注末佚羣下從謀也五字）

封禪書第六

果是僞書　上音于僞反或人果爲文成書帛飯牛

天子病鼎湖甚　郊祀志云黃帝採首山之銅鑄鼎荊山之下有龍垂胡髯下迎黃帝後人名其處曰鼎湖

病良已　善也已止也病善止也

又以衛長公主妻之　劉伯莊云衛后女三人以最長妻欒大也非天子姊妹也漢書外戚傳云衛子夫生三女元朔三年生男據此則是太子之姊

使使衣羽衣夜立白茅上　喻有潔白之德

莫不搤掔而自言有禁方能神僊矣　搤捥猶執手也言海上燕齊之間方術之士見少君欒大貴振天下皆自言有禁方服之能令人神仙矣冀武帝召之

鼎文鏤無款識　劉伯莊云自古諸鼎皆有銘記識其事此鼎能無款識也

尚何以爲　所以謝公孫卿言寶鼎已決知矣不須上此書

中國華山首山太室泰山東萊　首山一名雷首山亦名中條山名歷山一名蒲山亦名襄山又名甘棗山一名獨頭山泰室嵩高泰山岱宗

水而洎之　又以水合肉汁內鼎中也晉灼曰此說合牲物燎之也

益召歌兒作二十五絃及空侯　釋名云箜篌師延所作靡靡樂後出於桑間濮上之地蓋空國侯之所出也

古者先振兵澤旅　上音亦謂飲畢上酒也

草封禪儀數年　伍緝之從征記曰漢武封壇廣丈三尺高丈尺下有玉錄書以金銀爲縷封以璽應劭曰漢官封禪儀云建武二年登泰山就武帝封處累其石發壇上方石置玉牒書封石此中後藏封石檢以金爲繩以石爲泥南方北方二十三檢東方西方各二檢太常建武二十三年登封泰山登畢出更衣即皇帝位于壇南北面羣臣從者以次陳後尚書令奉玉檢壇上西面太常曰請封皇帝升花而尚書令奉檢進南面跪太常曰請封皇帝親封畢退復位大行治跪禮發上石尚書令藏玉牒已禮發壇尚書令封親檢畢太常跪曰請拜羣臣皆稱萬歲太常跪曰事畢皇帝後下道風俗通曰封者立石一丈二尺

命曰崇高邑　韋昭云嵩高有太室嵩高總名也嵩高山記山高二千八百丈周迴七十五里

則大以爲僊人也　大謂崇大其事

天子獨與侍中奉車子侯上泰山　霍嬗子侯去病子也
江淮間一茅三脊爲神藉　括地志云辰州盧溪縣西南三百五十里有苞茅山武陵記云山際出苞茅有刺而三脊因名茅山是也
行所過毋有復作　毋音無復音伏毋有弛刑徒也
至九原　秦九原郡在勝州楡林縣西界漢武帝元朔二年更名五原郡
五月反至甘泉　姚察云三月幸緱氏五月乃至甘泉則八旬中周萬八千里其不然乎按武紀正月是
還拜祝祠泰一　漢書郊祀志況字作祝下云贊饗則拜祝也況字誤當音祝
壽星仍出　壽星南極老人星爲人主延長壽命之應當以秋候之南郊見國家安樂所以長年故謂壽星
信星昭見　塡星中主上爲信爲君之年爲天子福祿之精順時而見所見之分其下穀自登有不耕而食不蠶而衣故知和平遠近安樂之應
昔東甌王敬鬼　東海王搖號爲東甌王
乃作通天莖臺　漢書無莖字疑衍字括地志云通天臺在雍州雲陽西北八十里武帝以五月避暑八月乃還

通回中道巡之　括地志云回中宮在岐州雍縣西三十里按武帝郊雍五畤遂通西口回中道往處回中宮也
周而復始　策數也言得十一月甲子朔旦冬至日祀上帝明堂是天授古者上皇創歷泰元神策之數爲首故周而復始
其南門有玉堂璧門大鳥之屬　漢武故事云玉堂內殿十二門階陛咸以玉爲之門門三層臺高十餘丈椽首構以璧爲之因名璧門
輦道相屬焉　輦道門道也屬猶續也
石閭者在泰山下阯南方　石閭山在兗州博城縣西二十五里應劭曰石閭山在泰山正南
吳太伯世家第一　世家者志曰謂世世有祿秩之家案累世有爵土封國故孟子云陳仲子齊之世家也
自號勾吳　宋忠世本注云勾吳太伯所居地也
太伯卒　括地志云太伯冢在吳縣北五十里無錫縣界西梅里鴻山上去太伯所居城十里
是爲虞仲　周本紀云古公有長子曰太伯次曰虞仲左傳云太伯虞仲太王之昭按周章弟亦稱虞仲當是周章弟初封于虞號曰虞仲然太伯弟仲雍亦稱虞仲者當是周章弟封于虞仲雍是其始祖後代人以國配仲故又號始祖爲虞仲
以開晉伐虢也　晉滅虞虢在周惠王之二十二年從武王元年至滅四百七十八年
子壽夢立　夢莫公反當周簡王元年左傳吳子乘卒杜預云壽夢也左傳及世本又云吳孰姑壽夢也世謂孰菇諸也春秋傳壽作孰音相近姑之言諸也毛詩傳讀月諸爲月姑是以知姑爲諸也則知孰姑壽夢一人耳又名乘
歌邶鄘衛　漢書地理志云河內殷之舊都周既滅殷分其畿內爲三國邶以封紂子武庚鄘管叔尹之衛蔡叔尹之以監殷人謂之三監又帝王世紀云自殷都以東爲衛管叔監之殷都以南爲鄘蔡叔監之殷都以北爲邶霍叔監之是爲三監二說不同未詳
自鄶以下無譏焉　括地志云故鄶城在鄭州新鄭縣東北四十二里
將舍於宿　宿音戚
復命哭僚墓　（注末佚復命反歸報命也七字）
敗之姑蘇　姑蘇檇李相去二百里
吳王病傷而死　顧野王云水銀謂之澒也
敗之夫椒　杜預曰太湖中也賀循會稽記云勾踐逆吳戰於五湖中大敗而退今夫椒

山在太湖中洞庭山西北
報姑蘇也　越世家云吳師敗於檇李言報姑蘇誤也姑蘇乃是夫差敗處太史公甚疏
使大夫種因太宰嚭而行成　（注末佚成平也三字）
少康奔有虞　括地志云宋州虞城縣本虞國舜後所封之邑也左傳云伍員曰昔少康奔有虞虞思妻之以二姚杜預云思虞君也姚虞姓也
有顚越勿遺　杜預云顚越不共從橫不承命者也
樹吾墓上以梓令可爲器　言吳必滅亡梓木耐濕可以爲棺故樹
會于橐皋　橐音拓
乃長晉定公　國語云晉責吳曰夫周室命圭有命曰吳伯不言吳王諸侯是以敢辭夫諸侯無二君而無卑天子以干不祥而曰吳公孤敢不順從君命吳王許諸吳公先歃晉侯次之
敗吳師于笠澤　吳地記云笠澤江松江之別名在蘇州南三十五里又云笠澤即太湖
遂自到死　堁刀和反
民無德而稱焉　繆協云其讓之跡詭譎反常當時莫知故無明稱可謂至德也已范甯云其德弘遠故曰至也

齊太公世家第二

東海上人　按蘇州海鹽縣有太公宅及廟其縣臨海故云東海

以誓曰蒼兕蒼兕　按言以此獻名官令其衆庶使水而疾濟

封師尚父于齊營丘　（注末佚臨緇城中有丘緇水出其前經其左故有營丘之名二十字）

因拉殺魯桓公　（注末佚拉拹也三字）

紀遷去其邑　括地志云故劇城在青州壽光縣南三十一里故紀國城也帝王世紀云居之紀國姜姓也紀侯譖齊哀公於周懿王烹之外傳云紀侯入爲周卿士竹書云齊襄公滅紀遷紀云

齊君無知遊於雍林　按林鳳齊語轉重隨音改異也蓋雍林地名云

魯莊公請獻遂臾以平　蛇音移

諸侯會桓公於甄　甄當作鄄括地志云濮州鄄城縣是也

君其問之水濱　按鬻熊爲周文王師至於文武以勤勞之後嗣而封熊繹於楚蠻封以子男之田居丹陽在荊州枝江縣界有枝江故城是故云漢非楚境

乃與屈完盟而去　左傳云齊桓公帥諸侯師盟於召陵是也

會諸侯於葵丘　左傳云僖九年齊桓公會諸侯於葵丘即此也

九合諸侯一匡天下　（注末佚說謂陽穀之會令諸侯云無障谷無貯粟無以妾爲妻天下皆從之謂云一匡天下三十三字）

而會諸侯踐土朝周　括地志云故王宮在鄭州滎澤縣西北四十五里王宮城中城內東隅有踐土臺也

惠公二年長翟來　夏時號房風今號長翟

王子城父攻殺之　父音甫

克舍之　舍音捨左傳云郤子曰人不難以死免其君我戮之不祥赦之以勸事君也

齊侯請以寶器謝　左傳云賂以紀甗玉磬按甗玉甑也齊伐紀得之故曰紀郜言甗云甗無底甑也

上太行入孟門　左傳云伐晉爲二隊入孟門登太行

陪臣爭趣有淫者　言行夜得淫人受崔杼命討之不知他命也此言爭趣者太史公變文今依字讀言陪臣但爭向有淫者捉之更不知他命也

崔宗邑不可　崔杼乃崔家長其宗邑宗廟所在不可與成也杜預云濟南東朝陽縣西北有崔氏城成欲居崔城以終老也

慶舍發甲圍慶封宮　宮爲衛

誰有此乎　柏寢在青州千乘縣東北二十里韓子云景公與晏子遊於少海登柏寢之臺而望其國公曰美哉堂堂乎後代孰有此晏子曰其田氏乎曰寡人有國而田氏有之奈何對曰君欲奪之則近賢遠不肖治其煩亂緩其刑罰賑窮乏邮孤寡行恩惠崇節儉雖十田氏其如君何按與此文不同也

成子兄弟四乘如公　杜預云成子兄弟昭子莊簡子齒宣子夷穆子安廩丘子意茲子盈惠子得凡八人二人共一乘也用完世家云用常兄弟四人如公宮服虔杜預云八人四乘者未詳

需事之賊也　需音須待也言疑惑待事恐賊害起也

出雍門　臨緇北門名雍門也

魯周公世家第三

周武王弟也　括地志云周公城在岐縣北九里此地周之畿內周公食采之地也周公邵公周室元宰輔佐文武成康已下蓋嫡子封于燕魯次子食采畿甸奕葉爲卿士故謂之周公邵公也

東伐至盟津　盟作孟地名津渡黃河處

茲道能念予一人　予周公也一人武王也

命之曰鴟鴞　貽音怡與也鴟音寓鴞音決

南面倍依以朝諸侯　倍音負依音於致反此段重敘周公初攝時也鄭玄云負之言倍也

不顧天及民之從也　言紂信爲荒淫逸樂不顧念於天道不顧念民之從其化故其民皆可誅也

以開金縢書　按尚書武王崩後周公被流言而東征王亦未敢誚公乃有風雨之異此乃是周公卒後疑太史公不見古文尚書有斯乖誤矣

民有不近　爲政之治必須略而易行民則親近若不簡不易民則不親近也

平易近民民必歸之　言政平等簡易親近於民遠方之衆必襁負而歸之周公見伯禽難其禮故設此言是也

作肸誓　周公伐三監魯公伐淮夷故於費地而盟衆即東伐淮夷徐奄之屬

敬復之　書敬作祇祇敬也祇振古通用

子厲公擢立　擢音濁

祈及許田　括地志云祊田在沂州費府東南許田在許州許昌縣有魯城周公廟在焉

杜預云成王營成周有遷都之志故賜周公許田
鄭以璧易天子之許田　彝信字南山東海人魏樂平太守
申繻諫止公　繻音須
自陳與滑公弟申如郳　郳國兗州鄒縣古郳國也
鄋瞞伐宋　（注末佚仲尼云汪罔氏之君守封禺之山爲漆姓　在虞夏商爲汪罔周爲
長翟今謂之大人其國在湖州武康縣本防風氏杜預云鄋瞞狄國名也防風之後漆姓也
六十字）
晉之滅路　魯宣十六年杜預云潞赤狄之別種也按今潞州也
復詐取之　弨尺招反弨貌也角弓不張也禮云張弓尙筋弛弓尙角是也
季氏芥雞羽　介甲也
吳爲鄒伐魯　鄒作騶見於陳世家齊郳後同也
公奔于衞去如周逐如越　今蘇州西南四十五里橫山南有魯郡村村內有城俗云
魯哀公如越居哀公爲
而行事何其戾也　言魯公之化揖讓之禮則從也而君臣相殺何戾之甚
燕昭公世家第四

史記正義佚文纂錄　十三

封召公于北燕　括地志云幽州故古之燕國也應劭曰南燕姞姓之國黃帝之後也
巫咸治王家　按巫咸吳人今蘇州常熟縣西海隅山上有巫咸冢及巫賢家
而內惠王于周　杜預云燕仲父南燕伯也　周本紀云鄭虢君怒鄭與虢君伐殺王子
頹人惠王故鄭怒南燕所以執其仲父
遂北伐山戎而還　左傳莊三十年齊人伐山戎杜預云　山戎北狄無終國名也括地
志云幽州漁陽縣本北戎無終國其後晉滅山戎也
桓公十六年卒　燕四十三代　三桓公二僖公二宣公二惠公二文公　蓋國微其謚故
重
而效之子之　顏野王云效學也象也法也
以徇　徇行示也
孟軻謂齊王曰　軻字子輿鄒人著孟子十四卷趙岐注
以因北地之衆以伐燕　謂齊之北境滄德等五衆也
唯獨聊莒即墨　括地志云　聊城在博州聊城西二十四里　莒即密州莒縣是即墨故
城在萊州膠水縣南六十里
齊田單伐我拔中陽　中陽故城汾州隰城縣南十里

秦敗趙于長平四十餘萬　長平故城在澤州高平縣西北二十一里秦戰趙時所築
也
使荊軻獻督亢地圖于秦　地下有圖字者俗本也括地志云督亢坡在幽州范陽縣
東南十里劉向別錄云督亢膏腴之地風俗通云亢莽也言平望莽莽無涯際也亢澤之無
水斥鹵之謂
內措齊晉　措置也安也言燕之地都邑交在齊晉之境內也
管蔡世家第五
賴同母之弟成叔冄季之屬十人爲輔拂　拂音弼本作弼
封叔振鐸于曹　曹在曹南因名曹按今曹州也
子惠伯兕立　係檢或云齊人不知何代史記注內有此人其注無別音義略存名字而
已王儉七志阮孝緒七錄並無疑非裴駰所錄恐此人自加之
余尋曹共公之不用僖負羈乃乘軒者三百人　（注末佚列女傳云曹僖負羈妻者
曹大夫僖負羈之妻也晉公子重耳亡過曹曹恭公不禮聞其駢脅伺其將浴設微薄而視
之負羈妻言於負羈曰吾觀晉公子其從者三人皆國相也皆善戮力以輔一人必得晉國
若得歸國必霸諸侯而討無禮曹爲首若曹有難子必不免子胡不早自貳焉且吾聞之不

史記正義佚文纂錄　十四

知其子者視其友不知其君者視其所使今其從者皆國相之僕也則其君必霸王之主也
若加禮焉必能報施矣若有罪必能討過子不早圖禍至不久矣負羈乃遺壺飧加璧其上
公子受飧反璧及公子反國伐曹乃表負羈之閭令兵士無入士民扶老攜弱而赴其閭者
閭外成市君子謂僖氏之妻能達識矣二百四十四字）
知惟德之不建　夫治國立政　知唯在德而不建立也　不用僖負羈言乃美女三百人
乘軒者是不建立德也
陳杞世家第六
居於嬀汭　括地志云嬀汭水源出蒲州河東縣南首山地記云河東郡首山北中有二
泉下南流者汭水蒲坂城中有舜廟城外有舜宅及二妃壇按河東縣本漢蒲坂縣
而舜子商均爲封國　譙周云以虞封舜子按宋州虞城縣商均封爲虞公其子虞思
事少康爲相號幕下至遂公淮事成湯爲司徒湯滅夏封爲遂公號曰虞遂遂後代子孫名
希去殷入周事王季爲宮尹希之子孫遏父事文王爲陶正遏父之子滿武王滅殷封爲陳
侯賜嬀氏謚胡公
得嬀滿封之於陳　詩譜云　帝舜後有遏父者爲周武王陶正　武王賴其器用封其子
嬀滿於陳丘宛丘之側按今陳州城在古陳城內西北隅也

利用賓於王　君在親近而得其位明習國之禮義故利於賓於王言爲王賓否卦義云否閉之世非是人道交通之時不利君子爲正也上下不交而天下閉否也言利賓於王逢否困之世故刺君子爲政必困君也

五世其昌並於正卿　按五世謂桓子無宇

大夫孔寧　寧作甯音寧

衷其衣以戲於朝　衵尼乙反近身衣

哀公屬之其弟司徒招　招一作昭同韶

乃殺陳使者　使者於徵師也左傳云昭八年哀公縊干徵師赴於楚楚執陳行人干徵師殺之

空籍五歲矣　哀公被楚滅使棄疾爲陳侯五年及棄疾立爲楚王而立惠公探續哀公卒爲元年故空籍至此五歲矣

楚昭王卒於城父　父音甫亳州縣

白公自殺　括地志云白亭在許州扶□縣北四十五里即勝所封按白亭在豫州褒信縣者是也以解在楚世家

遂滅陳而有之　楚惠王十年滅陳當周敬王四十一年魯哀公十六年

滑公子遬立　遬音速注同音

杞後陳亡三十四年　年表云楚惠王十年滅陳四十四年滅杞是杞後陳亡三十四年然滑公一年哀公十年出公十二年簡公一年合成二十四年計數缺十年未知缺何公十年是太史公疎矣

臯陶之後或封英六　括地志云光州固始縣古蓼國南蓼城也春秋時蓼國也偃姓臯陶之後又有北蓼城在固始縣北六十里蓼國有南北二城故六城在壽州安豐縣南百三十二里帝王世紀云臯陶生於曲阜之偃地故帝因之賜姓曰偃也英見春秋僖十七年經檢無英國蓋英爲蓼耳

小不足齒列弗論也　郚音郛括地志云公丘故城在徐州滕縣西南十五里秦滕縣城即古滕國蓋黃帝之子滕姓所封世本又云滕錯叔繡周文王子居滕宋忠云沛國公丘縣也故薛城在滕縣古薛國黃帝之子任姓所封又左傳定元年薛宰云薛之皇祖奚仲居薛爲夏車正奚仲遷於邳隱十一年傳云滕侯薛侯來朝是也故郳城在黃州□□縣東南一百二十一里郳子曹姓陸終氏之子會人之後郳俠居郳至隱公徙蘄蘄今徐州縣也後又□□□今滕縣是又徙郚魯穆公改郳作郚地理志云郚縣故郳國曹姓二十九世爲楚所滅然三國微小春秋之時亦預會盟蓋史缺無可叙列也

江黃胡沈之屬　括地志云安陽故城在豫州新息縣西南八十里應劭曰古江國也黃國故城在光州定城縣西十二里春秋時黃國都也胡沈解在前

苗裔茲茲　茲一作班

衞康叔世家第七

衞康叔名封　衞城在衞州衞縣西二十里本朝歌邑殷都也不□□□康叔爲君居河淇間故商墟即朝歌是也故康城在洛州陽翟縣西北三十里洛陽記云是少康之故邑

欲攻成周　括地志云洛陽故城在洛州洛陽縣東北二十六里周公所築即成周城也

晉更從南河度　括地志云衞州汲縣南河水至此有棘荊之名亦謂之右濟津故南津也左傳云僖公二十八年晉伐曹曹在衞東假道於衞衞人不許還自南河濟即此也

公令師曹教宮妾鼓琴　師瞽樂官曹名也

二子怒如宿　宿音戚

免子三死無所與　（注末佚與音預三字）

子路乃得入　公孫敢既閉因有使者出子路乃得入

莊公上城見戎州　括地志云宋州楚丘縣古戎州已氏之城也左傳隱七年戎伐凡伯於楚丘以歸括地志云楚丘故城在楚丘縣北三十里衞楚丘之邑也按諸侯爲衞城楚丘居文公者即滑州南縣是也左傳哀公十七年初衞莊公登城以望戎州以聞之以告公曰我姬姓也何戎之有焉杜預云已氏戎人姓也呂姜莊公夫人也

秦拔魏東地　東地謂濮陽黎陽等地也

更徙魏野王縣　元君徙濮陽又徙野王濮陽濮州縣也野王懷州城古野王邑也

宋微子世家第八

吾家保于喪　言紂淫亂吾宗室保喪亡吾微子也

今女無故告　微子言太師少師無別意故告我理殷國也

王道平平　平音頻然反

以爲天下王　是箕子美中正之道誠可爲天子也若能守中正而民順行之是天子爲父母而爲天下所歸往

沉漸剛克　漸音潛謂溫和也言溫和之人主政須能剛斷

高明柔克　高明謂俊朗也言俊朗之人主政須能柔和

其害於而家凶於而國人用側頗辟民用僭忒　孔安國曰家謂臣國謂君也爲上無制爲下逼上凶害之道辟音僻

謀及卜筮　孔安國云將舉事而汝則有大疑先盡汝心以謀慮之次及卿士衆民然後

卜筮以決之
王眚維歲　青山井反王者省歲之休咎知民豐儉此下教王者及民識歲月之善惡也
師尹維日　師尹謂長正若今刺史縣令師尹視旬日之變
家用不寧　孔安國云君失其柄權臣擅命治闇賢隱國家亂
一曰壽二曰富　壽百二十年富財豐備也
於是武王乃封箕子於朝鮮而不臣也　朝鮮潮仙二音括地志云高驪平壤城本
漢樂浪郡王險城即古朝鮮也
執鄭之祭仲　上側界反括地志云故祭城在鄭州管城縣東北五十里鄭大夫祭仲邑
也杜預云左傳釋例云祭城在河南上有敖倉周公所封也
君子不困人於阸　阸謂阻隘也
宋敗長翟緣斯於長丘　裴駰云魯世家云武公之世獲緣斯於長丘今此云昭公未
詳按春秋文公十一年魯敗翟於鹹獲長翟緣斯於長丘與年表同齊世家云魯惠公二年
長翟來王子城父殺之年表亦同據春秋及年表世家年歲合符魯世家云宋武公是誤當
爲昭公即符合矣
王偃立四十七年　年表云魏昭王十年齊滅宋宋王死於溫田完世家云湣王三十
八年齊遂伐宋王死於溫據年表宋滅周赧王二十九年名當宋王偃四十三年今云四十
七年並誤也

晉世家第九
唐叔虞者　餘才宋國都城記云唐國堯之裔子所封爲唐太叔因故唐侯之地封於唐
在河汾之東方百里故曰唐叔虞叔者仲叔次弟虞名也
伐千畝有功　界休縣屬汾州本漢縣也
翼晉君都邑也　括地志云故翼城一名故絳在絳州翼城東南十五里諸侯譜云晉穆
公遷都於絳曾孫孝公改絳爲翼平獻公又命曰絳
得驪姬驪姬弟俱愛幸之　殷周之驪戎國城也
滅霍滅魏滅耿　晉州霍邑縣本漢彘縣也鄭玄注周禮云霍山在彘縣本春秋霍
伯國
晉侯使太子申生伐東山　左傳云晉侯使太子申生伐東山皋落氏上黨記皋落氏
在潞州壺關縣城東南山中百五十里今名平皋赤壖其地險阻百姓不居今空之也
狐裘蒙茸　蒙茸言狼藉也
重耳逐奔翟　括地志云文城故城在慈州文城縣北四十里故老云此城晉文公爲公

子時避驪姬之難從蒲奔翟因築此城人遂呼爲文城風俗通云春秋傳曰狄本山戎之別
種也其後分居號曰赤翟白翟
虢公醜奔周　左傳云童謠曰丙子之辰龍尾伏辰均服振振取虢之旗鶉之賁賁天策
焞焞火中成軍虢公其奔其九月十月之交乎丙子旦日在尾月在策鶉火中必是時也冬
十二月丙子朔晉公滅虢虢公奔醜京師韋昭曰鶉火鳥星也賁賁鶉火星貌也天策尾上
一星名傳說焞焞近日月之貌火鶉火也中晨中也成軍軍有成功也
東至河內　河西謂同丹等州之地也河內謂懷州
生者不慚　國語云荀息曰昔君問臣事君於我我對以忠貞君曰何謂也對曰可以利
公室力有所能無不爲忠也葬死者養生者死人復生不悔生人不慚貞也吾言既往矣豈
能欲行吾言而愛吾身乎
齒牙爲禍　國語曰獻公伐驪戎史蘇卜之曰勝而不吉公飲大夫酒令司正實爵與史
蘇曰飲而無肴驪戎之役汝曰勝而不吉故賞汝以爵罰汝以無肴克國得妃其吉孰大焉
史蘇卒爵再拜稽首曰兆有之臣不敢蔽蔽兆之紀失臣之官有二罪焉何以事君大罰將
及不唯無肴史蘇告大夫曰夫有男戎必有女戎若晉以男戎勝戎而戎亦必以女戎勝晉
里克曰何如史蘇曰夏桀伐有施有施人以妹喜女焉與伊尹比而亡夏殷辛伐有蘇有蘇

以妲己女焉與膠鬲比而亡殷周幽王伐有褒有褒人以褒姒女焉與虢石甫比而亡周
惠公馬鷙不行　左傳云晉戎馬還濘而止國語云晉師潰戎馬濘而止韋昭曰濘泥
也顏師古曰鄭玄云鷙很也
以待秦命　君惠公也知罪謂惠公倍秦河西地也言君子之人愛惠公知惠公倍秦河
西地之罪欲歸惠公以待秦之命耳
賈佗先軫魏武子　佗音陀即賈季解在後左傳曰五士無賢也乃顛頡之屬也
獻公使宦者履鞮趣殺重耳　履鞮即勃鞮也亦曰寺人披杜預曰寺人閹人
非以爲可用與　與起也本或作與字者誤也
衛文公不禮　國語云衛文公有邢翟之虞不禮焉寧莊子言於公曰夫禮國之紀也親
民之結也善德之建也國無紀不可以終民無結不可以固德無建不可以立此三者君之
所愼也晉公子善人也而衛親也君不禮焉棄三德矣
其主乃殺侍者　主齊少也
楚成王以適諸侯禮待之　適音敵國語云重耳如楚成王以周禮饗之九獻庭實旅
百韋昭云九獻上公之享庭實庭中之陳也百舉成數也周禮上公出入五積饔餼九牢米
百二十筥醯醢百有二十甕木十車芻薪倍禾也

趙衰歌黍苗詩　茂音遇
秦兵圍令狐　令狐故城在蒲州猗氏縣西四十五里
龍欲上天五蛇爲輔　龍文公也五蛇趙衰狐偃賈佗先軫魏武子也按上文從士五人其餘不名者數十人然子推非五士數從者偽子推隱而死故作歌以感文公見世重五士耳即云五蛇爲輔不究子推不在五名之中後代賢者妄列五蛇之名以子推爲數徒虛語耳請後君子無疑焉
還自河南度　括地志曰南津一名濟津又名棘津在衛州汲縣南文公變河伐曹即是也
作王宮於踐土　括地志云故王宮在鄭州滎澤縣北四十五里王宮城中今城內東北有踐土臺衡雍踐土相去二十餘里
秬鬯一卣　孔安國曰鬯香草也
王若曰父義和　王平王也孔安國曰文侯同姓故稱曰父義和字也稱父者非一人故以字別之按王若曰父義和至永其在位是尚書命文公仇之而文太史公採左傳作此世家然平王至襄王六代文侯仇至重耳十一公懸隔一百三十餘年極疏謬矣及裴氏於孔馬注不考年代亦依前失矣左傳尚書各有文蓋周襄王自命文公作侯伯及賜弓矢左傳文分明而太史公引尚書平王命文侯之文太史公誤

史記正義佚文籑錄　十九

乃使人言周襄王狩於河陽　賈逵云河陽晉之溫踐土鄭地按王宮是
於是晉始作三行　行胡郎反
先蔑將左行　注三行無佐疑大夫帥也不置佐者當避天子也或初置三行官未備耳云大夫帥者恐非也
秦兵過我郊　過古臥反
取晉汪以歸　左傳文公二年冬先且居等伐秦取汪彭衙而還括地志云彭衙故城同州白水縣東北六十里今按汪與彭衙相近在同州北二百五十里當是秦使孟明視等報殽之役取晉汪至冬晉使先且居伐秦取汪及彭衙也
渡河取王官　（注末佚括地志云　又王官故城在蒲州猗氏縣南二里若渡河取蓋此城也二十六字）
咎季子犯　咎季子犯杜預曰臼季胥臣也世本云狐偃也
賈季曰　賈季韋云賈季晉大夫狐偃之子射姑也食采於賈字季名陁世本云小狐射姑
辰嬴嬖於二君　樂及辰嬴子也辰嬴秦宗女子圉妻秦以妻重耳

使士會如秦迎公子雍　士會字季晉卿士蔿之孫成伯缺之子季武子也食采于隨故曰隨會又曰士會又曰范文子
晉使趙盾以車八百乘平周亂　八百乘六萬人也
三行可以罷　行酒三遍左傳云提彌明曰臣侍君宴過三爵非禮也遂扶以下
楚虜我將智罃歸　智罃武伯荀罃
伯宗謀曰　世本伯宗伯州犂祖
乃使解揚紿爲救宋　紿詐也
晉以巫臣爲邢大夫　昔殷時邢國也周公旦子復封爲邢侯都□按申公巫臣亦爲此大夫也
梁山崩　括地志云梁山原在同州韓城縣東南九十里其山東西臨河東南崩跡存焉公羊傳云梁山崩壅河三日不流穀梁傳云成公五年梁山崩晉侯召伯尊伯尊用輦者之言曰君率羣臣哭斯流也如其言河乃流也
伯宗以爲不足怪也　用輦者之言不書其名曰隱
使呂相讓秦　杜預曰魏錡子子
國人是以不附厲公　左傳云初伯宗每朝其妻必戒之曰盜憎主人民惡其上子好直言必及于難也

史記正義佚文籑錄　二十

欲作亂內子周立之　子周晉悼公也世本云襄公生桓伯捷捷生悼公周也
顯公使人之周微考之　按周洛陽時周王都洛
秦取我櫟　晉歷括地志曰河內陽翟縣古櫟邑也左傳云襄十一年秦庶長鮑伐晉以救鄭十輔氏秦晉戰于櫟晉師敗績杜預云從輔氏渡河也年表云使庶長鮑伐晉救鄭敗之櫟按此二文是陽翟也
晉使六卿率諸侯伐秦　六卿韓趙魏范中行知氏也
師曠曰　師曠晉樂太師野
欲殺午　趙鞅定十一年伐衛衛懼貢五百家鞅置之邯鄲今欲徙之晉陽午許諾歸告其父兄父兄不許倍言是不信
魏侈　即魏襄子左傳作魏曼多世本云魏襄子多也
卒長吳　黃池在汴州封丘縣南七里去汴州四十三里
是爲哀公　諸說並不同疑年表爲長
反朝韓趙魏之君　宋忠引此世家注世本云晉衰疑今本誤也
孝公卒　世本云生靖公俱也

楚世家第十

卷章生重黎　帝系云顓頊娶于𦟣墠氏女生老童是爲楚先也世本云老童取根水氏之子謂之𧺝禍産重黎及吴回也

重黎爲帝嚳高辛居火正　此重黎火正也少昊之後重本正也則知此重黎則非彼重也

坼剖而産焉　陸終娶鬼方氏之妹謂之女嬇産六子孕而不毓三年啓其右脇六人出焉

夔不祀祝融鬻熊故也　左傳云楚以其不祀祝融鬻熊使鬬宜申御師滅以夔子歸是也

僇越大夫常壽過　姓常名壽過

芋尹申無宇之子申亥　芋尹稱芋園之尹也

遇王飢于釐澤　釐澤上力其反左傳云乃求之遇諸棘闈以歸杜預曰棘里名闈門也

弃疾使船人從江上走呼　江上即江邊也

平王以詐弑兩王而自立　兩王謂靈王及子比也

獲五率以歸　率所類反五帥謂伐徐時蕩侯等五大夫也音作發音督

先神命之　謂埋璧之時也

有先大夫子餘子犯以爲腹心　子餘趙衰子犯狐偃也

奢曰尚至胥不至　左傳云伍尚爲棠君括地志云揚州六合縣本春秋時棠邑伍尚爲大夫也

昭王亡也至雲夢　括地志云雲夢澤在安州安陸縣東南五十里是

三晉伐楚敗我大梁楡關　年表云悼王三年歸楡關於鄭按楡關當鄭之南大梁之西也楡關在大梁之境此時屬楚故云敗我大梁楡關也

張丑僞謂楚王曰　爲音僞言張丑爲田嬰故僞設此辭

此國冠之上　冠首冒後同楚國之官令尹最高昭陽已爲令尹矣若人冠冕在首□之上不可更加

楚商於之地方六百里　荆州圖副云鄧州内鄉縣七里張儀所謂商於之地

王甚善之　昭雎言韓以得武遂于秦西界至河山必得楚是昭王之甚善楚

復與楚之侵地矣　言齊韓貸重秦相秦相樗里疾疾得齊韓貸重秦王而齊韓又與楚親疾必不敢棄也今又益楚之重樗里疾疾必言秦王歸楚侵地

予我下東國　楚之下國最在東故云下東國即楚淮在

趙主父在代　父音甫武靈王也

楚人有好以弱弓微繳加歸雁之上者　弱小也微細也繳弋射也歸雁北向也言小弓細弋射北歸之雁其矢加于背上

見鳥六雙　謂上秦魏燕趙齊魯韓衛鄒費郯邳者合十二國也

三國布𦐇　𦐇亦作翄音式鼓反三國共布𦐇言和同也楚趙燕和同而收鬬左從不待而可成

𦢊擊韓魏　𦢊作鷹如鷹鳥之擊也

大國不親　天下共尊今欲殺之故言殺共主周世君天下故言世君也

夫虎肉臊其兵利身　虎有爪牙以衛其身若人身加兵故其兵利身

吞三翮六翼　翮誤當作翮音歷爾雅云附耳外謂之釴款足謂之鬲曲足鼎也翼近鼎耳也三翮六翼即九鼎

楚使左徒侍太子于秦　左徒官名爾時黄歇爲左徒侍太子于秦也

秦將王翦破我軍於蘄　音機又音圻地理志云沛郡蘄縣也

越王勾踐世家第十一　勾踐越王名也今越州也周元王命爲伯也

持滿者與天　言執持滿之德維天能之棫絶云天道盈而不溢盛而不驕

定傾者與人節事者以地　定傾危之計唯人能之越絶云地貴定傾人貴節事與此文反也

以襲越兵入也　越從滅吳徙置越東南置示遣以千實東之因爲名是從東門滅矣也

越遂復棲吳王于姑蘇之山　夫差棲于姑蘇山越戰於西北敗於遂

爲不得晉也　晉即韓魏也謝許三晉滅其君已三十餘年矣

則齊秦韓魏得志於楚也　齊國泗上界楚秦出武關侵楚韓葉陽翟鄰楚魏南城上蔡接楚言四國欲伐楚是得其志於楚也

是二晉不戰而分地不耕而獲之　言秦攻楚韓魏舉兵未戰而以得地是猶不耕而獲之

以爲齊秦用　言韓魏頓刃于黄河華山之間若此險固猶爲齊秦使役也

是目論也　論郎頓反齊使云越王知晉之失計不自知己分越王之過猶人眼見毫毛而不見其睫故云目論

然而不伯者王道失也　言𨷂王不得王其弊因猶可以伯然而不伯者其道猶在唯失王道也

范蠡事越王勾踐　（注末佚七略云蒙王妙論二卷司馬遷撰也十四字）

變姓名自謂鴟夷子皮　吳王誅子胥盛鴟夷子皮棄之江中蠡既去越比之子胥自號鴟夷子皮鴟夷用馬革爲之形若榼也韋昭曰鴟夷革囊也韓子云鴟夷子皮事田成子去齊之燕子皮從之

復要約父子耕畜廢居候物轉物逐什一之利　畜許六反耕耕田也畜養五特也廢停也居貯也停賤物貴而賣之也

有如病不宿誠後復歸勿動　宿猶預也言此朱公之命有如病患須固看守而言不預誠後復歸朱公慎莫動也一云有如病此命欲用之也

鄭世家第十二　毛詩譜云鄭國者周宣王封其弟友于宗周畿內棫林之地是爲鄭桓公

幽王以爲司徒　詩序曰鄭桓公爲司徒善于其職國人宜之故賦緇衣之詩是也左傳云桓公友入爲司徒及子武公亦爲之

河洛之間人便思之　河雒之間黃河之南洛水之北

而號鄶果獻十邑　括地志云故莘城在鄭州管城縣南三十里鄶今許州鄢陵是杜預曰鄢潁川鄢陵縣即汜水縣也餘邑皆相近毛詩疏曰鄭世家云桓公言于王東徙其民

雒東而虢鄶果獻十邑如世家言則桓公自取十邑而詩譜云死後武公取之者司馬遷見國語史伯爲公謀取十邑之文不知桓公身未得故傅會爲此說耳外傳云子男之國虢鄶爲大[illegible]其國謂虢鄶之地無由得獻之桓公也由司馬遷之說誤耳

致秦兵于汪　汪烏黃反在同州之二百里彭衙相近也

有死無隕　有死亦不隕墜晉君命也

趙世家第十三

盜驪驊騮綠耳　盜驪騧淺色驪黑也驊黃色騮[illegible]色穆天子傳云赤驥盜驪白義渠黃驊騮綠耳踰輪山子此八駿也

繆王使造父御西巡狩見西王母樂之忘歸　穆天子傳曰穆王觴西王母于瑤池之上西征至于崑崙之丘見西王母其年王母來見賓于昭宮括地志云崑崙山在肅州酒泉縣南八十里十六國春秋云酒泉南山崑崙之丘也周穆王見西王母樂而忘歸即謂此山有石室王母堂珠璣鏤飾煥若神宮也

繆王日馳千里馬攻徐偃王大破之　按穆王元年去楚文王元年三百一十餘年也

及食熊膰胹不熟　胹煮熟也熊掌難熟如煮凡肉熊掌猶不熟也

君子譏盾爲正卿　君子謂孔子也

五世不安　謂受帝教命也

不類三代之樂　淮南子中央曰鈞天

簡子問其姓而延之以官　簡子問何姓又延之以何官也

十一月荀櫟韓不佞魏侈奉公命以伐范中行氏　韓簡子也本作佞也

不聞周舍之鄂鄂　鄂鄂直也

陰令宰人各以科斗殺代王及從官　各音洛

修下而馮左衽界乘　馮音憑依也左衽服也界即介也乘馬被甲

十七年成侯與魏惠王遇葛孽　葛孽二城名孽桀魚反

雖驅世以笑我　驅音區驅盡也驅世謂盡一世以笑我也

虙戲神農教而不誅　虙戲伏羲同音

衣服器械各便其用　內盛曰器盂椀之屬外盛曰械刀鋸之屬也

且服奇者志淫則是周魯無奇行也　言鄒魯儒服長緩非志好奇淫蕩也而生孔子顏回曾參閔損皆奇行也

俗辟者民易則是吳越無秀士也　言吳越僻處海隅其民疎誕簡易也而生巫咸

巫賢太公呂尚吳季札言偃皆秀士也

見其長子章傫然也　傫垂兒傫失意也孔子世家傫然若喪家之狗

探雀鷇而食之　按鳥子受哺者謂之鷇鳥啄食者謂之雛也

非王有已　音以樹反

齊之事王宜爲上佼　佼音效功勞也

猶不能持無功之尊　持猶執

卒四十餘萬皆阬之　白起傳云斬首虜四十五萬人括地志云頭顱山一名白起臺在澤州高平縣西五里上黨記云秦坑趙兵收頭顱築臺于壘中因山爲臺崔嵬桀起今稱白起臺也

王還不聽秦　還猶仍也

延陵鈞率師從相國信平君助魏攻燕　鈞名也

以龍兌　（注末佚兌音奪三字）

秦召春平君　春平未詳

城韓皐　韓皐未詳

民譌言曰　譌音訛

魏世家第十四
今命之大　命名也
屯固比入吉孰大焉　屯難故須堅固比親近故云入
魏獻子生魏侈　侈音他侈尺氏反
魏侈之孫曰魏桓子　世本云獻子乘生懿子游及簡子取取生襄子多多生桓子駒
駒生文侯斯其與此不同古書誤也
其國可破也　適者嫡是故舊所言故曰故曰也
二年魏敗韓于馬陵　此馬陵在魏州元城縣東南一里
取龐　龐近少梁
魏相田需死　需音須
以秦之疆足以爲與也　與黨與也
楚魏疑而韓不可得也　不可得合從也
秦橈之以講　橈曲也講猶相也誘諸侯伐韓無不從者也
韓世家第十五
武子後三世有韓厥　世本云桓叔生子萬萬生賕伯賕伯生定伯簡簡生輿輿生獻

子厥並居韓按桓叔晉文侯弟成師也晉昭公封之曲沃號曰桓叔
宣子卒子貞子代立　世本云宣子起生平子須也
取陵觀邢丘　陵觀皆館未詳
八年申不害相韓　不害河南人作申子三卷在法家也
此以一易二之計也　一謂賂秦一名都二謂使秦不伐韓而又與之伐楚
將西購於秦　以金帛相交曰購也
不殺將以楚徇韓　徇行示也言爲前鋒
其言收璽實類有約也　其言謂云昭魚謂於商於擬相秦收其相璽而實知其終契
謀伐韓也
十年秦敗我師於夏山　夏山未詳
是可以爲公之主使乎　爲如字言使甚多獨箕爲主也
田敬仲完世家第十六
陳完者陳厲公他之子也　佗同何反譙周云春秋傳謂他即五父世家與傳違案左
傳云厲公名躍而佗立未踰年無謚又桓六年經云蔡人殺他又莊二十二年傳云陳厲公
蔡出也故蔡人殺五父而立之則他與五父俱爲蔡所殺其名雖異其實則同他與五父是

一人明矣而史記以他爲厲公以躍爲利公恐太史公誤又恐當有所別見班固又以厲公
爲桓公弟重誤矣
利用賓於王　杜預曰此周易觀卦六四辭爻也四爲諸侯變而之乾有國朝王之象易
之爲書六爻皆有變象又有互體聖人隨其義而論之易正義云居觀在近而得其位明習
國之禮儀故宜利賓于王庭爲王賓也否卦義曰否閉之也非是人道交通之時不利君子
爲正也上下不交而天下無國也言利賓於王庭値無國之世故刺君子爲不正必代君有
國
不在此而在異國乎　六四爻變內卦爲本國外卦爲異國六四在外故爲異國也
非此其身也在其子孫　內卦爲身外卦爲子孫六四爻變故知在子孫也
若在異國必姜姓　六四爻是辛未爻觀上體巽未爲羊巽爲女以女乘羊故爲姜姜
齊姓必知在齊也
莫之與京　賈逵曰京大也杜預曰敬仲八代孫陳常也田完世家云八代孫田常之
子盤也而杜以常爲八代者以桓子無宇生武子開與盤十乞皆相繼事齊故以常爲八
代
嫗乎采芑歸乎田成子　嫗於丰反芑音起白梁西米也言齊之婦嫗視拾遺粟之穗

以爲生產亦分歸田成子此歌齊國之政將歸田氏
御鞅諫簡公曰　御鞅爲僕御官也鞅名亦田氏族也賈逵云齊大夫也
子我者監止之宗人也　齊世家云闞止有寵焉賈逵云闞止子我也尋世家文意子
我闞止字也今云宗人蓋太史公誤也
需事之賊也　待闞止之事發必爲賊害也
惠王請獻觀以和解　觀音館魏州觀城縣古觀國夏啓子太康弟之所封也夏相滅
之漢爲縣
威王說而舍之右室　右室即上室
此其善於公而惡張子多資矣　（注末佚資藉也又材質也七字）
田乞及常所以比犯二君　乞殺悼公田常殺簡公也
蓋若遵厭兆云　厭一冉反田僖子厭晏孺子田成子殺二君非是事勢之漸使之如此
皆似遵奉厭禳之兆吉祥矣
孔子世家第十七
母諱之也　梁紇葬時徵在既少不能教□其的處
自大賢之息　大賢文王周公等也

異日景公止孔子　爾雅止待也
得骨節專車　按橫骨屋兩楹
僬僥氏三尺短之至也　按括地志在大秦國北也
公斂處父謂孟孫曰　斂力豔切處昌汝反父音甫杜預曰處父孟氏家臣公處斂也
陽虎使太子絻　絻音問
耰而不輟　按耰塊椎也耕即椎碎之覆種子也
我於易則彬彬矣　彬音斌斌文也孔子言假借我三數年間我於易則文質備矣
叔孫氏車子鉏商獲獸　鉏音鋤服虔云車車士微者也子姓鉏商名按姓鉏名商車子御車之人也
上至隱公下訖哀公十四年十二公　夫子修春秋據魯十二公年月而親周及諸侯行事也
子思作中庸　中庸一卷在禮記中又作子思子八卷爲魯穆公師
陳涉世家第十八　勝立數月而死無後爲世家者以唱始起兵滅秦雖不終享亦世家之道也
屯大澤鄉　屯猶營也

等死死國可乎　爲反亂取國不得而死猶勝戍卒而死
然足下卜之鬼乎　故稱公子扶蘇楚將項燕爲天下倡宜多應者卜之是卜之鬼也
陳勝吳廣喜念鬼　言常思扶蘇項燕曰卜者以此教我先威衆也
將尉醉　尉爲將領戍卜也
尉劍挺　梁丘賀傳云前旋頭劍挺是也
陳王信用之　言諸將不如令及已所不善者不下吏朱房胡武輒自治之以苛察爲忠正陳王乃任之
銷鋒鍉鑄以爲金人十二　鍉音的注鏑同音
外戚世家第十九
及繼體守文之君　繼體謂嫡子繼先祖者也守文謂守先祖法令也
非獨內德茂也蓋亦有外戚之助焉　內德謂皇后也外戚謂皇后親戚也
況卑下乎　言臣子有親愛之情君父雖尊猶不能奪況乎卑下而能止制乎
或不能成子姓　言無子孫
及晚節色衰愛弛　下式支反謂廢也言姬嬪多也
遺詔盡以東宮金財物賜長公主嫖　東宮太后宮也

因欲奇兩女乃奪金氏　奇作倚倚於綺反倚依也間卜筮兩女當貴乃依恃之故奪金氏之女
景帝以故望之　望猶恨也
太子襲號爲皇帝　即武帝
於是乃低頭俛而泣　俛音俯
昭帝立時五歲爾　漢書曰後元二年上疾病遂立昭帝爲太子年八歲明日武帝崩太子即皇帝位五歲者褚先生誤矣
荊燕世家第二十一
令其子求事呂后所幸大謁者張子卿　張子卿漢書作澤卿音釋高后紀周勃傳作釋子卿字也
乃風大臣語太后　語魚呂反以卑言尊之意也
事發相重　謂事發動皆得尊位故云相重
齊悼惠王世家第二十二
諸民能齊言者皆予齊王　諸齊民言語與楚魏燕趙異者隨地割屬齊也
惠帝與齊王燕飲亢禮如家人　不尊惠帝如家人兄弟禮

事浸潯不得聞于天子　浸潯二音一音尋又音淫浸潯猶漸潤澤也
市租千金　謂臨淄之市所賣之物出出稅利千金言齊人之殷富也千金萬貫也
乃上書言偃受金及輕重之短　言舉輕重大小之事故訴之
蕭相國世家第二十三
願令民得入田　言上林苑中空地虛棄不如令民得入田之
曹相國世家第二十四
復攻之杠里　杠音工地名
追北西至開封　敗軍曰北
又夜擊其北　其北藍田縣北也
東取碭蕭彭城　碭音唐宋州碭山縣是也蕭彭城徐州二縣
王武反于黃　故黃縣在曹州黃城縣東二十四里左傳注云陳留外黃縣東有黃城是也
已而從韓信擊龍且軍於上假密　上假密即高密也地理志云高密爲膠西國下密在膠東國括地志云濰水今俗謂百尺水在密州高密縣即韓信夾濰水戰處韓信傳云田廣走高密信東追廣至高密西楚使龍且救齊夾濰水陳信盛沙囊水上流引軍半渡佯不勝走龍且追信渡水信決壅囊水大至龍且軍大半不得渡信即急擊殺龍且龍且水東

軍散走明殺龍且在高密縣濰水西也

擇郡國吏木詘於文辭重厚長者　詘訥同求物反謂辭寡也又音蘇勿反木之質樸無餘飾也言擇吏老文辭重厚長者若木質樸無餘者也

以爲豈少朕與　少式妙反與音歟言以朕年少不閑國事故曰餘不治事也

與窋胡治乎　胡何也言何謂治窋二百

顜若畫一　鄭玄云較猶見也謝雅云較直也廣雅曰較明也言蕭何作法和明輔佐平道載其清靜治天下使百姓歸心猶畫一也

民以寧一　清靜無爲也寧一齊物也晉武帝議省州郡吏以悉農爵荀勖議以爲省吏不如省官省官不如省事省事不如清心故蕭曹相洪載其清靜故畫一之歌此清心之本孝文垂拱無爲幾致刑措此省事也漢光武并合吏員此省官也魏正始中并合郡縣以減吏員此省吏也必欲求之根本宜以省事爲先課官分職量能敍任則思不出位官無異業也

留侯世家第二十五

留侯張良者　（注末佚按張氏譜云良張仲三十代孫仲見毛詩張老十七代孫老見春秋及禮記王符皇甫謐並云良當爲韓公族姬姓也秦逐賊急乃改姓名其言謬矣五十七字）

父平相釐王悼惠王　大父開地相昭侯宣惠王襄王父平相釐王悼惠王故言五世相韓也

有一老父衣褐衣　顏師古云褐制若裘今道士所服者是也

出一編書　編必連反以韋編連簡而書之也

不如因其解擊之　解佳怪反怠慢也

鯫生教我　鯫小魚也比雜小人也

王巴蜀　巴通壁蓬開集合萬忠渠涪等十一州本巴國地也蜀益彭劍綿閬梁遂梓眉邛雅資嶲普戎嶲姚利等十九州本蜀侯之國也

王何不燒絕所過棧道　棧道閣道也

與酈食其謀橈楚權　橈女教反

雍齒與我故　服虔曰未起之時與我有故怨師古曰齒常以勇力困辱高祖

此所謂金城千里天府之國也　金剛堅固也關中四塞之限若金城

天下有四人　皇甫謐高士傳四皓一曰東園公二曰綺里季三曰甪里先生四曰夏黃公皆河內軹人漢書外傳云園公陳留圍縣其先則爲園公陳留風俗傳云園庾字宣明公

羊春秋稜青東園家里父爲秦博士遭秦亂避地於南山惠帝爲太子即拜園公爲司徒遜位太子封廣襄邑南鄉侯陳留志云庾始常居園中因爲之園公周樹洞曆云甪里先生名術字元道太伯之後京師號霸上先生周氏世譜云甪里先生河內軹人太伯之後姓周氏名術字元道京師號霸上先生□□俗云是吳人今太湖中洞庭山西有□□祿里村是漢書外傳云秦聘之逃匿南山歌曰商洛深谷威□□夷曄曄紫芝可以療飢駟馬高蓋其憂甚大富貴而畏人其如貧賤而樂肆志夏黃公或爲大里黃公會稽典錄云昔佐朱育對郡將濮陽府君云大里黃公墓在鄮縣輿地志云鄮有大里夏黃公所居也今鄮縣有黃公廟崔氏譜云夏里黃公姓崔名廣字少通齊人隱居夏里修道故曰夏里黃公甪音祿

彊載輜車臥而護之　輜車衣車也護謂監諸將也

雖有矰繳　韋昭云繳弋射繳箭繩也用繩繫也射者引繳收之言一舉千里非矰繳所及太子羽翼已成難改也

如白駒過隙　莊子曰野馬者塵埃也按還望空中埃飛隨風飄疾如野馬奔白馬亦塵埃也日入壁隙埃塵內過日光不盈瞬息其色乃白故云白駒過隙

余以爲其人計魁梧奇偉　蘇顏之說蓋非也

陳丞相世家第二十六

左丞相不治常給事於中　秦漢以前右爲上左爲下晉宋以來左爲上也

面質呂須于陳平曰　質對也

顧君與我何如耳　顧念思也

主臣　下文云使卿大夫各得任其職是主羣臣也他說皆非

絳侯周勃世家第二十六

常爲人吹簫給喪事　今之輓歌以鈴爲節所以樂亡者神魂

其椎少文如此　責諸生說書急爲語椎若椎木無餘響直其事少文辭

最從高帝　最者功多也

許負相之　負名也非婦也

乃傳言開壁門　壁音璧

此不足君所乎　景帝視而笑曰君於所食具不足乎佯驚愕也如淳云非故不足君之食具偶失之

條侯子爲父買工官尚方甲楯五百被　尚方中工官名也顏師古曰尚方作禁器物色

坐酎金不善元鼎五年有罪國除　坐酎金不善皆在元鼎五年金既不善□有罪國

除史記□□以語顚倒所以先儒致疑班固見此文不害及有罪將爲兩犯修漢書卽云坐酎金免官有罪國除乃班氏大過致令諸儒紛說也

梁孝王世家第二十八

乘輿駟馬　乘者載也輿者車也天子當乘輿以行天下不敢指斥天子故曰乘輿

茅蘭說王使乘布車　以布衣車也

齊如魏其侯竇嬰之正言也　齊等也

君子大居正　大謂崇大

太后乃解說　解閑買反說音悅

五宗世家第二十九

以彭祖險　顏師古曰陂謂傾側也三蒼解詁云險陂諂佞也

三王世家第三十

愚憧而不逮事　憧劉伯莊音傷容反顧野王音昌容反憧音不定

興械之費不賦於民　輿車也械戈矛弓矢之屬

於戲葷粥氏　葷粥氏唐虞匈奴號

五湖之間　胥游莫貢陵爲五湖並太湖東岸今連太湖蓋後五湖當是

我安得弟在者　弟謂昭帝言非武帝子也

誅其兩弟故治　管叔蔡叔與武庚作亂周公誅管叔放蔡叔天下太平

伯夷列傳第一　（注末佚老子莊子開元二十三年奉勅升爲列傳首處夷齊上然漢武之時佛教未興道教已設道則禁惡咸致正理制禦邪人未有佛教可導故列老莊於申韓之上今旣佛道齊妙興法乖流理當居列傳之首也七十九字）

猶考信於六藝　六藝書算射御禮樂

虞夏之文可知也　伯夷叔齊讓位大統重器天下爲難學者博見典籍詩書雖缺尚書載堯禪舜及諸子言堯讓許由禹讓卞隨務光引此者蓋美伯夷叔齊之讓唯學者能知

此何以稱焉　（注末佚莊子云湯將伐桀因卞隨而謀卞隨曰非吾事也湯又因務光而謀務光曰非吾事也湯遂與伊尹伐桀克之以讓卞隨卞隨曰湯之伐桀也謀乎我必以我爲賊勝桀而讓我必以我爲貪也吾生乎亂至無道之人再來漫我以其辱行吾不忍數聞乃自投水而死又讓務光務光曰廢上非義也殺民非仁也人犯其難我享其利非廉也吾聞之曰非其義者不受其祿無道之世不踐其土況尊我乎吾不忍久見也乃負石自沉于盧水列仙傳云務光夏時人長七尺好琴服蒲韭根一百八十五字）

怨耶非耶　太史公視夷齊作詩而餓死是怨耶非怨時耶怨則兄弟相讓隱於深山豈合於世務非怨耶乃干世主作詩而餓死疑之甚也

可謂善人者非耶　太史公言伯夷之行是善人耶善人天道常與豈有餓死之責非善人則有交讓廉潔之行天下絕倫惑之甚

天之報施善人其何如哉　太史公歎天之報施顏回非也

竟以壽終　（注末佚太史公歎盜跖以壽終也十字）

老莊申韓列傳第三

故作孤憤五蠹內外儲說林說難十餘萬言　內外諸□□□□孤憤臣主暗昧賢良好孤直不得意故曰孤憤五蠹韓子曰商賈作苦窳惡濫器害五民故曰五蠹說林謂取衆妙之士諫爭其多若林故云說林說難說難當人之心故曰說難已上皆韓子篇名也

不能自脫　凡說諫之道難故作說難書甚具詞理微妙意旨極高太史公所以盡書一篇篇中與韓微異耳

所說出於爲名高者也　前人好五帝三皇名高之道乃以厚利說之則卑賤之必見棄遠矣

必不收矣　前人好崇利攻伐彊國而陳三皇五帝高遠事情必不收用矣若商鞅說秦孝公以帝道者公欲彊國不收其說也

此說之難不可不知也　此前諸段咸是談說之難不可不知在知飾所說之所敬而滅其所醜所說之主也言在談說之處咸須知人主之所敬而閑飾之閑醜惡之事而滅絕之然後乃當人主之心

孫子吳起列傳第五

遂斬隊長二人以徇　徇行示也

仲尼弟子列傳第七

億則屢中　億音億

司馬耕字子牛　孔安國曰牛宋人弟子司馬犂也家語云宋桓魋之弟也魋爲宋司馬故牛以司馬爲氏

叔仲會字子期　魯人少孔子五十四歲與孔璇年相比二孺子俱執筆迭侍於夫子孟武伯見而訪之是也

商君列傳第八

因孝公寵臣景監以求見孝公　監甲暫反閹人也楚族

苟可以彊國不法其故　言聖人救弊之政苟有可以彊國不法故國之舊也

利不百不變法功不十不易器　言利倍百乃可變舊也功倍十乃可新器也

以衛鞅爲左庶長　長展兩反
告姦者與斬敵首同賞　謂告姦之人賜爵一級
匿姦者與降敵同罰　謂隱匿奸人人身被刑家口沒官
宗室非有軍功論不得爲屬籍　屬籍謂屬公宗宗正籍也宗室無軍功者皆須論
言不得入公族籍書也
秦民之國都言初令之不便者以千數　初令謂鞅之新法
築冀闕宮庭於咸陽　冀宮殿朝廷也
魏使公子卬將而擊之　卬五郎反
舂者不相杵　相謂送杵以音聲曲禮不舂不相
殘傷民以駿刑　駿刑上音峻
教之化民也深於命　言鞅受孝公命行之更添加
民之效上也捷於令　言民放效君上之命須捷急過之畏商鞅也
書曰恃德者昌恃力者亡　周書晉五經博士孔晁序錄有九卷
余嘗讀商君開塞耕戰書與其人行事相類　商君書有農戰篇有開塞篇五卷三
十六篇開謂峻法嚴刑政化開行也塞謂布恩則政化杜塞也耕謂開阡陌封疆則農爲耕

也戰謂斬敵首等級賜爵則士卒勇於公戰也
蘇秦列傳第九
而習之於鬼谷先生　鬼谷谷名在雒州城縣北五里七錄有蘇秦書樂壹注云秦欲
神秘其道故假名鬼谷也鬼谷子三卷樂壹注樂壹字正魯郡人
力工商逐什二以爲務　言工商十分之中得二分利
於是得周書陰符　鬼谷子有陰符七術樂注云陰符者私志於內物應於外若合符
契故云陰符本太公兵法
期年以出揣摩　鬼谷子有揣及摩二篇言揣諸侯之情以其所欲切摩爲揣之術也按
鬼谷子爲蘇秦之書明矣
顯王左右素習知蘇秦皆少之弗信　言顯王左右慣知蘇秦有少不知行故不用
此天府也　府聚也萬物所聚
南有碣石雁門之饒　（注末佚碣石山在平州六字）
會於洹水之上　洹音桓洹水出相州林慮縣西北林慮山中也
通質刳白馬而盟　質音致令六國將相會於洹水之上通洩疑質之嫌約盟定縱刳
割也

要約曰　要約上如字又音於妙反
韓絕其糧道　韓引兵至崤關武關之外絕其糧道
趙涉河漳　趙涉漳河南西南以相援
魏塞其道　戰國策其道作午道
趙涉河博關　涉貝州南河而至博陵今博州平縣即博陵
谿子少府時力距來者皆射六百步之外　谿子蠻也出柘弩及竹弩皆善材少府
時力距來者皆弩名其於淮南子少府韓府名也言谿子之蠻出柘竹弩材令少府造時力
距來二弩皆射六百步外
墨陽　墨陽地名也淮南子云服劍者貴於剡利而不期於墨陽莫邪
鄧師　鄧出鉅鐵有善鐵劍之師因名
當敵則斬堅甲鐵幕　幕者爲鐵臂衣之屬言能斬之
革抉㕜芮　（注前佚㕜音伐下音仁銳反八字）
然衡人怵王　（注末佚誘也二字）
五家之兵　齊世家云桓公既得管仲修齊國政連五家之兵
車騎輜重諸侯各發使送之甚衆疑於王者　輜廁也謂軍糧什物雜廁載之以其

累重故曰輜重卒倉忽反言車騎使送之甚多疑是王者之行
使人郊勞　勞郎到反
嫂委蛇蒲服　蒲服猶匍匐以面掩地而謝者若蛇行以面掩地而進劉伯莊云蛇謂曲
也按本作委蛇者非也
且使我有雒陽負郭田二頃　負猶背也近城郭之田流澤肥沃也
即秦王之少婿也　少婿謂少女婿也
釋鉏耨而干大王　耨乃豆反除草也
正告天下　正猶顯然
蜀地之甲乘船浮于汶乘夏水而下江　汶音泯謂泯江從蜀而下夏水謂潑水
漢中之甲乘船出於巴　（注末佚劉伯莊云巴國在漢水上是十一字）
寡人積甲宛東下隨　宛城今鄧州南陽縣城東下隨今隨州
二日而莫不盡繇　繇動也
我下軹道南陽封冀　封冀既包兩周其地合當在南陽之東未詳處所
決滎口魏無大梁　決滎澤之口令河水灌大梁城又按滎澤渠首起滎澤縣西北二十
里

決白馬之口魏無外黃濟陽　（注前佚白馬津在滑州白馬縣北三十里決之灌外黃濟陽　一十字）

因以破宋爲齊罪　言秦已得安邑塞女戟乃以破宋爲齊之罪名也

魏棄與國而合於秦　與國楚國也

因犀首屬行而攻趙　屬行上燭下胡郎反

兵傷於譙石而遇敗於陽馬而重魏　譙石陽馬未詳

嬴則兼欺舅與母　嬴猶寬假也

用兵如刺蜚　刺七賜反猶過惡之人有罪刺之則易也言秦譴謫諸國以兵伐之若刺衆有罪之人言易也

西河之外上雒之地三川晉國之禍　西河之外謂同華等州也上雒之地謂商州也二地先屬晉國也三川洛州周都也此三地全晉之時秦朝夕攻伐是晉國之禍敗也

三晉之半秦禍如此其大也　三晉韓趙魏也三晉之邊民被秦禍如此其大之甚

而燕趙之秦者皆以爭事秦說其主　言燕趙之士往秦者皆爭事秦而却說燕趙之主也

蘇代復重於燕　復音□富反重直拱反言燕更尊蘇代

而蘇秦被反間以死　間紀莧反

張儀列傳第十

臣請獻商於之地六百里　商於二邑解在商君傳

而覊秦至藍田大戰　藍田縣在雍州東南八十里從藍田關入藍田縣時楚襲秦深入

韓之上地不通　上地上郡之地

則北地絕　（注末佚非謂幽州北地也七字）

此所謂兩虎相搏者也　搏音博猶戰也

秦下攻衛陽晉必大關天下之匈　陽晉在曹州乘氏縣與濮滑相近皆衛地常山爲天下脊陽晉爲天下胸

貫頤奮戟者　貫頤劉伯莊云以兩手捧面直入敵言其勇也奮戟奮怒而趨戰

蹄間三尋　七尺曰尋馬蹄間有二丈一尺亦疾也

秦人捐甲徒裼以趨敵　徒裼跣袒也言六國之卒皆著甲及兜□而戰秦人棄甲徒跣袒肩而戰

敝邑恐懼懾伏　懾之涉反

其一軍塞武道　劉伯莊云道蓋在齊趙之交按謂交午之道

約與代王遇於句注之塞　（注末佚下米論反四字）

進熱啜　啜昌拙反劉伯莊曰即熱羹也

廚人進斟　斟音針

秦下甲雲中九原　古雲中九原郡皆在勝州雲中郡故城在榆林東北四十九原郡故在勝州西界今連谷縣是

裁如嬰兒　裁才代反謂形體也公羊辯而裁之

獻恒山之尾五城　五城謂常山之東五城今易州界

乃使其舍人馮喜之楚　馬喜戰國策作馮喜

張儀相魏一歲卒於魏也　張儀秦武王元年卒于赧之五年

不出閭巷而售者　售音授

田需約諸侯從親　需音須魏相

秦得燒掇焚杅君之國　掇判也杅劉也言攻伐侵略也中國一無事不攻秦秦則侵掠義渠之國義渠在寧夏之州

其後五國伐秦　秦惠王後元七年五國共攻秦不勝而還

此公孫衍所謂邪　今彼重道如犀首前言

樗里子甘茂列傳第十一

號爲嚴君　地理志云蜀郡有嚴道

自殺塞及至鬼谷　（注末佚鬼谷陽城縣北也七字）

而內行章義之難　內猶陰也楚令召滑相越陰內章句定義之禍難亂敗越也

吾自請張卿相燕　張唐爲卿故曰張卿

夫項橐生七歲爲孔子師　尊其道德故曰大

借臣車五乘　借時夜反

王不如齎臣五城以廣河間　齎音即齊反割五城廣河間託甘羅還報秦也

穰侯列傳第十二

穰侯魏冉者　穰鄧州穰縣卄日嶮反

而昭王母弟曰高陵君涇陵君　悝客迴反

復益封陶　今曹州陶城

不然必見欺　秦欲和魏魏割地仍求秦質

幾盡故宋　宋時已爲秦滅

白起王翦列傳第十三
而白起爲左庶長　長展兩反
到乾河　乾河源出絳州絳縣東南殺山南流注河其水冬乾夏流故曰乾河
伐韓之野王　野王懷州河內縣本春秋野王邑也太行山在縣北二十五里
鄭道已絕　鄭縣本韓之國都秦攻韓南陽野王則野王上黨之道絕矣
趙孝成王與平陽君平原君計之　趙世家曰封趙豹爲平陽君平陽故城在相州臨漳縣西二十五里
而秦出輕兵擊之　人馬不帶甲爲輕兵
上黨民不樂爲秦而歸趙　樂爲上音洛下于危反情不樂爲秦民
於是免武安君爲士伍　如淳曰嘗有爵而以罪奪爵者稱士伍顏師古曰謂奪其爵令爲士伍言使從士卒之伍
蒙恬攻寢　今光州固始縣本寢丘孫叔敖所封
夫秦王怚而不信人　徐廣曰一作粗並音息故反
方投石超距　超跳躍也距木械也出地若雞距然也壯士跳躍走拔之按出與否以定勝負也

以至歿身　歿沒也
孟子荀卿列傳第十四
作孟子七篇　孟子有萬章公明高等孟軻撰趙岐注又一本七卷劉熙撰又一本九卷綦毋邃撰也
齊有三騶子　三騶騶忌衍奭
十餘萬言　七錄云鄒子鄒衍撰七略云鄒子一種合一百條篇亡今惟此又似後人所記
大並世盛衰　並蒲浪反言大並依時浮沉而設事
五德轉移　五德木火金水土
以謂儒者所謂中國者於天下乃八十一分居其一分耳　騶衍迂怪及論衡並以衍之所言迂怪虛妄熒惑六國之君因納其異說所謂匹夫而熒惑諸侯者也
天地之際焉　言一州縣有裨海環繞之凡天下有九州有大瀛海環繞其外乃至天地之際也
始也濫耳　六親外祖父母一妻母二姨妹之子三兄弟子四從子五女之子六王弼云父母兄弟妻子鄒子睹有國者益淫侈不能尚德須若大雅整之身延及黎庶矣乃作術其終要歸乎仁義節儉君臣上下六親之施始初也猶泛濫未能周備故云濫耳若江源濫觴
懼然顧化　懼俱遇反王公大人見衍無不懼然念誰欲顧其術以化民其後亦不能行
昭王擁彗先驅　彗帚也擁彗則執帚曲腰掃也言昭王向曲腰掃若擁彗先驅之類
豈與仲尼菜色陳蔡孟軻困於齊梁同乎哉　孔子孟子法先王之道行仁義之化且菜色困窮鄒衍執詭怪惑諸侯反見尊禮痛哉時君之無識也
儻亦有牛鼎之意乎　太史公見鄒衍之說怪迂詭辯而合時君疑衍若伊尹百里奚先作牛鼎之意
爲開康莊之衢　言爲諸子起茅宅於要路也
炙轂過髡　過音化亂調疾言也
劇子之言　趙有劇孟劇辛是有劇姓而史記不記其名徐廣曰應劭氏姓注直云處子也藝文志云劇子九篇
孟嘗君列傳第十五
將不利其父母　俗說五月五日生子男害父女害母
諡爲靖郭君　靖郭君邑名薛卒後賜邑號
齊湣王不自得以其遺孟嘗君　言自嫌無德而遺孟嘗

齊無秦則天下集齊親弗必走　親弗相呂禮欲合齊秦若齊秦不合天下之從集歸于齊親弗必走去齊
孟嘗君置舍十日　傳舍下客所居
又蒯緱　言貧用蒯草爲緱
文奉邑少　文封邑非多而租稅少故求息
日暮之後過市朝者掉臂而不顧　市朝言市之行位有如朝列故言朝
平原君虞卿列傳第十六
文不能勝則歃血於華屋之下　歃衫甲反
使得早處囊中乃脫穎而出　穎禾穗末也穎脫而出言特出眾穗之上
十九人相與目之而未發也　言十九人相與目視之竊笑未敢發聲也發字或作廢者非也毛遂不由十九人而得廢棄也
毛遂比至楚　比卑利反
取雞狗馬之血來　周禮盟之用牲天子以牛及馬諸侯以犬及豭大夫以下用雞今總言之用血未詳
事成操右券以責　右券上契也言虞卿事成常取上契之功以責平原君報己之德

乃紲公孫龍　儌音叫儌繞紛亂爭言而相隨近競後息不能無害君子
今臣爲足下解負親之攻　郝言爲趙王解負秦親韓魏之攻
有以王之事秦不如韓魏也　有讀如又字相似變改者誤
試言公之私　試言緩之私情何如
魏公子列傳第十七
封公子爲信陵君　信陵地名
而北境傳舉烽　烽敷蓬反沫櫓音魯
臣之客有能探得趙王陰事者　探音貪一作深
公子引侯生坐上坐徧贊賓客　劉熙云稱人美曰讚讚纂集其美而敘之
朱亥故不復謝公子怪之　列士傳秦召公子無忌無忌不行使朱亥奉璧一雙謝秦王秦王大怒將朱亥著虎圈亥瞋目視虎眦裂血濺虎終不敢動
平原君負韊矢爲公子先引　若胡鹿而短忱時林反字伯雅任城人呂姓晉弦令作字林七卷
趙王以鄗爲公子湯沐邑　鄗今高邑黑各反
公子聞趙有處士毛公藏于博徒　毛公九篇在名家者流見于藝文志

故負魏王而救趙以稱平原君　稱尺證反
徒豪舉耳不求士也　劉伯莊曰豪者舉之不論德行
竟病酒而卒　秦始皇四年
春申君列傳第十八
兩虎相與鬬而駑犬受其弊　兩虎鬬方困而駑犬亦承制其弊弱
今王使盛橋守事于韓　劉伯莊曰秦使盛橋守事于韓亦如楚使召滑于越也並內行章義之難
以臨仁平丘　仁一作任今任州城鄘濟州地志云任城鄘東平國
不知楡次之禍　(注末佚智伯瑤割腹絶腸折頸摺頤處十二字)
足以校于秦　校敵也
遲令韓魏歸帝重于齊是王失計也　遲猶當也令韓魏歸帝號於齊爲失計
李園不治國而君之仇　李園不得國政而怨春申君故云仇也
園死士俠刺春申君　俠刺上胡牒反下七亦反
後制于李園旄矣　莫報反
范睢蔡澤列傳第十九

語之至者臣不敢載之于書　至猶深也極也
意者臣愚而不概于王心耶　概猶平也睢言秦政教不能□合王心耶
身爲漁父而釣于渭濱耳　括地志曰茲泉水源出岐州岐山縣西南凡谷北流十二里注於渭太公釣此所謂磻溪
漆身爲厲被髮爲狂　漆身豫讓也被髮箕子也
孟賁　賁音奔
伍子胥橐載而出昭關夜行晝伏至于陵水　橐音託杜預云昭關在淮北陵水在臨淮
膝行蒲伏　蒲伏下白北反
貴而爲交者爲賤也富而爲交者爲貧也　下爲于僞反言富貴而結交者本爲貧賤之人也
先生曷鼻巨肩　曷鼻有橫文若蝎蟲也脣或作肩言肩高
魋顏蹙齃鄀攣　鄀一本作膝攣卷緣反膝攣曲也
吾聞聖人不相殆先生乎　蔡澤實不醜而唐舉戲之楊雄解嘲言蔡澤噤吟而笑唐舉誤甚也

喬松之壽　王喬周靈王太子晉也赤松子神農時雨師也
樂毅列傳第二十
中山復國至趙武靈王時復滅中山　鮮虞子重更得封中山復符富反
樂毅攻入臨淄盡取齊寶財物祭器輸之燕　鹵掠齊寶器也
於是燕王收齊鹵獲以歸　鹵掠所獲之寶器也
號曰望諸君　諸之也言王起望君之日久矣故號望諸君也
及民志不入獄囚自出　言民志不爲罪咎而入獄是因自出若箕子商容是也
而樂氏之族有樂瑕公樂巨公　巨音詎本作臣者誤
樂臣公敎蓋公　蓋姓也史記不名樂間樂乘墓並在邯鄲縣南八里蓋音古盍反
廉頗藺相如列傳第二十一
爲趙宦者令繆賢舍人　繆亡又反姓也
秦王與羣臣相視而嘻　嘻音希恨怒之聲
肉袒負荆　肉袒露膊
急入收保　急入壘收斂而保護
彀者十萬人　彀滿弓張也言能滿弦張射

滅襜襤　襜襤胡國名在代北
魯仲連鄒陽列傳第二十三
客將軍新垣衍　新垣姓衍名漢有新垣平
天地崩坼天子下席　天子烈王嗣也下席謂居廬寢苫也又云下席言崩殁也
攝衽抱機　（注末佚臥席也枹枹也六字）
天子弔主人必將倍殯棺設北面於南方然後天子南面弔也　殯棺在西階也天子弔主人背殯棺于西階南立北面而哭天子于阼階北立南面弔也
今楚魏交退於齊而燕救不至以全齊之兵無天下之規　交俱也楚魏俱退不攻燕救又不至以全齊之兵州無規求于天下言聊城必舉
矯國更俗　資給說士以招賢良用彊國也矯國更俗矯正詐僞與之更弊俗
亡意亦捐燕棄世東游於齊乎　亡罔兩反亡失也若不歸燕失意棄其忠良之名東游齊國也
故兼三行之過而爲五覇首名高天下而光燭鄰國　趙岐注孟子齊桓晉文秦穆宋襄楚莊是也蒼頡篇云燭照也
枝桓公之心於壇坫之上　坫都念切

史記正義佚文纂錄　四十一

去忿悁之節　（注末佚悁悒憂貌五字）
而名與天壤相弊也　天壤天地也齊策名與天壤相敝也言天壤敝此名乃敝
上書而介於羊勝公孫詭之間　介猶紹繼也言與羊勝公孫詭紹繼相接廁其間
勝等嫉鄒陽惡梁孝王　顏師古曰惡謂譏毀也
而信不喻兩主　喻曉也
是以蘇秦不信于天下而爲燕尾生　尾生守信死言蘇秦合從諸侯不信唯燕信之若尾生
繄阿偏之辭　阿偏謂阿黨之言及偏詞
無愛於士　顏曰無愛無恪惜也
以左右爲之先容也　言先爲雕刻裝飾故得爲萬乘之器也
周用烏集而王　顏云文王之得太公非因舊故若烏鳥暴集也
屈原賈生列傳第二十四
嫺于詞令　閑雅也
自疏濯淖汚泥之中　濯淖上音濁下音女教反汚泥上音烏故反下音年計反
皭然泥而不滓者也　皭然上自若反又子笑反

魏聞之襲楚至鄧　至鄧鄧一本無鄧字故鄧城在荊州陵口縣東北六里故鄧城在城州安養縣東北二十二里按二城相近也
而欲反覆之　覆敷福反
懷王以不知忠臣之分　分符問反
何不餔其糟而啜其醨　醨力知反
而蒙世之溫蠖乎　溫蠖猶惛憒也
離愍之長鞠　惛病也
刓方以爲圜兮常度未替　被讒譖逐欲使改行終守而不易
巧匠不斲兮孰察其揆正玄文幽處兮矇謂之不章　撥正賢能玄黑色也言待賢能之士居于山谷則衆愚以爲不賢也
離婁微睇兮瞽以爲無明　離婁古明視者也睇田帝反眄也言賢者遭時困厄俗人侮之以爲癡狂也
同糅玉石兮　糅女由反
羌不知吾所臧　（注末佚發語端也四字）
任重載盛兮陷滯而不濟　言以才德盛大可任用重載無賢明主以用之故使陷入

史記正義佚文纂錄　四十二

而未濟
重仁襲義兮　重直龍反襲亦重也
古固有不並兮豈知其故也　豈有此死事故也言人固有不比並湯禹久遠不可慕也乃怨憂不改其志故進路北次自投汨羅而死也
懲違改忿兮　懲止也忿恨也
修路幽拂兮道遠忽兮　拂風弗反言拂鬱幽蔽也楚詞作幽蔽也
世既莫吾知兮人心不可謂兮　自曾唫以下二十一字楚詞本或有無者未詳
世溷不吾知心不可謂兮　溷胡困反亂也
故與李斯同邑　李斯上蔡人
又以適去　適張革反譴也
共承嘉惠兮俟罪長沙　顏云恭敬嘉惠詔命俟作竢同待也
斡棄周鼎兮寶康瓠　李巡曰康謂大瓠也康空也鄭玄曰康瓠瓦盆底也顧野王曰甈壺破罌也
騰駕罷牛兮驂蹇驢驥垂兩耳兮服鹽車　（注末佚服猶駕也四字）
鳳漂漂其高遰兮　漂漂輕舉貌

襲九淵之神龍兮　顏野王曰襲合也師古曰九淵九旋之淵言至深也呂向曰襲猶繇也言繇於神農則知藏於深淵之處可以自珍重也言君子在亂世可以隱也

橫江湖之鱣鱏兮　鱣鱏上哲連反下音尋

楚人命鴞曰服　鴞乃如斑鳩綠色惡鳥也入人家凶

淹數之度兮　數音朔速也淹留遲也漢書作淹速

大專槃物兮　專音均

坱軋無垠（注末佚垠音銀三字）

大人不曲兮億變齊同　大人聖人也德無不包體逆性命故不曲憂生死

眞人恬漠兮獨與道息　漠漠上徒濫反下音莫澹薄也漠靜也

乘流則逝兮得坻則止　坻音持張晏曰夷易則仕險難則隱也

養空而游　鄧氏云道家養空虛若浮舟也

孝元帝方受釐　釐音希禧福也借釐字爲之耳言受神之福也

坐宣室　淮南子云武王殺殷紂於宣室漢蓋取舊名以名殿也

呂不韋列傳第二十五

以其次子安國君爲太子　名柱又名戌

色衰而愛弛　弛尸氏反

舉立以爲適而子之　言華陽夫人舉才達于而爲安國君嫡嗣而又養之爲嗣也

生子政　子政者始皇帝也

以呂不韋爲丞相　莊襄立丞相至始皇又改爲相國秦有左右丞相高帝置一丞相後更名相國孝惠高后置左右丞相文帝置一丞相有兩長史哀帝更名大司徒也

後百年旁當有萬家邑　漢宣帝元康元年以杜東原上爲初陵更改韓爲杜陵萬年縣東南二十五里從始皇七年彝太后至宣帝元年一百七十四年

王即薨以子爲後　獲人質人也

追斬之好時　時音止故好時也

刺客列傳第二十六

吳公子光　公子光諸樊之子也

使形狀不可知　呂氏春秋云豫讓欲報趙襄子滅鬚去眉云云

然所以爲此者將以愧天下後世之爲人臣懷二心以事其君者也　吾爲極難者令天下後代爲人臣懷二心者愧之故漆身吞炭所以不事襄子也

濮陽嚴仲子事韓哀侯　年表云韓列侯三年盜殺韓相俠累又云哀侯六年韓嚴殺其君韓世家並同戰國策云傀走而抱哀侯聶政刺之兼中哀侯按世家及年表列侯後文侯文侯後次哀侯凡三世也列侯三年至哀侯六年三十年其縣隔未詳孰是蓋太史公信傳信疑傳疑兩存也

多人不能無生得失生得失則語泄　言多人不生擒韓相其言即漏泄也又一曰多人殺韓相不能無被生擒得之者其語必泄

因自皮面決眼　謂自剝其面皮決其眼睛

乃於邑曰　乃于本邑中而言也

荊軻和而歌于市中　歌衆人之中

居頃之燕太子丹質秦亡歸燕　燕丹子云太子丹質于秦秦王遇之無禮不得意欲歸秦王不聽謬言曰令烏頭白馬生角乃可丹仰天歎烏即爲之烏頭白馬生角王不得已遣之爲機發橋欲陷丹過之爲不發風俗通云燕太子丹天爲雨粟烏頭白馬生角也

禍必不振矣　振動也言舍樊將軍禍必不動矣

卻行爲導　爲導謂引導田光

秦之遇將軍可謂深矣　戮家室及購千金是遇深也

久隱畏約無窮時　言久結其約契逃避不敢出有何窮極時

太過　太子丹質于秦秦王遇之無禮不得意欲歸秦王不聽謬曰烏頭白馬生角乃可丹仰天歎烏乃爲之烏頭白馬生角王不得已遣之爲機發橋欲陷丹過之橋爲不發

李斯列傳第二十七

人面而能彊行耳　言處卑賤之人如禽獸粉日食之其肉徒有人面彊行於地

由竈上騷除　言秦國欲東並六國若炊婦除竈上垢言其易也

逐華陽　葉車涉反

所以飾後宮充下陳　下陳謂下等陳列

佳冶窈窕　佳冶佳麗姚冶佳音居膎反

吾未知所稅駕也　稅舍車也止也

羸糧躍馬　羸裹糧也

辯於心而詘于口　詘猶訥也

孝子不勤勞而見危　言哀痛甚則危其身也

斯其猶人哉安足爲謀　猶人猶是人也秉道守順豈有叛亡安足與謀也

復請而死未暮也　復扶富反復重也言再三重請必然而未晚

十公主矺死於杜　矺磔也音宅

采椽不斵　言采取木作也不斵削
不烈於此矣　烈酷也不酷烈於此也
申子曰有天下而不恣睢命之曰以天下爲桎梏者　（注前佚恣睢仰白目也恣縱也九字）
嚴家無格虜　劉曰格彊悍也虜奴隸也按嚴整之家無彊悍似奴虜子弟皆勤也
布帛尋常庸人不釋鑠金百鎰盜蹠不搏　八尺曰尋倍尋曰常言其少也鑠金銷鑠之金也熱不可取也
身死而所忠者非也　所忠謂吳太宰嚭之類
麋鹿游姑蘇　麋鹿上音眉亦作麋
移上林　移牒勘問
乃召始皇弟授之璽　弟音孫
蒙恬列傳第二十八
恬大父蒙驁　驁五高反
以是籍於諸侯　言諸侯皆書籍其事
張耳陳餘列傳第二十九

其少時及魏公子毋忌爲客　顏云毋忌六國信陵君也言其尚及見毋忌爲之賓客
乃卒爲請決嫁之張耳　顏云請決絕前夫而嫁於耳
張耳躡之使受笞　躡女涉反以足躡令受笞漢書作攝師古曰謂引持也
野無交兵　校報也
北有長城之役南有五嶺之戍　蒙恬將二十萬人築城長城之役五嶺之戍並在始皇三十三年
張黶略上黨　黶乙斬反
請以南皮爲扞蔽　扞蔽猶言藩屏也
甘公　甘氏七錄云甘德楚人戰國時作天文八卷天文志云五星聚于東井以曆推之從歲星也
趙王朝夕袒韝蔽自上食禮甚卑　謂臂捍膝也言自祇承上食也
高祖箕踞詈　申兩脚而倨其膝若箕之形倨敖也
趙相貫高趙午等年六十餘　貫高等以其老乃有不平之氣也
復封故魯元王偃爲南宮侯　南宮冀州縣
魏豹彭越列傳第三十

立豹爲魏王　魏豹自立爲魏王或云項羽立之
緩頰　緩緩頰舌說不限急期也
得攝尺寸之權其雲蒸龍變欲有所會其度　言二人得縮攝一尺之權柄即生變動欲有其度數度徒故反
黥布列傳第三十一
黥布者六人也　（注末佚孔文祥云爲封皋陶後於英布其苗裔也漢故事云布姓黥欲以厭當之也二十九字）
番君以其女妻之　番君吳芮也
破之清波　清作青地名
又使布等先從間道破關下軍　間隙之道
此臣之所以爲使　以楚強漢弱爲此事臣之所以使九江也
大王宜騷淮南之兵　騷音掃言舉之如掃地之爲
大王提空名以鄉楚　提舉也
事以構　構結也言背楚之事已結成
天下安用腐儒　腐爛敗之物言不堪用

漢誅梁王彭越醢之　反者被誅皆以爲醢即刑法志所云葅其骨肉者
候伺旁郡警急　備急上如字或作警恐收捕梁兵備其急
爲三軍欲以相救爲奇　楚軍分爲三處欲互相救爲奇策
以故長沙哀王使人紿布　哀字誤當作成字也
淮陰侯列傳第三十二
不能治生商賈常從寄食飲　行賣曰商坐賣曰賈也寄食飲謂託飲食于人猶乞食也
衆辱之　衆辱謂於衆中辱之
印刓弊忍不能予　印刓作印抗法曰音與刓同五丸反角之刓與玩同手弄角訛不忍授也
且三秦王爲秦將　三秦章邯司馬欣董翳
秋毫無所害　秋毫喻微細之物也
三秦可傳檄而定也　傳檄而定不用兵革也
部署諸將所擊　部署謂部分而署置之也
情見勢屈　屈求物反盡也

鎮趙撫其孤　撫存撫也孤死士之子
北首燕路　首音狩向也
纍其所長於燕　（注末佚露也二字）
今戰而勝之齊之半可得　一戰而勝則齊之地已得半矣
且漢王不可必　必謂必信也
此所謂功無二於天下　言世之大功不能出於韓信
韓信盧綰列傳第三十三
明年春　徐廣曰卽高祖五年之二月也漢書韓信傳云六年春史記高祖紀並云六年
徙信都晉陽未審徐何據而言之也
田儋列傳第三十四
田儋者狄人也　（注末佚和帝改千乘爲樂安郡九字）
田儋詳爲縛其奴　詳僞羊爲二音
以市於齊　市如市沽貿易
何故不殺　蝮蛇之喻言蝮蛇螫人則雖手足斬之爲去其害也今田氏等於楚趙其害
甚於螫手足何不殺之乎

始橫與漢王俱南面稱孤　老子云貴以賤爲本侯王自稱爲孤寡不穀謙稱也
樊酈絳灌列傳第三十五
沛公留車騎　車騎沛公所乘之車及從者之騎
景帝乃以商他子堅封爲繆侯　繆地未詳
又進破布別將肥誅　誅音珠
張丞相列傳第三十六
昌嘗燕時入奏事　燕者安閒之名
無以易堯　易改也無以改易於堯也
定趙王如意之畫　畫音獲謂計策
張蒼德王陵　德王陵救其死也
草土德之曆　草創始也以秦水德漢土勝之
蒼任人爲中候　言蒼保舉人任而爲中候官
子類代爲侯　類五怪反
君勿言吾私之　吾私之愛幸之君勿言
太上皇廟堧垣　堧廟內院餘地垣堧外院之牆堧如戀反又而緣反

娖娖廉謹爲丞相備員而已　孔注論語以束脩爲束帶修飾此亦當然
有車丞相長陵人也　漢書云車千秋始田氏其先齊諸田徙長陵千秋爲寢郎會太子
事上急變訟太子寃爲鴻臚數年代劉屈氂爲丞相封富民侯年老上優之朝見乘牛車入
宮中號車丞相
而長子有罪論不得嗣　弘坐宗廟事繫獄未決
魏丞相相者濟陰也　相字弱翁濟陰定陶人徙平陵
丞相奏以免罪　奏京兆尹之罪免也
魏丞相卒　視事九歲薨謚曰憲侯
邴丞相吉者魯國人也　字少卿
以有舊故封爲列侯　以孩童時侍養宣帝及拒詔使活宣帝之故後封爲博陽侯邑
千三百戶
後世稱之　漢書吉道上見殺人不問見牛喘吐舌使吏問之或譏吉吉曰民間相傷殺
長安令京兆尹職歲竟丞相課其殿最賞罰丞相不親小事非所當於道問也方春少陽用
事未可以熱恐牛近行以暑故喘此時節失氣恐有所傷害也三公典陰陽職所當憂是以
問之以吉知大體故世稱之

以丞相病死　謚曰定侯
坐官耗亂身及子男有姦贓免爲庶人　漢書曰上曰故丞相吉有舊恩朕不忍絕
免顯官奪邑四百戶後復以爲城門校尉子昌嗣爵關內侯成帝鴻嘉元年以吉舊恩封吉
孫中郎將關內侯昌爲博陽侯國絕三十二歲昌傳子孫王莽時乃絕
黃丞相霸者淮陽人也　霸字次公淮陽陽夏人以豪桀役使徙雲陵
徵爲京兆尹而至丞相　代丙吉爲丞相封建成侯食邑六百戶
以丞相病死子嗣　子賞嗣
黃丞相卒　謚曰定侯
以御史大夫于定國代　于定國字曼倩東海郯人也爲縣獄吏及廷尉史歷位起爲
廷尉乃迎師學春秋北面備弟子禮爲廷尉民自以不寃定國飲酒至數石不亂甘露中代
黃霸爲丞相封西平侯九年薨謚安侯子永嗣始定國父爲縣吏郡決曹獄平閭門壞父老
共治之于公謂曰少大閭門令容駟馬高蓋車我治獄多陰德未嘗有所寃子孫必有興者
至定國爲丞相封侯傳世也
韋丞相玄成者　玄成字少翁以父任爲郎歷位至御史大夫永光中代于定國爲丞相
封故國扶陽爲相七年守正持重不及父賢文彩過之薨謚曰恭侯初賢徙平陵玄成徙杜

陵父子明經爲相故鄒魯間云遺子黃金滿籯不如一經
丞相匡衡者東海人也　衡字稚珪東海丞人也父世農夫至衡好學
至九乃中丙科　衡射策甲科不應令爲太常掌故儒林傳云歲課甲科爲郎中乙科爲
太子舍人丙科補文學掌故也
封樂安侯　歷位御史大夫建昭中代韋玄成爲丞相封樂安侯食邑六百戶爲相七年
以侵封減界免爲庶人終於家
御史大夫鄭君　鄭弘字稚卿代韋玄成爲御史大夫六歲子坐與京房論議免也
酈生陸賈列傳第三十七
家貧落魄　落謂苓落魄謂漂薄也言食其家貧苓落漂薄也無可以爲衣食業產也
沛公至高陽傳舍　傳舍傳置之舍
足下起糾合之衆　言瓦合聚而蓋屋無協力之心也
農夫釋耒　耒手耕曲木
杜大行之道　大行山名在懷州河內縣
尉佗平南越因王之　他音徒何反趙他眞定人爲龍川令南海尉任囂死使他攝行
南海尉事故曰尉他後自立爲南越王

屈彊於此　屈彊謂不柔服也
自天地剖泮　剖判猶開闢也
常燕居深念　國家不安故燕居深思其計策
足下位爲上相食三萬戶侯　陳平世家食曲逆五千戶後攻陳豨黥布凡六出奇計
益邑凡三萬戶也
絳侯與我戲易吾言　絳侯與生常戲狎輕易其言也
名聲藉甚　孟康云猶言狼藉甚盛也按藉言公卿假借陸生名聲甚故重也
迺求見孝惠幸臣閎籍孺　按籍字後人妄加也
傳靳蒯成列傳第三十八
擊趙賁軍於開封　賁音奔
賜爵通德侯　通德侯未詳
所將卒斬騎將一人敖下　敖倉山之下也
擊秦軍亳南開封東北　擊秦軍於南亳縣之南開封縣之東北也
別之河內擊趙將賁郝軍朝歌破之　按言別之河內疑漢書誤也
殺人不死　楚漢春秋云上令殺人不死入朝不趨也

封繰子居代侯　案表應鄂侯一歲卒侯居代而文不說者年少故鄂音多
皆高爵　言名卑而戶數多者爲高爵也
劉敬叔孫通列傳第三十九
劉敬者齊人也　本姓婁漢書作婁敬高祖曰婁者劉也賜姓劉氏
虞將軍欲與之鮮衣　鮮鮮潔美服
杖馬箠居岐　杖音直尚反箠音竹委反杖持也
不欲依險阻令後世驕奢以虐民也　言帝王阻險之地令後世驕奢之主役民則
虐苦也
附離而並事天子　有德則離散之民歸附之
傷痍者未起　痍音夷創也
控弦三十萬　謂能引弓者三十萬人也
使劉敬往結和親約　顏師古曰於外庶人之家取女而名之爲公主
匈奴河南白羊樓煩王　白羊樓煩兩胡國名在朔方之南靈夏勝等三州之地秦得
之號秦新中漢爲朔方郡而勝州河東口嵐州亦樓煩胡地也
人臣無將將即反　將謂將帥衆也

衣一襲　衣單複具爲一襲也
漢王方蒙矢石　蒙冒被也冒也
爲緜蕞野外習之月餘　於野外郎縛茅竹表爲蕞立尊卑之位也蕞子月反又子芮
反若今之纂也
復置法酒　姚察云諸侯羣臣于奏賀禮畢皆復置法酒及侍坐殿上者皆伏而抑首也
謂之法酒者異於私燕之酒言進止有禮法也古人飲不過三爵君臣百拜終宴而不亂也
皆伏抑首　畏禮法不敢平面視也
迺拜叔孫通爲太常賜金五百金　百官公卿表云叔孫通高祖七年爲奉常主景
帝中六年始改奉常爲太常按云太常以修史時言也
留侯所招客　招客謂四皓也
孝惠帝爲東朝長樂宮　樗里子傳云漢興長樂宮在其東未央宮在其西武庫正直
其北案共在故長安城中
高寢衣冠月出遊高廟　服虔云持高廟中衣月旦以遊於衆廟已而復之也應劭云
月旦出高祖衣冠備法駕名曰游衣冠如淳云高祖之衣冠藏在宮中之寢三月出游正値
今之所作複道下故言乘宗廟道上行也晉灼云黃圖高廟在長安城門街東寢在桂宮北

服言衣藏於廟中如言宮中衣冠游於高廟每月一爲之漢制則然後之學者不曉其意謂以月出之時衣游衣冠失之遠也

願陛下爲原廟渭北　按括地志云高廟在長安縣西北十三里渭南長安故城在中長陵在渭北咸陽縣東三十里按史於渭北爲原廟則衣冠每月出游高廟不渡渭南明顏說是也

方今櫻桃熟可獻　禮記云仲夏之月以含桃先薦寢廟鄭玄云含桃今謂之櫻桃

季布欒布列傳第四十

衣褐衣置廣柳車中　褐衣毳布也劉熙注孟子云織毳爲之若今馬衣也廣柳車鄭氏曰作大柳衣車若周禮喪車也晉灼曰周禮蔞柳柳棨也衆飾之所聚也此爲載以喪車欲人不知也鄧展曰皆棺飾也顏師古曰同也

季布爲項籍用職耳　布爲羽將而迫窘高祖是布之職耳

留邸一月見讙　邸謂諸郡朝宿之舍在京都也

季布名所以益聞者曹丘揚之也　既爲俠則其交必雜此曹邸所以容於季布也

長事袁絲　以兄禮事袁盎也

少年多時時竊籍其名以行　籍如字言少年多假籍季心者客從蕩之名以行也

史記正義佚文纂錄　五十一

兩賢豈相戹哉　兩賢高祖及布也

爲酒人保　言可保信而傭役也方言曰保庸賤稱也

爲其家主報仇　服虔曰爲賢者報仇也按臧荼賢其爲主報仇故舉爲都尉

身屢典軍搴旗者數矣　搴拔也

感慨而自殺者非能勇也　慨歎也或作慨謂衜慨

袁盎鼂錯列傳第四十一

盎兄噲任盎爲中郎　百官公卿表云中郎秩比六百石郎中比三百石按任保其中郎也

社稷臣主在與在主亡與亡　人主在時與共治在時之事人主雖亡其法存當奉行之高祖誓非劉氏不王而勃等爲王諸呂是從生主之欲不與亡者也

淮南王至雍病死聞　聞聞於天子

盎人頓首請罪　頓首請罪自責以不強諫也

今陛下騁六騑　騑音芳菲反騑驂馬也

君能日飲毋苛　苛音何言苛細勾當也

嘉鄙野人　鄙野謂邊邑野外之人也

鼂錯謂丞史曰　按百官表御史大夫有兩丞及御史員十五人兩丞無史蓋史是御史如誤也

事未發治之有絕　按未發治之乃有所絕

袁盎具言吳所以反狀以錯故　謂錯削諸侯也

從史適爲守盎校尉司馬　從史爲守盎校尉之司馬也

乃悉以其裝齎置二石醇醪　醪音牢醪汁今之酒

且緩急人所有　凡人世之中不能無緩急之變

夫一旦有急叩門不以親爲解　言人有急叩門被呼則依父母自解說也

不以存亡爲辭　存謂辭以事故亡謂出不在家也

天下所望者獨季心劇孟耳　言二子救人之急如父母耳文穎曰心季布弟也

果遮刺殺盎安陵郭門外　遮作蹠音之石反蹠謂躡其蹤也又音庶

上令公卿列侯宗室集議　集本作雜高誘云雜集也

謁者僕射鄧公爲校尉　（注末佚百官表云郎中令屬官有謁者秩比六百石謁者有僕射秩比千石二十六字）

亦善傅會　傅會上音附言巻爲附近而會時也張晏曰因宜附著合會也

史記正義佚文纂錄　五十二

張釋之馮唐列傳第四十二

卑之毋甚高論令今可施行也　卑之謂依附時事令可施行者也

上問上林尉諸禽獸簿　上林尉屬丞也

然其弊徒文具耳　秦政弊壞之時空以文書具備而已

有如萬分之一假令愚民取長陵一抔土陛下何以加其法乎　按釋之言盜長陵一掬土與盜環罪等用以比之令帝詳審故云陛下何以加其法乎張晏云不欲指言故以取七譬一何論鄙不解義理之甚裴氏引之重爲錯也

安知尺籍伍符　注行不行故當行罪人行身不行奪勞二歲也

萬石張叔列傳第四十三

爲便坐對案不食　案謂盤案

取親中裙廁牏身自浣滌　牏音投中裙謂中衣今之裙也晉灼云今世謂牛閑小袖衫爲侯牏此最廁近身之衣也顏師古云親謂父也中裙若今言中衣也廁牏近身之小衫若今汗衫也

兒寬等推文學至九卿　倪寬千乘人也治尚書受業於孔安國寬無資用當爲弟子都養時行賃作帶經而鋤射策補掌故歷位左內史御史大夫而卒

醇謹無他　性醇謹無他技能也
郎官有譴常蒙其罪　蒙謂覆被之
田叔列傳第四十四
衆人皆喜曰無傷也　說文傷憂
去之諸陵過　過音光臥反上云仁發兵長陵是也
扁鵲倉公列傳第四十五
當知物矣　謂以器物高承天露之水飲藥也
先生得無誕之乎　誕欺也
幸而舉之　幸而舉之謂活太子也
別下於三焦膀胱　（注在胃口上下逸主內而不出其治在胸中玉堂下一寸六分直兩孔間陷者是也二十五字不上不下逸主腐熟水穀其治在臍旁也十一字當胱膀上口也下逸主分別淸濁主出而不內以傳道其治在臍下一寸故名曰三焦二十五字言絡不干三焦及膀胱也絡字上逸維字）
及五分則至少陽之界　（注陽出三分下逸陰入三分四字）
嗇而不屬　嗇音色不滑也

則邪氣辟矣　辟言辟惡風也劉伯莊云辟猶聚也恐非其理也
誠恐吏以除拘臣意也　恐爲吏拘繫之時諸侯得自拜除官吏也
吳王濞列傳第四十六
飾於邪臣　飾於邪臣言被邪臣裝飾
恐不得高肆矣　肆放縱也
今脅肩絫足　脅歛也竦體也絫重足也
王瞿然駭　瞿音句
愁勞聖人之所以起也　孔文祥曰按愁勞則有聖人也
彷徉天下　彷徉猶依倚也漢書作方洋師古曰方洋猶翺翔也
膠西正月丙午　言膠西同吳王先起兵
欲一有所出之久矣　出謂泄出其怨意
王何處須以從事　待王定計以行事
魏其武安侯列傳第四十七
多易　易以豉反言多簡易之行也前云未如竇嬰賢而張晏云輕易之行未知甚矣
學槃盂諸書　晉灼曰按藝文志孟說是也

以爲淮陽天下交勁兵處　言淮陽天下交會處而兵又勁
夫安敢以服爲解　解紀買反謂辭之也
灌夫亦持丞相陰事爲姦利　姦利爲姦惡而求利
鋊半膝席　蘇說是也
時武安不肯　不肯不爲盡也
仲孺獨不爲李將軍地乎　按地猶材地二人俱東西宮毀程能不損李將軍材地也
幸天下有變而欲有大功　按大功謂爲天子也
淩轢宗室　淩轢謂蹈踐之
於是上使御史簿責魏其所言灌夫頗不讐　（注前佚簿責以文簿責問之八字）
聞即恚病痱　痱風病小腫也又音蒲罪反瘠也
韓長孺列傳第四十八
橈明法　橈曲也
李將軍列傳第四十九
廣家世世受射　受好也習也
廣行無部伍行陣　案部伍領也五五相次也在廣亦無此事也

不擊刁斗以自衛　鐎三足有柄者也
莫府省約文書籍事　晉灼曰將軍職在征行無常處所在爲治故言莫府莫大也或曰衛青征匈奴絕大莫大克獲帝就拜大將軍莫中府故曰莫府莫府之名始於此顏師古曰二說皆非也莫府者以軍莫爲義古字通用耳軍旅無常居止以帳幕言之廉頗傳李牧市租皆入幕府此則非因衛青始有號又莫訓爲大於義乖矣
而廣身自以大黃射其裨將　服虔曰黃肩弩也晉灼曰黃肩即黃間也大黃其大者也
而諸部校尉以下才能不及中人　不及中平之人
匈奴列傳第五十
尙矣其世傳不可得而次云　尙矣言久遠也
人人自爲趣利　趣向也
後北服渾庾屈射丁靈鬲昆薪犂之國　（注末佚漢書庾作窳地理志朔方窳渾縣是十四字）
而室屋之極生力必屈　言競爭務負爲棟宇極奢侈故營生氣力屈盡也
顧無多辭令喋喋而佔佔冠固何當　喋喋多言也佔佔恭謹貌言漢人徒多言恭

謹加著冠衣固亦何所當益也
跂行喙息蠕動之類　凡有足而行曰跂凡有口而息曰喙息周書云蠕蠕之類爲跂
行並以足跪不著地如人企按又音企
貳師聞其家以巫蠱族滅因并衆降匈奴　漢書音義曰狐鹿姑單于七年當征和
三年李廣利與商丘成等伐胡追北至范夫人城聞妻子坐巫蠱收貳師狐疑深入而求功
至燕然山軍大亂敗乃降匈奴單于以女妻之
太史公曰孔氏著春秋隱桓之間則章至定哀之間則微　仲尼仕於定哀故春
秋不切論當代之事而無褒貶忌諱之辭國禮也言太史公亦能改當代之忌諱故引也
將率席中國廣大　席謂舒展廣闊
衛將軍驃騎列傳第五十一
傳校獲王　校者營壘之稱故謂軍之一部爲一校也
爲剽姚校尉　剽姚勁疾之貌荀悅漢紀作票鷂字去病後爲票騎將軍尚取票姚之一
字今讀飄遙音則不當其義也
斬單于大父行籍若侯產　行胡郎又胡浪反謂祖父行流
誅全甲　（注末佚金甲即鐵甲也能誅斬也十字）

乃益置大司馬位大將軍驃騎將軍皆爲大司馬　位字屬下讀以位字冠大將軍
驃騎者明二將軍皆兼大司馬以其功等百官表云元狩四年初置大司馬冠軍將軍之號
師古云冠者加於其上爲大一官也
平津侯主父列傳第五十二
侈擬於君　擬音儗僭也
南越尉佗列傳第五十三
迺乘黃屋左纛　纛音導又音獨蔡邕云纛以旄牛尾置馬頭上也
立明王長男越妻子術陽侯建德爲王　術陽侯漢所封
朝鮮列傳第五十五
都王險　臣瓚曰王險在樂浪郡也
眞番旁衆國　後漢書朝鮮有三韓一曰馬韓二曰辰韓三曰弁韓魏志云韓有帶方國
東西以海限南與倭接方可四千里馬韓在西辰韓在中弁韓在東括地志曰新羅百濟在
西馬韓之地新羅在東辰韓弁韓之地也
使濟南太守公孫遂往征之　征漢書作正爲是
朝鮮相路人相韓陰尼谿相參將軍王唊　已上至路人凡四人

西南夷列傳第五十六
從巴蜀筰關入　地理志犍爲郡有符離縣按符關在符縣犍爲郡今戎州也
士罷餓離濕死者甚衆　濕音溼言士卒歷暑熱氣而死者衆多也
從東南身毒國　身毒即東天竺國
皆同姓相扶未肯聽　杖直亮反顏師古曰杖猶倚也相倚爲援不聽滇王入朝
大夏杖邛竹　杖直亮反顏師古云杖猶倚也相倚爲援不聽漢王
司馬相如列傳第五十七
慕藺相如之爲人更名相如以貲爲郎　藺相如六國時人義而有勇也以貲爲郎
以貲財多得拜爲郎
於是相如往舍都亭　臨邛縣郭下之亭也
而卓王孫家童八百人程鄭亦數百人　貨殖傳卓氏之先趙人秦時被遷卓氏獨
夫妻推輦而行曰吾聞汶山之下有蹲鴟乃求遠遷致之臨邛程鄭山東遷虜
爲鼓一再行　行者鼓琴瑟曲也
長卿第俱如臨邛　第但也俱共也
而令文君當鑪　顏云賣酒之處累土爲鑪以居酒瓮四邊微起其一面高形如鍛鑪故

名曰鑪耳而俗之學者皆謂當鑪爲對溫酒火鑪失其義也
昆弟諸公更謂王孫曰有一男兩女所不足者非財也今文君已失身於司馬
長卿長卿故倦游　諸公謂臨邛之長者也非財言非是錢財倦疲也
上許令尚書給筆札　說文札牒也按木簡之薄小者也此時未用紙也
而僕對以雲夢之事也　夢在江南華容雲在江北安陸而名雲夢解在夏本紀
僕對曰唯唯　唯唯恭應也
其山則盤紆岪鬱　岪音佛郭璞曰相繆結而峻屈崛起也
衆色炫燿照爛龍鱗　采色相耀間雜若龍鱗
瑌石武夫　武夫赤色白采葱龍白黑不分出長沙
於是使專諸之倫手格此獸　專諸刺王僚者也
勺藥之和具而後御之　文穎曰勺藥五味之和也顏云勺藥草名其根主安和五藏
又辟毒氣故合之於蘭桂五味以助調食因呼五味和爲勺藥耳今人食馬肝者猶和
勺藥而煑之豈非古之遺法乎伏儼云芍藥以蘭桂調食
顯聞大國之風烈先生之餘論也　先生言子虛也
觀乎成山　（注末佚張揖說非也五字）

若乃俶儻瑰偉　俶儻猶非常也
封疆畫界者非爲守禦所以禁淫也　郭云天子有道守在四夷立境界者欲以禁
絕淫放非禦捍
越海而田　越海而田言其渡海田獵於青丘
徑乎桂林之中過乎泱莽之野　顏云凡言此者著水流之長遠也
磷磷爛爛采色澔汗叢積乎其中　皆玉石符采映耀於水中也
雜以流夷　留夷香草也
肸蠁布寫　肸蠁盛也寫吐也司馬彪云若蠁蟲之布吐也
隱夫鬱棣　隱夫未詳
隱天動地　隱猶震也
先後陸離離散別追　陸離分散也言各有所追也
雲布雨施　郭璞曰言徧山野也
睨部曲之進退　睨五計反睨遠視也
儵敻遠去　儵敻分散也
然後揚節而上浮　上浮戲遊

率手直指闇乎反鄉　日晚南歸也
蹷石闕　蹷息也
濯鷁牛首　鷁首之船也
覽士大夫之勤略　勤略言覽士大夫之勳功智略也
朕以覽聽餘閒無事棄日　言聽政餘暇不能棄日也
時休息於此　郭云謂苑囿中也
悉爲農郊以贍萌隸　邑外曰郊言於郊野之中營農事也
使山澤之民得至焉　言得芻牧樵采也
襲朝衣乘法駕　朝衣謂袞龍之服也法駕六馬也
射貍首兼騶虞　說文云騶虞白虎黑文尾長於身太平乃至天子射以爲節山海經云
如虎五采日行千里周禮云九射王以騶虞爲節諸侯以貍首爲節大夫以采蘋爲節鄭云
樂章名也禮射義云騶虞者樂官備也貍首者樂會時也采蘋者樂循法也采蘩者樂不失
職也是故天子以備官爲節諸侯以時會天子爲節卿大夫以循法度爲節士以不失職爲
節按貍首逸詩騶虞召南之卒章
弋玄鶴　鶴古國反禮射義作鵠音同

悲伐檀　伐檀魏國之詩刺在位貪鄙也
功羨於五帝　羨饒也
抗士卒之精　抗挫也蔽也
故遣中郎將往賓之　賓往賓服而賜之也
讓三老孝弟以不教誨之過　百官表云十里一亭亭有長十亭一鄉鄉有三老有秩
嗇夫游徼三老掌教化嗇夫職聽訟收賦稅游徼備盜賊
士卒多物故　物故死也如衆物之故而零落也
邛筰之君長　邛筰二國在蜀西解在西南夷傳也
邛筰冉駹近蜀　冉駹二國在蜀西解在西南夷傳也
愈於南夷　愈勝也
邛筰冉駹斯榆之君　斯榆國在蜀南解在西南夷傳
籍以蜀父老爲辭　籍音借
威武紛紜湛恩汪濊　紛紜威武盛也汪濊深廣也
羣生澍濡洋溢乎云外　顏野王云時雨所以澍萬物也
且夫邛筰西僰之與中國並也歷年茲多不可記已　言邛筰西僰立國以來與中

國年月等不可記錄
仁者不以德來彊者不以力並意者其殆不可乎　言自古帝王雖仁治不能招
來雖強力不能並兼以其路遠殆不可通
弊所恃以事無用　所恃齊民言帝王依恃無用謂夷狄也
必若所云則是蜀不變服而巴不化俗也　言巴蜀蠻夷本椎髻左衽今從中國服
俗也若西南夷不可通即巴蜀俗服不應變改
聲稱浹乎於茲　浹徹也
豈特委瑣握齱拘文牽俗循誦習傳當世取說云爾哉　拘文牽俗言武帝常拘
繫修法之文牽引隨俗之化
是以六合之內八方之外　六合天地四方八方四方及四維也
係纍號泣內向而怨　纍音力追反言爲人掠獲而係纍爲奴離別號泣內向怨天子
化不至也
鏤零山　鏤鑿山通以關也
遠撫長駕　遠撫安長駕御言帝德廣被若親臨
百姓雖勞又惡可以已哉　惡音烏言漢奉至尊休德救民沈溺繼周之絕業反陵夷

之衰代是天子之急事百姓雖勞苦何以止住哉

猶鷦明已翔乎寥廓 寥廓天上寬廣之處

猶時有銜橛之變 橛謂車鉤心也言馬銜或斷鉤心或出則致傾敗以傷人

覽竹林之榛榛 榛榛盛貌也

相如以爲列僊之傳居山澤間 儒柔也凡有道術皆爲儒

垂絳幡之素蜺兮載雲氣上浮 張揖曰乘用也赤氣爲幡緣以白氣也如淳曰絳氣以虹蜺爲幡

駕應龍象輿之蠖略逶麗兮驂赤螭青虯之蟉蟉蜿蜒 文穎曰有翼曰應龍其最神妙者也瑞應圖云虯龍神無鱗甲女媧時時服應龍驂青虯是也顏云蠖略委麗蛐蟉宛蜒皆其行步進止之貌也

低卬夭蟜据以驕驁兮詘折隆窮蠼以連卷 据直項也驕驁縱恣也詘折委曲也崇窮穹隆也蠼跳也連卷句踠也

沛艾赳螑 沛艾駿駛也

放散畔岸 畔岸自縱之貌

莅颯卉翕 莅颯飛相及也卉翕走相追也

悉徵靈圉而選之兮 靈圉仙人也

前陸離而後潏湟 陸離漢書作長離如淳曰長離朱鳥也

奄息總極汜濫水嬉兮 括地志顓山在京西九千八百六十里恩澂於常故云恩顓其山東至于塡國西踰罽賓云

西望崐崙之軋沕洸忽兮 （注末佚軋沕洸忽不分明貌八字）

會食幽都 幽都山名在北方海內經云北海之內有山名曰幽都

猶遺霧而遠逝 猶遺霧言馳車從長路而下馳遺棄其霧而遠逝也

其遺札書言封禪事 封禪國之大禮故曰札書顏云書於札而留之故曰遺札恐非

故軌迹夷易易遵也湛恩濛涌易豐也 軌迹夷易言軌法蹤迹平易易遵奉也濛遍布也涌出也

沕潏漫衍 沕潏漫衍言漢恩廣大也

昆蟲凱澤回首面內 澤音懌文穎曰凱懌皆樂也

然後囿騶虞之珍羣 騶虞義獸也白虎黑文不食生物有至信之德則德應之案以此故曰珍羣將充囿也

挈三神之驩缺王道之儀 挈猶持言漢帝執三神之驩今乃不封禪缺王道之儀號

孔文祥云三神天地人也按三家說韋氏爲長

若然辭之是泰山靡記而梁父靡幾也 符瑞盛而辭之則是泰山無碑記梁父無望祭祀也

攄之無窮 攄布也

宛宛黃龍興德而升 黃龍者四龍之長西方正色神靈之精能巨細剛柔文明章應和氣而游池沼

舜在假典 在察也

小雅譏小已之得失其流及上 從傳至小雅所言殊異其合德化民若一用比相如虛詞浮濫後要歸於節儉與詩之諷諫同德也

淮南衡山列傳第五十八

驕蹇數不奉法 驕蹇謂不巽順也

陛下遇我厚吾能忍之 漢書云武帝以安屬爲諸父辯博善爲文辭甚尊重之每爲報書及賜常召司馬相如等視草迺遣安入朝每宴見談論得失昏暮然後罷

直來爲大王畫耳 上音獲言畫計謀反

僵尸千里流血頃畝 伍被傳作僵尸滿野流血千里

廣長榆 長榆今榆木塞也在勝州北

王曰男子之所死者一言耳 言男子出一言至死不改言反也

且吳何知反 言吳不解反故敗耳

千人之聚 聚謂聚落也

非直適戍之衆鐖鑿棘矜也 矜音槿柄也言不如陳勝用謫戍棘矜等物

即使辯武隨而說之 按辯武謂辯口而武所說必行也

又欲令人衣求盜衣 求盜掌逐捕盜賊者解在高祖本紀

屈彊江淮間 屈求勿反彊其兩反

太子即自剄不殊 顏師古云殊絕也雖自刑殺而身首不絕

臣無將將而誅 將將帥羣衆也

日夜從容王密謀反事 從子勇反容讀曰勇從容謂勸獎也

王日夜求壯士如周丘等 周丘下邳人吳王反時請得漢節下下邳者

循吏列傳第五十九

莊王以爲幣輕 幣謂幣帛之屬

豎子不戲狎 狎輕侮之言各肅謹也

市不豫賈　賈音嫁謂其數不虛豫廣索也

要期不令而治　言士民自遵五服之制也

汲鄭列傳第六十

家人失火屋比延燒　比近也師古曰言屋相近故連延而燒亡

黯數質責湯於上前　質對也

承上間　間隙也

湯等數奏決讞以幸　讞決獄也

刀筆吏專深文巧詆　巧詆巧爲毁辱也

然黯與亢禮　應劭云長揖不拜

夫以大將軍有揖客反不重耶　言能降貴禮賢是益己之尊重也

至如說丞相弘如發蒙振落耳　如發蒙覆及振欲落之物言其易也

上以爲淮陽楚地之郊　郊謂郊道衝要之處也

常置驛馬長安諸郊　姚承云邑外謂之郊言長安四面之郊也此言當時任俠與賓客游於邑野每休下或請謝去故置馬於郊以往來速也言驛馬常去來不得停候也

其推轂士及官屬丞史誠有味　推轂謂薦舉人如車轂轉運無窮也有味者言其推薦之辭甚美也

其言之也　其言之也四字屬下句

財用益匱　匱乏也

莊任人賓客爲大農僦人多逋負　僦人僦載運之人莊爲大農任人及賓客等爲大農僦賃載運官多欺侵故云多逋負也

儒林列傳第六十一

故因史記作春秋以當王法　因魯史記年月日而作春秋兼見諸國史所記之事

陳涉起匹夫驅瓦合適戍　言如衆瓦全聚蓋屋先無計謀也

故諸博士具官待問　具官言備員而已

於燕則韓太傅　名嬰

言春秋於齊魯自胡毋生於趙自董仲舒　漢藝文志事爲春秋言爲尚書帝王靡不同之仲尼思存前聖之業以魯周公之國禮文備物史官有法故與左邱明觀其史記據行事仍人道因興以立功就敗以成罰假日月以定曆數藉朝聘以正禮樂有所褒諱貶損不可書見口授弟子弟子退而異言邱明恐弟子各安其意以失其真故論本事而作傳明夫子不以空言說經也所貶損大人有權威皆形於傳是以隱其書而不宣所以免時難也

末代口說流行故有公羊穀梁鄒夾之傳七錄曰漢興有公羊穀梁並立國學左氏始出乎張蒼家本無傳之者建武中鄒夾氏皆滅絕自漢末稍貴左氏服虔杜預二注與公羊穀梁俱立國學按左邱明魯史也夾音頰也

令相長丞上屬所二千石　言好文學敬順出入不乖所聞者也令縣令相侯相長縣長丞縣丞也

能通一藝以上補文學掌故缺　掌故有缺而補之

太常籍奏　籍奏爲名籍而奏之

臣謹案詔書律令下者　下者謂班行

遷留滯　言留滯者改遷之

備員　備員者[illegible]什擬之非實其實用也

補左右內史大行卒史　（注末佚大行後改爲大鴻臚亦補其卒史也十四字）

言詩雖殊多本於申公　言詩於魯則申培公於齊則轅固生於燕則韓太傅申公爲詩訓詁而齊轅固燕韓生皆爲之傳或取采雜說咸非其本義與不得已三家皆列於學官又有毛公之學自爲子夏所傳七錄云毛公詩傳後鄭玄箋之諸儒各爲注解其齊詩久亡魯詩亡於西晉韓詩雖有無傳之者毛氏鄭氏獨立國學也

食肉不食馬肝不爲不知味言學者無言湯武受命不爲愚　（注末佚言凡談論不說湯武放殺亦得爲談論猶如食肉不食馬肝未爲不知味二十八字）

太后怒曰安得司空城旦書乎　處喜志林云道家之法尚於無爲之教儒家動有所防故太后方之於律令故言得司空城旦書也

於是乃詔太常使掌故朝錯往受之　衛宏詔定尚書序云徵之老不能行遣太常掌故朝錯往讀之生年九十餘不能正言教錯齊人語多與潁川異錯所不知者凡十二三略以其意屬讀而已

即以教於齊魯之間　孔子纂尚書上斷於堯下訖於秦凡百篇而爲之序言其作意秦燔書禁學濟南伏生獨壁藏之漢興求得二十九篇以教齊魯之間訖孝宣代有歐陽大小夏侯氏立於學官七錄云魯恭王時壞孔子舊宅得古文尚書孔安國爲之傳以隸古寫之凡五十八篇其餘錯亂磨滅不可復知至漢明帝並傳歐陽氏書獨擅一代三家至西晉並亡今古文孫氏鄭玄注云列於國學也

於今獨有士禮高堂生能言之　謝丞云秦代有魯人高堂伯人也藝文志云易曰有夫婦父子君臣上下禮義有所錯而帝王質文世有損益至周曲爲之防事爲之制故曰禮經三百威儀三千及周衰諸侯將踰法度惡其害己皆滅去其籍自孔子時而不具至秦大

壞漢興魯高堂生士禮十七篇訖孝宣代后蒼最明戴德戴勝慶普皆其弟子三家立於學
官七錄云自後漢諸儒多小戴訓卽今禮記是也後又作曲臺記而慶氏傳之並亡大戴立
於國學又古經出魯淹中皆書周宗伯所掌五禮威儀之事有五十六篇無敢傳者後博士
傳其書得十七篇鄭玄注今之儀禮是也餘篇皆亡周官六篇周代所理天下之書也鄭玄
注今二經立於國學案禮經周禮也威儀儀禮也
而魯徐生善爲容　言善爲容儀
齊人卽墨成　卽墨姓成名
以修學著書爲事　漢書云仲舒上疏條教凡百二十三篇而說春秋事得失有聞舉
玉杯繁露清明竹林之屬數十篇七錄云春秋繁露十七卷春秋斷獄五卷
酷吏列傳第六十二
有恥且格　顏云論語載孔子之言也格至也言御以政刑則人思苟免不恥於惡化以
德禮則下知愧辱而至於治也
法令茲章盜賊多有　顏云老子道德經之言也上德體合自然是以有德下德務於
修建更以喪之也法令繁茲則巧詐並起故多盜賊
其極也上下相遁至於不振　顏云遁避也言吏避於君民避於吏至乎喪敗不可振

救
吏治若救火揚沸　言綱衙令峻姦僞極生至於君臣相遁若救猛火及揚盆沸之湯言
難止也
言道德者溺其職矣　顏云溺謂沉滯不舉也言敗亂之時武健嚴酷纔能濟快耳若
以道德治則沒溺沉滯於政也
聽訟吾猶人也必也使無訟乎　顏云論語載孔子之言也言使我聽獄訟猶凡人耳
然而立政行德則使其絕於爭訟也
網漏於吞舟之魚　法令疏
吏治烝烝　烝烝謂純一
餘皆股栗　栗懼也
臨江王欲得刀筆爲書謝上　古者無紙筆用刀削木爲筆及簡牘
以危法中都　以危忍之法中射於都令有罪也
便道之官　言從家便往雁門上官不命至朝廷謝
皆人人惴恐　惴之瑞反怖懼
假貧民役使數千家　假貧民言假借貧民力營而分其利也

作見知吏傳得相監司　謂見罪知有罪皆須舉之
周陽侯始爲諸卿時　按周陽前封趙兼國除今封田勝也
調爲茂陵尉治方中　服虔曰藏壙中長皆有丞尉中用地一頃餘又冢墓記云築成
城然後錯石帶白沙及炭
與長安富賈田甲魚翁叔之屬交私　謂貸便財物也
卽下戶羸弱時口言雖文致法上財察　顏云言下戶羸弱湯欲佐助雖文奏之又
口言雖律令之文合致此罪聽上裁察蓋爲此文冀恩宥也於是上得湯此言往往釋其人
罪非夫奏之前口豫言也財讀曰裁古字少故也
籠天下鹽鐵　天下有鹽鐵之處皆籠合稅之令利入官也
羣臣震慴　慴懼也
三長史皆害湯　百官表丞相有兩長史今此云三者蓋權守置之非正員也
是日皆報殺四百餘人　言奏請得報而殺之又一本報字作執
直指四出矣　應劭曰漢官云御史中丞有繡衣直指出討姦也
闒奉以惡用矣　闒奉以嚴惡之故而見任用言時政尙急刻也
上幸鼎湖病久已而卒起幸甘泉　鼎湖今虢州胡城縣也郊祀志云黃帝采首山之

銅鑄鼎荊山之下有龍垂髯下接黃帝后人名其處曰鼎湖已止愈也卒急也
嗛之　嗛含恨也
擇郡中豪敢任吏十餘人以爲爪牙皆把其陰重罪　言擇廣平中豪强取行威
人卽任用爲吏將爲爪牙仍把未發大罪以防禦
爲驛自河內至長安　驛傳也以私馬相傳於境上來往相傳
投缿購告言姦　缿受錢器也古以瓦今以竹按以此器受投書
議有不中意者　不中天子意也
溫舒請覆中尉脫卒得數萬人作　中尉部中脫漏之卒考校取之
及人有變告溫舒受員騎錢他姦利事　告溫舒受員騎有員數
而王溫舒罪至同時而五族乎　顏云溫舒與弟同三族而兩妻家各一故爲五也
尸亡去歸葬　言妻將其尸亡逃而去歸家葬
吏民並輕犯法　言酷暴者多故吏民不畏法
乃頗得其渠率　渠大也
曰羣盜起不發覺發而捕不滿品者二千石以下至小吏主者皆死　品程限
也言羣盜起不發覺及發覺不捕並捕捉程限滿不獲者皆死也

坐課累府府亦使其不言　縣有盜賊府亦坐府使縣不言上故盜賊漸多孟康曰縣有盜賊府亦並坐使縣不言也

其治米鹽事大小皆關其手　米鹽謂細碎

難以爲經　難以爲經言不可爲常法也

使案逡失亡　謂逡累被冠失亡人畜財物甲卒多故使按之

善候伺　審察人主之意

郡吏大府舉之廷尉一歲至千餘章　言周爲廷尉用法刻深天子喜之郡吏大府有奏章詔皆付周治之故詔獄一歲至千餘章也

不服以笞掠定之　服即以其罪狀推問不服即以笞掠猶令定服也

周中廢後爲執金吾　百官表曰御史中丞杜周爲廷尉十年免天漢三年二月執金吾杜周爲御史大夫太始三年卒

張湯以知陰陽　知陰陽言知人主意旨輕重

天水駱璧推減　推成言推掠以成罪也

大宛列傳第六十三

棠邑父爲使君　棠邑父者史省文也

史記正義佚文纂錄　六十五

馬汗血　按有汗從前髆間出皆赤如血

烏孫在大宛東北可二千里　烏孫本塞種塞本釋字謂佛姓釋氏也胡語訛轉

齎諭使指　論曉以天子指意也

及使失指　失指失天子之本意也

私縣官齎物　縣官天子也言天子所齎物竊用之如已私有

當空道　空道孔道也

乃加其眩者之工　加其眩者之工言漢人幻人工妙更加於黎軒

宛國饒漢物　言前漢使往時所賚賜也

赦囚徒材官　言赦囚徒及材官之士從事也

責宛貴人勇將煎靡　煎靡者名

以王毋寡匿善馬　毋音無寡王名

上邽騎士趙弟最少　邽音圭秦州縣

貳師將軍之東　東破宛東歸

以適過行者皆絀其勞　適音謫過先臥反言有罪謫罰而行者免其所犯皆絀退其

惡覩本紀所謂崐崙者乎　按張騫窮河源不審今太史公有疑也

至禹本紀山海經所有怪物余不敢言之也　言本紀及山海經所言奇怪之物余不敢叙也

游俠列傳第六十四

至如以術取宰相卿大夫輔翼其世主功名俱著於春秋　春秋則左傳也言以數術取宰相卿大夫輔其主功名著左傳者固無可更言說也

虞舜窘於井廩伊尹負於鼎俎　舜塗廩浚井在五帝紀非有先生論云伊尹蒙恥辱負鼎俎和五味以干湯也

跖蹻暴戾　跖秦大盜也蹻楚大盜也蹻求略反

今拘俗或抱咫尺之義久孤於世豈若卑論儕俗與世沉浮而取榮名哉　儕等也言拘俗之人或抱纖介之義久孤不官者豈若下卑儕等之流隨世盛衰而取榮祿何相比哉原憲季次不及渠布上也

然儒墨皆排擯不載　擯棄也

余悲世俗不察其意而猥以朱家郭解等令與豪暴之徒同類而共笑之也　猥烏罪反朱家郭解與豪暴之徒雜處而同類共笑之故爲游俠之別也

乘不過軥牛　軥牛在當前輗也晉灼曰軥梔也軥牛小牛也

史記正義佚文纂錄　六十六

梁韓無辟　辟音壁梁人也

陽翟薛況陝韓孺　薛況河南陽翟人也韓孺陝縣人也不用徐音

解爲人短小精悍　精者好人悍勇健

慨不快意　慨苦代反慷慨言不合意則殺之

藏命作姦　命名也謂藏匿其名而作姦惡也

非其任彊必灌之　其人不能飲強使盡之

怪之問其故　箕踞者怪踐更主數過不喚乃問其故

邑中賢豪居間以十數　間言處兩仇之間

且無待我待我去令洛陽豪居其間乃聽之　解曰且無用我言待我去後洛陽豪言之乃從也是不欲奪人權勢

解家貧不中貲　言貲財少不中徙茂陵也

人又殺之闕下　解客於闕下殺上書人

所過輒告主人家　告主人家示所去處

佞幸列傳第六十五

公卿皆因關說　關猶歷也言公卿有事皆關兩人而說於上也

以濯船爲黃頭郎　濯音宅教反濯船持檝行船也黃頭著黃帽也以土勝水也
尚負責數巨萬　顏師古曰積其前後所犯合沒官者數多除其現在財物以外尙有負官數鉅萬故云更輒隨沒入之
長公主賜鄧通　館陶公主文帝之女
於是長公主乃令假衣食　公主乃令通假借衣食而公主私給之
太后由此嗛嫣　慊銜恨也
埒如韓嫣也　埒音劣埒如微減
滑稽列傳第六十六
顏師古云滑稽轉利之稱也滑亂也稽礙也言其變亂無留滯也一說稽考也其滑亂不可考校
汙邪滿車　（注末佚卜田肥澤故得滿車八字）
穰穰滿家　野土云穰穰衆多也夥也
前有墮珥　珥珠之在耳
羅襦襟解　襟巨禁反解閑買反衿或作紟帶結也
以壟竈爲槨　土壠爲竈居高外如椁

銅歷爲棺　以銅爲釜高居竈中如棺
又恐受賕枉法　說文云賕以財枉法相謝也
陛楯得以半更　更代也
又奉飲糒飧養乳母　糒乾飯飧溫飯
有詔令乳母乘車行馳道中　馳道謂御道也
連四海之外以爲席　言四海之外皆賓服如席之相連環繞
日者列傳第六十七
太卜之起由漢興而有　漢文帝卜得大横與夏啓之卜同乃乘六乘傳入長安者也
獵纓正襟危坐　危坐謂小坐
有人者進有財者禮是僞也　言有大衆祿位者進用有錢財者禮敬是僞也
子獨不見鴟梟之與鳳凰翔乎蘭芷芎藭棄于廣野蒿蕭成林使君子退而不顯衆公等是也　言鴟梟之與鳳凰翔於蘭芷芎藭棄在廣野若蒿蕭成林使君子退處不顯由公等
述而不作君子義也　言述天地陰陽不以作是君子義也司馬季主自言也
今夫卜筮者利大而謝小　言卜者于天下利則大矣天下宜以財讎謝則少也

無盡索之時　索亦盡也
夫卜而有不審不見奪糈　糈音所謂祠神米也
此相去遠矣猶天冠地履也　言不相及也
龜策列傳第六十八
斷以蓍龜　蓍音詩
或以爲昆蟲之所長　昆蟲謂龜也
故作龜策列傳　傳即卜筮之書
譺然狀如有人來告之　譺猶疑也
人或忠信而不如誕謾　誕欺也
不得其贏　贏餘利也
物有所拘　拘檢也
卜先以造灼鑽　造竈用燒荆枝也
內高而外下也　大論曰以下九十七字甚鄙拙
貨殖列傳第六十九
鄰國相望　（注末佚遠兄而不相往來故相望也十一字）

輓近世塗民耳目　輓與挽同引也塗塞也言輓引至於近世求利乃塗民耳目則無所機其形迹言不似古無爲
大史公曰夫神農以前吾不知已　太史公云神農以前詩書不及至於貨殖不能知已
俗之漸民久矣　言詩書述虞夏以來聲色芻豢佚樂夸矜有威勢則能爲榮華然世被漸染使民爲之久矣
雖戶說以眇論終不能化　論音路頓反雖戶戶說以無爲之眇論終不能改貨殖夸矜之俗化也
最下者與之爭　言其若政者因循清靜隨俗而誘之其次以利導引之其次設化變改之整齊不貪之最下者與衆爭利及夸矜也
故物賤之徵之貴貴徵賤　徵召也言物賤彼貴處徵召之必至也
豈非道之所符而自然之驗邪　言物自然而至若道養萬物不期而四時符合也
貧富之道莫之奪予　予音與言貧富之道無人奪之及與之原大則饒原小則鮮巧者有餘拙者不足
繈至而輻湊　繈脚兩反

火旱　此不說土者土四季不得爲主也

旱則資舟水則資車　資取也國語大夫種曰賈人夏則資皮冬則資絺旱則資舟水則資車以待之也

積著之理務完物無息幣　著張呂反言停貯務在完牢之物也息幣無停幣惡之物也

腐敗而食之貨勿留　腐音符愚反言爛敗可食之貨物莫復留滯

貴出如糞土賤取如珠玉　夫物貴出賣之而收財買言如糞土不惜也物賤而買居貯之言如珠玉必惜也

稱號五覇　言稱號比於五伯也

計然之策七　策七漢書作十字越絕書云其術有九解在越世家

而不責於人　言順時積居不出責於人

及衆斥賣　斥不用也言盡賣也

畜至用谷量牛馬　谷音欲言畜衆多以山谷多少言

唯褒斜綰轂其口　斜音也奢反梁州記云萬石城泝漢上七里有褒谷南口曰褒北口曰斜長四百七十里

人民矜懻忮　懻忮強直而佷也

自全晉之時　全晉全盛時

仰機利而食　言仰機巧之利也

休則掘冢作巧姦治　謂作巧僞之物姦蕩淫治也

其中具五民　如說非也

其俗剽輕　輕音去聲

斬將搴旗　搴拔也

富埒卓氏　埒微減

有游閑公子之賜與名　言與游宦閑暇公子賜與名相交通也

變化有概　有概有節概也

田農拙業　掘案上求月反言曲折田外掘地爲民作冢

太史公自序第七十

受易於楊何　何字叔元菑川人見儒林傳也

夫儒者以六蓺爲法　六蓺謂五禮六樂五射御六書九數也

故發憤且卒　言欲將死

孔子卒後至今五百歲　案孔子卒五百歲者欲取孟子以應一聖符也不言文王而言周公者孔子是述作設教之聖故方於己

流澤罔極　罔無也極止也

以人爲殉詩歌黃鳥　傳云秦伯任好卒以子車氏之三子奄息仲行鍼虎爲殉國人哀之作黃鳥之詩也

子羽接之　子羽項羽也

比樂書以述來古　比次也

其極則玩巧并兼茲殖爭于機利　玩謂習也巧濫惡也爭於機利謂機巧之利也

粟姬偩貴　偩恃也

諸呂爲從　從吳松反

而出委以梁　以梁付吳楚也

如楚以救邯鄲之圍　如往也言平原君往楚求救邯鄲之圍

用徇其君　以身從物曰徇

作傳蘄蒯成列傳第三十八　蒯古怪反括地志曰蒯亭洛州河南縣西十四里苑中也

葆守封禺爲臣　封禺二山在湖州武康縣之西也然案年表東越傳云東越徙處盧江郡而守禺未詳也

壯有溉　溉量也

並時異世年差不明作十表　言本紀世家及諸傳年月差別不同故作十表以明之也

凡百三十篇五十二萬六千五百字爲太史公書　史記起黃帝訖漢武帝天漢四年合二千四百一十三年百三十篇象一歲十二月及閏餘也後漢書楊終受詔删太史公書爲十餘萬言

史記正義佚存

日本文學博士 瀧川龜太郎

張守節正義不傳四庫全書提要既論之矣錢大昕十駕齋養新錄亦云吳郡志人物門云前漢角里先生吳人史記正義引周樹洞歷云姓周名術字元道太伯之後漢高祖時與東園公綺里季夏黃公俱出定太子號四皓史記正義角里先生一號覇上先生又云今太湖中洞庭山西南中有祿里村是今史記南北雍刻於留侯世家但載索隱說以周術爲河內軹人初不載正義之文蓋正義之散落多矣圈稱陳留耆舊傳自序圈公爲秦博士避地南山惠太子以爲司徒至稱十一世洪氏隸釋有圈公神坐圈公神祚机此即四皓之東園公也會稽典錄載虞仲翔云鄞大里黃公潔已暴秦之世高祖即阼不能一致惠帝恭讓出則濟難此即四皓之黃公也稱漢人自述其先代仲翔生於漢末追溯鄉賢所言皆當不妄而索隱止載東園公姓庾黃公姓崔於圈氏虞氏說置而不取愚謂四皓之姓名里居太史公既無明文安知庾崔之必是而圈黃之必非乎安知周術之必居河內而不居吳乎史記正義失傳宋人合索隱正義兩書散入正文之下妄加刪削使不得見守節眞面目良可歎也錢泰吉甘泉鄉人稿亦云楚世家悼王二年三晉來伐我至乘邱誤也解在年表中今年表無正義可見正義之殘闕伍子胥列傳正義於姑蘇闕本作槜李夫湫皆云解在吳世家今本吳世家槜李但有集解姑蘇有集解有索隱夫椒有集解有索隱皆無正義太史公自序太史公下正義云以桓譚之說釋在武本紀今武本紀亦未見皆缺失也張文虎史記札記亦云吳郡志考證門引史記正義云吳地記云笠澤江松江之別名又云笠澤即太湖今本正義此文失吾讀三家書益知三注本所錄正義多刪落甚多也偶繙東北大學所藏慶長寬永活字本史記狩野亨吉舊藏依元彭寅翁本上欄標記正義一千二三百條皆三注本所無但缺十表其後又得桃源史記抄桃源名瑞仙又號竹處又號蕉雨亦號春雨村僧永享九年生於近江寬正中作梅岑軒於相國寺居之應仁中避亂江州飯高山下依京極氏小倉氏延德元年寂年五十七東京帝國大學藏其原稿館長云錄稱相國寺僧有漢文史記源流考一卷其餘皆國文與今時講義錄相似大正震災失之近藤守重云寬永三年睦山寺佐濟闘發行余未見其書米澤文庫足利學校皆藏其抄本皆合綴幻雲抄幻雲抄幻雲名壽桂亦五山僧從遊於桃源博士家史記異字或題天朝傳本史記說前田侯爵藏說詳後方所載正義略與此合幻雲標記桃源抄云幻謂小司馬張守節皆唐明皇時人也而索隱不知正義正義不知索隱各出已意而注正之今合索隱正義爲一本者出於何人乎哉蕉了翁亦未詳焉蕉了即蕉雨桃源別號況其餘哉吾邦有索隱本有正義本索隱與此注所載大同正義者此注所不載者夥故諸本之上書之識語依米澤文庫藏桃源抄余於是知大學本標記之所由欣喜不能措手錄以爲二卷題曰史記正義佚存留侯世家上有不能致天下有四人條下云皇甫謐高士傳四皓一曰東園公二曰綺里季三曰用里先生四夏黃公皆河內軹人漢書外傳云園公陳留圉縣是其先則爲園公陳留風俗傳云園庾字宣明公羊春秋□□東園家單父爲秦博士遭秦亂避地於南山惠帝爲太子即拜園公爲司徒遜位太子封廣襄邑南鄉侯陳留志云庾始常居園中因謂之園公周樹洞曆云用里先生名術字元道太伯之後京師號覇上先生周氏世譜云用里先生河內軹人太伯之後姓周氏名術字元道京師號曰覇上先生一曰用里先生□□俗云是吳人今太湖中西有□□祿里村是漢書外傳云秦聘之逃匿南山歌曰商洛深谷威夷暐暐誤脫紫芝可以療飢四馬高蓋其憂甚大富貴而畏人如貧賤而樂肆志夏黃公或爲大里黃公會稽典錄云書佐朱育對邵將濮陽府君云大里黃公墓在鄞縣輿地云鄞有大里夏黃公所居也今鄞縣有黃公廟崔氏譜云夏里黃公姓崔名廣字子連齊人隱居夏里修道故曰黃公用晉祿此養新錄所謂佚者也吳太伯世家報姑蘇也條下云越世家云吳師敗於槜李言報姑蘇誤也姑蘇乃是夫差敗處太史公甚疏笠澤條下云笠澤江松江之別名在蘇州南三十五里不云笠澤即太湖封禪書太史公條下云太史公自序正義云武本紀者偶失之按二家之說皆非也如淳云漢儀注太史公武帝置位在丞相上天下計書先上太史公副上丞相茂陵中書司馬談以太史丞爲太史公自敘傳云喜生談爲太史公仕於建元元封之間又云太史公既掌天官不治民有子曰遷又云太史公遭李陵之禍又云余述黃帝以來至太初訖凡百三十篇後此而料明司馬遷父子爲太史公後字疑衍太史公乃司馬遷自題吳世家正義無夫湫解鈔者失之此鄉人稿札記所謂佚者也我邦幸存之豈不亦愉快乎宋世家害于而家凶于而國條下云孔安國曰家謂臣國謂君也爲上無制爲下逼上凶害之道今本孔安國書傳無此文讀經者當講其異同又引括地志者若干條可以補孫星衍岱南閣叢書曹元啓南菁札記輯本引世本七略七錄者亦若干條可以資於考據其餘一千餘條不可悉舉今錄之會注正義各條略復張氏之舊云

史記校注

佚名　民國時期影印本

五帝本紀第一
張文虎曰宋本游本王本每卷首行題小題在上大題在下今從之　案周
禮疏釋文曰馬融盧植鄭玄注三禮題大題在下班固漢書陳壽三國志題亦
然是古書式如此俗本題史記卷一次列司馬遷等御名四行次題五帝本
紀第一非舊式也　　又案南宋以前為集解附正文為八十卷索隱三十卷
正義亦三十卷見唐志俱別行今索隱尚有毛氏刻單行本猶存舊式正義原本
不可得而見矣此五帝本紀下張氏正義自鄭玄起至第一止先釋小題自禮
云至說云史記正復釋大題是張氏所據本正小題在上大題在下也
錢竹汀攷異於自序篇為太史公書下云子長述先人之業作書繼春秋之後

史記　一

成一家之言故曰太史公書以官名之者承父志也以虞卿呂不韋諸書之例言
之當云太史公春秋不稱春秋者謙也班史藝文志太史公百三十篇馮商所
續太史公七篇俱入春秋家而班叔皮亦稱為太史公書孟子長未嘗名其書
曰史記也桓譚云遷著書成以示東方朔朔皆署曰太史公署之者名其書也
或者不察以公為尊遷之稱失之遠矣周本紀云太史伯陽讀史記陳杞世
家云孔子讀史記儒林列傳云孔子因史記作春秋十二諸侯年表云孔子觀周
室論史記舊聞又云左邱明因孔子史記具論其語成左氏春秋老子列傳云
史記周太史儋見秦獻公云云天官書云余觀史記攷行事此篇云史記放絕
又云紬史記石室金匱之書皆指前代之史而言班史一行志所引史記亦非

太史公書楊惲傳惲始讀外祖太史公記初不云史記也攷漢書宣元六王傳
東平王宇上疏求太史公書大將軍王鳳言太史公書有戰國從橫權譎之
謀揚雄傳太史公記六國歷楚漢訖麟止不與聖人同敘傳東平思王以叔父
求太史公諸子書大將軍白不許後漢書竇融傳乃賜融以外屬圖及太史公
五帝外戚世家魏其侯列傳范升傳難者以太史公多引左氏又上太史公違
戾五經謬孔子言及左氏春秋不可錄三十一事陳元傳使士范升等故奏左
氏春秋不可立及太史公違戾凡四十五事楊終傳受詔删太史公書為四十
餘萬言皆不云史記史記之名疑出魏晉以後非子長著書之意也（後漢書班彪傳有司馬遷因著史記之語此范蔚宗所易非叔皮原文）
案周秦史記二字見於載籍最早者逸周書有史記篇記皮氏華

史記　二

氏諸國之亡呂氏春秋察傳篇子夏之晉過衛有讀史記者曰晉師三豕涉河
是史記為史籍通名先秦已然不獨錢所舉史記諸文也又若春秋繁露俞序
篇云仲尼之作春秋引史記理往事正是非見王公又云史記十二公之間皆
衰世之事故門人惑鹽鐵論散不足篇云孔子讀史記喟然而嘆傷正德之廢
君臣之危也漢書藝文志云與左邱明觀其史記據行事人道公羊隱元年疏
引閔因序云使子夏等十四人求周史記得百二十國寶書九月經立考異郵
說題辭具有其文又公羊莊七年所說不脩春秋謂史記也是漢人皆以史記
為史籍通名也其以太史公書為史記者一則漢書五行志史記成公十六
年云云顏注云此志凡稱史記者皆謂司馬遷所撰也案五行志所稱史記多

本國語亦偶有與史記合者亦其證〻　晉悲因沈文起錢竹汀洪筠軒皆訂其誤一則魏志王肅傳帝又問司馬遷以受刑之故內懷隱切著史記非貶孝武也〻是史記爲太史公書書名始於魏世也史通六家篇謂遷因魯史舊名〻曰史記古今正史篇云凡百三十篇都謂之史記又云其後劉向〻子歆及諸好事者若馮商衛衡揚雄史岑梁審肆仁晉馮段肅金丹馮衍韋融蕭奮劉恂等相次撰續迄於哀平間猶名史記案杜預春秋序云春秋者魯史記之名謂魯史記名春秋非魯春秋名史記也劉乃謂史公取魯史舊名非也馮商所續見於漢志不名史記則衛衡以下諸人所續亦可推知矣

【附注】正義引鄭玄注中候敕省圖德合五帝坐星者稱帝案詩譜疏引作德合北辰者皆稱皇感五帝座星者稱帝又引坤靈圖云德配天地在正不在私曰帝今本易緯坤靈圖作德配天地天地不私公位稱之曰帝（鄭注云不私公位不傳之子孫釋於位言）初學記九御覽七十六引易緯皆作德配天地不私公位稱之曰帝則此文不在私三字當作不私公位四字御覽七十六又別引坤靈圖作在政不私公位則此文在正當爲在政　太史公依世本大戴禮〻〻案大戴五帝德篇以黃帝顓頊帝嚳堯舜爲五帝史公謂列而非是本紀與大戴異鄭注動者因亦六人說別詳裴杖之史目問志疑　禮云動則左史書之言則右史書之案此玉藻記文漢書藝文志云左史記言右史記事事爲春秋言爲尚書與記文異

史記　三

黃帝者

梁雖者曰案孔子刪書斷於唐虞繫易起於包犧史公作史當祖述仲尼則不紀始首不從尚書之始二帝即從易辭之敘五帝庶爲允當而乃以黃帝顓頊堯舜爲五何邪於是謂其略三皇者有之謂其遺羲農者有之謂其缺少昊者有之夫略三皇猶可也缺少昊可也而遺羲農不可也蓋先儒舉三皇之名不一或以天皇地皇人皇爲三以羲農黃帝爲三或以女媧或燧人或祝融或共工合羲農爲三或以遂古至燧人皆爲三皇或以羲農黃帝爲天皇地皇人皇而羅泌路史前紀復有初三皇中三皇凡斯紛說率鄰誕說以年代悠邈矣由詳之有憑闕而不記故曰略三皇可也少昊帝嚳三君但詳其世未有制作觀顓頊兩紀皆稱頌語非有行事可陳則少昊類是矣余方疑史公之以顓頊入五帝更何論少昊且繫辭孔子之言而不及少昊顓頊而史之舍少昊或故曰缺少昊可也若羲農實與黃帝堯舜爲五帝安得舍之遺辭而外乃左傳國語禮記月令漢書律歷志均稱羲農爲帝（月令書秦　帝及伏羲）故見表先秦未嘗以羲農黃帝爲三皇而實與黃帝堯舜爲五帝有稱繫辭統皇與帝言之者殊未確徵漢書張衡傳衡表奏司馬遷所敘不合事詳者據繫辭并駁衣裳夫論五德志依易繫紀伏羲以來共求厥真宋胡宏皇王大紀從之誠卓識也並非名言故耕者爲即此四端德業炎絕非少昊顓頊之能矣問史據大戴禮孔子家語五帝德篇亦本孔氏之言豈俱謬歟曰家語乃魏王肅僞造以難鄭康成非

史記　四

古家語文所載孔子答宰我五帝德與大戴禮而大戴禮是漢儒采且非出孔
焉是盡惡不然家語五帝篇又載孔子答季康子以羲農黃帝少昊顓頊爲五
帝答宰我迥異益有孔子告人政頭別於史公更何所見而舍此取彼今蓋五
帝之名凡據所舉亦不一或以少昊顓嚳同堯爲五帝或以羲黃爲五帝以堯
舜黃帝六帝爲五帝或以羲黃帝堯舜爲五帝或以黃帝堯爲五而舜共三王爲
四代後拉乖刺其失均爾而後代氏姓各不出黃帝是以首宗之又名柯維騏
史記考要謂黃帝鼎成升天本方士說太史公紀之封禪書見五帝之德此云
崩且葬橋山以極後世之惑因知黃帝一紀特爲漢武帝好神仙鑄鼎然亦非放
曰否帝王之上世不能盡詳斷以姓氏該出黃帝未敢爲信余有辨在下文至

若史之首黃帝不過仍大戴禮將謂大戴記爲漢武寫照耶昔黃帝葬橋山
而不書顓頊葬頓丘堯葬成陽史俱不書耶固意戎使以青壐橋山爲塚離求
似之惑則舜紀書葬零陵爲作何解唐司馬貞補史記云史遷上自開闢下迄
前代不合全闕殊不知三皇之事若存若亡五帝之事若覺若夢況吳帝以前
之荒遠各列於楊朱篇曰太古滅矣孰誌之哉楚辭屈平天問曰遂古之初誰
傳道之小司馬補三皇本紀蛇不補亦可也
承周秦三五之說紛錯難理多識之徒既驚於九頭五龍之紀軼學於赫胥苗
盛之世安謂多聞擇闕簡擇史公之書一以孔子爲依歸載紀雖出漢儒要
多爲七十子微學其所記故史公據以爲本之紀首黃帝世家首太伯列傳首

伯夷皆此意也五帝紀贊曰孔子所傳宰予問五帝德及帝繫姓吳太伯世家傳
曰孔子言太伯可謂至德矣三以天下讓民無德而稱焉伯夷列傳曰孔子曰
伯夷叔齊不念舊惡怨是用希求仁得仁又何怨乎則史公述作之旨已自言
之矣
又案大戴所記名爲五帝而實六人此自有說非如康成從合五帝座星之說
也（書孔序疏已斥之）嘗讀董子繁露而得其說焉繁露三代改制質文篇曰崩遷則存
爲三王絀滅則爲五帝下至附庸絀爲九皇下極其爲民又曰春秋作新王之
事變周之制當正黑統而殷周爲王者之後絀夏改號禹謂之帝錄其後以小
國是在周則軒轅爲五帝首而禹別於三王在春秋則禹絀爲帝而黃帝絀爲

九皇矣作記者知此義故上存黃帝而下存禹以明推遷絀之旨史公不從
者以夏后氏曆世既長當別爲篇也
【附注】索隱曰左傳亦號帝鴻氏也案文十八年傳杜注帝鴻黃帝而漢書人表列
黃帝於上下置帝鴻於上中是班氏不以爲一人也　正義又曰縉雲氏案
文十八年傳杜注縉雲黃帝時官名孔疏引服虔曰夏官爲縉雲氏昭十七
年傳疏同又凡下注應劭說是縉雲爲黃帝之臣非即黃帝也　亦曰帝軒
氏案御覽七十九引河圖握拒曰黃帝名軒又引世紀黃帝亦號帝鴻氏或曰
歸藏氏或曰帝軒以上諸文又見路史疏紀五引　母曰附寶之郊野五二
案初學記九御覽七十九引詩含神霧曰大電繞北斗樞照郊野感附寶而生

黃帝又見河圖握拒及世紀而文選辨命論注引含神霧附寶作符寶才知亂
見正義祁野疑當以詩緯河圖世紀作郊野　悠案二十四月而生黃帝於
壽邱案此世紀文而諸書所引不同類聚十初學記一路史疏記五並作二十
四月御覽七十九及百三十五並作二十五月惟書孔穎疏作二十四月與此
同　壽丘在魯東門之北見續漢郡國志注引世紀

少典之子

國語晉語昔少典娶於有蟜氏生黃帝炎帝黃帝以姬水成炎帝以姜水成成
而異德故黃帝為姬炎帝為姜　賈注舊傳中云少典黃帝之先有蟜諸侯也炎
帝神農也　庾遷云少典黃帝炎帝之父昭謂神農三皇也在黃帝前黃帝滅其

子孫耳明非神農可知也言生者謂二帝本所生出也內傳高陽高辛各有才
子八人謂其裔子耳賈君從之索隱說本此然國語明謂皇帝炎帝同父母
賈韋之說終不可通或國語所謂黃帝謂軒轅之先世耶

姓公孫名曰軒轅

梁雎者曰索公孫非姓也黃帝乃少典國君之後故稱公孫軒轅是其號漢律
曆志黃帝始垂衣裳有軒冕之服故天下號軒轅氏　司馬貞史記索隱引黃帝命帝王世紀言黃帝名軒轅之故因以
名孫炎蓋誤立孫黃帝得名耳　然則黃帝何姓曰姓姬國語晉語胥臣云黃帝以姬水成蓋
炎帝之所賜也黃帝何名曰不可攷已路史後紀載帝名字皆讖緯雜說不足
信耳

弱而能言

【附注】索隱潘岳有哀弱子篇其子未七旬曰弱案他書皆作偽弱子解其歷
嚴全晉文九十三其文云惟元康二十年春三月壬寅弱子生似弱子為其子
之名未七旬曰弱似異所見

幼而徇齊

洪頤煊曰說文徇疾也素問上古天真論黃帝幼而徇齊王砅注徇疾也
羣書治要說文繫傳引並作徇

【附注】集解徐廣曰墨子曰云云案索隱引墨子同惟十五作五十少典字為
異今本墨子無此文　索隱云孔子家語及大戴禮並作叡齊一本作慧齊

竹汀曰今大戴作慧蓋叡之省

成而聰明

素問上古天真論作成而登天

神農氏世衰

承周案世衰謂末代君也御覽七十八引尸子云神農十七世有天下宜每世
賢哉牧民易也其作七十紀三見乙呂氏慎勢篇云神農十七世有天下與天下同之也路史
載十六帝籙括　春秋命歷序炎帝號曰大庭氏傳八世合五百二十歲禮記祭法正義引　世紀
云至榆罔凡八世五百三十年初學記九引局擧辭正義及　小司馬據之補三皇本紀　鄭君六藝
論又以為有七十世合五百年數釋法琳辯正論三道宣注引　則神農傳世有十七世八世七

世三說未可見決其孰是也

附注　集解引班固語見白虎通號篇　正義引世紀有神龍首感生炎帝

易繫辭疏御覽七十又七十八又百三十五皆作有神龍首感女登於常羊生

炎帝　帝一作尚　一作炎

生於厲鄉所謂列山氏也張曰疑有脫誤續漢郡國志南陽郡隨注引荊州記

曰縣北界有重山山有一穴云是神農所生　承周禮厲山氏見禮記祭法

烈山氏見左昭二十九年傳水經溳水注水南有重山即烈山也山下有一穴

父老相傳云是神農所生處也故禮謂之烈山氏水北有九井子書所謂神農

既誕九井自穿謂斯水也又言汲一水則眾水動井今堙塞遺迹猶存爲亦

史記　九

云穎鄉以穎陽爲有神農社

以征不享

洪頤煊曰索隱一本或作亭亭訓直以征諸侯之不直者頤案韓奕幹不

庭方毛傳庭直也國語周語以待不庭不虞之患韋昭注庭直也左氏隱十六

年傳同討不庭不享即不庭古字通用

而蚩尤最爲暴莫能伐

集古籍言蚩尤事殊多異　書呂刑云蚩尤惟始作亂延及於平民

逸周書嘗麥篇云赤帝分正二卿命蚩尤宇于少昊以臨四方蚩尤乃逐帝爭

於涿鹿之阿九隅無遺赤帝大懾乃說於黃帝執蚩尤殺之於中冀以甲兵釋

怒用大正順天思序紀於大帝用名之曰絕轡之野　九紀當作記何內紀也以少昊治四方蚩尤佐之主金即用

此文

大戴記用兵篇公曰蚩尤作兵與子曰否蚩尤庶人之强者也貪　强一作　及利無義

不顧厥親以喪厥身蚩尤惛慾而無厭者也何器之能作

山海經大荒北經云有人衣青衣名曰黃帝女魃蚩尤作兵伐黃帝黃帝乃令應

龍攻之冀州之野蚩尤請風伯雨師從大風雨黃帝乃下天女曰魃以止雨雨

止遂殺蚩尤

管子五行篇云蚩尤明於天道故帝使爲當時

又地數篇云葛盧之山發而出水金從之蚩尤受而制之以爲劍鎧矛戟是歲

史記　一〇

相兼者諸侯九雍狐之山發而出水金從之蚩尤受而制之以爲雍狐之戟芮

戈是歲相兼者諸侯十二

尸子曰造冶者蚩尤也　御覽八百三十三引

莊子盜跖篇云黃帝不能致德與蚩尤戰於涿鹿之野流血百里

呂氏春秋蕩兵篇蚩尤作兵蚩尤非作兵也利其械矣未有蚩尤之時民固剝

林木以戰矣　高注蚩尤少昊氏之末九黎之君名

世本作篇云蚩尤以金作兵一弓二殳三矛四戈五戟

後之學者又各爲所說

書呂刑釋文引馬曰蚩尤少昊之末九黎君名　僞孔亦云九黎之君號曰蚩尤呂氏蕩兵篇高注同六

孔疏引鄭曰蚩尤霸天下黃帝所伐者

周禮肆師祭表貉則為位鄭注其神蓋蚩蚘或曰黃帝

五經異義公羊說師出曰祠兵入曰振旅祠者祠五兵矛戟劍盾弓鼓及祠蚩

尤之造兵者許慎大疏證

史記高帝紀高祖立為太子祠黃帝祭蚩尤於沛庭用漢書 裴駰並引應劭曰蚩

尤亦古天子今本脫此四字好五兵故祠祭之

又封禪書秦始皇祠八神三曰兵主祠蚩尤蚩尤在東平陸監鄉齊之西竟也

漢書郊祀志同集解云皇覽云蚩尤冢在東平郡壽張縣闞鄉城中

漢書地理志蚩尤祠在壽良西北沛上

史記　一一

又藝文志兵家蚩尤二篇陳注見呂刑

夫蚩尤作兵山經管子地數世本俱言之尸子以為造者亦為古也孔子呂氏俱辨之孔子以

為庶人之強者應劭顏以為古天子鄭書注疏云蚩尤霸天下何哉蓋蚩尤本

炎帝諸侯周書所謂宇於少昊以臨四方者也作兵好戰遂霸天下如其工之

比故應劭以天子目之徐注國語謂共工氏非霸九州漢律曆志亦列之亦為中孔子以其由德故斥為庶人

王鳴盛說非真庶人也以有作兵之事故後世用兵者祀之秦始漢高之　及周四

注公羊說所言是也漢志所載蚩尤兵法則亦後人作兵之故後人偽　作說

之蚩尤耳金樓山經史關若七卷八謂蚩尤為黃帝造兵自是作者之聖疑造兵之

蚩尤是一人作亂之蚩尤又是一人如古來作射之人名羿而有窮之君

亦以為名此其證也後世所祭則造兵之蚩尤非作亂之蚩尤也按山經

明言蚩尤作兵伐黃帝大戴記蚩尤作兵事亦云及利無義不顧其親以喪厥

身則作兵之人即作亂之人王氏以為二人蓋册括之誤也惟管子五行篇所

言明於天道黃帝使為當時之蚩尤列於六相或當別為一人其諸怪語之書

銅頭鐵額之說八肱八趾之說上見正義引龍魚河圖下見初學記九引歸藏啓斯所艷智者之羞

附注 索隱三朝記凡七篇云云案漢志論語錄孔子三朝七篇師古曰今大

戴禮有其一篇蓋蜀志秦宓傳曰昔孔子三見哀公言成七卷裴注云案中經簿

有孔子三朝記八卷一卷目錄餘者所謂七篇王伯厚困學紀聞卷五云大戴禮

記千乘四代虞戴德誥志小辨用兵少閒凡七篇序周要王說是顏說非也

史記　一二

藝五種

大戴家語並作設五量王肅云五量權衡升斛尺丈里步十百

附注 集解引周禮見職方氏案五穀之說諸家各異詳劉寶楠釋穀

索隱作延見釋草

教熊羆貔貅貙虎

說文熊獸似豕山居冬蟄以能炎省聲　又曰羆如熊黃白文同手足以熊罷

省聲古文作䙴　又曰貔豹屬出貉國與爾雅說文貔字當從田疑古止作

仳　又曰貙獌似貍同字正　又曰虎山獸之君从虍从虎足象人足

附注 索隱引書見牧誓爾雅見釋獸下同禮見小戴記曲禮周禮夏官序

言雖不氏注服不服之意然郭說見釋詁注書僞傳同

以與炎帝戰於阪泉之野

大戴家語炎帝作赤帝逸周書史記篇武不止者亡昔日阪泉氏用兵無已誅戰不休并兼無親文無所立智士　心從居至獨鹿諸侯叛之阪泉以亡　案阪泉氏即榆罔或以為蚩尤非也說見下

【樹注】集解引服虔說蓋左傳二十五年傳注文　正義云・案水經濕水注涿水出涿鹿山東北與阪泉合　魏土地記曰下洛城東南六十里有涿鹿城城東一里有阪泉泉上有黃帝祠晉太康地理記曰阪泉亦地名也則正義所引晉太康地里志即地理記當作魏土地記

與蚩尤戰於涿鹿之野

漢書刑法志自黃帝有涿鹿之戰以定火災　注引鄭氏曰涿鹿在彭城南注者曰黃帝與炎帝戰於阪泉今言涿鹿地有二名也文穎曰律曆志云與炎帝後戰於阪泉涿鹿在上谷今見有阪泉地黃帝祠師古曰文說是也彭城者上谷北別有彭城非宋之彭城也　爭周案阪泉涿鹿相去一里見上文引注引魏土地記故案可以為地有二名漢刑法志所謂涿鹿之戰即上文阪泉之戰賈子制不定篇黃帝行道而炎帝不聽故戰涿鹿之野逸周書史記篇至於獨鹿諸侯畔之亦謂阪泉之戰謂黃帝與炎帝戰非與蚩尤戰也　互詳下文

【樹注】索隱皇甫謐云作濁鹿案逸周書作獨鹿古同聲通用

遂禽殺蚩尤

梁曜北曰樹案宋李昉太平御覽卷九引史記曰蚩尤氏能徵風召雨與皇帝爭強帝滅之於蒙　路史後紀注云史記言尤能徵風召雨　今本史記無之亦未見他書說以為史記脫抑史文舊有經後人妄刪也後漢書楊終傳終受詔刪太史公書為十餘萬言是以漢人書中引史記往往為今本所無疑皆楊終刪之但唐宋以來諸書多引史記其間雖不免載見謬然而參校異同每有出于今本之外者詳見存佚毋楊終既刪之後轉相傳寫復被妄人改削乎前賢均未論及故執不知問凡他書引史與今本異者為附案

【樹注】集解引皇覽見高七丈孫曰御覽七十九引皇覽作丈　索隱或曰云

云案出周書嘗麥篇事物紀原十引尸子亦云黃帝斬蚩尤於中冀初學記九引歸藏啓筮云蚩尤出自羊水八肱八趾疏首登九淖以伐空桑黃帝殺之於青丘周書尸子世紀並異

而諸侯咸尊軒轅為天子

梁曜北曰案吾劉知幾史通敘事篇謂五帝本紀所取非要試也即如此紀由前言之帝里衰而諸侯暴後言之兵主虐而列村半悔之內遊相猜猜同諸炎帝而或徑守府或臨戰兵同號黃帝而忽則異君忽又紀上顏或矛盾莫識所從炎帝其榆罔乎　易不與疏引世紀八世為榆罔　雖史籍無徵不必若蔡耕亦待洛陽君后而制之軒轅固聖帝也何至口……

黃帝以天下治紛紛後史所載則征伐而得天下當自黃帝始矣故追尊當
赤帝命蚩尤昊少宇以臨四方蚩尤攻逐帝於涿鹿黃帝乃執蚩尤殺之
傳僖二十五黃帝戰阪泉之兆亦指蚩尤然則阪泉之戰即涿鹿之戰是軒轅
勤王之師而非有兩事故逸周書史記解稱蚩尤曰阪泉氏斯爲確證然炎
帝衰諸侯不享軒轅征之而未嘗於炎帝征也既因蚩尤僭逆炎帝遂蒙塵軒轅
徵師以誅之爲炎帝誅也而天與人歸尊爲天子烏知非炎帝讓授也哉某
紀中兩炎帝字俱蚩尤之誤（路史後紀云蚩尤姜姓炎帝之裔逐帝自立號炎帝當是因此致誤）其初三戰於阪
泉而後勝之說作亂不用命然戰于涿鹿而乃殺之耳然國語晉臣言炎帝
黃帝異德用師相濟大戴禮孔子言黃帝與赤帝戰二書乃史公所本故論云

史記　一五

春秋國語發明五帝德及帝繫姓此類是也如子所說豈皆不足據哉曰國語
多舛未可全憑大戴禮更采不免儒託而所謂炎帝赤帝者疑即指蚩尤未難
華路史後紀注嘗引大戴禮諸書辨之
承周書黃帝滅炎帝與蚩尤自是二事梁氏妄謂左傳黃帝戰阪泉之兆及周
書之阪泉氏俱謂蚩尤以紀中兩炎帝爲蚩尤之誤皆非說也（左注云黃帝與神農之后姜氏戰于阪泉）晉語胥臣謂黃帝炎帝成而異德用師相濟語至明晰梁氏之妄謂國語
多舛未可全憑而其所憑信者乃在無稽之路史故費子制不定爲云炎帝爲
黃帝同父母弟也各有天下之半黃帝行道而炎帝不聽故戰涿鹿之野正與
國語合豈亦舛邪呂氏論兵篇云黃炎故用水火矣（高注黃黃帝也炎炎帝也炎帝爲火災黃帝滅之也）

共工氏固以作難矣五帝因相與爭矣淮南兵略篇云兵之所由來者遠矣黃
帝嘗與炎帝戰矣（高注炎帝神農之末世也與黃帝戰于阪泉黃帝滅之）顓頊嘗與共工爭矣又云炎爲火
災故黃帝禽之共工爲水災故顓頊誅之史記律書曰黃帝有涿鹿之戰以定
火災顓頊有共工之陳以平水害（漢書刑法志同顏注涿鹿即阪泉見上）漢書律曆志曰黃帝與炎
帝戰于阪泉遂王天下豈皆舛邪梁氏欲改兩炎帝爲蚩尤其將並大戴禮語
而改之邪又將並國語呂覽賈子淮南諸書而盡改之邪甚矣其妄也

史記　十六

披山通道
【樹注】集解索隱披者云云張曰谷本旁字謂爲陂字譌說依全校段氏說文
注改集解記披九山正義披音彼及謂旁其山道以通即本裴說承周案旅用
段君披字注校又披者披之籀字　說詳說文彼字下段君注

旅九山
梁雖九曰附案封禪書及漢郊祀志路史俱作九山（唐林堅初學記卷九引史作旅山誤）宋裴
駰史記集解引徐廣曰九一作九即指封禪書而說而不知九乃古九字也凡
字中以一唐張守節史記正義殊欠分明集解徐說及索引正義所載別本有
勝本文者有字相通借者有字異義同者有字異義非誤者但舉義勝之條
餘俱從爲附案又史注與他書證解甚多不能梳摘間有所辨亦以附案
別之（史注所引人名皆不著代）
成矣鄭曰今案水經巨洋水篇巨洋水出朱虛縣泰山北過其縣西注巨洋水

丸流逕朱虛縣故城西漢高帝二年封齊悼惠王子劉章爲侯國地理風俗記曰丹山在西南丹水所出東入海丹水由朱虛縣阜莢城東北二十里有丹山世謂之凡山縣在西南丹凡字相類音從字變也正義據括地志正作丸是也唯云地志唯有凡山此則唐本漢志之誤集解引地理志稱丸山知裴氏所見本作丸可據以正唐以後諸本之譌徐堅初學記丸引史記作桓山丸桓音同據此知唐本史記作丸不作凡正與正義合　盛長謂丹凡字相涉音從字變古今音皆丹丸相近其謂丹此凡者偏陽之俗音耳不足取證　氏又據風俗記謂丹水由朱虛郎亭括地志朱虛故城在臨朐縣東六十里以今輿地按之丹水所出山在朱虛故城西北則風俗記丹山在西南當爲北字之誤丹水東

史記　十七

北水徑注自南由朱虛矣據正義引括地志謂丸山在朱虛故縣西北二十里則　注誠東北二十里有丹山之說亦誤承風俗說苑辨物篇顏回曰似完山山之鳥又見抱朴子辨問篇而家語顏回篇顏氏家訓文章篇紀此事俱作桓山之鳥御覽四百八十七引說苑作丸山之鳥則丸山即桓山亦即完山三字同音初學記丸引史記丸山作桓山當正相類梁以爲譌字非也張謂凡爲古丸字之壞文丸作凡隸變作凡非凡字也

【附注】正義其地志唯有凡山俗本案譌括張校改此謂漢志非魏王泰括地志也

登鶴野

按御覽四十四及七九卷兩引史記此文皆有山字則集解本今本缺山也

成笄衛曰今崇平高故縣即今甘肅固原州治漢書地理志安定郡涇陽幵頭山在西禹貢涇水所出幵頭即雞頭亦名薄落山淮南子墬形訓涇出薄落之山許慎曰薄落山亦名笄頭山據漢書郡國志安定郡烏氏縣有薄落谷故轉爲笄屯十六國春秋西秦錄乞伏熾槃自高平遷於笄屯是也今俗名曰笄采湫亦以笄頭而譌括地志謂笄頭在平高西百里西當爲南字之誤也鄭氏王大隴山之異名即涇水注崇文總目稱水經已佚五卷此注亦在其中矣太平寰宇記於平高縣亦引之亦名高山寰宇記百泉縣涇水下引水經涇水出

史記　十八

安定涇陽縣高山注云山海經曰高山涇水出焉東於渭涇谷元和郡縣志涇水源出笄頭縣西南涇谷稱福故縣即今甘肅川治在固原州西北號爲括地志所說非也索引一曰崆峒山之別名考崆峒古祇作空桐當是隴西地名非山也史記於丸山岱宗雞頭熊湘皆繫以登之　東至于海西至于空桐南至于江空桐似與江海類列則其爲地名而非山可知索隱曰在隴右索隱前說云在隴西最合應劭及索隱後說並非也前說崆峒山在大統之西又西十里乃笄頭山也亦似是而實非至莊子稱廣成子學道崆峒山崆峒本作空同其稱空同山蓋以其山在空同因以地名名其山猶涇水出薄落谷因目其水爲薄落水也而司馬紹統復以北戴斗極之空桐當之不知爾雅之空桐在極北與黃

亦所至非一地不可混而同之也

附注 索隱依俠王孟襄鋒頭道茅見沱書陝注傳　正義引抱朴子曰銘茅見地真形今本九品作九加塗相作洞庭自然作自成當依此校正又引莊子云云案見在宥篇

叙熊湘

成矣鄭曰今案春秋僖公四年盟于召陵杜預注潁川縣也昔召陵故縣在今河南郾城縣東三十五里今尚有召陵岡是其遺址封禪書南伐至召陵登熊耳山以望江漢索隱荊州記蓋陽東北有熊耳山齊桓公太史公並登之或云弘農熊耳非也考封禪書之熊耳山即漢志所稱弘農郡盧氏熊耳山在東者

史記 十九

是今河南宜陽縣西按永寧縣亦有熊耳山後漢建武三年赤眉積兵宜陽城西與熊耳齊是其地東南距召陵固僅數百里故桓公至召陵得登之以望江漢楚世家昔桓公以兵侵楚至陘山即在傳所謂次於陘是正義引括地志云陘山在鄭州西南一百一十里此山今在新鄭縣西南與大隗山並峙適當鄭城召陵西北宜陽熊耳東南亦其證矣若黃帝所登熊山亦名熊耳山在今湖南益陽縣西桓公伐楚當楚文王之十六年是時楚都郢在今湖北荊州府治北桓公伐楚但至楚北境郊盟而還烏得南踰楚都三四百里以登益陽之熊耳乎索隱以益陽熊耳釋桓公所登之熊耳而謂弘農熊耳為非抑逆就矣黃帝所登熊耳與湘山相近自當以在益陽者為是而集解棲引封禪書桓公所登者釋之亦誤至正義引括地志云在商州上洛而亦桓公登之以望江漢此熊耳則漢志所稱弘農上雒熊耳獲與山在東北者也今在陝西商州西南在宜陽熊耳西北數百里外去召陵陘山太遠非桓公所登明矣則他括志亦非也湘山漢志謂在益陽北正義則以黔山當之考秦始皇本紀浮江至湘山祠逢大風幾不得渡上問博士曰湘君何神博士曰聞之堯女舜之妻而葬此於是始皇大怒使刑徒三千人皆伐湘山樹赭其山水經湘水注洞庭湖中有君山編山同黔山湘君之所遊處故曰君山昔秦始皇遭風于此而問其故博士曰湘君出入則多風秦王乃赭其山東北對黔山兩山相次去數十里據此則湘山黔山本屬二山湘山是君山之別名正義合湘山黔山而一之殆非也

史記 二〇

北逐葷粥

葷粥孟子作獯鬻漢書匈奴傳作薰粥說文無獯字

附注 索隱匈奴別名也云云案語雖見本書匈奴傳（漢書同）鬼方見易繫辭獫狁見詩六月說文無獫狁字當依匈奴傳作獫狁獵文士撤本又作獫狁本亦作允互詳匈奴傳索隱

官名皆以雲命為雲師

案左昭十七年傳昔者黃帝氏以雲紀故為雲師而雲名杜注云黃帝受命有雲瑞其一官也又文十八年傳縉雲氏有不才子杜注引服虔曰夏官為縉雲氏知服說與應劭同

為因知而鬼神山川封禪與為焉

洪範軒曰與語助辭國語周語若壅其口其與能幾何韋昭注與辭也承周案

與與於同 經史並同通說上云於可訓與與亦可訓於莊二十三年公羊傳桓之與盟 狀與之不言桓公之非衰狀驅之不也非與同又數二字可互用漢書杜欽 兄將軍之於主上之 主與將軍數於重也 於猶於是也 詩靈台於論鼓鍾於樂辟雍正又云於是思念致雄 使之合諧於是作樂在此群臣字中是於猶於是也

言鬼神山川封禪於是為多也

獲寶鼎迎日推筴

梁曜北曰案上言黃帝習用干戈以征不享乃戰阪泉時諸侯者所附會而史公

書之此言封禪山川獲寶鼎神策乃秦漢方士語具載封禪書中蓋嘆其妄而

紀猶信之豈得謂擇言尤雅者著于篇乎

史記　　二一

【附注】正義曰命大撓造甲子案呂氏勿躬篇云大撓作甲子世本作篇云大

撓作甲子　案衷曰大撓黃帝史也　又云容成造曆案呂氏勿躬篇云容

成作曆世本作篇云容成造曆宋衷曰容成黃帝史官　此所引世本及注皆見書舜典疏及左傳杜序

疏凡似書前人數引　漢書藝文志陰陽家有容成子十四篇方技房中亦有容

孝推索亮見書注之

成陰道二十六卷又晉書律曆志云黃帝使羲和占日常儀占

月臾區占星氣伶倫造律呂大撓作甲子隸首作算數容成綜此六術而著調曆

也 [illegible]

舉風后力牧常先大鴻

梁曜北曰附案舊陶潛四八目作力墨當是古字通借而路史後紀及國名紀

作力牧音黔以世紀千鈞與力牧牧民之善為恐不可信凡他書之異者為

附案

承周案書禹貢釋文引周公職錄云黃帝受命風后受圖割地布九州范書張

衡傳注引春秋內事黃帝師於風后潛夫論讚學篇黃帝師風后留侯世家索

隱引詩緯云風后黃帝師 下云化為老子以書授張良妄誕不取 陶潛聖賢群輔錄引論語摘輔

象云黃帝七輔風后受金法力墨受準斥 御覽八十二引詩含神霧云大鴻氏 [illegible] 力墨也風后

后也注黃帝臣案累乃墨之誤力墨即力牧也 淮南覽冥篇云黃帝治天下力牧太山稽輔之 又見列子

注文帝篇 漢書張衡傳注引帝王世紀云風后配上台天老配中台五聖配下台謂

之三公其餘知命規紀 [illegible] 地典力牧常先 御覽七十九引此下有封鉅神 [illegible] 大山稽鬼臾區

史記　　二二

十五字 封胡孔甲等或以為師或以為將 管子五行篇云黃帝得六相而天地治神明至蚩尤明乎天道故使為當時大常

察乎地利故使為廩者奢龍辯乎東方故使為土師祝融辯乎南方故使為司

徒大封辯乎西方故使為司馬后土辯乎北方故使為鬼 [illegible] 常先之名

他無可見疑即大常也

史記詳封禪書

【附注】[illegible] 以力牧帝相也案漢書藝文志力牧十五篇原注黃帝臣此

以 [illegible] 又案鄭 [illegible] 二說是鄭 [illegible] 顏師古漢書敘例列晉灼為

下三 [illegible]

存亡之難

大戴禮作故家語同徐廣引一本 [illegible] 死之說 [illegible] 天地之紀

幽明之占 [illegible] 合生死之說 [illegible] 存亡之說以家語有達

達字和文記本有合字也

淈化鳥獸蟲蛾

說文蝨羅也（在虫部）又蛾羅也飛蛾也或作蟻（在蚰部）二字義別蛾即俗蟻字

郭氏注爾雅蛾羅以為蠶蛾非也禮記蛾子時術之注蛾蚍蜉也左傳十五

年傳蛾析釋文音魚綺反云本或作蟻音語蚍蜉蠶蠹皆能害人宋庠補音云蛾

音蟻以及楚詞天問之蠡蛾楊子雲長楊賦之蟻伏范書皇甫嵩傳之蟻賊漢

仲秋下蛾碑之蛾俱皆其本義（說詳桂氏說文義證）古音我聲義聲皆在歌部故蛾俗變

作蟻以別於蠶耳（大戴禮記作昆蟲）

故號黃帝

史記　二三

附注　索隱黃龍地螾見云云　案呂氏春秋召類篇黃帝之時天先見大螾大

螻黃帝曰土氣勝土氣勝故色尚黃御覽九百四十七引帝王世紀云黃帝時

螾大如虹

黃帝二十五子其得姓者十四人

梁曜北曰案國語晉臣言得姓者十四人為十二姓二人同姓己二人同姓姬

故也而其敘己姬二姓之子兩舉青陽明是剛誤（以青陽為己姓者非）史公仍而不

改故索隱述贊云破四為三言得姓者十三人耳但青陽與夷鼓二己姓（路史作姬）

斷以為非加以酉祁滕箴任荀（路史作苟以荀為非）僖姞儇依十姓總得十二餘皆與黃帝

同姓姬並怪二人則路史後紀所引姓者十二餘皆姬姓良是

衆因案青陽與夷鼓同己姓夫言與蒼林同姬姓正與為十二姓之說合例夫

論志氏姓篇亦云黃帝之子二十五人班為十二故也其云姓路史後紀作苟

以國語史記作荀為非然通志氏族略云元和姓纂引國語黃之後有四十有下

云國語云本自黃帝之子軒轅黃帝傳亦作苟潛夫論氏姓篇苟作狗狗苟古

聲相近故苟通作狗也其依姓潛夫論及漢書古今人表作僕古通（索隱本有集解引）

其儇姓述聞云潛夫論作衣史記五帝紀集解引宋衷注引國語桂作衣鄭

注中庸曰今姓有衣者　殷之裔云姓則國語之衣

作衣蓋明矣

居軒轅之丘

史記　二四

附注　集解引山海經云云　案軒轅之丘見西山經又見海外西經云軒轅之

國在此窮山之際窮山在其北不敢西射畏軒轅之臺（郝懿行云五帝紀索隱引作西射之南蓋

誤衍）

而娶於西陵之女

王繩祖曰西陵下脫氏字下文昌意娶蜀山氏女帝嚳娶陳鋒氏女皆有氏字

太平御覽皇王部史記部引此並作西陵氏大戴禮帝繫篇亦作西陵氏（漢書引

御覽皇親部有氏字）

是為嫘祖

御覽百三十五引作累（今本作嫘今本改）祖漢書古今人表作絫祖與索隱引世紀

水經注引世本並同作若

為黃帝正妃

案山海經海內經云黃帝妻雷祖生昌意昌意降處若水生韓流 次

帝德亦注云黃帝次妃彤魚氏女生夷鼓一名蒼林 云

聖人之功之盛也 注

為正妃生二子其後皆有天下 注

蜀字之誤

正義誤同

青陽降居江水

大戴記江水作泜水

史記　二五

既吳卿曰今蒙安陽西漢志江當汝南郡故城在今河南汝寧府正陽縣西南封息故縣卽今河南光州息縣正陽息縣並在故安陽境史記所謂江水顯然史闕名紀以為少昊後說並爾黃帝后妃姓氏列有江水亦只於以少昊登之江恐譯江水蹟未可詳史稱于江水下流今之元嵩國若之下流派來也今嵩州今為四川成都府崇慶州地若水今之雅礱江其下流至西昌縣而謂之打沖河又東南流會瀘州西與金沙江合流卽水經所謂南過越嶲邛都縣西直南至會無縣從水東南流注之者也皆不經故蜀州境路史記謂古江水出在蜀州而又以為若之下流亦失之

降居若水

昌僕卽曰蜀山氏若水流經關蜀土黃帝長子昌意 其二曰昌意降居若子德劣不足紹大位降居斯水為諸侯焉蜀山氏女生子顓頊于若水之野若水今為雅礱江據下文觀若水本出流鮮水注之源出徼外雅礱江自番界雪谷土鄉以北皆東南流以南則名瀘水古江水所在雅州蘆山西北可知雖長源謂江水因在雅州以為道注計之西北距番界谷土鄉僅四百餘里則江水正指岷江而小司馬引水經而云蜀有此二水其說蓋以瀘江為江水不知瀘江在宋提今為敘州府宜賓縣西南地極于蜀州南數百里外乃西北經故若水國千有餘里相去太遠不可以

梁玉繩曰案路史言嫘祖生昌意玄囂則昌意乃玄囂之兄未知孰是又言陽

史記　二六

國別一子國語謂帝妃方雷氏所生（大戴禮帝繫謂嫘祖所生玄囂則諸注以方雷卽嫘祖之姓恐非）覽青陽皆是二人史公合而一之宋獨漢志並著林昌意為一人史注家用諡認黃數謂為一人也帝繫曰黃帝產青陽及昌意青陽降居泜水（卽江水）昌意降居若水大戴禮蓋以玄囂為青陽史仍其誤為當於是為青陽青陽亦字耳致閒先儒皆以少昊帝為黃帝子而少昊卽青陽詎不然歟曰若北宋尚論之徒妄論也而其誤實生遷大論及紀志然史不紀少昊固屬脫漏然史之失在以玄囂青陽為一人未嘗以玄囂青陽為少昊帝摯也 故選

伯夷列傳第一

張孟懿曰夫何本題老子伯夷列傳第一別行注云正義本老子莊子伯夷居

列傳之首正義曰老子莊子開元二十三年奉敕升爲列傳首處夷齊上然漢武帝之時佛教未興道教已設道則其善庶致正理制禦邪人未有佛教可導故列老莊於申韓之上今既佛道齊妙興亦流理居列傳之首也今依正義本陵本亦有此注而無末五字蓋正義止老子以下至首也七十九字首既皆合刻者語王柯本皆依正義次序以老子居列傳首凌本雖亦用宋人合刻本而不依其次故刪去末五字其餘各本本無正義悉依史公舊次索引亦成書在正義前未奉開元敕改更無論矣今校刊本亦依凌本之次特刪去此條恐讀正義者以爲不倫故附列於此亦流二字於文義不詞亦疑衰字之誤　又王柯凌本又一條云監本老子與伯夷同傳第一莊子與韓非同傳第三蓋亦合刻者所記

詩書難缺

附注　索隱云孔子刪三百五篇爲詩今亡五篇案孔子世家云三百五篇孔子皆弦歌之以求合韶武雅頌之音漢書昌邑王傳龔遂曰大王頌詩三百五篇人事浹王道備儒林傳王式曰臣以詩三百五篇朝夕授王曰臣以詩三百五篇諫是以無諫書藝文志云孔子純取周詩上采殷下取魯凡三百五篇是則三百五篇之數三家與毛不殊惟毛公兼存笙詩六篇之目爲異耳索隱所謂今亡五篇文有數誤五疑六之誤謂笙詩也至論語云詩三百一言蔽之又云誦詩三百使於四方不能專對禮器云誦詩三百不足以一獻皆舉成數言之（墨子公孟篇誦詩三百弦詩三百歌詩三百舞詩三百亦舉成數）與索隱語無涉

索隱又云書緯稱孔子求得黃帝玄孫帝魁之書云云　案書序疏謂鄭作書論依尚書緯云孔子求書得黃帝玄孫帝魁之書迄秦穆公凡三千二百四十篇斷遠取近定可以爲世法者百二十篇以百二篇爲尚書十八篇爲中候白虎通五經篇引緯云史記以政錄帝魁以來除之禮樂者三千二百四十篇兩文符同則索引三百三十乃二百四十之誤

索引又云見亡四十二篇案小司馬據晚書五十八篇言之下云尚書有錯失大禹謨亦據晚書也

天下重器

附注　索隱引莊子云天下大器案見讓王篇

義至高

附注　索隱莊子云云　案洗耳事惟見高士傳疑此條皆高士傳文一本莊子二字作譙字當以之莊子讓王篇云許由娛於潁陽不云洗耳也桐水今莊子作椆水（釋文云本又作桐司馬本作洞）呂氏離俗覽作潁水水經潁水注云呂氏春秋曰卞隨恥受湯讓自投此水而死張顯逸民傳嵇叔夜高士傳並言投洞水而死未知其孰是也又廬水（莊子司馬本作盧水）呂氏作募水

孤竹君之二子也

附注　索隱云其傳蓋韓詩外傳及呂氏春秋也案今外傳言夷齊事甚略

云伯夷叔齊殺身以成其素卷三六伯夷叔齊曰不視吾已身不辱吾聲云云非史記所用所未見多於今本 疑有佚脫 路史後紀四注伯夷父初字子朝見韓詩外傳

呂氏誠廉篇云昔周之興也有士二人處於孤竹曰伯夷叔齊二人相謂曰吾聞西方有偏伯焉似將有道者今吾奚為處乎此哉二子西行入周至於岐陽則文王已歿矣武王即位觀周德則王使叔旦就膠鬲於次四內而與之盟曰加富三等就官一列為書同辭血之以牲埋於次四內皆以一歸又使保召公就微子開於共頭之下而與之盟曰世為長侯守殷常祀相奉桑林宜私孟諸為三書同辭血之以牲埋一於共頭之下皆以一歸伯夷叔齊聞之相視而笑曰嘻異乎哉此非吾所謂道也昔者神農氏之有天下也時祀盡敬而不祈福也其於人也忠信盡治而無求焉樂正與為正樂治與為治不以人

史記 二九

之壞自成也不以人之庳自高也今周見殷之避亂也而遽為之正與治上謀而行貨阻兵而保威也割牲而盟以為信因四內與共頭以明行揚夢以說衆殺伐以要利以此紹殷是以亂易暴也吾聞古之士遭乎治世不避其任遭乎亂世不為苟在今天下闇周德衰矣與其並乎周以漫吾身也不若避之以潔吾行二子北行至首陽之下而餓焉 以上呂氏春秋文與莊子讓王篇同 亦與史記意傳文義迥殊史公蓋別有所據索隱語誤

又索隱其傳云孤竹君云云案論語釋文伯夷名允字公信叔齊名智字公達夷齊謚也見春秋少陽篇邢昺同皇疏云孤竹之國是殷湯正月三日丙寅日所封其子孫相傳至夷齊之父也父姓墨台名初字子朝伯夷名允字公信叔齊名智字公達伯夷大而庶叔齊小而正父薨兄弟相讓不復立也疑亦本少陽篇智作致與索隱合 三月丙寅當依皇疏及正義作正月三日丙寅日路史後紀四亦誤 困學紀聞卷七云少陽篇本詳何書 原注引真宗問群臣墨台氏何人對曰伯夷叔齊也上問見何書曰春秋少陽篇夷齊之父名初字子朝則允亦非其書尚存 胡明仲曰少陽篇以夷齊為伯叔之謚被亡去國隱居終身尚謚為之說恐誤矣如伯達仲忽亦名而已矣

又案墨胎皇疏作墨胎 邢疏及紀聞述三國語載胎氏引竹書作姓墨 潛夫論誌氏姓篇云墨胎如成台乃孤竹君後路史後紀四云湯有天下封怡以於烈山死為默台又國名紀一云怡一曰默怡即墨台兩郎墨如或云墨台梁氏人表攷云此則書怡本傳云本姓墨台避難改焉則台即怡字作胎非也 墨怡胎字古聲古通用梁說是

史記 三〇

國人立其中子

案皇疏云伯夷大而庶叔齊小而正兄弟相讓不復立則夷齊為異母兄弟列士傳云竹君葬伯夷長子當立乃讓與弟叔齊不受乃讓與異母弟仲馮則中子亦與夷齊異母也惟仲馮之名似有可疑 正義作仲馮索隱作仲憑 路史後紀四以為名遠未詳所據 水經濡水注云漢靈帝時遼西太守廉翻夢人謂己曰余孤竹君之子伯夷之弟遼西令支人也說文水上有溺棺君幸見藏覆明日視之水上有浮棺吏嗤笑者皆無疾而死於是改葬之語曰我孤竹君子也汝破我何為因立祠焉事又見搜神記十六太平御覽引作廉翻搜物者作遼西太守廉翻於太平寰宇記引文校神記十六太守康翻得物者作林翻路史後紀四又誤作廉翻

載木主號為文王

案淮南齊俗篇武王伐紂載尸而行海內未定故為三年之喪 為上當有不字 上各擢校引

設與論衡篇文王受命伐崇作邑於豐武王繼之載尸以行伐商會紂遂成王業頗策傳云文王伐紂病死載尸而行太子發代將戰於牧野則漢代傳聞有武王載尸而行之說論語崔述此事亦云橫尸不葬豈得孝才與此言載木主異

隱於首陽山

案首陽所在言人人殊以為在遼西者許慎也說文以為在洛陽東北者高誘注呂氏見注有非餓死之征記正義引西也以為在隴西者曹大家也正義引幽通賦注以為在岐陽西死者孤竹節也正義引說如此人謂史傳諸書夷齊餓於首陽凡有五所並孟子語與首陽無涉張說謂在遼西者田於竹君之也謂在洛陽者田盟律君之也謂在隴西者及岐陽者由本書謂西山君之也惟馬融論語注謂首陽山在河東蒲坂縣華山之北河東之中鄭君注亦同馬說見論語集解及本書正義鄭說為太平寰宇記引與兩漢志合詩唐風采苓采苓首陽之巔首陽在晉其為蒲阪之山無疑矣劉逢祿論語正義云孟子謂夷齊北海之濱與津西北至首陽也大伐紀書于刻之中昔者伯夷叔齊死於瀦澤之中文云夫二子者居河濟之間凡氏庚桑補注首陽山在蒲阪河曲中其南有水出濟北谿云河濟之間凡氏釋首陽即于此邦也

遂餓死於首陽山

梁玉繩曰案史所載俱非也孟子謂夷齊歸周在文王為西伯之年安得言歸於文王卒後其不可信一已說見周紀書序謂武王伐紂職位已十一年即周紀亦有九年祭畢之語畢乃文王墓地安得言父死不葬其不可信二已文王伐紂梁傳言病死載尸而行太子發代戰于牧野尤妄禮大傳謂武王克商然後追王三世安得言祖征之始使號文王其不可信三已東伐之時伯夷歸周已久且與太公同處岐豐未有不知其事者何以不沮於帷幄定計之初而徒見於干戈既出之日其不可信四已曰左右欲兵之太公扶去之武王之師不應無紀律若是武氏殷不及救則視殺比干比殺夷齊不其若以暴易暴乎其不可信五已正義或首陽有五前賢定夷齊所隱為蒲坂之首陽見困學紀聞七迷山無食采薇其常耐不患山亦周之山薇亦周之薇而恥周之粟于義為不全其不可信六已不問凡婦女必敢為何論呼指夷齊王逸注恐非也劉峻辨命論夷叔斃淑媛之言注引古史考謂野有婦人難夷齊采薇曰子又不食周粟此亦周之草木也於是餓死路史發紀四引史林云夷齊棄薇不食白鹿乳之論語稱餓於首陽之下未嘗稱餓死孔子餓傳莊子載餓而終之說皆至于死且安知不于兆國之時餓首陽邪其不可信七已馬總意林引論衡言二子叔國餓死首陽其說與莊子亦不合其非自用之故王弼子知氏論言武王讓以天下弗受即去恥食周粟而止于餓死外館記右不伯夷叔齊葬首陽山誕也不分稱祿非絕粒也戰國燕策蘇秦曰伯夷不肯為武王之臣不受封侯不稀餓而述齊王直而韓非傳亦曰武王遷九鼎于洛邑伯夷叔齊隱之不食其粟傳有不食而死數其不可信八已即云不食餓死而歌非二子作也詩遊泰山大戴詩甚多為截采薇為二子紀命之辭況獨言西山奈何以首陽當之況唐風之采苓為戲詩則詩明著首陽將指為夷齊所作與夫同一無蕪小序以為莊姜送妾列女傳以為定姜送婦同一舊說韓詩以為衛宣公子伯奇宣公封作見後根集今命志多論及鄭魯詩以為衛宣子壽閔其兄伋而作見谷四年見四百十九

曰虎通諫諍篇以相鼠爲妻諫夫之詩列女傳以采苢爲蔡女作行露申女作柏
舟衛寡夫人作趙岐孟子注以鴟鴞爲刺邠君以小弁爲伯奇之詩列
子仲尼篇以立我蒸民莫匪爾極不識不知順帝之則爲堯時童謠呂氏春秋
謹人篇以北山普天之下四語爲舜作之詩求人篇以鄭風子惠思我四語爲
子產所作之詩文選李少卿與蘇武詩注引琴操以鄭箴爲鄭國之子所作水
經注引以新台爲齊妻作賦國學記開三稱述以關雎爲畢公作又引袁孝政
注劉子以青蛇爲刺魏武公示張載正蒙樂器篇以唐棣爲文王之詩皎頲列
見莫辨所由則史公偶得一詩而誤屬之夷齊毋乃類是其不可信九矣孔子
稱夷齊無怨而詩歎命衰殆似不免且其意雖不滴於醜詆而易暴之言甚輕

史記　三六

不仍加以武王其不可信十也先儒多有議及者詞義駁雜不能盡采余故總
攬而爲此辯（辯李文數篇三十七頁魏源元和東野文答二子餓死背周爲非太高燕見）
承周案古事傳聞自多異說梁氏之論亦多疑必也言不足辨也文選辨命論
夷齊斃叔妾之言李注引古史考云伯夷叔齊隱於首陽山采薇而食野有婦
人謂之曰子義不食周粟此亦周之草木也於是餓死論語皇疏云夷齊入首
陽山責其不食周粟唯食草木而已後適西今支與枯寄西張西虎杜蒲坂東一
村謂夷齊曰汝不食周粟何食周草木夷齊聞言即遂不食七日餓死列氏傳
云夷齊隱於首陽山王摩子入山難之曰君不食周粟而隱周山食周薇奈何
二人遂不食薇三說相類而名氏各殊列士傳又云絶七日天遣白鹿乳之將
數日叔齊私念北鹿肉食之必美鹿知其意不復來遂餓而死金樓子與之略
云夷齊之子伯夷叔齊不食周粟餓於首陽依麋鹿以爲群叔齊起害鹿鹿
死伯夷恚之而死雖皆晉宋之語而天問已有驚女采薇鹿何祐之言（梁氏志疑謂此指夷齊詞）
不可易則自戰國以來有此傳說也

天道無親常與善人

金匱載太公語曰天道無親常與善人（御覽六百二十九引六韜又見老子七十九章說苑敬慎篇尚有天道無親語）（說苑天道作天地）
又說苑敬慎篇載金人銘亦有此二語家語觀周篇同（今本十八引作義不能下人郭氏五百九十引家語作常與善人梁說太公）

史記　二四

可謂善人者非邪
索隱謂本作可謂善人者邪邪非也王念孫曰淮南王傳曰公以爲吳興兵
是邪非也貨殖傳曰豈所謂素封者邪非也語意並與此同疑索隱本是原文
而今本乃校人所改也老子曰侯王自稱孤寡不穀此其以賤爲本邪非乎語
意亦相似

糟糠不厭
［附注］索隱云糟糠之妻本後漢書宋弘傳云糟糠之妻不下堂太平御覽引傳
云原憲糟糠不厭說苑立節篇云曾子杕原之食未得飽
淡然日救不棄

索隱云一作陳注以縣及注作鄒縣名云…以此列正文本作鄒
集解徐廣曰鄒縣作鄒之誤欲云鄒及注鄒縣者並云名反也今本之正作鄒又脫去
集解引索隱不合乃致誤其史曰鄒與鄒同故音之石反斯為誤矣正義述
正文亦作鄒字

暴戾恣睢

錢竹汀曰睢睢二字形聲俱別以劉音字當以目以鄒音字當以且下司馬貞
存二音而不辨正何也李斯傳有天下而不恣睢索隱肯吁季反一音

或擇地而蹈之

史記

附注　家語不飲盜泉索隱淮南說山篇云曾子立廉不飲盜泉說苑雜言篇云
水名盜泉孔子不飲尸子云孔子過於盜泉渴矣而不飲惡其名也鹽鐵論晁
錯篇云孔子不飲盜泉之流論語撰考云水名盜泉仲尼不漱 又見列子說符篇 論衡
問孔子篇云孔子不飲盜泉之水　又正義謂北郭騷說隹等是也案臨乃
鮑之譌北郭騷事見晏子雜上篇呂氏士節篇說苑復恩篇鮑焦事見韓詩外
傳一新序節士篇又莊子盜跖篇云鮑焦飾行非世抱木而死說苑雜言篇云鮑
焦抱木而立枯後漢書崔駰傳注引說苑云鮑焦衣弊肤見 王辟鄭毓傳注引

富貴如可求至為之

今論語富而可求無貴字集解引鄭注有貴字論語何解引同蓋鄭所據本與
史公同也

三五

史記

賈與馮生

錢竹汀曰每貢猶相近貪生之義故馮為長
承周案漢書賈誼傳文選鵩鳥賦字皆作每不書誼賈傳及此文字皆作馮而
鄒誕生本亦作每方言十三每貪也 廣雅釋詁同賈誼傳者與梅子合以李奇是也 方氏通雅曰馮同
秋傳每生有根後漢書禮趙傳云並有同訓貪曲可以每其生識注皆訓每為
貪 至詳貴誼傳

附驥尾而行益顯

梁曜北曰索隱知猶廿一日本並附天子下避上文而改作驥尾使後人為
之意不為人識失余於樊鄭勝漢傳論亦有附驥之尾乃詳志祖也

三六

管晏列傳第二

潁上人也

梁曜北曰案說苑尊賢云管仲故成陰之狗盜也戰國即為盜與相上其父爽
吾讀故仲秋當為之
承周案說苑成陰元本作城陰鄒氏曰…百七十四同水經汝水篇云潁水出潁
川陽城縣西北少室山 汝水 酈氏謂潁城即臨潁縣而漢志陽城作城陽說苑
城陰疑城陽之誤城陽即潁陽也說似合顏無以所於穢上二文似非

附注　正義引韋昭云管夷吾之子孫四分國語注無此四字　承周案下文
索隱引系本云莊仲山產敬仲夷吾韋語即用世本穢下抗仲字敬仲即莊仲

也果公子本正有管龢付之子五子明道本偽挩耳

常欺鮑叔

附注 索引呂氏春秋云云今本無此文

管仲事公子糾

承周案管子云齊僖公生公子諸兒公子糾公子小白使鮑叔傅小白鮑叔辭稱疾不出管仲與召忽往見之曰何故不出鮑叔曰先人有言曰知子莫若父知臣莫若君今君知臣不肖也是以使賤臣傅小白也賤臣知棄矣召忽曰子固辭無出吾權任子以死亡必免子鮑叔曰子如是何不免之有乎管仲曰不可持社稷宗廟者不讓事不廣閑將有國未可知也子其出乎召忽曰不可吾三人者之於齊國也譬之猶鼎之有足也去一焉必不立矣吾觀小白必不為後矣管仲曰不然也夫國人憎惡糾之母以及糾之身而憐小白之無母也諸兒長而賤事未可知矣夫所以定齊國者非此二公子者將無已也小白之為人無小智惕而有大慮非夷吾莫容小白天不幸降禍加殃于齊糾雖得立事將不濟非子定社稷其將誰也召忽曰百歲之後吾君卜世犯吾君命而廢吾所立奪吾糾也雖得天下吾不生也兄與我齊國之政也受君令而不改奉所立而不濟是吾義也管仲曰夷吾之為君臣也將承君命奉社稷以持宗廟豈死一糾哉夷吾之所死者社稷破宗廟滅祭祀絕則夷吾死之非此三者則夷吾生夷吾生則齊國利夷吾死則齊國不利鮑叔曰然則奈何管子曰子出

史記 三七

奉令則可鮑叔許乃出奉令遂傅小白而大呂錄子云管仲鮑叔相稱也某凱甚矣必異國與國之諸少子其可輔者非公子糾則小白也與子人事一人焉先進者相收管仲乃教公子糾鮑叔從小白國人殺君小白先入為君魯人殺管仲而教之鮑叔言而相之下高說林呂氏春秋曰鮑叔管仲召忽三人相善欲相與定齊國以公子糾為必立召忽曰吾三人者於齊國也譬之若鼎之有足去一焉則不成且小白必不立矣不若三人佐公子糾也管仲曰不可夫國人惡其子糾之母以及公子糾公子小白無母而國人憐之事未可知不若令一人事公子小白夫有齊國必此二公子也故令鮑叔傅公子小白管仲召忽居公子糾所不足據此諸方則三人為急分事二公子無所據察也

史記 三八

鮑叔遂進管仲

說世卿齊世家

附注 正義引韋昭云云案此齊語注文彼文云鮑叔敬叔之子叔牙此挩叔字

任政於齊

附注 正義引管子云云管子入國篇云入國四旬五行九惠之教一曰老老二曰慈幼三曰恤孤四曰養疾五曰合獨六曰問疾七曰通窮八曰振困九曰接絕云云此節引

管仲曰至知我者鮑子也

承周案劉向管子敘錄及列子力命篇並載此文又韓詩外傳云管鮑叔有疾

管仲爲之不食不內，無賓厭惡之。管仲曰：生我者父母，知我者鮑子。士爲知己者死，馬爲知己者良。鮑子死，天下莫吾知，吾用於難爲之死，亦何傷哉。說苑季 記十八引今外傳文

說苑云：鮑叔死，管仲舉上衽而哭之，泣下如雨。從者曰：非君父子也，亦有說乎？管仲曰：非夫子所知也。吾嘗與鮑子負販於南陽，吾三辱於市，鮑子不以我爲怯，知我之欲有所明也。鮑子嘗與我有所說王者，王者王聽王 庚子百曰 而三不見聽，鮑子不以我爲不肖，知我之不遇明君也。鮑子嘗與我臨財分貨，吾自取多者三，鮑子不以我爲貪，知我之不足於財也。生我者父母，知我者鮑子也。士爲知己者死，而況爲之哀乎者 梁玉繩

劉氏曰：錯說苑記歲月先後，合李善以諸書記管子稱鮑叔少問之，而管子有詩鮑叔之語，疑鮑叔未嘗先管仲死也。吉見管子戒篇

史記　三九

莊子徐無鬼篇、韓子十過篇、呂氏春秋貴公篇、列子力命篇

有封邑者十餘世

索隱案以文義求之，所謂子孫世祿於齊有封邑者十餘世，常爲名大夫者將

鮑叔而多索隱引係本云云，以管氏子孫說之，大誤

而多鮑叔能知人也

承周案說苑云：子貢問孔子曰：今之人臣孰爲賢？孔子曰：吾未識也。往者齊有鮑叔，鄭有子皮，賢者也。子貢曰：然則齊無管仲，鄭無子產乎？子曰：賜，汝徒知其一，不知其二。汝聞進賢爲賢耶？用力爲賢耶？子貢曰：進賢爲賢。子曰：然。吾聞鮑叔之進管仲也，聞子皮之進子產也，未聞管仲、子產有所進也焉。臣術 又見韓詩外傳卷七，文有及家說

語賢否

管仲既任政相齊

樹注 正義引國語云：按此齊語文，又見管子者。小匡 寬和惠民，國語作寬惠柔民，管子作寬惠愛民，國語亦子字作惠，悟又國語今本字字作慈字

故其稱曰王六親固

案管子牧民篇文，三四字作則，一尹注：服，行也。正義以爲服御物，誤。又尹注六本篇以家爲家，以鄉爲鄉，以國爲國，以天下爲天下，如地如天，何私何私何親，如月如日，唯君之節，即是六親固。正義說非

樹注 正義引王弼云：按此老子云六親不和有孝慈注

史記　四〇

四維不張國乃滅亡

按亦牧民篇文，彼文又云：一維絕則傾，二維絕則危，三維絕則覆，四維絕則滅。傾可正也，危可安也，覆可起也，滅不可復錯也

下令如流水之原令順民心

按牧民篇云：下令於流水之原。又云：下令於流水之原者，令順民心也

故論卑而易行

按說苑談叢篇云：高論而不可及，不若卑論之有功也。淵大論是貴，茲云高論而相欺，不若卑論而誠，若此類也。史記集解引文帝曰：卑之無甚高論，令今可施行，語出此意

桓公實怒少姬

事見左氏僖三年四年傳及詳齊世家

桓公至之政

按齊世家于山戎伐燕燕告急於齊齊桓公救燕遂伐山戎至於孤竹而還燕

莊公遂送桓公入齊境桓公曰非天子諸侯相送不出境吾不可以無禮於燕於

是分溝割燕君所至與燕命燕君復修召公之政納貢於周如成康之時諸侯

聞之皆從齊燕世家略同不載管仲諫晏子春秋載齊桓公之始霸也翟

人伐燕桓公為燕北伐翟乃至於孤竹反而使燕君復召公之職桓公歸燕君

送桓公入齊地百六十里桓公問於管仲曰禮諸侯相送固出境乎管仲曰非

天子不出境桓公曰然則燕君畏而亂禮也寡人恐後世之以寡人為存燕而

欺之也乃下車而令燕君還車乃割燕君所至而與之遂溝以為境而後去諸

侯聞桓公之義曰不言而心皆服矣韓詩外傳四說苑貴德篇所載略同而稍文

闕

於柯至信之

案曹沫事本書十二諸侯年表齊世家魯世家刺客傳皆載之公羊莊十三年

傳、[illegible]策淮南氾論[illegible]不苟[illegible]傳春秋傳述此事皆作曹子、穀梁傳及呂

氏春秋貴信篇新序雜事四述此事皆作曹劌、是曹沫曹劌為一人、正義所謂左傳

之曹劌是也、第左傳紀長勺之戰由劌而勝未嘗三敗耳、

梁[illegible]曰古文曰、此三說皆非也、桓公二十九年會諸侯于陽穀為鄭謀也是

歲有蔡姬之事故明年伐楚因侵蔡蔡在楚北故春秋先書侵蔡其實本為伐

楚動也（穀梁傳載西周策及韓子外儲說左祖言桓公伐蔡而陽曰誅楚借名興師也本此）山戎為燕故桓公為韓

燕伐之非不欲也亦何待令燕修召公之政而後可哉曹沫事出戰國雜說在

利略傳　公羊不惟本末而信之太史公又以為然皆不可信

故曰知與之為取政之寶也

洪頤煊曰此管子牧民篇文索隱誤證

有三歸反坫

案正義釋三歸本之論語包注（[illegible]集解引包[illegible]只好勝之、異　則子也云娶三姓女非也）戰國

策東周策云齊桓公宮中七市女閭七百國人非之管仲故為三歸之家以掩桓

公之非自傷於民也說苑善說篇云桓公立仲父致大夫曰善吾者入門而

右不善吾者入門而左（案又見韓子外儲說左下　左右二字互易）有中門而立者（韓子以為桓　東郭牙）

公問焉對曰管子之知可與謀天下其強可與取天下君恃其信乎內政委焉

外事斷焉驅民而歸之是亦可奪也桓公以善（韓子云公曰善乃令隰朋治內　管治外以相參）

乃謂管仲政則卒歸於子矣政之所不及唯子是匡管仲故築三歸之臺以自

傷於民（[illegible]引此二句云　朱子集注取之）韓子外儲說左下云臣貴矣而臣貧桓公曰使

子有三歸之家又云管仲庭有陳鼎家有三歸雖一[illegible]以為不可

以治管敬諸三歸皆謂韓子所說為是[illegible]其說斷無取女[illegible]晏子雜

下云景公曰昔吾先君桓公有管仲恤勞齊國身老賞之以三歸澤及子孫今

夫子安相管仲人欲為夫子三歸謂娶三姓女何澤及子孫之有哉三歸為臺者說苑所言是也諸言三歸之家謂家有三歸之臺也古之人君築臺以積貨如殷紂之鹿臺其例也（鹿臺說詳殷本紀）有三歸之臺積貨其中故可以免貪故可以澤及子孫戰國策所謂管氏女閭亦指桓公度後財使公女為交易之肆故管仲亦積財於三歸之台以分謗說苑所言則三歸請益田宅之意所以釋桓公之忌也論語載孔子論三歸等云焉得儉韓子外儲說左下載孔子論三歸事云泰侈逼上又云孔子曰良大夫也其侈逼上漢書公孫弘傳云管仲相桓公有三歸侈擬于君禮器疏云陪臣管仲李氏三歸瑕敘八佾舞蓋謂積財之處同於人君也（包氏孟漢解道市女閭故以三歸為三姓女邢人謂嫁曰歸云）

史記　四二

婦之家三婦之家援所何誤毛大可詩話楊升庵以為莊公娶于齊而桓公娶于衛氏（衛宣公納伋之妻作新臺於河上詩曰禮有不親迎女者以已就公說記充分）又晏鄭君詩譜注云良佑在兩楹之間若與坫與為好會其獻酢之禮更酌酌畢則反爵於坫上禮記郊特牲云反坫出尊大夫之僭禮也周書作雒篇亦乃位五宮大廟宗宮考宮路寢明堂咸有四阿反坫

管仲卒

附注　正義引說苑云云案見晏子外篇說苑又本晏子外篇說在下及雜上篇

後百餘年而有晏子焉

梁曜北曰仁和孫侍御曰齊世家管仲卒於齊桓公四十一年而晏嬰始五年而晏子事齊景公十八年始誅其父桓子為大夫見左傳乃齊靈公二十六年也則管晏相去九十年史公謂後百年者誤矣

國君道即衡命

案大戴記將軍文子篇有道順君無道衡命晏平仲之行也孔子語見于行篇亦云有道順命無道衡命蓋晏平仲之行也王肅注衡橫也謂不從其命而獨為者也（以上王語）本書及家語作衡大戴作橫二字古通或云以橫逆之義非也（若方敬任為不宜取衡王播注衡逆而王也）禮記表記君命順則臣有順命君命逆則臣有逆命此文之衡命即表記之逆命也（正義云衡失之要文此利大誤）

越石父賢在縲紲中

梁曜北曰據晏子春秋雜篇越石父為中牟之僕不言在縲紲故正

史記　四四

義云與此文稍異但下文曰其書世多有之是以不論論其軼事則越石父本在晏子春秋中乃後人纂改易其詞也（呂子觀世篇亦載此事）承闕案晏子解左驂贖越石父呂氏觀世篇新序節士篇皆云齊人之說誤（縲紲何晏子春秋以為負累非是）

附注　正義引晏子見嬰言云太史公有曰作晏子見齊作駕可證

晏子懼然

附注　正義懼然謂驚張曰懼然此舊疑作攫然

晏子薦以為大夫

案事見晏子春秋雜上篇

太史公曰至九府

【附注】集解引劉歆云：二……此當不敢妄文　正義引七略云晏子十八篇

在法家案漢志晏子八十六篇在儒家此文疑有誤今本八十六篇内七十篇

及晏子春秋

【附注】正義引七略云晏子春秋七篇在法家……晏子八篇……合外篇上下為一卷隋唐志七卷崇文總目四卷[illegible]不合此引七略作七篇係

誤

括日直述說之

本經文

史記

四五

故禮樂從之

【附注】索隱引左傳云云案左襄二十五年傳人謂崔子必殺之崔子曰民之望也舍之得民此引誤晏子欲執晏子……新序義勇篇

司馬穰苴列傳第四

晉伐阿甄　通典百四十九……三百九十六引作晉伐阿鄄注云阿今濟陽郡

東阿鄄　鄄音絹今濮陽郡甄城縣是案鄄無絹音絹乃鄄之誤

與作鄄不同左莊十四年經單伯會齊侯宋公衛侯鄭伯于鄄注云今東郡

鄄城也釋文鄄音絹一音真又音堅……十四年傳衛獻公

如鄄釋文鄄音絹……哀十七年傳衛侯自鄄入釋文鄄音絹是也說文鄄衛

地今濟陰鄄城……是鄄……正字疑集解本作鄄索隱本

作甄說明鄄甄……考據……古籍……

史記　中文系　付校　東海大學印行

晏嬰乃薦田穰苴

梁曜北曰案戰國策稱湣王殺穰苴蘇轍古史……以為信……

學記……齊策注……穰苴之事不見于春秋況景公……

霸而不能力欲拒吳晉而不能穰苴文武之略何在且晉伐阿鄄……

止其地皆景公時所無左傳亦不載固可疑也然吳……將李克曰起用兵

司馬穰苴不能過晏子春秋雖上說苑正諫云景公飲酒移於穰苴之家

似又非湣王時人……以穰疑未敢遽定……

承周末齊策之穰苴或係誤文或係同名如晉獻公時有荀息……

有荀息齊桓公時有隰朋……景公時復有……古書似此者不可枚舉景公

時有司馬穰苴……不必……所謂田單司馬也。

史記注曰：司馬穰苴以齊言之。此非魏國將，其說自通。凡本當有依據乎。

以為將軍一也。

補注

案……萬之郤，其將軍則……六十四引尸子云：「十萬之眾無將，不則必亂。」御覽二百三十七又四百一十引。又六國時有此號。

案左昭二十八年傳：「閻沒、女寬曰：『豈將軍食之而不足？』」杜注：「魏子，中軍帥，故謂之將軍。」正義：「晉使卿為將軍，謂之將。中軍將、小軍。此以魏子將中軍，故呼為將軍。又六國以來，遂以將軍為官名，蓋其元起於此。」孔說與小司馬同，皆以將軍為六國時官名，而……皆在春秋之世。稱相於諸國語晉語……以為伯為將軍。亦文公年宣十二年傳稱將軍子重，穀梁文六年傳晉將與狄戰，使狐射姑為將軍，其文亦在其前。又大戴記有將軍文子篇，小戴記檀弓亦稱將軍文子，淮南道應篇亦載文子問於叔向，晉六將軍孰先亡。吳語夫差令十旌為一將軍，亦皆在春秋之世。則以將軍為六國時官名者失之。老子偃武篇：「偏將軍居左，上將軍居右。」春秋……之世，今人不察，執將軍為六國時官名，以證老子為六國書者，斯不學之過也。

顯將君之寵，正國之所尊者，以監軍乃可。

「者」字舊校：御覽二百九十六引補。通典百十九尊作重，亦有者字。

將受命之日則忘其家，臨軍約束則忘其親，援枹鼓之急則忘其身。

六韜立將篇：將者受命忘家……即此文所本。又受命而出，忘其國；即戎忘其家；閱枹鼓之聲，唯恐不勝，忘其身。孔叢子問軍禮篇：「君者大將受命而出則忘其國，即戎陳師則忘其家」，皆本於此而文小異。

三軍之士皆振慄。

通典、御覽振皆作震，御覽五十九同。

將在軍，君令有所不受。

案此孫子九變篇文。注引魏武注，即魏武孫子注也。下孫子傳亦有此語。今本孫子云將在軍三字，易從文例，亦不當有。通典百五十一引孫子曰：將在軍，軍命有所不受。蓋兼用史記文。

馳三軍法何

張孟龍曰：此依北宋本。又注引一本作軍中不馳。今使者馳之何，與今各本同。

六韜

説文：𨍭，剞𠜾也。此𨍭爲椭。（朱生討小尺）正月：其車既載，乃棄爾輔。又云：無棄爾輔，員於爾輻。此説云爲車不言作輔，此云棄輔，則輔是解脫之物，蓋如今人縛杖於輻以防輔車也。孔云：縛杖與（史記）正義引劉伯莊箱外立木之説合。則劉正以附爲輔也。（輔車相依見左傳五年。依孔説，則人以爲……非是也。）劉云承重較者，校覈較之誤。重較見詩淇澳。又案：劉云徇，行示也。説文徇，行示也。徇，徇正，俗字。

吳起揗循之

循揗爲揗。説文：揗，摩也。揗，摩也。（段注若曰：摩之循也。）廣韻曰：手相安慰也。今人撫循字。古蓋作揗。又云古作揗揗，今作撫揗。

最比其羸弱者

（州注）正義：比音鼻，比耳反。張孟彪曰：卑必二字當衍其一。

病者皆求行

張孟彪曰：舊刻無皆字。

至常曾孫和因自立爲齊威王

梁曜北曰：州案此乃傳寫誤倒，當云至常曾孫和自立，曰因，因爲齊威王。因是威王名。索隱知此文之誤，而所説則非也。

孫子吳起列傳第五

孫子武者齊人也

梁曜北曰：州案吳越春秋闔閭內傳以武爲吳人，漢書人表稱吳孫武，藝文志曰吳孫子。（新唐書宰相世系表以爲齊人）致新唐書孫氏世系表陳無宇之子書，伐莒有功，賜姓孫，任齊字起宗。生武，字長卿，奔吳，子明食采於富春，爲富春人。長卿之子孫見□。承周案：鄭名世世氏辨正全用唐表，而元和姓纂（唐林寶）二十二叙孫氏不詳孫武所出，則唐表出於孫氏家牒，益未可信。考（下出三証）孫書即陳書，其伐莒見左昭十九年傳，而吳越春秋闔閭內傳謂吳使孫子於六……齊閭□爲將，乃孫書無忌。無忌之孫見左昭二十六年傳。是孫書受姓以來，不過八年，

豈其孫已能爲將耶？（一不可信）哀十一年傳曰：爲郊戰故，公會吳子伐齊。陳僖子謂其弟書：爾死，我必得志。陳書曰：此行也，吾聞鼓而已，不聞金。甲戌，戰於艾陵，大敗齊師，獲陳書。是其孫已立功於吳越二十餘年，而其祖乃爲吳所禽也，有是理乎？（二不可信）至漢書人表及藝文志言吳孫、吳孫子者，以武爲吳將，故係之吳，非以爲吳人也。

以兵法見於吳王闔廬

吳越春秋闔閭內傳云：吳王登臺，向南風而嘯，有頃而歎，羣臣莫有曉王意者。子胥深知王之不定，乃薦孫子於王。孫子者，名武，吳人也。善爲兵法，辟隱深居，世人莫知其能。胥乃明知鑒辯，知孫子可以折衝銷敵，乃一旦

與吳王約兵七篇孫子。

孫子之十三篇

梁曜北曰：案漢志孫子八十二篇。正義引七錄云：孫子兵法三卷，十三篇為上卷，又有中下二卷。此言十三篇何歟？困學紀聞十：杜牧注孫子序云：孫武著書數十萬言，魏武削其繁賸，筆其精切，凡十三篇，因注解之。致史本傳非常削而十三篇也。豈非指其上卷乎？通考二百廿一引葉水心曰：疑昔所謂篇者特章次之。

畢以珣孫子敘錄曰：魏武帝孫子敘云：為吳王闔閭作兵法一十三篇，試之婦人，卒以為將。則吳十三篇特作以干闔閭者也。十三篇之外，又有問答之辭，見於諸書徵引者，蓋武未見闔閭作十三篇以干之，既見闔閭相與問答，武又免為若干篇，皆在漢志八十二篇之内也。

即三令五申之

六韜兵徵篇云：明告吏士，申三五之令。令本作申之以三令，此乃卿説二百七十九改。

王徒好其言不能用其實

吳越春秋闔廬内傳云：吳王召孫子，問以兵法，每陳一篇，王不知口之稱善，其意大悅，問曰：兵法寧可以小試乎？孫子曰：可。可以小試於後宮之女。王曰：諾。孫子曰：得大王寵姬二人，以為軍隊長，各將一隊。令三百人皆被甲兜鍪，操劍盾而立，告以軍法，隨鼓進退，左右迴旋，使知其禁。乃令曰：一鼓皆振，二鼓操進，三鼓為戰形。於是宮女皆掩口而笑。孫子乃親自操枹擊鼓，三令五申，其笑如故。孫子顧視，諸女連笑不止。孫子大怒，兩目忽張，聲如駭虎，髮上衝冠，項旁絕纓，顧謂執法曰：取鈇鑕。孫子曰：約束不明，申令不信，將之罪也。既以約束，三令五申，卒不卻行，士之過也。軍法如何？執法曰：斬。武乃令斬隊長二人，即吳王之寵姬也。吳王登臺觀望，正見斬二愛姬，馳使下之令曰：寡人已知將軍用兵矣。寡人非此二姬，食不甘味，宜勿斬之。孫子曰：臣既已受命為將，將法在軍，君雖有令，臣不受之。孫子復撾鼓之，當左右進退，迴旋規矩，不敢瞬目，二隊寂然，無敢顧者。於是乃報吳王曰：兵已整齊，願王觀之。惟所欲用，使赴水火，猶無難矣，而可以定天下。吳王忽然不悅。曰：寡人知子善用兵，雖可以霸，然而無所施也。將軍罷兵就舍，寡人不願。孫子曰：王徒好其言，而不用其實。

於是闔廬知孫子能用兵卒以為將

吳越春秋闔廬内傳云：子胥諫曰：臣聞兵者凶事，不可空試。故為兵者，誅伐不行，兵道不明。今大王虔心思士，欲興兵戈以誅暴楚，以霸天下而威諸侯，非孫武之將，而誰能涉淮踰泗，越千里而戰者乎？於是吳王大悅，因鳴鼓會軍，集而攻楚。孫子為將，拔舒，殺吳亡將二公子蓋餘、燭傭。

孫武既死

〔附注〕集解引越絕書云。案今本越絕外傳記吳地傳云：「閶門外大冢，吳王客孫武冢也，去縣十里。善為兵法。」索隱云：「越絕書，子貢所著，恐非也。其書多記吳越亡後土地，或後人所錄。」案越絕書隋唐志皆題子貢作，卷十五。越絕書敘外傳記云：「以去為姓，得衣乃成，（衣字）厥名有米，覆之以庚。（庚字）禹來東征，死葬其疆。文屬辭定，自于邦賢。以口為姓，承之以天，（吳字）楚相屈原，與之同名。」（平字）楊慎丹鉛總錄據此以為會稽人袁康、吳平所作。胡侍墅談云：吳君高作越紐錄，或謂越紐錄即越絕書，君高即吳平之字，其說是也。小司馬謂其書多記吳越亡後土地，（吳地傳）考其書越絕外傳記云：「句踐以來至乎更始之元，（劉玄年號）五百餘年，記陳厥說，甚有其理。」下接以去為姓云云，是袁康為東漢時人。吳地傳云：「句踐徙瑯琊，到建武二十八年，凡五百六十七年。」是吳平著書在光武時也。（胡元瑞亦以為後漢人，但以外傳記……）隋志引七錄云：越絕十六卷，或云伍子胥撰。案今本僅十五卷、十七篇。四庫提要云：崇文總目稱越絕書舊有內紀八，外傳十七，今文題闕，外紀二十篇，是此書在北宋之初已佚五篇。又崇文總目即注引越絕書伍子胥水戰兵法內經，又見御覽……並引書中，以為疑錯，故所說未可盡據。

〔被百餘創有毋創者〕梁曜北曰：案此文孔不知何時著以為入……疑為臏計，武孫當六十下

六年矣。齊召南氏集說云：「腓，脛也。刖，足刑。臏，則去膝蓋骨。」指其刑蹤而足，而名亦傳，兵書不傳，其名何哉？

〔顧亦孫武之後世子孫也〕梁曜北曰：「附案唐表云：武生明，明生臏。在明者食采於富春，不久仍歸齊，故史云臏生阿、鄄之間，皆孫武之子孫也。王氏謂臏不二說，又云孫臏，武之子人，恐非。」

〔君弟重射〕顏師古人曰：「重射，謂以千金射也。」索隱則以為好射。非。（日知錄）求則來上文已云忌數與齊諸公子馳逐重射，當如顏解。

〔及臨質〕（張弓）古謂射侯為質。荀子勸學篇：「質的張而弓矢至焉。」淮南原道篇：「先者則後者之弓矢質的也。」是也。周禮司裘注：方十尺曰侯，四尺曰鵠，二尺曰正，四寸曰質。索隱訓質為射者。晏子春秋外篇云：「景公飲諸大夫酒，公射出質，堂上唱善，若出一口。」說苑君道篇同，彼出質猶出而射，與此臨質同義，則索隱說是也。

〔坐為計謀〕王石臞曰：「文選報任少卿書注引坐作主，於義為長。」

〔不控捲〕說文：「拳，手也。捲，氣勢也。」則捲為拳之假字。（小司馬以為收）段以此捲拳字耶。

不持戟

說文無擑字。與下文戟字……戟持者手如……
出。公羊傳：手劍而叱之。鄭注所引如矢斷也。如人投其手，矢其事，古者執之，
其矜謂之擑。擑猶射之，故人下其柄，與手似之，亦謂之擑。擑訓
傳曰：括，猶鏃也。字本作栝。栝如手字，非也。謂有刃棘作曲，其刃如戟而
持之也。

增注 索隱：戟謂以手持戟刺人也。案刺字之通作者。小司馬以戟為
持戟以刺人，非也。戟如漢書戟太后取之戟中。……師古曰：戟謂持戟……
也。

史記　中文本　內校　十　……大印行

批亢擣虛

顧寧人曰：此與劉敬傳搤其亢之亢同。張晏曰：亢，喉嚨也。下文所謂據其街
路是也。以敵人所不及備，故謂之虛。
張孟虎曰：鄭箋三百六十八引此文有注云：亢音剛，又音杭。亢，人喉也。漢書劉敬傳搤其亢，史記正
疑是集解文，今本脫。承周案：說文亢，人頸也。
作亢。鄭箋所引注與顏說合，當從之。又索隱批音白結反，又音白蔑反。案
說文：撆，反手擊也。批即撆之俗字。廣韻十六屑：撆，音蒲結切，正與索隱合。

君不若引兵疾走大梁

錢竹汀曰：案魏世家此事在魏惠王十八年，而魏之徙都大梁乃在惠王
三十一年，則其時大梁未為都也。下文云走大梁，與此同。……
條皆改為魏都，不云大梁，蓋涉其語不相混也。

按十三年

梁玉繩曰：增案索隱本作按十三歲，是以各本皆誤。威王二十六年不致桂
陵，宣王二年戰馬陵，相去正十三年。小司馬引紀年謂與十三歲，非也。

齊君既已過而西矣

梁玉繩曰：增案徐氏圳讀曰已過而西者，謂龐涓歸救，欲邀齊師之未至，
而今已過，故涓視利疾趨也。……又續曰：句不可解，疑當與周忠之
恍悟相承為之語。亢本應是齊軍既已過而東矣。過而東者，謂欲之卸。

史記　中文本　內校　十一　……大印行

通鑑知過而西之不可通也，削此句。……胡氏因上文已云直抵
大梁，而馬陵在大梁東，故聽從此說，然非也。齊猶言直走大梁，非直抵
梁。及龐涓棄韓而歸，齊軍始入魏地。齊在魏東，過而西者，過齊而西也。
齊軍初到，未知虛實，故為減竈之計以誤之。若已抵大梁而入魏地，不
止三日，毋庸施此計矣。

兵法百里而趣利者蹶上將，五十里而趣利者軍半至

孫子軍爭篇云：倍道兼行，百里而爭利，則擒三將軍，勁者先，罷者後，其法
十而一至。五十里而爭利，則蹶上將軍，其法半至。三十里而爭利，則三分
之二至。

乃自刭

梁玉繩曰：案齊策言禽，此言自刭，恐皆非實。年表、世家俱云殺龐涓，虜

射殺之也。

承周案：此當以自刭為實。齊策言禽，年表、世家曰殺，有涓兵敗自刭，無異

於齊人禽之殺之也。

吳起者衛人也

辯子外儲說右上：吳起，衛左氏中人也。西氏義賓孰一，周氏三篇注皆云

吳起衛人。

遂殺其妻以明不與齊也

辯子外儲說右上：吳起使其妻織組，而幅狹於度。吳子使更之。其妻曰諾。

及成，復度之，果不中度。吳子大怒。其妻對曰：吾始經之而不可更也。吳子

出之。其妻請其兄而索入。其兄曰：吳子為法者也。其為法也，且欲以與萬

乘致功，必先踐之妻妾，然後行之。子毋幾索入矣。其妻之弟又重於衛君，

乃因以衛君之重請吳子。吳子不聽，遂去衛而入荊也。　一曰：吳起示其

妻以組，曰：子為我織組，令之如是。組已就而效之，其組異善。起曰：使子為

組，令之如是，而今也異善，何也？其妻曰：用財若一也，加務善之。吳起曰：非

語也。使之衣而歸。其父往請之，吳起曰：起家無虛言。

承周案：據史文，則吳起自衛入魯，自魯適魏，自魏歸楚。辯子所記出妻事

在衛。史記所載殺妻事在魯，蓋為魯將以前魯所聞也。辯子去衛入荊，

荊乃魯之誤。　又案：尉繚子曰：吳起與秦戰，未合，一夫不勝其勇，前獲雙

首而還。吳起立斬之。軍吏諫曰：此材士也，不可斬。起曰：材士則是也，非吾

令也。斬之。此即以織組異善、出妻大指也。

以事魯君疑之

梁玉繩曰：詳林並份曰：魯人惡之者，必惡之于君也。不宜用魯君字。（治要引作著之記詳林　份即林字）何焯

讀書記曰：二魯字衍。

起貪而好色

案王劭據下文，則前令兩後庶，何言大相反。小司馬以為今言吳貪榮

名。又云：或者起未貴于魏，猶有貪求，及其見用，盡廉能，亦何異乎沛

公之取人也。承周案：索隱之說是也。范增說項羽曰：沛公居山東時，貪于

財貨，好美姬。今入關，財物無所取，婦女無所幸，此其志不在小。此顧起之

貪猥，亦猶此耳。

卧不設席

張曰：御覽二百八十引下有「著不離」四字。

承周案：御覽二百八十一引戰國策仍無此四字。見下

卒有病疽者吳起吮之

承周案：戰國策云：以吳起為將，與士卒最下者同衣食，卧不設席，行不

猶棄親薊柱與士卒分勞。卒有病疽者，吳起為吮之。卒母聞而哭之。或謂之

曰：子，卒也，而將自吮其疽，何哭為？母曰：非然也。往年吳公吮其父，父戰

不旋踵，遂死於敵。今又吮其子，妾不知其所死處矣。是以哭之。於是學秦成

其五城。鄭覽二百八十一引今本無此文。韓子外儲說左上、說苑復恩篇皆以吮疽為攻

中山時事，史文不備。韓子曰：吳起吮傷者之膿，積恩以感下也。史記云吳

起與士卒盡職同，相見夜戰耳相聞，將利同熱，失利相救。意林卷引韓子所引也

不見今本，姑記於此。

昔三苗氏左洞庭右彭蠡

類書韓非之說、御覽六十六、吳郡志攷證門並引史記三苗之國左洞庭右彭

蠡。梁綱注云：今太湖中包山有石穴，其深洞無知其極者，名洞庭。蓋吳之

文，而今本佚之。楚辭九歌：邅吾道兮洞庭。王注亦云：洞庭，太湖也。

案：太湖洞庭與湖南洞庭同名。山海經海內東經：湘水出，入洞庭下。郭注云：洞庭地穴

也，在長沙巴陵。今吳縣南太湖中有包山，下有洞庭穴道，潛行水底，云無

所不通，號為地脈。

有包山洞庭，巴陵地道，潛達旁通，幽岫窈窕。太湖有包山、

春秋謂之夫椒山，有洞室，入地潛行，北通瑯琊東武縣，俗謂之洞庭。旁有

青山，一名夏架山。山有洞穴，潛通洞庭。山上有石鼓，長丈餘，鳴則有兵。故

吳越春秋云：太湖有包山，在國西百餘里，居者數百家，出弓弩材，旁有小山，山

有石穴，南通洞庭，深遠莫知所極。三苗之國，左洞庭，右彭蠡，蓋此也。

以太湖之洞庭對彭蠡，則左右可知也。今案二湖根以洞庭為日出處分

為左右也，但以彭蠡為分耳。既擇三苗，宜以湘江為正。

史文云左洞庭右彭蠡。韓子、說苑皆謂洞庭彭蠡同右，則右

而非左，故吳解以太湖當之。吳說所云，以太湖之洞庭對彭蠡，則左右可

知，其說是也。

據此事作右洞庭之被左彭蠡之水在其

南，衡山在其北，左右互易，疑後人據以為洞庭在巴陵，而安吳之說，與史

文及韓子、說苑皆不合。韓詩外傳三云：有苗氏衡山在其南，岐山在其北，

左洞庭之波，右彭蠡之川。又見說苑君道篇，其言與魏策全同，而左右易

置，尤足證今本策文之誤。鄭氏謂宜以湘江為正，非也。

德義不修，禹滅之。

梁玉繩曰：案禹未嘗滅三苗。尚書及荀子皆無其說，豈誤以竄遷分北混

爲之事爲禹耶？國策作禹放逐之。

承周案：韓子五蠹篇：當舜之時，有苗不服，禹將伐之。舜曰：不可。上德不厚

而行武，非道也。乃修教三年，執干戚舞，有苗乃服。呂氏上德篇：三苗不服，

禹請攻之。舜曰：以德可也。行德三年而三苗服。淮南齊俗篇：當舜之時，有苗

不服，於是舜修政偃兵，執干戚而舞之。氾論篇亦云：舜執干戚而服有

苗。竊疑外傳三苗不服，禹欲伐之，舜不許，曰：諭教猶未竭也。久諭教而有苗氏請服。天下聞之，皆薄禹之義，而美舜之德。說苑君道篇同。韓子皆謂禹欲伐三苗，而舜不許。（淮南齊俗篇：舜執干戚於兩階之間，而三苗服。）為淮南大禹謨所本也。禹貢分北三苗，呂氏召類篇亦謂舜卻有苗，更易其俗。淮南原道篇亦謂舜理三苗。然修務篇云舜南征三苗，道死蒼梧。楊子郎注舜征有苗而死，周書爲舜逐三苗於舜世。屢服屢叛，其竄於三危者，特其一族耳。舜征苗而死，禹據叛之，亦事理所當然也。

夏桀之居，左河濟，右泰華，伊闕在其南，羊腸在其北。

魏策作夏桀之國，左天門之陰，而右天谿之陽，廬睪在其北，伊洛出其南。

史記　中文本　以校　十六　中大印行

殷紂之國，左孟門，右太行，常山在其北，大河經其南。

魏策作殷紂之國，左孟門，而右漳釜，前帶河，後被山。

〔考注〕索隱引劉氏云：來還別有孟門，非正家。索隱亦云：孟門在朝歌東。

胡拙明以此孟門為今衛輝之白陘，說詳尚賓雜指。

舟中之人盡爲敵國也。

封武侯浮西河而下，至此與鄭覆四百五十九引韓子及說苑貴德篇同。

魏策亦載此事，而文多異。

〔刊注〕集解引法言文，文案見寡見篇。

即封吳起爲西河守。

梁曜北曰：案魏時西河不可言守，且此文侯時已守西河矣，何俟武侯封之耶？即封二字衍。

宮本考證張照曰：武侯即位，吳起又加以封耳，下乃云為西河守甚有聲名，而不得以相，張說是也。

魏置相，相田文，吳起乃自知弗如田文。

呂氏執一篇：吳起謂商文曰：事君果有命矣夫！商文曰：何謂也？吳起曰：治四境之內，成訓教，變習俗，使君臣有義，父子有序，子與我孰賢？商文曰：吾不若子。曰：今日置質為臣，其主安重；今日釋璽辭官，其主安輕。子與我孰賢？商文曰：吾不若子。曰：士馬成列，馬與人敵，人在馬前，援桴一鼓，使三軍

史記　中文本　以校　十七　中大印行

之士樂死若生，子與我孰賢？商文曰：吾不若子。吳起曰：三者子皆不吾若也，位則在吾上，命也夫事！商文曰：善。子問我，我亦問子。世變主少，群臣相疑，黔首不定，當此之時，屬之子乎？屬之我乎？吳起默然不對，少選曰：與子。商文曰：是吾所加於子之上矣！此大文異也。

公叔爲相

梁曜北曰：此公叔即魏公叔痤，索隱以為韓之公族，妄也。但魏策有公叔痤戰勝澮北，辭賞田，以推吳起，按一篇吳師道曰：痤以計驅起于武侯，起去之楚，澮北之勝，乃歸功于起之餘教而使其子孫賞，何其前後之反耶？余謂攘功必非公叔痤，國策誤耳。

節廉而自喜名也

○○王石臞曰：名字後人所加。自喜，猶曰好也。孟嘗君傳：好客自喜。因叙傳[illegible]
為人剛廉自喜。鄭當時傳：以任俠自喜。皆其證。加一名字，則非其指矣。
平御覽皇親部引此無名字。

吳起懼得罪遂去之楚

呂氏長見篇：吳起治西河之外，王錯譖之於魏武侯，武侯使人召之。吳起至於岸門，止車而望西河，泣數行而下。其僕謂吳起曰：竊觀公之意，視釋天下若釋躧（音蹝），今去西河而泣，何也？吳起抿（音抿）泣而應之曰：君知我而使我畢能，西河可以王。今君聽讒人之議，而不知我，西河之為秦取不久矣！魏從

史記　中文系　十八　中大印行

此削矣！吳起果去魏入楚。有間，西河畢入秦。秦日益大。事又見觀表篇。又韓子難言篇云：吳起收泣於岸門，痛西河之為秦，卒枝解於楚。此事則吳起之去魏由王錯之譖。（[illegible]）與此所言異。

明法篇令損不急之官，廢公族疏遠者，以撫養戰鬥之士。

（一）韓子和氏篇：昔者吳起教楚悼王以楚國之俗曰：大臣太重，封君太眾，若此則上逼主而下虐民，此貧國弱兵之道也。不如使封君之子孫三世而收爵祿，絕滅百吏之祿秩，損不急之枝官，以奉選練之士。戰國策云：吳起為楚悼王立法，卑減大臣之威重，罷無能，廢無用，損不急之官，塞私門之請，一楚國之俗，禁游客之民，精耕戰之士，南收楊越，北并陳蔡，破橫散從，云云。（史記蔡澤傳同，[illegible]）吳起為令尹，期年[illegible]之亂，而平其制祿，損其有餘，而繼其不足。（說苑指武篇）此其之貧國所以盡敗害矣也。[illegible]

北并陳蔡

梁玉繩曰：陳蔡，陳滅于楚惠王十一年，蔡滅于惠王四十二年，何待悼王始并之？此與蔡澤傳同誤，而皆誤。余說也。

及悼王死至七十餘家

史記　中文系　十九　中大印行

呂氏貴卒篇：吳起謂荊王曰：荊所有餘者地也，所不足者民也。今君王以所不足，益所有餘，臣不得而為也。於是令貴人往實廣虛之地，皆甚苦之。荊王死，貴人皆來，尸在堂上，貴人相與射吳起。吳起號呼曰：吾示子吾用兵也。拔矢而走，伏尸插矢而疾言曰：群臣亂王！吳起死矣。且荊國之法，麗兵於王尸者，盡加重罪，逮三族。吳起之智，可謂捷矣。

又同案：韓子難言、和氏兩篇，賊臣間四篇，戰國策秦策，本書蔡澤傳[illegible]齊俗篇，皆言吳起支解，與本傳及呂覽不合。

吳起兵法

漢志吳起四十八篇，今傳本卷凡六篇。

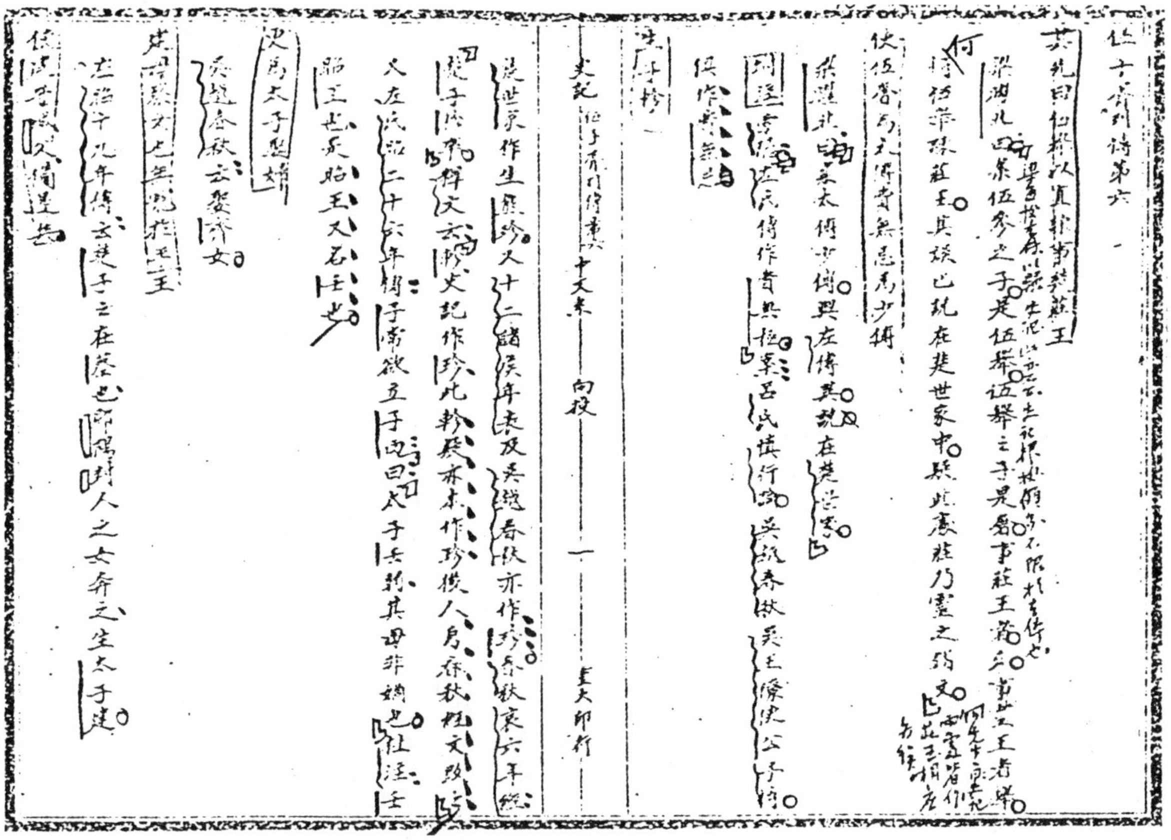

伍子胥列傳第六　一

其先曰伍舉，以直諫事楚莊王。

梁湖北　案伍參之子是伍舉，伍舉之子是奢。事莊王者參也。

〈何〉伍舉諫莊王，其誤已見在楚世家中。疑此處莊乃靈之訛文。

使伍奢爲太傅，費無忌爲少傅。

費無忌：吳太傅少傅，與左傳異，說在楚世家。

〈列注〉案左氏傳作費無極。呂氏慎行論、吳越春秋吳王僚使公子傳。

使作費無忌。

史記　伍子胥列傳第六　中文系　向校　一　北大印行

是世家作生熊珍，又十二諸侯年表及吳越春秋亦作珍，春秋哀六年經

楚子軫卒。楚世家文云：軫，史記作珍，此軫殘亦未作珍，故人名春秋經文殊。

又左氏昭二十六年傳：子常欲立子西，曰：大子壬弱，其母非嫡也。杜注：壬

昭王也。又昭王又名壬也。

吳越春秋云娶齊女。

爲太子取婦

建母蔡女也，無寵於平王

左昭十九年傳云：楚子之在蔡也，郹陽封人之女奔之，生太子建。

依此爲文，備異也。

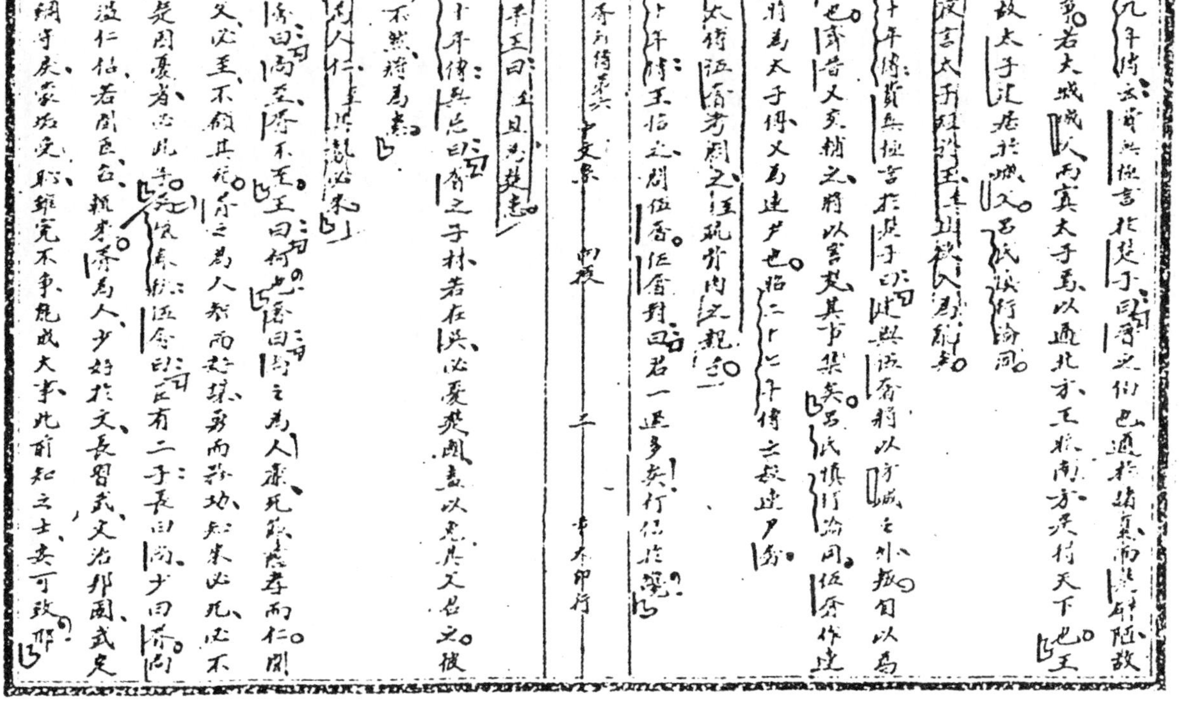

左昭十九年傳云：費無極言於楚子曰：晉之伯也，邇於諸夏，而楚辟陋，故

弗能與爭。若大城城父，而寘太子焉，以通北方，王收南方，是得天下也。王

說，從之。故太子建居於城父。呂氏慎行論同。

無忌又日夜言太子短於王

左昭二十年傳：費無極言於楚子曰：建與伍奢將以方城之外叛，自以爲

猶宋鄭也，齊晉又交輔之，將以害楚，其事集矣。呂氏慎行論同。伍奢作連

尹。奢爲太子傅，又爲連尹也。昭二十七年傳云：殺連尹奢。

王乃召其太傅伍奢考問之，伍奢知無忌讒

左昭二十年傳：王執伍奢。伍奢對曰：君一過多矣，何信於讒。

史記　伍子胥列傳第六　中文系　向校　二　北大印行

無忌言於平王曰……且爲楚憂

左昭二十年傳：無極曰：奢之子材，若在吳，必憂楚國，盍以免其父召之，彼

仁，必來；不然，將爲患。

伍尚曰……爲人仁，呼必來

楚世家：尚曰：尚至，胥不至。王曰：何也？尚曰：尚之爲人廉，死節，慈孝而仁，聞

召而免父，必至，不顧其死。胥之爲人，智而好謀，勇而矜功，知來必死，必不

來。然爲楚國憂者，必此子。伍奢曰：臣有二子，長曰尚，少曰胥。尚

爲人，慈溫仁信，若聞臣召，輒來。胥爲人，少好於文，長習於武，文治邦國，武定

天下，執綱守戾，蒙垢受恥，雖冤不爭，能成大事，此前知之士，安可致耶。

〔三〕迺死若開平王內懼云云，及奢而召之曰：若子來也，子〔曰〕……

臣，則而長死，不對不知子之心也。尚為人也仁，且智……

耶？若王必平開而長明，子將收之境，亦大憂也。〔已〕

王不聽，召令殺奢也。

吳越春秋：平王謂伍奢之譽二子，（此不言賢情，直隱託耳。）即遣使者駕駟馬，封函印綬，往許召子

尚、子胥。令曰：賀二子，父奢以忠信慈仁，去難就免，平王內慚囚繫忠臣，外

愧諸侯之恥，反遇奢為國相，封二子為侯，尚賜鴻都侯，胥賜蓋侯，相去不

遠三百餘里。奢久囚繫，憂思二子，故遣臣來奉進印綬。〔已〕尚曰：父繫三年，中

心切怛，食不甘味，嘗苦飢渴，晝夜感思，憂父不活，惟父獲免，何敢貪印綬

哉。使者曰：父囚三年，王今幸赦，無以賞賜，封二子為侯，一言當至，何所陳

哉。〔已〕

伍尚欲往，至我將歸死。

左昭二十年傳：棠君尚謂其弟員曰：爾適吳，我將歸死。吾知不逮，我能死，

爾能報。聞免父之命，不可以莫之奔也；親戚為戮，不可以莫之報也。奔死免

父，孝也；度功而行，仁也；擇任而往，知也；知死不辟，勇也。父不可棄，名不可

廢，爾其勉之，相從為愈。〔已〕

吳越春秋：尚乃入報子胥曰：父幸免死，二子為侯，使者在門，兼封印綬，汝

可見使。子胥曰：尚且安坐，為兄卦之。今日甲子，時加於巳，支傷日下，氣不

相受，君欺其臣，父欺其子，今往方死，何侯之有。〔已〕尚曰：豈貪於侯，思見父耳，一

面而別，雖死而生。子胥曰：尚且無往，父當我活，楚畏我勇，勢不敢殺，兄若誤

往，必死不脫。〔已〕尚曰：父子之愛，恩從中出，徼倖相見，以自濟達。〔已〕於是子胥歎曰：

與父俱誅，何明於世，冤讎不除，恥辱日大。尚從是往，我從是決。尚泣曰：吾之

生也，為世所笑，終老地上，而亦何之。不能報仇，畢為廢物。汝懷文武，勇於策

謀，父兄之讎，汝可復也。吾如得返，是天祐之，其遂沈埋，亦吾所喜。〔已〕胥曰：尚且

行矣，吾去不顧，勿使臨難，雖悔何追。〔已〕旋泣辭行，與使俱往。楚得子尚，執而囚

之。

索隱案：吳越春秋所載，楚使誘以封侯事，亦似時事不合，且文煩，好事之手

尚子孫與坐死，嘉言君子尚於吳，君子胥於鄭，可刪。刪不合，蓋術士之語也。

伍胥貫弓執矢嚮使者。

公羊定四年傳：伍子胥父誅乎楚，挾弓而去楚。[illegible]

吳越春秋：越絕刊平內傳云：子胥介胄彀弓，出見使者。

伍胥遂亡，聞太子建之在宋，往從之。

梁玉繩曰：案子胥亡楚至吳而已，此言其歷宋鄭晉，而與太子俱，不知何據。

楚聞子胥之亡也，曰：楚國君臣且苦兵矣。

左昭二十年傳：伍尚歸，奢聞員不來，曰：楚君大夫其旰（音汗）食乎。〔已〕

索隱案：呂氏異寶篇：五員亡，荊急求之，登太行而望鄭曰：蓋是國也，地險

而民多知其主俗主也不足與舉於去鄭而之許見許公而問所之許公不應東南向而唾五員載拜受賜曰知所之矣因如吳趨過楚則平內得子胥既抵上谷北望齊晉謂其舍人曰去此邦堂堂被山帶河其民重質於是乃南奔吳二書皆言子胥所游與此殊呂覽云登太行而望鄭地勢不合高注云高則未聞疑不以為上黨之太行也

對定公與子產謀殺太子建

張照以公案鄭殺建不知何時而子產卒于定公八年即建奔鄭之歲恐未是子產殺之餘說在表

承周案左昭二十年傳序宋華向之亂楚建出奔鄭在十月以前序鄭子產有疾在十二月又云疾數月而卒則子產之卒當更在其後殺建奔鄭興晉通謀皆此數月事又十二月諸侯年表鄭世家皆言子產卒於鄭聲公五年視左傳後二十六年則史公所據不與左氏同

昭關欲執之

昭關當作關吏涉上文而誤吳越春秋吳王僚使公子光傳用史記文正作關吏欲執之梁玉繩子說林上子胥出走邊候得之子胥曰上索我者以我有美珠也今我已亡之矣我且曰子取吞之候因釋之吳越春秋所記亦同而戰國策以為張丑事益得閒之誤

江上有一漁父至不受

呂氏異寶篇五員入吳過於荊至江上欲涉見一丈人刺小船方將漁而請焉丈人渡之既渡問其名族則不肯告解其劍以予丈人曰此千金之劍也願獻之丈人丈人不肯受曰荊國之法得五員者爵執圭祿萬擔金千鎰昔者子胥過吾猶不取今我何以子之千金劍為乎五員過於吳使人求之江上則不能得也每食必祭之祝曰江上之丈人

吳越春秋吳王僚使公子光傳云五員奔吳至江江中有漁父乘船從下方泝水而上子胥呼之謂曰漁父渡我如是者再漁父欲渡之適會旁有人窺之因而歌曰日月昭昭乎侵已馳與子期乎蘆之漪子胥即止蘆之漪漁父又歌曰日已夕兮予心憂悲月已馳兮何不渡為事寖急兮當奈何子胥入船漁父知其意也乃渡之千潯之津子胥既渡漁父乃視之有其飢色乃謂曰子俟我此樹下為子取餉漁父去後子胥疑之乃潛身於深葦之中有頃父來持麥飯鮑魚羹盎漿求之樹下不見因歌而呼之曰蘆中人蘆中人豈非窮士乎如是至再子胥乃出蘆中而應漁父曰吾見子有飢色為子取餉子何嫌哉子胥曰性命屬天今屬丈人豈敢有嫌哉二人飲食畢欲去胥乃解百金之劍以與漁者此吾前君之劍中有七星價直百金以此相答漁父曰吾聞楚之法令得伍胥者賜粟五萬石爵執圭豈圖取百金之劍乎遂辭不受謂子胥曰子急去勿留且為楚所得子胥曰請丈人姓字漁父曰今日凶凶兩賊相逢吾所謂渡楚賊

也。兩賊相得，得於然，何用姓字為？子為蘆中人，吾為漁丈人，富貴莫相忘
也。子胥曰：諾。既去，誡漁父曰：掩子之盎漿，無令其露。漁父諾。子胥行數步，
顧視，漁者已覆船自沈於江水之中矣。子胥默然，遂行。越絕書荊平內傳
所載，亦辭少異，又以為漁者自刎以明無泄，亦微不同。

伍員未至吳而疾，止中道，乞食

楚辭引張勃曰：子胥乞食處在丹陽溧陽縣。求周案：范雎傳：伍子胥橐載
而出昭關，夜行晝伏，至於陵水，無以餬其口，膝行蒲伏，稽首肉袒，鼓腹吹
篪，乞食於吳市。篪，竹簫。本紀索隱引劉向說：陵水即溧水也。又案越
絕荊平王內傳為其道，加諸中，同以伍子乞食事在荊。載子胥父與其兄子尚被殺，乞食於

吳。闔閭以為飛翔。越絕吳內傳、吳越春秋皆曰被髮佯狂。吳越春秋云：伍員至吳，疾於中道，乞食
溧陽。今之瀨。適會女擊綿於瀨水之上，筥中有飯。子胥遇之，謂曰：夫人可
得一餐乎？女子曰：妾獨與母居，三十年未嫁，飯不可得。子胥曰：夫人賑窮
途少飯，亦何嫌哉？女子知非恒人，遂許之，發其簞筥，飯其盎漿，長跪而與
之。子胥再餐而止。女子曰：君有遠逝之行，何不飽而餐之？子胥已餐而去，又
謂女子曰：掩夫人之壺漿，無令其露。女子歎曰：嗟乎！妾獨與母居三十年，
自守貞明，不願從適，何宜饋飯而與丈夫？越虧禮儀，妾不忍也。子胥行，反
顧，女子已自投於瀨水矣。越絕書荊平內傳略同。

吳王僚方用事，公子光為將

梁玉繩曰：附案此作一句讀，謂未得以用事為句，或曰：此事字

伍子胥乃因公子光以求見吳王

求周案：吳越春秋以為吳之市吏善相者白之王僚。呂氏春秋首時篇云：伍子
胥欲見吳王而不得，客有言之於王子光者，見之而惡其貌，不聽其說而辭
之。客請之王子光，王子光曰：其貌適吾所甚惡也。客以聞伍子胥，伍子胥曰：此易
故也，願令王子居於堂上，重帷而見其衣若手，請因說之。王子許。伍子胥
說之半，王子光舉帷，搏其手而與之坐。說畢，王子光大說。伍子胥以為有
吳國者必王子光也。云云，以為子胥見王子光，與史記合。賈子耳痺篇云：
子胥適闔閭，治味以求親，闔閭見而安之。治味事未詳所出。

久之，楚平王以其邊邑

呂氏察微篇：楚之邊邑曰卑梁，其處女與吳之邊邑處女桑於境上，戲而
傷卑梁之處女。卑梁人操其傷子以讓吳人，吳人應之不恭，怒殺而去之。
吳人往報之，盡屠其家。卑梁公怒，曰：吳人焉敢攻吾邑？舉兵反攻之，老弱
盡殺之矣。吳王夷昧聞之怒，使人舉兵侵楚之邊邑，克夷而後去之。吳楚
以此大隆。淮南作閒。吳公子光又率師與楚人戰於雞父，大敗楚人，獲其帥潘子臣、
小惟子、陳夏齧，又反伐郢，得荊平王之夫人以歸，實為雞父之戰。注：甲文作文之訛。
夜陳夏齧，當昭二十三年，吳太子諸樊敗楚師，即
其潘子臣、小惟子在定六年也，誤合為一。求卑梁女子爭桑事
史記吳世家、十二諸侯年表及此傳皆載之，蓋本呂氏，而諸篇皆以卑

梁為吳邊邑楚邊邑為鍾離惟吳世家及吳越春秋與此同合（卑梁吳伐 春秋作胖）

梁

公子光謂吳王曰此伐楚未可破也

左昭二十年傳員如吳言伐楚之利於州于公子光曰是宗為戮而欲反其讎不可從也員曰彼將有他志余姑為之求士而鄙以待之乃見鱄設諸焉吳越春秋云王僚欲為興師復讎公子光謀殺王僚恐子胥前親於王而害其謀因讒伍胥云謀伐楚者非為吳邑但欲自復私讎耳王無用之其言與史記略同公羊定四年傳云伍子胥父誅乎楚挾弓而去楚以干闔廬闔廬曰士之甚勇之甚將為之興師而復讎于楚伍子胥復曰

諸侯不為匹夫興師且臣聞之事君猶事父也虧君之義復父之讎臣不為也於是止陰謀及說純至公為新語陰謀為說純為闕中內傳吳內傳所記雖同然公羊錄師說誤以為子胥至吳將為匡已為王也（吳越春秋以諸侯不為匹夫興師為子胥說王僚語並二傳之誤而以之為說又見子王逍為）

乃進專諸

吳越春秋子胥退耕於野求勇士薦之公子光欲以自媚乃得勇士專諸（左傳作鱄設諸）專諸者堂邑人也（吳地志記堂邑為吳邑故堂邑縣）伍胥之亡楚如吳時遇之於途專諸方與人闘將就敵其怒有萬人之氣甚不可當其妻一呼即還子胥怪而問其狀何夫子之怒盛也聞一女子之聲而折道寧有說乎專諸曰子視吾之儀寧類愚者也何言之鄙也夫屈一人之下必伸萬人之上子胥因相其貌碓顙而深目虎膺而熊背戾於從難知其勇士陰而結之欲以為用遭公子光之有謀也而進之公子光

五年而楚平王卒

梁玉繩曰案五年乃三年之誤自吳滅巢至是時三年也若自子胥奔吳數之則七年矣

吳王僚至刺吳王僚而自立

左昭二十九年傳吳子欲因楚喪而伐之使公子掩餘公子燭庸帥師圍潛使延州來季子聘於上國遂聘於晉以觀諸侯楚莠尹然工尹麇帥師

救潛司馬沈尹戌帥都君子與王馬之屬以濟師與吳師遇於窮令尹子常以舟師及沙汭而還左尹郤宛工尹壽帥師至於潛吳師不能退吳公子光曰此時也弗可失也告鱄設諸曰上國有言曰不索何獲我王嗣也吾欲求之事若克季子雖至不吾廢也鱄設諸曰王可弑也母老子弱是無若我何光曰我爾身也夏四月光伏甲於堀室而享王王使甲坐於道及其門門階戶席皆王親也夾之以鈹羞者獻體改服於門外執羞者坐行而入執鈹者夾承之及體以相受也光偽足疾入於堀室鱄設諸置劍於魚中以進抽劍刺王鈹交於胸遂弑王闔廬以其子為卿（吳世家吳越春秋同）

楚誅其大臣郤宛伯州犁

梁玉繩曰案伯州犂三字衍郤宛見殺在魯昭公二十七年州犂爲靈王所殺遠在昭元年也吳越春秋闔閭內傳謂郤宛即州犂孫據此致誤而楚世家稱郤之宗姓伯氏子嚭徐廣本潛夫論志氏姓謂伯州犂之子郤宛郤宛之子伯嚭宛亦姓伯又別氏郤恐不足據定四年傳云楚殺郤宛伯氏之族出伯州犂之孫嚭爲吳太宰伯氏乃郤宛之宗非同族也呂氏春秋當是江隱注以嚭爲伯州犂孫乃據史矣

承周案吳世家云楚誅伯州犂其孫伯嚭亡奔吳正與此文合史公蓋別有據非誤也疑史文止作伯州犂後入據左傳及楚世家旁注郤宛二字誤入正文然猶存之耳文選辨命論注引此文無郤宛二字可證也吳越春秋云子胥伯州犂楚之左尹號曰郤宛蓋采左史而未定之耳

伯嚭亡奔吳

文選辨命論伍員灌溉於宰嚭注引吳越春秋作帛否來奔於吳又云或伯否或作帛否或作太宰嚭字雖不同其人一也梁章鉅旁證云呂氏重言篇作伯嚭衛衛是適篇作帛否吳越春秋闔閭內傳作白喜惟此與越絕外傳計倪篇同偁宰嚭

吳王僚所使二公子將兵伐楚者

刊注索隱公子燭庸及蓋餘也案左傳作掩餘燭庸本書作蓋餘燭庸吳越春秋作蓋餘燭傭

取六與潛

刊注集解六古國名陶之後所封案左文五年傳臧文仲聞六與蓼滅曰皋陶庭堅不祀忽諸杜注云六與蓼皆皋陶後也左昭三十一年吳人侵楚伐夷侵潛六字作潛史記本亦多作潛漢志廬江郡有潛縣武帝紀登灊天柱山号皆作灊蓋同音通用也

六年楚昭王使公子囊瓦至取居巢

左定二年傳秋楚囊瓦伐吳師於豫章吳人見舟於豫章而潛師於巢冬十月吳軍楚師於豫章敗之遂圍巢克之獲楚公子繁

梁玉繩曰案事在七年此見表集解曰左傳楚公子貞字子囊其孫名瓦字子常此云公子又案稱囊瓦誤史詮曰公子當作公孫稱囊瓦者孫以祖父字爲氏也史詮本于徐天祜吳越春秋闔閭內傳注

承周案定二年即闔閭之七年梁說是也下文擊楚將子常集解索隱皆云公孫也梁乃襲引徐天祜注一枝之說何耶又公子之子稱公孫公孫之子以王父字爲氏則囊瓦亦不得稱公孫也

與唐蔡伐楚

左定三年傳蔡昭侯爲兩佩與兩裘以如楚獻一佩一裘於昭王昭王服之以享蔡侯蔡侯亦服其一子常欲之弗與三年止之唐成公如楚有兩肅爽馬子常欲之弗與亦三年止之唐人竊馬而獻之子常子常歸唐侯

蔡人聞之固請而獻佩於子常常朝歸及漢執玉而沈曰余所有濟漢而南者有若大川蔡侯如晉以其子元與其大夫之子爲質焉而請伐楚吳越春秋略同公羊定四年傳云蔡昭公朝乎楚有美裘焉囊瓦求之昭公不與爲是拘昭公於南郢數年然後歸之於其歸焉用事乎河曰天下諸侯苟有能伐楚者寡人請爲之前列楚人聞之怒爲是興師使囊瓦將而伐蔡蔡請救於吳伍子胥復曰蔡非有罪也楚人爲無道君如有憂中國之心則若時可矣於是興師而救蔡穀梁傳越絕內傳均略同

五戰遂至郢

左傳曾子耳津本當吳楚世家吳越春秋皆云五戰入郢楚策文三戰入郢呂氏簡選篇云九戰九勝越絕荊平內傳云十五戰十五勝

乃謝吳不與王

自九年以下注詳左定四年傳及吳越春秋闔閭內傳

乃掘楚平王墓出其尸鞭之三百

梁玉繩曰案此事左氏公羊所不載其見于穀梁定四年傳者但言撻平王之墓植墓與鞭尸迥異而范注引鄭嗣云撻其君之尸注言重撻墓云鞭尸始經淮南子皆云鞭荊平王尸宋隱此說云鞭尸雪恥吳越春秋闔閭內傳又從而甚之曰出其尸左足踐腹右手抉目凡此但本於史矣世家及此傳何其言之侈參伍舉伍奢及此三世皆於楚有功難焉子胥操

執王出王尸以辱之猶不慮先人一抔土楚人凡而救之那得合昭王及國收先王之遺骸并以衣冠斂殯盡發伍氏之墓而汙猪之子胥斬矣以自立于天下乎夫郢人爲君討賊不過斬子家之棺而已齊懿公掘邴歜之父刖之衛出公掘褚師定子之墓皆載書以著其暴尤知戮家戮尸春秋以前僅見之事而謂子胥行之乎王政致呂覽首時淮南泰族賈子耳痺說苑奉使（有掘字　說苑作）漢書五行志下之下越絕平王內傳吳內傳外傳紀家政敘外傳記越絕吳書言墓則鞭尸又妄愈矣史于年表楚世家季布傳亦止謂鞭墓而吳世家子胥傳忽妄爲鞭尸之說何歟彼世如王莽發定陶恭王母及丁姬冢慕容儁發石季龍墓剖棺出尸棄于漳水姚萇掘苻堅尸鞭撻無數王頒發陳武帝陵焚骨取灰投水飲之人抵皆快意私雠虐及枯骨未必非斯言開之至陶宗儀輟耕錄言楊璉真珈取宋諸帝骸與牛馬同瘞乃從亂者不可道也然則鞭墓可乎亦曰子胥之所以爲子胥而已矣（公羊注疏引春秋說文云隱平王之尸如流王陰忠于王吳已十一年家中柏骨而凡如子胥志）也

殷周索隱案鞭尸傳聞有異不可據斷其然非也左定四年傳云吳入郢以班處宮公羊傳云君舍于君室大夫舍于大夫室蓋妻楚王之母也穀梁吳內傳同穀梁傳亦云君居其君之寢而妻其君之妻大夫居其大夫之寢而妻其大夫之妻蓋有欲妻楚王之母者列女傳貞順篇云伯嬴者

秦穆公之女楚平王之夫人昭王之母也吳入郢昭王亡吳王闔閭悉妻其
後宮次至伯嬴云云吳越春秋云郢今闔閭妻昭王夫人伍胥孫武白
喜亦妻子常司馬成之妻賈子耳痺篇云昭王失國而奔妻生虜而入吳
淮南泰族篇亦云舍昭王之宮是則吳人之所以辱楚之君臣者至矣尚
何愛於冢中枯骨而不以快其私怨哉右謂子胥當辱先人一抔土楚人
九而敗之則吳之入郢固將以為卷有楚猶未為吳土矣包胥之事又豈
子胥所能逆料邪

六月敗吳兵於稷

梁曜北曰表六月上缺書十年二字

承周案申包胥事見左定四年五年傳新序節士篇說苑至公篇吳越春
秋闔廬內傳皆略同又楚策莫敖子華曰昔吳與楚戰于柏舉三戰入郢
寡君身出大夫悉屬百姓離散棼冒勃蘇曰吾被堅執銳赴強敵而死此
猶一卒也不若奔諸侯於是贏糧潛行上崢山踰深谿蹠穿膝暴七日而
薄秦王之朝雀立不轉（雀立淮南作鶴峙）晝吟宵哭七日不得告水漿無入口瘨
而殫悶旄不知人秦王聞而走之冠帶不相及左奉其首右濡其口勃蘇
乃蘇秦王身問之子孰誰也棼冒勃蘇對曰臣非異楚使新造盩棼冒勃
蘇吳與楚人戰於柏舉三戰入郢寡君身出大夫悉屬百姓離散使下臣來
告亡且求救秦王顧令之起曰寡人聞之萬乘之君得罪一士社稷其危

今此之謂也遂出革車千乘卒萬人（千乘左作五百乘萬人淮南作七萬人）屬之子滿與
子虎（子滿左作子蒲由上子子虎）下塞以東與吳人戰于濁水而大敗之亦聞於遂
浦故勞其身愁其思以憂社稷者棼冒勃蘇是也又見淮南修務篇棼冒
勃蘇作申包胥錢竹汀謂棼乃楚之蚡冒乃昌（昌古文勖字）勃蘇乃包胥之聲
轉案楚策上文于令尹子文葉公子高吳救大心下文於蒙穀皆不冠以
楚字何獨于包胥乃言楚乎錢說似誤楚世家熊眴立是為蚡冒蚡與棼
通包胥蓋蚡冒之裔以先祖之諡為氏者也

吳王乃歸

以上左定五年傳

稷二歲闔廬使太子夫差將兵伐楚取番

梁曜北曰案二歲當作一歲夫差當作終纍取番亦誤說見表

乃去郢徙都於鄀

左定六年傳四月己丑吳太子終纍敗楚舟師獲潘子臣小惟子及大夫
七人楚國大惕懼亡子期又以陵師敗於繁陽（杜注陵師陸軍）令尹子西喜曰
乃今可為矣於是乎遷郢於鄀而改紀其政以定楚國

孔子相魯

梁曜北曰案相魯誤也說在孔子世家

敗吳於姑蘇傷闔廬指

左定十四年傳載檇李之戰云靈姑浮以戈擊闔廬闔廬傷將指取其屨還卒於陘正義謂姑蘇當作檇李越世家不誤越絕吳內傳作就李吳世家云吳王興　乃殘射傷傷吳

琱注 正義云解在吳世家殘舉石文吳世家無此條正義下夫獄條同

梁曜北曰新論稱檇李靖吳有姑蘇之因亦仍斯誤耳承周案說苑正諫篇云敗吳於姑蘇亦與敦史記也

對曰不敢

左傳云夫差使人立於王庭苟出入必謂己曰夫差而忘越人之殺而父乎則對曰唯不敢忘此及吳世家說苑正諫篇皆以為闔閭自言與傳異又吳越春秋闔閭內傳以夫差為太子波之子未詳所本

敗越於夫湫

梁曜北曰附案吳越兩世家作夫椒此作湫蓋古通用索隱云湫音椒是也左傳襄廿六椒鳴發語作湫鳴昭四年椒舉楚語作湫舉昭三年子服椒世表三倘孟椒昭十三作子服湫湫音椒

琱注 正義云云本杜氏左傳哀元年注

使大夫種

琱注 正義引越云大夫種姓文氏字子禽荊吳越春秋句踐入臣外傳稱大夫文種吳文氏種名也越世家正義引吳越春秋云大夫種姓文名種字子禽文選豪士賦序注引吳越春秋云姓文字少禽今本呂氏當染篇注師二篇高注云姓文氏字禽則劉伯莊以大夫為姓非也　正義又云楚之郢人案豪士賦序注引吳越春秋云楚南郢人與此合呂氏當染篇注云楚之鄙人尊師篇注云楚郢人郢鄧鄧郢之誤全謝山鮚埼亭集有鄧大夫種非郢產一篇錢竹汀潛研堂集亦有郢文種非鄧人一篇文繁不具錄

與越平

事詳左哀九年傳

其後五年王北伐齊

梁曜北曰案此傳敘吳伐齊事之誤說在吳世家蓋其後五年當作其後九年即左傳哀十年鄎之役然非周景公元故也

今吳之有越猶人之有心腹之疾也

承周案此下疑脫齊猶疥癬耳五字說苑正諫篇用此文作今越腹心之疾齊猶疥癬耳當據補吳語申胥諫曰越之在吳猶人之有心腹之疾也夫齊魯譬諸疥癬也呂氏知化篇子胥曰越之於吳也譬若心腹之疾也齊之於吳也疥癬之病也越世家子胥諫曰吳有越腹心之疾齊與吳疥癬也吳越春秋夫差內傳齊為疾其疥耳越之為病乃心腹也並其證此誤在史後之子胥諫曰云上事本作越腹心之疾而其齊疥耳並出傳及說苑未遺之兵證石謬也案吳越春秋所記皆文復大戰以前事此亦以為混

送兵鄖晉之居以待

錢竹汀曰晉當作虞晉之謁也左氏傳邾子又無道吳子使太宰子餘討之囚諸樓臺郰即邾也當云虜其君武缺甬一本致作威

梁曜北曰案斌字一本作威此二句疑在下文吳王既誅子胥遂伐齊之下

孫侍御曰吳世家敗齊艾陵後有爲鄒伐魯至與魯盟而去事則斌字即盟字之誤錢山札記云送威鄒爲句鄒即邾也晉疑在魯郡邑也晉魯古通用白虎通王者不臣章引春秋傳云晉臣者亡孫札記本文之字當作其臥由

李周采此當以作威為是錢孫盧梁並據次本曲說非也 今所傳蜀大字本未有以又並作

史記仲尼弟子列傳第六　中文本　內校　九　重大印行

威張氏作文虞本蔵語歲利張氏所據各本無作歲者

以兵威之而使之會齊

說苑正諫篇云遂興鄒魯之君會以伐齊

其後四年

梁曜北曰案四年當作一

越王句踐用子貢之謀乃率其衆以助吳

梁曜北曰案子貢無說越事說在弟子傳

伍子胥諫曰夫越心腹之病 至 譬猶石田無所用之

說苑正諫篇吳越春秋夫差內傳吳世家文並同左哀十一年傳吳將伐齊越子率其衆以朝焉王及列士皆有饋賂吳人皆喜惟子胥懼曰是豢吳也

夫諫曰越在我心腹之疾也壤地同而有欲於我夫其柔服求濟其欲也不如早從事焉得志於齊猶獲石田也無所用之越不為沼吳其泯矣

且盤庚之誥曰有顛越不恭劓殄滅之俾無遺育無使易種於茲邑此商之所以興

一

李周采吳世家云且盤庚之誥有顛越勿遺商之以興集解徐廣曰一本作盤庚之誥有顛之越之商之以興子胥傳誥曰有顛越商之興豈據本子胥傳爲於今本耶左傳作盤之誥曰其有顛越不共則劓殄無遺育無俾易種於茲邑是商所以興也說苑作盤庚曰古人有顛越不恭是商所以興也

有說 今校本尚書作顛越不恭暫遇姦宄我乃劓殄滅之無遺育無俾易種於茲新邑文

史記仲尼弟子列傳第六　中文本　內校　二十　重大印行

於茲新邑 茲當作夫左傳不誤 疑史言文而易誤矣

乃屬其子於齊鮑牧而還

梁曜北曰案屬子鮑氏也若鮑牧則已見殺四年矣

李周采鮑牧死於哀八年傳見左此牧當作氏乃傳寫之誤左傳吳越春秋皆作鮑氏本書吳越世家及此傳下文亦皆作鮑氏說苑用此文亦止作鮑氏可證 左傳云使於齊屬其子於鮑氏爲王孫氏杜注私使人至齊屬其子姓爲王孫以辟吳禍案本傳及吳越世家說苑吳越春秋皆文矣了使子胥使於齊杜以爲子胥私使人至齊非也

王卒伐之而有大功

梁曜北曰州案此蓋指夫差十一年伐齊師郊之役齊敗得公孫以為

大功而謂其海上之敗非指戰丈陵也

乃使使賜伍子胥屬鏤之劍

明注 集解鏤音錄于反案吳世家正義屬之欲反鏤力于反與此合淮南氾論身服屬鏤而死許大夫種高注屬鏤利劍也一曰長劍樹抱鹿盧鉾戈地屬鏤而行之也荀子成相篇恐爲子胥身離凶進諫不聽剄而獨鹿棄之江屬鏤作獨鹿與高注屬鏤音同楊注屬之欲反鏤朱反與史集解正義合陶又引國語呈鹿爲說以爲自剄之戾蓋以呈鹿則非也王氏據荀子雜志已辯其誤

必樹吾墓上以梓

左傳文樹吾墓檟檟可材也吳其亡乎吳世家說苑皆作梓

史記 伍子胥列傳第六 十文堂 句投 廿二 重天印刊

而抉吾眼縣吳東門之上

王氏曜曰縣本作著張略反此後人依吳語改之也華嚴經音義上引廣疋曰置著也是著與置同義吳世家曰抉吾眼置之吳東門越世家曰取吾眼置吳東門此曰抉吾眼著吳東門之上其義一也說苑正諫篇曰抉吾眼著之吳東門語即本於史記呂氏春秋知化篇亦曰抉其目著之東門後人據吳語改著爲縣不知吳語自作縣史記呂覽說苑自作著也匡謬正俗八引史記作抉吾目著於東門藝文類聚人部初學記太平御覽人事部引史記並作抉吾眼著吳東門之上此皆其明證矣又梁曜北以爲定爵非事實說詳吳越世家索隱引外傳七作縣吳東門

明注 正義東門鮹門謂門也今名葑門錢竹汀曰葑鮹聲相近古音有重唇無輕唇故讀鮹如葑

盛以鴟夷革浮之江中

集解應劭曰取馬革爲鴟夷鴟夷榼形案吳越春秋作盛以鴟夷之器貫子云身鴟夷而浮江吳語云吳王慍曰孤不使大夫得有見也乃使取申胥之尸盛以鴟鴂而投之於江韋解云鴟鴂革囊王觀國學林卷三云前漢食貨志曰范蠡報強吳敵會稽之恥乃乘扁舟浮江湖變姓適齊爲鴟夷子皮顏師古注曰自號鴟夷者言若盛酒之鴟夷多所容受而可卷懷與時張弛也鴟夷皮之所爲故曰子皮按所引漢食貨志當作貨殖傳師古注又有數條案應作大鴟說大鴟夷子皮非范蠡說詳陳世家

史記 伍子胥列傳第六 十文堂 句投 廿三 重天印刊

觀國案古之所稱器多以陶及木爲之皆有礙隔破碎之患前漢陳遵傳引揚雄酒箴曰子猶瓶矣觀瓶之居居井之眉處高臨深動常近危酒醪不入口臧水滿懷不得左右牽於纆徽一旦叀礙爲瓽所轠自用如此不如鴟夷鴟夷滑稽腹如大壺盡日盛酒人復借酤觀此說蓋爲以瓶與井較瓶破不如鴟夷盛酒安而不敗以喻人之欲酒不可自取困敗也

因命曰胥山

梁曜北曰案集解張晏曰胥山在太湖邊去江不遠百里故云江上索隱本于晉張勃吳錄見水經注四十卷而正義曰吳地記云胥山太湖邊胥湖東岸西臨胥湖山有古葬胥二王廟案其廟不于子胥事太史公誤引注又非

日知錄三十一曰史記吳王既殺子胥吳人爲立祠於江上號胥山水經注沔水引虞氏曰松江北去吳國五十里江側有丞胥二山山各有廟魯哀公十三年越使二大夫疇無餘謳陽等伐吳吳人敗之獲二大夫大夫死故立廟山上號丞胥二王胥山上今有壇石長老云胥神所治也一以爲子胥一以爲越大夫今蘇州城之西南門曰胥門從廣陵吳地記云本伍子胥宅因名非也趙樞生曰吳越春秋吳王夫差將與齊戰道出胥門因過姑胥之臺則子胥未死已名胥門昭哉左傳哀公十一年艾陵之戰胥門巢將上軍若此門而以爲氏若如東門遂桐門右師之類則是門之名又必在夫差以前矣姑胥山不可知其所始乎亦爲姑蘇古胥蘇二字多通用顧氏此辨與正義相發

吳王既誅吳子胥遂伐齊

梁曜北曰案此以胥死在艾陵前與內外傳呂子知化及吳越二世家吳益疑也吳越春秋夫差內傳十二十三兩年所書頗出承周案本文未嘗以胥死在艾陵前梁說謬又吳越春秋載子胥諫語前後倒置餘見上

齊鮑氏弒王　不勝而去

梁曜北曰案廿二字疑當在前益疏子胥之謀句上與敗艾陵威鄒魯二句互易於左傳情事相協此及吳世家敘伐齊事多倒亂失實而悼公即陽生此又誤云當是殺其君悼公而立壬也至殺悼公非由鮑氏已在十二侯表中

丞周案哀十年傳齊人弒悼公赴於師吳子三日哭于軍門之外於是師自海將登入齊齊人敗之吳師乃還即此文所言此誤敘在子胥死後

其後二年

梁曜北曰案二年當作一年蓋艾陵之明年也

會之橐皋

附注　案隱拓皋二音案哀十二年杜釋文索章校改一音託據首音則拓當作柘

黃池

案黃池之會見左哀十三年傳及吳語

襲殺吳太子

案左傳云獲太子友不言殺吳世家云虜吳太子友與傳合

殺王夫差而誅太宰嚭

梁曜北曰案殺夫差與誅伯嚭說在吳世家

楚惠王　王惠王不聽

梁曜北曰案君勝者子西不聽誅者亦子西而以爲惠王誤矣

白公歸楚三年而吳誅子胥

史記伍子胥列傳第六　十文集　向校　卌三　豊大印行

史記伍子胥列傳第六　十文集　向校　卌四　豊大印行

梁曜北曰案白公歸楚不知何年而年表及楚世家妄謂在敬王三十三年己爲在表即如其說則此當作歸楚四年蓋吳誅子胥在敬王三十六年吳夫差十二年也

歸楚五年請伐鄭

梁曜北曰案晉伐鄭在魯哀十五年敬王之四十年即依史說乃白公歸楚八年非五年也吳家亦誤之

子西聞之笑曰勝如卵耳何能爲也

梁曜北曰濟南集辨惑曰左傳子西曰勝如卵余翼而長之蓋傳其有怨也而史則是忽其脆弱而已不亦異乎

其後四歲

梁曜北曰案四當作一晉伐鄭之明年白公作亂也

乃劫之王如高府

王石臞曰案劫下本無之字哀十六年左傳曰白公以王如高府楚世家曰因劫惠王置之高府此曰乃劫王如高府其義一也劫下不當有之字

石乞從者屈固

梁曜北曰案哀十六傳負王者乃圉公陽世家言惠王從者屈固此傳以爲石乞從者屈固宋庠曰一作惠王從者索隱曰此本爲待蓋屈乃遠之端遠固即箴尹固見哀十八傳然遠固圉公陽是兩人史誤也必因左傳圉公陽穴宮負王與石乞尸門遠文而又有葉公遇箴尹固事遂致斯舛耳

而求惠王置之

白公事具詳左哀十六年傳

史記一百三十

太史公自序第七十

錢大昕曰自史公有自序一篇而班孟堅司馬彪（亦據叙傳）華嶠（據注叙見三國志注）沈約魏收李延壽之徒各爲叙傳承作先世仕蜀不顯蔚宗與漢年代隔越故不立此篇蕭子顯爲齊豫章王嶷之子其傳贊云烈考云我王與它篇異但傳中竟不列己名則又矯枉過直矣姚思廉陳書於父傳末略述己修史事而不稱叙傳亦不及入唐以後事於體例最爲得之唐宋以來設立官局史非一人一家之書故無叙傳之名矣（廿二史考異）

盧文弨曰史記漢書書前之有目錄自有版本以來即有之爲便於檢閱耳然於二史之本旨所失多矣夫太史公自序即史記之目錄也班固之叙傳即漢書之目錄也乃後人以其難於尋求而復爲之條列以繫於首後人又誤認書前之目錄即以爲作者所自定致有據之妄譏本書者夫孟荀列傳以兩大儒總括之何嘗齒淳于髡慎到騶奭於其列哉貨殖等傳以事名篇與八書差相類固未嘗一一標姓名也乃譏漢書者謂范蠡子貢白圭非漢人而入漢書以爲失於限斷其實班氏何嘗爲范蠡諸人立傳即彼蜀卓宛孔閭里猥瑣之流亦豈屑屑爲之標目與夫因人立傳者同哉明毛氏刊史記集解葛氏刊漢書正文其前即據自序叙傳爲目錄亦爲便於觀者而尚不失其意在吾本中爲最善矣（鍾山札記）

又曰古書目錄往往置於末如淮南之要略法言之十三篇序（此據李軌注本近刻五家注者皆移於當篇首矣）皆然吾以爲易之序卦傳非即六十四卦之目錄歟史漢諸序殆昉於此（宋刻荀子篇目與劉向之奏皆在末宋人所撰集韵亦以其目置於尾依古法也）○同上

俞樾曰紀事之體本於尚書故太史公作自序一篇云爲某事作某本紀某表某書某世家某列傳猶尚書之有序也古人之文其體裁必有所自非漢以後之人所識也（湖樓筆談四）

昔在顓頊命南正重司地

梁玉繩曰案此本楚語然今本國語及經疏中所引皆作火正漢書述傳同自史公有北正之文後儒如鄭康成（毛詩檜風疏）韋昭（見楚語注引唐尚書）臣瓚（見述傳注）皆從之隋天文志同其實史歷書序仍是火正顏師古司馬貞據鄭語與班固幽通賦作火正爲是路史注亦以北黎爲妄（見後紀八）應劭曰黎陰官也火數二故火正司地以屬民張晏曰火水配也水爲陰故命火正黎兼地職（史記志疑）

承周案楚語（顓頊命南正重司天以屬神火正黎司地以屬民）鄭語（黎爲高辛火正）歷書（用楚語作火正）漢書述傳（用史記自序北正作火正）皆作火正（楚世家云重黎爲帝嚳火正合重黎爲一人然亦作火正）書疏與疑云左傳稱重爲句芒黎爲祝融（昭二十九）祝融火官可得稱火正句芒木官不應號爲南正且木不主天火不主地而外傳稱顓頊命南正司天火正司地者蓋使木官兼掌天火官兼掌地南爲陽位故掌天謂之南正黎稱本官故掌地猶爲火正（[illegible]）謂孔說較應劭張晏說爲近理（應劭謂黎陰官也火數二二地數也故火正司地以屬萬民見史記集解引張晏謂火爲水配故火正黎兼地職見索隱及顏注）然掌天可謂之南正掌地何不可謂之北正黎稱本官重何

史記　中史一年級　一　向授

史記　中史一年級　二　向授

以獨稱兼官要亦非定說也大正之文出於楚語鄭語鄭志荅趙商問云先師以來皆云大當爲北當云黎爲北正（書堯典疏引今本爲北作爲地據詩檜譜疏引校改）鄭君稱引先師以明古義非敢說也法言重黎篇或問南正重司天北正黎司地今何僚也曰近義近和中論歷數篇顓頊受之乃命南正重司天以屬神北正黎司地以屬民二書皆用楚語而直作北正楊既遠在西京徐亦前乎韋瓚知大之作北昔儒所共信也

其在周程伯休父其後也

案索隱云據左氏重是少昊之子黎乃顓頊之胤二氏二正所出各別而史遷意欲合二氏爲一故總云在周程伯休父其後非也案彪之序及干寶皆云司

史記　中史一年級　三　向援

馬氏黎之後是也（索隱止此）書堯典疏云楚世家云重黎爲帝嚳火正能光融天下帝嚳命曰祝融云云案昭二十九年左傳稱少昊氏有子曰重顓頊氏有子曰黎則重黎二人各出一帝而史記並以重黎爲楚之祖吳回爲重黎以重黎爲官號此乃史記之謬故束晳譏馬遷并兩人以爲一謂在此也（疏語止此詩檜譜疏略同）梁玉繩曰重與黎乃少昊顓頊之後世子孫當高陽氏爲南正火正之官歷至高辛仍居此職而黎又嘗以火正兼司天地黎重徙爲木正故耳其後遂以重黎爲號不關少昊之重（韋注重黎官名楚之先爲此二官大紀云嚳使火正兼掌重職）是以楚語云重黎世叙天地鄭語云荊重黎之後大戴禮世本山海經皆云老童生重黎史公本之作世家及自序傳非誤也（史記志疑二十二）

失其守而爲司馬氏

失上日本楓山三條本有官字與漢書合（先晉注）何焯曰詩常武王謂尹氏命程伯休父毛傳尹氏掌命卿士程伯休父始命爲大司馬正當宣王之時已失典司天地之守故但以時王所命之官別爲司馬氏也（義門讀書記）

晉中軍隨會奔秦

梁玉繩曰附案漢書攷證森氏曰奔秦漢書誤作魏又隨會奔秦時未爲中軍將史文以後官冠其名（史記志疑）

其在衛者相中山（集解徐廣曰名喜也）

史記　中史一年級　四　向援

司馬喜事見中山策呂氏應言篇鄒陽傳云司馬喜臏腳於宋卒相中山

蒯聵其後也

沈欽韓曰淮南主術訓握術劍鋒以離北宮司馬蒯聵不使應敵非刺客傳中人（漢書疏證）張文虎曰言此以別於衛之蒯聵然刺客傳無此人案左傳齊有中蒯死在杼之難韓詩外傳作荊蒯芮說苑作邢蒯聵莊公好勇士或即其人又淮南主術訓故握劍鋒以離北宮子司馬蒯蕢不使應敵楚詞九懷蔽聵登於清府分與烏獲並驂未知即中蒯否抑何以云刺客傳也（史記札記）又曰刺客傳無蒯聵惟荊軻嘗游過榆次與蓋聶論劍云云疑蓋聶即蒯聵之

誤掄次本趙地古荊字本作敬與荃並從艸敬與荃形相涉爾疋釋詁敬釋文云又作情說文耳部聵字重文作聵與聶字形皆相涉蓋傳寫錯亂如漢魏時人或尚見史記舊字索隱云荃姓聶名則所見本已訛矣舒藝室隨筆

案張氏說是

在秦者名錯與張儀爭論

事見秦策

而少梁更名曰夏陽

沈欽韓曰秦紀惠文王十二年更名少梁曰夏陽張儀傳說魏王入上郡少梁以謝秦是入秦即名下陽上句云事武安君白起則為昭襄王時此語殊亦次

第漢書從弟

阬趙長平軍

日本楓山本阬作抗見會注

昌為秦主鐵官

漢書主作王

當始皇之時

王先謙曰屬上讀詳漢書補注

蒯聵玄孫卬

梁玉繩曰案索隱引司馬世本是曾孫史記志疑

無澤生喜

梁玉繩曰案喜為史公之祖然其先之相中山者為司馬喜奈何與曾祖同名乎又漢書作毋懌史記志疑

談為太史公

梁玉繩曰、揖案太史公之稱、補令上紀及自序傳注引桓譚新論云、東方朔所署、又引韋昭云、遷外孫楊惲所加、又引衛宏漢儀注、謂太史公武帝置位在丞相上、遷死後宣帝以其官為令、行文書而已、又引虞喜志林、謂古主天官者皆上公、自周至漢其職轉卑、然朝會坐位猶居公上、其官屬仍以舊名尊之、攷史記遷死後稍出、至宣帝時始宣布、東方朔安得見之、索隱非之矣、遷傳有楊惲

祖述其書之語、韋昭所本、索隱亦從之、但一部均稱太史公、惟自序中遷為太史令一句稱令、然正義引史作公、疑今本傳寫或依漢書改、豈盡惲增之耶、索隱以為姚察非之矣、蓋太史公是官名、衛宏漢人、其言可信、西京雜記隋書經籍志史通史官建置篇宋三劉攽敞奉世兩漢刊誤並同衛宏也、或問晉灼為漢書同馬遷傳注曰、百官表無太史公在丞相上、衛宏不實、索隱亦言宏謬、文宋陳邵筆記曰、遷與任安書自言僕之先人、文史星曆、近乎卜祝之間、固主上所戲弄、倡優所畜、流俗之所輕、若其位在丞相上、安得此言、唐顏師古遷傳注謂遷尊其父以公為家公之公、宋吳仁傑兩漢刊誤補遺謂遷父子官為令、而云公者、邑令稱公之比、諸說然否、曰非也、漢官之不見於表者、甚多、不獨太史公、況

宣帝已改為令，屬於太常，表固宜無之，奈何據以駁衛宏乎。史記中太史公大
半遷自稱之，不皆指其父，何尊之有。後漢書鄭康成傳載孔融告高密縣立鄭
公鄉云：太史公者，仁德之正號，不必三事大夫。此尊之說也。而陳奐顧氏炎武
日知錄二十卷識之，梁昭明太子諸銳文選載報任少卿書太史公牛馬走司馬遷亦是自稱其官。蓋公僭稱，他人稱
之猶可，自號則不可。明于慎行讀史漫錄以為朝會立處在人主左右，以記言
動，如唐宋螭頭記注之制，非爵秩之位，乃朝參之位。前人多誤，釋惟正義以虞
者為長，而志林實與漢儀注相通，明截弄而偶俊當之正，以其在人主左右耳。
補遺謂位在丞相上，但可施於張蒼，亦非。至宋蘇潁濱古史論議遷與父無異，稱為失史，不然，史
記稱天官書太史公推古天變，及封禪書而太史公自序前篇六稱太史公，指

史記　中史一年級　七　向按

司馬談，文義顯白，餘皆自謂。蘇氏何所疑而譏其失哉。今本兩字雜記作任在丞相上下語謂口史記
正叙卷一
錢大昕曰：按太史公是官名，遷父子世居其職。衛宏漢人，其言可信，而後人多
疑之。予謂位在丞相上者，謂殿中班位在丞相之右，非秩位尊於丞相也。虞喜
謂朝會坐位稱居公上，蓋尊之矣。序長自言天下遺文古事靡不畢集太史公，
續漢儀注云：天下計書先上太史公，者正合史記一書。惟自序前半稱太史公
及封禪書而稱太史公，指其父；餘皆遷自稱之。小司馬小顏以為尊其父者，
非也。
王鳴盛曰：自序篇內言談為太史公以下一段，叙其父談事凡六稱太史公，皆

指談也。自太史公曰先人有言云云以下，既述父談之言，又與上大夫壺遂相
往復，又自述遭李陵之禍，作史記，第凡四稱太史公，皆自謂。至其下文云：漢興
文學彬彬稍近，百年之間，天下遺文古事靡不畢集太史公，此則又屬其父。其
下又云：太史公仍父子相續纂其職，則總明其父子相繼為太史令，故皆得稱
太史公之官。其下又序作紀表書世家列傳凡百三十篇為太史公書，序略，此
稱父子共之。末又總結之曰：太史公，余述黃帝以來至太初而訖，此太史公則
又屬自稱。若本紀列傳之贊所云太史公曰者，則亦皆自稱。班氏誤以談為
遷言，蓋因名稱參錯，目致誤。十七史商榷
李慈銘曰：太史公自是當時官府通稱，固非官名，亦非尊加，如後世之稱太史

史記　中史一年級　八　向按

氏，亦非有此官名也。流俗相沿，如晉之中書令稱令君，唐之御史稱端公，不必
以其尊官也。衛說不過因公字而附會之。至官皆稱謂例不見於百官志，亦不
必疑。越縵堂讀書記
朱一新曰：衛宏所說，指位在丞相上者，蓋謂朝會之位，以其關史所關，使之密
邇至尊，以便記注，非以其爵秩，亦非必以尊寵也。正義引志林已有朝會坐位之說，惜其語焉混。
此如唐之起居舍人，秩從六品上，而分侍左右，秉筆隨宰相入殿，蓋其職掌使
然。惟言遷死後宣帝以其官為令，則非其實。本傳言卒三歲而遷為太史令，李
陵傳言太史令司馬遷，是遷官為太史令無疑。李云太史公為當時通稱，其說
甚確。但云列下大夫之列，百官志太史令六百石，索隱引博物志太史令茂陵

顯武里大夫司馬年二十八、三年六月、除六百石、據紀宣帝詔史六百石、任大夫、今以史公自言則其官爲太史令其秩爲六百石要有如衛氏所云者據漢舊儀言太史公秩二千石爲異、此則或談仕職時、揩其秩以示寵或官秩專案隨時升降、或記者偶失其實、闕疑可矣。無考宜存闕

太史公學天官於唐都

曆書云至今上（武帝）即位招致方士唐都分其天部而巴落下閎運算轉曆漢書律曆志亦云武帝選民間治曆者二十餘人方士唐都巴郡落下閎與焉

受易於楊何

楊何已見弟子傳及儒林傳（儒林傳何字叔元）

習道論於黃子

漢書注云景帝時人也儒林傳謂黃生（之）與轅固爭論於上前謂湯武非受命乃殺之也

乃論六家之要指

梁玉繩曰困學紀聞十一曰西山眞氏云列儒者于陰陽墨名法道家之間是指儒者特六家之一爾不知儒者無所不該五家之所長皆有之其短者吾道之所棄也談之學本於黃老故其論如此（史記志疑）

王鳴盛曰太史公自序述其父談論六家要指謂陰陽儒墨名法道德也其意以五家各有所長亦各有所短並致其不滿之詞而獨推崇老氏道德謂其能

兼有五家之長而去其所短且又特舉道家之指約易操事少功多與儒之博而寡要勞而少功兩兩相校以明孔不如老此談之學也而遷意則尊儒父子異尚猶劉向好穀梁而子歆明左氏也觀其下文稱引董仲舒之言隱隱以己上承孔子其意可見　漢初黃老之學極盛君如文景宮闈如竇太后宗室如劉德相將如曹參陳平名臣如張良汲黯鄭當時直不疑班嗣（漢敘傳）處士如蓋公（曹參傳）朱鄧章（袁盎傳）王生（張釋之傳蓋寬饒傳亦有王生其說論絕類老氏但爲太子賓客與文帝時代隔遠疑傳之傳中王生非一人）黃子（司馬遷傳）楊王孫（楊王孫傳）有安丘望之（見後書耿弇傳）等皆宗之東方朔戒子以首陽爲拙柱下爲工（意則曰老子爲周柱下史朝隱終身無患是爲工也）是亦宗黃老者而遷獨不然漢本傳贊謂遷論大道先黃老而後六經此本班彪之言見後漢本傳而固述之極

譚謂大司空王邑納言嚴尤曰老聃著虛無之言兩篇薄仁義非禮樂然好之者以爲過於五經自漢文景之君及司馬遷皆有是言班彪極譏之以談之言即遷之意　漢敘傳述其從父嗣好黃老父彪則尊儒遷意與班同但不便斥老斥老則形父之短耳　膠西蓋公善治黃老言曹參爲齊相厚幣請之蓋公爲言治道貴清靜而民自定參於是避正堂舍蓋公其治要用黃老術及入爲相國壹遵蕭何約束日夜飲酒不事事民歌之曰蕭何爲法較若畫一曹參代之守而勿失載其清靜民以寧壹惠高曹皆學黃老者張良陳平同傳平傳稱少好語書治黃帝老子之術而良受黃石公書是良平二人皆黃老也（十七史商榷）

有者不有耳

錢大昕曰按爾足有善也有者不有猶言有善有不善廿二史攷異

嘗竊觀之陰陽之術大祥

錢大昕曰予謂古書祥詳通用易視履考祥釋文云本亦作詳書呂刑告爾祥刑後漢書劉愷傳注引作詳刑鄭康成注詳審察之也君奭其終出於不祥漢石經本祥為詳小司馬讀詳義為祥是未識古文也廿二史攷異

承周案大祥謂以災祥為重也正義說是

名家使人儉而善失真

梁玉繩曰附案名家言儉未的蓋儉以為檢之誤寫史記志疑

承周案並說是會注攷證謂慶長本標記引劉伯莊云儉當作檢謂拘檢人則唐人舊說已如是

形神騷動

漢書騷動作奔哀

去健羨

案健字漢書亦作健作楗二本顏注引服虔曰門戶楗牡也如淳曰知雄守雌是去健也不見可欲使心不亂是去羨也晉灼曰老子曰善閉者無關楗嚴石平曰折關破楗使姦者自止服說是也師曰二義並通楗其偃反然今字本皆作健字也以上顏注語服虔說字作楗如淳說字作健楗義違文不顯當以作健為是如淳解羨字但以為貪欲之意亦非也健謂剛強羨謂財貨有餘管子國蓄篇均羨不足孟子滕文公下篇以羨補不足羨與不足對文皆有餘之意老子云聖人去甚去奢去泰去羨猶言去奢去泰也

順之者昌逆之者不死則亡

日本楓山本順上有曰字見會注漢書同又漢書無不死則三字

累世不能通其學當年不能究其禮

孔子世家載晏子阻尼谿之封曰累世不能殫其學當年不能究其禮晏子外篇作累壽不能殫其教當年不能究其禮墨子非儒篇作累壽不能盡其學當年不能行其禮

堂高三尺

索隱云此以下韓子之文

承周案韓子見五蠹篇無堂高三尺土階三等二句從漢書注引墨子云堯舜堂高三尺土階三等茅茨不翦采椽不斲土簋歠土鉶糲粱之飯藜藿之羹夏日葛衣冬日鹿裘是約已也今墨子無此文論衡廣庶篇云墨子稱堯舜堂高三尺帝王世紀云墨子以為堯堂高三尺土階三等茅茨不翦采椽不斲夏服葛衣

冬服鹿裘

棌椽不刮

說文無棌字正作采姑室紀棌椽不刮漢書作采程傳唐虞棌椽皆俗字索隱引韋昭曰采為櫟漢書顏

注於執文志（宋本集解）楊雄傳及遷傳皆訓采為柞（集解作柞，柞也）攷矣。沈欽韓漢書疏證曰：王為棌樹也，釋木櫟，棌心，注：櫟，樕別名。李時珍（本草綱目）云：櫟有二種，一種叢生小者名杞，見爾雅，一高者名大葉櫟，樹葉俱似栗，長大粗厚，冬月凋落，其木理粗不及櫟木，（御本作）所謂棌櫟之材，指此。師古以棌為柞，非也。王先謙補注說略同。承周案：淮南精神篇充棋桷不斲，素題不枅，高云：棋，采也。則棋采同物，棋即棌櫟有明徵矣。（王石臞改棋為棌，是也）刮，漢書作斲，他書亦多作斲，（韓子五蠹、史記李斯傳、淮南精神、主術二篇、說苑反質篇皆作斲）始皇紀作刮，注云一作（米椽不斲）。而韓子、淮南亦有作刮之本，（御覽一百八十八引韓子作刮，淮南精神篇注，析亦作刮，析乃斲之誤）義並通。

食土簋啜土刑

史記　中史一年級　十三　向授

承周案：漢書作飯土簋歠土刑。墨子節用中篇云：飯於土塯，啜於土形。韓非十過篇云：堯飯於土簋，飲於土鉶。韓詩外傳三云：舜飯乎土簋，啜乎土型。說苑反質篇云：堯飯於土簋，啜於土瓶。本書始皇紀云：飯土塯，啜土形。李斯傳云：堯飯土匭，啜土鉶。諸文不同。此文土簋，徐廣曰：一作塯。始皇紀土塯，索隱云：一作簋。李斯傳土匭，徐廣曰：一作溜。案說文簋，黍稷圜器也。（今本圜作方，誤）古文作匭，又作匭。（李斯傳作朹字）又作朹。篇（集韻同）韻並云：塯，瓦飯器也。說文無塯字，故或以溜為之。又此文土刑，正作鉶。說文，鉶，器也。周禮掌客，鉶四十有二，注：鉶，羹器。刑、型、形皆借字。又案說文：歠，飲也；啜，嘗也。此當以歠為本字。

糲粱之食

沈欽韓曰：張云一斛粟七斗米為糲，非也。九章算術粟米法：粟率五十，糲米三十，粺二十七，糳二十四，御米二十一。言粟五升為糲米三升，以下米益精則數亦漸減，至御米得二升一合也。夏侯陽算經粟五斗為糲米三斗，三十乘之五十而一，其法亦同，則一斛粟止得糲米六斗也。（漢書疏證）王念孫曰：服虔云：糲，粗米也。賈逵晉語注：粱，食之精者。（見文選陸機君子有所思行注）此糲粗而粱精，不得以糲粱連文，粱當為粢字之誤也。（粢粱字形相近，傳寫往往訛混。曲禮稷曰明粢，釋文一本作明粱）粢，稷也。（淮南人間篇飯黍粱，今本粱誤作粢）哀二年左傳：粢食不鑿。玉藻：稷食菜羹。論語鄉黨篇：疏食菜羹。稷食、疏食、粢食，異名而同實也。粢與糲皆食之粗者。李斯傳：堯之有天下也，粢糲之食，藜藿之羹。淮南精神篇：珍怪奇味，人之所美也，而堯糲粢之飯，藜藿之羹。主術篇：堯太羹不和，粢食不毇，皆其證也。列子力命篇：北宮子謂西門子曰：朕衣則裋褐，食則粢糲；子衣則文錦，食則粱肉。以粢糲與粱肉對言。淮南人間篇：張騎子對孟嘗君曰：臣之處於齊也，糲粢之飯，藜藿之羹，以身歸君，食芻豢，飯黍粱。（今本粱誤作粢，上文云黍以為黍粱下）以糲粢與黍粱為對言，是粱精而糲粗，可言糲粢，不可言糲粱也。（讀書雜志史記）

史記　中史一年級　十四　向枝

夏日葛衣，冬日鹿裘

韓子五蠹篇裘作麑（御覽引韓子作麑，李斯傳同，尸子云：堯……淮南精神篇云：文繡狐白，人之所好也，而堯布衣揜形，鹿裘御寒）（又指免衣布衣也）

桐棺三寸

韓子解老篇云墨者之葬也冬日冬服夏日夏服桐棺三寸服喪三月世以為
儉而禮之尸子云禹使死於陵者葬於陵死於澤者葬於澤桐棺三寸制喪三
日（宋書禮志范書王符傳注引日字為月）潛夫論浮侈篇桐木為棺葛采為緘下不及泉上不
泄臭（木桔雅詁見漢書桐木為棺作窾木為匱）
使天下法若此
漢書法作其
專決於名而失人情
漢書專作剸而作時
不為物先不為物後

史記　中史一年級　十五　向拔

漢書作不為物先後
因物與合
梁玉繩曰附案漢書作與合後漢書馮衍傳下引作與物趨合蓋合字是（史記志疑）
王念孫曰史記作因物與合於義為長合者居也言因物與居而無成心也鶡
冠子世兵篇亦云聖人捐物從理與舍因物與合與因時為業相對為文（讀漢書雜
志）
故曰聖人不朽（漢書）
王念孫曰聖人不朽時變是守漢書司馬遷傳朽作巧顏師古曰無機巧之心
但順時也念孫案史記原文蓋亦作聖人不巧今本作朽者後人以巧與守韻
不相協而改之也不知巧字古讀若糗正與守為韻韓子主道篇不自操事而
知拙與巧素問徵四失論更名自巧並與咎為韻參同契非徒辭為巧與酒為
韻皆其證也上文以虛無為本以因循為用以虛無為本即所謂聖人不巧也
以因循為用即所謂時變是守也又云有法無法因時為業有度無度因物
與合亦是此意此皆言道家無為之術故顏師古曰無機巧之心但順時也鶡
冠子世兵篇亦云聖人之道去智與巧若改為聖人不朽則與時變是守之義迥
不相涉矣索隱本出聖人不朽四字正義云言聖人教迹不朽滅則所見本皆
誤作朽（讀書雜志·史記）
實不中其聲者謂之窾

史記　中史一年級　十六　向拔

錢大昕曰漢書窾作款款空隙相近莊子導大窾向秀讀窾為空（廿二史考異）
不先定其神
漢書神下有形字
有子曰遷
梁玉繩曰附案史通雜說篇譏斯傳不書其字為大忘班固仍其本傳為守株
固為遷傳其初宜云遷字子長馮翊夏陽人危林又謂文選報任少卿書作司
馬子長李善注以為史遷未嘗明列出處呂向遂謂漢書云字子長妄矣張衡
應閒子長謀之章懷注遷字亦不言出何書因衆論據漢勳頌固二篇及漢紀
司馬子長遭李陵之禍句作先出之說然竟無直稱子長者余謂史漢中名

而不字者甚衆不獨子長孟堅仍史以示不敢改易之意爾而術之稱子長亦不止兩見玫法言寡見君子二篇屢稱子長更在張衡王充荀悅之前後此如後書蔡邕傳論逍遙子長方術傳子長亦云晉書干寶傳呂望事周子長存其兩說魏書魏收十志啟子長命世儒才文選潘岳西征賦子長政駿之史劉峻辯命論子長閔其戚抱朴子論仙云子長不能與日月並明水經注四河水又東南逕司馬子長墓北自西漢以迄六朝豈盡不足憑而必直當乃信乎至李善西征賦注云史記曰司馬遷字子長則其妄同於呂向也（史記志疑）

年十歲則誦古文

周壽昌曰索隱云遷及事伏生是學誦古文尚書劉氏以為左傳國語系本等

書是亦名之古文也案遷於景帝後元年距晁錯之死十一年錯孝文時受書伏生生以九十餘孝文在位二十三年計伏生當遷生時應百有餘歲遷十歲誦古文及事伏生不已百四十餘耶伏生不聞有此大年揆之情事亦不合史公從安國問故索隱蓋誤以孔為伏

梁周謂遷不及事伏生是也而謂生於景帝後元年則非也王國維曰案自序索隱引博物志太史令茂陵顯武里大夫司馬（此下奪遷字）年二十八三年六月乙卯除六百石也（今本博物志無此文多在遂為中又茂先此條當本先漢記錄非晉人語說見後）案三年者武帝之元封三年荀元封三年史公年二十八則當生於建元六年然張守節正義於自序為太史令五年而當太初元年下云案遷年四十二歲與索隱所引博物志差十歲正義所云亦當本博物志疑今本索隱所引博物志年二十八張守節所見本作三十八三訛為二乃事之常三訛為四則於理為遠以此觀之則史公生年當為孝景帝五年而非孝武建元六年矣（太史公繫年考略）又曰案自序年十歲則誦古文索隱劉伯莊說謂即左傳國語世本等書是也（見今漢代古文考）司馬談仕於建元元封間是時當已入官公或隨父在京師故得誦古文矣自是以前必已就閭里書師受小學書故十歲而能誦古文（同上）

二十而南遊江淮上會稽探禹穴

梁玉繩曰案禹穴難信說在夏紀（史記志疑）

王國維曰案漢舊儀（太平御覽卷二百三十五引）司馬遷父談世為太史遷年十三使乘傳

行天下求古諸侯之史記（西京雜記卷六文略同）考自序云二十而南遊江淮則衛宏說非也或本作二十誤倒為十二又訛二為三歟（太史公繫年考略）

又曰案自序二十而南遊江淮上會稽探禹穴闚九疑浮於沅湘北涉汶泗講業齊魯之都觀孔子之遺風鄉射鄒嶧戹困鄱薛彭城過梁楚以歸考自序所紀亦不盡以遊之先後為次其次當先浮沅湘闚九疑然後上會稽自是北涉汶泗過楚及梁而歸否則既東復西又折而之東北殆無是理史公此行據衛宏說以為奉使乘傳行天下求古諸侯之史記也然公此時尚未服官下文云於是遷始仕為郎中明此時尚未仕則此行殆為宦學而非奉使矣（同上）

又曰案史公遊蹤見於史記者五帝本紀曰余嘗西至空峒北過涿鹿東漸於

浮南浮江淮矣封禪書曰余從祭天地諸神名山川而封禪焉河渠書曰余南
登廬山觀禹疏九江遂至於會稽太湟上姑蘇望五湖東闚洛汭大邳迎河淮
泗濟漯洛渠西瞻蜀之岷山及離碓北自龍門至於朔方齊太公世家曰吾適
齊自泰山屬之瑯邪北被於海膏壤二千里魏世家曰吾適故大梁之墟孔子
世家曰吾適魯觀仲尼廟堂車服禮器諸生以時習禮其家余低徊留之不能
去云伯夷列傳曰余登箕山其上蓋有許由冢云孟嘗君列傳曰吾嘗過薛其
俗閭里率多暴桀子弟與鄒魯殊信陵君列傳曰吾過大梁之墟求問其所謂
夷門夷門者城之東門也春申君列傳曰吾適楚觀春申君故城宮室盛矣哉
屈原賈生列傳曰余適長沙觀屈原所自沉淵蒙恬列傳曰吾適北邊自直道

歸行觀蒙恬所為秦築長城亭障塹山堙谷通直道固輕百姓力矣淮陰侯
列傳曰吾如淮陰淮陰人為言韓信雖為布衣其志與眾異其母死貧無以葬
然乃行營高敞地令其旁可置萬家余視其母冢良然樊酈滕灌列傳曰吾適
豐沛問其遺老觀故蕭曹樊噲滕公之家自序曰奉使西征巴蜀以南南略邛
笮昆明是史公足迹殆遍宇內所未至者朔方河西隴南諸初郡耳此上所引
具有年可考者仍各繫之於年下餘大抵是歲事也是歲所歷各地以先後次
之如左

適長沙觀屈原所自沉淵屈原賈生列傳　浮於沅湘自序　闚九疑同上　南登廬山觀
禹疏九江遂至於會稽大湟河渠書　上會稽探禹穴自序　上姑蘇望五湖河渠書

適楚觀春申君故城宮室春申君列傳 則春申君故城宮室在矣 吳世紀吉　適淮陰淮陰侯列傳　行淮
泗濟漯河渠書　北涉汶泗講業齊魯之都觀孔子之遺風鄉射鄒嶧自序　適魯
觀仲尼廟堂車服禮器諸生以時習禮其家孔子世家　戹困鄱薛彭城自序　適薛孟嘗君列傳　適豐沛樊酈滕灌列傳　過梁楚以歸自序　適大梁之墟註魏世家及信陵君列傳並同上

戹困鄱
梁玉繩曰附案鄱即漢志魯國蕃縣漢儒作蕃此作鄱者以形聲相近而誤左
傳襄四年經釋文及史注皆引白珉音記云宣帝末陳蕃子陳子游為魯相國
人為諱遂改皮音而為蕃字然讀地理志魯國注以白寢為非也右從讀如蕃應劭音皮史記志疑

奉使西征巴蜀以南
王國維曰按漢書武帝紀元鼎六年定西南夷以為武都牂柯越巂沈黎文山
郡史公奉使西南當在此郡之後其明年元封元年春正月行幸緱氏登崇高遂東
巡海上夏四月癸卯還登封泰山復東巡海上自碣石至遼西歷北邊九原歸
於甘泉叢史公自西南還報命當在春間時帝已東行故自長安赴行在其父
談當亦扈駕至緱氏崇高間或因病不得從故留滯周南適史公使反遂遇父
於河洛之間也史公見父後復從封泰山故封禪書余從巡祭天地諸神名山川
而封禪焉後復從帝海上自碣石至遼西故齊太公世家曰吾適齊自泰山屬
之瑯邪北被於海又歷北邊九原歸於甘泉故蒙恬傳曰吾適北邊自直道歸

直道者自九原抵雲陽（[illegible]）之道秦始皇本紀所謂除道道九原抵雲陽塹山堙谷直通之者也父談之卒當在是秋或在史公扈駕之日矣（太史公繫年考略）

四百有餘歲

梁玉繩曰案魯哀公十四年獲麟至漢元封元年封太山凡三百七十二年（史記志疑）

錢大昕說略同（廿二史考異）

而遷爲太史令

梁玉繩曰啎案令乃公之誤說在五帝紀（史記志疑）

王國維曰自序太史公卒三歲而遷爲太史令紬史記石室金匱之書索隱引博物志太史令茂陵顯武里大夫司馬遷年二十八（二十八當作三十八說見上）三年六月乙卯除六百石也考史公本夏陽人而云茂陵顯武里者父談以事武帝故遷茂陵也大夫者漢爵第級五也漢人履歷輒具縣里及爵扁鵲倉公列傳有安陵阪里公乘項處敦煌所出新莽時木簡有敦德亭閒田東武里士伍王參是也成并記其年敦煌漢簡有新望興盛里公乘□殺之年卌八又有□□中陽里大夫呂年年卅八此云茂陵顯武里大夫司馬遷年三十八與彼二簡正同乙卯者以顓頊歷及殷歷推之均爲六月二日由此數證知博物志此條乃本於漢時簿書爲最可信之史料矣（太史公繫年考略）

至於今五百歲

史記　中史一年級　二一　向按

梁玉繩曰案周公至孔子其年歲不能的知恐不止五百歲若孔子卒至漢太初之元三百七十五年何概言五百歲哉蓋此語略取於孟子非事實也（史記志疑）

上大夫壺遂曰

錢大昕曰按十二諸侯年表稱上大夫董仲舒封禪書敘新垣平云於是貴平上大夫萬石君傳以上大夫祿老於家佞幸傳鄧通官至上大夫韓嫣官至上大夫似漢時本有上大夫之官又封禪書拜公孫卿爲中大夫（廿二史考異）

案韓長孺傳云余與壺遂定律歷觀韓長孺之義壺遂之深中隱厚世之言梁多長者不虛哉壺遂官至詹事天子方倚以爲漢相會遂卒不然壺遂之內廉行修斯鞠躬君子也（遷與大中大夫公孫卿壺遂議律歷事見漢書律歷志）

史記　中史一年級　二二　向按

我欲載之空言不如見之於行事之深切著明也

索隱云見春秋緯案趙岐孟子章句題詞引孔子語同春秋繁露俞序篇孔子曰吾因其行事而加乎王心焉以爲見之空言不如行事博深切明蓋史公及緯說趙說皆本董子也

下辨人事之紀

案文選七啟注引史記紀上有經字與漢書合當據補

易著天地

至故長於治人

案繁露玉杯篇詩道志故長於質禮制節故長於文詩詠德故長於風書著功故長於事易本天地故長於數春秋正是非故長於治人與本書微異

是故禮以節人至春秋以道義
案此數語又見滑稽傳案莊子天下篇詩以道志書以道事禮以道行樂以道
和易以道陰陽春秋以道名分與此相似
春秋文成數萬
梁玉繩曰案張晏曰春秋萬八千字當言減而云成數字誤也裴駰曰此史公
述董生之言董仲舒治公羊經僅凡四萬四千餘字故云數萬不得爲誤索隱
從師古曰史遷豈以公羊之傳爲春秋乎一萬之外即足稱數萬何乃言減學
林曰今世所傳春秋經萬六千五百餘字張晏云萬八千非裴注亦非古人於
一萬之外稱萬餘積萬之多乃爲數萬春秋當言文成萬餘而云數萬者太史

史記　　中史一年級　　二三　　向校

公之言不確師古注亦不確通攷載眉山李氏春秋古經後序謂張晏曰春秋
才萬八千字今細數之更闕一千四百二十八字焉端臨辨之曰春秋古經雖
漢藝文志有之然夫子所修之春秋其本文世所不見漢以來所編古經俱自
三傳中取出不特乖異未可盡信而三子以其意增損者有之俱非春秋本文
指以爲夫子所修之春秋可乎所論甚確然則經字之的數無從知之矣史記志疑
張文虎曰說文數計也徐音爽主切蓋云文以萬計指以千計諸人誤讀如數
目之數遂多室礙舒藝室隨筆
王先謙曰顏所云曲解迺裴駰說裴謂述此辭是述董生之言董生治公羊故
云云何焯以爲裴說得之沈欽韓亦謂公羊爲董生所習合本經與師說文有
數萬又其條例亦雜振瑣如三科九旨五始六輔二類七缺之目故云其
指數千繁露十指篇春秋大略約有十指則又約而言之先說一萬之多何
得即以爲言而稱爲數萬顏說終不可通所謂文成數萬其指數千指公羊指
演春秋之文義製意非謂遂以公羊傳爲春秋也時公羊之學特顯故稱以見
春秋之閎深不窮何況說是文虎說亦通官本注在數萬下補注漢書
承周案董生之言自謂公羊經傳漢人稱春秋多並傳文及師說言之如漢書
儒林傳言公羊春秋穀梁春秋儒林傳云由是公羊春秋有嚴顏之學又云瑕丘江公受穀梁春秋於申公又云衛太子好穀梁春秋由是穀梁春秋有尹胡章中房氏之學王吉傳言騶氏春秋吉傳云能爲騶氏春秋後漢書儒林傳言
顏氏春秋嚴氏春秋儒林傳云張玄習顏氏春秋丁恭習嚴氏春秋周禮注言吳氏春秋周禮吳氏鄭司農云

史記　　中史一年級　　二四　　向校

諸如呂氏春秋之類皆以傳文及師說並經爲稱此類甚多師古云史公蓋謂公羊之傳
爲春秋非也
弒君三十六
梁玉繩曰案左氏春秋經書弒者二十五內諱不書弒者五書卒者二書殺
者一昭四年楚殺齊慶封公羊作弒凡三十四事此言三十六通符數之然通數當有三十七
師古楚元王傳注訓僖九年晉里克殺奚齊一事以合三十六之數非也劉向
亦仍史誤他若戰國東周策謂春秋記臣弒君者以百數乃泛妄之辭春秋繁
露王道篇後書丁鴻傳俱云弒君三十二事皆已然之又說苑及魯鹽鐵篇作二十一史公本均對公羊
傳文十一年注云宣成以往弒君二十八成五年注云自桓六十年中弒君十

四以已亡之後所書則皆屬誤矣然上二則文互不相而識尤多牴牾主斷而論 史記志疑

沈家本云按春秋諸君之見於經者衛桓魯隱宋殤齊襄宋閔魯子般魯閔晉奚齊卓子莒戕齊舍宋昭齊懿莒庶其晉靈鄭靈陳靈晉厲吳餘祭蔡景莒密州楚靈許悼吳僚薛比蔡昭齊荼魯之般閔惡則春秋諱而不書者其不見於經者晉哀小子鄭昭鄭子亹晉懷吳以病疾赴者鄭僖楚郟敖齊悼合之得三十八也 諸史瑣言

亡國五十二

梁玉繩曰索所言亡國亦兼經傳數之其專指諸夏而四裔不與焉然實止四十一無五十二劉向封事仍史誤師古注幷遺國族國四裔之國與未入春秋時國以合五十二之數殊非致拄五年經州公如曹一也莊四年經紀侯大去其國二也十年經齊師滅譚三也十三年經齊人滅遂四也十四年傳楚子滅息五也二十四年經郭公宋胡安國春秋傳云郭亡六也十六年傳滅鄧七也閔元年傳晉滅耿滅霍魏十也僖五年傳晉滅虢虞十二也十二年經楚人滅黃十三也十七年經滅項十四也十九年經梁亡十五也二十五年經衛侯燬滅邢十六也二十六年經楚人滅夔十七也三十三年經秦人入滑十八也文四年經楚人滅江十九也五年經楚人滅六傳楚滅蓼二十一也七年經取須句二十二也十六年經楚人秦人巴人滅庸二十三也宣八年經楚人滅舒蓼二十四也十二年經楚子滅蕭二十五也成十六年經[illegible]二十六也十七年經楚滅舒庸二十七也襄六年經莒人滅鄫齊滅萊二十九也十年經晉滅偪陽三十也十三年經取邿三十一也昭四年經楚滅賴三十二也十三年經吳滅州來[illegible]故國三十三也二十四年經吳滅巢傳吳滅鍾離三十五也三十年經吳滅徐三十六也定四年經蔡滅沈三十七也五年傳楚滅唐三十八也十四年經楚滅頓三十九也十五年經楚子滅胡四十也哀八年經宋人入曹四十一也其餘晉滅韓楚滅權之類則未入春秋時也魯滅東夷根牟晉滅赤狄潞氏赤狄肥鼓陸渾戎之類則四裔也許古遷於十六年失黨子孫立不知幾時滅至哀四年始見滅耳如宋之於宿齊之於陽楚之於道皆遷而未亡也僖五年楚滅弦而昭三十一年傳又云吳圍弦楚救弦僖十年狄滅溫而文十年經云及蘇子盟於女栗襄二十五年楚滅舒鳩而定二年傳云吳伐舒鳩誘楚昭八年楚滅陳十一年滅蔡而十三年皆復封於楚定六年鄭滅許而哀元經書許男圍蔡皆復立而非亡也外此尤晉滅荀賈焦楊楚申鄧鄀房以至宋滅戴秦滅芮小國之亡不可勝數而春秋俱不書然則五十二者非史公誤數之乎春秋繁露王道篇則五十一而公羊傳大十一年注宣成以往亡國四十成五年注自後十六年中國亡三十二並誤也然中所數亡國亦非 史記志疑

沈家本曰按春秋亡國之見於經者極紀宿譚遂鄣陽弦庸溫黃項梁邢夔附江六庸舒蓼根牟潞氏甲氏留吁鄟舒庸鄫萊偪陽邿舒鳩賴陳蔡陸渾之戎徐沈許鄧胡戎蠻曹凡四十三見於左傳者權息鄧耿霍魏虢[illegible]辰焦

楊肥敢唐袁虎又州公如曹度其國徼遂不獲是州亦亡凡十六城而校者須
句逗房都其不見於傳而可推而知者則申荀賈是也第此云五十二者與
經傳皆不合何也（讀史隨古）
承周案淮南主術篇繆稱篇鹽鐵會要篇一（本六均一）說苑建本篇漢書劉向傳
皆云弒君三十六亡國五十二而録露王道篇東觀漢記續漢書及後漢書丁
鴻傳皆云弒君三十二亡國五十二（漢紀及續漢書見李注引）何氏公羊解詁及徐氏（文十
一年戌五年）漢書劉向傳顏注三氏稱注所計各殊鈔說誤錯房亂完也
以易曰失之豪釐差以千里
承周案徐廣引一本作差以豪釐謬以千里與漢書合（漢書差作氂）裴駰云今易無
史記　中史十一年級　二十七　向旋
此語緯有之今易緯通卦驗云故正其本而萬物理失之豪釐差以千里（注箋五几）
也文選竟陵王行狀注引易緯乾鑿度曰正其本而萬物理失之豪釐差之千
里是易緯兩見此文也大戴記禮察篇易曰君子慎始差若豪釐謬之千里（
小戴經解篇同）賈子新書胎教篇易曰正其本萬物理失之豪釐差之千里
故君子慎始（大戴保傅篇同）漢書東方朔傳易曰正其本萬事理失之豪
釐差之千里（杜欽傳引易曰其正本萬物理）說苑建本篇易曰建其本而萬物理失之豪釐差
以千里故君子貴建本而重之始風俗通正失篇易稱失之豪釐差以千里詩
所稱引皆直稱易曰緯候起於哀平兩戴所載爲古記之文賈子東方朔太史
公時緯候未出何緣引之小戴記經解孔疏以爲易繫辭文今繫辭實無此文

考信録提要

［清］崔述　　清道光二年遺經樓刻本

道光二年刊

考信録提要

遺經樓藏板

僕少不慧然於古人之事有疑不能解者必求得其解而後安竊以為聖人人倫之至也後世取則焉而湯武之於桀紂何以倒行逆施如是以臣事君天下之通義也非至無道莫敢越焉而文王之服事何為以至德稱思之不得其解既而觀蘇氏論

武王非聖人而僕之惑猶是也夫以臣犯君大惡也豈特非聖人而已乎既又聞宋儒天命一日未絕則為君臣一日既絕則為獨夫而僕之惑滋甚也夫天命何常人心而已人心之離非一日之故也今以一日而斷其已絕未絕此一日者果何日乎

且未識人倫又焉知天道也懷此有年聞以質諸師友無有能解其惑者長而讀書略多析理漸熟恭考時代統觀古今而後恍然曰封建之世非郡縣之世也成湯文武非桀紂之臣也孟子齊宣所云君臣特以正朔名分言之而非如後世立朝事主

之臣策名委贄貳乃辟焉者也於是生平之惑豁然以解且推此以求古今之事引伸觸類無不可相說以解者然以之告人則疑信半焉則以時世久遠衆說紛紜先入之見非一言所能易故也道光壬午顧南雅學士以滇南陳大令履和所刊大名

崔東壁先生三代考信錄示僕僕受而讀之不覺躍以起忭而舞曰嗟乎當吾世而竟有先得我心者乎既復取其書反復讀之已復得其所著提要及各考信錄而讀之見其考据詳明如漢儒而未嘗墨守舊文而不求夫心之安也辨析精微如宋儒

而未嘗空執虛理而不核夫事之實也擧凡僕平日所疑不能明者無不推極至隱得其會通然後知先生志大而學正識高而心細洞然有以見古聖賢之心於千載之上而不忍使邪說破論得而淆之其書為古今不可無之書其功為世儒不可及

之功也抑僕觀先生行略而知先生學道有得者也向使得見知當世出其所學以建功業豈非生民之幸顧僅小試一邑而又不得行其志卒且孤煢貧病垂老以死天殆故嗇其遇使之盡志畢力以成此古今不可無之書耶而大令者以數千里外

素不相知之人一見其書遂心悅誠服北面請業終之服勤至死盡刻其書以幸天下後世豈非天之欲傳是書因而生能傳是書之人邂逅傾心莫知其然而然者耶夫曲高和寡先生固嘗言之是書之行吾不敢必觀者皆能知而信之然而彝倫必不容斁聖賢斷不可誣斯文未喪心理相同當時來世當必有心悅誠服如大令躍起忭舞傾倒而不能已如僕者斷斷如也

大令求序爰書此以遺之時季秋月朔

賜進士及第光祿大夫　經筵講官

實録館正總裁　武英殿總裁　上書

房行走禮部尚書兼署戶部尚書教習庶吉士加六級隨帶加二級紀録四次山陽

汪廷珍序

考信錄自序

考信錄何爲而作也魏臺崔述述其　先君闇齋先生之志而作也　先君諱元森字燦若先世於明初以軍功起家爲指揮使永樂中由大寧小興州遷保定之新安九世至　段垣公諱緝麟於順治中始隨其伯父大理寺卿諱維雅者遷於大名之魏積學砥行爲一鄉之望語詳魏縣舊志　恬退自安不慕榮進由舉人授大城縣學教諭以老乞歸　段垣公生三子次　周溪公諱濂周溪公生二子先君其長也幼侍　段垣

公寢食已略知聖賢學問大義長而好學有達志思有所建白於世聲色服玩未嘗一寓目自理學及經世致用書靡不究覽值家貧無燈則讀書月下或焚殘香逐字映而讀之凡五試於順天皆報罷遂絕意仕進杜門教授終不復出時年未三十也魏故小縣學者以爲舉業外不復有他事　先君獨以道統之邪正諸儒之純駁朝夕聒而語之教人治經不使先觀傳註必先取經文熟讀潛玩以求聖人之意俟稍稍能解然後讀傳註以証之常摘前人解論語孟子書盈案上

毫釐之疑必爲學者參考詳辨之顧學者習於時俗所尚咸務取科第莫肯沉心殫力以探其奧者惟述兄弟日侍膝下頗略得其梗概初述之生也未彌月　先君即抱述懷中而指謂吾　母李孺人曰願兒他日爲理學足矣甫解語即教之識字四歲即教之讀書未嘗令與羣兒戲蒲博管絃鬥鵪獵犬之事未嘗令一涉於耳目也少長則告之曰爾知所以名述之故乎吾少有志於明道經世之學欲爾成我志耳爾若能然則吾子也述聞之悚然愧勉不敢自暴棄以負　先

人之教會漳水決入城城沼縣廨屢遷徙貧困奔走饔飧不能給或夜中涉波濤冒風雨凡數歲未有寧居知大名府朱公煐知大名縣秦公學溥時時贍恤之及乾隆二十七年述兄弟同舉於鄉始稍稍假廬舍葺屋宇顧　先君業以積勞成病時方以食廩久次貢入大學亦不能赴也迨辛卯春　先君棄世述遂無志仕進日惟與弟邁以讀書自勵胸中偶有所見時亦發爲文章然終自以學疏識淺不敢大有所論著積久胸中益多而年已踰四十　母氏既没弟邁旋故自

念爰先人之教提撕講解得有所窺測先人望其能自樹立也而述既不能奮身當路以先人之所欲爲者建白於朝廷敷施於百姓以先大前德恐一旦與草木同腐致先人之學泯然無所傳示於後則述抱恨寧有終窮乃思以其平生尺寸之所得者抒寫檢正錄之於楮竊謂聖人之道自唐宋諸儒以來闡發精詳固非末學小生所能參其末議然亦似尚有未盡者蓋自周道既衰楊墨並起欲絀聖人之道以伸其說往往撰爲堯舜禹湯文武孔子之事以誣之而絀之其游說諸侯者又多嗜利無恥之徒恐人之譏已也則僞撰爲聖賢之事以自解說其他權謀術數之學欲欺世以取重亦多托之於古聖人而眞僞遂並行於當世然當其初猶各自爲教而不相雜至秦漢之間學者往往兼而好之雜采其書以爲傳記其後復有讖緯之書繼出而劉氏向歆父子及鄭康成皆信之復采其文以釋六經兼以斷簡殘編事多缺佚釋經者强不知以爲知猜度附會顛倒訛誤者蓋亦不少矣惟漢譙周作古史考頗糾史記謬誤其後晉司

考信錄　自序　三

馬彪復據竹書紀年條古史考中不當者百餘事然其持論既不盡允而史記以外邪說謬解所未及者尤多晉宋以降復有妄庸之徒僞造古書以攻異已亦往往采楊墨之言以入尚書家語學者以爲聖人之經固然益莫敢議其失而異端之說遂公行於天下矣隋唐以降學者惟重科目故咸遵功令尚排偶於是詩自毛傳尚書自僞孔傳五經自孔氏正義以外率視以爲無用之物於前人相沿之訛皆習以爲固然而不爲意甚或據漢魏以後之曲解駁周秦以前之舊文至宋一二名儒迭出別撰傳註始頗抉摘其失然亦不過十之一二其沿舊說之悞而不覺者尚多不可數其編纂古史者則又喜陳雜家小說之言以鳴其博由是聖人之道遂與異說相雜聖賢之誣遂萬古不能白矣蓋嘗思之古之異端在儒之外後世之異端則在儒之內在外者距之排之而已在內者非疏而剔之不可譬之漳與御河（即古淇水）合流之初清者在右濁者在左人皆見而知之流數十里而清濁斯雜矣又數十里而混然一色矣故居今日而欲考唐虞三代之事

考信錄　自序　四

是非必折衷於孔孟而眞僞必取信於詩書然後聖人之眞可見而聖人之道可明也子貢曰文武之道未墜於地在人賢者識其大者不賢者識其小者述雖愚陋萬不能窺測聖人之一二然自讀書以來奉　先人之教不以傳注雜於經不以諸子百家雜於經傳久之而始覺傳注所言有不盡合於經者百家所記往往有與經相悖者然後知聖人之心如天地日月而後人晦之者多也於是歷考其事彙而編之以經爲主傳注之與經合者則著之不合者則辨之而異端小

說不經之言咸闢其謬而删削之題之曰考信錄顧家貧多病衣食於授徒焦勞於栔侮碌碌苦無暇日加以居僻書少檢閱爲難蓋八年而洙泗考信錄始成補上古考信錄亦旋脫稿會吏部文下至京待選遇滇南陳履和悅而抄之又數年唐虞考信錄甫脫稿其他尚未訂正成卷而述選得福州之羅源縣遂不得竟其業時嘉慶元年也羅源地居邊海民蠻俗敝兼以事多掣肘不能一有所爲自念坐而曠職何如歸而讀書由是屢以病辭而上官中有惜之者迄不肯許至六年冬始得投政新令越明年春北旋乃得取夏商豐鎬等錄從容撰訂數年而後脫稿然猶不敢自信暇中復取新舊諸錄細閱而增改酌定之又數年而後成凡爲錄者九爲卷者三十加以提要續說附錄共三十有六卷一生之學問精力畧盡於此矣其中亦有名物之微無關大義而辨之頗詳者比事觸類不能獨從畧也嗟夫古帝王聖賢之事遠矣其書之缺者亦多矣欲以末學小生耿見寡聞爲之一一考正其亦可謂不量力矣然即其所窺者錄而識之拾韓朱之遺

以待後人之采擇亦未嘗非不賢識小之義也昔者遷承談命史記斯成固衍彪餘漢書爰作是以皆於末篇自序家世世異古今而事同一轍故今追述　先人之志及夫作書之由附於目錄之後雖述鄙陋少文學問不廣其中缺漏差悞不敢自必然於　先人之學或庶幾有萬一之發明云爾

校刊考信錄例言九則

考信錄一書有前人未發之蘊而特及之者有前人已抽之緒而引伸之者亦有聯屬衆論以成一篇而不能專指爲何人之説者其所以著書之故提要及自序詳之毋庸贅説謹將校刻大畧記之於左

履和見先生上古洙泗兩錄及禘祀三正兩考在乾隆五十七年下第留京之日其後五年隨　先考官江西刻之逮嘉慶三年先生自羅源寄以唐虞考信錄十三年使人省先生於彰德先生復寄以夏商考信錄經界考諸書於是又以唐虞錄經界考兩種付梓然自經界考外皆非定本也

自江西還滇後十八年冬託同鄉公車北上諸君求先生書明年同州薌林鄭君吉士自京南旋往見先生先生寄豐鎬別錄尚書辨僞讀風偶識諸書家居未能刻也

二十一年六月履和至彰德先生沒已半載奉遺命受書九函計三十四種八十八卷皆先生晚年定本是冬作令太谷擬刻全書明年秋丁　母憂去僅及刻三代考信錄十二卷而已太谷諸生時有抄存洙泗錄及孟子事實錄者越三年孔生廣沅遂刻洙泗考信錄於太谷而吾友武鄉令樂山王君崧爲之序致可感也

道光元年履和服闋如京賫先生書以來謀續刻之而無其力幸陽曲太史靜生張君廷鑑同鄉桃源令篑園譚君震好古樂善分金成美乃刻提要二卷重刻補上古考信錄二卷唐虞考信錄四卷合之前刻之三代考信錄十二卷孔刻之洙泗考信錄四卷於是前錄正錄定本皆已授梓惟後錄僅刻孟子事實錄一種而履和將出宰浙之東陽事又中止矣

向欲求人序書不可得　大宗伯汪公今之韓歐也到京後欲往求之未敢遽請今年夏乃乞顧南雅先生先以書就正公大加賞歎尤愛其論湯武諸則致南雅先生書云事覈理明足定千秋之案孟子云知人論世史公云好學深思東壁先生信其人矣履和讀之狂喜乃踵門求序一見許可不數日即賜之文往謝再得見復歷舉其書津津樂道不絶口嗚呼考信錄可不朽矣豈惟是書之幸抑亦門下士傳是書者

之幸也

先生五十歲以前事見於知非集附録五十歲以後事見於小草集諸書嘉慶戊寅歲曾於湖南舟中據之以作行畧今載諸卷首俾閲考信録者知先生生平大概亦論世知人之意云爾

三代考信録之刻曾將全書八十八卷總目置諸篇首今提要中考信録具載下卷其餘諸書亦皆具於行畧故不再刻總目避複也

付梓諸書剞劂未工最後數種以出都期迫尤匆匆蒇事校讐亦未精審他日擬並其後録翼録雜著及詩文各種另行開雕有志竟成其卽在浙東之行乎道光二年十月二十日

履和謹識於京師宣武門外寓齋

考信録總目

考古提要二卷

補上古考信録二卷

右前録四卷

唐虞考信録四卷

夏考信録二卷

商考信録二卷

豐鎬考信録八卷

洙泗考信録四卷

右正録二十卷

豐鎬別録三卷

洙泗餘録三卷

孟子事實録二卷

考古續説二卷

附録二卷

右後録十二卷

王政三大典考三卷 正朔　禘祀　經界

讀風偶識四卷 未刻

尚書辨偽二卷

論語餘說一卷

右翼錄十卷

易卦圖說一卷

五服異同彙考三卷

無聞集四卷

考信錄提要目

卷上

釋例

卷下

總目

自序

考信錄提要卷上

大名崔述東壁著　石屏門人陳履和校刊

釋例

聖人之道在六經而已矣二帝三王之事備載於詩書（書謂堯典等三十三篇）孔子之言行具於論語文在是即道在是故孔子曰文王既沒文不在茲乎六經以外別無所謂道也顧自秦火以後漢初諸儒傳經者各有師承傳聞異詞不歸於一兼以戰國之世處士橫議說客託言雜然並傳於後而其時書皆

竹簡得之不易見之亦未必能記憶以故難於檢覈考正以別其是非真偽東漢之末始易竹書為紙檢閱較前為易但魏晉之際俗尚詞章罕治經術旋值劉石之亂中原陸沉書多散軼漢初諸儒所傳齊詩魯詩齊論魯論陸續皆亡惟存毛詩序傳及張禹更定之論語而伏生之書田何之易鄒夾之春秋亦皆不傳於世於時復生妄人偽造古文尚書經傳孔子家語以惑當世二帝三王孔門之事於是大失其實學者專己守殘沿訛踵謬習為固然不之怪也雖間有一二有識之士摘其疵謬者然特太倉稊米而亦罕行於世直至於宋名儒迭起後先相望而又其時印本盛行傳布既多稽覈最易始多有抉摘前人之誤者或為文以辨之（如歐陽永叔帝王世次圖序泰誓論蘇明允嚳妃論王介甫伯夷論之類）或為書以正之（如鄭樵詩辨妄趙汝談南塘書說之類）或作傳注以發明之（如朱子論語孟子集註詩集傳蔡氏書傳之類）蓋至南宋而後六經之義大著然經義之失真已千餘年偽書曲說久入於人耳目習而未察沿而未正者尚多所賴後世之儒踵其餘緒而推廣之於所未及正者補之已正而世未深信者闡

而明之帝王聖賢之事豈不粲然大明於世乃近世諸儒類多撫拾陳言盛談心性以為道學而於唐虞三代之事罕所究心亦有參以禪學自謂明心見性反以經傳為膚末者而向來相沿之誤遂無復有過而問焉者矣余年三十始知究心六經覺傳記所載與註疏所釋往往與經互異然猶未敢決其是非乃取經傳之文類而輯之比而察之久之而後曉然知傳記註疏之失顧前人罕有言及之者屢欲茹之而不能茹不得已乃為此錄以辨明之非敢自謂繼武先儒聊以

故愚者千慮之一得云爾以下三章通論讀書當考信之意

人之言不可信乎天下之大吾非能事事而親見也況千古以上吾安從而知之人之言可盡信乎馬援之薏苡以爲明珠矣然猶有所因也無兄者謂之盜嫂三娶孤女者謂之撾婦翁此又何說焉舌生於人之口莫之捫也筆操於人之手莫之掣也惟其意所欲言而已亦何所不至者余自幼時聞人之言多矣日食止於十分月食有至十餘分者世人不通歷法咸曰月一夜再食也甚有以爲已嘗親見之者余雖尚

幼未見歷書然心獨疑之會月食十四分有奇夜不寢以觀之竟夜初未嘗再食也唯食既之後良久未生光計其時刻約當食四分有奇之數疑即指此而言然同人皆不以爲然又數年見諸家歷書果與余言相同人之言其安從而信之邢城劉氏家有星石二枚里巷相傳咸謂先時嘗落星於其第化而爲石余自幼即聞而疑之稍長從劉氏兄弟遊親見其石及其所刻篆文楷字細詰之則曰實無是事先人宦南方得此石奇其狀非人世所有聊刻此言以爲戲耳此現有石可據有文可徵然且非實人之言其又安從而信之周道既衰異端並起楊墨名法縱橫陰陽諸家莫不造言設事以誣聖賢漢儒習聞其說而不加察遂以爲其事固然而載之傳記若尚書大傳韓詩外傳史記戴記說苑新序之屬率皆旁采卮言眞僞相淆繼是復有讖緯之術其說益陋而劉歆鄭康成咸用之以說經流傳既久學者習熟見聞不復考其所本而但以爲漢儒近古其言必有所傳非妄撰者雖以宋儒之精純而沿其說而不易者蓋亦不少矣至外紀皇王大

紀通鑑綱目前編六字共一書名與温公通鑑朱子綱目無涉等書出益廣捜雜家小說之說以充其博而聖賢之誣遂萬古不白矣孟子曰盡信書則不如無書吾於武成取二三策而已矣聖人之讀經猶且致愼如是況於傳注又況於諸子百家乎孟子曰博學而詳說之將以反說約也然則欲多聞者非以逞博也欲參互考訂而歸於一是耳若徒逞其博而不知所擇則雖盡讀五車徧閱四庫反不如孤陋寡聞者之尚無大失也

凡人多所見則少所慢少所見則多所慢唐衛退之餌金石

藥而死故白居易詩云退之服硫黄一病訖不痊而宋人雜說遂謂諱退之作李于墓誌戒人服金石藥而自餌硫黄無他彼但知有韓昌黎字退之而不知唐人之字退之者尚多也故曰少所見則多所怪也余崔在魏族頗繁然外縣人罕識之多知有余兄弟族人有病於試場者則相傳以爲余兄弟病也族人有畜優者則相傳以爲余兄弟畜優也此耳目之前身親之事猶若此則天下之大千古以上可知已故好德不如好色許允事也而近世類書以爲許渾韓魏公在揚

州與客賞金帶圍王珪與陳旭王安石也而近世類書以爲王曾晉宋之事且猶不免傳訛況乎三代以上固當有十倍於此者是以顏闔之事載爲顏淵闕我所爲移之宰我諸如此類蓋不可數但此幸而本書尚存猶可考而知之若不幸而呂氏春秋亡人必以論東野畢者爲顏淵左傳亡人必以陳恒所殺者爲宰予雖聒而與之語終不見聽必曰古書言如是夫豈無所傳而妄記者然則唐虞三代之事戰國秦漢所述其移甲爲乙終古不白者豈可勝道哉故堯之臣多矣

乃見重黎遂以爲必羲和也紂之臣亦多矣乃見父師少師遂以爲必箕比也禹之佐豈止一人乃見大費遂以爲必益太甲之佐亦豈止一人乃見阿衡遂以爲必伊尹無他彼心中止有此一二人故遇有彷彿近似者遂以爲必此人猶之乎許允之事移之渾王珪之事移之曾也甚至南宮載寶公然移之南容使三復白圭之賢受誣於百世猶之乎衛退之餌金石藥而以餌藥而死爲昌黎罪也故今錄中凡事之不見於經者度其不類此人之事則削之而辨之嗟夫嗟夫此

雖爲眇見寡聞而粗心浮氣者道也孔穀夫雜說昔人有辨其係僞撰者故今但稱宋人雜說不欲古人之受誣也人之情好以已度人以今度古以不肖度聖賢至於貧富貴賤南北水陸通都僻壤亦莫不互相度往往逕庭懸隔而其人終不自知也漢疏廣爲太子太傅以老辭位而去此乃士君子常事而後世論者謂廣見趙蓋韓楊之死故去無論蓋韓楊之死在此後藉使遇寬大之主遂終已不去乎何其視古人太淺也昭烈帝臨終託孤於諸葛武侯曰嗣子可輔輔

之若不可輔君可自取毋令他人得之此乃肺腑之言有何詐爲而後世論者謂昭烈故爲此言以堅武侯之心然則將使昭烈爲袁本初劉景升而後可乎此無他彼之心固如是故料古人之亦必如是耳然此猶論古人也邯鄲至武安六十里山道居其大半向不可車有肥鄉僧募修之人布施者甚少乃傾己囊以成之議者咸曰僧之心本欲多募以自肥以施者之少也故不得已而傾其囊夫僧之心吾誠不知其何如然其事則損己以利人也損己利人而猶謂其欲損人

以利己其毋乃以己度人矣乎然此猶他人事也余之在閩也無名之征悉蠲之民有餘之稅悉解之上淡泊清貧之況非惟百姓知之即上官亦深信之然而故鄉之人隔數千餘里終不知也歸里之後人咸以爲攜有重貲既而蹴居隘巷移家山村見其飯一盂蔬一盤猶曰是且深藏不肯自炫耀也故以己度人雖耳目之前而必失之況欲以度古人更欲以度古之聖賢豈有當乎是以唐虞三代之事見於經者皆醇粹無可議至於戰國秦漢以後所述則多雜以權術詐謀

之習與聖人不相類無他彼固以當日之風氣度之也故考信錄但取信於經而不敢以戰國魏晉以來度聖人者遂據之爲實也（以下七章皆論戰國邪說寓言不可徵信）

戰國之時說客辨士尤好借物以喻其意如楚人有兩妻豚蹄祝滿家妾覆藥酒東家食西家宿之類不一而足雖孟子書中亦往往有之非以爲實有此事也乃漢晉著述者往往誤以爲實事而采之入書學者不復考其所本遂信以爲真有而不悟者多矣其中亦有原有是事而衍之者公父文伯

之卒也見於國語者不過其母惡其以好內聞而戒其妾無瘠容無洵涕無搯膺而已戴記述之而遂謂其母據牀大哭而內人皆行哭失聲樓緩又衍之遂謂婦人自殺於房中者二八矣又有無是事有是語而遞衍之爲實事者春秋傳子太叔云嫠不恤其緯而憂宗周之隕爲將及焉此不過設言耳其後衍之遂謂漆室之女不績其麻而憂魯國其後又衍之遂謂魯監門之女嬰憂衛世子之不肖而有終歲不食葵終身無兄之言若真有其人其事者矣由是韓嬰竟采之以

入詩外傳劉向采之以入列女傳傳之益久信者愈多遂至虛言竟成實事由是言之雖古有是語亦未必有是事雖古果有是事亦未必遂如後人之所云云也況乎戰國游說之士毫無所因憑心自造者哉乃世之士但見漢人之書有之遂信之而不疑抑亦過矣故今考信錄中凡其說出於戰國以後者必詳爲之考其所本而不敢以見於漢人之書者遂眞以爲三代之事也

戰國秦漢之書非但託言多也亦有古有是語而相沿失其

解遂妄爲之說者古者日官謂之日御故曰天子有日官諸侯有日御羲仲和仲爲帝堯臣主出納日以故謂之日御後世失其說遂悞以爲御車之御謂羲和爲日御車故離騷云吾令羲和弭節兮望崦嵫而勿迫已屬支離可笑又有誤以御日爲浴日者故山海經云有女子名羲和浴日於甘淵則其謬益甚矣古者羲和占日常儀占月常儀古之賢臣占者占驗之占常儀之占月猶羲和之占日也儀之音古皆讀如娥故詩云菁菁者莪在彼中阿旣見君子樂且有儀又云親結其縭九十其儀其新孔嘉其舊如之何皆與阿何相協後世傳訛遂以儀爲娥而誤以爲婦人又誤以占爲占居之意遂謂羿妻常娥竊不死之藥而奔於月中由是詞賦家相沿用之雖不皆信爲實要已誣古人而惑後世矣諸如此類蓋不可以勝數然此古語猶間見於經傳可以考而知者若夫古書已亡而流傳之悞但沿述於諸子百家之書中者更不知凡幾矣大抵戰國秦漢之書皆難徵信而其所記上古之事尤多荒謬然世之士以其傳流日久往往信以爲實其中

豈無一二之實然要不可信者居多乃遂信其千百之必非誣其亦惑矣

先儒相傳之說往往有出於緯書者蓋漢自成哀以後讖緯之學方盛說經之儒多采之以註經其後相沿不復考其所本而但以爲先儒之說如是遂靡然而從之如龍負河圖龜具洛書出於春秋緯黃帝作咸池顓頊作五莖帝嚳作六英帝堯作大章出於樂緯諸如此類蓋不可以悉數卽禘爲祭其始祖所自出亦緣緯書之文而遞變其說者蓋緯書稱三

代之祖出於天之五帝鄭氏緣此遂以禘爲祭天而謂小記禘其祖之所自出爲禘其始祖之所自出王氏雖駁鄭氏祭天之失而仍沿始祖所自出之文由是始祖之前復別有一祖在豈非因緯書而悞乎余幼時嘗見先儒述孔子言云吾志在春秋行在孝經稽之經傳並無此文後始見何休公羊傳序唐明皇孝經序有此語然不知此兩序本之何書最後檢閱正義始知其出於孝經緯之鈎命訣也大抵漢儒之說本於七緯者不下三之一宋儒頗有核正然沿其說者尚不

下十之三乃世之學者動曰漢儒如是說宋儒如是說後生小子何所知而妄非議之嗚乎漢儒之說果漢儒所自爲說乎宋儒之說果宋儒所自爲說乎蓋亦未嘗考而已矣嗟夫讖緯之學學者所斥而不屑道者也讖緯之書之言則學者皆遵守而莫敢有異議此何故哉此何故哉吾莫能爲之解也已

近世淺學之士動謂秦漢之書近古其言皆有所據見有駁其失者必攘臂而爭之此無他但徇其名而實未嘗多觀秦漢之書故妄爲是言耳劉知幾史通云秦漢之世左氏未行遂使五經（此五經指公羊穀梁禮記之文非古經也）雜史百家諸子其言河漢無所遵憑故其記事也當晉景行霸公室方強而云韓氏攻趙（按史記攻趙者屠岸賈非韓氏此文蓋誤）有程嬰杵臼之事（原註出史記趙世家）子罕相國宋睦於晉而云晉將伐宋覘其哭於陽門介夫（原註出禮記）其記時也秦穆居春秋之始而云其女爲荆昭夫人（原註出列女傳）韓魏處戰國之時而云其君陪楚莊王葬焉（原註出史記滑稽傳）列子書論尼父而云生在鄭穆之年（原註出劉向七錄）扁鵲醫療虢公而云時

當趙簡子之日（原註出史記扁鵲傳）欒書仕於周子而云以晉文如獵犯顏直言（原註出劉向新序）荀息死於奚齊而云覯晉靈作臺累碁申誡（原註出劉向說苑）或以先爲後或以後爲先日月顛倒上下翻覆古來君子曾無所疑及左傳既行而其失自顯由是論之秦漢之書其不可據以爲實者多矣特此未有如知幾者肯詳考而精辨之耳顧吾猶有異者知幾於秦漢之書紀春秋之事考之詳而辨之精如是至於虞夏商周之事乃又采摭百家雜史之文而疑經者何哉夫自春秋之世下去西漢僅

數百年而其舛誤乖剌已累累若此況文武之代去西漢千有餘年唐虞之際去西漢二千有餘年即去戰國亦二千年則其舛誤乖剌必更加於春秋之世數倍可知也但古史不存於世無左傳一書証其是非耳豈得遂信以爲實乎故今爲考信錄於殷周以前事但以詩書爲據而不敢以秦漢之書遂爲實錄亦推廣史通之意也

非惟秦漢之書述春秋之事之多誤也即近代之書述近代之事其誤者亦復不少洪景盧容齋隨筆云俗間所傳淺妄

之書所謂雲仙散錄開元天寶遺事之屬皆絕可笑其一云姚崇開元初作翰林學士有步輦之召按崇自武后時已爲宰相及開元初三入輔矣其二云郭元振少時美風姿宰相張嘉貞欲納爲壻遂牽紅絲線得第三女按元振爲睿宗宰相明皇初年即貶死後十年嘉貞方作相其三云楊國忠盛時朝之文武爭附之惟張九齡未嘗及門按九齡去相位十年國忠方得官耳其四云張九齡覽蘇頲文卷謂爲文陣之雄師按頲爲相時九齡元未達也此皆顯顯可信者固鄙淺

不足攻然頗能疑悞後生也至於孔氏野史後山叢談所載張杜范趙歐陽司馬諸公之事亦皆考其出處日月而糾駁之然則雖近代之書述前數十年之事亦有未可以盡信者況於戰國秦漢之人述唐虞商周之事其舛誤固當有百倍於此者乎惜乎三代編年之史不存於今無從一一証其舛誤耳然亦尚有千百之一二經傳確有明文顯然可徵者如稷契之任官皆在嚳崩之後百十餘年而世乃以爲嚳之子堯之兄弟成王乃武王元妃之長子武王老而始崩成王不

容尚幼而世乃以爲成王年止十三周公代之踐阼公山弗擾之畔孔子方爲司寇聽國政佛肸之畔孔子卒已數年而世以爲孔子徃應二人之召其年世之不符何異於開寶遺事之所言然而世莫有疑之者何哉安得知幾景盧復生於今日移其考辨春秋唐宋之事之心以究帝王孔門之事而與之上下今古也

自宋以前士之讀書者多故所貴不在博而在考辨之精不但知幾景盧然也至明以三場取士久之而二三場皆爲具

文止重四書文三篇因而學者多束書不讀自舉業外茫無所知於是一二才智之士務搜覽新異無論雜家小說近世贋書凡昔人所鄙夷而不屑道者咸居之爲奇貨以傲當世不讀書之人曰吾誦得陰符山海經矣曰吾誦得吕氏春秋韓詩外傳矣曰吾誦得六韜三畧說苑新序矣曰吾誦得管晏申韓莊列淮南鶡冠矣公然自詫於人人亦公然詫之以爲淵博若六經爲藜藿而此書爲熊掌雉膏者然良可慨也戰國之時邪說並作寓言實多漢儒誤信而誤載之固也亦

有前人所言本係實事而遞傳遞久以致悞者此於三代以上固多而近世亦往往有之晉陶淵明桃花源記言武陵漁人入深山其居人自言先世避秦時亂率妻子邑人來此遂與外人間隔此特漢晉以前黔楚之際山僻人稀以故未通人世初無神仙誕妄之說也而唐韓昌黎桃源圖詩云神仙有無何渺茫桃源之說誠荒唐又云自說經今六百年當時萬事皆眼見劉夢得桃源行亦云俗人毛骨驚仙子又云仙家一出尋無踪皆以淵明所言者爲神仙雖有信不信之殊

而其悞則一也至宋洪興祖始據淵明原文以正韓劉之悞然後今人皆知其非神仙淵明之冤始白向使淵明之記不幸而亡於唐末五代之時後之人但讀韓劉之詩必謂桃源眞神仙所居不則以爲淵明之妄言雖百洪興祖言之亦必不信矣而豈有是事哉晉石崇王明君（即昭君避晉諱故作明）辭序云昔公主嫁烏孫令琵琶馬上作樂以慰其道路之思其送明君亦必爾也其後唐杜子美詠昭君村遂有千載琵琶曲中怨恨之句由是詞人相沿用之世之學者遂皆以琵琶爲昭

君嫁時之所彈矣然此現有石崇之詞可証少知讀書者猶能考而知之若使此詞遂亡後之人但見前代詩人羣焉稱之如此雖好學之士亦必皆以爲實誰復知其爲烏孫公主之事者乎嗟夫昌黎大儒也自漢以來學未有過於昌黎者而子美號爲詩史說者謂其無一字無來歷然其言皆不可指實如是然則漢晉諸儒之所傳者其遂可以盡信乎哉乃世之學者多據爲定案惟宋朱子間糾駁其一二而人且曰漢世近古漢儒之言必非無據而云然者然則韓杜之詩豈

皆無據而云然乎嗟夫古之國史既無存於世者但據傳記之文而遂以爲固然古人之受誣者尚可勝道哉故余爲考信錄於漢晉諸儒之說必爲考其原本辨其是非非敢誣諆先儒正欲平心以求其一是也（以下五章論漢人解詁之有悞）

傳記之文有傳聞異詞而致悞者有記憶失眞而致悞者一人之事兩人分言之有不能悉符者矣一人之言數人遞傳之有失其本意者矣是以三傳皆傳春秋而其事或互異此傳聞異詞之故也古者書皆竹簡人不能盡有也而亦難於

攜帶纂書之時無從尋覓而翻閱也是以史記錄左傳文往往與本文異此記憶失眞之故也此其悞本事理之常不足怪亦不足爲其書累顧後之人阿其所好不肯謂之悞必曲爲彌縫使之兩全遂致大悞而不可挽如九州之名禹貢詳之矣而周官有幽并而無徐梁悞也必曲爲之說曰周人改夏九州故名互異爾雅有幽營而無青梁亦悞也必曲爲之說曰記商制也（說詳唐虞考信錄中）此非大悞乎春秋傳成公之母呼聲伯母曰姒伯華之妻呼叔向妻曰姒是長婦稚婦皆相呼以姒也衛莊公娶於陳曰厲嬀其娣戴嬀孟穆伯娶於莒曰戴已其娣聲已是妹隨姊嫁者稱娣也而爾雅云長婦謂稚婦爲娣稚婦謂長婦爲姒悞矣必曲爲之說曰長婦稚婦據妻之年論之不以夫之長幼別也此非大悞乎鄭氏之注禮也凡記與經異及兩記互異者必以一爲周禮一爲殷禮不則以一爲士禮一爲大夫禮此皆不知其本有一悞欲使兩全而反致自陷於大悞者也夏太康時有窮之君曰羿而淮南子有堯時羿射日之事說者遂謂羿本堯臣有窮之羿襲

其名也晉文公舅子犯戴記謂之舅犯或作咎犯而說苑誤以爲平公時人說者遂謂晉有兩咎犯一在文公時一在平公時也凡茲之悞皆顯然易見者推而求之蓋不可以悉數而東周以前世遠書缺其悞尤多故今爲考信錄不敢以載於戰國秦漢之書者悉信以爲實事不敢以東漢魏晉諸儒之所注釋者悉信以爲實言務皆究其本末辨其同異分別其事之虛實而去取之雖不爲古人之書諱其悞亦不至爲古人之書增其悞也

傳記之文往往有因傳聞異詞遂誤而兩載之者春秋傳鄢陵之戰韓厥從鄭伯曰不可以再辱國君乃止郤至從鄭伯曰傷國君有刑亦止按此時晉四軍楚三軍晉非用三軍不足以敵楚若鄭則國小衆寡以一軍敵之足矣必無止以兩軍當楚復以兩軍當鄭之理此二事必有一悞顯然易見者按後文云郤至三遇楚子之卒襄二十六年傳云中行二郤必克二穆然則是郤至以新軍當楚右軍而後萃於王卒無緣得從鄭伯從鄭伯者獨韓厥一軍耳襄二十七年傳齊慶封聘於魯其車美叔孫譏之叔孫與慶封食不敬爲賦相鼠二十八年傳慶封奔魯獻車於季武子美澤可以鑑展莊叔譏之叔孫食慶封慶封氾祭使工爲之賦茅鴟此二事絕相似亦必有一悞且叔孫既食慶封以不敬故而譏之矣踰年而又食之又譏之胡爲者鄭之葬簡公也將毀游氏之廟而子産中止鄭之爲蒐除也復將毀游氏之廟而子産又中止此二事亦必有一悞不然前既不肯毀人之廟矣後又何爲而欲毀之乎春秋左傳於諸傳記中爲最古然其失猶如是

則他書可知矣是以史記記周公請代武王死又記周公請代成王死一本之金縢一本之戰國策而不知其實一事也列子稱孔子觀於呂梁而遇丈夫厲河水又稱息駕於河梁而遇丈夫厲河水此本莊周寓言蓋有采其事而稍竄易其文者僞撰列子者誤以爲兩事而遂兩載之也戰國策中如此之類不可枚舉而家語爲尤甚亦不足縷辨也由此觀之一事兩載乃傳記之常事或因傳者異詞亦有兩事皆非實者正如唐人小說以餅拭手之事或以爲肅宗或以爲宇文士及誤稱猶子之事或以爲趙需或以爲何儒亮耳必盡以爲兩事悞之甚矣以此例之漢以來之書以悞傳悞者甚多不得盡指以爲實也

後人之書往往有因前人小失而曲全之或附會之遂致大謬於事理者大戴記云文王十二而生伯邑考十五而生武王小戴記云文王九十七而終武王九十三而終信如所言則武王元年年八十有四在位僅十年耳而序稱十有一年伐殷書稱十有三祀訪範其年不符說者不得已乃爲說以

曲全之云文王受命九年而崩武王冒文王之年故稱元年爲十年（說詳豐鎬考信錄中）春秋書齊桓公之卒在十有二月乙亥周正也殯於十二月辛巳距卒僅七日耳而傳采夏正之文以爲卒於十月乙亥則卒與殯遂隔六十七日說者以其日之久也遂附會之以爲尸蟲出於戶此豈近於情理哉前人之爲此言不過一時失於考耳初不料後之人引而伸之遂至於如是也然此猶皆前人之悮之有以啓之也若乃經傳本無疑義而註家誤會其意及與他文不合不肯自反而反委

曲穿鑿以斬其說之通者亦復不少如堯典之四岳注者誤以爲四人因與二十二人之文不合遂以稷契皋陶爲申命以治水明農爲在堯世矣書序之以箕子歸說者誤以爲本年之事因與伐殷之年不合遂以伐殷爲觀兵以序之度孟津爲有月日而無年矣（說並詳唐虞豐鎬兩考信錄中）凡茲之悮其類甚多展轉相因誤於何底姑舉數端以見其槪乃學者但見其說如是不知其所由悮遂謂其事固然而不敢少異良可歎也故今爲考信錄悉本經文以証其失并爲抉其誤之所由庶學者可以考而知之而經傳之文不至於終晦也

孔子曰知之爲知之不知爲不知是知也又曰吾猶及史之闕文也夫聖人豈不樂於人之盡知然其勢必不能强不知以爲知則必并其所知者而淆之是故無所不知者非真知也有所不知者知之大者也今之去二帝三王遠矣言語不同名物各異且易竹而帛易篆而隸遞相傳寫豈能一一之不失真韓文考異閣杭蜀本互有異同石本亦有舛悮宋祁所藏杜詩與行世本迥異近者如此遠者可知以爲不知夫

亦何病而學者必欲爲之說以通之此古書之所以晦也偶閱雲谷雜記記蘇子瞻集二事其事雖小然可喻大其一子瞻過虔州有行看鳳尾詔郤下虎頭州之句虎頭蓋指虔也虔與虎皆從虍董德元言虔州俗謂之虎頭城是也注者乃云虎頭顧愷之也愷之常州人蓋是時先生乞居常州也夫不知虎頭之爲虔固其學之不廣然天下之書豈能盡見缺之未爲大失也强以意度之而屬之顧愷之則其失何啻千里彼漢人之說經有確據者幾何亦但自以其意度之耳然

則其類此者蓋亦不少矣特古書散軼無可証其誤耳烏在其可盡信也哉其一子瞻所記韓定辭事見於北夢瑣言以瑣言較蘇集則蘇集誤以幕客作慕容銀筆之僻作銀筆之譬從容作從客江表作士表李窖作孝窖諸本皆然遂至於不可讀夫以宋人讀宋人之書時代甚近宜無悞也然其悞尚如此況二千年以前之書又無他書可較者乎故今爲考信錄凡無從考證者輒以不知置之寧缺所疑不敢妄言以惑世也

磁州故產磁器有孫某者彷古哥定汝諸窯之式造之既成擇其佳者埋地中踰兩年取出市於京師保定諸貴人家見者莫不以爲眞也由此獲利十倍州中鬻煙草者楊氏最著名價視他肆昂甚貿易者常盈肆外肆中物不能給則取他肆之物印以楊氏之號而畀之人咸以爲美雖出重價不惜也由是言之人之所貴者名而已矣非有能知其實者也鄭康成東漢名儒也所註雖不盡是然亦未嘗盡非而王肅百計攻之以求勝然而公道難奪卒不可勝於是其徒雜取傳記諸子之文僞撰古文尚書孔子家語（家語雖有王肅序然玩其文亦係其徒僞撰非肅自作）以欺世人而伸肅說至於隋唐之際復遇劉焯孔穎達者不學無識妄爲表章由是鄭學遂微鄭書遂亡後之學者遂信之而不疑嗟夫聖人之經猶日月也其貴重猶金玉也僞作者豈能襲取其萬一乃世之學者聞其爲經輒不敢復議名之爲聖人之言遂不敢有所可否卽有一二疑之者亦不過曲爲之說而已是貴人之買磁器而市賈之販煙草也司馬遷漢武帝時人也而今史記往往述元成時事劉向

西漢人也而今列女傳有東漢人在焉謂此二子者有前知之術乎抑亦其書有後人之所作而妄入之其中者邪周秦行紀李德裕之客所爲也而嫁名牛僧孺碧雲騢小人毁君子者之所爲也而嫁名梅堯臣然則天下之以僞亂眞者比比然矣若之何以其名而信之也漢董仲舒疏論災異武帝下羣臣議仲舒弟子呂步舒不知爲其師書以爲大愚由是下仲舒吏然則是爲其師書則尊信之非其師書則詆譏之而不復問其是與非矣是故辨端一起於戰國之時最易爲其

別名爲偽壘也辨異端於兩漢之世較難而人亦或不信爲其雜入於傳記也辨異端於唐宋以後最難而人斷斷乎不之信爲其僞託之聖言也故余謂讀經不必以經之故浮尊之而但當求聖人之意果知聖人之文之高且美則僞者自不能亂眞嗟夫嗟夫此固未易爲人道也（以下三章論東晉以後僞書）

自明以來儒者多闢象山陽明以爲陽儒陰釋而罕有辨尚書家語之僞者然吾謂象山陽明不過其自爲說之偏而聖人之經故在譬如守令不遵朝廷法度而自以其臆見決事

然於朝廷無加損也若僞撰經傳則聖人之言行悉爲所誣而不能白譬如權臣擅政假天子之命以呼召四方天下之人爲所潛移默轉而不之覺其所關於宗社之安危者非小事也昔隋牛宏奏請購求天下遺逸之書劉炫遂僞造書百餘卷題爲連山易魯史記等錄上送官其後有人訟之始知其僞陳師道言王通元經關子明易傳及李靖問對皆阮逸所僞撰蓋逸嘗以草示蘇明允云然則僞造古書乃昔人之常事所賴達人君子平心考核辨其眞僞然後聖人之眞可

得豈得盡信以爲實乎然亦非但有心僞造者之能惑世也蓋有莫知誰何之書而妄推奉之以爲古之聖賢所作者亦有旁采他文以入古人之書者莊周戰國初年人也而其書稱陳成子有齊國十二代孔叢子世以爲孔鮒所作也而其中載孔臧以後數世之事然則其言之不出於莊周孔鮒明甚古書之如是者豈可勝道特世人輕信而不之察耳故吾嘗謂自漢以後諸儒功之大者朱子之外無過趙岐過之大者無過漢張禹隋二劉唐孔穎達宋王安石等何者岐刪孟

子之外四篇使孟子一書精一純粹不爲邪說所亂實大有功於聖人之經禹采齊論章句雜入於魯論中學者爭誦張文遂棄漢初所傳舊本焯炫等得江左之僞尚書喜其新奇驟爲崇奉穎達復從而表章之著之功令用以取士遂致帝王聖賢之行事爲異說所淆誣而不能白者千數百年雖有聰明俊偉之士皆俯首帖耳莫敢異詞者皆此數人之惑之也至王安石揣摩神宗之意以行聚斂之法恐人之議已也乃尊周官爲周公所作以附會之卒致蔡京紹述（京亦以周官附會徼）

宗之無道者　靖康亡國之禍而周公亦受誣於百世象山陽明之害未至於如是之甚也孰輕孰重必有能辨之者

昔人有言曰買菜乎求益乎言固貴精不貴多也韓昌黎文集李漢所訂也其序自稱收拾遺文無所失墜此外更無他文甚明而好事者復別訂有外集此何爲者邪陳振孫書錄解題云朱侍講校定異同定歸於一多所發明有益後學外用方本益大顚三書但欲明世間問答之僞而不悟此書爲僞之尤也方氏未足責晦翁識高一世而其所定者迺

爾殆不可解案外鈔云潮州靈山寺所刻末云吏部侍郎潮州刺史退之自刑部侍郎貶潮晩乃由兵部爲吏部流俗但稱韓吏部爾其謬如此又潮本韓集不見有此書使靈山舊有此刻集時何不編入可見此書妄也（原文太繁今節錄之如此）由是言之吾輩生古人之後但因古人之舊無負於古人可矣不必求勝於古人也論語所記孔子言行不爲少矣昔人有以半部治天下者況於其全學者果欲躬行以期至於聖人誦此亦已足矣乃學者猶以爲未足而忝以晉人僞撰之家語尙

恨家語所采之不廣也復別采異端小說之言爲孔子集語及論語外篇以益之不問其眞與贗而但以多爲實嗟乎是豈非買菜而求益者哉余在閩時嘗閱一人文集（忘其姓名）皆其所自訂者其序有云異日有人增一二篇及稱吾外集者吾死而有知必爲厲鬼以擊之嗚乎爲人訂外集而使天下之能文者痛心切齒而爲是言夫亦可以廢然返矣故今爲考信錄寧缺毋濫卽無所害亦僅列之備覽寧使古人有遺美而不肯使古人受誣於後世其庶幾不爲厲鬼所擊也已

經傳之文亦往往有過其實者武成之血流漂杵雲漢之周餘黎民靡有孑遺孟子固嘗言之至閟宮之荊舒是懲莫我敢承不情之譽更無論矣戰國之時此風尤盛若淳于髡莊周張儀蘇秦之屬虛詞飾說尺水丈波蓋有不可以勝言者卽孟子書中亦往往有之若舜之完廩浚井不告而娶伊尹之五就湯五就桀其言未必無因然其初事斷不如此特傳之者遞加稱述欲極力形容遂不覺其過當耳又如文王不遑暇食不敢盤于遊田而以爲其囿方七十里管叔監殷乃

武王使之而屬之周公此或孟子不暇致辨或記者失其詞均不可知不得盡以爲實事也蓋孟子七篇皆門人所記但追述孟子之意而不必皆孟子當日之言既流俗傳爲如此遂率筆記爲如此正如蔡氏書傳言史記稱朱虎熊羆爲伯益之佐其實史記但稱爲益從未稱爲伯益蔡氏習於世俗所稱不覺其失遂誤以伯益入於史記文中耳然則學者於古人之書雖固經傳之文賢哲之語猶當平心靜氣求其意旨所在不得泥其詞而害其意況於雜家小說之言安得遽信以爲實哉以下三章論經傳記注亦有不可盡信之語

傳雖美不可合於經記雖美不可齊於經純雜之辨然也曲臺雜記戰國秦漢諸儒之所著也得聖人之意者固有之而附會失實者正復不少大小兩戴迭加刪削然尚多未盡者若檀弓文王世子祭法儒行等篇舛謬累累固已不可爲訓至月令乃陰陽家之說明堂位乃誣聖人之言而後人亦取而置諸其中謂之禮記此何以說焉周官一書尤爲雜駁蓋當戰國之時周禮籍去之後記所傳聞而傳以己意者乃鄭康成亦信而注之因而學者羣焉奉之與古禮經號爲三禮魏晉以後遂並列於學官迨唐復用之以分科取士而後儒之淺說遂與詩書並重尤可異者孔氏穎達作正義竟以戴記傳五經之數而先儒所傳之禮經反不得與焉由是學者遂廢經而崇記以致周公之制孔子之事皆雜亂不可考本末顛倒於斯極矣朱子之學最爲精純乃亦以大學中庸躋於論孟號爲四書其後學者亦遂以此二篇加於詩書春秋諸經之上然則君子之於著述其亦不可不慎也夫

朱子易本義詩集傳及論語孟子集註大抵多沿前人舊說其偶有特見者乃改用己說耳何以言之孟子古公亶父句趙注以爲太王之名朱註亦云亶父太王名也大雅古公亶父句毛傳以字與名兩釋之朱傳亦云亶父太王名也或曰字也是其沿用舊說顯然可見豳風鴟鴞篇傳采僞孔傳之說以居東爲東征遂以此詩爲作於東征之後及後與蔡九峰書則又言其非是以故蔡氏書傳改用新說然則朱子雖采舊說初未嘗執一成之見矣今世之士矜奇者多尊漢儒

而攻朱子而不知朱子之惧沿於漢人者正不少也拘謹者則又尊朱太過動曰朱子安得有惧而不知朱子未嘗自以爲必無惧也即朱子所自爲說亦間有一二惧者衛文公以魯僖二十五年卒至二十六年甯莊子猶見於經則武子固未嘗逮事文公矣而論語甯武子章註云武子在位當文公成公之時文公有道而武子無事可見惧矣葢人之精神心思止有此數朱子仕爲朝官又教授諸弟子固已罕有暇日而所著書又不下數百餘卷則其沿前人之惧而未及正者

勢也一時偶未詳考而致惧者亦勢也所謂智者千慮必有一失惟其不執一成之見乃朱子所以過人之處學者不得因一二說之未當而輕議朱子亦不必爲朱子諱其惧也

大抵古人多貴精後人多尚博世益古則其取舍益慎世益晚則其采擇益雜故孔子序書斷自唐虞而司馬遷作史記乃始於黃帝然猶刪其不雅馴者近世以來所作綱目前編綱鑑捷錄等書乃始於庖羲氏或天皇氏甚至有始於開闢之初盤古氏者且並其不雅馴者而亦載之故曰世益晚則其采擇益雜也管仲之卒也預知豎刁易牙之亂政而歷詆鮑叔牙賓須無之爲人孔子不知也而宋蘇洵知之故孔子稱管仲曰如其仁民到于今受其賜而蘇氏責管仲之不能薦賢也禘之禮爲祭其始祖所自出之帝而以始祖配之左氏公羊穀梁三子者不知也而唐趙匡知之故三傳皆以禘三年而吉祭爲譏而趙氏獨以禘爲當於文王不當於莊公也漢李陵有重答蘇武書陵與武有相贈之詩班婕妤有團扇詩揚雄有劇秦美新之作司馬遷班固不知也而梁蕭統

知之故史記漢書不載其一字而其詩文皆見於昭明文選中也由是言之後人之學遠非古人之所可及古人所見者經而已其次乃有傳記且猶不敢深信後人則自諸子百家漢唐小說演義傳奇無不覽者自莊列管韓呂覽說苑諸書出而經之漏者多矣自三國隋唐東西漢晉演義及傳奇小說出而史之漏者亦多矣無怪乎後人之著述之必欲求勝於古人也近世小說有載孔子與采桑女聯句詩者云南枝窈窕北枝長夫子行陳必絕糧九曲明珠穿不過回來問我

宋桑娘謂七言詩始此非栢梁也夫栢梁之詩識者已駮其僞而今且更前於栢梁數百年而託始於春秋嗟夫嗟夫彼古人者誠不料後人之學之博之至於如是也以下二章泛論務博而不詳考之失

有二人皆患近視而各矜其目力不相下適村中富人將以明日懸扁於門乃約於次日仝至其門讀扁上字以驗之然皆自恐弗見甲先於暮夜使人刺得其字乙并刺得其旁小字暨至門甲先以手指門上曰大字某某乙亦用手指門上

曰小字某某甲不信乙之能見小字也延主人出指而問之曰所言字悮否主人曰悮則不悮但扁尚未懸門上虛無物不知兩君所指者何也嗟乎數尺之扁有無不能知也況於數分之字安能知之聞人言爲云云而遂云云乃其所以爲大悮也史記樂毅傳云毅留徇齊五歲下齊七十餘城唯獨莒卽墨未服是毅自燕王歸國以後日攻齊城積漸克之五載之中共下七十餘城唯此兩城尚未下也此本常事無足異者而夏侯太初乃謂毅下七十餘城之後輟兵五年不攻欲以仁義服之以此爲毅之賢蘇子瞻則又謂毅不當以仁義服齊輟兵五年不攻以致前功盡棄以此爲毅之罪至方正學則又以二子所論皆非是毅初未嘗欲以仁義服齊乃下七十餘城之後恃勝而驕是以頓兵兩城之下五年而不拔耳凡其所論皆似有理然而毅初無此事也是何異門上並無一物而指之曰大字某某小字某某者哉大抵文人學士多好議論古人得失而不考其事之虛實余獨謂虛實明而後得失或可不爽故今爲考信錄專以辨其虛實爲先務

而論得失者次之亦正本清源之意也

嗟夫古今之讀書者不乏人矣其事帖括以求富貴者無論已聰明之士意氣高邁然亦率隨時俗爲轉移重詞賦則五字詩成數莖鬚斷貴宏博則雪見銀筆悅服綈交蓋時之所尚能之則可以見重於人是以倣精勞神而不辭也重實學者惟有宋諸儒然多研究性理以爲道學求其考核古今者不能十之二三降及有明其學益雜甚至立言必出入於禪門架上必雜置以佛書乃爲高雅絕俗至於唐虞三代孔門

之事雖沿訛踵謬無有笑其孤陋者人之讀書爲人而已亦誰肯敝精勞神矻矻窮年爲無用之學者況論高人駭語奇世怪反以此招笑謗者有之矣非天下之至愚其孰肯爲之雖然近世以來亦未嘗無究心於古者也吾嘗觀洪景盧所跋趙明誠金石錄及黃長睿東觀餘論未嘗不歎古人之學之博而用力之勤之百倍於我也一盤盂之微一杯勺之細曰此周也此秦也此漢也蘭亭之序羲之之書亦何關於人事之得失而曰孰爲真本孰爲贋本若是乎精察而明辨也

獨於古帝王聖賢之行事之關於世道人心者乃反相與聽之而不別其真贋此何故哉拾前人之遺補前人之缺則考信錄一書其亦有不容盡廢者與此章自述作考信錄之故

卷上終

考信錄提要卷下

大名崔述東壁著　　石屏門人陳履和校刊

總目

唐虞有唐虞之文三代有三代之文春秋有春秋之文戰國秦漢以迄魏晉亦各有其文焉非但其文然也其行事亦多有不相類者是故戰國之人稱述三代之事戰國之風氣也秦漢之人稱述春秋之事秦漢之語言也史記直錄尚書春秋傳之文而或不免雜秦漢之語僞尚書極力

摹唐虞三代之文而終不能脫晉之氣無他其平日所聞所見皆如是習以爲常而不自覺則必有自呈露於忽不不經意之時者少留心以察之甚易知也宋時有與其從兄子訟析貲者幾二十年不決趙善堅以屬張淏訟者云紹興十三年從兄嘗鬻祖產得銀帛楮券若干悉輦而商且書約期他日復置如初淏曰紹興三十年後方用楮幣不應十三年汝家已預有若干汝約僞矣由是其訟遂決此豈非自呈露於忽不經意之時者乎夫淏以考古名於

時宜其不長於吏事矣然乃精於聽訟若此何哉考古之與聽訟固一理也是故易傳之述包羲帝而稱王（唐虞以前無稱王天下者說見補上古錄中）蔡傳之引史記益而加伯（史記以前稱益未有加以伯者說見唐虞錄中）此行文者所不自覺也傳之三墳五典八索九邱杜註但云皆古書名及僞書序既出而林註遂歷歷數之無他文必因乎其時故也所以漢人好談讖緯則所撰之泰誓烏流火覆祥瑞先呈晉人喜尚排偶則所撰之泰誓斮脛剖心對待獨巧誓誥不及二帝而僞古文書虞世有

伐苗之誓盟詛不及三王而呂氏春秋武王有四內之盟甚至王通之元經以隋人而避唐諱是知僞託於古人者未有不自呈露者也考古者但準是以推之莫有能遁者矣然而世之學者往往惑焉何也一則心粗氣浮不知考其眞僞一則意在記覽以爲詩賦時文之用不肯考其眞僞一則尊信太過先有成見在心卽有可疑亦必曲爲之解而斷不信其有僞也正如紹興三十年後方行楮幣此宜當日人人知之卽不知亦不難考而得之乃歷二十年

而訟不決也最可笑者月令中星明明戰國時之躔度少通歷法者皆能辨之而僞周書有之人遂以此爲周公之制嗟夫嗟夫此考信錄一書之所以不能已於作也

自明季以來學者大抵多爲時文摶買講章墨卷晨夕揣摩以爲秘笈此外不復寓目其能讀書不專爲時文者千百人中或僅得一二人耳然又多以文士自居以記覽爲宏博以詩賦爲風雅其能不僅爲記誦詞章之學者又千百人中之一二人耳就此一二人已爲當世不可多得之

人然又多以道學自命謹厚者惟知恪遵程朱放佚者則竟出入王陸然考其所言大抵皆前人之陳言其駁者固皆拾莊子佛氏之唾餘卽其醇者亦不過述宋儒性理之賸說其其殫精經義留心治術爲有用之學者殊罕所遇然後知學問之難言也述自讀諸經孟子以來見其言皆平實切於日用用之修身治國無一不效如布帛菽粟可飽可暖皆人所不能須臾離者至於世儒所談心性之學其言皆若甚高而求之於用殊無所當正如五色綵紙爲

衣可以美觀如用之以禦寒蔽體則無益也孟子曰天下之本在國國之本在家家之本在身蓋本於書堯典克明俊德七句之意自大學篇始推之於正心誠意致知格物然要仍以修身爲本逮宋以後諸儒始多求之心性詳於談理而畧於論事雖係探本窮源之意然亦開後世棄實徵虛之門及陸王之學興并所謂知者亦歸之渺茫空虛之際而正心誠意遂轉而爲明心見性之學矣余竊謂聖人之道大而難窺聖賢之事則顯而易見與其求所難窺

不若考所易見子貢曰賢者識其大者不賢者識其小者述賦性愚鈍不敢言上達之事惟期盡下學之功故於古帝王聖賢之事嘗殫精力以分別其是非眞僞而從無一言及於心性者固自知其不賢甘爲識小之人亦有鑒於魏晉之談名理而尚老莊卒至有陸沉之禍也

余少年讀書見古帝王聖賢之事往往有可疑者初未嘗分別觀之也壯歲以後抄錄其事記其所本則向所疑者皆出於傳記而經文皆可信然後知六經之精粹也惟尚書中多有可疑者而論語後五篇亦間有之私怪其故覆加檢閱則尚書中可疑者皆在二十五篇之內而三十三篇皆無之始知齊梁古文之僞而論語終莫解其由最後考論語源流始知今所傳者乃漢張禹彙合更定之本而非漢初諸儒所傳之舊本也至於禮記原非聖人之經乃唐孔穎達强以經目之前人固多言之余幼卽飫聞之更無足異者矣由是言之古人之書高下眞僞本不難辨但人先有成見者多耳昔有顯官之任遇陸羽於江滸邀共

品茶使僕以十餘盎渡江往取潭水歸舟遇風盎水半傾乃取江水代之既至羽揚而視之但云非是過半乃云此潭水矣顯官詰僕僕以實告蘇子瞻使人買金華猪中途而逸以他猪代之及宴客莫不稱美者既知非金華猪始相視而笑此無他子瞻座上之客皆有成見在心而羽無成見故耳余生平不好有成見於書則就書論之於事則就事論之於文則就文論之皆無人之見存惜乎今之讀書者皆子瞻座上客果有識古書之眞僞如陸羽之辨水

者必不以余言為謬也

考古提要二卷

考信錄何以有提要也所以自明作考信錄之故也薛敬軒先生云自考亭以還斯道已大明無煩著作直須躬行耳此不過因世之學者心無實得而但勦襲先儒道學陳言以為明道以炫世而取名故為是言以警之耳朱子以後豈無一二可言者乎朱子以書傳屬蔡沈以喪祭二禮屬黃榦至於春秋經傳絕無論著是朱子亦尚有未及為

者鴟鴞詩傳沿用偽傳舊說及[illegible]以從鄭是朱子亦尚有未及正者況自近[illegible]俊之士喜尚新奇多據前人注流疏强詞奪理以駁朱子是朱子亦尚有待後人之羽翼者苟有所見豈容默而不言故先之以提要以見茹之而不能茹者良有所不得已閱者當有以諒其苦心也

補上古考信錄二卷

周官外史掌三皇五帝之書偽孔安國尚書序云伏羲神農黃帝之書謂之三墳言大道也少昊顓頊高辛唐虞之書謂之五典言常道也孔子覩史籍之煩文懼覽者之不一討論墳典斷自唐虞以下後之儒者皆尊其說余獨以為不然夫古帝王之書果傳於後孔子得之當何如而表章之其肯無故而刪之乎論語屢稱堯舜無一言及於黃炎者孟子溯道統亦始於堯舜然則堯舜以前之無書也明矣周官一書所載制度皆與經傳不合而文亦多排比顯為戰國以後所作先儒固多疑之不足據也春秋傳云

左史倚相能讀三墳五典八索九邱杜氏註云皆古書名恐不言為何人所作使此序果出於安國杜氏豈容不見而林氏堯叟乃取偽序之文以釋左傳甚矣宋儒之不能闕疑也虞書曰慎徽五典五典克從又曰天敘有典敕我五典是知堯舜之世已有五典之名蓋即五倫之義書之策以教民所謂敬敷五教者也不得舍經所有之五典而別求五典以實之也典籍之興必有其漸倉頡始制文字至於大撓然後作甲子以紀日至於羲和然後以閏月定

四時成歲以紀年必無甫有文字卽有史官之理以情度之亦當至唐虞以降然後有史書也自易春秋傳始頗言羲農黃帝時事葢皆得之傳聞或後人所追記然但因事及之未嘗盛有所鋪張也及國語大戴記遂以鋪張上古爲事因緣附會舛駁不可勝紀加以楊墨之徒欲絀唐虞三代之治藉其荒遠無徵乃妄造名號僞撰事跡以申其邪說而陰陽神仙之徒亦因以托之由是司馬氏作史記遂託始於黃帝然猶頗删其不雅馴者亦未敢上溯於羲

農也逮譙周古史考皇甫謐帝王世紀所采益雜又推而上之及於燧人包羲至河圖三五歷外紀皇王大紀以降且有始於天皇氏盤古氏者矣於是邪說詖詞雜陳混列世代族系紊亂庬雜不可復問而唐虞三代之事亦遂爲其所淆竊謂談上古者惟易春秋傳爲近古而其事理亦爲近正以此證百家之謬或亦有不可廢者故余雜取易春秋傳文以補上古之事司馬氏曰學者載籍極博猶考信於六藝是余之志也夫

右前錄四卷

唐虞考信錄四卷

考信錄何以始於唐虞也遵尚書之義也尚書何以始於唐虞也天下始平於唐虞故也葢上古之世雖有包羲神農黃帝諸聖人相繼而作然草昧之初洪荒之日創始者難爲力故天下猶未平至堯在位百年又得舜以繼之禹皐陶稷契諸大臣共襄盛治然後大害盡除大利盡興制度禮樂可以垂諸萬世由是炙其德沐其仁者作爲典謨

等篇以紀其實而史於是乎始其後禹湯文武迭起撥亂安民制作益詳典籍益廣然亦莫不由是而推衍之是以孔子祖述堯舜孟子敘道統亦始於堯舜然則堯舜者道統之祖治法之祖而亦卽文章之祖也周衰王者不作百家之言並興堯舜之道漸微孔子懼夫愈久而愈失其實也於是訂正其書闡發其道以傳於世孔子既没異端果盛行楊墨之言盈天下叛堯舜者有之誣堯舜者有之稱述太古以求加於堯舜者有之於時則有孟子辟而闢之

迄乎孟子又没而其說益誕妄司馬氏作史記遂上溯於黃帝雖頗刪其不雅馴者而所采已雜逮譙周古史考皇甫謐帝王世紀等書又以黃帝爲不足稱述益廣搜遠討溯之羲農以前以求勝於孔子而異說遂紛紛於世何者唐虞以前載籍未興經既無文傳亦僅見易於僞托無可考驗是以楊墨莊列之徒得藉之以暢其邪說唯唐虞以後載在尚書者乃可依據而僞孔氏古文經傳復出劉焯孔穎達等羽翼之猜度附會而帝王之事遂茫然不可問

矣唐宋以來諸儒林立其高明者攘斥佛老以伸正學其沉潛者居敬主靜以自治其身心休矣盛哉然於帝王之事皆若不甚經意附和實多糾駁絕少而爲史學者則咸踵訛襲謬茫無別擇不問周秦漢晉概加采錄以多爲勝於是荒唐悠謬之詞相沿日久積重難返遂爲定論良可歎也且夫孔子布衣士耳未嘗一日見諸事業而楊墨佛老之徒各持其說以鳴於世何所見孔子之道之獨是正以孔子之道非孔子之道乃堯舜之道人非堯舜則不能

安居粒食以生不能相維繫無爭奪以保其生不能服習於禮樂教化以自别於禽獸之生然則堯舜其猶天乎其猶人之祖乎人不可悖堯舜故不可悖孔子也人不可不宗孔子即不可不宗堯舜也余故作考信錄自唐虞始尚書以經之傳記以緯之其傳而失實者則據經傳正之至於唐虞以前紛紜之說但别爲書辨之而不敢以紊於正錄既以明道統之原兼以附闕疑之義庶於孔子之意無悖焉爾

夏考信錄二卷

夏考信錄者何繼治也堯崩天下歸于舜舜崩天下歸于禹唐虞之政千古未有能及之者況宅百揆而熙帝載皆禹所同更定而啟又賢能承繼禹之道然則夏於唐虞之政其必因之而不改者理勢之自然也但太康以後不能無廢墜耳故考夏政者不必别求夏政唐虞之政即夏政也禹之繼治然也太康以後何爲以中衰别之也羿浞迭興權力雄於天下諸侯從之者多仲康微弱后相失國夏

政不行於天下也皐陶何以附於禹之後也其功德大也孟子曰若禹皐陶則見而知之又曰舜以不得禹皐陶爲已憂皆以禹皐陶並舉故特表之也

商考信錄二卷

商考信録者何革亂也夏自太康失道已非禹之舊矣况至於桀善政尚有復存者乎且湯之事與禹不同湯承先世之業崛起一方自相土上甲微以來必有良法善政宜於民而不當變者此固不得改之而復遵夏政也蓋湯之

心無以異於堯舜禹之心然湯之事不能不異於堯舜禹之事湯所處之勢然也何以不言殷考信錄也殷其所居地名非國號也商何爲始於契也莫爲之前則崛起者難爲功契敷教以啟商故叙湯之政必追述之也伊尹何以附於湯之後也伊尹相湯以王天下歷相數世卒定商業故特表之猶皐陶之附於禹也

豐鎬考信錄八卷

夏商皆以代稱周何爲獨係以豐鎬也周至幽王之世而止也周何爲止於幽王也東遷以後載籍較多稱引亦繁辨之不勝其辨且非聖王賢相得失所關故從簡也何爲於成王獨係之以周公之相也曰周公者上繼文武下開孔子者也故孟子曰周公思兼三王以施四事又曰悅周公仲尼之道韓子曰文武周公傳之孔子此非特表之不可也而周公之事即成王之政又非可分係者故係之以周公相成王也周何爲始於稷也稷播種以開周故叙文武之政必追述之猶商之始於契也周之賢臣哲輔何以

統附之於後也曰周之人才盛矣太公召公創業守成之功固已他如泰伯之讓伯夷之清召穆公之闢四方衛武公之稱睿聖亦卓卓者皆不可以從畧故別爲一卷統附於後也

洙泗考信錄四卷

唐虞三代諸錄之後何爲繼之以洙泗也曰二帝三王孔子之事一也但聖人所處之時勢不同則聖人所以治天下亦異是故二帝以德治天下三王以禮治天下孔子以

學治天下堯舜以聖人履帝位故得布其德於當世命官熙績以安百姓而奠萬邦天下莫不遂其生而正其命故曰二帝以德治天下也禹湯文武雖亦皆有聖德然有天下至數百年其後王不必皆有德其所恃以維持天下者有三王所制之禮在故啟賢能承繼禹之道則天下之朝覲訟獄者歸之太甲顛覆湯之典型則伊尹放之於桐傳曰周禮未改今之王古之帝也故三王之家天下也非以天下私其子孫也其子孫能守先王之禮則德衰而天下

有所賴以不亂故曰三王以禮治天下也夏之禮將敝也湯起而維之商之禮將敝也文王起而維之至周之衰禮亦敝矣非聖人爲天子不能維也而孔子以布衣當其會以德則無所施以禮則無所著不得已而訂正六經教授諸弟子以傳於後是以孔子既沒楊墨並起非堯舜薄湯武天下盡述於邪說及至於秦焚詩書坑儒士盡滅先王之法然而齊魯之間獨重學尚能述二帝三王之事漢興訪求遺經表章聖學天下咸知誦法孔子以故帝王之道

得以不墜至於今二千餘年而賢人君子不絕跡於世人心風俗尚不至於大壞假使無孔子以承帝王之後則當楊墨肆行之後秦火之餘帝王之道能有復存者乎故曰孔子以學治天下也是以孟子幾希諸章述舜禹湯文武周公之事而繼之以孔子好辨章敘禹周公救世之功而亦繼之以孔子韓子曰堯以是傳之舜舜以是傳之禹禹以是傳之湯湯以是傳之文武周公文武周公傳之孔子二帝三王之與孔子無二道也是以三代以上經史不分

經卽其史史卽今所謂經者也後世學者不知聖人之道體用同原窮達一致由是經史始分其敘唐虞三代事者務廣爲紀載博采旁搜而不折衷於聖人之經其窮經者則竭才於章句之末務殫精於心性之空談而不復考古帝王之行事其尤剌謬者敘道統以孔子爲始若孔子自爲一道者豈知孔子固別無道孔子之道卽二帝三王之道也故曰仲尼祖述堯舜憲章文武又曰文武之道未墜於地夫子焉不學假使孔子別有一道則亦何異於楊墨

佛氏而獨當尊信之乎故今採摭經傳孔子之事考而辨之以繼二帝三王之後云

右正錄二十卷

豐鎬別錄三卷

周一代之政事經制有相爲首尾不可以年世分係之者有經傳本無正文後人猜度而爲之說以致失其實者亦有前人所未及詳而今補釋之者皆未便以叅於正錄故爲別錄以考辨之

洙泗餘錄三卷

唐虞三代皆以聖人爲天子故能布其德澤於四方萬國而後王有所遵守以安其民孔子則不然位不過大夫然亦僅數年耳權不過聽一國之政然亦僅數月耳其德澤初未布於天下雖聖與堯舜齊後世何由知之而遵守之然乃能繼堯舜禹湯文武之統而垂教萬世者皆門弟子與子思相與羽翼而流傳之也是以戰國之時人皆鶩於功利縱橫之徒方盛楊墨之說肆行而孔子之道卒以不墜及秦焚詩書而齊魯之間猶皆誦法六經論語至漢訪求遺經其道遂大布於天下藉非有羽翼而流傳之者則當橫議之時焚書之後孔子之所傳述能有復存者乎非惟孔子也卽堯舜禹湯文武之事業亦且泯然俱盡然則諸弟子與子思之爲功於後世也大矣又按論語前十五篇言簡義宏深得聖人之旨大小兩戴所記則多膚淺不類聖人之言他書所述尤多舛謬意此十五篇者雖後人所彙輯然皆及門諸賢取聖言而書之於策以傳於後者

故能久而不失其意向無論語一書後世學者但據兩記百家之言何由得識聖人之眞至於春秋一書尤聖人之大經大法左傳雖不盡合經意而紀事詳備學者賴之得以考其事之首尾而究春秋之義此其功皆不可沒也顧戰國秦漢之間稱其事者往往失實而後世說經者亦不能無揣度附會之失故余於洙泗考信錄成之後類輯顏閔以降諸賢之事別爲餘錄以訂正之但自周秦以上典册罕存今惟取見於經傳者少加編次而於其失實者考

而辨之一以表衛道之功一以正流傳之誤或亦稽古者所不容缺者乎

孟子事實錄二卷

孟子何以別爲錄也傳道之功大也孔子之時王道猶存異說未起故子貢曰文武之道未墜於地在人賢者識其大者不賢者識其小者莫不有文武之道焉戰國時則不然處士橫議楊墨之言盈天下卽儒者所著述亦多傳而失眞賴孟子縷陳而詳辨之井田封建之制仁義性善之

旨帝王聖賢之事然後大明而得傳於後世向無孟子不但異端之說之惑世也卽周官戴記國語逸周書等書所述亦無從辨其是非眞僞而識聖道之眞故唐韓子稱文武周公傳之孔子孔子傳之孟某又云學聖人當自孟子始然則孟子之於孔子猶周公之於文武文武非周公則制作不詳孔子非孟子則傳流多失甚矣孟子之有功於道者大也孔子門人之事雖旁見於他書而首尾多難考惟孟子七篇中適梁游齊居滕至魯皆備載之不難考其先後故別爲錄以明之也又此七篇皆弟子所纂述以傳於後世者其功亦不可沒故並附於孟子之後

考古續說三卷

考信錄成其義有未盡者有事在周室東遷以後者亦有泛論古書不可分係於一代者故爲續說以補錄之

附錄二卷

考信錄之後何以復有附錄也此錄之作非余一人之力所能必有爲之前者而後有所受有爲之後者而後有所

授故歷歷溯其所由來以附於後也

右後錄十二卷

諺云打破沙鍋紋到底蓋沙鍋體脆敲破之則其裂紋直達於底紋與問同音故假借以譏人之過細而問多也然余所見所聞大抵皆由含糊輕信而不深問以致僨事未見有細爲推求而僨事者唐何文哲趙贊鄰居並爲侍御史趙需應舉至京投刺於贊誤造何第何武臣以需進士稱猶子謁之喜召入宅不數日値元日骨肉皆在坐文哲

因謂霈曰姪名宜改何霈似涉戲也霈乃自言姓趙文哲大愧乃遣之去當時傳以爲笑（唐國史補作何儒亮誤謁趙需今從唐語林）然此猶小事無足爲大得失也乾隆己酉漳決北杜村小王庄會而東下直趨大名府城環城大水未數日上決於三臺水南注於洹杜村等口流絶大名水始漸退大名道問水所自來縣丞某遂以三臺對大名道亦不復詳察遽移文河南（三臺乃河南臨漳縣境）以妨運道爲詞俾塞三臺之口幸而水勢難挽塞之無功若三臺果塞而杜村等兩口如故大

名之城其能不爲沼乎然終以此故明年大名元城兩縣田禾悉没若此者豈非其問之不周察之不審以致是與然而世皆以含糊爲大方以過詳爲瑣碎雖僨事而不悔其亦異矣余自中年以前所見長於余者言多分明於事亦罕鹵莽中年以後所見少於余者則多貴鹵莽而厭分明其發言也務不使之分曉若惟恐人之解之者其聽言也亦不肯問之使分曉而但以意度之以此爲彼者常十之六七然皆自以爲已知也至於聽訟尤爲要事然人皆

漫視之以曲爲直以直爲曲者比比皆然余爲吏每聽訟未有言余誤斷者然有謂余過細者況於考信一録取古人之事歷歷推求其是非眞僞以過細譏余者當更不知幾許嗟夫嗟夫此固難爲世人道也

曰傳記所載何爲多降一字書之何爲或冠之以補也曰降而書者不敢以齊於經且懼其有萬一之失實也然或提綱挈領爲事所不可缺而經無文不得不以傳記補之亦有其文本出於經而今旁見於傳記者故以補别之也

曰洙泗餘録何以不降一字而書也曰聖賢之事記於經者少而見於傳記者多不可概用降書且傳記之作率在百年以内世近則其言多可信非若帝王之事久遠而傳聞者易失實也故不復分之也曰何以有備覽存疑也曰其書所載之事可疑者多而此事尚無可疑不敢遂謂其非實也則列之於備覽其書所載之事可信者多而此事跡難取信不敢概謂其皆實也則列之於存疑皆慎重之意也曰國語史記諸書概列之於備覽何以有時但

降一字書之不復別於傳也曰其文雖見於此書而其事實本於經傳信而有徵不得因其書而疑之故附之於傳也曰何以有附錄附論也曰唐虞錄序例中言之矣其時不可詳考而其事不容遺漏則從其類而附載之不敢淆其次也其文雖非紀事而與事互相發明則因其事而附見之不敢概從畧也曰何以有備考存參也曰唐虞錄序例中亦言之矣事雖後日之事而有關於當時之得失言或後世之言而足以証異說之紛紜雖不能無醇疵之異要皆當備之以俟考存之以相參也

曰子之說誠善矣然其文繁而不殺毋乃費於詞乎余曰誠然然余之所不得已也堯典禹貢之文簡矣而商周書則繁論語之文簡矣而孟子書則繁左傳之紀事簡矣而史記則繁古之人豈好爲其繁哉夫亦世變所趨不得已而然耳昔人云夏以寅爲正商以丑爲正周以子爲正正者正月也一月也子爲正月則丑寅爲二三月可知丑爲正月則寅卯爲二三月可知而宋儒之說皆謂商周雖以子丑爲正而仍以寅爲正月卯辰爲二三月於是說者紛紛而後儒辨之者亦紛紛其書至於不可車載而斗量設當日云以子爲正月丑爲正月寅爲正月止須加三月字而後人自不能爲此說亦無庸瑣瑣而辨之車載斗量之言皆可省矣由是言之商周之書非故欲繁於虞夏也孟子史記之文非故欲繁於論語左傳也世變所至異說爭鳴岐之中又有岐焉少省其詞則因端附會者遂開後世無窮之疑故不得已而寧爲其繁耳余之詞費固因於才

短亦慮省之而歉疑者且百出而靡所底也後有君子當有以諒其苦心耳

提要終

補上古考信録

［清］崔述

清道光二年遺經樓刻本

道光二年刊

補上古考信録

遺經樓藏板

補上古考信録目

補上古考信錄卷之上

大名崔述東壁補考　　石屏門人陳履和校刊

前論一則

三皇五帝之文見於周官而其說各不同呂氏春秋以黃帝炎帝太皞少皞顓頊爲五帝蓋本之春秋傳而月令因之大戴記以黃帝顓頊帝嚳堯舜爲五帝蓋本之國語而史記因之至三統歷則又以包羲神農黃帝堯舜爲五帝其說以易傳爲據而近代五峯

雙湖兩胡氏並用之秦本紀有天皇地皇泰皇之名而鄭康成則以女媧配羲農爲三皇譙周易以燧人宋均又易以祝融惟三五歷本秦本紀爲說而易泰皇爲人皇其語尤荒唐不經（鄭康成以下並本補三皇本紀）後之編古史者各從所信至今未有定說余按書云皇帝哀矜庶戮之不辜皇帝清問下民是帝亦稱皇也詩云皇王惟辟皇王烝哉是王亦稱皇也書云惟皇作極又云皇后憑玉几詩云皇尸載起又云獻之皇祖傳

云皇祖文王又云皇祖伯父昆吾離騷云朕皇考曰伯庸然則皇乃尊大之稱王侯祖考皆可加之非帝王之外別有所謂皇者也且經傳述上古皆無三皇之號春秋傳僅溯至黃帝易傳亦僅至伏羲則謂羲農以前別有三皇者妄也燧人不見於傳祝融乃顓頊氏臣女媧雖見於記而文亦不類天子則以此三人配羲農以足三皇之數者亦妄也春秋傳云黃帝氏以雲紀炎帝氏以火紀共工氏以水紀太皞氏以

龍紀少皞摯之立也鳳鳥適至故紀於鳥自顓頊以來不能紀遠乃紀於近此但歷敘古帝紀官之不同耳初無五帝之名亦無五德之說也呂氏緣此遂刪共工氏而以五德分屬之失傳之本意矣國語云黃帝能成命百物以明民共財顓頊能修之帝嚳能序三辰以固民堯能單均刑法以儀民舜勤民事而野死但序此五人之功爲下郊禘張本耳亦不稱爲五帝而謂帝必限以五也大戴記遂獨取此爲五帝而

他不與焉亦非國語意也至於易傳五帝亦偶舉之而劉歆遂附會其說以爲少皞顓頊諸帝周遷其舉故易不載誣矣僞孔傳書序云伏羲神農黃帝之書謂之三墳少皞顓頊帝嚳堯舜之書謂之五典其意蓋以墳爲皇書典爲帝史然黃帝以帝稱而反爲皇名實舛矣少皞與太皞炎帝均列於春秋傳呂紀月令而去彼存此可乎作此序者亦爲劉歆所誤而以炎帝太皞爲即羲農故獨取少皞以代黃帝而爲五

然則序之出於劉歆以後而非安國所撰明矣蓋三皇五帝之名本起於戰國以後周官後人所撰是以從而述之學者不求其始習於其名遂若斷不可增減者雖或覺其不通亦必別爲之說以曲合其數是以各據傳註互相詆諆不知古者本無皇稱而帝亦不以五限又何必奪彼以與此也哉故今但取古天子之見於傳者次第列之而絕不以三五約其數爲五德之謬三皇女媧炎帝太皞之誤說並見後篇中

開闢之初

宋邵堯夫作皇極經世書謂天地之一終始爲一元元十二會會各萬八百年天開於子地闢於丑人生於寅堯舜當巳午會之間自會而下爲運爲世爲年爲月爲日爲時皆以十二與三十遞乘之後之儒者奉爲玉律莫有異辭矣余獨以爲不然夫人之所以異於禽獸者以其有禮義也夫婦之道自生民之初而已然矣有夫婦於是乎有父子有父子於是乎有

君臣有君臣於是乎有書契政事宮室粒食冠裳葬埋之制此數者皆人道之不可廢者而皆始於羲農以後然則羲農之上距開闢之初固無幾時也若如經世書之言則是生民僅有九會而前四會之人養生送死初無以大異於禽獸及其稍知禮義而天地之化已將半矣豈不誣哉日三十而爲月月十二而爲歲其偶然者耳然且有朔虛有閏餘不能齊也至於三十年爲一世以父子相繼之歲約略計之耳曰

有十二時歷家隨意分之以辨刻漏耳非如日之有出入月之有朔望爲一終始而不可增減者也春秋傳云日有十時今又分時爲二十四時豈有定數乎今因是二者之偶同遂皆以此兩數乘之其亦鑿矣且歷法十九年而閏餘一終始二萬數千餘年而歲差一終始與元會運世之說皆不合則經世書之不足信也明矣曰堯舜不爲中天然則何以獨盛曰物之良者皆於其朔不於其中也是故日莫良於旦歲

莫良於春人莫良於孺子堯舜之時其猶平旦乎是天地清明之候也自堯舜以後生聚之蕃文物之盛未必不過於昔而其氣益昏而雜其治益卑而淆猶之自春徂夏物生日衆而毒螫亦日多自少及壯人知日開而變詐亦日甚也是故西漢之午在孝武而孝文則其平旦也李唐之午在天寶而貞觀則其平旦也故孟子亦以平旦之氣爲性善之驗吾故曰羲農之上距開闢之初固無幾時也

【補】有天地然後有萬物有萬物然後有男女有男女然後有夫婦有夫婦然後有父子有父子然後有君臣 易序卦傳

存疑。蓋上世嘗有不葬其親者其親死則舉而委之於壑他日過之狐狸食之蠅蚋姑嘬之其顙有泚睨而不視夫泚也非爲人泚中心達於面目蓋歸反虆梩而掩之 孟子

史記秦本紀云古者有天皇有地皇有泰皇封禪書云古者封泰山禪梁父者七十二家此言上古者之

所始也春秋緯稱自開闢至於獲麟凡三百二十七萬六千歲分爲十紀一曰九頭紀二曰五龍紀三曰攝提紀四曰合雒紀五曰連通紀六曰序命紀七曰修飛紀八曰回提紀九曰禪通紀十曰流訖紀流訖當黃帝時河圖及三五歷稱天皇氏十六頭澹泊無所施爲而俗自化木德王歲起攝提兄弟十二人立各一萬八千歲地皇十一頭火德王亦各萬八千歲人皇九頭乘雲車駕六羽兄弟九人分掌九州凡一

百五十世合四萬五千六百年（春秋緯以下逾本唐司馬貞補三皇本紀所采文）後世序古史者往往采之以余觀之謬莫甚焉傳曰上古結繩而治後世聖人易之以書契世又傳倉頡始作書契然則書契之起於羲農以後必也羲農以前未有書契所謂三皇十紀帝王之名號後人何由知之且其歷年如此之久聖人爲天子者如此之多其間名臣賢相哲人知士且不知凡幾必無至於羲農之世而書契猶未興生者猶無衣服死者猶

無棺槨之理也夫尚書但始於唐虞及司馬遷作史記乃起於黃帝譙周皇甫謐又推之以至於伏羲氏而徐整以後諸家遂上溯於開闢之初豈非以其識愈下則其稱引愈遠其世愈後則其傳聞愈繁乎且左氏春秋傳最好稱引上古事然黃炎以前事皆不載其時在焚書之前不應後人所知乃反詳於古人如是也又按史記鄒衍始爲閎大不經之言稱引天地剖判以來五德終始治各有宜中國名曰赤縣神州如赤縣神州者九有裨海環之莫能相通如此又九乃有大瀛海環其外天地之際焉然則其說本出於衍而後世學者又各以其意增飾之耳當衍之時列國分爭疆理不遠故莫能窮其妄自隋唐以降征伐所及海賈所通至於夜不能熟羊胛目可以盡南極何嘗有所謂裨海九區天地之際者衍言之妄居可覩矣則其所謂天地剖判五德轉移者亦如是而已矣嗚呼史記猶以其言爲不經奈何後人自命爲

儒學者反取之以補經之缺乎故余於包羲氏之前但取易序卦傳文冠之篇首附以孟子上世葬親之語以見太古之大凡其餘三皇十紀之說概不載也

包犧氏

包犧一作伏羲一作庖羲一作宓羲今傳既作包犧當從之○包犧非太皞說見後炎帝太皞篇中

【補】古者包犧氏之王天下也仰則觀象於天俯則觀法於地觀鳥獸之文與地之宜近取諸身遠取諸物於是始作八

卦以通神明之德以類萬物之情易繫辭下傳○按唐虞以前未聞有稱王者王天下云者據三代之稱而加之上古者也此傳之所以不逮經學者不可以辭害意也

朱子論語集註云河圖河中龍馬負圖伏羲時出余求其所本經傳皆無之書云大玉夷玉天球河圖在東序易大傳云河出圖洛出書聖人則之皆未言為龍馬所負亦不言聖人為誰何也春秋傳史記皆不及伏羲時事無可證其眞僞者惟漢書五行志引劉歆語以爲伏羲繼天而王受河圖而畫八卦論語集

解引孔安國語亦以河圖爲八卦而皆不言所本何書書孔傳有伏羲王天下龍馬出河遂則以畫八卦之語此係後人僞撰故不引孔氏穎達周易正義云禮緯含文嘉曰伏羲德合上下天應以鳥獸文章地應以河圖洛書則而象之乃作八卦故孔安國等並云伏羲得河圖而作易又云春秋緯云河以通乾出天苞洛以流坤吐地符河龍圖發洛龜書感孔安國以爲河圖則八卦是也洛書則九疇是也然則龍馬負圖之事乃出緯書而孔劉采之者緯

書者異端方士之言耳朱子何爲而信之哉且如緯書之言則河圖洛書同出於伏羲之世而孔劉乃以八卦九疇分屬之尤不可解不知後儒何以皆用之也傳云包羲氏之王天下也仰則觀象於天俯則觀法於地觀鳥獸之文與地之宜於是始作八卦不言則河圖以爲卦也使畫卦果本於河圖則此乃當時大事千古異祥傳當特舉之何得概等諸鳥獸之文而已乎孔氏穎達固已疑及於此但以前人舊說不

敢駁詰乃爲扶同遷就之詞以爲易理寬宏何妨更法河圖亦可謂游移而失據矣外紀又謂伏羲氏有龍馬負圖之瑞故以龍紀官蓋見補本紀有龍瑞之文因附會之以爲巧合不知以龍名官者乃太皞非伏羲也適見其誣而已矣故今於伏羲氏不載龍馬負圖之事孔子曰吾猶及史之闕文也余惟孔子之言是從焉耳

補作結繩而爲網罟以佃以漁同上○按傳文所謂取諸某卦者不過言其理相通耳非

謂必規摹此卦然後能制器立法也而古未有書後人亦無由知其所由作故稱蓋焉蓋者疑詞也今並刪之後不復註

補三皇本紀稱伏羲氏造書契以代結繩之政始制嫁娶以儷皮爲禮余按易大傳文易結繩以書契在黃帝堯舜氏作之後則必起於黃帝以來明矣謂造於伏羲氏乃僞書孔安國序文此序晉以後人所撰前人辨之詳矣至以儷皮爲禮經傳亦無文惟譙周古史考言之不足信故並不載

外紀稱伏羲氏支干相配爲十二辰六甲而天道周又稱黃帝命大撓作甲子十幹十二枝相配以名日夫伏羲氏既造六甲矣又何待於黃帝之作之此蓋所傳異詞而兩采之故致自相矛盾要之謂黃帝時爲近故今不載於此

世傳上古之天子有燧人氏女媧氏大庭氏柏皇氏中央氏卷須氏栗陸氏驪連氏赫胥氏尊盧氏渾沌氏昊英氏有巢氏朱襄氏葛天氏陰康氏無懷氏譙周古史考以燧人備三皇謂在庖羲之前補三皇本紀則本春秋緯以女媧備三皇而謂在庖羲之後至於大庭以下十有五氏皇甫謐帝王世紀以爲並在庖羲之後補三皇本紀則據三五歷而以爲並在庖羲之前其說紛紛不一余按春秋傳國語最好稱引上古事然亦但述黃炎以後未有稱羲農者也獨易傳以易故言及於羲農耳孟子書中有許行爲神農之言而莊子楚辭尤多稱引黃帝以前者然則此等

語言皆當在戰國以後蓋是時楊墨盛行楊氏疾儒者之禮法刑政而矜言無爲之化墨氏惡當時之厚斂奢用而欲敦儉樸之風故好稱述上古君臣以求加於三代之法大抵皆寓言之類不可以爲實者也惟大庭氏之庫見於春秋傳女媧氏之笙簧見於明堂位然府庫之興當在唐虞以後況庫猶存於春秋時世之相隔亦必不遠而明堂位亦戰國後之書且序女媧於垂叔之後未見其必爲上古也推此而求

則彼十五氏者縱使果有其人亦必非黃帝以前之天子矣補本紀乃據管子謂古封泰山七十二家夷吾所識十有二首有無懷氏不知管子乃後人所僞撰而封禪亦漢儒之邪說彼固采戰國時異端小說之言而附會之者又烏足爲據也哉且炎帝太皞在黃帝之後傳記之文甚明也猶誤以爲庖羲神農而列之於黃帝之前况彼十五氏者傳記之所不言又惡知其果有與無果在庖羲之前與其後乎故今十七氏者皆不載

神農氏

補三皇本紀云神農本起烈山故左氏稱烈山氏之子曰柱亦曰厲山氏禮曰厲山氏之有天下是也余按左傳稱烈山氏初不言有天下若禮記祭法之文乃采之國語者國語記上古事率荒唐此蓋亦想當然之詞不足以爲據也古者烈厲同音祭法之厲山乃傳寫之誤亦非有兩號也鄭氏以神農制耒耜遂以神農當之而云厲山神農所起小司馬氏從而采之誤矣杜氏左傳註云烈山氏神農氏諸侯較鄭氏爲近理然左傳國語皆未有稱及黃帝以前者亦未敢必其然故今並不載神農非炎帝說見後炎帝條下

補包犧氏沒神農氏作斲木爲耜揉木爲耒耒耨之利以教天下　同上

補日中爲市致天下之民聚天下之貨交易而退各得其所　同上

補本紀稱神農氏重八卦爲六十四作蜡祭以赭鞭鞭草木余按易大傳言包犧作八卦網罟至神農氏則但言其爲耒耨市易初無一言及於重卦者果有此事曷爲連類及之而獨遺之乎康成之徒因傳文內有取諸益與噬嗑之語遂臆度而附會之以爲神農所重謬矣傳特泛言其理何嘗以爲伏羲時止有三畫之離神農時乃有六畫之噬嗑哉郊特牲云伊

耆氏始爲蜡今移之神農時於經傳亦未有確據蓋亦以爲耒耜故臆之耳至以赭鞭鞭草木乃方士荒唐之說尤爲不經故並不取

世傳神農始爲本草（今所謂本經者）漢書藝文志有神農黃帝食禁七卷神農雜子技道二十三卷外紀因之遂謂炎帝嘗藥一日遇七十毒遂作方書以療民疾所謂炎帝乃沿補本紀之誤意卽謂神農也余按書契始於黃帝以後然猶未有篇策神農之世安得有策

書乎且本草文淺陋多用後世地名少有識者自能辨之補本紀謂始嘗百草始有醫藥此或然耳然傳記皆無文而後世方技之士多託之古聖人者難以徵信故今闕之

備覽○神農伐補遂（戰國策）

存參○有爲神農之言者許行陳相見孟子道許行之言曰賢者與民並耕而食饔飧而治又曰從許子之道則市賈不貳國中無僞雖使五尺之童適市莫之或欺

孟子

補三皇本紀云神農立一百二十年納奔水氏之女曰聽詙爲妃生帝哀哀生帝克克生帝榆罔凡八代五百三十年而軒轅氏興焉綱目前編云神農在位百四十年子臨魁八十年臨魁子承六十年承子明四十九年明子宜四十五年宜子來四十八年來子襄四十二年襄曾孫榆罔五十五年此說世皆信以爲然余按易傳曰包犧氏沒神農氏作神農氏沒黃

帝堯舜氏作夫人謂之沒國謂之亡不曰包犧神農氏亡而曰包犧神農氏沒則是二帝旣沒其子孫卽不復嗣爲帝也烏有所謂八世五百餘年者哉且經之所不書傳之所不述彼晉以後之人何從而知之補本紀以榆罔爲神農曾孫則榆罔之後尚當有五世而綱目前編卽以榆罔爲第八世其年數亦不符然則二家之說已自不合學者又何由知其孰是而信之乎夫事略者易知詳者難考神農之與炎帝經

傳之文甚明此易知者也而二家尚不知其爲兩人況其子孫之名之年之譜牒反能知之而歷歷不爽有是理耶且唐虞以前初未嘗有繼世爲天子之事也有聖人者出則天下尊之爲帝聖人者没則已耳其子孫皆不嗣爲帝也又有聖人者出然後天下又尊之無所爲繼亦無所爲禪也自唐虞而後有禪自夏殷而後有繼故孔子曰唐虞禪夏后殷周繼如之何其可以後世之事例上古也齊桓之霸也僅一世

而晉文之霸也乃十一世不得以其後之繼霸而遂謂其前之亦繼霸也晉文襄之霸也其卿未有世者間有父子皆爲卿者而初不襲位於其父卒之日景厲以後荀林父卒而子庚代之士會老而子燮繼之而卿遂爲世及魯鄭亦然不得以其後之繼卿而遂謂其初之亦繼卿也夫古之天子亦若是而已矣故今於諸家所載神農以後諸帝概削之不録焉嗚呼後世之儒所以論古之多謬者無他病在於以唐宋

之事例三代以三代之事例上古以爲繼世有天下自羲農已然故於虞夏授受之際妄以己意揣度以致異說紛然而失聖人之眞故余於神農之世先發其端學者知唐虞以前原無禪繼然後堯舜禹啟相承之事可得而論說並詳後通考及堯舜禹啟篇中

補本紀稱包犧氏女媧氏皆蛇身人首神農氏人身牛首余按唐柳子厚觀八駿圖說辨此甚明今載其文於左惟其所引書以牛首爲伏羲與此小異要之

其誣則一亦不足分別也

柳子厚觀八駿圖說古之書有記周穆王馳八駿升崑崙之墟者後之好事者爲之圖觀其狀甚怪咸若騫若翔若龍鳳麒麟若螳螂然世聞其駿也因以異形求之則其言聖人者亦類是矣故傳伏羲曰牛首女媧曰其形類蛇孔子如倛頭若是者甚衆孟子曰何以異於人哉堯舜與人同耳今夫馬者駕而乘之或一里而汗或十里而汗或千百里而不汗者視之

毛物尾鬣四足而蹄齕草飲水一也推是而至於
亦類也今夫人有不足爲負販者有不足爲吏者有
不足爲士大夫者有足爲者覩之圓首横目食穀而
飽肉絲而清裘而煖一也推是而至於聖亦類也然
則伏羲氏女媧氏孔子氏是亦人而已矣驊騮白羲
山子之類若果有之是亦馬而已矣又烏得爲牛爲
蛇爲倛頭爲龍鳳麒麟螳螂然也哉

補本紀稱包犧氏作二十五絃之瑟神農氏作五絃

之瑟余按風會之開必有其漸故包犧氏教佃漁神
農氏教耕耨黄帝氏垂衣裳雖聖人不能一世而盡
創也然則禮樂之興當在唐虞之世包犧神農未暇
此也安有茹毛飲血而吹笙鼓瑟者哉苟能制繭成
絲則何不先爲衣冠而乃以爲絃苟能斲木成器則
何不先爲棟宇棺槨而乃以爲瑟也此皆後人猜度
附會之言故並不取

周官太卜有三易之名一曰連山二曰歸藏三曰周
易杜子春云連山伏羲歸藏黄帝孔穎達云神農曰
連山氏亦曰烈山氏黄帝曰歸藏氏余按易傳言易
詳矣春秋傳亦多說易者然皆未有連山歸藏之名
周官乃後人所撰其然否未可知也即使果然亦當
出於後世鄭氏以爲夏殷者或有之若羲農之世則
未有篇策安得有文字傳於後世哉至因康成以厲
山爲神農之誤而並連山之名歸之則尤謬矣故今
不取

黄帝氏

史記五帝本紀云黄帝姓公孫名曰軒轅又云黄帝
爲有熊氏按國語云黄帝姓姬且公孫者公之孫也
公族未及三世則無氏氏之以公孫非姓也況上古
之時安有是哉大戴記云黄帝曰軒轅又曰黄帝居
軒轅之邱其意蓋謂因所居以爲號耳非謂軒轅爲
黄帝名也有熊之稱亦不見於傳記本紀乃以軒轅
爲名而號有熊殊失大戴之意漢書律歷志云黄帝

始有軒冕之服故號曰軒轅謂軒轅爲號似矣而謂因始有軒冕之故則亦出於臆度而已又大戴記史記皆以黃帝爲少典子蓋本之國語然國語本不足據故今並闕之說並見後戰於版泉條下

補 神農氏沒黃帝堯舜氏作（易繫詞下傳）

備覽○神農氏世衰諸侯相侵伐暴虐百姓而神農氏弗能征於是軒轅乃習用干戈以征不享諸侯咸來賓從（史記五帝本紀）

大戴記五帝德篇云黃帝生而神靈弱而能言幼而叡（或作慧史記作詢）齊長而敦敏成而聰明又云順天地之紀幽明之故（史記作戰）死生之說存亡之難時播百穀草木故教化淳鳥獸昆蟲（此八字史記作淳化鳥獸虫蛾）歷離（史記作旁羅）日月星辰極田（史記作水波）土石金玉勞（史記勞下有勤字）心力耳目節用水火材物余按神靈五句乃後人想像推崇之詞聖人大抵如是非獨黃帝然也而叡齊[illegible]敬聰明亦初無先後可分死生存亡數語頗類楊[illegible]（謂黃老家）時播以下文多難解不如史記之文明順不知戴記之文久而訛邪抑司馬氏潤色之邪要之皆係僞潤之辭初無可指事實且文亦卑弱與堯典皐陶謨首節大不類顯爲後人所撰故並不錄

補 黃帝氏以雲紀故爲雲師而雲名（左傳昭公十七年）

本紀云黃帝舉風后力牧常先大鴻以治民漢書藝文志敘兵書有風后十三篇力牧十五篇世紀遂從而附會之言黃帝夢風吹塵垢皆去人執千鈞之弩

驅羊萬羣曰天下豈有姓風名后姓力名牧者哉於是求而得之以爲將相余按黃炎之世卿相之名未有見於傳者則四人恐亦後人之託言縱使有之而其時未有典冊則兵法非其所著明矣后者君也風后蓋謂風國之君古未有姓名連稱者烏得以風力爲姓而后牧爲名也哉至垢去土爲后人驅羊爲牧此特後世之謎語耳稍知文學者恥言之而綱目前編廣輿記皆從而采之噫亦異矣今一概不錄

世之言律者云律有十二六爲律六爲呂黄帝使伶倫採竹於解谷雄聲六雌聲六以應十二月數曰黄鍾曰大呂曰大蔟曰夾鍾曰姑洗曰仲呂曰蕤賓曰林鍾曰夷則曰南呂曰無射曰應鍾余按律之見於經傳者莫先於典謨然皐陶謨但云六律不言爲十二也春秋傳云一氣二體三類四物五聲六律七音八風九歌以相成也孟子云師曠之聰不以六律不能正五音皆云六律無云十二律者如果律有十二

不當咸稱爲六果有六律六呂亦不當皆舉律而遺呂也惟國語載伶州鳩言六律之外復有六間自大呂至應鍾云云然亦未嘗與黄鍾等平列爲十二也自呂氏春秋始以律與歷强相附會以十二律應十二月而劉歆班固等遞述之非古也國語之文固已多所附會至呂氏春秋所採乃鄒衍陰陽家之言耳學者不信經傳之文而闡異端之説則害道之甚哉其可異也又按大呂姑洗無射皆古鍾名黄鍾夾鍾林鍾應鍾其名雖不見於經傳然皆名之爲鍾則亦本鍾名也謂其以律名名鍾乎當鍾未鑄之時何由預知後世之以名鍾而先以夾鍾應鍾名之蓋古六律之名本不可考後人因某鍾之聲近於某律遂取鍾名以名之耳非黄帝所制也且十二律果制於黄帝伶州鳩何不述之而但泛稱爲古之神瞽乎由是言之黄鍾大呂之名皆起於春秋戰國以後尚未知其與舜之六律果相應否况於其度之長短廣狹有

何確據而乃苦爭之於九分十分之異亦惑矣劉歆豈聖人與何以後之學者奉歆之説如奉聖人言也

附録○遇黄帝戰於阪泉之兆（左傳僖公二十五年）

備覽○修德振兵與炎帝戰於阪泉之野三戰然後得其志（史記五帝本紀）

晉語云少典娶於有蟜氏生黄帝炎帝黄帝以姬水成炎帝以姜水成成而異德故黄帝爲姬炎帝爲姜二帝用師以相濟也異德之故也余按春秋傳云黄

帝氏以雲紀故爲雲師而雲名炎帝氏以火紀故爲火師而火名觀其文義乃二帝各自爲國各自爲代非兄弟也易傳云神農氏沒黃帝堯舜氏作又云黃帝堯舜垂衣裳而天下治則是黃帝聖人也炎帝雖不可知然在上古而爲人所歸則亦賢人也果聖賢與必無同胞兄弟而用師以相攻伐之理且所謂異德者果何哉舜之與象周公之與管叔皆不異姓也如之何其可以德異而並姓異之乎蓋晉語此文特

欲掩文公納懷嬴之失而假託於古之聖人正如齊東野人之語謂堯北面而朝舜者後人柰何遽從而信之邪故今並不從說並見後條及炎帝篇中

附錄○蚩尤惟始作亂延及于平民罔不寇賊鴟義姦宄奪攘矯虔 書呂刑

備覽○黃帝伐涿鹿而擒蚩尤 戰國策

備覽○蚩尤作亂不用帝命於是乃徵師諸侯與蚩尤戰於涿鹿之野遂禽殺蚩尤而諸侯咸尊軒轅爲天子

史記五帝本紀

漢書藝文志叙兵法有黃帝十六篇圖三卷馬鎬中華古今注引河圖文云黃帝攝政前有蚩尤兄弟八十一人並獸身人語銅頭鐵額食砂石子造立兵仗刀戟大弩威震天下天遣元女授黃帝兵法符制以服蚩尤余按易大傳文書契之興弓矢之作皆在黃帝以降黃帝之時安得有兵書及圖傳於後世哉此乃戰國之時權謀之士所作僞託之黃帝耳至於獸

身人語元女授法語尤不經蓋唐以前人多好怪見此等語以爲新奇輒采之以入書而不知其惑世爲甚大也故今並論之

古今注云指南車起黃帝與蚩尤戰於涿鹿之野蚩尤作大霧兵士皆迷於是作指南車以示四方遂擒蚩尤又云華蓋黃帝所作也與蚩尤戰於涿鹿之野常有五色雲氣金枝玉葉止於帝上有花葩之象故因而作華蓋也余按易大傳文服牛乘馬在黃帝堯

舜氏作之後則黃帝時尚未必有車也縱使有之制車之始亦豈遂能工巧如是至於華蓋之作文飾益盛尤非上古儉樸之風蓋皆後人之所託稱故今不錄

存參○黃帝能成命百物以明民其財魯語

此語雖未必確實然尚無大謬姑列之存參

本紀云黃帝披山通道未嘗寧居東至於海登丸山及岱宗西至於空桐登雞頭南至於江登熊湘北逐

葷粥合符釜山而邑於涿鹿之阿遷徙往來無常處以師兵為營衛又云置左右大監監於萬國萬國和而鬼神山川封禪與為多焉獲寶鼎迎日推策余按此皆戰國秦漢之間方士異端所述所謂黃老家言陰陽家言是也蓋既託其術於黃帝因偽撰黃帝之事以實之耳堯自舉舜以前其事尚不可詳考況黃帝蹤跡之所至乎故今不錄

世所傳素問一書載黃帝與岐伯問答之言而靈樞陰符經或亦稱為黃帝所作至戰國諸子書述黃帝者尤衆若莊子書稱黃帝問道於廣成子之類余按黃帝之時尚無史册安得有書傳於後世且其語多淺近顯為戰國秦漢間人所撰蓋戰國時楊墨之徒欲紬堯舜故稱堯舜以前之黃帝以駕乎其上而工於藝術者亦欲藉古聖人之名以取重於世因假託之以為言耳此類甚多不足縷辨亦不勝縷辨也姑舉其畧以例其餘

晉語云黃帝之子二十五人其同姓者二人而已唯

青陽與夷鼓皆為己姓青陽方雷氏之甥也夷鼓彤魚氏之甥也其同生而異姓者四母之子別為十二姓凡黃帝之子二十五宗其得姓者十四人為十二姓姬酉祁己滕葴任荀僖佶儇依是也惟青陽與倉林氏同於黃帝故皆為姬姓彼之言姓者多宗之余按上古之時人情樸畧容有未受姓者故因錫土而遂賜之所以禹貢有錫土姓之文非每人皆賜之以姓也安有同父而異姓者哉姓也者生也有姓者所

以辨其所由生也苟同父而各姓其姓則所由生者無可辨有姓曷取焉且十二姓之見於傳者姬祁已任姞五姓而已然皆相爲昏姻后稷取於姞王季取於任春秋時晉之欒與祁昏魯之孟與已昏而姬劉祁范乃世爲昏姻皆無譏者果同祖也可爲昏乎若同祖者易其姓而卽可爲昏則吳之孟子何譏焉春秋傳云任宿須句顓臾風姓也實司太皞與有濟之祀又云炎帝爲火師姜姓其後也觀其文皆似古帝

王之子孫世守其姓而不改者唯虞後本姚姓而陳乃嬀姓故晉史趙以爲周之所賜蓋偶然之事時或有他故焉要之嬀猶姚耳非姚與嬀之遂可以相爲昏也自國語始有一人子孫分爲數姓之說而大戴記從而衍之史記又從而采之遂謂唐虞三代其出一祖而帝王之族姓遂亂雜而失其眞矣然則是誣古聖而惑後儒者皆國語爲之濫觴也且前旣云青陽與夷鼓爲已姓後又云青陽與倉林爲姬姓是青

陽一人而有兩姓矣此文旣云黃帝之子青陽夷鼓皆爲已姓鄭語又云祝融之後已姓昆吾蘇顧溫董是已一姓而又有兩祖矣其自相矛盾如是烏可爲信哉晉語此文本因文公之納懷嬴而爲之掩飾者是以其情誣而不忌其辭游而自窮縱令果出胥臣亦不足以爲據況後人之所僞託乎而世之學者乃皆相沿以爲受姓之原固然亦可異矣故今並不取說並見前條下

史記封禪書稱齊人公孫卿有札書言黃帝僊登於天因所忠欲奏之所忠視其書不經疑其妄書卿因嬖人奏之上大說乃召問卿對曰黃帝采首山銅鑄鼎於荆山下鼎旣成有龍垂胡髯下迎黃帝黃帝上騎羣臣後宮從上者七十餘人龍乃上去餘小臣不得上乃悉持龍髯龍髯拔墮墮黃帝之弓百姓仰望黃帝旣上天乃抱其弓與胡髯號後世因名其處曰鼎湖其弓曰烏號漢王充論衡嘗辨其謬今錄於左

論衡道虛篇世稱堯若腊舜若腒心愁憂苦形體羸癯使黃帝致太平乎則其形體宜如堯舜堯舜不得道黃帝升天非其實也使黃帝廢事修道則心意調和形體肥勁是與堯舜異也異則功不同矣功不同天下未太平而升封又非實也五帝三王皆有聖德之優者黃帝不在上焉如聖人皆仙仙者非獨黃帝如聖人不仙黃帝何為獨仙世見黃帝好方術方術仙者之業則謂帝仙矣又見鼎湖之名則言黃帝採

首山銅鑄鼎而龍垂胡髯迎黃帝矣是與說會稽之山無以異也夫山名曰會稽即云夏禹巡狩會稽於此山上故曰會稽夫禹至會稽治水不巡狩猶黃帝好方伎不升天也無會稽之事猶無鑄鼎龍垂胡髯之實也里名勝母可謂實有子勝其母乎邑名朝歌可謂民朝起者歌乎

余按黃帝升天之說本不足辨司馬氏載之正以見其荒謬耳王氏以為非實是矣然言黃帝好方術則猶惑於世之邪說而未之察也上古原無方術而黃帝垂衣裳而天下治亦豈至為方士之所欺哉世之言神仙者多託之於黃帝老子類此者非一而文學之士亦有采之入書者恐其久而惑世故錄此篇以例其餘

上卷終

補上古考信錄卷之下

大名崔述東壁補考　　石屛門人陳履和校刊

炎帝氏

漢書律歷志以炎帝爲神農氏太皞爲包羲氏後之學者編纂古史皆遵之無異詞以余考之不然易傳曰庖羲氏沒神農氏作神農氏沒黃帝堯舜氏作是庖羲神農在黃帝之前也春秋傳曰黃帝氏以雲紀故爲雲師而雲名炎帝氏以火紀故爲火師而火名

共工氏以水紀故爲水師而水名太皞氏以龍紀故爲龍師而龍名是炎帝太皞在黃帝之後也庖羲神農在黃帝之前炎帝太皞在黃帝之後然則庖羲氏之非太皞神農氏之非炎帝也明矣史記五帝本紀曰軒轅氏之時神農氏世衰諸侯相侵伐暴虐百姓而神農氏弗能征又曰炎帝欲侵陵諸侯軒轅乃修德振兵以與炎帝戰於阪泉之野三戰然後得其志夫神農氏既不能征諸侯矣又安能侵陵諸侯既云世衰矣又何待三戰然後得志乎且前文言衰弱凡兩稱神農氏皆不言炎帝後文言征戰凡兩稱炎帝皆不言神農氏然則與黃帝戰者自炎帝與神農氏無涉也其後又云諸侯咸尊軒轅爲天子代神農氏又不言炎帝然則帝於黃帝之前者自神農氏與炎帝無涉也封禪書云古者封泰山禪梁父者七十二家而夷吾所記者十有二焉神農封泰山禪云云炎帝封泰山禪云云夫十有二家中既有神農復有炎

帝其爲二人明甚烏得以炎帝爲神農氏也哉戰國策曰神農伐補遂黃帝伐涿鹿而擒蚩尤亦列神農於黃帝前而不云炎帝晉語曰黃帝以姬水成炎帝以姜水成亦列炎帝於黃帝後而不云神農春秋傳云炎帝爲火師姜姓其後也與國語炎帝姜姓之說合皆云炎帝不云神農孟子書有許行者爲神農之言並耕同賈之說語雖不經然亦因神農有作耒耜爲市廛之二事故託之亦云神農不云炎帝蓋自史

記以前未有言庖羲風姓爲龍師神農姜姓爲火師者亦未有言太皞畫八卦作網罟炎帝制耒耜爲市廛者然則庖羲氏之非太皞神農氏之非炎帝也明矣自戰國以後陰陽之術興始以五行分配五帝而呂氏春秋采之月令又述之遂以太皞爲木爲春炎帝爲火爲夏少皞爲金爲秋顓頊爲水爲冬黃帝爲土爲中央然亦但言其德各有所主不謂太皞先於炎帝炎帝先於黃帝也宣元以後讖緯之學日盛劉

歆不考其詳遂以五行相生之序爲五帝先後之序而太皞遂反前於炎帝炎帝遂反前於黃帝矣然考之易傳前乎黃帝者爲庖羲神農其名不符考之春秋傳炎帝太皞皆在黃帝之後其世次又不合於是不得已謂太皞即庖羲氏炎帝即神農氏而春秋傳文爲逆數謂少皞受黃帝黃帝受炎帝炎帝受共工共工受太皞故先言黃帝上及太皞也嗚呼有是文理也哉傳云火出於夏爲三月於商爲四月於周爲

五月又云自虞以上爲陶唐氏在夏爲御龍氏在商爲豕韋氏在周爲唐杜氏晉主夏盟爲范氏此皆由今溯昔然且不用逆數況於泛舉古帝王之沿革乃反無故而逆數耶杜氏不察其謬乃用歆說以釋左傳固已誤矣而小司馬史記索隱釋封禪書非惟不斥其誣反欲曲全歆說謂神農後子孫亦稱炎帝黃帝與炎帝戰於阪泉豈黃帝與神農身戰乎夫神農果即炎帝其子孫對黃帝而言稱炎帝猶可也繼神

農之後而別之曰炎帝可乎且封禪十二家皆易姓受命者史記詩傳之文甚明若炎帝爲神農子孫則是十一家非十二家矣或云譙周古史考即以神農炎帝爲兩人與史記同惜余未得見其書也由是言之誤劉歆班固者呂紀月令而誤杜預司馬貞者歆與固也自是以後學者益以口耳相傳而黃炎之世次歷二千年遂無復有正之者矣曰然則史記黃帝之後何以不列炎帝太皞曰史記亦不列少皞不但

太皡炎帝也將亦謂少皡在黃帝之前乎蓋遷之敘五帝本之大戴記記雖删於大戴而書實在遷前而記本之魯語然魯語但舉其有功者言之實未嘗有五帝之名亦不謂其間不得復有帝也若月令之五帝則本之春秋傳然傳實亦未有五帝之說大抵後人之說皆沿之古人而附會之以致浸失其意要之自司馬遷以前未有言炎帝太皡之爲庖羲神農者而自劉歆以後始有之學者當取信於古傳記不必斤斤焉執異端讖緯之說後儒附會之言以自益其惑也

補炎帝氏以火紀故爲火師而火名左傳昭公十七年

晉語云少典娶於有蟜氏生黃帝炎帝黃帝以姬水成炎帝以姜水成成而異德故黃帝爲姬炎帝爲姜二帝用師以相濟也韋昭國語解云神農在黃帝前黃帝滅炎帝滅其子孫耳言生者言二帝本所生出也小司馬索隱又云少典者諸侯國號非人名也炎黃二帝凡隔八帝五百餘年若以少典是其父名豈黃帝經五百餘年而始代炎帝後爲天子乎後之繇古史者咸以其言爲然余按國語所云生者本謂一父一母所生文甚明也幼同生而長不同德故曰成而異德如韋氏之說是與炎帝同生者乃黃帝之遠祖與黃帝用師者乃炎帝之耳孫則所謂成而異德者其祖乎其孫乎如小司馬之說是生炎帝者一少典氏生黃帝者一少典氏則所謂娶於有蟜氏者炎帝之父乎黃帝之父乎於文皆不通矣況炎帝既在黃帝前數百年則當先言炎帝不當每文皆先言黃帝也蓋二家之失在誤信劉歆班固之言以炎帝爲神農是以世代不符雖委曲以爲解卒輾轉而不通若但據左傳史記文則炎帝承黃帝自可同時不必曲爲之說也然國語之文本亦出於附會故今並不載說已詳前黃帝篇中

備考○炎帝爲火師姜姓其後也左傳

按左傳原姜姓者二一此文以爲炎帝之後一莊二

十三年以爲太嶽之後或太嶽卽出於炎帝與其說猶可通也國語原姜姓者三一晉語謂炎帝姓姜與此文合一周語謂共工之從孫四岳賜姓姜蓋卽傳之太嶽但炎帝既姓姜則非至四嶽而始賜姓共工承炎帝後而改制度則非出於炎帝明甚二篇必有一誤也一鄭語謂姜爲伯夷之後伯夷與四岳比肩事舜齊一國安得祖兩人乎大抵國語所述姓氏皆不足據竊意左傳猶近古故列之以備考

共工氏

漢書律歷志列共工於神農之前余按春秋傳共工在黃炎後其文甚明劉歆泥於呂紀五德之說誤以傳爲逆數遂以炎帝爲神農太皞爲伏羲因致失共工之世次耳今既據傳文正其失則共工固當次之於此說已詳前炎帝篇中

（補）共工氏以水紀故爲水師而水名（左傳昭公十七年）

存疑○共工虞於湛樂淫失其身欲壅防百川墮高堙庳以害天下皇天弗福庶民弗助禍亂並興共工用滅（周語）

魯語云共工氏之伯九州也其子曰后土能平九土

補本紀云女媧末年諸侯有共工氏任智刑以强霸而不王與祝融戰不勝而怒乃頭觸不周山崩天柱折地維缺女媧乃鍊五色石以補天斷鼇足以立四極聚蘆灰以止滔水於是地平天成不改舊物余按共工氏之爲帝爲霸不可考矣但以春秋傳推之則

與黃炎二皞固未有差別也不知國語有所傳耶抑以共工似官名不似代名遂臆度之而云然耶大抵國語之文附會者多后土本非人名乃不云其子曰勾龍而云其子曰后土其舛如是固不可爲據也所稱虞於湛樂云者或其子孫之事亦未可知少皞之衰九黎亂德神農氏世衰諸侯相侵伐楚語史記並有是言則於共工亦何怪焉故姑存之於此至於觸山補天之說本之淮南子淮南又因楚辭之文而附

會之者楚辭淮南本皆荒唐之藪不可爲實而楚辭但言地傾初無觸山補天之說亦絕不言爲共工也頭能觸山而使之崩山能傾天地而使之缺折則魯陽之揮日愚公之移山眞可謂平平無奇矣小司馬乃信以爲實而載之史吾恐千百年後將有采稗官小說以補正史之缺者況祝融乃顓頊之裔安得越千百年之前而與共工戰乎大抵唐人好奇而輕信不辨黑白而一槪取之率皆如是亦不足盡辨也

太皞氏

太皞或作太昊按春秋傳作太皞傳文近古或當不誤今從之

補太皞氏以龍紀故爲龍師而龍名（左傳昭公十七年）

備考○任宿須句顓臾風姓也實司太皞與有濟之祀

○陳太皞之虛也（並左傳）

漢書律歷志以春秋傳之太皞氏爲卽易傳之包羲氏患其世次不合遂以春秋傳文爲逆數余按傳文如果逆數則當由少皞以至極前之包羲乃由黃帝逆數以至包羲而忽以極後之少皞承之文理尚可通乎且太皞少皞二帝不同姓若其時又不相及則何爲皆以皞名而太皞紀官爲龍少皞紀官爲鳳亦似相比然者然則少皞氏固當繼太皞而帝左傳非逆數太皞非包羲矣又按春秋傳太皞之後曰任宿須句顓臾其虛在陳少皞之後曰郯其虛在魯顓頊之後曰陳其虛在衛而黃炎共工三代惟炎帝之後

見於傳至其虛則皆無聞焉豈非以近者易考而遠者雖詳乎國語雖嘗述黃帝共工之後然其文殊乖舛不足據然則郯子所言之世次其非逆數亦明矣故今列太皞氏於共工之後從左傳也餘並見前炎帝篇中

少皞氏

漢書律歷志云少皞號曰金天氏余按金天氏之名見於春秋傳但云裔子爲元冥師而已未言爲少皞

也劉歆益以月令秋帝少皞秋於行爲金故謂金天氏爲少皞耳不知五德之說本鄒衍之妄誕且顓頊不取號於水寧少皞必取號於金乎少皞氏之子雖嘗爲元冥然烈山氏之子柱爲稷周棄亦爲稷顓頊氏之子黎爲火正高辛氏之子閼伯亦爲火正則元冥一官亦不必少皞氏之子孫而后可爲也故今寧闕之說並詳前黃帝以下諸帝篇中皞或作昊余從左傳作皞已詳前篇

〈補〉少皞摯之立也鳳鳥適至故紀於鳥爲鳥師而鳥名（左傳昭公十七年）

備考○秋郯子來朝公與之宴昭子問焉曰少皞氏鳥名官何故也郯子曰吾祖也我知之○因商奄之民命以伯禽而封於少皞之虛（並左傳）

〈補〉鳳鳥氏歷正也元鳥氏司分者也伯趙氏司至者也青鳥氏司啟者也丹鳥氏司閉者也祝鳩氏司徒也鴡鳩氏司馬也鳲鳩氏司空也爽鳩氏司寇也鶻鳩氏司事也五鳩鳩民者也五雉爲五工正利器用正度量夷民者也九扈爲九農正扈民無淫者也（左傳昭公十七年）

備考○昔爽鳩氏始居此地季萴因之有逢伯陵因之蒲姑氏因之而後太公因之（左傳）

大戴記帝繫篇云黃帝產元囂元囂產蟜極蟜極產高辛黃帝產昌意昌意產高陽又云黃帝取於西陵氏之子謂之嫘祖氏產青陽及昌意青陽降居泜水昌意降居若水自史記始以青陽爲元囂而漢書律

歷志遂並以青陽爲少皞而其子孫名摯由是皇甫謐以來諸編古史者皆以少皞爲黃帝之子矣余按大戴史記之文本難徵信然大戴云青陽降居泜水是明謂青陽不爲天子矣史記云自元囂與蟜極皆不得在位至高辛卽帝位是亦謂元囂不爲天子矣青陽元囂皆不爲天子惡得以爲少皞氏也哉且以摯爲少皞子孫之名則當鳳鳥未至之前將以何者名其官乎蓋此皆緣劉歆誤以春秋傳郯子之言爲

逆數而炎帝共工太皞皆在黃帝前至少皞則不可復謂其在太皞前而大戴史記又皆無少皞之代故妄意其即青陽耳不知四代實皆在黃帝後史記自沿大戴之文以顓頊直繼黃帝而遺之不必曲爲說以附會之也然史記以元囂爲青陽亦非大戴本文之意蓋其前文云黃帝產元囂產昌意者乃因叙高陽高辛之世系而溯及其祖父非謂黃帝止有此二子也後文云黃帝取於西陵氏之子產青陽及昌意者乃因二人同母故因昌意而並及之非必此二人即前二人也司馬氏見其前有元囂而無青陽後有青陽而無元囂遂妄意爲一人誤矣又國語以青陽爲方雷氏之甥亦與大戴文異大抵國語大戴史記本皆不足爲據而漢志以爲少皞說尤荒唐皆由於不察前人之言而妄以意度之是以愈轉愈誤而更後之人又實於其名以爲必有所據而云然是以帝王之事顚倒錯亂不可復正而不知其所據皆此類也故今並不取

顓頊氏

大戴記云高陽是爲帝顓頊按春秋傳有高陽氏有顓頊氏而爲一爲二無明文唯離騷自謂高陽之苗裔而鄭語以楚爲祝融之後左傳以祝融爲顓頊氏之子則似高陽果顓頊也然鄭語云黎爲高辛氏火正楚語云顓頊命火正黎司地又似顓頊爲高辛者要之唐虞以前事多難考國語離騷皆難據以立說與其誤斷而顚倒之不若闕疑而姑置之之爲愈也

自顓頊以來爲民師而命以民事左傳昭公十七年

備考。陳顓頊之族也。衛顓頊之虛也故爲帝邱並左傳

大戴記五帝德篇云顓頊洪淵以有謀疏通而知事養材以任地履時以象天依鬼神以制義治氣以教民絜誠以祭祀北至於幽陵南至於交趾西濟於流沙東至於蟠木動靜之物小大之神日月所照莫不

祗勵余按洪淵疏通二語乃賢哲之常事養材履時
二語卽黃帝之順天地之紀歷離日月星辰時播百
穀草木等事也其餘云云亦皆古賢帝王通用之言
非有事實可指不可移之他人者也其爲後人所撰
甚明故今並不錄說並見前黃帝篇中

帝嚳氏

按春秋傳有高辛而無嚳至國語始稱嚳大戴記始
以嚳爲高辛國語固多附會然妄合姓氏謬舉神怪

則有矣若無故撰此一代恐國語尚未至是且言之
不一而足理固當有之不容畧也傳既無文故卽以
國語文補之唯以嚳爲高辛則未敢決寧闕之可也
說並見前顓頊篇中

補帝嚳能序三辰以固民魯語

存參○星與日辰之位皆在北維顓頊之所建也帝嚳
受之周語

大戴記五帝德篇云帝嚳生而神靈自言其名博施
利物不於其身聰以知遠明以察微順天之義知民
之德仁而威惠而信取身而天下服取地之財而節
用之撫敎萬民而利誨之歷日月而迎送之明鬼神
而敬事之其色郁郁其德嶷嶷其動也時其服也士
執中而獲天下日月所照風雨所至莫不從順余按
此所稱生而神靈自言其名者卽黃帝之生而神靈
弱而能言也聰以知遠明以察微者卽黃帝之成而
聰明也明鬼神而敬事之者卽顓頊之潔誠以祭祀

也日月所照風雨所至莫不從順者卽顓頊之日月
所照莫不祗勵也順天之義取地之財者卽黃帝之
順天地之紀顓頊之養材以任地履時以象天也蓋
撰此文者亦苦於無可言故少竄易其詞而實仍卽
前之所云云也故今並不錄說並見前黃帝顓頊篇
中

黃帝以後諸帝通考

傳文有不能詳其世代者統錄於此

補黃帝堯舜垂衣裳而天下治易繫辭下傳

補刳木爲舟剡木爲楫舟楫之利以濟不通

補服牛乘馬引重致遠以利天下

補重門擊柝以待暴客

補斷木爲杵掘地爲臼臼杵之利萬民以濟

補弦木爲弧剡木爲矢弧矢之利以威天下

補上古穴居而野處後世聖人易之以宮室上棟下宇以待風雨

補古之葬者厚衣之以薪葬之中野不封不樹喪期無數後世聖人易之以棺椁

補上古結繩而治後世聖人易之以書契百官以治萬民以察並上同

大戴記帝繫篇云黃帝產元囂元囂產蟜極蟜極產帝辛是爲帝嚳帝嚳產稷產契產放勳是爲帝堯黃帝產昌意昌意產高陽是爲帝顓頊顓頊產窮蟬窮蟬產敬康敬康產勾芒勾芒產蟜牛蟜牛產瞽瞍瞽瞍產重華是爲帝舜顓頊產鯀鯀產文命是爲禹其後司馬遷之五帝本紀皇甫謐之帝王世紀並因之世之學者莫不信之至宋歐陽永叔帝王世次圖序及後序始闢其謬今載其文於左

歐陽永叔帝王世次圖序堯舜禹湯文武此六君子者可謂顯人矣而後世猶失其傳者豈非以其遠也哉是故君子之學不窮遠以爲能而闕其不知愼所傳以惑世也方孔子時周衰學廢先王之道不明而異端之說並起孔子患之乃述詩書史記以止紛亂

之說而欲其傳之信也故略其遠而詳其近於書斷自唐虞以來著其大事可以爲世法者而已至於三皇五帝君臣世次皆未嘗道者以其世遠而愼所不知也孔子旣沒異端之說復興周室亦益衰亂接乎戰國秦遂焚書先王之道中絕漢興久之詩書稍出而不完當王道中絕之際奇書異說方充斥而盛行其言往往反自託於孔子之徒以取信於時學者旣

不備見詩書之詳而習傳盛行之異說世無聖人以爲質而不自知其取捨真僞至有博學好奇之士務多聞以爲勝者於是盡集諸說而論次初無所擇而唯恐遺之也如司馬遷之史記是已以孔子之學上述前世止於堯舜著其大畧而不道其前遷遠出孔子之後而乃上述黃帝以來又詳悉其世次其不量力而務勝宜其失之多也遷所作本紀出於大戴禮世本諸書今依其說圖而考之堯舜夏商周皆同出

於黃帝堯之崩也下傳其四世孫舜舜之崩也復上傳其四世祖禹而舜禹皆壽百歲稷契於高辛爲子乃同父異母之兄弟今以其世次而下之湯與王季同世湯下傳十六世而爲紂王季下傳一世而爲文王二世而爲武王是文王以十五世祖臣事十五世孫紂而武王以十四世祖伐十四世孫而代之王何其謬哉嗚呼堯舜禹湯文武之道百王之取法也其盛德大業見於行事而後世所欲知者孔子皆已論著之矣其久遠難明之事後世不必知不知不害爲君子者孔子皆不道也夫孔子所以爲聖人者其智知所取捨皆如此

永叔後序予既畧論帝王世次而見世紀之失猶謂文武與紂相去十五六世其謬較然不疑而堯舜禹之世相去不遠尚冀其理有可通乃復以尚書孟子孔安國皇甫謐諸書叅考其壽數長短而尤乖戾不能合也據書及諸說云堯壽一百一十六歲舜壽一

百一十二歲禹壽百歲堯年十六即位在位七十年年八十六始得舜而試之二年乃使攝政時舜年三十居試攝通三十年而堯崩舜服堯喪三年畢乃即位在位五十年而崩方舜在位三十三年命禹攝政凡十七年而舜崩禹服舜喪三年畢乃即位在位十年而崩由是言之當堯得舜之時堯年八十六舜年三十以此推而上之則是堯年五十七已見四世之元孫生一歲矣舜居試攝及在位通八十二年而禹

壽百年以禹百年之間推而上之禹即位及居舜喪通十三年又在舜朝八十二年通九十五年則當舜擧試之初年禹纔六歲是舜爲元孫年三十時已見四世之高祖方生六歲矣至於舜娶堯二女據圖爲曾祖姑雖古遠世異與今容有不同然人倫之理乃萬世之常道必不錯亂顛倒之如此然則諸家世次壽數長短之說聖經之所不著者皆不足信也决矣

余按春秋傳云黃帝氏以雲紀炎帝氏以火紀共工

氏以水紀太皞氏以龍紀少皞氏以鳥紀自顓頊以來乃紀於近夫自黃帝以至顓頊中間四五代而各有制作不相沿襲則顓頊與嚳之上距黃帝也遠矣烏得以顓頊爲黃帝之孫而嚳爲黃帝之曾孫也哉傳云高辛氏有才子八人高陽氏有才子八人此十六族者世濟其美不隕其名以至於堯夫高辛高陽之子孫至於堯時已各有分族而傳數世則高辛高陽之下逮堯也又遠矣烏得以堯爲高辛之子而高陽之從孫也哉書云釐降二女於嬀汭嬪於虞孟子云堯之於舜也九男事之二女女焉夫男女辨姓人道之大防也況於同高祖以下其親屬尤近果如大戴所記堯與舜之高祖爲同高祖昆弟堯安得以其女妻舜舜安得逆取之縱使上古之時禮制未詳然使堯舜而非聖人也則可堯舜而皆聖人也必不爲是亂倫瀆禮之事明矣且不告而娶萬章猶疑之孟子猶數辨釋之若以近屬而爲婣婚其所關者更大

何得萬章孟子反皆不置一言至其世數之乖差則歐陽子已言之不待智者而知之矣烏得謂堯舜禹之同出於黃帝也哉惟舜出於顓頊春秋傳嘗言之而其名亦不符然於陳言舜而但及於顓頊不及於黃帝則是以顓頊爲不出於黃帝也於陳言舜而必及於顓頊於范氏言陶唐而不及於黃帝則是亦不以堯爲出於黃帝也至國語始好牽連數姓以爲同出一祖固已誣矣然其所稱黃帝之後十二姓者有

祁而無祧有姬而無子姒則是猶未以唐虞三代為皆出於黃帝也自戰國以後楊墨並起而楊氏尤好為大言以儒者之稱堯舜而述孔子也乃稱黃帝以求加於堯舜述老聃以求加於孔子故其後遂稱為黃老猶以為未足快其意乃又誣孔子為老聃之弟子堯舜禹湯文武為黃帝之子孫以見夫儒者之所推崇而尊重者實皆吾師之末流餘派也大戴諸篇本戰國以後所撰是以惑於其說而載之而司馬氏

故崇黃老其信而采之尤不足怪獨怪漢晉以降千有餘年文人學士自命為聖人之徒者不知凡幾而皆以為實然此何說也唯歐陽子獨能取信於經而不從楊墨之邪說其識可不謂卓哉乃此論既出而自宋以來編纂古史者猶沿大戴史記之謬則尤可怪矣豈以歐陽子之論猶有未盡耶故余既全錄歐陽子之文而於黃帝堯舜篇中復為推其前後而詳辨之期於永絕世儒之疑杜楊墨之說雖其詞煩於於古人而不敢避也後世果有大儒出焉庶知余心之獨苦耳說並見後唐虞錄中

史記五帝本紀云黃帝崩高陽立是為帝顓頊顓頊崩高辛立是為帝嚳帝嚳崩摯代立帝摯立不善崩弟放勳立是為帝堯以為古帝皆相繼而立者帝王世紀衍之復據漢書而小變其說謂黃帝在位百年年百一十一歲其後少皞在位八十年年百歲其後乃為顓頊在位七十八年年九十八歲帝嚳在位七

十年年百五歲摯在位九年堯唐而致禪後之輯古史者大率本其年數以為上古甲子之實余按少皞顓頊不繼黃帝前篇固已詳言之矣然即少皞至堯四代中更無他天子而亦前後不相及也國語云少皞之衰九黎亂德顓頊受之少皞既衰顓頊乃興是顓頊與少皞不相及也傳云高陽氏有才子八人高辛氏有才子八人此十六族者世濟其美不隕其名以至於堯高陽高辛至堯時已數世而分數族是堯

與二代亦不相及也然則上古帝王其交會之間皆當有數十百歲此衰而後彼興正如春秋之霸者然安得有相繼爲天子者哉蓋凡說上古者皆以後世例之故誤以爲相承不絕不知古之天子無禪無繼有一聖人出焉則天下皆歸之而謂之帝聖人旣沒則其子孫降而夷於諸侯又數十百年復有聖人出則天下又歸之如是而已自唐虞逮夏初天子相繼而天下之局始一變少康以後又一變至周又小變而秦漢以下則又大變學者知上古自上古虞夏自虞夏商周自商周則經傳之文皆了然不待解說之繼統湯武之革命皆顯然無可疑矣余嘗讀春秋傳襄昭之世較之定哀已不同閔僖又不同隱桓之世則迥乎判然矣二百餘年之間猶如此況自平王以上至於羲農黃帝之時上下三千年安得以一例例之乎至其年歲尤屬無徵上世旣無典籍經傳又多明文卽廣搜博采不辨眞僞如司馬遷者猶且不能

言其年歲彼皇甫謐生於晉代又安從而知之東方朔告武帝云陛下以臣爲欺妄願使人上天問之世之述上古之年歲者何以異是故今概不之采但取傳所載之帝因其先後次第之說並見前神農及後堯舜禹諸篇中

韓詩外傳載子夏之言云黃帝學乎大墳顓頊學乎祿圖帝嚳學乎赤松子堯學乎務成子附舜學乎尹壽禹學乎西王國湯學乎貸乎相文王學乎錫疇子斯余按大墳以下八人無見於經傳者而有間見於莊列異端之書者則此語乃楊墨之所托言可知也商周之世詩書具在何以無一言及之乎詩傳妄採異端之說又僞托爲子夏之言不亦誣古人而惑後世乎新序亦載此語而文小異蓋卽本之詩傳而記有差池者故今皆不錄

世傳上古樂名樂記有大章咸池周官有雲門大卷大咸而皆不言何人所作樂緯以咸池爲黃帝樂大

章爲堯樂如是則當先言咸池何以樂記乃先大章而後及咸池也鄭注謂咸池卽大咸乃黃帝樂堯增修而用之以曲爲解然特出於揣度非有確據而一代之樂功德所存堯亦不應無故改黃帝之樂使後人不得見其眞也孔賈二疏又曲爲鄭注解謂大章卽大卷與咸池皆黃帝之樂堯增修者存其本名曰咸池不增修者別爲立名曰大章至周又改名爲雲門其說尤爲紆曲何者堯亦聖人何爲不自作樂而

但增修前代之樂改前代之樂名以爲已樂且增修者宜改名而反仍其舊名不增修者不當改名而反別立新名倒行逆施莫此爲甚而堯既改之矣周又改之義何取焉按堯以前之樂無見於經傳者春秋傳季札之觀樂亦上至韶而止蓋上古天下未平民皆尚多未去聖人爲之制衣服飲食宮室書契之屬日不暇給以故未遑作樂不則有之而世遠年湮不傳於後世也戰國以來學者多好揣度附會談上古

之事記者各據所聞記之是以互相差異爲注疏者輕於取信而不加別擇務曲爲之說使之兩全不悖是以展轉反覆而卒不可通也樂緯又稱顓頊作五莖帝嚳作六英而周官樂記皆無之劉歆以爲周遷其樂賈氏以爲遵黃帝之道無所改作夫古聖人之樂果存於周周人當愛護之不暇何故而反遷之豈必改黃帝之道然後其樂可存乎然則自堯以前本無樂傳於後而樂緯妄名之也明矣嗟乎後之儒者皆知尊聖經而黜讖緯矣然所述帝王之事大率皆

本於緯書雖襲緯書之說而殊不自知也其亦可歎也已故今一槪不錄

大戴記五帝德篇云黃帝黼黻衣大帶黼裳乘龍扆雲顓頊乘龍而至四海帝嚳春夏乘龍秋冬乘馬黃黼黻衣余按乘龍之說最爲荒唐蓋本方士之言黼黻衣裳亦屬約畧之詞本紀刪之是也所謂其文不雅馴者蓋謂此等故今亦不錄嗟乎司馬遷猶惡其

不雅馴而刪之者後之學者反或廣摭不雅馴之文以增之亦獨何哉

補木正曰句芒火正曰祝融金正曰蓐收水正曰玄冥土正曰后土左傳昭公二十九年

補少皥氏有四叔曰重曰該曰修曰熙實能金木及水使重爲句芒該爲蓐收修及熙爲玄冥世不失職遂濟窮桑同上

補顓頊氏有子曰犂爲祝融共工氏有子曰句龍爲后土同上

補有烈山氏之子曰柱爲稷同上

存疑。少皥之衰也九黎亂德民人雜糅不可方物夫人作享家爲巫史。顓頊受之乃命南正重司天以屬神命火正黎司地以屬民使復舊常無相侵瀆楚語

存疑。黎爲高辛氏火正鄭語

按傳文重乃少皥氏之子世不失職遂濟窮桑似卽官於少皥世者而楚語謂顓頊命重司天又似重於顓頊氏乃爲句芒者可疑一也黎本顓頊氏之子故楚語稱顓頊命黎司地而鄭語又云黎爲高辛氏火正大戴記云高辛是爲帝嚳則是黎於嚳世乃爲祝融可疑二也周書云遏絕苗民無世在下其後乃云乃命重黎絕地天通三苗之竄在堯舜世又似重黎非顓頊所命者楚語雖云堯育重黎之後使復典之要是曲全其說究與周書文義不合可疑三也鄭語以楚爲祝融之後而楚語云其在周程伯休父其後也當宣王時失其官守而爲司馬氏則又不似楚之先君也者可疑四也重黎本二人程伯與司馬氏重

之後與黎之後與何得不別而言之可疑五也上古本無典籍可稽而國語文多附會又不出於一人之手是以互相矛盾卽呂刑亦非典謨可比伯夷典刑之誤昔人已言之矣皆未容據此而駁彼也烈山氏亦不知爲何代人鄭氏以爲神農杜氏以爲神農時諸侯要皆想當然非有所據也故今統列之於諸帝之後而不敢以某代繫之闕疑也志愼也

後論一則

近代纂古史者咸云伏羲以木德王神農以火德王黄帝以土德王少皥以金德王顓頊以水德王帝嚳堯舜以降皆以五行周而復始余按帝王之興果以五德終始則此乃天下之大事也二帝之典三王之誓誥必有言之者即不言若易春秋傳窮陰陽之變徵黄炎之事述神怪之説詳矣亦何得不置一言也下至國語大戴記所稱五帝事最爲荒唐然猶絶無一言及之然則是戰國以前原無此説也明矣洪範曰水曰潤下火曰炎上木曰曲直金曰從革土爰稼穡不言其爲帝王受命之符也夫天下之事孰有大於帝王受命者曲直從革之屬抑末矣何故舍其大者不言而但言其細者乎傳曰黄帝氏以雲紀炎帝氏以火紀共工氏以水紀太皥氏以龍紀少皥氏以鳥紀是帝王之興各因物以取義不必於五行也各因義以立名無所謂終始也不然以水以火可矣以雲龍鳥何説焉傳曰陳水族也又曰衛顓頊之墟也

其星爲大水此自謂顓頊之應乎水耳非謂帝王皆以五行相終始也若皆以五行相終始則舜以土德王何以論陳者不近係之舜之土而反遠係之顓頊之水乎夫五行之説昉於洪範上古帝王之事詳於春秋傳洪範不言春秋傳之説不合然則是爲五德終始之説者乃異端之論而非聖賢之旨也明矣五德終始之説起於鄒衍而其施諸朝廷政令則在秦并天下之初史記封禪書及始皇本紀孟子荀卿列傳言之詳矣其説以爲黄帝得土德黄龍地螾見夏得木德青龍止於郊殷得金德銀自山溢周得火德有赤烏之符皆以所不勝者遞推之是以秦之代周自謂水德而漢賈誼公孫臣皆謂漢當土德太初改制服色尚黄用衍説也蓋自周道既衰異端並起大畧分爲六術史記自叙所謂儒墨道德名法陰陽是也陰陽之術其初疑亦本於楊氏而衍以專門名家遂别爲一術是以漢志九流次陰陽於道家法家之

閒而其書目有騶子四十九篇騶子終始五十六篇史記亦云騶衍以陰陽主運顯於諸侯燕齊海上之方士傳其術怪迂阿諛苟合之徒自此不可勝數也則是司馬遷固已非之矣且龍止銀溢皆荒唐無可証赤烏之符雖見於河內女子之泰誓然白魚入舟不又爲金德乎此固大雅君子所不道也以秦之愚至於焚詩書求神仙其爲衍說所欺固宜後之學者何爲而亦爲其所欺耶然衍雖有五德終始之說而初不以母傳子固未嘗以木火土金水爲五帝相承之次第也以母傳子之說始於劉氏向歆父子而其施諸朝廷政令革故說從新制則在王莽篡漢之時漢書律歷郊祀兩志及王莽傳言之詳矣其學以爲庖羲繼天而王爲百王先德始於木其後以母傳子終而復始自神農黃帝下歷唐虞三代而漢得火爲故高祖始起神母夜號著赤帝之符共工氏以水德閒於木火與秦同運非其次序故皆不永是以王莽

自言火德銷盡土德當代而光武之起亦據赤伏符之文改漢爲火德用歆說也蓋自呂氏春秋始以五帝分配五行春帝太皞夏帝炎帝秋帝少皞冬帝顓頊季夏之帝黃帝向見此文遂以爲其世之先後固然而太皞炎帝乃庖羲神農之異名不知炎帝太皞自在黃帝之後秦漢以前從未有以爲卽庖羲神農者呂紀所云但謂五帝之德各有所主正如勾芒以下五官各擅其神者然非以此爲先後之序也安得公然遂取帝王相繼之序顚倒置之廢傳記之明文任揣度之私智乎且衍之說雖誣然殷尙白周尙赤猶有可附會之端若歆所說周爲木德則何爲不尙靑而尙赤也乃强爲之解曰尙其德所生也不尙其德而尙其德所生有是理乎而殷又不尙其所生而尙其所由生此又何說焉至於蛇母之哭野人相傳之妄語耳不然則篝火狐鳴之小智耳豈遂得以此定千古之疑斷帝王之前後哉若夫水之繼木其世

不汞謂秦可也唐虞以前皆不傳子不得獨以不汞
貶其工也莽以土繼火可謂次序矣何爲亦不汞乎
以莽之詐方且借虞書託周官以飾其篡其用歆說
以欺天下固宜後之學者何爲而皆祖述其欺人之
言耶嗟夫自光武以之爲國典班固載之於國書魏
晉以後遂皆以爲其事固然至於唐宋讖緯之學雖
衰而學者生而即聞五德之說遂終身不復疑亦不
復知其說之出於衍與歆矣且夫衍歆之學稍知道

術者所不屑稱也然其所創之說則後世之大儒碩
學皆遵之不敢異寧背經傳而不敢背此二人之言
亦可謂傎矣故今概不取太皞炎帝在黃帝後說已
詳前篇中

卷下終

唐虞考信録

［清］崔述

清道光二年遺經樓刻本

道光二年刊

唐虞考信録

遺經樓藏板

三代考信錄序

大名崔東壁與學達識閎古帝王聖賢之事爲羣言所淆亂
著書正之曰考信錄其上古唐虞二錄門人石屏陳介存刻
於南昌東壁歿後介存遊宦山西復刻夏考信錄二卷商考
信錄二卷豐鎬考信錄八卷於是上古逮西周之事皆備唐
虞已上載籍罕徵六經既定三代之治亂興亡已昭如日星
矣戰國之際異端蠭起尚清靜者賤功業用法術者棄禮義
道既不同并於其事多所造設詆誣以伸己意孟子雖奮雷
霆之舌振聾啓瞶而其說之已行於世者猶浸淫漸染而不
能絶紀三代莫詳於尚書孔子手定之百篇所存惟二十有
八而晚出之經傳二十四篇文人託爲聖言後世臆度往古
雖非有心違背經義已不啻爲異端推波助瀾而三代之昭
如日星者復晦於作僞矜奇不善讀書之士夫事之至大莫
如帝王之統帝王者平天下之天子也書始唐虞爲天下之
平自唐虞始而天下之常有一人相繼爲天子亦始於唐虞
其前無之也由禪受而爲征誅由異姓嬗代而爲一姓相傳

其事以漸而然非洪荒甫闢而即能如是也生乎秦漢以後習見其革命繼體之故而謂三代亦然因以附會經文是何異執楷隸以衡籀篆執唐律以衡三百篇之詩乎三代之統禹紹舜爲天子啓賢能承繼之中經羿浞之難少康嗣夏配天不失舊物歷傳十有二君一姓之世爲天子實時勢之適然洎乎商周遂相習爲固然湯武之伐暴救民猶夫唐虞之平天下也不征誅則天下不能平一姓相傳猶夏啓以後之天子也不相傳則天下不能常有天子故湯武之有天下與舜禹之有天下跡異而義同東壁之言曰三代之家天下其端萌於啓其事遂於少康杼而其局定於商之賢聖六七君嗚呼可謂得其要領矣上古唐虞諸錄乎集說緯一書於古義有不能通者往往藉以開悟今三代之錄體例與諸錄同一以經文爲主而諸家之說附焉其悖謬不經者削而明辨之使人曠若發矇名曰考信誠哉其可考信也夫

嘉慶二十有二年十月望日浪穹王崧舊名藩樂山撰

唐虞考信錄目

唐虞考信錄卷之一

大名崔述東壁謹考　石屏門人陳履和校刊

序例三則

伏生所傳今文尚書有堯典無舜典孔安國杜林等所傳古文尚書於堯典外别有舜典一篇而殘缺不全不行於世東晉以後僞古文尚書出有大禹謨以下二十五篇仍無舜典至齊代有姚方興者稱於大航頭得曰若稽古帝舜以下二十八字乃割堯典愼

徽五典以下置於其後謂之舜典其本漸傳於北至唐孔穎達遂黜孔杜相傳古本而遵之作正義至今相沿用之余按堯舜之事果分二典則堯典當盡於堯殂落後豈有堯尚爲天子舜但攝政而遽以其事屬之舜典崇臣而祧君舜逼之邪衆棄之邪雖後世阿世之史官不至此悖禮傷教其謬一也堯典首云曰若稽古帝堯故其後文承之以帝稱堯而不復名舜典首云曰若稽古帝舜則其後文亦當以帝稱舜乃上自帝舜下自帝堯帝者誰耶稱名不正其謬二也帝曰欽哉與愼徽五典前後文義相承也乃畫堯典至欽哉止則堯典文散漫無尾而愼徽五典等語無所因文理不通其謬三也孟子云堯典曰二十有八載放勳乃殂落百姓如喪考妣三載四海遏密八音然則秦火以前原通爲堯典不分舜典矣梁武帝云伏生誤合五篇皆文相承接舜典首有曰若稽古伏生雖昏耄何容合之然則孔門所授果分舜典傳

經者必不通以爲堯典矣故堯之稱止於篇首一見而舜於堯崩之後尚稱舜格于文祖曰舜咨于四岳曰舜咨禹以下嘗上咨岳之文乃稱爲帝而及其陟仍曰舜焉不若堯之殂落稱爲帝也何者此篇堯典也故於舜必别白言之義例甚明後之學者自不察耳曰然則二帝何以合爲一典也曰天下之所以治萬古之所以開由於禹稷契皋陶諸聖人而諸聖人之用由於舜舜之舉由於堯故虞書記天下之治必

歸功於堯而記堯之功必放於舜命官熙績之後然後堯得人之仁可見也堯之遜位也曰汝能庸命巽朕位舜之命官也曰有能奮庸熙帝之載然則一篇之中所命皆堯之命所爲皆堯之事舜特終堯之事云爾舜固不自有其功也二帝之身雖異二帝之治則相首尾史臣不得而分之也故并舜之事而統名曰堯典稱堯則足以兼舜稱舜則不足以兼堯也史記於兩人事相首尾者則爲合傳夫堯典亦若是而

已矣曰舜之事統於堯典堯之典何以反屬之虞書也曰虞書者兼九共汨作皋陶謨等篇而統命之者也諸篇皆紀虞事無涉於唐不可通名爲唐書而虞之成功實始於堯堯典實兼虞事故以堯典冠虞書也余初爲考信錄倣司馬氏本紀分唐虞爲二既十餘年始自覺其謬乃因尚書之舊合爲一云

堯典之體與書他篇不同他篇但紀一事之始終堯典則統二帝之始終而紀之其文簡其義宏其首尾完密其脉絡條貫雖他文於其中不可也故今於三代之事皆雜輯詩書之文辨其先後而次之獨於唐虞但列堯典本文而其事之散見於他篇及逸書者則皆從傳例低一字書之如綱挈目如經持緯不敢淆也然堯典所記特其梗概其經畫之制誥誡之言則皋陶謨九共等篇實備之蓋典文至命官分苗舜致治之大綱已具其後皆諸臣所自爲事故各隨其事之首尾載之典不勝其載也譬諸後世之史典本

紀也汨作九共志也禹貢皋陶謨列傳也其文本互相發明而自秦漢以來缺亡者多存於今者僅二三篇說經者又莫肯平心考其先後次第往往顛倒錯亂重複混淆致二帝之治法不彰故今於分苗之後典所不載取禹貢皋陶謨之文補之而分爲篇者七其前三篇皆堯事其後三篇皆舜事第一篇堯之所以建始第七篇舜之所以成終第二篇堯之所以成天第六篇舜之所以平地而第三第五兩篇則堯舜

之爲天下得人所謂堯以不得舜爲己憂舜以不得禹臯陶爲己憂者也惟第四篇當唐虞之交會乃政事之紀綱而天地人皆兼有之三才之道備矣二帝之治全矣譬諸器然堯之事猶蓋也舜之事猶底也蓋與底相覆而相承則信乎堯舜之事不可分而堯舜之治法爲千古之祖也

唐虞之事較諸三代尤多難考戰國處士橫議之言僞書僞傳揣度附會之說（詳見提要總目篇中）其事之失實固

不待言矣卽傳記之文亦有未可概論者孔子之作春秋也隱桓莊閔之世多缺文襄昭定哀之世多備載無他遠近之勢然也況自唐虞下逮春秋千數百年傳聞異詞乃事之常以春秋之世而談唐虞猶以兩漢之世而說豐鎬也苟非聖人安能保無一二言之誤采者是故唐虞之事惟堯典諸篇爲得其實雅頌所述次之至春秋傳則得失参半矣豈非以遠故哉雖以論語孟子之純粹而其稱唐虞事亦間有一二未安者何者以其爲後人所追記（如堯命舜之類）或門弟子所言（如舜完廩之類）而不皆孔孟所自言而自書之者也（雖孟子所自言亦有記者之誤觀於禹注淮泗入江可見）故今於唐虞之錄尤致愼焉必其詳審無疑乃敢次經一等書之否則寧列之備覽甚或竟置之存疑至若事在不疑而時無的據文非紀載而義足發明則列之於附錄附論唯備考存参事或春秋言或秦漢但取其可参伍相証雖有不醇不區別矣其餘揣度附會之言雜家小說之

語則概不敢列而於前人所已駁者采之所未駁者辨之或其失尚小及其言不甚爲世所信者時亦往往從簡非敢過爲吹求妄行去取誠欲袪異說之紛紜還本來之面目使二帝經營之次第設施之先後瞭然如指諸掌蓋凡二十餘年而稿始成而尚未知其有合焉否也好學深思之士當必有以正其不逮也

堯建極

曰若稽古帝堯曰放勳欽明文思安安允恭克讓光被四表
格于上下（書堯典）
大戴記稱堯云其仁如天其知如神就之如日望之
如雲富而不驕貴而不豫（史記作舒）黃黼黻衣（史記作黃收純衣）
丹（史記作彤）車白馬余按經云欽明文思安安欽以法天
明以治民文思其條理之精密安安其中道之從容
僅六言而聖人之德備矣至戴記則膚濶語耳如天
如神可也抑有本焉如日如雲則形容之詞非德之

實也不驕不舒以言聖人淺矣車服之色尤無當焉
學者試取經文熟讀而對勘之若黑白冰炭之不相
似矣故今不載
克明俊德以親九族九族既睦平章百姓百姓昭明協和萬
邦黎民於變時雍（同上）
大戴記帝繫篇云帝嚳上妃姜嫄氏產后稷次妃簡
狄氏產契次妃陳隆（史記作鋒世紀作豐）氏產帝堯次妃陬訾
氏產帝摯史記云帝嚳崩摯代立帝摯立不善崩弟

放勛立是爲帝堯帝王世紀云帝嚳在位七十年年
百五歲摯在位九年政微弱而唐侯德盛諸侯歸之
乃受帝禪封摯於高辛後之學者皆信之不疑余獨
以爲不然書云帝曰棄黎民阻饑汝后稷播時百穀
帝曰契百姓不親五品不遜汝作司徒敬敷五教在
寬是稷契皆至舜世然後授官暨禹播奏庶艱食也
若稷果嚳元妃之子則嚳之崩稷少亦不下五十歲
又歷摯之九年堯之百載百有六十歲矣契於此時

亦當不下百數十歲有是理乎堯之兄弟有如此兩
聖人而終堯之身不知用四岳亦不之薦迨舜然後
舉之可謂不自見其眉睫者矣尚何明之明而側陋
之揚哉傳云高辛氏有才子八人高陽氏有才子八
人此十六族者世濟其美不隕其名以至於堯是高
辛氏之子孫當堯之時已傳數世而分數族矣堯安
得爲高辛之子哉傳云高辛氏有二子伯曰閼伯季
曰實沈日尋干戈以相征討后帝不臧遷閼伯於商

邱遂實沈於大夏若堯親高辛之子則閼伯實沈當爲堯之兄弟傳文何得乃云爾乎唐虞以前未有父子相繼爲天子者黄帝之子不繼顓頊之子不繼摯非賢聖也何以獨繼嚳而帝傳云少皞摯之立也鳳鳥適至則是摯本少皞氏之名或者後世傳訛而誤以爲在嚳之後因疑爲嚳之子未可知也由是言之不但堯與稷契非嚳之子卽摯之繼嚳亦未必然也且卽以大戴記之文論之其五帝德篇云高辛聰以

知遠明以察微執中而獲天下然則高辛亦賢聖之君也乃其立後既不於稷之嫡又不於堯之聖獨取一庶而不善之摯立之以致爲諸侯所廢尚得爲聰明執中乎曰然則堯何以有天下曰經固嘗言之但後人不之察耳經曰克明俊德以親九族九族既睦言堯能明其德以施於同姓而同姓皆歸之而堯始立家也姓同故以族別之柳子所謂智而明者所伏必衆故近者聚而爲羣是也經曰平章百姓百姓昭

明言堯能推其德以漸於異姓而異姓之長亦各率其九族歸之而堯始建國也邦同故以姓別之柳子所謂德又大者衆羣之長又就而聽命焉於是有諸侯之列是也經曰協和萬邦黎民於變時雍言堯能推其德以大布於天下而天下之君亦無不各率其百姓歸之而堯始爲海内生民主也柳子所謂德又大者諸侯之列方伯連帥之類又就而聽命焉然後天下會於一是也蓋古之天下原無父子相傳之事

故孰爲有德則人皆歸之雖有一二敗俗拒命之人待兵刑而後服要之上古人情淳厚慕義嚮風者爲多故其得天下之次第大概如此不必盡藉於先業也若堯不藉父兄之業卽不能有天下則羲農黄帝又何所藉而能得天下也哉且使堯之天下果傳之於父兄則堯當世守之丹朱雖不肖廢而他立可也舜雖大聖相堯之子以治天下如伊尹之於大甲可也堯安得而授之舜舜安得而受之於堯哉孟子曰

子噲不得與人燕子之不得受燕於子噲非獨以子之之非其人也卽令其賢而能治燕而世傳之業亦非子噲之所得專父兄之天下堯安得而專之故漢儒考古不詳誤信戰國無稽之說而列之於記載之於史遂致王莽假之以篡曹操假之以篡獻不獨嬰與獻之實未嘗禪也卽令果禪而其臣亦不可以受何者漢之天下非嬰獻之所得專也使莽操之得自託於禪讓者乃漢儒考古不詳之有以啟之也故今於大戴史記之文并不載而爲之辨

堯授時

乃命羲和欽若昊天歷象日月星辰敬授人時（書堯典）

漢書律歷志云歷數之起上矣傳述顓頊命南正重司天火正黎司地其後三苗亂德二官咸廢而閏餘乖次孟陬殄滅攝提失方堯復育重黎之後使纂其業故書曰乃命羲和欽若昊天歷象日月星辰敬授人時余按經文四時之紀閏之疏密朞之日數多寡皆至堯而後定非昔已有成法而中廢至堯又修復之也重黎之司天地本於楚語然楚語云重司天以屬神黎司地以屬民所司者乃天神之祭祀非天象之贏縮也故曰九黎亂德民神雜糅曰夫人作享家爲巫史皆謂宗祝祭祀事耳與羲和之司歷法者無涉也歷象之官自在帝畿三苗之亂自在蠻夷相距數千餘里三苗安能廢帝廷之二官而乖其閏餘乎至楚語所稱堯復育重黎之後者乃本呂刑之文非襲堯典之語堯自命羲和自育重黎今因其皆爲堯所命遂取而合之然則堯在位百年所命之官止有此二族乎嗟夫自劉歆班固誤合楚語於堯典後學祖而述之遂謂黃帝以來歷數已有成法然則堯與之累累而驗之諄諄而命之與夫史臣之瑣瑣而記之者不皆贅乎韋昭國語解及尚書僞孔傳蔡傳並以重黎爲羲和皆沿漢志而誤今正之

分命羲仲宅嵎夷曰暘谷寅賓出日平秩東作日中星鳥以

殷仲春厥民析鳥獸孳尾同上

申命羲叔宅南交平秩南訛敬致日永星火以正仲夏厥民因鳥獸希革同上

分命和仲宅西曰昧谷寅餞納日平秩西成宵中星虛以殷仲秋厥民夷鳥獸毛毨同上

申命和叔宅朔方曰幽都平在朔易日短星昴以正仲冬厥民隩鳥獸氄毛同上

此其命二仲二叔何也蓋歷有三率一晝夜爲日率

一盈虧爲月率皆易知者獨一寒暑爲歲率其間贏縮奇零最爲難齊故歷法以成歲爲要然歲之終始非有定界不可以徒求故分以爲四時而命二仲二叔分居四方以考驗之時之終始尤無定界益不可以徒求故但求定夫四時之中中得則前推之卽爲始後推之卽爲終此聖人建中之治雖歷法亦不能外焉者也曰永日短者考之以晷漏星鳥星虛者考之以躔度猶懼其未也復驗之於人物出入變化之節而後四時可定四時定則日數可得月閏不差而歲成矣故其綱曰敬授人時而孔子告顏淵亦曰行夏之時所重在時故不言日月歲也

帝曰咨汝羲暨和朞三百有六旬有六日以閏月定四時成歲允釐百工庶績咸熙同上

曰此其記堯之命羲和何也曰記歷法所自始四時所由定而歲所由成也蓋歷數自黃帝以來有之故傳云少皞氏鳥名官鳳鳥氏歷正也然歷之爲法必

積久而後差數可見創始者勢不能以周詳盡善也故必行之數百年至堯而後朞之日數多寡可校閏之跡密可推堯猶懼其未符又命官分驗於四方漸損漸益而後四時不爽乃始定爲畫一之法以垂後世故史記其命書以志歷所自始漢志六歷雖有黃帝顓頊之稱然但其源出於二帝後人迭加損益而推廣以成書非黃帝顓頊之所自爲也曰歷法政事之一端耳何爲詳記之如是也曰帝王之治莫先於

授時四時不爽然後農桑可興政令可布人物之性可盡天地陰陽之化可得而輔相燮理書契史冊之文可得而次第考核故堯典載堯之政特詳於此而孔子答顏淵爲邦之問亦以行夏時爲第一義也所謂夏時卽堯所定之歷蓋殷周皆別起一方故用其國舊歷而夏承虞虞承唐故歷皆不改漢志所以有三代歷而無唐虞歷也故此章之文與禹貢相表裏四時之授所以成天九州之別所以平地天時正然

後政典舉故堯舜之治始於授時土功度然後政化成故堯舜之治終於敷土也曰然則堯在位七十載止有授時一事别無功可紀乎曰亦非也堯以聖人之德在天子之位至於光被四表黎民於變其豐功仁政超前古而貽後世者蓋不知凡幾矣但唐虞時人情淳樸雖有簡策尚未有史籍二帝既崩夔龍之徒以爲堯舜功德隆盛實開萬世之天生民以來未有倫比不可不著之策以傳於後故撰堯典一篇於是始有史耳而時已當夏世舜在位之政及見者或多若舜攝政時則見者希矣至堯七十載前則多得之傳聞難可依據而古人又愼重不肯傳疑故但敘其功德之大概惟此章乃命羲和之策蓋二氏所世守弗替者故得以采而錄之耳然堯闢天救世之功實成於舜故堯之事業尤以舉舜敷治爲最大旣已載堯求舜之切用舜之奇與舜攝政命官之事則堯之功卽此已見政不必取七十載以前之政條舉而

縷敘也不善讀書者不能推求及此遂若堯之生平碌碌無所表見有賢而不能用有奸而不能去直待舜而後能用人行政創制顯庸者其失尚書之旨亦大矣故今因記堯之授時而備論之

附錄○放勳曰勞之來之匡之直之輔之翼之使自得之又從而振德之孟子

集注疑此文爲命契之詞蓋以孟子載於契教人倫之後也然按堯典契爲司徒在舜卽位以後恐此文

別有所謂孟子以其意足相發故引之耳堯能使民於變時雍七十載以前豈無命官敷教之事不必定屬之契也又按典謨之文質直無用韻者惟歌乃有韻獨論語孟子所引堯之命皆有韻（躬中窮終一韻 來直翼得一韻）而其文亦較淺與典謨皆不類恐後人所潤色非當日之原文然於理可取故附錄於此

附錄○陶唐氏之火正閼伯居商丘祀大火而火紀時焉（左傳襄公九年）

此二事皆無從考其先後以皆命官之事故並附錄於命羲和之後

備覽○高辛氏有二子伯曰閼伯季曰實沈居於曠林不相能也日尋干戈以相征討后帝不臧遷閼伯於商丘主辰遷實沈於大夏主參（左傳昭公元年）

此以上條證之其為堯事無疑故杜氏云后帝堯也然傳此篇頗近鋪張不能保無失實故與下條並列之於備覽

備覽○臺駘能業其官宣汾洮障大澤以處大原帝用嘉之封諸汾川沈姒蓐黃實守其祀（左傳昭公元年）

此帝杜氏以為顓頊余按經傳徒稱帝者多謂堯舜況上文之帝方謂堯此文之帝又謂顓頊殊為不類恐亦堯時事耳故隨上文而次於此

堯求舜

帝曰疇咨若時登庸放齊曰胤子朱啟明帝曰吁嚚訟可乎（書堯典）

偽孔傳云允國子爵按史記以胤子為嗣子朱為丹朱蔡傳從之於義為長偽傳非是

帝曰疇咨若予采驩兜曰都共工方鳩僝功帝曰吁靜言庸違象恭滔天（同上）

滔天蔡傳云與下文相似疑有舛誤或云衍文也說近是

附錄○苗民弗用靈制以刑惟作五虐之刑曰法殺戮無辜爰始淫為劓刵椓黥越茲麗刑并制罔差有辭民

興胥漸泯泯棼棼罔中于信以覆詛盟虐威庶戮方告無辜于上上帝監民罔有馨香德刑發聞惟腥（書呂刑）

按舜攝政後四罪而天下咸服靜言兩章記共驩鯀之事獨三苗以在外而不與故今取呂刑之文附錄於此以補其缺

帝曰咨四岳湯湯洪水方割蕩蕩懷山襄陵浩浩滔天下民其咨有能俾乂僉曰於鯀哉帝曰吁咈哉方命圮族岳曰异哉試可乃已帝曰往欽哉九載績用弗成（書堯典）

此其記放齊驩兜及鯀之用何也曰所以為舉舜張本亦所以為流四凶之張本也朱既不足以付大事而共工驩兜相與比周鯀功又不克成是以堯之心追欲得一人以代己而敷治也共工驩兜皆為堯所斥絕即鯀之用亦非堯意是以舜攝政後流之放之於遠方也曰然則堯何以不流放之而必待夫舜也曰當堯之時或其才有可取罪尚未著猶欲冀其成功望其悔過及舜攝政後而情狀日以顯著功既難

冀其成過亦無望其悔然後流之放之但典文簡質未及詳載其由耳非堯不能去必待舜而後始去之也蓋堯之心但欲庶績咸熙黎民得所原不私此數人故舜流之放之而無所嫌故虞書於舜未攝政之先記此數章以見四凶之流放本皆堯之心舜特體堯之心終堯之事以成堯之美而初未嘗反堯之政也由是言之知堯之心者莫如舜而能知堯舜之心者莫如作堯典之人然則此篇亦非聖人不能為矣

僞孔傳以四岳為羲和之四子朱子云堯咨四岳以汝能庸命巽朕位不成堯欲以天下與四人蔡傳因之謂一人而總四岳諸侯之事者余按國語以四岳為一人春秋傳有大嶽杜氏謂即四岳亦一人也且四岳相職也故位在九官十二牧之上有大事則咨之羲和四子歷官之屬耳況又在外安得常與朝廷之事乎蓋唐虞之有四岳猶漢之有五官中郎將唐之有四門博士耳當從朱子無疑（或云說本孔平仲未見也）

當堯之時天下猶未平洪水橫流氾濫於天下草木暢茂禽獸繁殖五穀不登禽獸偪人獸蹄鳥跡之道交於中國 孟子

當堯之時水逆行氾濫於中國蛇龍居之民無所定下者爲巢上者爲營窟 同上

說者多云堯有九年之水湯有七年之旱其語蓋本堯典九載之文然九載而鯀功不立非水患止此九年也孟子曰天下猶未平洪水橫流氾濫於天下則

是水不自堯始也舜曰咨禹汝平水土維時懋哉則是水亦不自堯除也蓋上古之時水原未有定道聖人制衣食宮室器用書契日不暇給而其初水患亦未大甚不過洿下之地注之故猶得以苟安積久而水日多至堯時遂至懷山襄陵耳自禹始開水道使歸於海至今沿之非唐虞以前卽然也故曰禹之明德遠矣微禹吾其魚乎若但堯時偶然有水而禹治之亦不足爲難矣世於此多汶汶故今本堯典孟子之文而正之

帝曰咨四岳朕在位七十載汝能庸命巽朕位岳曰否德忝帝位曰明明揚側陋師錫帝曰有鰥在下曰虞舜 書堯典

古者三十而娶三十未娶常事耳何以鰥稱也以下釐降二女故於此稱鰥焉明舜之未娶也此古文之簡而周也

自幕至於瞽瞍無違命舜重之以明德 左傳昭公八年

存參○幕能帥顓頊者也 魯語

大戴記帝繫篇云黃帝產昌意昌意產高陽是爲帝顓頊顓頊產窮蟬窮蟬產敬康敬康產句芒 史記句作望 芒產蟜牛蟜牛產瞽瞍瞽瞍產重華是爲帝舜史記五帝本紀因之余按春秋傳云陳顓頊之族也自幕至於瞽瞍無違命國語云幕能帥顓頊者也有虞氏報焉則舜之先顓頊之後之有一幕必也何以記之世次無之而句芒據春秋傳乃少皞氏之子亦不得爲顓頊裔也且大戴記以堯爲黃帝之元孫則是堯

與舜之高祖敬康為同高祖兄弟男女辨姓人道之大防也況於近屬堯安得以其女妻舜舜安得遂取之而上下相距至四五世舜之年又安得與堯之女等乎蓋謂舜之出於顓頊可也謂顓頊舜與古帝王之皆出於黃帝則不可謂幕有功德而傳於世可信也謂舜先世之名無不歷歷皆傳於世則不可信然則大戴之文不若春秋傳之為近理矣而傳文又與國語同或當不誣故棄彼而采此說並見前黃帝及

堯建極篇中○韋昭國語解云幕舜之後虞思也為夏諸侯按傳此文則幕乃舜祖非舜後也且國語稱上甲微帥契高圉大王帥稷皆在湯武前惟杼在禹後則以為帥禹若幕果在舜後何不謂之帥舜乃謂之帥顓頊乎韋氏蓋因大戴史記敘舜先世無幕故曲為之說而以幕為思所謂因誤而益誤也今正之

舜發於畎畝之中 孟子

附論○孟子曰舜之居深山之中與木石居與鹿豕遊其所以異於深山之野人者幾希及其聞一善言見一善行若決江河沛然莫之能禦也 同上

史記五帝本紀云舜耕歷山人皆讓畔漁雷澤人皆讓居陶河濱器皆不苦窳一年而所居成聚二年成邑三年成都余按此皆後人追美舜德之詞不必實有此事舜尚不能化象之傲歷山雷澤之人豈皆賢而無不肖哉成邑成都即孟子士多就之之意而極為形容者都邑聚皆後世之名顯為後人所撰非古

本有是語也大抵稱古人者多過其實以舜之不順乎親也則謂舜既升庸之後瞽瞍猶欲殺之以舜之德能型俗也則謂舜當耕稼之時人已化而歸之試比而觀之無乃感一家太難而感一方太易乎且孔子惡鄉原孟子稱士憎茲多口故曰不如鄉人之善者好之其不善者惡之有不虞之譽有求全之毀雖上古人情淳篤與後世不同要未敢信為必然也故不載○歷山雷澤河濱說者各異或以為皆冀州地

或以為皆青兗州地自晉唐以來相爭駁不已按虞乃冀州境舜不應耕稼陶漁於二千里外則以為冀州者近是孟子雖有東夷之語然但較文王而東耳傳稱桀走鳴條鳴條亦冀州境豈得遂以為青兗哉要之史記所稱有無本不可知亦不足深辨也

帝曰俞予聞如何岳曰瞽子父頑母嚚象傲克諧以孝烝烝乂不格姦書堯典

此後堯必召舜見之觀其氣象語言行事果有德者乃妻以女經文簡耳

史記云舜母死瞽瞍更娶妻而生象愛後妻子常欲殺舜余按史記此文采之書及孟子而書孟子皆未言為後母則史記但因其失愛故億之耳鄭武姜惡莊公而欲立共叔段隋文帝以獨孤后之言立廣而廢勇豈必皆異母哉漢劉表前妻生子琦琮後妻蔡氏之姪琮妻也遂愛琮而譖琦而世俗相傳謂琦與琮異母亦以其愛故億之也吾惡知舜之於象不亦如琦之於琮乎經既無文闕之不失為慎

舜往於田號泣于旻天于父母孟子

附論○萬章問曰舜往於田號泣于旻天何為其號泣也孟子曰怨慕也同上

祗載見瞽瞍夔夔齊栗瞽瞍亦允若逸書

附論○孟子曰舜盡事親之道而瞽瞍厎豫瞽瞍厎豫而天下化瞽瞍厎豫而天下之為父子者定此之謂大孝孟子

按經但言舜之父母頑嚚未言不順於父母也孟子中引古語始有號泣旻天之事以聖子而遇頑嚚之父母不順固理所有然云往于田則亦在四岳舉舜之前非媯汭嬪虞之後矣且逸書云祗載見瞽瞍夔夔齊栗即堯典之克諧以孝烝烝乂也云瞽瞍亦允若即堯典之不格姦也然則允若亦在釐降以前釐降以後不得復有不順之事明矣惟孟子稱九男二女事舜百官牛羊倉廩備而舜尚如窮人之無所歸

則是釐降以後猶未允若藉孟子一書亦出於門人
所記特欲極言舜之慕親非外物所能移而詞氣抑
揚不無過當非果登庸攝政之時尚有號泣于天之
事也故今號泣允若之文並置於經頑嚚諧孝之後
非敢與孟子有異要期無悖於經而已說並見後慎
徽條下

帝曰我其試哉女於時觀厥刑于二女釐降二女于嬀汭嬪
于虞帝曰欽哉（書堯典）

此後堯必授舜以職乃有慎徽五典等事經不詳者
或舜所歷不一官不可詳記或舜陟後故老多沒上
古史冊未備其詳不可得知故但記其所可知者而
已

舜尚見帝帝館甥於貳室亦饗舜迭爲賓主（孟子）

附論○萬章問曰詩云娶妻如之何必告父母信斯言
也宜莫如舜舜之不告而娶何也孟子曰告則不得娶
男女居室人之大倫也如告則廢人之大倫以懟父母
是以不告也（同上）

按經紀嬪虞事絕未見有不告之意孟子之言或有
所本然堯爲天子瞽瞍卽不欲舜娶勢亦無如之何
而烝烝乂不格姦之後何至尚欲其鰥以終身乎且
瞽瞍果制舜使不得娶亦必將制舜使不得仕卽不
告而仕矣瞽瞍知之獨不能迫之使去禁之使不得
行其志乎安得事事皆避之而不使知也大抵戰國
時多好談上古事而傳聞往往過其實孟子但以義
裁之苟不害於大義亦不甚核其事實之有無也故
今仍存之而附識其說如此

慎徽五典五典克從納于百揆百揆時敘賓于四門四門穆
穆納于大麓烈風雷雨弗迷（書堯典）

此舜旣舉以後未攝政以前事據春秋傳引此文以
證舉元愷去四凶地平天成內平外成之事則舜此
時已執大政成大功矣據孟子稱帝使其子九男二
女百官牛羊倉廩備以事舜於畎畝之中則舜此時

猶在田間未受職也余按經云納于百揆賓于四門舜之不在田間明甚且堯求材如彼之急既得舜即當試之不容厚奉養之而不畀以職事則孟子所稱爲不然矣經云詢事考言乃言底可績三載三載爲時無幾安能即建平成之績且果天地內外俱已平成後此之命禹平水土命契敷五教又何爲者則春秋傳所稱亦不然矣蓋立言者欲暢其旨於此往往不假復顧於彼孟子但欲明舜不以富貴而減慕親之心而忘既舉之後不容復在畎畝傳但欲明舜進賢退不肖之功大而忘經所稱者乃三年以內事其化尚未至此傳言固多夸即孟子亦其門人所記或不無言過其實者也讀者當察其意不可泥其詞以致失其事實故舉元愷去四凶事置於後篇而孟子此文亦不録

存疑〇父母使舜完廩捐階瞽瞍焚廩使浚井出從而揜之象曰謨蓋都君咸我績牛羊父母倉廩父母干戈朕琴朕弤朕二嫂使治朕棲象往入舜宮舜在牀琴象曰鬱陶思君爾忸怩舜曰惟茲臣庶汝其于予治（孟子）

此事宋司馬君實史剡鄭富辨之今載其文於左

史剡　一則頑嚚之人不入德義則有矣其好利而惡害則與衆不殊也或者舜未爲堯知而瞽瞍欲殺之則可矣堯已知之四岳舉之妻以二女養以百官方且試以百揆而禪天下焉則瞽瞍之心豈得不利其子之爲天子而尚欲殺之乎雖欲殺之亦不可得已藉使得而殺之瞽瞍與象將隨踵而誅雖甚愚人必不爲也

余按經曰克諧以孝烝烝乂不格姦舜之德能感其父母使不至於姦安有不能感其父母使不殺己者乎瞽瞍且欲殺舜何以謂之不格姦舜且不能使瞽瞍不欲殺己何以能使之不格姦哉舜既見舉受官則愼徽五典納百揆賓四門將惟日不足何暇閒居家中而完廩浚井而鳴琴也使瞽瞍之掣舜肘至此

舜亦安能爲堯盡職乎象之惡舜雖封之猶不使得有爲於其國況乃使之治已臣庶使象得肆其虐彼臣庶何罪焉蓋舜之家事見於經者父頑母嚚象傲而已因其頑嚚而傲也遂相傳有不使娶之說相傳有欲殺舜之事諺曰尺水丈波公明賈曰以告者過也天下事之遞述而遞甚其詞者往往如是君實之辨是也程子蘇氏亦皆以此事爲烏有故今列之存疑但君實子由皆譏孟子之言之失程子亦有以意

逆志之說而按此文乃萬章之語孟子但云象喜亦喜明聖人於弟之無藏怒耳非必謂萬章所言歷歷皆實事況孟子七篇乃門人所記亦未必無遺漏潤色恐不當遂以是疑孟子也

附論○舜明於庶物察於人倫由仁義行非行仁義也（孟子）

大戴記稱舜云好學孝友寬裕溫良敦敏而知時畏天而愛民恤遠而親親承受天命依於倪皇（字疑誤）叡

明通知爲天下王余按此語至爲膚淺且百王羣聖之所同不得獨以稱舜五帝本紀亦不之采豈以其陋而削之耶大抵此篇史記所采者尚成文理所不采者尤淺謬其文與史記異同者皆不如史記之完善或史記有所刪定耶抑今之大戴非古本其中有訛誤增益耶故今不載○僞舜典首云濬哲文明溫恭允塞元德升聞乃命以位元德乃老莊氏語六經所不道（經傳稱元皆色也契稱元王亦非以德名）蓋宋齊間老莊方盛行

故其言如是此文之僞說已見前序例

附論○孟子曰分人以財謂之惠教人以善謂之忠爲天下得人者謂之仁是故以天下與人易爲天下得人難（孟子）

堯典何以紀堯求舜如此之詳也堯功之大大於舜堯功之成成於舜也蓋朝覲巡狩制禮作樂地平天成之績皆自舜而熙則舜者萬古之一人也以萬古之一人而隱於田間困於頑父傲弟而有一人焉能

知之而授之以天下則此一人者亦萬古之一人也吾故讀尚書而見舜之奇而見堯之尤奇也故堯在位七十載其濟世之功亦必不少而史獨於求舜之事致詳焉者堯之事業莫有大於舉舜者也然則舉舜以前何以歷記放齊驩兜之事也所以著堯憂民之切也堯之心無一刻不以天爲念無一刻不以民爲念所以無一刻不以得一大聖人爲念即使天下並無舜而堯求之之心終不能已夫是以卒得一舜而爲堯敷治理於天下垂治法於萬世也大哉堯之爲君也孔子所以深歎美之而擬之於天也讀尚書者於此求之庶可得聖人之萬一不然徒津津於危微執中之云以漸入於空虛無用之學其視聖人何以異於近世講學之儒也

第一卷終

唐虞考信録卷之二

大名崔述東壁譔考　石屏門人陳履和校刊

舜相堯

帝曰格汝舜詢事考言乃言厎可績三載汝陟帝位舜讓于德弗嗣正月上日受終于文祖（書堯典）

堯老而舜攝也（孟子）

按經文堯之命舜曰汝陟帝位是堯之心欲舜此時即居天子位猶讓岳之云巽朕位也舜之承命讓于德弗嗣是舜之心欲已終身不行天子政猶岳之辭以忝帝位也其下文乃云受終于文祖受終者何孟子所謂堯老而舜攝者是也蓋堯欲舜即居天子位而舜不肯舜欲已終不行天子政而堯又不肯於是乎堯不得已降心以從舜而使之攝政舜亦不得已降心以從堯而爲堯攝政兩聖人各欲行其心之所安而時勢所廹遂創千古之奇而適得乎天理人情之正故攝之云者前此未有也理與勢相摩而聖人

之權生焉故曰堯舜爲萬世之法也然則何以謂之受終堯之事未畢授之舜使終之故曰受終也

存疑○堯曰咨爾舜天之歷數在爾躬允執其中四海困窮天祿永終（論語堯曰篇）

按漢儒所傳之古文尚書（謂史漢所稱馬鄭所傳之孔壁古文非隋劉焯所傳之僞古文孔氏傳）二帝三王之言具在也堯之讓岳也曰朕在位七十載汝能庸命巽朕位其授舜也曰詢事考言乃言厎可績三載汝陟帝位皆欲其代已熙庶績

以安天下耳未嘗以天下爲重而欲其常保而無失也舜之咨岳也曰有能奮庸熙帝之載其賡載歌也曰股肱喜哉元首起哉百工熙哉惟欲熙庶績以終堯之功耳亦未嘗以天下爲重而欲常保而無失也下至湯武之誓亦但以救民撥亂爲言絕無一毫沾沾於天位之心迨成王時周公召公迭進相誡始多儆以保守先業之難此爲守成之主賢人以降言耳固不足爲唐虞大聖人道也然周公之立政無逸猶僅微露其意惟召誥乃諄諄焉吾故讀尚書而有以知夫帝王之升降聖賢之淺深也孔子曰巍巍乎舜禹之有天下也而不與焉孟子曰舜視棄天下猶棄敝蹝也又曰遵海濱而處終身訢然樂而忘天下然則天祿之去留初不在舜意念中也明矣今論語所載堯命舜之詞乃云四海困窮天祿永終堯授舜以天下豈但欲其不令四海困窮舜之不令四海困窮又豈徒爲永終天祿計哉且舜固嘗讓於德弗嗣者

也舜之命禹也禹讓之於稷契皋陶命伯夷也伯讓之於夔龍垂則讓之殳斨伯與益則讓之朱虎熊羆是知古之聖人其於進退得失之際無容心焉故舜之命之亦止告以汝平水土惟時懋哉夙夜惟寅直哉惟清而已不惕之以失職之罰也三載考績雖有黜陟之文然此特爲庶官言之非此數聖人亦待此而後勉也舜方讓而不居而堯乃以天祿永終戒之是何其待舜之太薄也邪孟子曰天與賢則與賢天

與子則與子又曰莫之爲而爲者天也此特事後推原其故云爾若禪讓時則曰愼徽五典五典克從納于百揆百揆時叙不徵之於天也其後三王誓師始稱天以令衆然曰威侮五行怠棄三正乃曰天用勦絶其命曰有夏多罪天命殛之必曰夏王率遏衆力率割夏邑有衆率怠弗協曰時日曷喪予及汝皆亡未有不徵之於人事而徒索之於杳冥者何者天道遠人道邇天無迹而難憑人有爲而共見豈有置人

事不言而但以歷數爲據使後世闇干者得藉爲口實乎無怪乎曹丕之自謂知舜禹而晉宋以後篡弑之主之咸徵符瑞也且歷數在躬於何見之於民之視聽見之耶則何不言人之所共見而但言人之所不見乎孟子曰湯執中記曰執其兩端用其中於民中也者無定位者也故必酌乎兩端乃有中然此皆論古人云爾自事後觀之則爲得中矣若事前教之曰執中則不知中果何在也故失中之事其人亦自以爲中中不難於執而難於知也使舜而不知所謂中雖告之何益使舜而固知所謂中又何待於告安有絶口不及天下大事而但以空空一中詔之乎且堯典紀堯禪舜之事詳矣此文果係堯命舜之要言果係帝王傳授之心法較之璿璣玉衡封山濬川孰爲輕重何以反畧之而不載乎曰然則論語之文亦可疑乎曰孟子曰盡信書則不如無書吾於尚書深信之然至呂刑稱伯夷之播刑則吾不敢信矣吾於

雅頌深信之然至閟宮述太王之翦商則吾不敢信矣固因其爲衰世之文非愼言之君子所撰亦以所追叙者數百年或千年以前之事傳聞失實乃理勢所常有故此章紀湯武事皆不謬於聖人而記堯舜事獨可疑遠近之分然也且此篇在古論語本兩篇篇僅一二章皆論語以其少故合之蓋皆斷簡無所屬附之於論語之末者初不知其傳自何人學者當據尚書之文以考證其是非得失而取舍之不得概

信爲實然也故列之於存疑以俟知言之君子決之

在璿璣玉衡以齊七政（書堯典）

此舜成天之政所以補堯授時之未備故首及之

肆類于上帝禋于六宗望于山川徧于羣神　輯五瑞旣月乃日覲四岳羣牧班瑞于羣后（同上）

此記布政於內之事先事神而後治人者奉天以出治明不敢自專也

按羣牧云者數不定之詞也蓋其初但因地之相近

而董率之未有分界故亦未有定數自舜肇十二州始定爲十二人使各統一州耳堯舜之事皆夏時所追記十二州旣未肇不可的知其爲幾人故曰羣牧亦闕疑之意也若果已有九州豈得不云九牧邪說並見後肇十二州條下

歲二月東巡守至于岱宗柴望秩于山川肆覲東后協時月正日同律度量衡修五禮五玉三帛二生一死贄如五器卒乃復　五月南巡守至于南岳如岱禮　八月西巡守至于西岳如初　十有一月朔巡守至于北岳如西禮　歸格于藝祖用特（同上）

此記布政於外之事亦先神而後人者內外一也無所不用其敬也

史記封禪書云岱宗泰山也南岳衡山也西岳華山也北岳恒山也中岳嵩高也後世傳尙書者皆因之余按四岳惟岱宗見於經無可疑者華山山高大而道里亦近或當不誣若衡乃在荆州南境獨爲窵遠

使汝洛間諸侯涉數千里而往會焉殊不近於人情且禹貢以霍山爲大岳春秋傳亦稱四岳爲大岳則大岳似當爲四岳之一北岳亦未必果恒山也大抵三代以上年遠文缺不可考者較多不如闕之爲善至增嵩爲五岳尤爲無據堯典但稱四岳而春秋傳亦云四嶽三塗陽城大室荆山中南九州之險也大室卽今嵩高然則岳止有四而嵩之非岳也明矣此蓋秦漢之間方士之所指目故今皆無所採爾雅亦

載五岳之名與史記大同小異皆不足據也
附論○使之主祭而百神享之是天受之使之主事而事治百姓安之是民受之也孟子
五載一巡守羣后四朝書堯典
此總上內外之政言之
堯典於舜攝政之日何以詳記其朝覲巡狩也曰朝覲巡狩之制始於舜也自堯以前聖帝迭興其時亦必有朝覲巡狩之事但尚未有定制至舜而後垂爲常典故記之也曰天下政事多矣舜之攝也必有大變革大號令以新天下之耳目而所記他事殊少獨記朝覲巡狩乃過半焉何也曰此聖人御天下之要道也蓋天子以一人而臨四海雖有如天之仁而遠方遐國窮簷蔀屋勢不能以周知故所重惟在明是以稱堯之德先以欽明述堯之事先以克明峻德紀舜之命官先以闢四門明四目也然天下之大何以明之今夫人主數與其大臣接則宦官宮妾左右之

臣不能欺矣然則人主數與天下牧民之吏接則大臣不能欺可知也人主數與天下之耆老庶民接則牧民之吏亦不能欺可知也是故朝覲巡狩者天子之所以爲明也蓋以天下之廣諸侯之衆其仁與暴勤與惰政事之修舉廢墜天子皆無由知之雖有百即墨大夫而不勝毀言之日聞雖有百阿大夫而不勝譽言之日至雖堯舜之臣必無擁蔽者然聖人之心常以不能周知天下爲懼故使之歲一朝以盡諸侯之情而考其職又慮其暴而飾爲仁惰而飾爲勤廢墜而飾爲修舉也故又五歲一巡狩以盡天下耆老庶民之情而証所述之職之虛實由是言之朝覲之典非以媚天子效嵩呼也將以詢其政事也故孟子曰諸侯朝於天子曰述職述職者述所職也巡狩之典非以極觀遊博景物也將以驗其政事也故孟子曰天子適諸侯曰巡狩巡狩者巡所守也蓋堯舜雖躬聖人之德而常恐天下之一民一物不得其所

故子貢曰博施於民而能濟衆何如孔子曰堯舜其猶病諸惟其病也是以定爲朝覲巡狩之永制也後世相沿日久以爲典禮固然能知聖人之深意者少矣蓋聖人之明有二曰用人曰察吏二者交相爲用不可偏廢故堯典於舜攝政時紀察吏之事必終之以敷奏以言明試以功所以明徒察之無益也於舜卽位後紀用人之事必終之以三載考績黜陟幽明所以明徒用之未周也

敷奏以言明試以功車服以庸同上

此因上布政之文遂及其進賢之大畧

此卽記十二牧禹皋陶之倫登用之事也十二牧之任職在舜未卽位前固已卽九官雖命於舜卽位後而其初登用亦多在堯時史記所謂自堯時而皆舉用未有分職是也顧此文殊畧者古者俗淳事樸史冊未興而堯典之作在舜崩以後事隔七八十年官之名稱時之先後無由詳考而古之史皆傳信不傳疑故但渾舉其槪猶舜卽位後稱十有二牧而肇十二州前但云羣牧其人數不可得詳也且命官大事也其功由此人成其人以此職終故詳之若登用之始川小事耳爵或屢進官或屢遷所登用者亦當不僅此數十人固不勝其詳也然此三言者雖畧而用人之道已備不先以奏言則無由辨其賢否而試之不繼以試功則無由決其賢否而庸之孟子所謂察之見賢焉然後用之者正謂此也後世恩澤之舉貲

格之授詩賦時文之取固非敷奏之政不足道矣卽一言契主朱紱旋加若漢嚴助朱買臣主父偃其後卒以罪殛甚者如元載王安石爲國大姦貽害無窮豈非明試之道疎乎然則此三言者何異班超平平之論聽之若老生之常談而行之實經驗之良方百用而百效者哉前後兩篇皆記堯舜用人之事此篇述舜布政之事而此文之進賢與後流共工章之退不肖亦用人事也此文之進賢開後篇命官咨牧之

端後文之退不肖結前篇舉共用鯀之案亦章法也
備覽○高陽氏有才子八人蒼舒隤敳檮戭大臨尨降
庭堅仲容叔達齊聖廣淵明允篤誠天下之民謂之八
愷高辛氏有才子八人伯奮仲堪叔獻季仲伯虎仲熊
叔豹季貍忠肅共懿宣慈惠和天下之民謂之八元此
十六族也世濟其美不隕其名以至於堯舜臣堯舉八
愷使主后土以揆百事莫不時序地平天成舉八元使
布五教於四方父義母慈兄友弟恭子孝內平外成左傳文公十八年

傳於此文後引書五典克從百揆時叙之語以證之
史記因此遂載其事於舜未攝政時余按經云詢事
考言乃言底可績三載則舜未攝政時僅三年耳史
記謂舜舉二十年而後攝政故云然若僅三載則當
在舜攝政時明矣舜初自田間來安能悉知元愷之
才而地平天成之效亦非三年所可致傳但引書以
證舜功非謂其必在此時也且傳語頗夸未必不失

實故列之備覽而次之於此此即車服以庸之一事
也又傳稱堯不能用語亦非是堯亦聖人舜亦聖人
堯何遽不如舜堯能舉舜於田間獨不能舉元愷於
世族乎元愷之未用或其年尚未逮才尚未著耳史
克但欲極稱舜功遂不暇為堯地此乃文人通病故
今亦刪之說並見前愼徽五典及後四罪殛落條下
肇十有二州封十有二山濬川書堯典
此舜平地之政所以開禹敷土之先聲首成天次治

人次平地三才之道備矣
存疑○堯遭洪水懷山襄陵天下分絕為十二州漢書地理志
蔡氏書傳云古但為九州禹治水作貢亦因其舊及
舜即位當是攝政耳文誤以冀青地廣始分冀東當是北文誤恒
山之地為并州其東北醫無閭之地為幽州又分青
之東北遼東等處為營州余按濬川之文旣在肇十
二州之後則治水之事必不在肇十二州之前此其

謨固不待言矣詳見後篇然即古之九州亦初無是事也何者肇之爲言始也前此未有而始設之之謂肇若前此固有九州而但增之非肇也且析九以爲十二細事耳非舜代堯致治之大政也特書之何居焉然則古固未嘗有州自舜巡狩以後始分爲十二州以屬之十二牧故史臣特記之曰肇十有二州以誌州所自始州之爲文本取兩川相抱而象形者故說文云水中可居曰州徐鉉曰今別作洲非是是時洪水

滔天其域在中若州渚然是以名之爲州故舜攝政之初但曰日覲四岳羣牧不曰九牧牧未有定數也及舜即位則曰咨十有二牧不曰咨於羣牧牧已有常額也其後禹別九州亦曰九牧不曰羣牧州之肇於舜而非增於舜明矣至十二州之名經傳皆無之幽并營之爲州雖見於周官爾雅然彼自記九州之名與舜之十二州初無涉也冀帝畿也地雖少廣尚不逮雍荆揚梁若分裂之以爲幽并則冀之所餘者

幾何畿內不應若是小也漢以後河南徙兗地大半入於河北又東滅朝鮮置樂浪乃并建冀幽并三州然并猶跨河而侵入雍州之界當舜時河猶在大伾浲水若又以遼東爲營其間安得容三州乎書云海岱惟青州東際海西界岱則遼東之不在青州域內明矣爾雅云齊曰營州齊今之青州府則爾雅之營州即青州而非遼東明矣又安得以遼東爲營爲青之故境也哉周官一書本非先王之制封國之不合

章章可見矣傳曰冀之北土馬之所生無興國焉正指今忻代以北而言則是周人亦以爲冀未嘗以爲并也至於爾雅乃漢儒釋經之書其於九州亦初不言爲商制孫炎以其非夏非周不得已故疑爲商制作爾雅者非商人也何爲不述周制而述商制果商制邪又何不明言爲商而乃以周之國名冠之乎蓋自戰國以來古書散軼即有之而簡策繁重得見者少見之亦或不能記憶非若後世印本之書輕便而

有之者多之便於檢覈也故秦漢間書多與經傳異者公羊子所謂所傳聞異詞者是也是以周官有幽并而無徐梁爾雅有幽營而無青徐乃事理之常不足爲怪而後儒必欲曲爲之解使之並行不悖過矣况欲以此補舜十二州之缺乎大抵儒者之患皆好强不知以爲知古書旣缺十二州名無可考證則亦已矣適見周官爾雅有幽并營三州名爲禹貢所無遂附會之以補舜十二州之數巧則巧矣而不知其

誤且誣也或者又謂陶唐都冀聲名文教自冀四達冀之北土所及固廣則又從而爲之辭者使北之所及果廣則其山川亦當有一二見於禹貢何以大原碣石而北寂然一無所記載乎故今概無所採而以肇十二州之文列於九州未定之前說並見後舜命禹及禹別九州條下

象以典刑流宥五刑鞭作官刑朴作教刑金作贖刑眚災肆赦怙終賊刑欽哉欽哉惟刑之恤哉(堯典書)

此舜恤刑之事所以次於此者聖人尙德緩刑先賞後刑故待庶政畢敘然後及之

象以典刑流宥五刑刑之大者也五刑呂刑所謂墨劓剕宮大辟是也刑重則流遠刑輕則流近故刑有五流亦有五後章所稱五刑有服五流有宅是也當刑而宥之者蔡傳所謂情可矜法可疑與夫親貴勲勞而不可加以刑者是也鞭作官刑扑作教刑金作贖刑刑之小者也官刑者在官之人因官事而得罪

教刑者居學校而不率師長之教訓贖刑則常人之犯小罪者(說見後條)三者皆不麗於五刑故不殘其肢體不流之遠方然縱之不問勢必至於無所忌憚以病人而妨政故以此三者懲之也眚災肆赦怙終賊刑刑之變也刑之事以施罪刑之意以止惡故論其事尤論其心非其心之所欲時勢所迫不得已而誤陷於罪從而刑之則民無所措其手足故赦之康誥所謂適爾時乃不可殺者也怙惡不悛恃法之止於是

而故壓犯之以常罪罪之則不足以止姦而善良罹其毒故賊之康誥所謂自作不典式爾乃不可不殺者也欽哉欽哉惟刑之恤哉統前事而言之愼之至仁之至也或謂此章乃命官之詞其上疑有缺文說近是

金作贖刑僞孔傳通承上文而言謂誤而入刑出金以贖罪蔡傳但承上兩句而言謂所贖者官府學校之刑（呂刑篇題下）蓋罪之極輕雖入於鞭扑之刑而情法猶有可議者也（舜典本文下）余按此章文云象以典刑流宥五刑則是流與五刑相表裏五刑有當宥者則流之也云鞭作官刑扑作教刑金作贖刑則是五刑五流之外別有此三種刑各用於所宜用而與五刑不相涉也若謂誤入於五刑者以金贖罪則文當云流宥五刑金贖五刑即所贖者官刑教刑亦當變文以明之皆不當言作贖刑與上作官刑作教刑之語文同義均平列而爲三也且下文云眚災肆赦誤入於

刑非眚災乎何以或赦或贖而官刑教刑皆許之贖倘有恃其多金而違悞官事不率教典者又何以處之然則此三刑者本各自爲一法不但在五刑之外即三者亦渺不相涉也蓋官刑專以治官府教刑專以治學校贖刑不言所施則爲泛言可知但所犯罪小不麗於五刑是以不忍殘其肢體亦或未宜加以鞭扑故以贖爲之刑即後世所謂罰也古未有罰名故謂之贖刑耳大抵其罪多由財物細事而起如近世侵占田宅攘取錢帛之屬彼懼於失金則不敢輕犯亦有畏罰甚於畏鞭扑者故罰之自足以止姦不必其刑之也不然死者不可復生斷者不可復續五刑非可以輕用也而流止以宥五刑鞭扑止用之於官府學校則輕罪將何以治之傳曰刑罰淸而民服孔子曰刑罰不中則民無所措手足然則有刑則必有罰各視其所犯以加之非罪當刑而可以罰代也自周穆王以刑聚財始取五刑之疑者而罰之漢世

建入穀贖罪之法遂并不問其疑與否而概許之贖於是刑罰相亂或當罰而遂罹於刑或當刑而僅致其罰以致貧者含冤而富者輕於犯法寧唐虞之治而有是哉兩傳所言蓋皆習於後世之事欲曲全之而未得其解者故今正之

流共工于幽州放驩兜于崇山竄三苗于三危殛鯀于羽山四罪而天下咸服同上

此因上恤刑之文遂及其退不肖之大略

左傳子產對韓起云堯殛鯀于羽山其神化爲黃熊以入于羽淵實爲夏郊三代祀之余按此說殊爲荒誕且與昭元年對叔向事絕相似而彼於義爲長蓋本一事而傳之者異詞著書者遂兩載之耳故今不採

皇帝哀矜庶戮之不辜報虐以威遏絕苗民無世在下書呂刑

乃命重黎絕地天通罔有降格羣后之逮在下明明棐常鰥寡無蓋同上

備覽○三苗復九黎之德堯復育重黎之後不忘舊者使復典之以至于夏商故重黎氏世叙天地而別其分主楚語

存疑○帝鴻氏有不才子掩義隱賊好行凶德醜類惡物頑嚚不友是與比周天下之民謂之渾敦少皞氏有不才子毀信廢忠崇飾惡言靖譖庸回服讒蒐慝以誣盛德天下之民謂之窮奇顓頊氏有不才子不可教訓不知話言告之則頑舍之則嚚傲狠明德以亂天常天

下之民謂之檮杌此三族也世濟其凶增其惡名以至于堯縉雲氏有不才子貪於飲食冒於貨賄侵欲崇侈不可盈厭聚斂積實不知紀極不分孤寡不恤窮匱天下之民以比三凶謂之饕餮舜臣堯賓於四門流四凶族渾敦窮奇檮杌饕餮投諸四裔以禦螭魅左傳文公十八年

此文史記載於舜本紀歷試時而載四罪咸服於堯本紀舜攝政時則是以爲二事也杜氏左傳集解謂

渾敦即驩兜窮奇即共工檮杌即鯀張氏史記正義謂饕餮即三苗則一事矣余按以爲二事則彼稱四罪此言四凶事旣不異數亦適符不應如是之巧況合而計之當爲八罪八凶又不應經獨記彼傳獨言此各述其半而止也以爲一事則同此四人傳何不明言之而但爲隱詞況鯀有過人之才如傳所云四岳及廷臣無因共薦之而三苗之殺戮無辜亦不應僅斥其貪冒聚斂而已也公羊氏云所見異詞所聞

異詞所傳聞異詞蓋本一事而傳之者各異猶皐陶典刑而或以爲伯夷也謂別爲一事固不可謂即此四人亦不可也況史克之語夸甚安能保其不失實必委曲爲之說使之並行不悖此學者之大病也故列之於存疑而即附之四罪咸服之後又傳堯不能去之語尤非是故刪之說已詳前元愷條下

附錄○舜之罪也殛鯀其舉也興禹（左傳僖公三十三年）

綱目前編以堯之七十一載爲舜殛鯀之年七十二載爲舜用禹之歲余按鯀大臣也其德雖不可用其才未必無可觀使其誅果不可暫緩堯不待舜之攝政當即殛之使猶可暫緩而責其後效舜必不於攝政之初而即殛之也舜之攝政不過堯老而代之理事以終堯之功非堯有所不能必待舜而後能之也學者亟於稱舜遂至往往無以處堯亦已過矣書曰鯀則殛死禹乃嗣興但言禹興於鯀殛之後耳非謂鯀甫殛而禹即興也若鯀甫得罪而禹即任事揆諸

人情亦殊不可舜何獨不少爲禹地乎況舜之即位禹雖已爲司空然尙未平水土則是舜之舉禹雖在堯世而爲時亦不甚久也然則鯀之殛當在舜攝政數年以後禹之舉當在堯殂落數年以前乃於事理爲近故附次此文於堯之末載說並見後命禹條下

附錄○舜使益掌火益烈山澤而焚之禽獸逃匿（孟子）

按書益奏鮮食與禹隨山刊木同時而孟子此文在治水前者蓋禹導山在前導水在後隨山刊木導山

事也決水距海導水事也盖之烈山澤在導山時故在導水之前也舜之即位禹已前爲司空則導山當自堯之末年始導水乃在舜世耳然則盖此事當在舜命禹平水土之前堯之末年矣其作虞也乃水土既平後生民已安而蕃育草木鳥獸耳與烈山澤事無涉也但盖之事於經無明文故附次於此說並詳後命禹及夏禹導山條下

二十有八載帝乃殂落百姓如喪考妣三載四海遏密八音書堯典

世傳堯在位時有康衢之謠曰立我蒸民莫匪爾極不識不知順帝之則有擊壤之歌曰日出而作日入而息鑿井而飲耕田而食帝力何有於我哉有華封之祝曰願聖人富壽多男子云云余按康衢之謠乃剽竊雅頌之文帝力何有乃楊氏爲黃老之言者所爲而富壽多男之說義亦淺近皆後人所擬作不足采故不錄

附論○舜相堯二十有八載非人之所能爲也天也孟子

史記稱舜得舉二十年而堯使攝政攝政八年而堯崩蓋以經之二十八載爲自舉舜時數之也蔡傳云歷試三年居攝二十八年則是自舜受終時計之矣余按經云乃言底可績三載不容舜舉已二十年而底可績者止三載孟子云舜相堯二十有八載不容初舉歷試之時即以相堯稱之蔡氏之說是也

堯崩三年之喪畢舜避堯之子於南河之南孟子

尚書大傳云堯爲天子丹朱爲太子舜爲左右堯知丹朱之不肖必將壞其宗廟滅其社稷而天下同賊之故堯推尊舜而尚之屬諸侯焉史記五帝本紀云堯知子丹朱之不肖不足授天下授舜則天下得其利而丹朱病授丹朱則天下病而丹朱得其利堯曰終不以天下之病而利一人卒授舜以天下由是世之論者皆謂堯舍其子丹朱而以天下與舜余按不以天下與子自古聖人皆然不獨堯也蓋上古之時

諸侯各君其國子其民有大德之聖人出焉則相率而歸之聖人沒則已耳非若後世創業之主以兵受命征伐攻取而後能得天下而子孫世守其業者比也是以上古有天下者其前皆無所受其後皆無所授自羲農黃帝以降皆若是而已矣非堯以丹朱不肖故獨不傳之子也且堯亦未嘗傳天下於舜也堯之初意但欲讓舜以天下耳故堯典曰咨四岳朕在位七十載汝能庸命巽朕位又曰格汝舜詢事考

言乃言厎可績三載汝陟帝位是堯本期得舜之後即以天下與之但以舜不肯受而讓於德弗嗣不得已乃使舜受終攝政至堯崩而後踐位焉初非慮身後之天下無所屬而始屬之舜也曰堯不慮身後之天下無所屬何為汲汲焉以天下與舜也曰此堯之所以為大也堯以天下未治故授之舜使治之也蓋當洪荒之世天下未平生民多患人猶蠢蠢焉去禽獸不甚遠此之為治猶闢荒田而馭生馬不但非一

聖人所能獨理亦并非數十年所能奏功使非堯與舜兩大聖人耘鉏馴擾相繼於百五十載之久則治功不成且夫禹皋稷契數聖人者亘古不再得之人也而非堯七十載之培植涵濡則無以鍾其秀非舜八十載之試功考績則無以盡其材是以堯之治至於於變時雍而猶以為未足自惟年老不能終其事乃咨於衆而得舜於畎畝之中授之天下而使治之雖舜不肯陟帝位而受終攝政固已代堯蕆其治至

堯崩而天下諸侯卒共戴舜以為天子然後水土平禮樂興庶績咸熙而開萬世無窮之業使後世賢聖之君有所遵守以安其民由是言之生萬世之人者天也治萬世之人者堯也堯之心一天而已矣故孔子曰唯天為大唯堯則之此堯之所以創前古所未有而授舜以天下也是故堯之所以為聖在乎能為天下得舜而不在乎能以天下與人孟子曰以天下與人易為天下得人難聖人之視天下猶敝蹝也其

去其嵩無所關其意焉當其生也且欲巽位乂其子與天下之利病倘何待於較量大傳所言固與聖人之心剌謬即史記以爲不私其子者其視堯亦甚淺蓋二子皆以己之心揣度聖人而爲之說而不知聖人天地日月之心之不如是也後之人不肯細繹經文堯讓舜以天下非傳舜以天下又不知堯所以與舜天下之故但見舜繼堯爲天子遂以大傳史記之言爲實誤謂堯不傳子而傳之舜不以爲普爲子謀

則以爲不私其子因而以之度舜遂并以之疑禹聖人之心之晦於後世也久矣故今於堯首發明之而概不載後人揣度之言說並詳前章及後舜禹篇中

附錄○無若丹朱傲惟慢遊是好傲虐是作罔晝夜頟頟罔水行舟朋淫于家用殄厥世書益稷○堯育丹朱楚語

備考○穆叔如晉范宣子逆之問焉曰古人有言曰死而不朽何謂也穆叔未對宣子曰昔匄之祖自虞以上爲陶唐氏在夏爲御龍氏在商爲豕韋氏在周爲唐杜氏晉主夏盟爲范氏左傳襄公二十四年

舜命官考績上

月正元日舜格于文祖書堯典

天下諸侯朝覲者不之堯之子而之舜訟獄者不之堯之子而之舜謳歌者不謳歌堯之子而謳歌舜夫然後之中國踐天子位焉孟子

堯崩而天下如一同心戴舜以爲天子左傳文公十八年

呂氏春秋云舜讓其友石戶之農石戶之農去之終

身不反又讓其友北人無擇北人無擇曰異哉后之爲人也居於畎畝之中而游於堯之門又欲以其辱行漫我遂自投於蒼領之淵余按堯舜之德至矣天下豈有能加於堯舜者哉如以堯舜爲不屑則是喪心病狂之人而已此乃楊氏之徒爲黃老之說者假設此言以遂其非堯舜薄湯武之私呂氏無知而妄採之耳

附論○子曰巍巍乎舜禹之有天下也而不與焉論語泰伯篇

○孟子曰舜之飯糗茹草也若將終身焉及其爲天

子也被袗衣鼓琴二女果若固有之孟子

詢于四岳闢四門明四目達四聰書堯典

附論○子曰舜其大知也與舜好問而好察邇言隱惡而揚善執其兩端用其中於民其斯以爲舜乎中庸○孟子曰大舜有大爲善與人同舍己從人樂取於人以爲善自耕稼陶漁以至爲帝無非取於人者孟子

按中庸孟子之言相表裏孟子所言其綱也中庸所言其目也其義則朱子章句盡之矣惟所云非在我之權度精切不差何以與此者尙未盡善何者此章之意本謂舜之大知不在乎己有過人之識而在於能集衆人之知耳如章句所言則是舜所以過人者乃在好問好察之前別有操持以成其爲大知非此章本意也蓋人之性非甚狂愚本皆能辨是非故孟子曰是非之心人皆有之所患者自以爲是則不好問自以爲高明則不好察邇言有好名妬忌之心則不肯隱惡揚善偏聽阿好喜諛惡直而於事多鹵莽

滅裂則不能執其兩端用其中於民是以雖有諫臣拂士遠猶高識皆阻而不得達達而不之采而但任一己之聰明以致處事失當惟舜不然是以其知爲獨大也聖人之教人也皆就人人所可能者教之故曰人皆可以爲堯舜好問好察之屬夫誰不能但不肯耳若歸其功於在我權度之精切則人必曰聖人天亶之聰明非人所可及卽不然而不求諸明白易爲之事乃求之於空虛難見之心聽之若愈精而學之乃愈遠矣

備考○許大岳之允也左傳隱公十一年○姜大嶽之後也左傳莊公二十二年

杜氏云大岳堯四岳也按周語亦稱齊許申呂爲四岳後其說或不誣但周語謂共工之從孫四岳佐禹有功命爲侯伯賜姓曰姜則語殊失實何者四岳乃堯舜之相薦鯀及禹者不得復爲禹佐而四岳本長諸侯亦不待佐禹而後命爲侯伯也且傳及晉語皆

稱炎帝爲姜姓祖炎帝在四岳前非至四岳始賜姓炎至共工氏乃繼炎帝爲水師者與炎帝不同族四岳果炎帝後又安得爲共工之從孫乎大抵國語之文本多荒誕自相矛盾乃其常事而後人必曲爲之說如賈侍中之以共工爲諸侯與高辛爭王者韋氏之以爲炎帝世衰其後變易帝復賜之祖姓使紹炎帝愈斡旋而愈不可通亦可謂勞而罔功矣故今但但載傳文而國語文不載說並見命伯夷條下

咨十有二牧曰食哉惟時柔遠能邇惇德允元而難任人蠻夷率服（書堯典）

四岳十二牧皆舊官以舜新即位故申儆之使敬厥職也舊官故書其官於前而曰詢曰咨見其非新命也然則稷契皋陶之非舊官可知矣四岳不載命詞者統率羣僚無專責也十二牧共一命詞者域異職同無分別也

舜曰咨四岳有能奮庸熙帝之載使宅百揆亮采惠疇僉曰伯禹作司空帝曰俞咨禹汝平水土惟時懋哉禹拜稽首讓于稷契暨皋陶帝曰俞汝往哉（書堯典）

唐虞之時洪水滔天下民昏墊五穀不登禽獸逼人水土之治不可以須臾緩也而禹又前爲司空故命禹在九官之先○禹非顓頊孫說見夏禹篇中

命禹何以先咨於岳也重其事也何以但戒以職而不命以官也禹已前爲司空無庸復也且云汝作司空則嫌於始爲司空但云汝平水土又不可知禹爲何官故冠伯禹作司空於命詞之上語簡意明其斯爲聖賢之文自有追美前功之說經義盡晦矣

僉曰伯禹作司空僞孔傳以爲四岳同詞而對蔡傳以爲四岳及諸侯也余按僞傳誤以四岳爲四人蔡傳更之是已然用大臣當謀之廷臣不當專謀之諸侯諸侯朝覲有時在廷者亦未必多也然則僉也者廷臣僉耳舜咨四岳廷臣何以僉對也蓋古文簡質所記特其梗概以四岳相臣故特咨之特記之其實

咨岳之後於衆無所不諏故曰舜好問而好察邇言當時廷臣亦未必人人薦禹但薦禹者多僉也者舉其大凡耳舜察禹材果可用是以從薦禹者之言故曰執其兩端用其中於民讀者當善會其意不得但泥其詞也此九官之首故發例於此

禹掘地而注之海驅蛇龍而放之菹水由地中行江淮河漢是也險阻既遠鳥獸之害人者消然後人得平土而居之孟子

禹平水土據經此文在舜卽位以後而僞孔傳誤以爲堯時事乃以此章爲命禹作百揆而稱其前功以勉之蔡傳因之云帝使禹仍作司空而兼行百揆之事錄其舊績而勉其新功也由是南氏綱目前編遂以堯之七十三載爲命禹治水之年八十載爲禹告成功之歲余按經云僉曰伯禹作司空帝曰俞咨禹汝平水土惟時懋哉則是禹於堯之季年已爲司空但蒞事不久水土猶未平故舜仍其官而專責之以

平水土詞意甚明若別有百揆之官使禹由司空而進居之則文當曰汝作百揆惟時懋哉今舜絕口不以告禹而但稱其以前之功禹尚不知已爲何官將何所遵循邪古今來有如是之命官者哉且汝平水土惟時懋哉文相承也今以平水土爲錄舊績以惟時懋爲勉新功則上句語氣未畢下句語意無根於文義亦不通矣帝曰疇若予工則命垂曰汝共工曰疇若予上下草木鳥獸則命益曰汝作朕虞曰有能

典朕三禮則命伯曰汝作秩宗凡舜所命者卽其所咨者也然則禹之平水土卽所謂熙帝載而宅百揆不待言矣蓋洪水者帝之所憂而六府之修三壤之則定貢賦布聲教則百揆實兼之故舜之咨岳云云惟禹已爲司空故但云汝平水土而不云汝作司空止此與八人小異耳若以平水土爲前功宅百揆爲新職是所命自爲一事所咨自爲一官然則秩宗之外亦將謂別有典三禮之一官乎舜之命禹昌言也

禹曰予何言予思日孜孜又曰予乘四載隨山刊木又曰予決九川距四海濬畎澮距川然則是當舜初載禹尙以洪水之故日孜孜而不暇有言也若堯八十載前水患已平歷三四十年之後復何待禹之孜孜此事乎禹曰弼成五服至於五千州十有二師外薄四海咸建五長各迪有功然則是舜禹問答之時土功始畢故禹舉其畧以告舜若水土久平於堯世舜之知之悉矣禹於是時猶爲此言不幾贅乎是則禹之治水於典爲舜世於謨亦爲舜世而自舜攝政後堯未崩前初未嘗有一言及於尸者由是言之禹之初爲司空當及堯世至其決九川弼五服斷斷爲舜時事明矣故論語云舜有臣五人而天下治而史記五帝本紀及夏本紀亦皆以禹治水爲舜即位後事良有以也蓋僞傳之失皆由誤以四岳爲四人則并九官十二牧爲二十五人必減其三人而後符於二十二人之數故不得已以稷契皋陶之命爲稱其

前功而不與焉然教稼明倫皆在平水土後而并禹減之又僅二十一人故又不得已而以平水土爲前功宅百揆爲新職是因一誤而又三四誤也於是唐虞之事靡不顚倒錯亂禹功之告成反在堯典濬川之前三苗之分北反在禹貢丕敘之後而禹所別九州舜改之爲十二禹又改之爲九展轉相因誤無所底遂使聖人經世之畧晦而不彰者幾二千年而皆自誤以四岳爲四人始嗟夫釋經一字之誤其流弊乃至於此如之何其可不愼也曰然則百揆非官名乎周官云內有百揆四岳朱子以百揆爲朝廷之長四岳爲十二牧之長何也曰經曰愼徽五典五典克從納於百揆百揆時敘賓於四門四門穆穆五典四門皆非官名百揆安得獨爲官名傳曰百揆時敘無廢事也然則百揆者猶言百事耳豈得以爲官名也哉堯之用鯀也咨於岳舉舜也咨於岳舜之命禹命伯夷也皆咨於岳而百揆無聞焉堯舜之用朝臣何

以反謀之外之長而不謀之內之長乎蓋僞書與僞傳本出一人彼於堯典旣以百揆爲官名矣故於周官遂換是語是亦因誤而誤耳豈得以僞書證僞傳乎且朱子與蔡氏旣以四岳爲一人則僞傳之誤解無庸復遵矣乃亦以百揆爲官名治水爲往事是僞傳因堯典而誤周官宋儒反因周官而誤堯典也故今取經文正其誤而以孟子所稱禹治水事列於其後說並見後命皐陶與分北三苗條下及舜體國經

野篇中○按禹治水事又見於有爲神農章然誤以汝淮泗爲入江與禹貢水道皆不合朱子以爲記者之悞是也故舍彼而錄此

唐虞考信錄卷之三

大名崔述東壁譔考　石屏門人陳履和校刊

舜命官考績下

帝曰棄黎民阻饑汝后稷播時百穀書堯典

后稷教民稼穡樹藝五穀五穀熟而民人育孟子

水土平然後耕耨可興故命稷次之是以孟子之敘教稼穡亦在禹治水之後○稷非嚳子說見前堯建極篇中履跡之誣說見商周稷契篇中

帝曰契百姓不親五品不遜汝作司徒敬敷五教在寬書堯典

人之有道也飽食煖衣逸居而無教則近於禽獸聖人有憂之使契爲司徒教以人倫父子有親君臣有義夫婦有別長幼有序朋友有信孟子

衣食足然後禮義可教故命契次之是以孟子之敘教人倫亦在稷教稼之後○契非嚳子說見前堯建極篇中吞卵之誣說見商周稷契篇中

帝曰皐陶蠻夷猾夏寇賊姦宄汝作士五刑有服五服三就

五流有宅五宅三居惟明克允書堯典
舜以不得禹皋陶爲已憂孟子
舜有天下選於衆舉皋陶論語顔淵篇

不教而殺謂之虐教之不從然後齊之以刑故命皋陶次之此四官皆救民之急務正民之要術故舜先之○皋陶似非庭堅説見夏皋陶篇中

命稷契皋陶何以不咨也因禹之讓帝已知其才也命詞何以詳於禹也因咨而命者事畧具於所咨故從省也因讓而命者事專見於所命故從詳也

僞孔傳以禹垂益伯夷夔龍六人爲新命以稷契皋陶爲美其前功以勉之蔡傳因之云此因禹之讓而申命之使仍舊職以終其事也余按經之命官凡九於棄曰汝后稷於契曰汝作司徒於皋陶曰汝作士於垂曰汝共工於益曰汝作朕虞於伯夷曰汝作秩宗於夔曰命汝典樂於龍曰命汝作納言八人之命詞如一稷契皋陶爲申命何所見垂益等五人之獨爲新命垂益等五人既爲新命則稷契皋陶之亦非申命可知矣稷契皋陶因禹之讓而命之者也夔龍因伯夷之讓而命之者也苟因讓而命之者即爲申命則夔龍何得獨不爲申命乎禹之爲司空自堯時者也則其命必別白言之先云伯禹作司空以見其官之非新命後云咨禹汝平水土以見其功之尚未畢不云汝作司空也若稷契皋陶亦舊爲此官則亦當著之於命詞之上必不云汝爲稷司徒士也四岳

十二牧皆舊職也然所謂闢四門食哉惟時云者皆新命非美其前功稷契皋陶即使果仍舊職亦豈得獨爲美其前功乎且三人之功果在堯時堯未崩以前何以不書舜即位後紀新政之不暇乃於此時敘舜之追美其前功有如是顛倒舛謬之史官邪孔子曰無爲而治者其舜也與論語曰舜有臣五人而天下治子夏曰舜有天下選於衆舉皋陶然則茲數人者任官效職皆在舜時明甚或初仕於堯世要之

亦爲后稷司徒士故史記云自堯時皆舉用未有分職不得以舜爲申命也蓋僞傳之失在誤以四岳爲四人是以與下二十二人之文不符乃不得已而曲爲之解謂稷契皋陶之命皆美其前功而不得與二十二人之數由是凡舜時事皆以爲堯時事顛倒錯亂而二帝治天下之大法不彰至蔡傳出始以四岳爲一人然則稷契皋陶無庸謂爲申命矣乃亦沿僞傳舊說而不改豈非習聞其說遂不覺其非邪故今

補其未備而詳辨之說並見前命禹條下

帝曰疇若予工僉曰垂哉帝曰俞咨垂汝共工垂拜稽首讓于殳斨暨伯與帝曰俞往哉汝諧（書堯典）

附錄○垂之竹矢（書顧命）○垂之和鐘（明堂位）

帝曰疇若予上下草木鳥獸僉曰益哉帝曰俞咨益汝作朕虞益拜稽首讓于朱虎熊羆帝曰俞往哉汝諧（書堯典）

存參○垂益夔龍其後不知所封（史記陳杞世家）

本務舉而後末務可圖人性盡而後物性可遂故命垂命益次之

命垂益何以不咨於岳而咨於衆也以其職少輕故泛言之也何以但命以官而不戒以職也以其職少輕故畧言之也

蔡傳云史記曰朱虎熊羆爲伯益（史記稱益未有加以伯者傳誤）之佐則殳斨伯與當亦爲垂之佐也余按禹之讓稷契皋陶也帝曰汝往哉伯之讓夔龍也帝曰往欽哉獨於垂益之讓則曰往哉汝諧諧猶偕也謂偕垂益而

同治一官也往哉者不允垂益之讓汝諧者允垂益之薦而用之也稷契皋陶夔龍皆別命之殳斨伯與朱虎熊羆皆不別命既俞其薦安有置之不用之理其爲垂益之佐明甚古之人固多以所能名（本蔡傳文）亦多以所職名垂共工而所讓者曰殳斨益作虞而所讓者曰熊羆則所讓之人後即爲二人之佐可知也細核前後文義諧之當爲偕義顯然僞孔傳乃釋爲諧和此官蔡傳因之而引史記之文以見其爲二人

之佐不知史記卽因汝諧之文知之故云舜曰往矣汝諧遂以朱虎熊羆爲佐於垂不言之者蓋史記引尙書文至垂爲共工而止無讓殳斨伯與之語此或司馬氏誤脫尙書文或後人傳寫誤脫史記文均不可知非史記别有所據書但有朱虎熊羆佐益之事而無殳斨伯與佐垂之文也因傳說未明故今詳釋之○殳斨伯與僞孔傳以爲二人蔡傳以爲三人今以上讓於稷契暨皐陶之文推之蔡傳說是朱虎熊羆僞孔傳亦以爲二人蔡傳以爲四人疑亦蔡傳得之

鄭語云嬴伯翳之後也史記秦本紀云大費與禹平水土佐舜調馴鳥獸是爲柏翳舜賜姓嬴氏是秦之祖乃伯翳也陳杞世家云伯翳之後至周平王時封於秦項羽滅之垂益夔龍其後不知所封是伯翳自伯翳益自益也乃漢書地里誌云秦之先曰柏益出自帝顓頊堯時助禹治水爲舜朕虞養育草木鳥獸

賜姓嬴氏顔氏註云柏益一號伯翳蓋翳益聲相近故也是謂伯翳卽益而益爲伯益矣自是學者相沿皆信之而不疑雖朱子註論語亦稱之爲伯益舜有臣五人註云禹稷契皐陶伯益葉大慶攷古質疑云伯益柏翳一人也史記於陳杞世家則以爲二人本註云益翳乃一人聲轉故字異耳余按益翳聲相近而致悞理誠有之然非史記因聲之轉而悞分爲兩人乃漢書因聲相近而悞合爲一人耳書堯典云僉曰益哉帝曰俞咨益皐陶謨云暨益奏庶鮮食孟子曰舜使益掌火益烈山澤而焚之禹薦益於天益避禹之子於陽城朝覲訟獄者不之益而之啟皆稱以益未有冠以伯者而國語稱伯翳史記作柏翳亦未有徒稱翳者如果益翳通用何以遇益則概不稱伯遇翳則必加以伯與柏也春秋傳於列國最好溯其先世於齊許稱炎帝大岳於陳稱顓頊幕舜於杞鄫稱夏稱后相於宋稱商稱相土於薛稱奚仲仲虺於六蓼稱皐陶庭堅

於孫稱少皞於任宿須句顓臾稱大皞凡古帝王名臣之裔未有不及其先世者乃至周初封建之國晉楚魯衛之倫亦往往及之獨於益之有功秦之大國絶無一語班氏生於漢代何所見而知伯翳之必爲益也將謂二人之功相類邪則禹之佐固非一人卽虞之職亦不止於調馴鳥獸且秦本紀之文采之秦史秦人自稱其祖亦未必不涉於附會鳥身人言信邪否邪如之何其可以據此文而遂以柏翳爲益以益爲伯益也黍稷之稷漢以來謂之粟今北方農人謂之穀（南方人或呼爲小穀　穄稷去聲）乃黍屬之不粘者經傳之文甚明說文之訓尤顯迥然兩物也（語詳稷穄辨中）而今北方往往讀入爲去或遂有讀稷與穄同音者作本草羣芳譜者不考之古遂悞以稷爲穄班氏之悞與此正同不得據班書而疑遷史也且朕者舜之自稱虞者官名而漢志云爲舜朕虞其誤會經文如是若必謂班氏不應有悞將朕虞亦果爲官名乎嗟乎漢書

合之悞也而反信之史記分之是也而反議之是者必以爲非非者必以爲是吾眞不解其何故矣師古大儒皆精於考核者然猶如此甚矣考古之難言也大抵古人文字異者非有顯然之證寧可從古而分之不可妄意而合之彝之與思合之而祖孫易位矣羲和之與重黎合之而族姓紊亂矣伊尹之與阿衡合之而名臣湮沒矣羲農之與太皡炎帝合之而世代顚倒矣南容之與南宮敬叔合之而賢哲受誣矣故不必分而從古而分之其失小不當合而妄意而合之其失大故今於益之命不載國語伯翳之文史記大費之事

孔氏尚書正義稱益爲皐陶之子張氏史記正義云列女傳云陶子生五歲而佐禹注云陶子者皐陶之子伯益也按此卽知大業是皐陶（大業乃伯翳父張氏以益爲柏翳故云然）近世有人據此立說遂謂朱子論語集註蔡氏書傳之有鈌畧且云舜五臣禹讓稷契皐陶而不及益

者實因益爲皐陶子也（此說太陋故不欲舉其名見其書者自知之耳）余按鯀用於堯世禹用於舜世前後不相及也而益與皐陶同時登用比肩授職絕不類爲父子者然禹爲鯀之子尚書言之春秋傳言之大戴記史記皆言之益果皐陶之子何以傳記絕無言及者乎劉向之書誣者多矣而列女傳尤爲紕繆棄酒之糟餘光之分皆以策士喻言汜爲實事唐劉知幾譏之詳矣而五歲佐禹亦必無之事藉令向果明言益爲皐陶之子猶

不可信況向但言陶子何以見其當爲皐陶之子而禹之佐亦不一人又何所見言佐禹者之必爲益也此特注家屈曲猜度之言豈得遂以爲實朱子蔡氏蓋已深知其妄故不之采而今反用此爲譏議人之無識何至於此至以論語五臣爲證其說亦謬謂五臣有益者集註文耳或以爲四岳或以爲伯夷義皆可通安知其决爲益且舜賢臣多矣禹安得人人而讓之經言五人則以爲四人者皆當讓如經言十人則以爲九人者皆當讓乎此論尤爲無理恐後人爲其所惑故亦附辨之

帝曰咨四岳有能典朕三禮僉曰伯夷帝曰俞咨伯汝作秩宗夙夜惟寅直哉惟清伯拜稽首讓于夔龍帝曰俞往欽哉（書堯典）

存疑　○伯夷降典折民惟刑（書呂刑）

說此篇者皆以下文士制百姓于刑之中之士爲皐陶吳氏云二典不載有兩刑官蓋傳聞之謬也蔡氏

云皐陶未爲刑官之時豈伯夷實兼之與余按此篇後章文云今爾何監非時伯夷播刑之迪其今爾何懲惟時苗民匪察于獄之麗明明分承上章苗民弗用靈及士制百姓于刑之中兩項而言則所謂士者非皐陶即伯夷明矣稷棄之世官也故今傳多稱之若皐陶則未聞有稱士者且既謂伯夷典刑矣又謂皐陶爲士不但於政體有乖即以文義論亦不可通然則所謂制百姓于刑之中者即承上文伯夷而言

非皐陶明矣蓋盛世之文多謹嚴衰世之文多輕易況事在千餘年前傳聞不一詎有誤以皐陶之事爲伯夷者作誥者因本之以爲言吳氏以爲傳聞之謬是矣蔡氏疑在皐陶之前猶未免於曲爲說也孟子曰盡信書則不如無書吾於書之呂刑詩之閟宮皆不能無疑非但其作之晚亦以所稱述者久遠之事不能保其不失實耳故列之於存疑

鄭語云姜伯夷之後也伯夷能禮於神以佐堯者也

余按春秋傳或以姜爲大嶽之後或以姜爲炎帝之後周語晉語亦然四岳在炎帝後容或出於炎帝則謂四岳之後即炎帝之後理尚可通也若伯夷則與四岳比肩事主又四岳之所薦安得四岳之後即伯夷之後乎且伯夷乃舜所命官以爲佐堯亦誤故今不載

帝曰夔命汝典樂教胄子直而溫寬而栗剛而無虐簡而無傲詩言志歌永言聲依永律和聲八音克諧無相奪倫神人以和書堯典

孔叢子稱或問孔子夔有一足信乎孔子曰皐陶爲夔請佐舜曰夔一句足矣非一足也余按夔本獸名故魯語云木石之怪夔蝄蜽水之怪龍罔象夔之名猶龍之名龍也猶朱虎熊羆之名朱虎熊羆也所謂夔一足者謂夔之獸一足非謂夔之人一足也儒者知其不經而不知所由誤乃撰爲此事又托諸孔子之言以曲解之嘻亦勞矣且九官皆官屬之長未

有無佐者垂之佐殳斨伯與益之佐朱虎熊羆禹稷契皐陶之倫亦必有佐但不見於經耳典樂教胄豈一人所能理夔安得獨無佐乎以無佐解一足則龍之兩角又何說焉今不載

世儒論古樂者皆求之律自班固以來娶妻生子之喻十分九分之疑王朴蔡元定之所定范景仁司馬君實之所爭紛然不一余之意獨以爲不然經之言樂此章詳矣曰詩言志歌永言聲依永律和聲四言

而樂之事備矣何者凡樂必有其本本也者志是也有志而後有詩詩者取志而宣諸喉舌者也有詩而後有歌歌者取詩而暢其音節者也有歌而後有聲聲者取歌而布之於絲竹者也是故詩曰言志歌曰永言聲曰依永言即其言志之詩也永即其永言之歌也即其詩而長之之謂永隨其歌而應之之謂依然則聲之抑揚疾徐視其歌歌之抑揚疾徐視其詩而詩之抑揚疾徐視其志矣是故志者本也聲者末

也其志必中正和平也而後其詩其歌其聲從容舒暢而俯仰遲速無不適其宜者志不美求之於詩無益也詩不美求之於歌無益也歌不美求之於聲無益也故曰作樂崇德見其樂而知其德也然又制律以和聲者何居八音並作彼此恐其不均數章迭奏先後恐其不符故爲律以考驗之使歸於一耳非以律爲樂也書曰同律度量衡律之於音也猶度之於布帛量之於粟衡之於金也長短之形目能察之而

一左一右不能必其無分杪之差故受之以度而後齊高下之音耳能辨之而一彼一此不能必其無幾微之異故受之以律而後調是故律者所以均高下而非所以爲高下也度者所以均長短而非所以爲長短也量與衡者所以均多寡輕重而非所以爲多寡輕重也後世儒者之爲古樂也則不然不求其原於志與詩而惟斤斤於律聲從律起而不自歌生詩緣歌作而非由志出取命夔之語而顛倒施之正使

所制之律毫釐不爽於古亦與古樂無與況未必然乎如但持古人之律即可爲古樂是得周尺而即可以制周禮也曰然則何以淑其志曰經言之矣曰直而溫寬而栗剛而無虐簡而無傲剛直乾之德也寬簡坤之德也有其德者必有其偏溫也栗也無虐且無傲也德之不偏不倚純粹至善所以爲中正而和平也由是而發之詩著之歌播之聲舜之樂所以爲至也故詩言志云云者所以爲樂也古樂之與後世

異者也直而温云云者所以爲韶也舜樂之與三代
異者也故古今知樂者莫如孔子孟子孔子曰樂則
韶舞謂韶盡美矣又盡善也聞韶曰不圖爲樂之至
於斯也此論樂之品也爲夫不能直而温寬而栗剛
而無虐簡而無傲者言之也孟子曰今之樂由古之
樂也百姓之疾首蹙頞而相告者不與民同樂也欣
欣然有喜色而相告者與民同樂也此論樂之本也
爲夫不知詩言志歌永言聲依永律和聲者言之也

蓋樂猶文也文之本在明理達意不如是則非文孟
子之論樂是也文之品則有高下精粗純雜之分當
求其上者而法之孔子之論樂是也孔子之論樂與
顔曾之徒知樂者言之也孟子之論樂與戰國之君
臣不知樂者言之也彼且不知樂之本何暇與之論
高下譬諸近世之文不求之理而但揣摩西漢盛唐
之體格於語言音響之間此姑使之返而求所以明
理者未可遂以文之高下語之非謂文之遂無高下

也宋韓魏公琦上仁宗疏云不若窮作樂之原爲致
治之本使政令平簡民物熙洽斯則古之樂也可以
器象求乎嗚乎三代以還知樂者一人而已矣若夫
諸儒所論累黍爲尺由尺生律以黍尺之多寡長短
爲古樂者吾不知樂吾知其非樂也

備考○有仍氏生女鬒黑而甚美光可以鑑名曰元妻
樂正后夔取之生伯封實有豕心貪惏無饜忿纇無期
謂之封豕有窮后羿滅之夔是以不祀（左傳昭公二十八年）

帝曰龍朕堲讒說殄行震驚朕師命汝作納言夙夜出納朕
命惟允（書堯典）

民生厚而德正用利而物成萬物之理得矣天地之
氣和矣夫然後禮樂可興故命伯夷命夔次之而又
慮讒殄之害正也故以命龍終焉此治化之成也顔
淵問爲邦孔子曰行夏之時乘殷之輅服周之冕言
禮也曰樂則韶舞放鄭聲言樂也而又繼之曰遠佞
人何蓋佞人不去雖有賢臣不能爲治即治亦不能

久故欲久安長治者必以近佞人爲永戒舜之聖讒
殄於制禮作樂之後亦此意也
命伯夷何以亦咨於岳也猶命禹之咨於岳也亦重
之也命夔龍何以亦詳於伯夷也猶命稷契皐陶之
詳於禹也亦因讓而命也

帝曰咨汝二十有二人欽哉惟時亮天功書堯典
三載考績三考黜陟幽明庶績咸熙同上

自詢於四岳以後鄭氏以爲皆格於文祖時所勑命

綱目前編因之悉載之於舜即位時而以舜之三載
爲考績之年九載爲熙績之歲余按舜之攝政二十
有八載矣自堯以下八人爲知其材邪爲不知其材
邪知其材邪何以二十八載而不用不知其材邪何
以一日而盡用之如云咨於衆而知之則何以二十
八載之久而不一咨獨於此一日而徧咨之也向之
爲此官者爲稱職邪爲不稱職邪稱職邪不應一旦
而盡易之不稱職邪不應二十八載而不易即云向
無其官而今設之亦不應二十八載之久而無一設
忽於此一日而徧設之也由是言之舜之咨衆之舉
皆非朝夕之故蓋以漸而知之遂以漸而用之而記
事者連類而記之耳不得以爲一日之所命也冉有
曰既庶矣又何加焉孔子曰富之曰既富矣又何加
焉孔子曰教之聖人立政自有先後次第況巢窟者
切膚之急禍教養者治民之大綱皆非可以須臾緩
者工虞之事固已末矣至於禮樂乃盛治之成功非

厚生正德之後未易言也安得一日而同亮天工三
載而咸奏厥績哉帝之命禹昌言也禹以决川距海
烝民乃粒告之帝則是此時水土固已平樹藝固已
成矣而帝方諄諄焉以山龍黼黻六律五聲與庶頑
讒說爲憂則是此時禮樂猶未興讒殄猶未絀也然
則禹稷功成之日伯夷夔龍始各任職耳若與六官
者同命而同考何至此時尚厪帝慮乎曰然則舜有
咨二十二人之言何也曰古人之文簡質貴得聖人

之意耳其事皆當日之事其言不必皆當日之言也而典之爲體綜其始終本末言之又與春秋之編年紀事者不同即如疇若予工疇若予上下草木鳥獸者豈果臨朝一問而已乎僉曰垂哉益哉者豈果同朝一應而已乎帝曰汝共工汝作朕虞者豈果漫不加察付以重任而已乎如此則不惟舜能之人人皆能之矣書曰敷奏以言明試以功車服以庸記曰舜好問而好察邇言然則舜之訪蓋不知幾何而衆多稱垂益平日之才畧者舜乃詢以言試以功待其有效而後授以此官而書之所云特其梗概耳故曰其事皆當日之事其言不必皆當日之言也不寧惟是韓子平淮西碑云曰光顏汝爲陳許帥曰重允汝故有河陽懷今益以汝曰度維汝予同汝遂相予者豈果一日之事當日之言乎哉夫堯典之文亦若是而已矣嗚乎聖主賢臣之心與其經綸設施之次第其晦於拘牽文義之儒者豈可勝道哉故識其說如此

苗頑弗即工 書益稷

皋陶方祇厥敘方施象刑惟明 同上

分北三苗 書堯典

舜有臣五人而天下治 論語泰伯篇

附論○子曰無爲而治者其舜也與夫何爲哉恭己正南面而已矣 論語衛靈篇

按三苗之見於虞夏書者凡四其一竄三苗於三危乃堯時事此在最前不待言矣其二分北三苗乃舜命官之後考績時事其三苗頑弗即工皋陶方施象刑乃舜禹問答語考其時勢當即分北之事蓋苗頑者原分北之由分北者記象刑之實所謂五流三居者也然則典正如春秋直書其事謨正如左氏傳詳誌其本末耳其四三危既宅三苗丕敘惟此當在最後蓋因頑而分北因分北而後丕敘也若先已丕敘則禹不當謂之頑弗即工舜亦不當分北之矣蓋水土雖平於分北之前而禹貢實作於分北之後故有

作十三載乃同之文聲教訖於四海之語是知此篇乃賦定功成後所記故云丕敘也三篇之文正相發明自僞孔氏古文以禹貢爲作於堯世又撰禹攝政後征苗一事於是丕敘之後復謂之頑而分北之既分北之而惟命是聽矣無故而又動大衆以征之首尾衡決事實淆亂莫此爲甚故今載丕敘於後篇刪征苗之僞誓而取謨中舜禹之言列於典文分北之前庶學者可以一見而瞭然也說並見後治定功成

篇中

舜體國經野上

禹敷土隨山刊木奠高山大川（書禹貢）

存參○禹乃遂與益后稷奉帝命命諸侯百姓興人徒以傅土行山表木定高山大川（史記夏本紀）

此篇與堯典羲和之命相表裏四時之定堯之所以成天九州之制舜之所以平地授時者損益前古而集其成敷土者範圍後世而闢其始故授時命於庶績之先敷土記於咸熙之後

冀州　既載壺口治梁及岐　既修太原至于岳陽覃懷底績至于衡漳　厥土惟白壤厥賦惟上上錯厥田惟中中恒衞既從大陸既作　島夷皮服夾右碣石入于河（書禹貢）

篇名以貢紀貢制也貢冠以禹誌禹功也水土既平經制既定天下諸侯懷舜之德感禹之勤已各擇其土宜之貴重者以薦於帝畿以致其愛戴之誠史臣因而紀之於冊以表禹之功以見舜德化之盛是故

九州之文皆主言貢篚亦貢也包亦貢也貢之盛於篚包者也有賦而後有貢賦者庶人所以奉國君貢者國君所以奉天子也故以賦先之有田而後有賦有土而後有田故又以土與田先之然使九山未刊九川未滌九澤未陂何由辨土之色與性而究於田賦貢乎故又以平水土之事先之水土之平往日事也故其文曰既載既修既作於山則曰既藝既旅於水則曰既道既入於澤則曰既澤既豬皆以明其爲

前日之事而因原貢所由致故追溯之也每州爲一章章各分三節第一節平水土之事第二節土田賦之別第三節貢篚包之制而以辨州域始之以識貢道終之此九州之章法次第也

既載壺口治梁及岐言治河也水之患河爲大故先治河冀之患在西河兗之患在東河故西河之治記於冀東河之治記於兗壺口梁岐皆山之當河衝者雍隔阻塞河不得順流而南下則東溢於太原岳陽

之間故以三者爲始事也既修大原至于岳陽言治河東之平地也河既軌道大原岳陽乃可施功故次及之覃懷底績至于衡漳言治河內之平地也冀地太原最高岳陽次之覃懷又次之衡漳之南又次之高者易涸下者徐安故其平治之序如此恒衛既從大陸既作言治山東之平地也自衡漳以東北至海地益下多積水二泊貫于南兩淀橫于北故自大原至于衡漳田既墾賦既成然後山東乃平治也漳之衡者漳踰山出東流然後北折貫泊以入于河故謂其東流者爲衡北流者爲從也次恒衛大陸於田賦後者衡漳以下土疏而水涸遲田瘠賦輕連覃懷衡漳言之則嫌於田賦與全州無異故先言田賦次乃及之也治水之文獨詳於冀州者帝畿也大河之所環也不言貢者蔡氏所謂天子封內之地無所事於貢者是也九州治水之文皆有先後難易輕重之異而冀尤爲明著故詳釋之八州可以類而推也

奕奕梁山維禹甸之（詩大雅）

備考○梁山崩晉侯以傳召伯宗（左傳成公五年）○梁山晉望也（爾雅）

僞孔傳云壺口在冀州梁岐在雍州蔡傳云梁山呂梁山也在今石州離石縣東北岐山在今汾州介休縣狐岐之山先儒以爲雍州梁岐者非是余按梁岐果雍州山經必不載之於冀州章內況雍之岐山距河數百里與河何涉而連及之蔡傳駁之是也然不

本大雅文求梁山於古韓墟乃取水經注之吕梁當之注稱吕梁在離石之東北二百餘里其距河遠矣況注自有梁山在雍州境與僞傳同非吕梁也而介休之狐岐亦非河所經皆不得指爲禹貢之梁岐也夫詩詠梁山而云維禹甸之則此梁山即禹貢之梁山明甚然則梁山當在韓地其後韓滅於晉故春秋傳爾雅皆以梁爲晉山水經注謂即龍門者近之水經注云大禹疏決梁山即經所謂龍門但不當又以爲在河西耳水經注又云梁

山原在馮翊夏陽縣之西北蓋緣說者誤以陝西之韓城縣爲古韓國因謂梁山當在河西不知韓實河東國也何以言之詩云韓侯入覲又云王錫韓侯其追其貊則韓乃畿外之諸侯河西周畿內地不得謂之入覲亦不得錫之爲連帥也春秋傳云秦伯伐晉涉河三敗及韓晉侯謂慶鄭曰冦深矣若之何則韓乃晉之近郊地若在河西秦伯不容涉河晉侯亦不容謂之冦深也晉惠公之入也賂秦伯以河外列城五東盡虢畧

其地在今河南不在河西河西近秦而不以賂則是河西無晉地也魏壽餘之僞叛也旣濟魏人譟而還秦晉以河爲界則是河西無晉地也韓晉旣在河東梁山安得在河西乎唯岐無可考者然山同名者多雍荆之有荆山梁徐之有蒙山皆兩書於經文烏得以雍州有岐遂謂冀州不得復有岐乎蓋此二山皆當跨河在雍冀之界上故能阻塞河流而梁岐又當在壺口之下因其利害在冀而不在雍故記之於冀

猶九河之記於兗也但古今山名更易者多而梁又屬崩頹之餘難以辨識是以不得其實要之經傳之文具在不得以他地之山冒之也故今取詩春秋傳爾雅之文悉載之於冀州章下以見其爲一云

存參〇三十二年始皇之碣石使燕人盧生求羨門高誓刻碣石門史記秦始皇本紀

僞孔傳云碣石海畔山禹夾行此山之右而入河逆上蔡傳云冀州北方貢賦自北海入河南向西轉而

碣石在其右轉屈之間故曰夾右歷世既久爲水所漸淪入于海已去岸五百餘里矣余按僞孔傳不知皮服之爲貢故以右且入者爲禹蔡氏以爲貢道是也然謂淪入于海則不若僞孔傳之以爲海畔山者爲可據也經曰大行恒山至于碣石入於海古今之山名雖不同而山勢則不改今大行恒山自易定東折過古北喜峯等口轉而南行至臨渝縣東境海岸仡然而止故燕趙間說者皆以其山爲古碣石何所

見海岸之山之必非碣石而必當求之於海中乎史記云三十二年始皇之碣石是秦時碣石未淪於海也漢志云右北平郡有碣石山是漢時碣石亦未淪於海也烏得以爲去岸五百里乎且如蔡傳所言則與恒山大行之勢中斷者數百里証之經文亦不合矣蓋蔡傳之失皆由誤信臣瓚之說謂此山在河口求之河口而無此山故遂以爲淪於海耳不知此山原未嘗在河口何者此文承上島夷而言島夷在渤海東必由海道乃入于河而海道浸濶無可指故以山誌之曰夾右碣石言由海道夾右碣石而西行然後入于河也非謂夾右碣石之處卽入河之處也貢道言河凡七兗徐豫之達于河荆之至于南河梁之亂于河未有誌其山者入河自有常處不必繫此文也惟雍州章上言積石下言渭汭皆河也不誌其山則不知爲何地故變文云至于龍門西河由海入河豈有兩地而煩誌其山乎且禹貢固有誌其山者矣

導河之文是也其東折也誌華陰焉其北折也誌大伾焉禹之於河防詳且愼矣況於入海之要地豈容有大山而反不書碣石之不在河口明矣至謂入河者爲冀州北方貢賦亦非是經所謂入河者但承上島夷支耳冀固無貢而冀北境之至帝都非惟不必浮海亦無事於達河也

濟河惟兗州　九河既道雷夏既澤灉沮會同桑土既蠶是降丘宅土　厥土黑墳厥草惟繇厥木惟條厥田惟中下厥

賦貞作十有三載乃同　厥貢漆絲厥篚織文浮于濟漯達
于河 書禹貢
備考〇徒駭大史馬頰覆鬴胡蘇簡潔鉤盤鬲津 爾雅釋地
朱子以簡潔爲二水并其七而爲九蔡傳以簡潔爲
一水并其七則爲八其一則河之經流也余按經旣
統稱九河其水勢當相等不容別有經流餘皆支派
似以朱子之說爲長然九河之名不見於經傳而爾
雅記九州之名與禹貢殊異故郭氏不得已疑以爲

商制其他文亦往往有與經傳異者然則爾雅所載
且未知果爲禹之九河與否況簡潔之爲一爲二乎
哉故今但列之備考而不强爲之說
存參〇古說九河之名有徙駭胡蘇鬲津今見在成平
東光鬲界自鬲以北至徒駭間相去二百餘里 漢書溝洫志
通典謂覆釜在德州安德寰宇記謂鉤盤在樂陵東
南馬頰在棣州滴河北輿地記謂簡潔在臨津鉤盤
在樂陵馬頰卽篤馬河 以上並本蔡傳文 蔡傳皆以爲非是

獨據漢王橫言往者天常連雨東北風海水溢西南
出浸數百里九河之地已爲海所漸又據程大昌言
引碣石爲九河淪海之證謂九河入海之處有碣石
在其西北岸今在平州 今永平府 正南海中去岸五百餘
里則是古河自今以爲海處向北斜行始分爲九其
道已淪入于海矣余按漢世近古九河之跡容或有
一二未湮者許商所言雖未敢必其果是然惟鬲津
差南徒駭胡蘇皆傍禹河故址或不盡誣若通典寰

宇記等書所指則多在今德州濟南之間地直大陸
以東於經文當云又東播爲九河不當云又北播爲
九河矣兼其地勢東下水不北流必東行由海豐入
海無由與成平之徒駭東光之胡蘇同爲逆河以達
天津也至篤馬河則漢志已明謂其在九河南矣烏
得以爲馬頰且漢人僅知其三更歷千年理宜益加
湮塞而唐宋人所知反倍於漢人而有餘有是理乎
蓋緣魏晉以後河日南徙旁决分流往往而見故川

舊渠所在有之學者僻於好古遂附會之以爲九河故道猶今清河之有大河故道乃宋時北流之跡而淺學者遂以爲禹河也大抵談古跡者多無依據故晉人避亂之城而以爲文王之羑里孔子時衞在今開濮二州間而衞輝城南有孔子擊磬亭此皆不學之人強不知以爲知者蔡傳非之是矣然謂九河之地已淪於海則其說亦不經何者秦漢以上載籍固多缺畧然海水溢出至數百里之廣其所漂沒國邑

民居不知幾何此非常之大變豈得傳記皆不之載傳記既不之載橫又何從得其說而傳之乎永平之南海岸南北相距僅數百里果去北岸五百餘里則山當在南岸何由復在海中九河果自今渤海岸東北斜行以趨永平則及其入海時已抵北岸何由復至碣石之下且以碣石爲河入海之處特出臣瓚之說非經意也經之夾右碣石自記海道所經非與入于河相連爲文也凡貢之入河未有記其山者有常

地也唯導河乃誌其山重河防也今碣石不誌之於導河反記之於貢道其非河口之山明矣然則碣石即在海中倘不足爲九河之證况不在海中乎由是言之謂九河之尙存與九河之悉淪者皆非也惟鄭康成以爲八流皆塞說獨近是然謂齊桓塞以自廣則誣朱子與蔡氏據孟子曲防之禁駁之固也然即使桓公無曲防之禁而此八流亦非一時之所能塞乃水勢與人事積漸而爲之耳蓋水之在山勢峻流

急故岸易崩水常挾沙而下若水盛而源遠挾沙必多故河水一石其泥至數斗至平地則流緩而沙停旁出之派停沙尤易停久沙高其流必梗其勢必併於一而旁皆塞水勢然也古者川有涯澨田有封洫各有疆界故民不能與水爭地自阡陌開井田廢民盡其力之所至以爲田苟有沙涸斯田之矣田之既久則突者漸夷凹者漸滿不數百年遂成平土人事然也以余耳目之所聞見河北諸水故道之在百年

前者尚皆斷續零落十不二三甚至有今歲暢流明歲已爲平田者况自禹以來數千年歲歲沙之歲歲田之九河之道沓不復存乃其常事而說者俱未言及是將天下之水勢各別邪抑說經者下帷之日多未嘗久處河干躬履水漾而莫知其故邪且水之分而爲九與其合而爲一孰大孰小孰廣孰狹孰當先寖孰能久存不問而可知也今大陸以上及逆河合流之道其濶且大者尚皆蕩然平原無復遺跡（余流郎弱時大河所經處）况九河之狹且小者乃欲歷歷求其道乎開州城南唐宋時大河故道也其地高於旁者數仞州民謂之南岡（蓋河兩岸有縷水堤日久沙與堤平故爾）但中有微凹耳人亦不知其爲河也此數百年前之全河已依稀如是况數千年前之分流乃欲强求其所在不得則曲爲之說亦可謂不達於事理矣故今但載漢志許商之言以爲參考之助其餘諸家之說概無取焉碣石見前冀州條下大陸見後夏禹篇中

第三卷終

唐虞考信錄卷之四

大名崔述東壁譔考　石屏門人陳履和校刊

舜體國經野下

海岱惟青州　嵎夷既略濰淄其道　厥土白墳海濱廣斥厥田惟上下厥賦中上　厥貢鹽絺海物惟錯岱畎絲枲鈆松怪石萊夷作牧厥篚檿絲浮于汶達于濟（書禹貢）

海岱及淮惟徐州　淮沂其乂蒙羽其藝大野既豬東原厎平　厥土赤埴墳草木漸包厥田惟上中厥賦中中　厥貢惟土五色羽畎夏翟嶧陽孤桐泗濱浮磬淮夷蠙珠暨魚厥篚玄纖縞浮于淮泗達于河（同上）

淮海惟揚州　彭蠡既豬陽鳥攸居三江既入震澤厎定　篠簜既敷厥草惟夭厥木惟喬厥土惟塗泥厥田惟下下厥賦下上上錯　厥貢惟金三品瑤琨篠簜齒革羽毛惟木島夷卉服厥篚織貝厥包橘柚錫貢沿于江海達于淮泗（同上）

朱子云有欲以揚州之三江即爲荆州之中江北江（文在導水章荆州字疑誤）而猶病其闕一乃顧彭蠡（謂鄱陽鄱陽實非彭蠡說）

見夏禹篇導江漢條下之餘波適未有號則姑使之僭冒南江
之名以足之然自湖口而下江本無二安得有三且
於下文之震澤又懸隔遼夐而不相屬也問諸吳人
震澤下流實有三江以入于海彼旣以目驗之恐其
說之必可信也蔡傳云庾仲初吳都賦注松江下七
十里分流東北入海者爲婁江東南流者爲東江幷
松江爲三江其地今亦名三江口吳越春秋所謂范
蠡乘舟出三江之口者是也蘇氏謂岷山之江爲中

江嶓冢之江爲北江豫章之江爲南江然江漢會於
漢陽合流數百里至湖口而後與豫章江會又合流
千餘里而後入海不復可指爲三蘇氏知其說不通
遂有味別之說禹之治水本爲民去害豈如陸羽輩
辨味烹茶爲口腹計邪余按導漢章云東滙澤爲彭
蠡東爲北江入于海導江章云北會于滙東爲中江
入于海夫江有北有中其有南可知也有北有南則
爲三江無疑矣而朱子之言乃若其強增一南江以

求合於此文之三江者不知有中江北江可謂之無
南江乎有中江北江南江可謂之非三江乎禹自言
之禹自註之朱子與蔡氏乃不之信而反信庾氏吳
都賦註豈禹所自言者反自不知而庾氏反代禹知
之耶凡水之敵者雖合流經必並書之故泗沂合流
入淮而導淮曰東會于泗沂漆沮合流入渭而導渭
曰東過漆沮敵故不可以偏舉也江漢之水所受皆
數十百川勢均力敵相持而東不容舉漢而畧江亦

不容據江而遺漢故導江云入于海導漢亦云入于
海明二水之不相下二名之不可以偏廢也伊瀍澗
皆小於洛導水章文皆統之於洛然豫州章猶云伊
洛瀍澗既入于河況江漢同爲大川導水章固已不
相統安見入海之不可以並舉也哉濟之入于河也
經曰溢爲滎何以知溢者之爲濟而非河其伏于滎
也經曰東出于陶丘北何以知出者之仍爲濟而非
他水然則禹固有以別之矣聖人之於水也固不斷

于其味然亦未嘗不辨其性禹能別濟於河豈獨不能別漢於江禹能於滎與陶之相隔數百里者而知其爲一豈獨不能於江漢之合流者而知其爲二謂必辨味烹茶爲口腹計而後江漢可分則禹之別濟於河係陶於滎又何說焉惟以豫章江（即鄱陽）爲南江則未有以見其必然何者此水既與江漢並列不應經無一語及之（彭蠡非鄱陽說見導江漢條下且既爲北江亦不得復爲南江）見於經者惟九江爲大荆州章云江漢朝宗于海九江孔

殷揚州章云三江既入其文亦似相首尾者恐所謂南江者當以九江爲是然經既無明文揣度而言之不如不知而闕之也且江之稱爲三猶其稱爲九也朱子蔡氏之於九江既皆主胡氏洞庭之說矣洞庭之水未嘗不合流也彼合流則可以云九此合流則不可以云三何其事同而論異乎蓋南方之水多呼爲江故三江之名楚蜀黔粵之間往往有之不但震澤下流然也即水之入海者大江以南亦無慮數十

豈得以其實有三江即當必爲此文之三江邪古者河東河內河南謂之三河而今順天府亦有三河縣潼關西又有三河口周世宗取三關在今高陽雄霸之間而山西之雁門寧武偏頭直隸之居庸紫荆倒馬亦稱三關由是言之即吳都賦之三江果如庾氏所注亦不得遂指爲禹貢之三江也至於既入之文記已然之事耳不連下爲義也雍州章云弱水既西涇屬渭汭弱水去涇數千里其懸隔遼邈豈但如大

江震澤而已哉其他若九河既道滎波既豬漆沮既從者甚衆皆自爲文義而冀州恒衛既從大陸既作之下乃次以島夷皮服由是言之三江既入之文與震澤之底定毫不相蒙不得以下文有震澤遂牽帥三江而屬之松江也歷觀說三江者大抵四方之士多主禹貢惟東南吳越之間率主庾注（自朱子蔡氏以後若明歸氏有光夏氏允彝等皆然）無他但據其所見聞而不求之於經傳也故舜之歷山河濱雷澤晉人以爲在晉齊人以爲

在齊浙人則又以爲在浙余鄉臨古淇水（漢以後呼爲白溝隋以來稱爲御河）近世輿夫舟子往往以衛呼之（泉水俗呼爲衛河鬻舟者皆由泉水入淇或遂并淇亦呼爲衛蓋友書吏不能辨也故文移書啟中皆稱爲衛河詳見大名縣水道考中）而修縣誌者遂誤以爲禹貢恒衛既從之衛修府誌者遂謂淇水不知所在此豈非由目騐而得之者而舛誤乃如是故論地理於今當騐之以目論地理於古仍當斷之以經若信目而疑經非余所敢出也

朱子蔡氏以中江北江之文爲誤詳見夏禹篇導江

漢條下

荆及衡陽惟荆州　江漢朝宗于海九江孔殷沱潛既道雲土夢作乂　厥土惟塗泥厥田惟下中厥賦上下　厥貢羽毛齒革惟金三品杶榦栝柏礪砥砮丹惟箘簬楛三邦底貢厥名包匭菁茅厥篚玄纁璣組九江納錫大龜浮于江沱潛漢逾于洛至于南河（書禹貢）

備考〇齊侯以諸侯之師侵蔡遂伐楚曰爾貢包茅不入王祭不共寡人是徵（左傳僖公四年）

荆河惟豫州　伊洛瀍澗既入于河滎波既豬導菏澤被孟豬　厥土惟壤下土墳壚厥田惟中上厥賦錯上中　厥貢漆枲絺紵厥篚纖纊錫貢磬錯浮于洛達于河（書禹貢）

存疑〇滎今塞爲平地滎陽民猶謂其處爲滎澤

華陽黑水惟梁州　岷嶓既藝沱潛既道蔡蒙旅平和夷底績　厥土青黎厥田惟下上厥賦下中三錯　厥貢璆鐵銀鏤砮磬熊羆狐狸織皮西傾因桓是來浮于潛逾于沔入于渭亂于河（書禹貢）

黑水西河惟雍州　弱水既西涇屬渭汭漆沮既從灃水攸同　荆岐既旅終南惇物至于鳥鼠原隰底績至于豬野三危既宅三苗丕敘　厥土惟黃壤厥田惟上上厥賦中下　厥貢惟球琳琅玕織皮崐崘析支渠搜西戎即敘浮于積石至于龍門西河會于渭汭（同上）

豐水東注維禹之績（詩大雅）

信彼南山維禹甸之（詩小雅）

唐宋學者承僞孔傳之說皆謂禹別九州之後舜復

改爲十有二州而稽之經傳夏稱九牧商詠九圍九
有其數皆不符則又曲爲之解以爲禹卽位後復改
之爲九州綱目前編因之遂以堯之八十載爲禹治
水告成定九州貢賦之年八十一載爲舜肇十有二
州封山濬川之歲舜之三十三載禹旣攝政乃復九
州余按禹之治水大事也唐虞之政未有大於此者
果在肇十二州之前史臣不應不書九州旣平無事
矣明年肇十有二州乃忽書曰濬川然則其所濬者

何川邪呂氏知其不合乃以水平復濬安不忘危之
言曲爲之解夫旣平之濬與未平之濬孰爲輕重何
爲於其輕者反記之而於其重者反畧之乎聖人立
一代之制未有苟然者旣定爲九州矣舜無故分之
爲十二未數十年禹又合之爲九是苟然而已合爲
是則舜不當分分爲是則禹不當合聖人立法不如
是之輕易也且田賦之制九等之差竭十數年之經
營始成此書一之法謂宜萬世由之而不改也行之

甫踰年而卽取而易置之以爲十二其紛更孰甚焉
益凡論唐虞之事者皆誤以禹之治水爲在堯世是
以其說顛倒舛謬而不能合今但以經爲據則禹之
平水土自舜卽位後事舜攝政之初固無有所謂州
者自舜肇設之而是時洪水方橫流疆宇分裂道路
不通故舜因其地勢之宜分之以爲十二故漢書云
堯遭洪水懷山襄陵天下分絕爲十二州及水患旣
平則向之澤藪或爲平陸向之險阻或爲坦塗故舜

復併其三而爲九故漢書云水土旣平更制九州列
五服任土作貢唐虞之事先後之次本自了然分明
但唐人拘於功令咸遵僞孔傳之說以爲取科第計
而不求之經不求之史自宋以後遂相沿爲固然以
致聖人經世之苦心大畧盡爲其所掩耳至於禹貢
之作尤在最後不但不在堯世亦并非水土初平時
書也何以言之兖州章云作十有三載乃同則是九
州成賦之後又歷十三年以外乃著此書矣雍州章

云三危既宅三苗丕敘則是三苗分北之後又數年
或十數年乃著此書矣況三壤之則九等之賦必歷
數年而後高下可較珠玉金貝貢篚之屬亦非巢窟
甫離之急務也然則此書乃舜治定功成之後所作
故其末章云東漸於海西被於流沙朔南暨聲教訖
於四海蓋舜之命禹雖重於平水土實兼夫宅百揆
故禹於水土既平之日遂相舜以定貢賦布聲教待
夫經制大定治化大行而後可以告成功也故今於

九州五服之文悉載之熙績分苗以後說並見前肇
十二州及舜命禹條下

九州攸同四隩既宅九山刊旅九川滌源九澤既陂四海會
同（書禹貢）

此結上九州平水土及導山導水之文

六府孔修庶土交正底慎財賦咸則三壤成賦中邦（書禹貢）

此結上九州土田賦之文

錫土姓祗台德先不距朕行（書禹貢）

此結上九州貢篚包之文以起下分五服之意

洪水芒芒禹敷下土方外大國是疆幅隕既長有娀方將
帝立子生商（詩商頌）

誕后稷之穡有相之道茀厥豐草種之黃茂實方實苞實
種實褎實發實秀實堅實好實穎實栗即有邰家室（詩大雅）

按封商封邰所謂錫土也立子所謂錫姓也蓋姬姓
始於黃帝故於稷不言賜姓子姓則始於契故獨言
之也唐虞錫土姓之事蓋亦多矣顧經傳缺略不可

詳考惟此二事因商周而傳故錄之一隅可以反三
一斑可以窺全也

象至不仁封之有庳（孟子）○象不得有為於其國天子使吏
治其國而納其貢稅焉（同上）○不及貢以政接於有庳（同上）

封象亦錫土之事故附錄於此○說者謂今道州鼻
亭為古之有庳國按孟子謂欲常常而見之故源源
而來道州在九州之極南北去帝都三四千里安得
源源而來然則有庳當去帝畿不遠好事者因鼻與

庫同音故附會之耳今不取
五百里甸服百里賦納總二百里納銍三百里納秸服四百
里粟五百里米書禹貢
備考○邦畿千里詩商頌 ○天子之地一圻左傳襄公二十五年
附論○天子之地方千里不千里不足以待諸侯孟子
五百里侯服百里采二百里男邦三百里諸侯 五百里綏
服三百里揆文教二百里奮武衛書禹貢
備考○越在外服侯甸男衛邦伯書酒誥 ○小臣屛侯甸

矧咸奔走書君奭 ○周公乃朝用書命庶殷侯甸男邦伯書召誥 ○侯甸男邦采衛百工播民和見士于周書大誥後錯簡
○庶邦侯甸男衛書康王之誥 ○曹爲伯甸左傳定公四年 ○卑而
貢重者甸服也左傳昭公十三年
五百里要服三百里夷二百里蔡 五百里荒服三百里蠻
二百里流書禹貢
備考○先王居檮杌于四裔以禦魑魅左傳昭公九年
蔡傳云每服五百里五服則二千五百里然堯都冀

州冀之北境并雲中涿易亦恐無二千五百里藉使
有之亦皆沙漠不毛之地而東南財賦所出則反棄
於要荒以地勢考之殊未可曉但意古今土地盛衰
不同當舜之時冀北之地未必荒落如後世耳余按
禹貢山川以今地圖考之具在也淮海惟揚州荆及
衡陽惟荆州東南之地未嘗棄也恒山碣石而北别
無山川見於經者沙漠之地未嘗不荒落也孟子曰
今滕絶長補短將五十里也說者亦謂周之王畿豐

鎬八百里郟鄏六百里共爲百同以成千里然則古
之所謂千里百里皆絶長補短而計之非必四面八
方截然不可增損於其間也蓋九州之地約方三千
餘里故孟子云海內之地方千里者九記云四海之
內九州州方千里內除甸服千里故侯服綏服共二
千里然則侯綏二服乃九州以內地所謂州十有二
師者也其外羈縻之國則附於九州而謂之要服又
外則來去不常聖人聽其自然不勤於遠不受其貢

謂之荒服其遠近略與內地等故亦以二千里計之然則要荒二服乃九州以外地所謂外薄四海咸建五長者也由是言之五服之地蓋南有餘而北不足綜計之為五千里耳非拘拘焉必四面皆二千五百里無少歉斜無少有餘不足而後可也蔡傳又稱周官九畿四方相距萬里漢地理志東西南北亦彌萬里禹服狹而周漢地廣疑荒服之外別為區畫如所謂咸建五長者余按冀揚有島夷青有嵎夷萊夷徐

有淮夷梁有和夷夷也者要服也要服僅附見於九州若荒服則又在外矣荒也者遠也略也荒服已屬區畫之餘不在九州之內安得荒服之外復別有區畫別有所謂五長者乎周官一書本非周公所撰所載封國之制乃至方數百里春秋以後吞併之餘魯衛陳蔡尚僅二三百里况建國之初安所得此地而封之乎至漢志所言乃驛道之遠近非經界之廣狹先儒所謂以人跡屈曲取之者是也大名之距京師南北不踰八百里而驛道則千有一百餘里至隔大山洪川所差尤不止此若之何據驛道之里數疑經界之定制哉余恐聖人體國經野之制不明白於後世是用剖析其故如右

東漸于海西被于流沙朔南暨聲教訖于四海禹錫玄圭告厥成功書禹貢

存疑○水土既平更制九州列五服任土作貢漢書地理志

此篇史記載之禹本紀中漢儒因而謂之夏書余按

別九州弼五服乃舜體國經野之要四海會同之實不容於舜之世畧而弗載且旣各為一篇不相聯屬是以後人失其先後之次故今詳加考核置於堯典命官之後以見舜經制之大凡惟導山導水二章事事治水時在初年而九州諸章亦足以互見無庸複舉故仍列之於禹篇中以見禹治水之梗概次第非敢割裂聖經惟欲時事相從使後人易考耳

舜治定功成

夔曰戛擊鳴球搏拊琴瑟以詠祖考來格虞賓在位羣后德讓下管鼗鼓合止柷敔笙鏞以間鳥獸蹌蹌簫韶九成鳳凰來儀夔曰於予擊石拊石百獸率舞庶尹允諧書益稷

子貢曰見其禮而知其政聞其樂而知其德傳曰先王以作樂崇德則舜德化之成莫如韶矣皐陶謨記皐陶之交贊於帝前他官皆不與焉而獨載夔之言二章蓋非地平天成上下同流莫能有此樂也故以此爲治定功成之驗

附論○吳公子札來聘見舞韶箾者曰德至矣哉大矣如天之無不幬也如地之無不載也雖甚盛德其蔑以加於此矣左傳襄公二十九年○子在齊聞韶三月不知肉味曰不圖爲樂之至於斯也論語述而篇○子謂韶盡美矣又盡善也論語八佾篇

尚書大傳載舜時作大唐之歌其詞曰舟張辟雍鶬鶬相從八風回回鳳皇喈喈又載舜之歌云卿雲爛兮糺縵縵兮日月光華旦復旦兮八伯和曰明明尚天爛然星陳日月光華宏予一人帝乃載歌曰日月有常星辰有行四時從經萬姓允誠於予論樂配天之靈遷于聖賢莫不咸聽鼚乎鼓之軒乎舞之菁華已竭褰裳去之余按此數歌者淺而無味泛而不切惟鼚乎以下四句頗有意義而語意又與上文不倫蓋錄他人之作而不知其不合者其爲後人所擬顯然試取元首股肱之歌比而熟玩之則知其僞矣而唐虞之時但有十二牧九牧之官亦無有所謂八伯者也乃近世言詩者竟有錄此詩於唐虞之世者殊可笑也

備覽○舜作五絃之琴以歌南風樂記

俗傳舜南風之歌云南風之薰兮可以解吾民之慍兮南風之時兮可以阜吾民之財兮余按賡載之歌詞渾厚而意深遠此歌則詞露而意淺聲曼而力弱不類唐虞時語蓋後世工於琴者所擬作正如韓子拘幽操之擬文王履霜操之擬伯奇耳傳之既久而

淺識者遂以爲舜自作誤矣且所謂歌南風者謂其聲之協於南風耳傳所稱節八音而行八風是也非其詞之爲南風也遂以南風爲歌亦屬附會故今不載又按樂記此文下云夔始制樂以賞諸侯石梁王氏曰夔制樂豈專爲賞諸侯其言良是故今删之

備覽○昔有飂叔安有裔子曰董父寔甚好龍能求其耆欲以飲食之龍多歸之乃擾畜龍以服事帝舜帝賜之姓曰董氏曰豢龍封諸鬷川鬷夷氏其後也故帝舜

氏世有畜龍（左傳昭公二十九年）

嘗疑此事近於荒誕後思經言鳳凰來儀百獸率舞聖人之德之感鳥獸如此則此亦容或有之也德可以致鳳何獨不可以致龍乎且但言龍歸之而不言帝賜之但言畜之而不言醢之與劉累事亦似有別故列之備覽而附於鳳凰來儀之後

帝庸作歌曰勑天之命惟時惟幾乃歌曰股肱喜哉元首起哉百工熙哉皋陶拜手稽首颺言曰念哉率作興事愼乃憲欽哉屢省乃成欽哉乃賡載歌曰元首明哉股肱良哉庶事康哉又歌曰元首叢脞哉股肱惰哉萬事墮哉帝拜曰俞往欽哉（書益稷）

按舜之致治曠古今而獨絶矣然治定功成之後猶君臣相儆戒如此宜乎其久而彌盛也故皋陶謨以此終焉

自秦漢以來世之論者皆謂堯以天下與舜舜以天下與禹故世所傳東晉古文尚書大禹謨云帝曰格

汝禹朕宅帝位三十有三載耄期倦于勤汝惟不怠總朕師正月朔旦受命于神宗率百官若帝之初余按堯以天下與舜誠有之矣若舜以天下與禹以經考之則殊不然堯之禪舜也經書之詳矣曰帝曰咨四岳朕在位七十載汝能庸命巽朕位是堯未得舜而久欲以天下與人矣曰師錫帝曰有鰥在下曰虞舜帝曰我其試哉是堯舉舜之意即欲以天下與之矣曰帝曰格汝舜詢事考言乃言底可績三載汝陟

帝位舜讓于德弗嗣正月上日受終于文祖是堯旣試舜欲與以天下舜讓不肯受而堯乃使之攝政也自舜即位以後但記其詢岳咨牧命官考績而禪禹之事未有一言及之者則舜未嘗以帝位授禹明矣以天下授人千古之大事也堯之授舜也言之詳詞之累舜果亦以天下授禹何得終舜之身畧之而不記乎典者所以記事也謨者所以載言也典猶春秋也事無大小必書謨猶訓誥之文也取其言之足以

爲世法而已其人之事不載之於篇中也故堯典於二帝四岳九官之事無不書者皋陶謨則但載皋陶之言而明刑作相之事皆不列焉舜果嘗授禹以天下其事當載於典不當載於謨明矣今典反不言而謨反有之然則是僞撰尚書者習於世俗所傳舜禪於禹之言而采摘傳記諸子之文以補之耳烏足爲據也哉孟子曰帝使其子九男二女百官牛羊倉廩備以事舜於畎畝之中將胥天下而遷之焉又曰舜

受堯之天下不以爲泰而獨於舜禹未有一言及其授受者孟子曰堯以不得舜爲己憂舜以不得禹皋陶爲己憂於舜之得人乃以禹皋陶並稱則舜禹之事與堯舜之事固不得而同矣蓋自舜崩之後天下諸侯皆歸於禹皋陶稷契皆讓於禹禹辭之不獲而遂受其朝覲治其訟獄耳故禹終身不稱帝而稱王何者二帝之德難以爲繼禹謙不敢遂陟帝位與堯舜齊但以天下無主姑稱王以鎮撫之所謂天下歸

往謂之王也不然堯以帝位授舜而舜帝舜亦以帝位授禹而禹何以獨不帝而王也哉曰堯既以天下授舜矣舜何爲不以天下授禹然則舜之聖將不逮堯乎且舜既不授禹將授之商均乎曰天下者天之天下也非天子之所得而予奪之者也是以唐虞以前天子未有以天下授人者各自以其德服之而已不強身後之天下使之從一人也惟堯以洪水未平生民未安而禮樂亦未興已不能終其事故舉舜而

授之使代已治天下若舜之世則洪水固已平矣生民固已安矣禮樂固已興矣初無所待於人之終其事也身沒之後聽天下之自歸於有德可也舜不必挾天之天下而自授之人以示其恩也蓋堯之禪舜乃創前古未有之奇故二帝合爲一書而統名曰堯典明乎兩帝之猶一代也不可以此爲例而謂有一天子必復傳之一天子也晉羊祜欲伐吳未及而卒薦杜預以自代預既克吳不聞薦人以代已也何者

事未畢而自擇代者臣之忠也事已畢而聽君之擇所以代者臣之分也必人人自擇夫代者是臣侵君權也夫堯舜之事天亦若是而已矣且堯之使舜攝政也在位七十二載其年固已老矣而舜年始三十有二故堯以身後之事屬之若禹之年則與舜相近舜沒後甫十年而禹沒矣舜安知已之必先禹而沒而預以身後之事屬之也哉堯之世大臣賢者莫如四岳堯固已讓之而辭之矣共驩之屬則罪人也其

餘無可與舜肩隨者故舜之受禪無嫌焉若禹皐陶稷契夔益之倫則其年與名位畧相埒雖禹之功德尤茂而亦比肩伯仲也卽舜獨拔禹而授之帝位恐禹此時亦未必遂受也由是言之堯之禪舜特也舜之未嘗禪人常也自古天子皆然者也後人但見商周之繼而遂以爲自堯以前亦然但見舜禹之相繼爲天子而遂以爲堯傳之舜舜傳之禹舜既然矣禹何以獨不然由是傳賢傳子之疑紛紛於世故必明於舜禹之事然後禹啟之事可以迎刃而解故今不

載僞大禹謨之文而爲之辨說並詳前後堯啟篇中

僞尙書大禹謨舜命禹之言云人心惟危道心惟微朱子云人莫不有是形故雖上智不能無人心亦莫不有是性故雖下愚不能無道心二者雜於方寸之間而不知所以治之則危者愈危微者愈微矣余按人之心一而已矣若道則安得有心道也者日用當行之路也今以人心爲道心已不可况謂人心之外

別有一道心乎孔子曰操則存舍則亡孟子曰心之官則思思則得之不思則不得也謂心有操舍思不思則可謂有兩心則不可也聖賢之教曰存心曰盡心曰仁人心也所存所盡皆此一心而已未有以人心爲不美而於此外別求一心者也惟莊子佛氏乃以心爲已累而謂去之忘之然後可至於道然則蔑視人心而別立一道心之名者乃異端之說而必非聖賢之教也明矣余少讀尚書及中庸序時固已疑其語之不經今二十餘年得李巨來綏古文尚書考而後知其語果本於道家也因錄其文於左

李巨來古文尚書考古文尚書凡今文所無者如出一手蓋漢魏人贋作朱子亦嘗疑之而卒尊之而不敢廢者以人心道心數語爲帝王傳授心法而宋以來理學諸儒所宗仰之者也余友萬編修云卽此數言可證其贋危微二語出於荀子而荀子又得之於道經非尚書語也梅鷟嘗言之矣余覆攷之蓋荀子

解蔽篇言舜之治天下也不以事詔而萬物成處一之危其榮滿側養一之微榮矣而未知故道經曰人心之危道心之微危微之幾惟明君子而後能知之荀子之論危微者如此而引道經以爲證則尚書必無人心惟危道心惟微之語何也荀子爲李斯之師其所著書在詩書未燔之前荀子凡引詩書並稱詩云書云而此獨稱道經曰則秦火之前荀子所見之尚書無危微語也楊倞煳强遷就註云今虞書有此語而云道經者蓋有道之經不知漢以前從未嘗稱易詩書春秋爲經論語孟子所引亦無經字且孔孟爲儒家而黃老爲道家自戰國至漢無異辭道家之書則曰經如老子道德經莊子南華經列子沖虛經關尹子文始經皆是道經之非尚書也明矣○按晉王坦之作廢莊論亦引道心惟微人心惟危二語而不言其本於虞書且與莊子吹萬不同孰知正是二語連舉則此語之出於諸子明甚蓋道家者流小仁

義而外形骸故分心以爲二荀子以性爲惡宋之亦不足怪若舜則必無此言明矣朱子宗孔孟之道闢異端之說而乃以道家之言爲聖人傳心之要旨無怪乎明季講學者之盡入於禪也故今不載

僞尚書大禹謨禹既攝政之後舜命禹伐有苗三旬苗民不服禹乃班師舞干羽於兩階七旬而有苗格

余按堯典曰竄三苗於三危是舜未即位前三苗固已服罪而遷之矣即位以後雖禹有頑弗即工之語

史有分北之文然亦止於舊俗未改是以分而遷之使之漸漬王化正如多方多士之於殷遺民然非尚據險自恣也果據險自恣舜安能分北之乎至其後三危既宅三苗丕敍則固已革心而從化矣及舜末年尚安得有負固不服之三苗哉聖人舉事未有苟然者況征伐尤天下之大事乎使苗而可以德感也舜必不輕命禹征之使苗而當伐也則當遂平之周公東征至於三年之久伐苗僅三旬耳師未老財未匱何以遽班師也且舜之敷文德六十餘年矣即干羽之舞亦非始於此時然卒不能感苗七旬之間有苗何以遽格苗之去帝都遠矣七旬之內何以遽知其有干羽之舞乎孔子曰無爲而治者其舜也與子謂韶盡美矣又盡善也蓋舜自中年以後治定功成萬邦寧謐道德一而風俗同是以恭己南面而樂極其盛若待末年使禹攝政時而苗尚未服豈得謂之無爲盡善也哉僞書此文乃采之韓詩外傳而增飾

之者外傳云當舜之時有苗不服禹請伐之而舜不許曰吾喻教猶未竭也久喻教而有苗請服天下聞之皆薄禹之義而美舜之德此本亦揣度之詞非當時事實然但云舜時有苗不服未嘗以爲舜末年禹攝政之後也但云禹請伐之而舜不許未嘗以爲輕舉大衆無功而遽班師也但云久喻教而有苗請服未嘗以爲干羽之舞所化七旬之內所格也是其事尚近於情理自僞書增飾之而遂爲天下必無之事

豈不謬哉傳曰誓誥不及二帝又曰夏人作誓而民始叛是舜之時尙未有誓明矣湯誓之文古於牧誓甘誓又古於湯誓此文又在甘誓前乃反卑靡無弱出秦費二誓之下然則其爲秦漢以後文人之所擬作無疑也余弟邁訥菴筆談中亦嘗辨之今載於左

訥菴筆談一則戰國策云舜伐三苗又云禹伐三苗而作大禹謨者遂撰一禹承舜命往伐三苗之事其數三苗之罪如君子在野小人在位民棄不保天降

之咎等語皆想像郛廓通套語與苗頑弗卽工及呂刑所言皆不類至於敷文德舞干羽而有苗格葢倣文王伐崇因壘而降之事而此獨覺迂濶可笑堯典云竄三苗於三危呂刑云遏絶苗民無世在下則三苗非干羽可感格而刑竄有不能已者也〇余謂左傳子魚之言固過其實而伐崇之事究與此不類崇敵國也雖不能服之而不得不伐之雖伐之而原不期於一舉而卽滅之豈得以之例舜也哉況云復伐

則亦非不用師而自格也故今不載征苗之事說並見前分北條及周文王篇伐崇條下

舜生三十徵庸三十在位五十載陟方乃死（書堯典）

史記稱舜三十而舉五十而攝五十八而堯崩六十一而踐位踐位三十九年而崩僞孔傳言舜三十徵庸三十在位服喪三年爲天子五十年壽百一十二歲蔡傳言舜三十召用歷試三年居攝二十八年通三十年乃卽帝位又五十年而崩余按經云五十載

陟孟子云舜相堯二十有八載則史記之誤不待言矣二傳之說皆爲近理但僞傳增服喪之二年與經文似徵異蔡傳無服喪之三年於事理亦頗乖竊疑古文皆約言其梗概故於舜事以十計之未必無奇零也且古所謂三載皆兼首尾兩年數之然則歷試攝政服喪實止三十一年如此則舜當於六十一歲踐位百一十歲而崩於經文事理皆可通矣但年世久遠載籍缺亡不知其果然否姑附識之於此要非

大義所關亦不必深究也

舜生於諸馮遷於負夏卒於鳴條孟子

戴記檀弓篇云舜葬於蒼梧之野蓋三妃未之從也史記云舜南巡狩崩於蒼梧之野葬於江南九疑是爲零陵僞孔傳云方道也升道南方巡狩死於蒼梧之野而葬焉唐韓子黃陵廟碑宋司馬君實史剡皆嘗駁之史剡之說未安今載韓子之說於左

韓子黃陵廟碑節錄竹書紀年帝王之沒皆曰陟陟升

也謂升天也書曰殷禮陟配天故書紀舜之沒云陟其下言方乃死者所以釋陟爲死也地之勢東南下如言舜巡狩而死宜言下方不得言陟方也○余按堯典之記巡狩皆至四岳而止蒼梧百越之地在九州之外乃古荒服舜不當遠涉於此孟子之說近是戴記之文本多駁雜而史記則又采諸戴記僞傳則又因戴記史記之文而曲爲附會者皆不足信韓子之辨是也故今但載孟子之文餘悉不錄

附錄○舜有商均楚語

備考○少康逃奔有虞爲之庖正以除其害虞思於是妻之以二姚而邑諸綸左傳哀公元年○鄭子産獻捷于晉曰昔虞閼父爲周陶正以服事我先王我先王賴其利器用也與其神明之後也庸以元女大姬配胡公而封諸陳以備三恪左傳襄公二十五年

存疑○遂世守之及胡公不淫故周賜之姓使祀虞帝左傳昭公八年○箕伯直柄虞遂伯戲其相胡公大姬已在齊

矣左傳昭公三年

附論○子曰大哉堯之爲君也巍巍乎唯天爲大唯堯則之蕩蕩乎民無能名焉論語泰伯篇○孟子曰堯舜性之也○孟子曰由堯舜至於湯五百有餘歲若禹皐陶則見而知之若湯則聞而知之並孟子

宰我曰以予觀於夫子賢於堯舜遠矣程子曰語聖則不異事功則有異夫子賢於堯舜語事功也後世學者尙論古聖往往以宰我之言爲實然余按世道

民生所賴莫不始於堯舜安居樂業堯舜之奠之也禮樂教化堯舜之開之也天地萬物之宜堯舜之平成經理之也禹之繼治繼堯舜也湯武之撥亂反正反之乎堯舜也孔子之述而不作述堯舜之道也堯舜何遽不如孔子哉堯舜爲天子權可以施之則創制顯庸以垂萬世孔子爲布衣權不足以施之則修明六經以垂萬世其功之殊者其遇之殊也堯舜孔子易地則皆然非孔子則堯舜無以傳於後非堯舜

則孔子亦無所述於前故謂禹湯文武周公之不逮孔子或然謂堯舜之不逮孔子則吾未有以見其必然也孔子曰巍巍乎唯天爲大唯堯則之蕩蕩乎民無能名焉曰無爲而治者其舜也與聞韶曰不圖爲樂之至於斯也其稱堯舜至矣雖甚盛德其蔑以加於此矣此或聖人謙衷過於推崇前聖若顏淵子貢輩其稱孔子可謂極矣然彌高彌堅之喻何殊巍巍蕩蕩之稱立道綏動之功何異無爲而治之效猶天

之不可階卽所謂惟天爲大惟堯則之也顏淵子貢之尊孔子亦不過如堯舜而已惟孟子書中載宰我語以爲賢於堯舜而子貢有若之言亦似有所軒輊者皆與論語所言不類竊疑其皆七十子之徒所追述而甚其詞者其意但欲致崇於此而遂不暇復顧於彼猶論舜者亟於稱舜而遂無地以處堯耳豈必皆的論哉孟子論聖人於夷惠伊尹皆言其不若孔子而敘道統於堯舜孔子無軒輊焉固未可以宰我

一言爲定論也程子之言雖未免於迴護宰我要其意尚近於持平若之何後人置其不異者而但取其異者軒輊之也蓋戰國之俗好爲大言楊墨之徒莫不自尊其師非堯舜薄湯武而遠稱黃農以駕乎其上儒者較爲醇謹不敢放言高論然亦不免染於風氣故欲尊孔子而遂不免於卑堯舜漢晉以降異端橫行其說益誕其言益無所忌又以堯舜爲不足畏而卑天地故奉佛教者謂未有天地以前已先有佛

奉天主教者謂天地皆天主之所造而生於後世者恃佛與天主之化身噫夫噫夫吾不意世俗之誕矣乃至於如是也夫宇宙之間莫大於天地自有天地以來其德之崇功之廣莫過於堯舜孔子以堯舜之道教天下後世是以其聖與堯舜齊堯舜猶太祖也孔子猶太宗也尊堯舜者必尊孔子禮所謂尊祖故敬宗者是也若謂孔子别有一道加於堯舜之上則楊墨佛氏天主之教皆自謂别有一道不但藐堯舜

抑且藐天地亦何以見道統之正而服異端之心乎故今於唐虞錄遍考聖賢先後所論而權衡之而洙泗錄中宰我子貢有若推崇之語仍載之孟子言中不使與論語門人之言相混庶學者可以察其故云說並見總目唐虞洙泗錄序中

第四卷終

夏考信録

[清]崔述

清嘉慶二十二年太穀縣署中刻本

大名崔東壁先生著

夏考信録

嘉慶丁丑二月太谷縣署中刻

夏考信録目

序

嗚呼此吾師東壁先生遺書也履和不見先生二十五年矣
丙子夏省吾師於彰德未至而先生卒家人聞叩門曰是石
屏陳孝廉乎手全書及遺囑哭授余遺囑曰吾生平著書三
十四種八十八卷侯滇南陳履和來親授之手澤心精不忍
注視謹再拜柩前奉以如京將次第刻焉以承其傳是冬出
宰山西太谷縣越三月謀授梓時丁丑仲春也先是履和侍
先君子於江西刻上古考信錄三卷唐虞考信錄四卷正

序　一

朔經界禘祀通考各一卷洙泗考信錄六卷此數書者雖復
經先生更定而大段由舊其板尚存故今日之刻自夏商豐
鎬考信錄始竊謂考崇錄三十二卷雜著十六卷文集十六
卷皆不可以不刻五行辨天問二篇題為大怪實大好也亦
宜刻餘且從存疑之命一二年間蔵此役以盡吾二十五年
事師之職以慰吾師四十餘年著書之心於願足矣履和不
肖罪重孽深昊天降割七月中遽聞　先母大故時豐鎬錄
僅及七卷治喪後勉將第八卷刻成而以先生全集總目及

考信錄總序冠於前總跋附於後俾觀者知著作之大概其
餘皆不復措手嗚呼人生大節在三履和居官無狀不能為
聖天子牧養百姓在家授徒無一雞一豚以養吾親捧檄作令無
一升一斗以奉吾親其疚大矣鄉舉以來奔走垂三十年所
得惟一師耳自乾隆壬子歲事先生於京邸數月遂別不可
合并先生既遷居彰德而滇人如京師必取道鄴中去年之
來以為必見先生無疑也而竟如此且先生不幸無子卒以
其書傳之弟子弟子猶子也而履和忽忽去官不克竟刻書

序　二

之志今而後精力之盛衰不可知他日之出處亦未可必先
生全書其竟無傳耶其將傳之吾朋友子弟耶其竟終傳之
履和之身耶抑不必吾身吾朋友子弟而天下好古之士將
有愛慕而共傳之者耶雖然讀已刻諸錄亦可以見先生之
學博而約大而精矣衰絰中不敢為文謹敘刻書始末以紓
吾哀至於先生所以著書之由則自序盡之門下士更不能
贊一辭也十月十一日受業門人石屏陳履和書

夏考信錄自序

夏考信錄者何繼治也堯崩天下歸于舜舜崩天下歸于禹唐虞之政千古未有能及之者況宅百揆而熙帝載皆禹所同更定而啟又賢能承繼禹之道然則夏於唐虞之政其必因之而不改者理勢之自然也但太康以後不能無廢墜耳故考夏政者不必別求夏政唐虞之政卽夏政也禹之繼治終也太康以後何爲以中衰別之也羿浞迭興權力雄於天下諸侯從之者多仲康微弱后相失國夏政不行於天下也皋陶何以附於禹之後也其功德大也孟子曰若禹皋陶則見而知之又曰舜以不得禹皋陶爲已憂皆以禹皋陶並舉故特表之也

夏考信錄卷之一

大名崔述東壁譔考
受業門人石屏陳履和校刊

禹上

鯀陻洪水汩陳其五行帝乃震怒不畀洪範九疇彝倫攸斁鯀則殛死禹乃嗣興（書洪範）

大戴記帝繫篇云黃帝產昌意昌意產高陽是爲帝顓頊顓頊產鯀鯀產文命是爲禹史記夏本紀因之

余按上古天子本不相繼而帝顓頊至堯其世蓋遠自史記及帝王世紀始皆謂其相繼然云帝嚳在位七十五年帝摯在位九年則顓頊之崩下至堯之七十二載舜受終時亦當百有五十七歲而鯀之用乃在堯世鯀之殛乃在堯七十二載以後鯀安得爲顓頊之子也哉唯漢志謂顓頊五世而生鯀於事理較近然傳記無所見而舜禹不同姓（舜姚姓禹姒姓）恐亦出於臆度未敢據以爲實然也由是言之禹斷非顓頊之

孫而亦未必果顓頊之裔與其誤信之而誣聖人之祖何如姑闕之而不失君子之正乎故今不錄說並詳前黃帝堯舜篇中

鯀殛而禹興 左傳襄公二十一年

大戴記稱禹云敏給克濟（史記作勤）其德不回（史記作違）其仁可親其言可信聲為律身為度稱以上士（史記作稱以出）亹亹穆穆為綱為紀余按此皆後人贊禹之詞然文皆淺近膚濶不足以稱禹之德且自古聖賢之所同亦

不得獨以稱禹也故不采又考大戴記所稱五帝及禹之德其文皆畧與史記同然史記所無者皆其所不必增所有者皆不如史記文義之明潔疑古本大戴此篇已亡而後人采史記之文以補之者附識於此俟好學深思者决之說並詳前唐虞堯舜篇中

禹稷躬稼 論語憲問篇

論語集注云禹平水土暨稷播種身親稼穡之事近世說者遂以后稷之教民稼穡為躬稼且云禹未躬稼而言躬稼者水土既平稼穡乃可教也余按南宮适之意以為羿奡才力絕人若可以無患而反不得其死禹稷身居畎畝若不能自奮而反受天明命以見天之所眷者在德耳故孔子曰尚德哉若人語意甚明無可疑者若以躬稼為治水明農之事則此乃濟世之大功固宜有天下不但本句文義齟齬而與上句語意亦不倫禹稷因躬稼故當有天下豈羿奡因有材力即當不得其死乎躬者身也身自耕稼乃

可謂之躬稼教民為之非躬稼也許行為並耕之說孟子闢之引稷之教民稼穡而以為不暇耕然則教稼不得謂之躬稼明甚況禹未嘗教稼者乎蓋禹自鯀殛後亦即降同庶人親歷畎畝而詩稱稷匍匐以蓺荏菽則亦生長於田間者故南宮适云然不得以治水明農之事當之也

天乃錫禹洪範九疇彝倫攸敘

導岍及岐至于荊山逾于河壺口雷首至于太岳底柱析城

至于王屋大行恒山至于碣石入于海　西傾朱圉鳥鼠至于大華熊耳外方桐栢至于陪尾書禹貢

蔡傳云逾者禹自荆山而過於河也孔氏以爲荆山之脉逾河而爲壺口雷首者非是禹之治水隨山刋木其所表識諸山之名必其高大可以辨疆域廣博可以奠民居故謹而書之以見其施功之次第初非有意推其脉絡之所自來若今之葬法所言也余按導水諸章文云至于合黎至于三危者水至之也云

過三澨過九江者水過之也乃至云迤云會云溢云入者皆水也非禹也何獨導山諸章則至爲禹至之過爲禹過之逾爲禹逾之哉文同說異何以別焉且禹八年於外所至所過之地多矣其來而復往往而復來者蓋不可以悉數何以獨記此數章乎禹之導山固非若今術士爲葬法計然豈容不問其脉絡首尾况山之脉絡正與治水相表裏欲使水之軌道必先取地高下左右俯仰之形而詳辨之然後能知某水當左某水當右某水於某處可出某水與某水可合而凡地之高下左右俯仰皆視山之起伏分合屈折山脉安可以不問也故同一不龜手之藥也宋人用之以洴澼絖吳王用之以與越戰此自用之者有大小耳不可謂洴澼絖用之行師者遂必棄之也不可謂葬法用之治水者遂必不資之也今術士皆據五行以推人禍福亦遂謂聖人不言五行乎聖人但不以五行推人禍福耳未嘗不修五行以利民用也

且術士何足以知山脉術士之談山脉正如其談五行非沿訛踵謬則穿鑿附會耳知山脉者莫聖人若也奈何反屬之術士哉蔡傳又云河北諸山皆自代北乘高而來其脊以西之水西流以入西河以東之水東流以入于海一支爲壺口太岳一支南出爲析城王屋西折爲雷首一支爲大行一支爲恒山其間各隔沁潞諸川不相連屬豈自岍岐跨河而爲是諸山哉余按此說特因堪輿家言有所謂兩山間必有

水兩水間必有山者故疑隔水則山遂不相連屬耳不知此二語特言其大概非以爲盡然也凡水固有循山而流者亦有穿山而出者大行自天井關東行北轉歷邢相抵易定環撫京而東南以至于海二千餘里絕無斷處而漳沁滹沱桑乾（即今永定）皆自山西踰山而東安見隔水遂不相連屬乎余嘗自洛入秦循河而西見河南之山皆如趨如赴與河北諸山遙相連接若河南地平則河北亦平然則冀南之山顯然

自雍豫來僞傳之說是也且太原東即大行山勢北向不南行其西山則在汾水（即蔡傳所謂西流入西河者）西與河西山相連屬其中坦然平地竟無處可指爲脊者河北諸山何由自代北來特堪輿家猜度而爲之說耳吾故曰術士不足以知山脉知山脉者聖人也由是言之經之逾于河當屬山不當屬禹明矣

導嶓冢至于荆山內方至于大別　岷山之陽至于衡山過九江至于敷淺原（同上）

導山凡兩章其山分四重由近而遠由北而南河渭以北爲第一重岍岐至太岳爲西幹底柱至碣石爲東幹壺口二句與冀之壺口太原四句相表裏底柱四句與冀之覃懷恒衛四句相表裏河渭以南爲第二重西傾以下爲西幹熊耳以下爲東幹淮漢以南爲第三重嶓冢爲西幹內方爲東幹江南爲第四重惟岷山一幹耳近者文詳遠者文畧故岍岐以下所記凡十二山西傾以下八嶓冢以下四岷山以下并

敷淺原乃三耳猶導水之獨詳於河九州之獨詳於冀也

此以上并記禹導山之事○世傳山海經爲禹與益所撰余按書中所載其事荒唐無稽其文淺弱不振蓋蒐輯諸子小說之言以成書者其尢顯然可見者長沙零陵桂陽諸暨等郡縣名皆秦漢以後始有之其爲漢人所撰明甚甚矣學者之好奇而不察眞僞也故悉不采

導弱水至于合黎餘波入于流沙

導黑水至于三危入于南海

導河積石至于龍門南至于華陰東至于底柱又東至于孟津東過洛汭至于大伾北過洚水至于大陸又北播爲九河同爲逆河入于海 上同

存參○禹以爲河所從來者高水湍悍難以行平地數爲敗乃釃二渠以引其河北載之高地過洚水至于大陸播爲九河同爲逆河入于勃海 漢書溝洫志

按禹釃二渠之文不見於經鄭漁仲謂自秦時河決始有二流者說近是然所謂水湍悍難行平地乃北載之高地者則殊得其事實故列之於存參

顔師古云洚水在信都大陸在鉅鹿蓋鉅鹿有廣阿澤孫炎以爲大陸故師古云然然廣阿澤即今北泊信都即今冀州冀州在鉅鹿北正承泊水下流則是河過洚水反在大陸之下於經文爲倒置師古之說非也蔡傳於洚水亦云今信都縣枯洚渠也於大陸則云信洚之北四無山阜曠然平地是矣然謂隋改昭慶爲大陸縣唐割鹿城置陸澤縣以邢趙深三州爲大陸者得之不知昭慶 即今隆平 鹿城 即今束鹿 雖與鉅鹿分隸三州而實同臨廣阿一澤故地理今釋云廣阿澤跨今直隸保定府束鹿縣順德府鉅鹿縣正定府隆平縣寧晉縣 二縣今並分隸趙州 深州 今直隸兩司 則是其地仍即孫炎所指未嘗在信洚北蔡氏之說亦非也蓋其誤在洚水河之所受數十百川然所紀者獨洛與洚

而濟沁淇漳滹沱桑乾不與焉則洚必非小水明矣今西山洺滏沙洨諸水皆入于泊漳之故道亦穿泊行自泊以外更無餘水可指以爲洚者由此言之則洚水非枯洚乃泊水也孟子曰洚水者洪水也洚之得名蓋取茫無津涯之義今泊水浩渺環數百里正與洚之名義相符而高平曰陸亦未聞有以之名澤者由此言之則泊水乃洚水非大陸也洚水既在泊則大陸必在泊北以其相近也故後人因以其名名

之猶今人之呼爲寧晉泊非謂泊之遂爲寧晉也蓋河自大伾而北距西山僅百里漸北漸斜而東距山漸遠而又有南北二泊直其地皆不可謂之大陸過泊而北然後平原迤邐亘數百里然則大陸當在二泊以北兩淀以南以其西山東河南泊北淀而中地廣且平故云大陸不得如顏蔡之說也

錢氏（名字未審）云班固以滹沱爲徒駭蓋禹時黄河北流西山諸水皆東注入河滹沱其一也九河即恒山以

東諸水逆河即易水與河合流而東故曰同爲逆河

余按章首既云導河則至也者河至之也過也者河過之也爲也者亦河爲之也播也者布也布也者分之義也由合而分則曰播爲九河由分而合則曰同爲逆河若別有九河逆河則當曰過九河過逆河不當曰播爲九河同爲逆河矣漳汾渭洛諸水皆入于河亦可曰河播爲漳汾渭洛同爲漳汾渭洛乎逆河云者蓋因海潮西來河水東去兩水相迎而名故漢志謂之迎河今天津三岔口以下水正如是不得以易水當之也至於漢志以滹沱爲徒駭言之不詳然竊揆其意似以滹沱所流即徒駭之故道非以徒駭滹沱爲一水也蓋九河徒駭最北而滹沱在河西必由徒駭入河明甚其後九河上游雖沙而滹沱之流不能改必仍由徒駭入河以達海故謂漢之滹沱即古徒駭之故道耳猶曹操遏淇水以入白溝而水經云淇水東過內黄縣南爲白溝非謂內黄以上之淇

皆古之白溝也遂以滹沱爲古徒駭誤矣况并其南之入河而悉以爲西山之水乎且西山諸水皆不出冀州境禹何得反記之於兖州邪此說至爲可笑然學問之士亦有信之者故畧摘其謬如右云

禹下

嶓冢導漾東流爲漢又東爲滄浪之水過三澨至于大別南入于江東滙澤爲彭蠡東爲北江入于海　岷山導江東別爲沱又東至于澧過九江至于東陵東迤北會于滙東爲中

江入于海（書禹貢）

存參○彭澤縣禹貢彭蠡澤在西（漢書地里志）

此文彭蠡說者以爲鄱陽朱子謂番陽在江南非漢水所滙（文與蔡傳畧同故不備載）乃從鄭氏漁仲之說以東滙澤爲彭蠡東爲北江入于海十三字爲衍文後又以衍文爲未安遂斷以爲禹貢之誤蔡氏作傳復申其說畧云番陽在江之南去漢水入江之處已七百餘里所蓄之水則合饒信徽撫等州（今江西諸府及江南之徽州府）之流非自漢入而爲滙者又其入江之處石山峙立水道狹甚不應漢水入江之後七百餘里乃橫截而南入于番陽又橫截而北流爲北江且既在大江南於經宜曰南滙不應曰東滙宜曰南會于滙不應曰北會于滙宜曰北爲北江不應曰東爲北江以今地望參校絕爲反戾意當時龍門九河等處禹親歷而身督之若江淮則地偏水急不待疏鑿固已通行或分遣官屬往視亦可況洞庭彭蠡之間乃三苗所居彼方

一負其險阻頑不即工官屬之往者亦未必遠敢深入是以但知彭蠡之爲澤而不知其非漢水所滙也以此致誤謂之爲滙謂之北江無足怪者余按番陽非漢所滙明甚前人委曲遷就殊無別白朱子乃親察山川之形勢以證其誤而蔡氏之辨復指畫詳明如是可謂精核也已顧吾獨異朱子與蔡氏既知其誤乃不疑以番陽爲彭蠡者之誤而反以經爲誤爲大不可解也導漢文云東滙澤爲彭蠡故導江承之曰北會于滙若無東滙之文則所謂北會于滙者何滙也導漢文云東爲北江故導江承之曰東爲中江若無北江之文則謂之中江者何因也漢江濟淮皆入于海故文次于導河渭洛皆入于河故又次于濟淮若導漢之文至入江而止則當次于渭洛之後不當反在導江之前也且文之衍必與上下之文乖剌而此十三言者承上開下文相屬意相貫烏得謂之衍乎禹貢所記治河爲多其次即莫若江漢而淮濟皆

畧焉於梁言岷嶓之藝於荆言江漢之朝宗於揚言彭蠡之豬三江之入詳矣卽沱潛雲夢亦江漢之水耳三州之文言江漢者大半焉則禹之致力於江漢者不少矣烏得謂之不待疏鑿固已通行乎孟子曰禹八年於外三過其門而不入禹之治水勞且久如是必無以江漢大川而不親往但遣官屬之理若禹八年之胼手胝足止爲一河而餘皆不暇往亦淺之乎視禹矣禹治水時三苗竄已久矣頑弗卽工者未革其舊俗耳非負固不服也（禹無征苗之事說見唐虞治定篇中）果負固不服舜安能分北之竄之則從分之則從獨治水之天使不敢一涉其境豈理也哉且以禹之聖所辟官屬必賢果未親歷其地必不强不知以爲知度禹亦必不至受人之欺而妄載之策也由是言之經固非衍可亦不容有誤其所以不合者乃以番陽爲彭蠡者誤也蓋漢之滙而爲彭蠡猶濟之溢而爲滎也春秋傳云潘黨逐魏錡及滎澤見六麋射一麋以顧

獻鄭氏云滎今塞爲平地其民猶以滎澤呼之是滎在春秋時已通車馬至兩漢時遂爲田疇矣蓋此二地本卑又適近漢濟入江河之處是以瀦此二澤日久沙高遂成平陸彭蠡與滎一耳何獨異焉梁山泊在宋時週環號八百里今僅數百年已坦然平地況數千年以前之藪澤乎由是言之經之彭蠡自别一地自在江北爲漢水之所滙而今亡耳非番陽也惟其在江北也故導漢曰東滙不曰南滙導江曰北會于滙不曰南會于滙惟其在江北也故不待横截而南而已滙爲彭蠡不待横截而北而已流爲北江禹貢所云無一語之不符無一字之可疑矣豈惟禹貢爲然漢書地理志豫章郡（卽今江西全省）彭澤縣下注云禹貢彭蠡澤在西番陽在彭澤南而云在西則彭蠡自别一地非番陽明矣又云水入湖漢者八入大江者一不以彭蠡稱番陽而稱爲湖漢則番陽自名湖漢非卽彭蠡又明矣且不云有彭蠡澤而云彭蠡澤在

西似彭蠡原不在縣境中者不直云彭蠡澤在西而云禹貢彭蠡澤在西又似彭蠡已塞但其地尚約畧可指如人之呼滎澤者然蓋江雖東流然常斜迤而北故江南亦稱江東江北亦稱江西彭澤臨江而縣則視上游江之北岸爲西故以爲在西耳然則班氏但因縣之得名由於彭蠡故注其地所在非謂彭蠡必在彭澤境也因彭澤之無彭蠡遂南移之番陽失之遠矣朱子乃云漢志不知湖漢之即爲彭蠡而兩

言之豈知彭蠡自在江北湖漢原非彭蠡不但禹貢不悞即漢志亦不悞乃後人以爲番陽者誤耳又按春秋傳云楚師還自徐吳人敗諸豫章吳伐楚舍舟于淮汭自豫章與楚夾漢徐淮皆在郢之東北而漢之豫章乃在郢東南千數百里去漢水遠甚故杜氏註云此豫章皆當在江北淮水南蓋後徙在江南豫章然則不但彭蠡在江北即豫章亦本江北地名也晉之渡江也於淮漢之南僑置雍豫徐兗諸州以處

其民豫章彭澤之在江南蓋亦類此如傳所稱遷郢於鄀然者不得以彭澤縣在江南遂謂彭蠡亦當在江南也以數千年之後地名水道改易之餘沿訛踵謬而據之以斷古書之是非誠未可輕言也此與三江之說皆無關於大義然據註駁經其端不可不杜故備論之如此說並見唐虞體國經野篇揚州條下

導沇水東流爲濟入于河溢爲滎東出于陶丘北又東至于菏又東北會于汶又北東入于海　導淮自桐柏東會于泗

沂東入于海（書禹貢）

導渭自鳥鼠同穴東會于灃又東會于涇又東過漆沮入于河　導洛自熊耳東北會于澗瀍又東會于伊又東北入于河（同上）

導水凡九章其次第有五弱水黑水在九州之上游故先之中原之水患河爲大故次河自河以南水莫大於江漢故次江漢河以南江漢以北惟濟淮皆獨入于海故次濟淮雍水多歸于渭豫水半歸于洛然

皆附河以入于海故以渭洛終之先漢於江先濟於
淮先弱水於黑水先北而後南也先渭於洛先上而
後下也

附論○孟子曰禹之治水水之道也○孟子曰禹之行
水也行其所無事也 並孟子
按孟子以行所無事稱禹後世論治水者往往以為
當任水所自趨非也水之決情形各不同或疏或塞
當審其全局之高下而權衡之不得以一時一地之

決為斷也若但任其決而不治在決之地或可無事
在下流之受害者事乃不可勝言矣所謂行其所無
事者正以能審地勢高下之宜當任則任當敃則敃
當疏則疏當塞則塞順其自然而已無所與焉是之
謂行所無事耳非任水之所自趨也果任水所自趨
何賴有禹孟子何以有疏瀹決排之文乎世於此多
未及故附論之○此以上并記禹導水之事
禹曰洪水滔天浩浩懷山襄陵下民昏墊予乘四載隨山刊
木暨益奏庶鮮食予決九川距四海濬畎澮距川暨稷播奏
庶艱食鮮食懋遷有無化居烝民乃粒萬邦作乂
按隨山刊木即禹貢之導山事也決川距海即禹貢
之導水事也而隨山暨益同功決川暨稷同功則是
導山既畢然後導水顯然兩事無疑也蓋洪水之患
山居者多故先隨山而導之使高田之害先除然後
循水而導之使平田之害盡去而不先導山亦無以
察地勢之高卑而蓄洩之宜心玩之猶可見禹致功

之次第云

備覽○陸行乘車水行乘船泥行乘橇山行乘檋 史記夏本紀

附論○禹思天下有溺者由已溺之也稷思天下有飢
者由已飢之也是以如是其急也 孟子
娶于塗山辛壬癸甲啟呱呱而泣予弗子惟荒度土功弼成
成五服至于五千州十有二師外薄四海咸建五長各迪有
功 書益稷

禹八年於外三過其門而不入孟子

附論〇天王使劉定公勞趙孟於潁館於雒汭劉子曰美哉禹功明德遠矣微禹吾其魚乎吾與子弁冕端委以治民臨諸侯禹之力也左傳昭公元年

禹治水事世人多不詳考因見堯有九年之水之語遂謂堯時偶然有水而禹治之非也上古之時本無水道此乃開闢以來積漸之水日積日多遂至懷山而襄陵耳至禹然後相視地形高卑疏爲水道使皆

流入于海由是地皆涸出人有寧居孟子嘗言之矣曰當堯之時天下猶未平洪水橫流氾濫於天下曰禹掘地而注諸海然則今之水道皆自禹始有之禹以前固無所謂水道也故定公曰微禹吾其魚乎春秋之時去古未遠故當時人人皆知之今則知之者鮮矣學者詳加考核庶知禹之爲功大也

〔補〕舜薦禹於天十有七年舜崩三年之喪畢禹避舜之子於陽城天下之民從之若堯崩之後不從堯之子而從舜也孟子

備覽〇禹立而舉皋陶薦之且授政焉而皋陶卒封皋陶之後於英六或在許而後舉益任之政史記夏本紀

呂覽云堯治天下伯成子高立爲諸侯堯授舜舜授禹伯成子高辭諸侯而耕禹往見之問曰何也伯成子高曰當堯之時未賞而民勸未罰而民畏今賞罰甚數而民爭利德自此衰利自此作後世之亂自此始余按禹之德或尚遜於堯舜若其道則未有異也禹所行者即堯舜之政初未嘗有所變革而何爲遂

至於生亂乎洪水之災非禹莫能治之禹之功大矣而反謂禹始亂豈不謬哉蓋楊氏之徒爲黃老之說者皆好援古而非今故造爲此言借唐虞以毀三代呂氏之客無知而妄採之耳此事雖至無理然亦有信之者故不可以不辨

說苑云禹出見罪人下車泣而問之左右曰君王何爲痛之至於此也禹曰堯舜之人皆以堯舜之心爲心今寡人爲君百姓各自以其心爲心是以痛之也

余按此亦後人推度聖人愛民之心以爲言者其意則善而不必實有是事也至禹自謂不如堯舜禹之存心固應如是若論者遂以是爲優劣則固矣且其言亦淺俗故今不錄

【補】禹惡旨酒而好善言（孟子）

儀狄作酒禹飲而甘之遂疏儀狄而絕旨酒（戰國策）

按此雖見於國策然與孟子之言合當非誤引故從傳記之例

禹聞善言則拜（孟子）

淮南子云禹縣鐘鼓磬鐸置鞀以待四方之士爲號曰教導寡人以道者擊鼓喻以義者擊鐘告以事者振鐸語以憂者擊磬有獄訟者搖鞀余按此皆形容聖人好善之誠非眞有此事也後世君門萬里下情不能上達於是設鼓以防壅蔽當禹之時君與民如一身誰能阻之而尚賴於鐘鼓之縣乎齊威王之求言也令初下而羣臣進諫門庭若市何況於禹且其

文殊淺弱非虞夏時語而道義與事亦不得分爲三其爲後人形容之語甚明故今不錄

禹合諸侯於塗山執玉帛者萬國（左傳哀公七年）

魯語云吳伐越墮會稽獲骨焉節專車吳子使來好聘且問之仲尼曰敢問骨何爲大仲尼曰昔禹致羣神於會稽之山防風氏後至禹殺而戮之其骨節專車此爲大矣云云余按四凶之罪大矣然堯舜所以處之者不過流放今防風氏但後至耳遽殺而戮之

禹亦殘忍矣哉防風氏者人邪神邪人也則與致羣神之言不相蒙神也又安得有骨乎且定公十二年孔子已去魯適衛矣而吳墮越於會稽乃在哀之元年孔子在陳之時然則不但禹必無戮防風之事即孔子亦初不得有答吳使之言也此乃好談神怪而不考其實者之所爲故不載

備覽○十年禹東巡狩至于會稽而崩（史記夏本紀）

按孟子稱禹薦益七年而崩而此篇謂禹立而薦皐

陶皋陶卒乃薦益凡立十年而崩則與孟子之文約畧相符其年或有所據惟崩於會稽未見其必然恐係戰國之時傳流之誤如舜之崩於蒼梧者然但會稽揚州地尚非蒼梧之比姑存之

附論○吳公子札來聘見舞大夏者曰美哉勤而不德非禹其誰能修之 左傳襄公二十九年

附論○子曰禹吾無間然矣菲飲食而致孝乎鬼神惡衣服而致美乎黻冕卑宮室而盡力乎溝洫禹吾無間然矣 論語泰伯篇

附皋陶

曰若稽古皋陶曰允廸厥德謨明弼諧禹曰俞如何皋陶曰都愼厥身修思永惇敘九族庶明勵翼邇可遠在茲禹拜昌言曰俞 書皋陶謨

皋陶曰都在知人在安民禹曰吁咸若時惟帝其難之知人則哲能官人安民則惠黎民懷之能哲而惠何憂乎驩兜何遷乎有苗何畏乎巧言令色孔壬皋陶曰都亦行有九德亦言其人有德乃言曰載采采 同上

禹曰何皋陶曰寬而栗柔而立愿而恭亂而敬擾而毅直而溫簡而廉剛而塞彊而義彰厥有常吉哉日宣三德夙夜浚明有家日嚴祗敬六德亮采有邦翕受敷施九德咸事俊乂在官百僚師師百工惟時撫于五辰庶績其凝無教逸欲有邦兢兢業業一日二日萬幾無曠庶官天工人其代之天敘有典勅我五典五惇哉天秩有禮自我五禮有庸哉同寅協恭和衷哉天命有德五服五章哉天討有罪五刑五用哉政事懋哉懋哉天聰明自我民聰明天明畏自我民明威達于

上下敬哉有土 同上

皐陶曰朕言惠可厎行禹曰俞乃言厎可績皐陶曰予未有知思曰贊贊襄哉 同上

附錄○臧文仲聞六與蓼滅曰皐陶庭堅不祀忽諸 左傳文公五年

春秋文公十八年傳高陽氏才子八人有曰庭堅者杜氏註云庭堅即皐陶字余按文五年傳楚成大心滅六公子燮滅蓼臧文仲曰皐陶庭堅不祀忽諸乃

似六蓼兩國之祖一爲皐陶一爲庭堅者不知杜氏別有所據邪若即因此文而合之則未有以見其必然也史記夏本紀云皐陶之後封於英六亦不言蓼則似六乃皐陶之後而蓼乃庭堅之後者正義因杜氏之說遂謂英即蓼亦恐未然也且堯舜禹天子也而尚書皆稱其名是唐虞之時未有字也九官惟伯夷似字然舜亦稱之爲伯是唐虞之時名字未分伯夷即其名也皐陶何以獨有字乎典謨之稱皐陶多矣帝稱之同朝之臣稱之史臣稱之皆以皐陶乃至後世之詩人稱之儒者稱之亦同詞焉從未有一人稱爲庭堅者何所見而知庭堅之爲皐陶乎故今闕之

夏考信錄卷一終

夏考信錄卷之二

大名崔述東壁謹考
受業門人石屏陳履和校刊

啟

補 禹薦益於天七年禹崩三年之喪畢益避禹之子於箕山之陰朝覲訟獄者不之益而之啟曰吾君之子也謳歌者不謳歌益而謳歌啟曰吾君之子也（孟子）

附論○孔子曰唐虞禪夏后殷周繼其義一也（同上）

附論○萬章問曰人有言至於禹而德衰不傳於賢而傳於子有諸孟子曰否不然也天與賢則與賢天與子則與子丹朱之不肖舜之子亦不肖舜之相堯禹之相舜也歷年多施澤於民久啟賢能敬承繼禹之道益之相禹也歷年少施澤於民未久舜禹益相去久遠其子之賢不肖皆天也非人之所能為也莫之為而為者天也莫之致而至者命也（同上）

世之論者皆云二帝官天下三王家天下唐韓子對禹問云堯舜之傳賢也欲天下之得其所也禹之傳子也憂後世爭之之亂也又云舜如堯堯傳之禹如舜舜傳之得其人而傳之者堯舜也無其人慮其患而不傳者禹也又云傳之人則爭未前定也傳之子則不爭前定也前定雖不當賢猶可以守法不前定而不遇賢則爭且亂余按韓子之說以後世之時勢論之則當矣遂以此為古聖人之心事則非也經傳之文多以堯舜並稱而禹常與皐陶稷契同舉書合

堯舜事為一典而禹與皐陶皆有謨禹之德未必遂與堯舜齊也益與禹同在九官之列佐禹烈山澤奏鮮食以成大功益之德亦未必遠下於禹也然則益之視禹恐亦當如禹之視舜今因堯舜禹之相繼為天子而益不得與遂謂禹為其人而益非其人其毋乃以成敗立論也哉舜之命禹也禹讓之於稷契皐陶益亦稷契倫也度禹之心亦必不以已為其人而益非其人也且禹果慮其爭則尤不可傳子何者唐

虞之天下非一姓之天下也而禹獨欲傳之子天下必有議其私者矣不見吳光之弒僚乎故傳子之不爭論謁則可若至夷末兄終弟及已三世矣傳弟則不爭而傳子則必爭此理甚易見也禹安得以傳子爲憂後世也哉若慮益再傳而致爭則啟之再傳亦何嘗不爭也羿浞之禍民生塗炭王嗣流離使益再傳而得賢者或未必遂至是即不然亦不過如是止耳安見傳賢之不若傳子乎曰然則禹何以傳之啟

抑禹傳之益而啟奪之耶曰孟子言之是已天與賢則與賢天與子則與子禹固未嘗傳之啟亦未嘗傳之益也蓋自唐虞以前天下諸侯皆自擇有德之人而歸之天子不能以天下傳之一人也不惟無傳子者亦併無傳賢者獨堯以天下多難故讓位於舜而使治之非堯慮身後之爭天下而傳之舜以絕覬覦也說已詳前唐虞考信錄中堯之初意原非傳舜故舜亦未嘗以傳禹禹之不傳人何怪焉故舜以禹爲相舜之事畢

矣禹以益爲相禹之事亦畢矣禹崩之後天下之歸於益與歸於啟禹不得過而問之也天下不歸於益亦不歸於啟而別歸於有德之諸侯禹亦不得過而問之也何者上古之天子原無以天下傳之人之事也自羲農黃帝以來皆若是而已矣神農黃帝皆無傳子之事說詳上古考信錄中若謂禹必傳之一人然後爲憂後世則包羲黃帝顓頊豈皆不憂後世者乎後人但見商周以來天子世世相繼遂以之例虞夏而以爲天子之後必

嘗更以天下授之一人不傳於賢則傳於子以啟之繼禹而王也故遂以爲禹傳之啟於是乎有德衰之譏不則以爲禹傳之益而啟奪之於是乎有殺益之謗不則又以爲禹陽傳之益而陰傳之啟於是乎有以啟人爲吏之誣即能尊信聖人如韓子者亦但以爲憂後世之爭故傳之啟而已其說雖不同而其失聖人之眞則一也且啟繼禹而王亦僅一世止耳太康失國相居帝邱夏已降同於諸侯矣有過之難厥

祀遂殄適會羿浞淫暴民不歸心而少康能布其德以收夏衆是以天下復歸於夏藉令少康僅屬中材或雖有茂德而先有聖人者出滅羿奡以安天下則少康不得復中興矣是故少康之興禹之所不料也禹何嘗有家天下之心哉又幸而杼能帥禹天下歸於夏者先後四世其間干天位者皆以惡終爲天下笑於是天下之人耳濡目染安於夏政若天下乃夏之故物者雖庸主撫之而諸侯皆懲於羿奡而不敢

生心然後夏遂家天下耳由是言之夏之家天下天也非禹也故孟子曰莫之爲而爲者天也莫之致而至者命也非但禹無家天下之心縱使有之而唐虞禪讓之天下禹亦安能獨取而畀之於子孫至四百餘年也哉及至有商繼世而王已有成迹而又適有伊尹之輔政太甲之自艾故復循夏故轍其後甫衰而即有賢聖之君出而振之由是遂家天下六百餘年至周遂爲一定之例而不可變然則三代之家天下其端萌於啟其事遂於少康杼而其局定於商之賢聖六七君與禹初無涉也故凡論唐虞三代之事者惟孟子得其梗概蓋孟子之智足以知聖人而又幸生秦火以前古書未盡散失得以考而知之固非後人所當輕議也韓子乃不之信而信流俗之言以爲禹傳之啟又以聖人不私其子復爲前定不爭之說以曲全之過矣嗟乎孟子亞聖也韓子大儒也孟子之言猶不能取信於韓子况以余之愚陋乃獨排

世儒之論而推闡孟子之說其亦可謂不量力矣說並詳前堯舜及後少康篇中

大戰於甘乃召六卿王曰嗟六事之人予誓告汝有扈氏威侮五行怠棄三正天用勦絶其命今予惟恭行天之罰左不攻于左汝不恭命右不攻于右汝不恭命御非其馬之正汝不恭命用命賞于祖不用命戮于社予則孥戮汝（書甘誓）

備覽〇有扈氏不服啟伐之大戰于甘將戰作甘誓遂滅有扈氏天下咸朝（史記夏本紀）

補夏啟有鈞臺之享（左傳昭公四年）

附錄○戒之用休董之用威勸之以九歌勿使壞（逸夏書見）

左傳文公七年

僞古文尚書大禹謨以戒之用休四語爲禹之言於舜世者其文云禹曰於帝念哉德惟善政政在養民水火金木土穀惟修正德利用厚生惟和九功惟叙九叙惟歌戒之用休董之用威勸之以九歌俾勿壞

余按左傳郤缺所引書文止此四語而自以己意釋之曰九功之德皆可歌也謂之九歌六府三事謂之九功水火金木土穀謂之六府正德利用厚生謂之三事然則尚書原文必無水火正德等語明矣余弟邁筆談云今大禹謨明係掇拾郤缺之語後世盡爲所欺不知書果說明郤缺又何必費解郤缺何不全引書文而乃隱其詞而詳解之乎又按左傳引此文以爲夏書離騷云啟九辯與九歌兮太康娛以自縱則是九辯九歌皆作於啟之世不但非禹之言亦必不在舜之時矣今楚辭中亦有九辯九歌然則九辯九歌乃古樂章之名而楚人擬爲之如晉唐人之擬漢樂府也故今附錄於此

附錄○古之人廸惟有夏乃有室大競籲俊尊上帝廸知忱恂于九德之行乃敢告教厥后曰拜手稽首后矣曰宅乃事宅乃牧宅乃準茲惟后矣謀面用丕訓德則乃宅人茲乃三宅無義民（書立政）

附錄○昔夏之方有德也遠方圖物貢金九牧鑄鼎象

物百物而爲之備使民知神姦故民入川澤山林不逢不若螭魅罔兩莫能逢之用能協於上下以承天休（左傳宣公三年）

按立政篇有室大競不言何王之時則非專指禹可知也九鼎之鑄世皆以爲禹事然傳既不稱禹而禹在位不久恐亦未暇及此或啟或少康未可知也故今附錄於啟之後亦闕疑之義爾○又按傳文遠方以下十有二字註以四字爲句以貢金九牧爲九州

之牧貢金於文理殊未協且九州不必皆產金安得九牧皆貢金乎余謂當以六字爲句遠方之國圖物貢金而九州之牧鑄鼎象物庶於文理爲順

備覽〇夏后啟崩子太康立（史記夏本紀）

夏中衰之世

夏商太康　仲康　相

補 啟九辨與九歌兮太康娛以自縱（楚詞）

備覽〇太康失國昆弟五人須于洛汭作五子之歌（史記夏本紀）

按世所傳僞尚書五子之歌其語多采之春秋傳若春秋傳所無者則皆詞意淺陋不類三代時語至鬱陶予心兩句采之孟子尤失萬章之意其爲後世淺人之所僞托顯然可見故今不采

備覽〇太康崩弟中康立（同上）

存疑〇羲和湎淫廢時亂日允往征之作允征（同上書序文同）

僞古文尚書允征篇首云惟仲康肇位四海允侯命掌六師羲和廢厥職酒荒于厥邑允侯承王命徂征後儒多疑荒酒罪小不足加以六師於是曲爲之解或謂羲和忠於夏羿假仲康之命征之或謂羲和黨於羿仲康藉荒酒之罪除之金氏通鑑前編因之爲

說曰仲康繼立於外命胤侯掌六師其規模舉錯固已有大過人者羲和不共王職而歸於有窮者是以有徂征之師君子是以知仲康之能自振而胤侯之爲王室倚重矣余按此篇係僞古文尚書本不足信就令可信而其文但言廢職荒酒則忠於夏與黨於羿均無可徵止據我之猜度定古人之功罪可乎且羲和黨於羿仲康安能征之仲康在內則權不在已征之羿必沮之在外則國勢微弱征之羿必救之仲

康無如羿何又安能如黨羿者何蓋此篇本因書序之言而附會之者後人遞加附會遂至以無爲有憑空造一羲和罪案誣矣余弟邁訥菴筆談嘗辨此篇之謬今錄於左

【訥菴筆談一則】書序云羲和湎淫廢時亂日胤往征之作胤征古文本此而作其事深爲可疑蓋古文不足信而書序亦未敢以爲然也堯典有羲仲和仲羲叔和叔之文羲和非一人也今云羲和湎淫又云羲

和廢厥職一人乎非一人乎可疑一也堯典乃命羲和欽若昊天蓋羲伯和伯也羲伯和伯在國都而仲叔宅於四方此湎淫之羲和必在國都者在國都何用以六師征之乎胤征巧爲之辭曰酒荒于厥邑即在其采邑而未嘗據地拒命則亦無事於張皇六師也可疑二也湎淫之罪昏迷之愆廢之可矣刑之可矣何用興師動衆乎可疑三也不曰胤侯往征之而曰胤往征之胤似人名非國名也不曰王命胤往征

之而曰胤往征之胤征未必出於王命也可疑四也書序無仲康字不著其時史記謂當帝中康時唐志以爲日食在仲康之五年經世書以爲征羲和在仲康之元年然夏代未必止仲康時日食而篇中仲康不足以爲據也可疑五也蘇氏以爲羲和貳於羿忠於夏羿假仲康命命胤侯征之者固未必然蔡氏謂以經考之羲和蓋黨羿惡仲康畏羿之強不敢正其罪而誅之止責其廢厥職荒厥邑今經中亦全不見

此意則亦工於猜度者耳說仲康者有河北河南之異此時仲康不知實在何地在安邑則號令未必能自已出在太康則羲和黨羿自在安邑恐非仲康之力所能及也可疑六也陳氏大猷曲說羲和所以當征之故至云葛伯不祀不過其身自得罪於祖宗而湯以爲始征學者不疑湯之征葛而疑允侯之征羲和者過也此說亦殊憒憒卽果如所言羲和之罪過於葛伯而湯於葛爲敵國仲康於羲和爲天子其理

勢同乎否乎且謂葛伯不祀湯始征之者書序之陋也觀孟子所言湯非以不祀征葛〻爲其殺童子而征之也陳氏未讀孟子不足與辨也〇按書序之文往往失經本意固不敢謂然而僞允征之文亦未必盡書序之意筆談所論備矣且古者六師皆六卿分掌之甘誓所記甚明至春秋時猶然自周官（今謂之周禮）始謂司馬掌六師而僞書周官篇因之春秋以前無是言也果夏時書安得有是語哉故今僞書及前編

之語概不載而列史記所采書序之文於存疑

備覽〇中康崩子相立（同上）

（補）昔有過澆殺斟灌以伐斟鄩滅夏后相（左傳哀公三年）

備考〇衞遷於帝邱卜曰三百年衞成公夢康叔曰相奪予享公命祀相寗武子不可曰鬼神非其族類不歆其祀杞鄫何事相之不享於此久矣非衞之罪也（左傳僖公三十一年）

太康失國之事史記不載其詳僞孔傳云羿廢太康

而立其弟仲康爲天子正義云以羿距太康於河於時必廢之也傳云羿因夏民以代夏政則羿於其後篡天子之位仲康不能殺羿必是羿握其權知仲康之立是羿立之矣由是敘古史者皆謂羿相仲康而握其柄如莽之於嬰操懿之於獻帝齊王然者金仁山通鑑前編駁之云自唐虞以來都於冀州而冀自有牧非天子自治則甸服之地跨河南北也薛氏謂今拱州太康縣卽太康故城而傳亦稱相居帝邱然

則太康爲羿所拒不能濟河而更都南夏以傳仲康迄於后相皆在兗豫之境古大河之東南羿據冀方因夏民以代夏政稱帝夷羿寒浞代之皆在冀州之境大河之北至浞滅相而夏統始中斷又云傳稱羿代夏政號帝夷羿豈立仲康而爲之臣者仲康雖立國於外然肇位四海諸侯之尊夏固自若也余按古之所謂篡者奪也德不足服天下而以力強奪之之謂篡非有若後世之賜奉其名而陰操其柄待其勢

固而後移其社稷若曹操司馬懿狐媚竊國者之所爲也況當唐虞之後夏有天下僅及二世原不以纖爲常羿既力能奪夏之國正不必奉仲康以號令於民也且仲康既在故國相何以又在帝邱羿既篡仲康於故國澆何以又滅相於帝邱哉此蓋作僞傳者習於魏晉之事而以今例古以爲亦然耳前編之辨是也然謂分河南北而治諸侯尊夏自若則仍惑於僞書之說而不免乖謬於事理何者王畿雖或跨河

而南然禹貢冀州不言貢而豫州之文無異於他州故逸書云維彼陶唐有此冀方是王畿之在河南者固無多也仲康后相流離播遷之餘微弱不振安能朝諸侯有天下哉平王之東也天下安於周者已十餘世然朝覲者不過晉鄭近畿諸侯亦僅羈縻之耳齊晉迭霸天下始知尊王猶但以空名相維繫號令不能行也況夏有天下未久太康失道即與朱均無異而安能使諸侯戴之如故乎且使諸侯果仍服屬

於夏而羿但有冀州之地則以天下之力不難恢復一州何以聽其坐大而卒爲其所滅以羿之強方且并夏而逐其君乃於諸侯之百里五十里者聽其朝覲於夏而不問此亦事之必不然者也蓋夏之失國以德衰羿之并夏以力強以力爭者必蠶食以歲月其取冀方也蓋非一日之故漸漬吞噬而夏乃避於河外遷於帝邱日寖微弱卒至於相而滅於浞然當時亦必有二三強大諸侯若商相土者能坐鎮一方

而不事羿以故羿之力不能及遠而夏得苟安於帝邱耳烏有所謂分河而治尊夏自若者哉太康之時去天子不相繼之時僅二百年去異姓相繼爲天子之時僅數十年是以天下諸侯畏羿者自事羿親夏者自附夏而稍遠者則各自保其土不得以漢晉之事例夏初也故僞傳前編之說槪不採說並見前餘

下

于位夷羿　寒浞

補昔有夏之方衰也后羿自鉏遷於窮石因夏民以代夏政恃其射也不修民事而淫於原獸棄武羅伯因熊髡尨圉而用寒浞寒浞伯明氏之讒子弟也伯明后寒棄之夷羿收之信而使之以爲己相（左傳襄公四年）

羿善射（論語憲問篇）

存參〇羿焉彃日烏焉解羽（楚詞）

補浞行媚于內而施賂于外愚弄其民而虞羿於田樹之詐慝以取其國家外內咸服羿猶不悛將歸自田家衆殺而亨之以食其子其子不忍食諸死于窮門靡奔有鬲氏（左傳襄公四年）

逢蒙學射於羿盡羿之道思天下惟羿爲愈己於是殺羿（孟子）

附論〇孟子曰是亦羿有罪焉公明儀曰宜若無罪焉曰薄乎云爾惡得無罪（同上）

說者云羿堯時人善射堯時十日並出金爍草木焦枯堯命羿射之中其九其後有窮之君亦善射故人以羿號之實非羿也余按羿射日事楊氏愼嘗辨之

語云羿射日落九烏言羿善射一日之中獲九烏耳後人誤讀羿射日爲句遂謂日中有烏落九烏落九日也謬矣且十日並出者狀堯德之明天下無所不見耳舜明四目豈舜面實生四目乎說者因有此語遂附會之以羿爲堯時人請羿射落其九而存其一則益謬矣至楚詞中此語觀二焉字亦似不以爲然而駁之者後人反取此文以爲羿射九日之證亦非是此事之荒唐本不足辨然觀此可知秦漢以後不

經之談皆由誤會古人之意或誤讀古人之句轉相傳述轉相附會以至大誤後人習聞其說以爲所從來久遂不敢輕議耳故舉之以爲能以一隅反三隅者之助

襄公四年

補浞因羿室生澆及豷恃其讒慝詐僞而不德於民使澆用師滅斟灌及斟尋氏處澆於過處豷於戈靡自有鬲氏收二國之燼以滅浞而立少康少康滅澆於過后杼滅豷於戈 左傳

奡盪舟 論語憲問篇 奡澆古通用

存參○覆舟斟尋何道取之 楚詞

論語集註以盪舟爲陸地行舟或引此文爲據以盪舟爲覆舟余按以舟行陸於事無取釋盪爲覆於義未圓春秋傳云齊侯與蔡姬乘舟於囿蕩公公懼變色禁之則蕩乃搖動之意蓋古字蕩盪通用奡以一人之力搖斟鄩氏之舟而覆之也蔡姬所蕩者囿中游戲之小舟奡所盪而覆之者兩軍交戰之大舟此所以爲材力之絶人也如此於文義似乎允

少康　杼

【補】后緍方娠逃出自竇歸於有仍生少康焉爲仍牧正惎澆能戒之澆使椒求之逃奔有虞爲之庖正以除其害虞思於是妻之以二姚而邑諸綸有田一成有衆一旅能布其德而兆其謀以收夏衆撫其官職使女艾諜澆使季杼誘豷遂滅過戈復禹之績祀夏配天不失舊物（左傳哀公三年）

皇王大紀於少康生之年卽書少康元載以紹夏統綱目前編因之余按上古之世本無相承之統由黃帝至帝嚳皆隔百數十年而後代興自堯舜禹而後相繼然皆異姓也至禹崩時皋陶已亡益亦避去其餘稷契之倫大抵皆已前没而啟又賢能承繼禹之道是以天下歸之此乃適然事耳非以夏爲一代之統而必世世子孫相承不絶也啟崩之後天下諸侯之朝覲訟獄者斷不能歸於太康也明矣況仲康相之微弱者乎但此時別無聖人能得天下心者是以天下未歸於一適會少康復有令德諸侯歸之而又

得賢子杼繼之然後天下久歸於夏久則難變而槐芒不降得以蒙業而安耳由是言之夏之世守天下至少康杼之後始然當其初固與上古之代興者無以異也然則羿浞之在當時與蚩尤之在上古嬴秦之在戰國畧相似初非若新莽周曌之竊統於漢唐者可比而何必繼其統使相承不絶哉況少康仕於諸侯爲其牧正爲其庖正方且北面而臣事之亦斷不可於此時嗣天子之統也學者不知夏所以家天下之故故論禪讓繼統革命之事多謬於理而乖於勢故今申而明之而以羿浞附於啟太康之後說並見前啟太康篇中

備覽○少康崩子予立（史記夏本紀）

【補】杼能帥禹者也（魯語）

備覽○予崩子槐立槐崩子芒立芒崩子泄立泄崩子不降立不降崩弟扃立扃崩子廑立廑崩立不降之子孔甲（史記夏本紀）

按禹之後嗣見於傳記者曰啟曰相曰杼曰皋皆其名也上古質樸故皆以名著無可異者惟太康少康則不似名而似號不知二后何故獨以號顯且太康失國少康中興賢否不同世代亦隔又不知何以同稱爲康也仲康見於史記當亦不誣何故亦沿康號而以仲別之至孔甲則又與商諸王之號相類豈商之取號於甲乙已彷於此與古書散失不可考矣姑識其說於此

孔甲　皋

備覽○孔甲立好方鬼神事淫亂夏后氏德衰諸侯畔之（史記夏本紀）

存疑○有夏孔甲擾於有帝帝賜之乘龍河漢各二各有雌雄孔甲不能食而未獲豢龍氏有陶唐氏既衰其後有劉累學擾龍於豢龍氏以事孔甲能飲食之夏后嘉之賜氏曰御龍以更豕韋之後（左傳昭公二十九年）

按春秋傳稱孔甲擾於帝而史記謂其德衰諸侯畔之語殊相左考傳所言帝賜乘龍及醢以食夏后事頗荒誕未可取信不如史記之爲近理故采史記之文載之列傳文於存疑而刪醢龍之語

備覽○孔甲崩子皋立（史記夏本紀）

備考○殽有二陵焉其南陵夏后皋之墓也（左傳僖公三十二年）

備覽○皋崩子發立發崩子履癸立是爲桀（史記夏本紀）

桀

惟帝降格于夏有夏誕厥逸不肯慼言于民乃大淫昏不克終日勸于帝之迪乃爾攸聞（書多方）

上帝引逸有夏不適逸則惟帝降格嚮于時夏弗克庸帝大淫泆有辭（書多士）

備覽○夏桀伐有施有施人以妹喜女焉（晉語）

韓詩外傳云桀為酒池可以運舟糟邱足以望十里而牛飲者三千人新序云桀作瑶臺罷民力殫民財為酒池糟堤縱靡靡之樂余按古者人情質樸雖有荒淫之主非有若後世秦始隋煬之所為者且桀豈患無酒而使之可運舟望十里欲何為者此皆後世猜度附會之言如子貢所云紂之不善不如是之甚者故不錄

附錄○夏桀為仍之會有緡叛之（左傳昭公四年）

此事無年可考不知在伐施之前與抑在其後與姑附錄於此

桀德惟乃弗作往任是惟暴德（書立政）

備覽○自孔甲以來諸侯多畔夏桀不務德而武傷百姓百姓弗堪（史記夏本紀）

偽古文尚書湯誥云夏王滅德作威以敷虐于爾萬方百姓爾萬方百姓罹其凶害余弟邁訥菴筆談嘗辨之今載於左

〔訥菴筆談一則〕桀紂暴虐止行於畿內耳四方諸侯之國彼不能暴虐也故湯誓數桀之罪曰夏王率遏衆力率割夏邑有衆率怠弗協而湯之民亦曰夏罪其如台牧誓數紂之罪曰乃惟四方之多罪逋逃是崇是長是信是使是以為大夫卿士俾暴虐于百姓以姦宄于商邑而偽湯誥則曰夏王滅德作威以敷虐于爾萬方百姓爾萬方百姓罹其凶害偽泰誓則曰毒痡四海此皆作者疎妄而不顧其理之所安也

○余按多方篇稱有夏之民叨懫日欽劓割夏邑微子篇稱殷罔不小大好草竊姦宄天毒降災荒殷邦

夏考信錄　卷之十

皆但言夏邑殷邦而不及天下與湯牧二誓同蓋因其暴也故諸侯叛之是以微子篇云我其弗或亂正四方四方皆分崩離析不受其約束故惟畿內罹其虐政而已筆談之說是也撰僞書者本晉以後人故以秦漢之事例之耳說並見後商湯及周文武篇中

夏王率遏衆力率割夏邑有衆率怠弗協曰時日曷喪予及汝皆亡 書湯誓

尚書大傳云夏人飲酒相和而歌曰盍歸于薄薄亦

大矣伊尹退而閒居深聽樂聲更曰覺兮較兮吾大命假兮去不善而就善何樂兮伊尹入告于王王僩然嘆啞然笑曰天之有日猶吾之有民也日亡則吾亦亡矣新序云羣臣相持歌曰江水沛沛兮舟楫敗兮我王廢兮趣歸薄兮薄亦大兮又曰樂兮樂兮四牡蹻兮六轡沃兮去不善而從善何不樂兮伊尹知天命之至舉觴而告桀桀拍然而作啞然而笑曰子何妖言吾有天下如天之有日也日有亡乎日亡吾

亦亡矣余按二書所載歌詞言語小異然皆淺近不類夏商以前明係後人擬作或有其事而附會之以致失其眞者且伊尹聖人也雖曰治亦進亂亦進要必可以格君之非然後爲之安有桀之阽危至此伊尹尚立其朝而不肯去坐待與之同亡同死此微箕之所不爲也况伊尹異姓之臣乎又按湯誓之文本以日比桀大傳乃以日比民新序又以日比天下而皆以天自比殊非尚書之意亦與下日亡吾亡之言

不相應故皆不錄

備覽○桀殺關龍逢 韓詩外傳

此事不見於經傳即史記夏本紀亦無之然相傳皆以爲如是於理固當有之姑列之於備覽

附錄○桀克有緡而喪其國 左傳

附錄○伊洛竭而夏亡 周語

按克有緡與伊洛竭皆無年可考姑附錄於此

桀有昏德鼎遷於商 左傳宣公三年

湯放桀 孟子

備覽○桀奔南巢 國語

備覽○湯修德諸侯皆歸湯湯遂率兵以伐夏桀桀走鳴條遂放而死 史記夏本紀

存參○湯放桀居中野士民皆奔湯桀與屬五百人南徙千里止於不齊不齊士民往奔湯桀與屬五百人徙於魯魯士民復奔湯桀曰國君之有也吾聞海外有人與五百人俱去 尚書大傳

按湯之伐桀傳記皆未詳載其事孟子書中有湯放桀之文國語云桀奔南巢史記云桀走鳴條遂放而死則是桀兵敗出奔未嘗死也尚書大傳亦稱士民奔湯桀與屬五百人南徙則是桀逃於外湯未嘗追襲之以是謂之放也雖其言未雅馴或不能無附會要其情形大概於理爲近姑附存之以備參考

附論○孟子曰桀紂之失天下也失其民也失其民者失其心也 孟子

備考○禹爲姒姓其後分封用國爲姓故有夏后氏有扈氏有男氏斟尋氏彤城氏襃氏費氏杞氏繒氏辛氏寘氏斟氏戈氏孔子正夏時學者多傳夏小正云 史記夏本紀

按此所記禹之後裔得失參半有扈氏爲啟所伐戈爲殪所封其非禹後明甚疑司馬氏誤也辛寘有男彤城亦莫知其所本姑存之以備考殷後倣此不悉論也

夏考信錄卷之二終